21 世纪交通版高等学校教材

Highway Construction Technology and management

公路施工技术与管理

（第二版）

主　编　　魏建明

副主编　　胡江碧

主　审　　廖正环

人民交通出版社

内 容 提 要

　　本书以高速公路和一级公路的施工为核心，以施工的组织管理为重点，全面介绍了公路工程施工的基本步骤和施工组织管理的具体方法。全书分为施工技术、施工组织设计、施工管理三部分，内容包括路基工程，路面工程和小桥的施工技术；流水作业，网络计划技术，施工组织设计文件的编制；公路施工中的计划管理、技术管理、质量管理等。此外，对与公路施工密切相关的公路工程基本建设程序、施工监理制度等也作了介绍。

　　本书按现行公路施工的标准规范编写，系统性强，概念清楚，理论联系实际，是土木工程专业本科学生的专业课教材，也是公路施工企业技术人员、项目经理和管理干部的实用参考书。

图书在版编目（CIP）数据

公路施工技术与管理/魏建明主编 . —2 版 . —北
京：人民交通出版社，2010.8（2025.1重印）
　　ISBN 978－7－114－08595－6

　　Ⅰ.①公…　Ⅱ.①魏…　Ⅲ.①道路工程－工程施工②
道路工程－施工管理　Ⅳ.①U41

　　中国版本图书馆 CIP 数据核字（2010）第 155548 号

21 世纪交通版高等学校教材
书　　　名：**公路施工技术与管理（第二版）**
著 作 者：魏建明
责任编辑：曲　乐　韩亚楠
出版发行：人民交通出版社股份有限公司
地　　址：（100011）北京市朝阳区安定门外外馆斜街 3 号
网　　址：http://www.ccpcl.com.cn
销售电话：（010）85285911
总 经 销：人民交通出版社股份有限公司发行部
经　　销：各地新华书店
印　　刷：北京虎彩文化传播有限公司
开　　本：787×1092　1/16
印　　张：24
字　　数：594 千
版　　次：2006 年 9 月　第 1 版　2010 年 8 月　第 2 版
印　　次：2025 年 1 月　第 2 版　第 14 次印刷　总共第 17 次印刷
书　　号：ISBN 978-7-114-08595-6
定　　价：40.00 元
（有印刷、装订质量问题的图书由本社负责调换）

总　序

当今世界,科学技术突飞猛进,全球经济一体化趋势进一步加强,科技对于经济增长的作用日益显著,教育在国家经济与社会发展中所处的地位日益重要。进入新世纪,面对国际国内经济与社会发展所出现的新特点,我国的高等教育迎来了良好的发展机遇,同时也面临着巨大的挑战,高等教育的发展处在一个前所未有的重要时期。其一,加入WTO,中国经济已融入到世界经济发展的进程之中,国家间的竞争更趋激烈,竞争的焦点已更多地体现在高素质人才的竞争上,因此,高等教育所面临的是全球化条件下的综合竞争。其二,我国正处在由计划经济向社会主义市场经济过渡的重要历史时期,这一时期,我国经济结构调整将进一步深化,对外开放将进一步扩大,改革与实践必将提出许多过去不曾遇到的新问题,高等教育面临加速改革以适应国民经济进一步发展的需要。面对这样的形势与要求,党中央国务院提出扩大高等教育规模,着力提高高等教育的水平与质量。这是为中华民族自立于世界民族之林而采取的极其重大的战略步骤,同时,也是为国家未来的发展提供基础性的保证。

为适应高等教育改革与发展的需要,早在1998年7月,教育部就对高等学校本科专业目录进行了第四次全面修订。在新的专业目录中,土木工程专业扩大了涵盖面,原先的公路与城市道路工程,桥梁工程,隧道与地下工程等专业均纳入土木工程专业。本科专业目录的调整是为满足培养"宽口径"复合型人才的要求,对原有相关专业本科教学产生了积极的影响。这一调整是着眼于培养21世纪社会主义现代化建设人才的需要而进行的,面对新的变化,要求我们对人才的培养规格、培养模式、课程体系和内容都应作出适时调整,以适应要求。

根据形势的变化与高等教育所提出的新的要求,同时,也考虑到近些年来公路交通大发展所引发的需求,人民交通出版社通过对"八五"、"九五"期间的路桥及交通工程专业高校教材体系的分析,提出了组织编写一套21世纪的具有鲜明交通特色的高等学校教材的设想。这一设想,得到了原路桥教学指导委员会几乎所有成员学校的广泛响应与支持。2000年6月,由人民交通出版社发起组织全国面向交通办学的12所高校的专家学者组成21世纪交通版高等学校教材(公路类)编审委员会,并召开第一次会议,会议决定着手组织编写土木工程专业具有交通特色的**道路专业方向、桥梁专业方向以及交通工程专业**教材。会议经过充分研讨,确定了包括**基本知识技能培养层次、知识技能拓宽与提高层次**以及**教学辅助层次**在内的约130种教材,范围涵盖**本科与研究生用**教材。会后,人民交通出版社开始了细致的教材编写组织工作,经过自由申报及专家推荐的方式,近20所高校的百余名教授承担约130种教材的主编工作。2001年6月,教材编委会召开第二次会议,全面审定了各门教材主编院校提交的教学大纲,之后,编写工作全面展开。

21世纪交通版高等学校教材编写工作是在本科专业目录调整及交通大发展的背景下展开的。教材编写的基本思路是:(1)顺应高等教育改革的形势,专业基础课教学内容实现与土木工程专业打通,同时保留原专业的主干课程,既顺应向土木工程专业过渡的需要,又保持服务公路交通的特色,适应宽口径复合型人才培养的需要。(2)注重学生基本素质、基本能力的

1

培养，为学生知识、能力、素质的综合协调发展创造条件。基于这样的考虑，将教材区分为二个主层次与一个辅助层次，即基本知识技能培养层次与知识技能拓宽与提高层次，辅助层次为教学参考用书。工作的着力点放在基本知识技能培养层次教材的编写上。(3)目前，中国的经济发展存在地区间的不平衡，各高校之间的发展也不平衡，因此，教材的编写要充分考虑各校人才培养规格及教学需求多样性的要求，尽可能为各校教学的开展提供一个多层次、系统而全面的教材供给平台。(4)教材的编写在总结"八五"、"九五"工作经验的基础上，注意体现原创性内容，把握好技术发展与教学需要的关系，努力体现教育面向现代化、面向世界、面向未来的要求，着力提高学生的创新思维能力，使所编教材达到先进性与实用性兼备。(5)配合现代化教学手段的发展，积极配套相应的教学辅件，便利教学。

教材建设是教学改革的重要环节之一，全面做好教材建设工作，是提高教学质量的重要保证。本套教材是由人民交通出版社组织，由原全国高等学校路桥与交通工程教学指导委员会成员学校相互协作编写的一套具有交通出版社品牌的教材，教材力求反映交通科技发展的先进水平，力求符合高等教育的基本规律。各门教材的主编均通过自由申报与专家推荐相结合的方式确定，他们都是各校相关学科的骨干，在长期的教学与科研实践中积累了丰富的经验。由他们担纲主编，能够充分体现教材的先进性与实用性。本套教材预计在二年内完全出齐，随后，将根据情况的变化而适时更新。相信这批教材的出版，对于土木工程框架下道路工程、桥梁工程专业方向与交通工程专业教材的建设将起到有力的促进作用，同时，也使各校在教材选用方面具有更大的空间。需要指出的是，该批教材中研究生教材占有较大比例，研究生教材多具有较高的理论水平，因此，该套教材不仅对在校学生，同时对于在职学习人员及工程技术人员也具有很好的参考价值。

21世纪初叶，是我国社会经济发展的重要时期，同时也是我国公路交通从紧张和制约状况实现全面改善的关键时期，公路基础设施的建设仍是今后一项重要而艰巨的任务，希望通过各相关院校及所有参编人员的共同努力，尽快使全套21世纪交通版高等学校教材(公路类)尽早面世，为我国交通事业的发展做出贡献。

21世纪交通版
高等学校教材(公路类)编审委员会
人民交通出版社
2001年12月

第二版前言

工程施工及其组织管理，是确保工程建设质量、降低工程建设费用、加快工程建设进度的一项十分重要的工作，是培养土木建筑类专业人才的必修课程内容。《公路施工技术与管理》以高速公路和一级公路的施工为核心，以施工的组织管理为重点，全面介绍公路工程的施工，本书是交通土建工程专业本科的专业课教材。学习该课程的目的，在于拓宽专业口径，扩大知识视野，使学生了解和掌握公路工程现代化施工必须具备的基本知识和技能，掌握施工方法，初步具备组织管理施工的能力，为培养适应我国高等级公路建设需要的：既有理论、会设计，又能组织公路工程施工和管理的复合型人才打下坚实的基础。

学习本书，要求读者必须具备公路和桥梁的理论与设计方面的基础知识。因此，公路勘测设计、路基工程、路面工程、城市道路以及公路电算、运筹学与系统工程等，为本书的先修课程或预备知识。在学习过程中，宜配以教学录像，安排参观施工现场等，以加深对本书内容的理解。

本书是根据高等学校路桥及交通工程专业教学指导委员会一届二次会议审订的教学大纲在原普通高等教育"九五"交通部重点教材《公路施工与管理》的基础上编写的。全书内容分为三大部分，以适应教学安排。第一部分为公路施工技术（第一章～第七章），重点为路基工程和路面工程的施工方法和技术，遵照现行公路设计规范和施工规范编写。第二部分为施工组织设计（第八章～第十章），以流水作业法、网络计划技术为主，介绍现代化的施工组织原理和方法，及其在工程施工中的应用。第三部分为工程施工管理（第十一章～第十六章），介绍公路施工中的计划管理、技术管理、质量管理等。此外，还介绍了与公路施工密切相关的公路工程基本建设程序和公路工程施工监理制度等基本内容。

本书由重庆交通大学魏建明主编，重庆交通大学廖正环主审。各章的编写人员如下：第一、八、九、十章由廖正环编写；第二、三、四、五、六、七章由魏建明编写；第十一章由夏泽林编写；第十二、十四、十五章由胡江碧编写；第十三章由费雪良编写；第十六章由何勇编写。

在本书编写过程中，得到有关兄弟院校和公路施工单位、管理部门的大力支持和帮助，在此谨表谢意。

由于近年来，我国公路建设飞速发展，公路施工与管理的新技术、新方法不断涌现，我们掌握的资料不尽完善，希望同行专家和使用本书的单位及个人提出宝贵意见，请寄重庆交通大学土木建筑学院道路工程系（邮政编码400074），以利适时修订。

编　者

2010 年 6 月

目　　　录

1

第一章 总 论

第一节 公路基本建设程序

一、基本建设及其内容构成

基本建设是指国民经济中建造新的固定资产，从而扩大生产能力或工程效益的过程，在西方国家，相当于国家"资本投资"（Capital Investment）。例如，为了增加社会生产能力，新建工厂、学校、公路、桥梁、码头、矿井、电站、水坝、铁路等；为了扩大生产和提高效益而扩建生产车间、提高路面等级、修建永久性桥梁；为了提高生产效率，改进产品质量，对原有设备及工艺进行整体性技术改造，原有公路的全面改建等，都属于基本建设的范畴。由此可见，凡是固定资产扩大再生产的新建、改建、扩建、恢复工程的建筑、添置、安装等活动及其与之连带的工作称为基本建设。

在我国，基本建设是发展国民经济，增强综合国力，迅速实现社会主义现代化，提高人民物质文化生活水平和加强国防实力的重要手段。因此，党和国家历来都十分重视基本建设事业，并制定、颁布了一系列政策、法规。通过十个五年计划，全国范围的大规模基本建设，初步形成了比较完整的工业、交通运输体系和国民经济体系，使历史悠久的中华大地发生了天翻地覆的变化，为我国的改革开放事业和构建社会主义的和谐社会提供了坚实的物质基础。

基本建设工作应包括以下内容：

1. 建筑工程

指消耗建筑材料，使用工程机械，通过施工活动而建成的工程实体，如路基、路面、桥梁、隧道、厂房、水坝等构筑物。

2. 安装工程

指基本建设项目需用的各种机械和设备的安设、装配、调试等工作，如工业生产设备、公路及大型桥梁所需的各种机械、设备、仪器的安装及调试等。包括生产设备和生活设施。

3. 设备、工具及器具的购置

指属于固定资产的机器、设备、工具、器具等用品的购置，如渡口设备、隧道照明、消防、通风的动力设备；高等级公路的收费监控通信、供电设备、路面养护用的沥青混合料拌和设备、摊铺机械和工具、器具等。

4. 勘察、设计及相关工作

指编制建筑安装工程施工依据的勘察设计文件所进行的工作，如公路工程的可行性研究、初步设计、施工图设计等，以及勘察、设计过程中必须进行的地质调查、钻探、材料试验和技术研究工作、评价、评估、咨询、招标、投标、造价编制、试验研究工作等。

5. 其他基本建设工作

指为确保基本建设工程的顺利实施和正常运行而进行的基础工作，如土地征用、拆迁安置、人员培训工程质量监督、监理、工程定额测定、施工机构迁移工作等。

二、基本建设项目的划分

基本建设工程规模有大小之分，但无论大小都有其自身的复杂性，要进行若干项技术的、经济的和物质形态的工作。为了加强对基本建设工作的管理，便于编制设计文件、概预算文件和施工组织设计文件，便于工程招投标工作和施工管理，必须对基本建设项目进行科学的分解和合理的划分。基本建设工程可以划分为建设项目、单项工程、单位工程、分部工程和分项工程。

1. 建设项目

建设项目也称基本建设项目，是指经批准在一个设计任务书范围内按同一总体设计进行建设的全部工程。建设项目由一个或几个单项工程所组成，经济上实行统一核算，行政上实行统一管理，一般以一个企业（或联合企业）、事业单位或独立工程作为一个建设项目。公路工程以单独设计的公路路线、独立桥梁作为基本建设项目。

2. 单项工程

单项工程也称工程项目，是指建设项目中具有独立的设计文件，建成后可独立发挥生产能力或使用效益的工程。如工业建筑中的生产车间、办公楼、仓库，民用建筑中的教学楼、图书馆、实验室、住宅，公路工程中独立合同段的路线、大桥、隧道等属于单项工程。

3. 单位工程

单位工程是单项工程的组成部分，是指在单项工程中具有单独设计文件和独立施工条件，而又单独作为一个施工对象的工程。如生产车间的厂房修建、设备安装，公路工程中同一合同段内的路基、路面、桥梁、互通式立交、交通安全设施等属单位工程。由此可见，单位工程一般不能独立发挥生产能力和使用效益。

4. 分部工程

是按工程结构、构造或施工方法不同所作的分类，它是单位工程的组成部分。如房屋的基础、地面、墙体、门窗，公路路基的土石方、排水、涵洞、大型挡土墙，桥梁的上、下部构造、引道等均属分部工程。

5. 分项工程

是指通过较为简单的施工过程就能生产出来，并且可以用适当计量单位计算的"假定"的建筑或安装产品。如 $10m^3$ 块石基础、$100m^2$ 水泥混凝土路面，一台某型号龙门吊的安装等。必须指出，分项工程只是建筑或安装工程的一种基本构成因素，是为了确定施工资源消耗和计算工程费用而划分的一种假定产品，以便作为分部工程的组成部分。因此，分项工程的独立存在是没有意义的，它不像上述项目那样是完整的产品。

三、公路基本建设程序

基本建设程序是指基本建设全过程中各项工作必须遵循的先后顺序。这个顺序是由固定资产的建设过程，即基本建设发展进程的客观规律所决定的。科学的基本建设程序能正确地处理基本建设工作中，制定建设规划、确定建设项目、勘察设计、组织施工、竣工验收等各阶段、各环节之间的关系，指导基本建设工作有计划、按步骤地进行。

公路基本建设程序，是指公路基本建设项目从规划立项到竣工验收的整个建设过程中各项工作的先后顺序。公路基本建设涉及面广，既受地质、气候、水文等自然条件的制约，又受物资供应、技术水平等物质技术条件的影响，同时还需要建设单位与设计、施工、监理、质量监督等单位和部门的协作配合。因此，公路基本建设项目必须严格按照规定的程序实施，依次进行各个方面的工作，才能达到预期的效果，否则将可能给国家造成严重的经济损失或给工程带来无法弥补的缺陷。

根据原交通部颁布的《公路建设监督管理办法》的规定，我国公路建设应当按照国家规定的建设程序和有关规定执行。政府投资公路建设项目实行审批制，企业投资公路建设项目实行核准制。

政府投资公路建设项目的实施，按照下列程序进行：

（1）根据国民经济长远规划及公路网建设规划进行预可行性研究，编制项目建议书；

（2）根据批准的项目建议书进行工程可行性研究，编制可行性研究报告；

（3）根据可行性研究报告和可行性研究报告批复编制项目设计招标文件；

（4）根据批准的项目设计招标文件、资格预审结果和公路建设计划，组织项目设计招标投标；

（5）根据可行性研究报告和可行性研究报告批复编制初步设计文件；

（6）根据批准的初步设计文件，编制施工图设计文件；

（7）根据批准的施工图设计文件，编制项目施工招标文件；

（8）根据批准的项目施工招标文件、资格预审结果和公路建设计划，组织项目施工招标投标；

（9）根据国家有关规定，进行征地拆迁等施工前的准备工作，编制项目开工报告，并向交通主管部门申报施工许可；

（10）根据批准的项目开工报告，组织项目实施；

（11）项目完工后，编制竣工图表、工程决算和竣工财务决算，办理项目交工验收、竣工验收和财产移交手续；

（12）竣工验收合格营运一段时间后，组织项目后评价。

企业投资公路建设项目的实施程度，在编制施工图设计文件之前与政府投资公路建设项目的建设程序有所不同：

（1）根据规划，编制工程可行性研究报告；

（2）组织投资人招标工作，依法确定投资人；

（3）投资人编制项目申请报告，按规定报项目审批部门核准；

（4）根据核准的项目申请报告，编制项目设计招标文件、组织项目设计招标设标编制初步设计文件，其中涉及公共利益、公众安全、工程建设强制性标准的内容应当按项目隶属关系报交通主管部门审查；

（5）根据初步设计文件，编制施工图设计文件；

（6）根据批准的施工图设计文件，编制项目招标文件；

（7）根据批准的项目招标文件、资格预审结果和公路建设计划，组织项目施工招标投标；

（8）根据国家有关规定，进行征地拆迁等施工前准备工作，并向交通主管部门申报施工许可；

（9）根据批准的项目施工许可，组织项目实施；

（10）项目完工后，编制竣工图表、工程决算和竣工财务决算，办理项目交工验收和竣工验收；

（11）竣工验收合格后，组织项目后评价。

图 1-1 为公路基本建设程序的流程图，图中同时绘出了基本建设项目在设计、施工的各阶段应编制的施工组织设计文件的名称。所有大中型公路基本建设项目，都要严格按照公路基本建设程序运行，对于某些特殊的小型项目，经建设行政主管部门批准后可以根据实际情况适当简化建设程序。

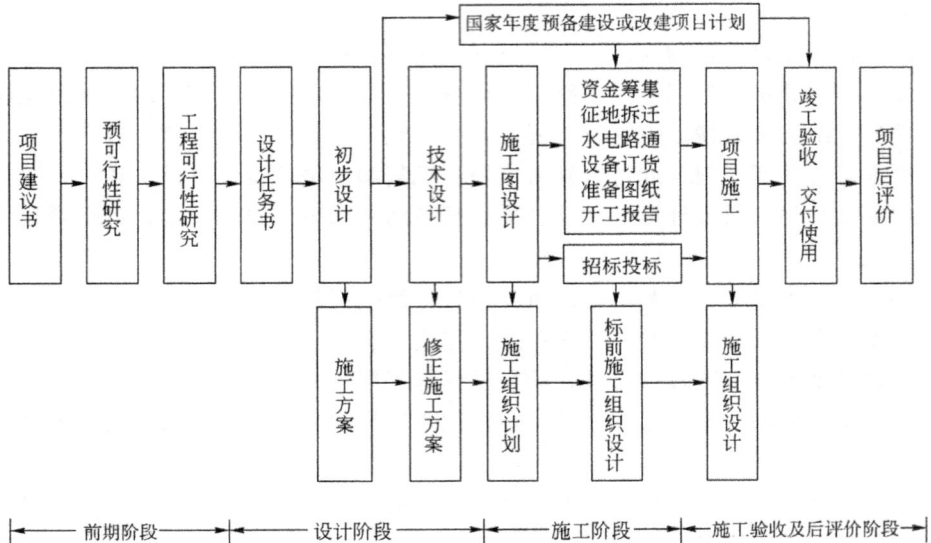

图 1-1　公路基本建设程序

为加强公路基本建设项目管理，公路建设还应当按照国家和交通运输部的有关规定实行项目法人制度、招标投标制度、工程监理制度和合同管理制度（通常称为"四项制度"）。现将公路基本建设程序各阶段的主要内容分别叙述如下。

1. 前期阶段

（1）项目建议书阶段

项目建议书是建设单位（业主）向国家提出的要求建设某一项目的建议文件，是对建设项目的轮廓构想，这种构想可来自国家、部门和地方的发展规划与计划安排，或来自市场调查研究，或来自某种资源发现。项目建议书应对拟建项目的社会需求进行分析研究，明确为满足此需求所要达到的建设目标，包括经济目标、社会目标和环境目标，并考虑可能承担的风险。

（2）可行性研究阶段

项目建议书批准后，由政府交通主管部门组织项目的可行性研究。可行性研究是对拟建项目在技术上和经济上是否"可行"进行科学分析和论证工作，为项目决策（即该项目是继续实施还是放弃）提供依据。可行性研究的主要任务是通过多方案比较，提出评价意见，推荐最佳方案。

按可行性研究的工作深度，划分为预可行性研究和工程可行性研究两个阶段。预可行性研究应重点阐明建设项目的必要性。通过踏勘和调查研究，提出建设项目的规模、技术标准，进行简要的经济效益分析。工程可行性研究应通过必要的测量（高速公路、一级公路必须做）、地质勘探（大桥、隧道及不良地质地段等），在认真调查研究、占有必要资料的基础上，对不同建设方案从技术上和经济上进行综合论证，提出推荐方案。可行性研究报告的文件应符合《公路建设项目可行性研究报告编制办法》的规定。

可行性研究报告经审查批准后，项目才能正式"立项"。大中型项目和限额以上项目的可行性研究报告经批准后，可根据实际需要组成筹建机构，即组建项目法人。一般改建、扩建项目不单独设置机构，仍由原企业负责筹建。

2．设计阶段

（1）设计招投标及任务书阶段

根据可行性研究报告及可行性研究报告批复编制项目设计招标文件，进行项目设计招标，选择确定项目设计单位。

设计任务书是项目确定建设方案的决策性文件，是编制设计文件的主要依据。设计任务书可由建设单位自行提出，也可由工程咨询公司代为拟定，或由建设单位与设计单位协商确定。

设计任务书的内容包括：建设依据和建设规模；路线走向和主要控制点，独立大桥桥址和主要特点；地理位置、自然条件和社会经济现状；工程技术标准和主要技术指标；设计阶段及完成时间；环境保护、城市规划、抗震、防洪、防空、文物保护等要求和采取的措施方案；投资估算和资金筹措；经济效益和社会效益；建设期限和实施方案。

（2）公路设计阶段划分

公路基本建设项目一般采用两阶段设计，即初步设计和施工图设计。对于技术简单、方案明确的小型建设项目，也可采用一阶段设计，即一阶段施工图设计。对于技术上复杂、基础资料缺乏和不足的建设项目，或建设项目中的特大桥、互通式立交枢纽、地质复杂的长大隧道、高速公路和一级公路的交通工程及沿线设施中的机电设备等，必要时采用三阶段设计，即初步设计、技术设计和施工图设计。

（3）各阶段的设计依据

初步设计应根据批复的可行性研究报告、测设合同及勘测资料进行编制。一阶段施工图设计应根据批复的可行性研究报告、测设合同及定测、详勘资料进行编制。两阶段设计时，施工图设计应根据批复的初步设计、测设合同和定测、详勘资料（含补充资料）进行编制。三阶段设计时，技术设计应根据批复的初步设计、测设合同和定测、详勘资料进行编制；施工图设计应根据批复的技术设计、测设合同和补充定测、详勘资料进行编制。

（4）施工图设计文件组成

不论按几个阶段设计，其中的施工图设计文件由以下十三篇及附件组成：总说明书；总体设计；路线；路基、路面及排水；桥梁、涵洞；隧道；路线交叉；交通工程及沿线设施；环境保护；渡口码头及其他工程；筑路材料；施工组织计划；施工图预算；附件。其中第二篇总体设计只用于高速公路和一级公路，附件内容为补充地质勘探、水文调查及计算等基础资料。

3．施工阶段

项目在开工建设之前，要做好以下前期准备工作：

（1）预备项目

初步设计已经批准的项目可列为预备项目。国家的预备项目计划，是对列入部门、地方编报的年度建设预备项目计划中的大中型项目和限额以上项目，经过对建设总规模、生产力布局、资源优化配置以及外部协作条件等方面进行综合平衡后安排和下达的。

（2）建设准备的内容

建设准备的主要工作内容有：征地、拆迁和安置；完成施工用水、电、路工程；设备、材料订货；准备施工图纸；监理、施工招标投标。

（3）申报项目施工许可

完成了规定的建设准备和具备了开工条件以后，应申报项目施工许可。年度大中型项目和限额以上项目须经国务院批准，国家发展与改革委员会下达项目计划，其他项目可由部门和地方政府批准。

建设项目开工报告一经批准，项目便进入了建设施工阶段。本阶段是项目决策的实施、建成投入使用、发挥效益的关键，因此建设单位、施工企业、监理单位都应认真做好各自的工作。

公路项目开工建设的时间以开始进行土石方施工的日期作为正式开工日期。分期建设的项目，分别按各期工程开工的日期计算。施工活动应严格按照设计要求、技术规程、合同条款、预算投资、施工程序和顺序、施工组织设计，在保证质量、工期、成本等计划目标的前提下进行，达到竣工标准要求，经验收后移交使用。

4. 设工验收及后评价阶段

（1）竣（交）工验收交付使用阶段

竣（交）工验收是建设全过程的最后一道程序，是投资成果转入使用的标志，是建设单位、设计单位和施工单位向国家汇报建设项目的生产能力或效益、质量、造价等全面情况及交付新增固定资产的过程。验收工作在建设项目按施工合同文件的规定内容全部完成后进行。

公路项目验收分为单项工程交工验收和整体项目竣工验收两个阶段。竣工验收由建设主管部门主持，依据国家有关规定组成验收委员会，按照原交通部《公路工程竣（交）工验收办法》（2004 年 3 月 31 日交通部令第 3 号）的要求组织验收。在工程验收前，建设单位要做好以下准备工作：组织设计、施工等单位进行工程初验，并向主管部门提出验收报告；整理技术资料，包括各种文件；绘制竣工图，必须准确、完整、符合档案管理的要求；编制竣工决算。

验收合格的工程，应移交使用，并按有关规定办理交接手续。

（2）项目后评价阶段

公路建设项目正常运营一段时间后，再对项目的立项决策、设计施工、竣工验收、生产运营等全过程进行系统评价的技术经济活动，称为项目后评价，它是固定资产投资管理的最后一个环节。通过后评价可以肯定成绩、总结经验、探讨问题、汲取教训，并提出建议，作为今后改进投资规划、评估和管理工作的参考。

项目后评价应经过建设单位自评和投资方评价两个阶段，包括以下内容：评估项目的实际成效；确定项目是否达到了预期目标和设计要求；检查设计、施工各个环节的实际质量；重新计算实际财务效益和国民经济效益。

第二节 公路施工项目管理过程

施工企业通过投标承揽施工任务后，公路施工项目管理要依次经历施工准备阶段、施工阶段、竣（交）工验收阶段、用后服务阶段等，按工程施工承包合同的要求完成施工任务。各施工阶段的相互关系如图 1-2 所示。对于不同规模、不同性质的具体工程项目，施工过程各阶段的具体工作内容不尽相同。

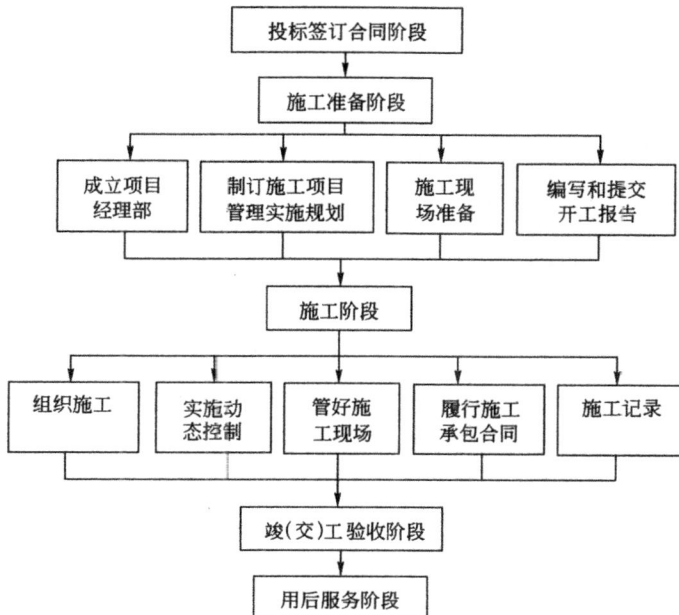

图 1-2 公路施工项目管理过程示意图

一、投标与签订合同阶段

在社会主义的市场经济条件下，施工企业通过投标竞争，中标后与建设单位签订工程承包合同，承揽施工任务。在工程承包合同中，建设单位为发包人，称为业主；施工企业称为承包人。

建设单位的拟建工程项目具备了招标条件后，便发布招标广告（或邀请函），施工企业见到招标广告（或收到邀请函）后，从作出投标决策至中标签约的过程，实质上是在进行施工项目管理第一阶段的工作。

1. 投标决策

公路施工企业获得工程项目施工招标信息后，从本企业经营战略的高度并结合当前的施工任务情况，由企业决策层作出是否投标争取承包该项目的决策。

2. 收集信息

如果决定投标，就要力争中标。因此，应从当前工程市场形势、施工项目现场状况、竞争对手的实力、招标单位情况，以及企业目前的自身力量等几个方面大量收集信息，为投标书的编制提供可靠资料。

3. 编制投标书

按照招标文件的规定和要求，充分发挥本企业自身的优势，编制既能赢利，又有竞争力，可望中标的投标书。

4. 签订工程施工承包合同

如果中标，则在规定期限内与业主单位进行谈判，依法签订工程施工承包合同。

二、施工准备阶段

工程施工承包合同正式生效后，施工企业便应组建项目经理部，然后以项目经理部为主，与企业经营层和管理层配合，进行施工准备，使工程具备开工作业和连续施工的条件。

1. 成立项目经理部

施工企业按照工程施工承包合同规定的基本条件确定施工项目经理，成立项目经理部，根据施工项目的规模大小和施工管理工作的实际需要建立管理机构，配备管理人员。

2. 制订施工项目管理实施规划

施工项目管理实施规划由施工项目经理负责组织编制。施工项目管理实施规划是整个工程施工管理的执行计划，在施工项目中它还要进一步分解，由施工项目经理、经理部各部门、各工程小组、分包人等在项目施工的各个阶段中执行。

3. 进行施工现场准备

施工现场准备包括组织准备、技术准备、物资准备等项工作，主要有：熟悉和核对设计文件，补充调查资料，编制施工组织设计，建立临时生产与生活设施，施工测量、放样，劳务人员培训，材料试验、备料等。通过施工现场准备，使现场具备施工条件，有利于文明施工和场容管理。

4. 编写和提交开工报告

各项施工准备工作完成，并具备连续施工作业的条件后，按照施工承包合同规定的期限向监理工程师提交工程开工报告。开工报告的主要内容应包括：施工机构的建立，质量检测体系、安全体系的建立和劳动力安排，材料、机械及检测仪器设备进场情况，水电供应，临时设施的修建，施工方案和总体施工组织设计等。

监理工程师对开工报告进行审查后，将在投标书附录规定的期限内发布开工令。

三、施工阶段

这是一个从工程开工至竣（交）工验收的实施过程。在这一过程中，具体负责施工项目现场管理工作的项目经理部既是决策机构，又是责任机构。企业管理层、建设单位、监理单位在这一阶段中的作用是支持、服务、监督与协调。这一阶段的目标是完成工程施工承包合同规定的全部施工任务，达到竣（交）工验收的要求。

1. 组织施工

收到监理工程师发布的工程开工令之后，施工项目应在投标书附录中规定的开工期内开工。根据工程设计图纸，按照施工项目管理实施规划的安排，精心组织施工和管理，使整个施工活动连续、均衡、协调地进行，直到施工项目竣工。

2. 对施工活动实施动态控制

实现施工项目的质量、进度、成本、安全等目标，是施工项目管理的根本目的。在施工项目的目标控制过程中，经常会受到各种客观因素的干扰，各种风险因素也可能随时发生，为确保按计划实现施工项目的阶段性目标和最终目标，对施工项目的各项目标都必须实施动态控制。

3. 管理好施工现场

良好的施工现场是实现施工项目的目标以及安全生产和文明施工的保障条件之一。管理好施工现场，使场容清新美观、材料放置有序、机械设备整洁、施工有条不紊，为施工项目提供一个能使相关各方都满意的作业环境。

4. 严格履行施工承包合同

开工后的整个施工过程中，项目经理部应严格履行施工承包合同，并认真做好工程分包、合同变更、费用索赔及工程延期等工作。为顺利履行合同，还应协调和处理好内部与外部的各种关系。

5. 做好施工记录

施工记录包括施工原始记录、工序检查记录、隐蔽工程验收记录、材料试验与施工测量记录等。同时还应做好根据施工记录进行的协调、检查、整理、分析等工作，并按时编写和提交各项施工报告。

四、竣（交）工验收阶段

本阶段与建设项目的竣（交）工验收阶段协调、同步进行。目标是对施工项目的最终成果进行检查、总结、评价。公路工程验收分为交工验收和竣工验收两个阶段，小型工程或简易工程项目，经主持竣工验收单位批准后可合并为一次竣工验收。

1. 工程收尾与自验

工程施工承包合同规定的施工任务基本完成后，施工项目应及时进行工程收尾，并为施工项目验收时应提交的资料做好准备，项目经理首先要安排好竣工自验工作。

竣工自验又叫初验，是在施工项目按照承包合同的要求建成后，由项目经理组织各有关施工人员，按照正式验收的标准和要求进行的内部检验。对检查出的缺陷或不符合要求的部分，必须采取措施，定期修竣。全部问题处理完毕之后，项目经理应提请上级主管部门（如公司）进行复验，彻底解决所有遗留问题，为交工验收做好准备。

2. 交工验收

交工验收由建设单位主持，主要是检查施工承包合同的执行情况和监理工作情况，提出工程质量等级建议。

承包人在全面完成所承包的工程并经监理工程师同意后，向建设单位提出交工验收申请。建设单位组织设计、监理、施工、质量监督、接管养护、造价管理等单位的代表组成交工验收组，对工程项目进行全面验收。交工验收时，施工单位要提交验收项目的竣工图表、施工资料、工程施工情况报告等文件供交工验收组审议。验收组将提出交工验收报告，由建设单位报上级交通主管部门核定。

交工验收不合格或有缺陷的工程以及未完工程，由原承包人限期修复、补救、完成。交工验收合格的工程，监理工程师应及时向承包人签发交工证书，同时办理工程的移交管养工作。

3. 竣工验收

按照建设项目的大小，竣工验收由交通运输部或地方交通主管部门主持，主要是全面考核建设成果，总结经验，综合评价建设项目，确定工程质量等级。

经过交工验收各标段均达到合格以上的工程，由建设单位向竣工验收主持单位提出竣工验收申请。竣工验收委员会由验收主持单位、建设单位、交工验收组代表、质量监督、接管养护、造价管理、环境保护、有关银行等单位的代表组成。施工单位要向竣工验收委员会提交关于工程施工情况的报告。

验收委员会将对工程建设、设计、施工、监理等单位进行综合评分，并评定工程质量等级和建设项目等级。验收委员会对合格以上的建设项目签发《公路工程竣工验收鉴定书》，项目所在地的公路工程质量监督部门签发各标段的《工程质量鉴定书》。

4. 竣工结算与总结

工程经竣工验收合格后，业主与承包人之间根据监理工程师签发的"最终支付证书"办理竣工结算。

施工项目总结包括技术总结和经济总结两部分。技术总结的内容是：施工中采用的新技术、新工艺和重大革新项目，以及在合同管理、施工组织、技术管理、工程质量、安全生产等方面采取的措施、取得的成绩和存在的问题。经济总结主要是进行成本分析和经济核算，计算各种经济指标，通过与企业和同类施工项目的有关数据对比，总结经验教训，以利进一步提高施工项目的管理水平。

五、用后服务阶段

这是施工项目管理的最后一个阶段，主要包括施工项目在缺陷责任期和保修期的工作。其目的是保证使用单位正常使用，发挥效益。

交工验收合格的工程，在合同规定的期限内移交业主，施工项目即进入缺陷责任期。在缺陷责任期内，应尽快完成在交工证书中写明的未完成工作，对本工程存在的缺陷、病害或其他不合格之处按监理工程师的指令进行修补、重建及复建。

缺陷责任期终止后，施工项目即进入保修期。在保修期内承包人应对由于施工质量原因造成的损坏进行自费修复。还应进行工程回访，听取使用单位意见，观察项目的使用情况，开展必要的技术咨询和服务活动。

第三节　公路施工项目管理的方法与内容

一、施工项目管理及其特点

施工项目是指由建筑企业从施工投标开始到工程保修期满为止的施工全过程中完成的项目。施工项目的任务范围由施工合同界定，可以是一个建设项目的施工活动，也可以是一个单项工程或单位工程的施工活动。

施工项目管理是建筑企业管理的组成部分，是建筑企业运用系统工程的概念、理论和方法对施工项目通过计划、组织、指挥、控制、监督、协调、核算、信息反馈等一系列活动进行的全过程的全面管理。施工项目管理有以下特点。

1. 施工项目管理的主体是建筑企业

施工项目管理由建筑施工企业独立实施。建设单位和监理单位在工程施工阶段对施工项目进行的管理（如征地、进度和质量控制、验收等）属于建设项目管理的范围，不能算作施工项目管理。设计单位不进行施工项目管理。

2. 施工项目管理的对象是施工项目

施工项目管理工作针对特定的施工项目开展，管理工作的周期从工程投标开始到项目保修期结束时止。施工项目管理的特殊性主要表现在：生产活动与市场交易活动同时进行；先有交易活动，后有产品（竣工项目）；交易双方都要进行生产管理，生产活动和交易活动很难分开。

3. 施工项目管理的内容是按阶段变化的

从施工投标开始到工程保修期满为止的各个阶段，施工项目管理的内容差异很大，因此必须针对不同阶段的具体情况进行动态管理，优化组合施工资源，提高施工效率和效益。

4. 施工项目管理要求强化组织协调工作

公路施工项目是必须一次完成的单件性土木产出物，一旦发生工程质量不合格、影响环境或其他问题，则难以补救，将产生严重后果。另外，施工项目工期长、大量的野外露天作业、施工人员流动性大、需要巨额资金和种类繁多的资源，加之施工活动还涉及到复杂的经济、技术、法律、行政和人际等关系，因此，施工项目管理中的组织协调工作就显得十分重要。

施工项目管理与建设项目管理是两种平等的工程项目管理的分支。建设项目管理是站在投资主体（即建设单位）的立场对建设项目从可行性研究开始，经过勘察、设计、施工等阶段的全部建设过程进行的综合性管理；而施工项目管理是由建筑企业在项目的施工阶段对项目的施工活动进行的管理，两者之间各自独立而又密切联系。从工程项目的招标、投标至竣（交）工验收这一阶段（即建设项目的施工阶段），建设项目管理和施工项目管理同步平行进行，彼此交叉，相互依存和制约。

施工项目管理也不同于建筑企业管理。建筑企业管理的对象是整个企业，自然包括对施工项目的监督和指导，而施工项目管理以施工承包合同确定的内容为最终管理目标，由施工企业的法定代表人授权的项目经理负责的项目经理部为管理主体，对施工项目实施管理。

二、施工项目管理的基本方法

施工项目管理的基本方法是"目标管理法"。目标管理法是现代科学管理方法之一，广泛应用于经济领域和管理领域。为了实现各项具体的目标，还有其他适用的专业方法，如在施工项目管理中，控制进度目标用"网络计划方法"；控制质量目标用"全面质量管理方法"；控制成本目标用"可控责任成本方法"；控制安全目标用"安全责任制"。

1. 目标管理法

目标管理以被管理活动的目标为中心，将经济活动和管理活动的任务转换成具体的目标，运用现代管理技术和行为科学，借助人们的事业心、能力、自信、自尊等，实行自我控制，促成目标实现，从而完成经济活动的任务。目标管理的全体成员要亲自参加工作目标的制订，并以目标指导行动，因此，目标管理是面向未来的管理，是主动的、系统性的整体管理，是特别重视人的主观能动性、参与性和自主性的管理。

2. 网络计划方法

网络计划方法是控制施工项目进度最有效的方法，尤其对复杂的大型项目的进度控制，更显其不可替代的优越性。随着计算机在网络计划技术中的应用日益普及，网络计划方法将在项目管理的进度控制中发挥越来越大的作用。

应用网络计划方法应注意以下几点：认真执行网络计划的有关标准，使网络计划规范化、进度管理集约化；遵循网络计划应用的一般程序，即准备、绘制网络图、时间参数计算与确定关键线路、优化并正式编制网络计划、实施与调整网络计划、总结与分析；采用先进的网络计划应用软件，对施工项目进度进行快速、准确的有效控制；不断总结和积累应用网络计划的经验，提高进度控制的水平；处理好网络计划技术与流水作业计划的关系，应根据项目的具体情况选用适合的进度控制方法。

3. 全面质量管理方法

全面质量管理方法自 20 世纪 60 年代诞生以来，对实现质量管理科学化和促进产品质量水平的提高都发挥了重大作用，至今仍然是控制施工项目质量最有效的方法。简单地说，全面质量管理是"全员参与施工项目全过程和全部要素的质量管理"，通过各种层面的 PDCA（计划—执行—检查—处理）循环，在全员范围开展"QC 小组"活动，最终确保实现质量目标。

用全面质量管理方法控制施工项目质量应注意以下几点：全面质量管理是全企业的管理，企业和项目都应按照全面质量管理方法进行管理；数理统计方法是全面质量管理的工具，要充分利用这个工具为全面质量管理决策服务；处理好与 ISO9000—2000 族标准的关系，全面质量管理是方法，ISO9000 是标准，两者是统一的，不可相互替代；工序控制和质量检验是重点，是有效提高施工项目质量水平的关键。

4. 可控责任成本管理方法

成本是施工项目中各种消耗的综合价值体现，也是施工项目管理效果的重要指标，因此，施工项目管理必须进行成本控制。可控责任成本方法是成本控制的主要方法。施工项目的操作者和管理者都有控制成本的责任，可控责任成本是指责任者可以控制住的那部分成本，可控责任成本方法是通过明确每个责任者的可控责任成本目标而达到对每个生产要素进行成本控制，最终实现有效控制施工项目总成本的方法。该方法的本质是成本控制责任制，也是"目标管理法"责任目标落实的方法。

可控责任成本方法的关键是责任制，因此，要建立和落实每个责任者（操作者和管理者）、各部门和各层次的成本责任制，项目经理部全体成员概莫能外。在实施过程中要加强各级各类成本核算，确保可控责任成本取得实效。

5. 安全责任制

安全责任制是通过制度规定每个施工项目管理成员的安全责任，是施工项目安全控制的主要方法。安全责任制是岗位责任制的组成内容，项目经理、管理部门的成员、作业人员都要承担相应岗位的安全责任。安全责任制中还包含承担安全责任的保证制度，即进行安全教育，加强安全监督、检查与考核等。

三、施工项目管理的主要内容

施工项目管理由以项目经理为首的项目经理部负责实施，管理的客体是具体工程项目的施工活动及其相关的生产要素。国家标准《建设工程项目管理规范》（GB/T 50326—2001）规定了施工项目管理的基本内容。

1. 建立施工项目管理机构

（1）选聘称职的施工项目经理

施工项目经理是经承包人的法定代表人授权对工程项目施工过程全面负责的项目管理者，是承包人在施工项目上的委托代理人。施工项目经理由企业采用适当的方式选聘或任命。

（2）建立施工项目经理部

根据施工项目管理的组织原则，结合工程规模和特点，选择合适的组织形式，建立施工项目经理部，并明确各部门、各岗位的责任、权限和利益。项目经理部是项目经理领导下的施工项目管理机构，负责对施工项目全过程的施工生产经营活动的管理。

（3）制订管理制度

在符合企业规章制度的前提下，根据施工项目管理的需要，制订施工项目经理部管理制度。

2. 编制施工项目管理规划

（1）工程投标前编制施工项目管理规划大纲

在工程投标前，由企业管理层按招标文件要求编制施工项目管理规划大纲，对施工项目管理自投标到保修期满进行全面的纲领性规划。

（2）工程开工前编制施工项目管理实施规划

在工程开工前，由项目经理负责组织编制施工项目管理实施规划，作为施工项目从开工到竣（交）工验收整个工程施工管理的执行计划。

3. 施工项目的目标控制

在施工项目管理的全过程中，必须对项目的质量、进度、成本和安全目标进行控制，确保实现整个施工项目的管理目标。控制的基本过程是：

（1）确定各项目标的控制标准。

（2）在实施过程中，通过检查、对比，分析目标的完成情况。

（3）将分析结果与控制标准进行比较，若有偏差，找出原因，采取措施以保证目标的实现。

4. 生产要素管理

施工项目生产要素管理是指对施工中使用的人工、材料、机械设备、技术和资金等施工资源进行的计划、供应、使用、检查和改进等管理过程，目的是降低消耗、减少支出、节约物化劳动和活劳动。

（1）人力资源管理

人力资源不是简单的劳动力，而是指能够推动经济和社会发展的劳动者的能力，是关系到企业生存和发展的一种重要战略资源。作为施工项目的人力资源管理，主要是指对体力劳动者进行的劳务管理。对脑力劳动者的管理，纳入项目经理部的管理范围。

人力资源管理是一个动态管理过程。项目经理部对施工现场的劳动力管理应做到：按施工进展进行劳动力跟踪平衡，根据需要进行补充或减员，向企业劳动管理部门提出申请计划；实行有计划地作业，向作业班组下达施工任务书，根据执行结果进行考核、支付费用和奖励；加强对劳务人员的教育、培训、思想管理工作，对作业效率和质量进行检查。

（2）材料管理

材料管理对节约现场费用、降低工程成本具有重要意义。材料管理应满足以下要求：编制材料需用量计划；按计划供应材料；优选临时仓库地址；严把材料进场关，保证计量设备质量，材料的试验、检验必须符合质量要求；做好材料库存管理；建立限额领料制度和材料使用台账，实施材料使用监督制度、退料和回收制度。

（3）机械设备管理

机械设备的使用是管理工作的重点，而使用的关键是提高效率，要提高效率就必须提高机械设备的完好率和利用率。机械设备管理的职责是：编制机械设备使用计划，并报企业管理层审批；对进场的机械进行安装、调试、验收；做好机械设备的维护和管理；采用技术、经济、组织、合同等手段保证机械设备合理使用。

（4）技术管理

技术管理包括：图纸审查与会审；工程变更洽商；编制施工方案；技术交底；对分包人的技术管理进行服务和监督；参加施工预验收、隐蔽工程验收、分部分项工程验收、结构验收、交工验收和竣工验收；实施技术措施计划；技术资料管理。

（5）资金管理

项目经理部通过对资金的使用管理，实现保证收入、减少支出、防范风险、提高经济效益的目的。资金管理工作有：编制资金收支计划，并上报审批；配合企业财务部门及时进行资金计划；控制资金使用；做好资金分析。

5. 合同管理

合同管理的内容包括与施工项目有关的施工合同、分包合同、买卖合同、租赁合同和借款合同等的订立、履行、变更、终止，以及解决合同争议。项目经理作为承包人在施工项目上的委托代理人，应按照施工合同认真完成所承接的施工任务，承担合同约定的义务，并行使相应的权利。

项目经理部合同管理的主要任务是实施和履行施工合同。项目经理部应向各职能部门的管理人员进行合同交底，落实合同目标，用合同指导工程施工和项目管理工作，按规定进行合同变更、索赔、转让和终止。

6. 信息管理

对工程施工中发生的信息进行收集、整理、分析、处理、储存、传递、应用的过程称为施工项目的信息管理，是现代项目管理的一大支柱。信息管理必须适应施工项目管理的需要，建立信息管理系统，及时收集和准确、完整地传递信息，并配置信息管理人员。

施工项目应建立以项目经理为中心的信息管理系统。信息管理系统要满足项目经理部全部管理工作的需要，应做到目录完整，层次清晰，结构严密，信息齐全，表格自动生成，方便输入、处理、修改、储存、发布，与建设各阶段和各有关专业有良好的接口，相关单位、部门和管理人员能信息共享。

7. 现场管理

施工项目的各项施工作业活动和相关管理工作，是以施工现场为平台进行联系和实施的，因此，施工现场管理不仅直接关系到施工作业任务的完成，而且对文明施工、安全生产、环境保护等都具有极其重要的意义。施工现场管理的依据是国家颁布的有关法律、法规、规定和项目经理部编制的施工平面图。

施工现场管理的总体要求是：文明施工，安全有序，整洁卫生，不扰民，不损害公众利益；现场入口处设立有关公示牌；项目经理部应经常巡视施工现场，发现问题及时整改；用施工平面图规范场容管理；按规定做好环境保护、防火保安、卫生防疫等工作；进行施工现场的综合考评。

8. 组织协调

施工项目的组织协调，就是按一定的组织形式、方法和手段，疏通项目管理中的各方关系，排除施工过程中产生的各种干扰的过程。组织协调的内容包括人际关系、组织机构之间的关系、供求关系和协作配合关系等。

施工中需要协调的关系有三种：企业内部关系，属于行政关系；近外层关系，是由合同确定的关系，如承包人与业主、监理单位之间的关系；远外层关系，是由法律和社会公德确立的关系，如企业与政府监督部门、地方行政管理部门等之间的关系。

第四节　公路工程施工监理

一、施工监理的作用

工程监理制度是交通部规定的公路建设管理四项制度之一，它是随着我国经济体制改革的深化和社会主义市场经济的形成，自 20 世纪 80 年代中期以来在工程建设中逐步实施的一种与国际接轨的工程建设管理的新体制和新模式。工程监理通过对工程建设参与者的行为进行监控、督导和评价，并采取相应的管理措施，保证工程建设行为符合国家法律、法规和有关政策，制止建设行为的随意性和盲目性，促使工程建设费用、进度、质量按计划（合同）实现，确保工程建设行为的合法性、科学性、合理性和经济性。根据交通部的规定，公路工程的监理目前在公路施工阶段实施，因此也称为"施工监理"。

公路工程施工监理制度，是以国际通用 FIDIC 土木工程施工合同条件为基础，形成建设单位、施工单位、监理单位三方相互制约，以监理单位为核心的管理模式。实行施工监理制度，使建设各方的权利、义务和责任更为合理、明确，有利于克服随意性，增强合同意识，提高管理水平；突破了建设单位事无巨细统揽一切的小生产管理方式的局限性，有利于积累经验，促进建设项目管理向专业化、社会化方式转变；突出了监理单位的管理作用，有利于预防和减少建设单位与施工单位双方发生的纠纷，促使建设活动顺利进行。

由于公路工程与国民经济的发展和人民生活的关系十分密切，公路建设又受到各种条件的限制，施工难度是很大的。为了保证公路工程的质量，控制工期和工程费用，提高投资效益及工程管理水平，凡列入基本建设计划的公路工程项目，都应实行"政府监督、社会监理、企业自检"的质量保证体系。政府监督，指承包人（施工单位）和施工人员、监理单位及监理人员、业主（建设单位）的项目管理人员等均应接受政府交通主管部门和公路工程质量监督部门的管理和监督检查。社会监理，指建设单位委托监理单位对施工项目实施全面的监督管理，监理单位和监理人员应按照"严格监理、热情服务、秉公办事、一丝不苟"的原则认真做好监理工作。企业自检，即施工企业在公路施工过程中应加强管理，自行把好质量关。

二、监理工作的组织过程

1. 选择监理单位

监理单位是在工程施工招标之前由业主（建设单位）确定的。业主对监理单位的选择，可通过招标、聘请、委托等方式进行。

承担公路工程施工监理业务的单位，必须是经交通部审批，取得公路工程施工监理资格等级证书，具有法人资格的社会监理单位，并按批准的资格等级承担相应的施工监理业务。

2. 签订监理服务合同

监理单位确定之后，业主与监理单位双方必须签订监理服务合同，即用书面形式确定双方的责任和权利。监理服务合同是一个对业主和监理单位双方都具有法律约束力的文件。

监理合同文件由合同协议书、合同通用条件、合同专用条件和附件组成。主要内容应包括：委托监理工程的概况；监理服务的形式、范围与内容；监理单位的职责；建设单位的职责；监理服务的费用与支付办法；违约责任及赔偿等。

3. 组建监理机构

监理单位承接监理任务后，应考虑项目组成、工程规模、难易程度、合同工期、地理位置、现场条件等因素，根据不同情况设置现场监理机构，对公路工程施工的监理工作实行统一管理。

现场监理机构一般按工程施工招标合同段设置基层监理机构，可视工程的具体情况分别设置一级、二级或三级监理机构。一级监理机构设置总监理工程师办公室，适用于特大桥、隧道等集中工程项目或小型公路工程项目；二级监理机构设置总监理工程师办公室和高级驻地监理工程师办公室，适用于一般大中型公路工程项目；三级监理机构是当建设项目为两个以上独立工程项目或跨省、直辖市、自治区时，在上述二级监理机构中间再设置项目监理部。

4. 确定监理人员

监理人员由以下三部分构成：

（1）监理工程师，包括总监理工程师、总监理工程师代表、高级驻地监理工程师、专业监理工程师；

（2）监理员，包括测量、试验人员和现场旁站人员；

（3）其他人员，包括文秘、翻译、行政、后勤人员。

各级监理机构中的人员构成及数量，根据被监理工程的类别、规模、技术复杂程度，以能够对工程实施有效监理为原则进行配备。

5. 实施工程监理

监理的主要依据有：国家有关公路工程建设的政策、法律和法规，政府批准的建设计划、规划、设计文件，以及公路工程的有关技术标准、规范、规程等；业主和承包人签订的施工合同文件，监理单位与业主签订的监理服务合同文件；公路施工过程中，监理工程师与承包人围绕工程实施的有关会议记录、纪要、函电和其他文字记载，以及经监理工程师批准的图纸、签发的指令等。

监理工作贯穿在公路工程施工的各个阶段，各监理阶段的划分及相应的监理任务如下：

（1）施工准备阶段的监理

监理合同签订后，即进入施工准备阶段监理。在这一阶段，监理工程师应熟悉合同文件；制订监理程序；了解现场用地占有权和使用权的解决情况；核查设计图纸，复核定线数据；审查承包人的自检系统，以及工程总进度计划、现金流动估算、临时用地计划；准备第一次工地会议；发布工程开工令等。

（2）施工阶段的监理

工程开工后，监理工程师应集中力量，严格按照合同要求对工程施工的质量、进度和费用实施监理，做好合同管理和信息管理等工作。

（3）竣（交）工及缺陷责任期阶段的监理

在工程竣（交）工或部分（单位工程、分部工程）交工后签发交接证书，对未完成的工程进行监理和对工程缺陷的修补、修复及重建进行监理。本阶段应视同施工阶段监理一样，认真做好各项监理工作。

6. 提交监理报告

在工程施工期间要做好监理记录和工程监理月报。在工程结束后，监理工程师应提交监理工作报告，报送建设单位和上级主管部门。

工程监理报告的内容一般为：工程概况；监理组织机构及工作起、止时间；关于工程质量、进度、费用的监理及合同管理的执行情况；分项、分部、单位工程质量评估；工程费用分析；对工程建设中存在问题的处理意见和建议；监理过程中的照片或录像等。

监理工程师与业主、承包人或指定分包人之间有关工程质量、进度和费用的一切往来函件和报表，以及监理工作的各种文件、记录、报告、图纸、资料等，都应分类整理、编号、建立档案，按规定保存。

三、施工监理的内容

公路工程施工监理的主要内容，可分为工程质量监理、工程进度监理、工程费用监理、合同管理、信息管理、组织办调。通常称为"三监控、两管理、一协调"。

1. 工程质量监理

工程项目的质量控制分为业主的质量控制、承包人的质量控制和政府的质量控制。业主的质量控制是通过合同形式委托社会监理单位而实施的监理工程师质量目标管理，即工程质量监理。承包人的质量控制，靠承包人的质量自检体系来实现。政府的质量控制，通过行政主管部门及各级质量监督站来实现。因此，工程质量不是单一的技术管理，而是技术、经济与法律在公路工程质量上的统一体现。

质量监理的依据是：合同条件、合同图纸、技术规范和质量标准。监理人员应对施工全过程进行检查、监督和管理，制止影响工程质量的各种不利因素，使承包人提交的工程项目符合合同图纸、技术规范、使用要求和验收标准。

监理工程师应建立完整的质量监理组织体系，以保证对所有施工环节进行有效的控制。质量监理组织体系中应根据工程规模的大小和复杂程度，设置材料、试验、测量、计量及各工程项目的专业技术岗位，并明确其名称和职责。

从开工报告到工序质量检查，都要按规定程序进行控制。对现场质量的控制、质量缺陷与质量事故处理，都是质量监理的工作内容。

2. 工程进度监理

每个工程项目，一般情况下在合同文件中对工期都作了明确的规定。承包人应根据合同规定的工期进行计划安排，制订出切实可行的工程施工进度计划。监理工程师的主要任务是审批承包人编制的施工进度计划，并对已批准的施工进度计划的执行情况进行监督，从全局出发，掌握影响施工进度计划所有条件的变化情况，对施工进度计划的执行进行控制。当可能发生工期延误时，监理工程师应及时要求承包人采取加强施工计划管理和技术管理的措施，重新修订或调整施工进度计划，增加施工机械或人力，以确保在竣工期限内完成工程施工任务。

3. 工程费用监理

工程费用包括合同文件中工程量清单内所列以及因施工单位索赔或建设单位未履行义务而涉及的一切费用。监理工程师应在质量符合标准、工期遵照合同要求的基础上对工程费用进行监理。

费用监理工作中，应尽可能合理地减少工程量清单中所列费用以外的附加支出，达到控制费用的最佳效果。为此，要求监理工程师必须熟悉技术规范、工程量清单及工程量清单说明的内容，掌握工程具体项目的工作范围和内容、计量方式和方法等。

4.合同管理

公路工程施工涉及建设单位、设计单位、材料设备供应单位、施工单位、工程监理单位等。为使建设项目各有关单位之间建立起有机的联系，相互协调、默契配合、共同实现工程项目的进度、质量、费用三大管理目标，一个重要的措施就是通过合同，利用经济与法律相结合的方法，将各单位在平等互利的原则上建立起密切的权利义务关系。

公路工程施工监理必须熟悉合同，掌握合同，利用合同对工程施工过程的进度、质量、费用实施有效的管理。合同管理的主要内容包括工程分包、工程变更、工程延期、费用索赔、工程计量与支付、工程保险、业主违约、承包人违约等。理解和熟悉合同的主要内容，对监理工程师、建设单位代表和施工人员都是十分必要的。

5.信息管理

公路工程监理的实施过程中，在工程费用控制、质量控制、进度控制、合同管理等方面，以及在试验、环境、监理工作有关各方之间都将产生大量的信息。信息管理包括信息的收集、传递、处理、存储、发布等内容。

由于公路工程投资巨大、建设期长、质量要求高、涉及各种合同，同时使用的机械、设备多，材料消耗数量大，因此，信息管理采取人工决策与计算机辅助管理相结合的手段，达到工程监理的高效、迅速、准确。信息管理的基本方法是建立信息的编码系统，明确信息流程，制订信息采集制度，利用高效的信息处理手段分析和处理信息，从而科学地为监理工程师的决策提供准确可靠的依据。

6.组织协调

监理处于建设单位和施工单位之间的第三方，又处于工程建设过程中实施监督和管理的核心地位，因而具有组织协调工程建设参与各方的能力，这也是公路工程施工监理的一项主要内容。

第二章 土质路基施工

第一节 路基施工方法及施工准备

一、施工的重要性

路基是支承路面的土工构筑物,在挖方地段,路基是开挖天然地层后形成的路堑,在填方地段,则是用土石填筑、压实后形成的路堤。由于路基在使用过程中要承受由路面传递而来的行车荷载作用并抵御各种环境因素的影响,因此要求路基必须具有足够的强度、良好的水温稳定性和耐久性。所谓路基施工,就是以设计文件和施工技术规范为依据,以工程质量为中心,有组织、有计划地将路基设计文件转化为工程实体的建筑活动。

路基施工的重要性,突出地表现为对工程质量的高标准要求。强度高、稳定性和耐久性良好的路基将成为路面结构的良好支承体系,有利于提高路面整体强度和使用性能,延长路面使用寿命;同时,还可以降低路面工程造价和公路在使用期间的养护维修费用。反之,若路基工程质量低劣,将给路面和路基自身留下许多隐患,路面的使用品质和使用寿命会因此而降低,严重的路基或路面破坏甚至会中断交通,造成重大经济损失。尤其严重的是,路基自身存在的问题将后患无穷,难以根治,这会大大增加公路使用期间的养护维修费用又降低公路社会运输效益,增加用户运输成本。因此,必须重视路基施工,确保路基工程质量,为提高公路建设的经济效益和社会效益提供切实的保障。

路基施工过程中需要处理大量技术问题。虽然路基施工主要是开挖、运输、填筑、压实等相对简单的工序,但由于在路基施工过程中存在着施工条件变化大、工程数量大、施工难度大、施工方法多样等特点,增加了保证路基工程质量的难度。特别是在进行工程地质不良地段路基、结构物或隐蔽工程较多地段的路基施工时,常会遇到复杂的技术问题和各种突发性事故需要处理,进一步增加了确保路基施工质量的难度。可以说路基施工是简单的工序中蕴含着复杂的技术问题。

路基施工的重要性还在于工程质量受到多种因素的不利影响。在与公路沿线构造物的关系方面,路基自身的施工与公路排水、防护及加固等工程的施工相互制约,有时还与桥梁、隧道、路面等分项工程的施工相互交叉、相互影响,这无疑增加了组织管理的难度。在其他如气候、交通条件等方面,由于公路施工为野外作业,工程质量受气候条件影响很大,雨季时土质路基往往无法施工;交通运输的不便会使物资、设备和施工队伍调遣困难。所有这些因素的不利影响都必须采取必要的组织措施和技术措施加以克服,才能保证路基工程的质量。

二、施工方法

路基工程通常主要为土石方工程。主要的施工方法有人工施工、简易机械施工、机械化施工及爆破施工等，施工时应根据工程性质、岩土类别、工程规模、施工期限、施工条件等选择一种或几种。

人工施工是传统的施工方法，施工时主要是工人用手工工具进行作业。这种方法劳动强度大、工效低、进度慢，且工程质量难以得到保证，已不适应现代公路工程施工的要求，只能作为其他施工方法的辅助和补充。

简易机械施工是在人工施工的基础上，对施工过程中劳动强度大和技术要求相对较高的工序用机具或简易机械完成，以利加快工程进度、提高施工效率和工程质量。但这种施工方法工效有限，只能用于工程量较小、工期要求不严的路基或构造物施工，特别不适宜高速公路和一级公路路基的大规模施工。

机械化施工是通过合理选用施工机械，将各种机械科学地组织成有机的整体，优质、高效地进行路基施工的方法。若选用专业机械按路基施工要求对施工的各工序进行既分工又联合的作业，则为综合机械化施工。实现机械化施工是我国公路路基施工的发展方向，特别是对于工程量大、技术要求高、工期紧的高速公路和一级公路路基工程，必须采用机械化施工。组织机械化施工时，应使机械合理配套、科学组织，最大限度地发挥各种机械的效能。

爆破法施工是利用炸药爆炸的巨大能量炸松土石或将其移到预定位置。这种施工方法主要用于石质路堑的开挖，特殊情况下也用于土质路堑开挖或清除淤泥。在施工时若采用机械钻孔、机械清运，也属于机械化施工之列。

三、施工准备工作

路基施工需要消耗大量的人工、物资、机械和时间等资源，是一项历时时间长、技术要求高的工作。路基施工前，必须根据工程的实际情况做好组织准备、物资准备和技术准备工作，使各项施工活动能按预定计划正常进行。在施工过程中，所有的施工活动都必须严格按有关施工规范进行，以确保工程质量，最后得到质量优良的路基实体。

1. 施工准备

1）组织准备

开工前的组织准备工作主要是建立健全工程管理机构和施工队伍，明确各自的施工范围和任务，制订施工过程中必要的规章制度，确定工程应达到的目标等。组织准备是其他准备工作的开始。

2）物资准备

路基施工要投入大量的人工、材料和机具，因此开工前应进行所需材料的购进、采集、加工、调运和储备等工作。同时要检修或购置施工机械，做好施工人员的生活和设备的后勤保障准备，正所谓"兵马未动，粮草先行"。劳动力、机械设备和材料的准备工作是路基施工组织计划的重要组成部分。

3）技术准备

路基施工前的技术准备，包括制订施工组织计划、施工测量、施工前的复查与试验及清理施工现场等工作。对于高速公路和一、二级公路或采用新技术、新工艺及新材料的其他等级公路，除做好上述准备工作外，还应在大规模施工前铺筑试验路，为正式施工提供技术指导。

（1）制订施工组织计划

制订路基施工的实施性施工组织计划，是路基施工前非常重要的技术准备工作，施工单位应根据施工合同、设计文件、施工条件、工程量、施工难易程度以及设备、人员、材料供应情况和工期要求等认真编制。所编制的施工组织计划应针对工程实际、科学合理、易于操作，有利于保证工程质量和工程进度，做到"运筹帷幄"，使路基施工能连续、均衡地进行。在编制过程中，施工单位应对设计文件和设计交底全面熟悉、认真矿究，并组织有关人员进行现场核对和施工调查，若有必要，应按有关程序提出设计修改意见并报请变更设计。

（2）施工测量

开工前，应做好施工测量工作，内容包括控制点、中线、水准点复测，检查与补测横断面，校对和增加水准点等。

开工前应全面恢复路中线并固定路线的交点、平曲线主点等主要控制桩，高速公路和一级公路应采用坐标法恢复主要控制桩。若设计文件中公路路线由导线控制，施工测量时必须做好导线的复测工作以准确控制路线的平面位置。为满足施工要求，复测路中线时，应对指示桩进行必要的加密和加固。若发现路中线与相邻施工段的中线或结构物中线不闭合，应及时查明原因并上报有关部门。若原设计路线长度丈量有错误或局部改线时，应作断链处理并相应调整纵坡。

路基施工时，若使用设计单位设置的水准点，应进行校核并与国家水准点闭合；产生的闭合差应按有关规定处理，闭合差超出允许误差应查明原因并报告有关部门。为方便施工可增设水准点，但应可靠固定。

施工前，应对路基纵横断面进行检查和核对，并适当补测。根据已经恢复的路中线，按设计文件、施工规定和技术要求等标出路基用地界桩、路堤坡脚、路堑坡顶、边沟及路基附属设施的具体位置。为方便施工，还应在距路中线一定安全距离处设置控制桩，间距不宜大于50m，桩上标明桩号及路中心填挖高度。在路基施工过程中应采取有效措施保护所有测量标志，以免增加测量工作量，减少出现错误的可能。

（3）施工前的复查与试验

路基施工前，施工技术人员应对路基施工范围内的地形、地质、水文及水文地质情况进行详细调查。根据设计文件提供的资料，对取自挖方、借土场、料场的路堤填料进行复查和取样试验。用作填料的土应按土工试验规程测定其物理、力学等性质，以试验结果作为判定可否用作路基填料的依据。若使用新材料（如工业废渣等）填筑路堤，除对相应指标进行试验外，还应进行环境保护分析并提出报告，经批准后方可使用。

（4）清理施工现场

路基施工前，应先办好有关土地的征用、占用手续，依法使用土地。路基范围内的既有建筑物、道路、沟渠、通信及电力设施等，施工单位应协同有关部门事先拆除或迁建。对路基附近的危险建筑物应进行适当加固，对文物古迹应妥善保护。

（5）铺筑试验路

高速公路和一、二级公路、特殊地区公路路基或采用新技术、新工艺、新材料修筑的路基，在正式施工前，应采用不同的施工方案和施工方法，铺筑试验路并进行相关试验分析，从中选出最佳施工方案和施工方法以指导大面积路基施工。所铺筑的试验路应具有代表性，施工机械和工艺过程要与后期全面施工时相同。通过试验路铺筑可确定不同压实机械压实各种填料的最佳含水率、适宜的松铺厚度、相应的碾压遍数、最佳机械配置和施工组织方法等。

2. 施工注意事项

（1）严格按照设计文件和施工技术规范进行路基施工，以试验及测试结果作为检查、评定路基施工质量是否符合要求的主要依据。

（2）加强施工排水，确保路基施工质量。施工排水有利于控制土的含水率，便于施工作业。路基施工前应先修筑截水沟、排水沟等排水设施。雨季施工时要加强工地临时排水，各施工作业面应及时整平、压实、封闭。填方地段施工作业面应根据土质情况和气候条件做成2‰～4‰的排水横坡；挖方路基施工作业面应根据路堑纵横断面情况，采取有效措施把积水排除。当地下水位较高或有地下水渗流时，应根据地下水的位置和流量设置渗沟等适宜的地下排水设施。

（3）合理取土、弃土。施工时取土与弃土应从方便路基施工、节约用地、保护耕地和农田水利设施等角度考虑，并注意取土、弃土后的排水畅通，避免对路基造成不利影响。

（4）注意保护生态环境。建成后的公路应有美好的路容和景观。路基施工时应尽量减少对自然植被及地形地貌的破坏，以免造成水土流失，不能避免时应适当进行绿地恢复。施工时清除的杂物应区别情况，予以妥善处理，不得随意倾弃于河流及水域中。

（5）应因地制宜，合理利用当地材料和工业废料修筑路基，有效降低工程造价。

（6）确保安全施工。必须贯彻安全生产的方针，制订施工安全措施，加强安全教育和检查，严格执行安全操作规程，避免造成人员伤亡和财产损失。

第二节　土质路堤填筑

为保证路堤具有足够的强度，良好的水、温稳定性及耐久性，必须选用质量符合要求的填料，同时采用正确的方法进行填筑。在土质路堤的施工过程中，尤其要重视填土的压实质量。

一、填料选择

填筑路堤所用的大量填料，通常都是就近取用当地土石。为保证路堤的强度和稳定性，应选择强度高、稳定性好、易于开挖的土石作填料。如碎石、砾石、卵石、粗砂等透水性好的材料，由于它们具有强度高、水稳性好，填筑时受含水率影响较小等特点，经分层压实后较易达到规定的施工质量，此类材料应优先选用。用透水性不良或不透水的土（如黏土）作路填料时，必须在最佳含水率下分层填筑并充分压实。粉质土的水稳定性和温度稳定性均较差，不宜作路堤填料，在季节性冰冻地区更应慎用。黏质土和高液限黏土可用来填筑高度小于5m的路堤，且要水平分层填筑并压实到规定的密实度。

高速公路和一级公路路堤填料应到实地采取土样并进行土工试验，相关技术指标应符合表2-1的技术要求。二级及二级以下公路路堤填料也宜按表2-1的规定选用。

路基填方材料最小强度和最大粒径技术要求　　　　表 2-1

项目分类 （路面底面以下深度）		填料最小强度（CBR 值,%）			填料最大粒径 （cm）
		高速公路、一级公路	二级公路	三、四级公路	
路堤	上路床（0～30cm）	8.0	6.0	5.0	10
	下路床（30～80cm）	5.0	4.0	3.0	10
	上路堤（80～150cm）	4.0	3.0	3.0	15
	下路堤（>150cm）	3.0	2.0	2.0	15
零填及路堑路床	0～30cm	8.0	6.0	5.0	10
	30～80cm	5.0	4.0	3.0	10

二、基底处理

经过清理后的路堤所在原地面即为路堤基底，是自然地面的一部分。为使路基的强度和整体稳定性得到保证，应根据基底的土质、水文、坡度和植被及路基高度等情况进行适当的处理。

（1）做好原地面临时排水工作。临时排水设施排出的水不得流入农田、耕地，也不得引起水沟淤塞和冲刷路基；原地面易积水的洞穴、坑槽等应用土填平并按规定压实。

（2）当路堤基底的原状土强度不符合要求时，应进行换填处理，挖深不小于30cm，并分层找平压实。

（3）对于山坡路堤，当地面横坡不陡于1:5，且基底土质密实稳定时，可将路堤直接修筑在天然地面上；当地面横坡陡于1:5时，应将原地面挖成台阶并夯实，台阶宽度不小于1m。对于原地面横坡较陡的高速公路和一级公路半填半挖路基，必须在山坡上从填方坡脚向上挖成向内倾斜的台阶，台阶宽度不小于1m。

（4）矮路堤基底处理。矮路堤填筑高度小于1.0～1.5m，接近或等于路基工作区，受原地面土质和地表水的影响较大。为提高路基的强度和稳定性，应对矮路堤基底进行认真的处理。处理的措施有挖除种植土、换土、挖松压密、加铺砂砾石垫层等。

三、填筑方式及机械配置

1. 水平填筑

应尽可能采用水平分层填筑方式进行土质路堤填筑，即将路堤划分为若干水平层次，逐层向上填筑。如原地面不平，则从地势最低处开始填筑。每填一层，经压实达到压实度要求后，再进行下一层填筑，如图2-1所示。当用不同土质填筑路堤时，应符合下列填筑工艺要求。

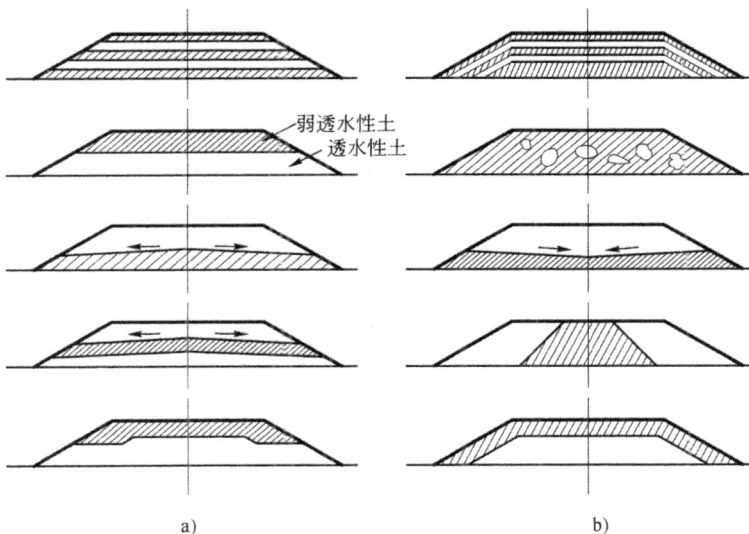

图2-1　土质路堤填筑方式
a）正确的填筑方式；b）错误的填筑方式

（1）路堤下部用透水性较小的土填筑时，表面应做成4％的双向横坡，以保证来自上面透水性土层的水及时排除。

（2）路堤上部用透水性较差的土填筑时，不应覆盖封闭其下层透水性较大的填料，以保证路堤内的水分蒸发。

（3）不得将透水性不同的土混杂填筑，以免形成水囊或滑动面。

（4）根据强度和稳定性要求，合理安排不同土质的层位，不因潮湿及冻融而改变其体积的优良土质应填筑在路堤上部，强度较低的土填在下部。

（5）沿公路纵向用不同的土质填筑路堤时，为防止在相接处发生不均匀变形，应在交接处做成斜面，并将透水性差的土安排在斜面下方。

2. 竖向填筑

原地面纵向坡度大于12％、路线跨越深谷或局部地面横坡较陡的地段，地面高差大，无法采用水平分层填筑时，可采取竖向填筑方式。即施工时将填料沿路线纵向在坡度较大的原地面上倾填，形成倾斜的土层，然后碾压密实，如此逐层向前推进，如图2-2所示。由于这种填筑方式形成的填土过厚而不易压实，必须采取一定的技术措施以保证压实质量，如采用沉降量较小的砂石或开挖路堑的废弃石方，路堤全宽应一次填筑并选用高效能压路机压实。

3. 混合式填筑

混合方式填筑是路堤下部采用竖向填筑而上部采用水平分层方式填筑，这样可使上部填土获得足够的密实度，如图2-3所示。

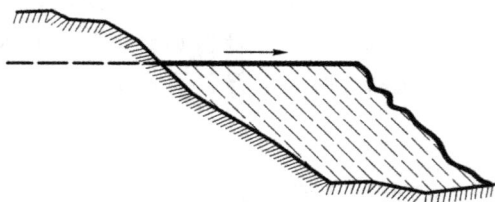

图 2-2 竖向填筑   图 2-3 混合填筑

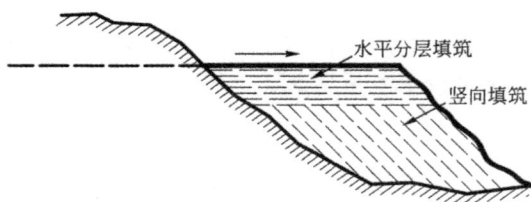

填筑土质路堤时应根据填料运距、填筑高度、工程量等进行施工机械的配置，确定作业方式。施工机械应尽量配套，以便最大限度地发挥各种机械的工效。对于两侧取土，填土高度在3m以内的路堤，可用推土机从两侧推填，配合平地机整平，然后在最佳含水量下用压路机压实。对于填方量较集中的路堤填筑，当填料运距超过1km时，可用松土机翻松，用挖土机或装载机配合自卸汽车运输，料运到作业面后用平地机整平，配合洒水车和压路机压实；当填料运距在1km范围内时，可用铲运机运土，辅以推土机开道、翻松硬土、平整取土段、清除障碍及推土。

四、填土压实及质量控制

1. 路基压实的意义和影响因素

天然结构的土，经过挖、装、运等工序后变为松散状态，为了使填筑的路堤具有足够的强度和良好的稳定性，必须将路基填土碾压密实。使用压实机械压实土质路基，就是利用压实功能使三相土体中的团块和粗颗粒重新排列，互相靠近挤紧，使小颗粒土填充于大颗粒间的空隙中，排出土中空气，使土的空隙减小，密实度提高，内摩阻力和黏聚力增加，从而使路基的强度和稳定性得以提高。压实是保证路堤获得强度和稳定性的根本措施，是路堤施工的最重要工序之一。除土质路基外，路堑路床及路堤基底均应进行压实，以提高其承载能力。

影响路基压实效果的因素包括内因（如含水率、土的性质）和外因（包括压实功能、压实机械和压实方法等）两部分。研究成果和实践经验表明，土的含水率是影响压实效果的决定性因素。若压实功能一定，在最佳含水率下，容易获得最佳压实效果。压实可使土接近最大干密度，此时土的强度较高，水温稳定性最好；土质不同压实效果也不同，一般情况是在同一压实功能作用下，粗颗粒含量多的土，最大干密度较大，最佳含水率较小，比较容易压实；压实功能包括压实机械质量、碾压遍数等，是影响压实效果的另一重要因素。对同一类土，最佳含水率随压实功能的增加而降低，而最大干密度则随压实功能的增加而增大，只有达到一定的压实功能才能将土碾压密实。但当压实功能增大到一定程度后，最佳含水率的减小和最大干密度的提高并不明显，故单纯依靠增大压实功能来提高压实效果的方法未必经济；压实机械和压实方法的作用主要表现为碾压传布深度和碾压速度对压实效果的影响，用压实质量大的压路机碾压，可获得较好的压实效果。压实机械分为夯击式、振动式和静碾式三种，夯击式压实效果好于振动式，而振动式压实效果好于静碾式。

2. 压实质量要求

路基压实的目的是通过提高土的密实度来提高土的强度和稳定性，在工程实践中，用土的密实度来衡量压实质量。所谓密实度是指单位体积内土的固体颗粒排列的紧密程度，常以土的干密度来表示。在路基施工过程中，为便于检查和控制压实质量，路基的压实标准是以"压实度"来表示的。所谓压实度即某种土经压实后现场测得的干密度与试验室内在规定压实功能下获得的最大干密度之比，以百分数表示。各种土的最大干密度按试验规程通过击实试验来确定，是检测压实度的基准值。路基土应在最佳含水率下进行压实。各种土的最大干密度、最佳含水率及其他指标值的确定应在路基施工前半个月，在取土地点采取有代表性的土样进行试验，每一种土应至少取一组土样。在施工过程中若出现土质变化，应及时取样并补做试验。

合理确定作为压实标准的压实度值，对保证路基的强度和稳定性十分重要，同时这还关系到技术上的可行性和工程经济性。实际施工过程中，压实度一般难以达到100%。鉴于行车荷载应力传播的特点，对路基不同层位的压实度要求可有所不同。对于路基上部，由于汽车荷载产生的应力较大，故压实度要求最高，而路基下部由于受汽车荷载影响相对较小，压实度要求可适当降低。公路等级和路面等级越高，则路基压实度要求也越高。土质路基各层位填土的压实度应不低于表2-2的要求。路堤基底在路堤填筑前应压实，二级以上公路路堤基底压实度不小于90%。当路堤填土高度小于路床厚度（80cm）时，基底压实度不应小于路床的压实度标准。

土质路基压实度质量标准（重型击实标准） 表 2-2

填挖类型		路床表面以下深度（cm）	压实度（%）		
			高速公路、一级公路	二级公路	三、四级公路
路堤	上路床	0～30	≥96	≥95	≥94
	下路床	30～80	≥96	≥95	≥94
	上路堤	80～150	≥94	≥94	≥93
	下路堤	>150	≥93	≥92	≥90

填挖类型	路床表面以下深度（cm）	压实度（%）		
		高速公路、一级公路	二级公路	三、四级公路
零填及路堑路床	0～30	≥96	≥95	≥94
	30～80	≥96	≥95	—

土质路基的压实度可采用灌砂法、环刀法、蜡封法、灌水法（水袋法）或核子密度湿度仪等方法测定。施工时各压实层均应进行压实度检测，检测频率为每 1000m² 至少检验 2 点，不足 1000m² 时检验 2 点。检验合格后方可进行下一层土的填筑。若检验不合格，则应查明原因，进行补压，直至符合要求为止。

土质路基顶面压实完成后应进行弯沉测试，以检查路基的刚度是否符合设计要求。一般用标准轴载汽车测试路基顶面的回弹弯沉值，检验频率为每幅双车道 50m 长度测 4 点，左右轮隙下各 1 点。若设计文件提供的刚度指标为回弹模量，则要将回弹模量按设计规范换算成回弹弯沉值。换算公式为：

$$l_0 = 1000 \frac{2p\delta}{E_0} (1 - \mu_0^2) \alpha_0 \qquad (2\text{-}1)$$

式中：p、δ——轮载接地压强（MPa）与当量圆半径，cm；

l_0——轮隙中心处的回弹弯沉值，0.01mm；

E_0——土基回弹模量，MPa；

α_0——均匀体弯沉系数，取 0.712；

μ_0——土的泊松比，取 0.35。

3. 压实机械的选择

选择压实机械应根据工程规模、场地大小、填料类别、压实度要求因素综合考虑。各种土质适宜的碾压机械类型可参见表 2-3。

各种土质适宜的压实机械　　　　　　　　　　　　　　　　　表 2-3

机械名称 ＼ 土的分类	细粒土	砂粒土	砾石土	巨粒土	备　　注
6～18t 两轮光轮压路机	A	A	A	A	用于预压整平
12～18t 三轮光轮压路机	A	A	A	B	最常使用
25～50t 轮胎压路机	A	A	A	A	最常使用
羊足碾	A	C 或 B	C	C	粉、黏土质可用
振动压路机	B	A	A	A	最常使用
凸块式振动压路机	A	A	A	A	最适宜于含水率较高的细粒土
手扶式振动压路机	B	A	A	C	用于狭窄地点
振动平板夯	B	A	A	B 或 C	用于狭窄地点、机械质量 800kg 的可用于巨粒土
手扶式振动夯	A	A	A	B	用于狭窄地点
夯锤（板）	A	A	A	A	夯击影响深度最大
推土机、铲运机	A	A	A	A	仅用于推平与预压

注：表中符合 A 代表适用；B 代表无适当的机械时可用；C 代表不适用。

4. 土质路堤的碾压

当路堤填料为细粒土、砂类土或砾石土时，无论采用何种压实机械，碾压时土的含水率应不超过土的最佳含水率±1%～2%。当土的实际含水率超过上述范围时，应摊开、晾晒或适当洒水以达到要求。通常，挖方土的天然含水率接近最佳含水率，运到碾压现场后应及时摊平碾压。当需要人工洒水时，达到最佳含水率所需洒水量可按式（2-2）估算：

$$m=Q\frac{w-w_0}{1+w_0} \tag{2-2}$$

式中：m——所需洒水量，kg；

$\quad\quad Q$——需加水的土的质量，kg；

$\quad\quad w$——土的最佳含水率，以小数计；

$\quad\quad w_0$——土的原始含水率，以小数计。

加水必须提前进行，待水分均匀渗入土中后再进行碾压。各种压实机械的压实遍数及适宜的压实厚度应综合考虑土类、土的实际含水率和压实度要求等通过试验确定。碾压前应对所填土层的松铺厚度、平整度和含水率进行检查，符合要求后方可按试验确定的碾压方法和遍数进行碾压。若碾压超过10遍才能达到要求的压实度，则应考虑减薄碾压厚度以提高工程经济性。应检查每一层填土的压实度，达到要求后方可进行下一层填筑。

高速公路和一级公路土质路基宜采用振动压路机或35～50t的轮胎压路机进行碾压。振动压路机碾压第一遍时不开振动，随后逐步增大振动强度。压路机碾压行进速度宜由慢到快，最大速度不宜超过4km/h。采取纵向进退式碾压时，碾压直线段路基时应由两边向中间碾压，碾压小半径平曲线路基时由内侧向外侧进行。在横向接头处，振动压路机碾压轮迹应重叠0.4～0.5m，三轮压路机重叠轮宽的1/2。纵向前后相邻施工段宜搭接1.0～1.5m，应做到无漏压、无死角，确保全面均匀压实。

第三节　土质路堑开挖

一、开挖方式的确定

路堑开挖是将路基范围内设计高程之上的天然土体挖除并运到填方地段或其他指定地点的施工活动。开挖路堑将破坏土体原来的平衡状态，开挖时保证挖方边坡的稳定性是一个十分重要的问题。深长路堑往往工程量巨大，开挖作业面狭窄，常常是一段路基施工进度的控制性工程。因此应因地制宜，以加快施工进度、保证工程质量和施工安全为原则，综合考虑工程量大小、路堑深度与长度、开挖作业面大小、地形与地质情况、土石方调配方案、机械设备等因素，制订切实可行的开挖方式。根据路堑深度和纵向长度，开挖时可按横挖法、纵挖法或混合式开挖法进行。

二、横挖法

横挖法是从路堑的一端或两端在横断面全宽范围内向前开挖，主要适用于短而浅的路堑。路堑深度不大时，一次挖到设计高程的开挖方式称为单层横挖法，如图2-4a）所示。若路堑较深，为增加作业面，以便容纳较多的施工机械，形成多层出土以加快工程进度，在不同高度上分成几个台阶同时开挖的方式称为多层横挖法，此时各施工层面具有独立的出土通道和临时排水设施，如图 2-4b）所示。用人工按多层横挖法开挖路堑时，所开设的施工台阶高度应符合安全施工的要求，一般为 1.5～2.0m。若采用机械开挖路堑，每层台阶高度可为 3～4m。当运距较近时用推土机进行开挖，运距较远时宜用挖掘机配合自卸汽车进行开挖，或用推土机推土堆积，再用装载机配合自卸汽车运土。开挖时应配备平地机或人工分层修刮、整平边坡。

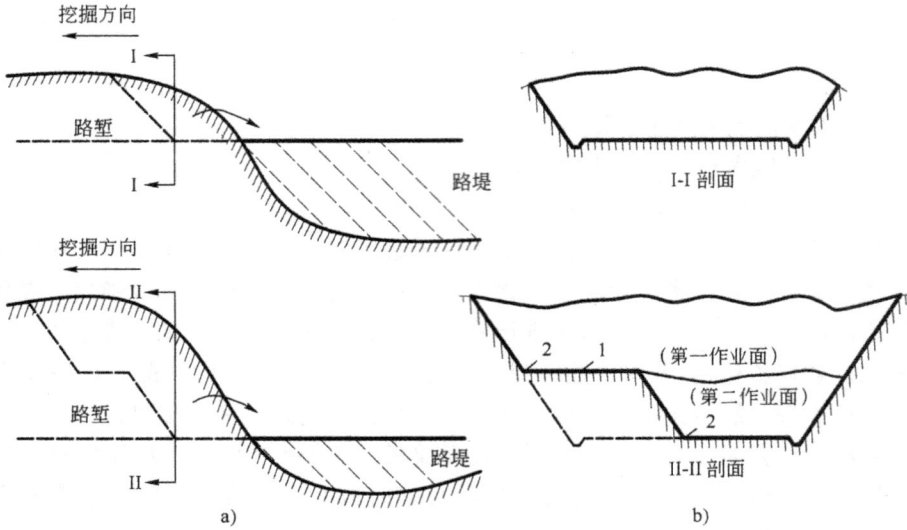

图 2-4　横挖法示意图
a）单层横挖法；b）多层横挖法
1-第一台运土道；2-第二台运土道

三、纵挖法

纵挖法是开挖时沿路堑纵向将开挖深度内的土体分成厚度较小的土层依次开挖，分为分层纵挖法和通道纵挖法两种。分层纵挖法适宜于路堑宽度和深度均不大的情况，在路堑纵断面全宽范围内纵向分层挖掘，如图 2-5 所示。当开挖地段地面横坡较陡、开挖长度较短（不超过 100m）且开挖深度不大于 3m 时，宜采用推土机作业。当挖掘的路堑长度较长（超过 1000m）时，宜采用铲运机或铲运机加推土机助铲作业。

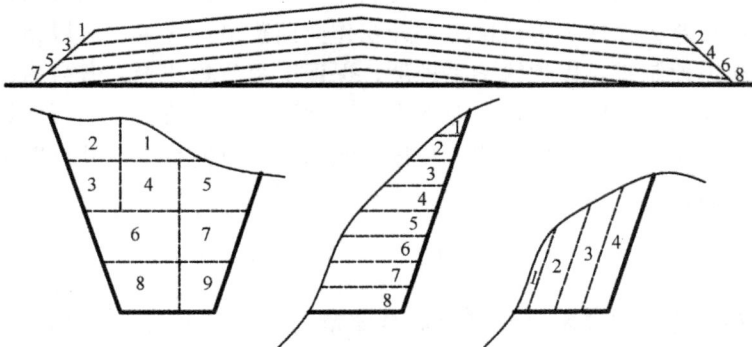

图 2-5　分层纵挖法（图中数字为开挖顺序号）

通道纵挖法适宜于路堑较长、较宽、较深而两端地面坡度较小的情况。开挖时先沿纵向分层，每层先挖出一条通道，然后开挖通道两旁，通道作为机械运行和出土的线路，如图2-6所示。

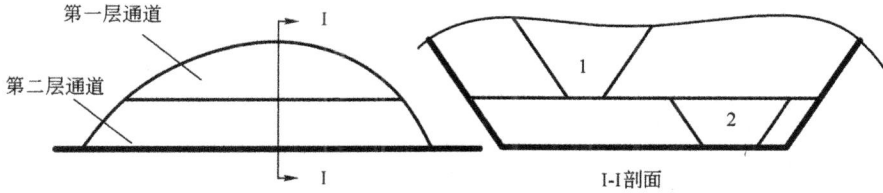

图 2-6　通道纵挖法

如果所开挖的路堑很长，可在一侧适当位置将路堑横向挖穿，把路堑分为几段，各段再采用纵向开挖的方式作业，这种挖掘路堑的方法称为分段纵挖法，如图2-7所示。这种挖掘方式可增加施工作业面，减少作业面之间的干扰并增加出料口，从而大大提高工效，适用于傍山的深长路堑的开挖。

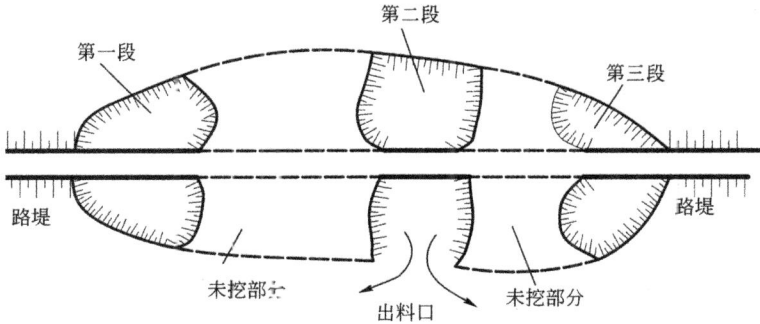

图 2-7　分段纵挖法

用推土机开挖路堑时，每一铲挖地段的长度应以满足一次铲切达到满载为佳，一般为5～10m，铲挖时宜下坡进行，对于普通土，下坡坡度不宜小于10％，不得大于15％；傍山卸土的运行道应设向内稍低的横坡，但同时应留有向外排水的通道。采用铲运机开挖路堑时，铲运机在路基上的作业长度不宜小于100m，宽度能使铲斗易于运到满载。采用铲斗容量为4～8m³的拖式铲运机或铲运推土机时，运距为100～400m；铲斗容量为9～12m³时运距宜为100～700m。若采用自行式铲运机，运距可相应加倍。铲运机运土道宽度不应小于4m，双向运土道宽度不应小于8m；载重上坡坡度不宜大于8％，空载上坡坡度不宜大于50％；弯道应尽可能平缓，避免急弯。铲运机回驶时刮平作业面，铲运道重载弯道处应保持平整。地形起伏较大的工地，应充分利用下坡铲土以提高功效。取土时应沿铲运作业面有计划地均匀进行，不得局部过度取土以免造成坑洼积水。铲运机卸土场大小应满足分层铺卸的需要，并留有回转余地。填方卸土应边走边卸，防止成堆，行走路线外侧边缘至填方边缘距离不宜小于20cm。

四、混合式开挖法

混合式开挖法是将横挖法与纵挖法混合使用。开挖时先沿路堑纵向开挖通道，然后从通道开始沿横向坡面挖掘，以增加开挖坡面，每一开挖坡面能容纳一个施工作业组或一台机械。在挖方量较大地段，还可沿横向再挖通道以安装运土传送设备或布置运土车辆。这种方法适用于路堑纵向长度和深度都很大的地段。

路堑开挖应自上而下进行，不得超挖滥挖。在不影响边坡稳定性的条件下可采用小型爆破以提高开挖效率。在开挖过程中土质发生变化时，应及时修改施工方案和边坡坡度。对于已开挖的适宜种植草皮和有其他用途的土，应储备利用。路堑路床的表层土若为有机土、难以晾干或其他不宜作路床的土时，应用符合要求的土置换，然后按路堤填筑要求进行压实；当置换土层厚度超过30cm时，其压实度应达到表2-2所列数值的90%。

第四节 土方机械化施工

一、土方施工机械及其作业方式

常用的土方施工机械有推土机、铲运机、挖掘机、平地机及各种压实机械，它们有的可单独作业，有的则需要与其他机械配合作业。

1. 推土机

推土机是路基施工最常用的机械之一，具有灵活机动、所需作业面小、转移方便、干湿地均可作业等特点，主要用于纵向短距离运土和横向推土，还可用于平整场地、挖基坑、填埋沟槽及其他辅助作业。推土机适用于填挖高度在3m以下，运距在10～100m以内的土方挖运、填筑和初步压实。其最大切土深度为10～20cm，推运距离以30～75m为最佳，运距过长则不经济。可用多台推土机并行作业以提高推土效率。推土机上的附属设备可用于松土、除树根等。

推土机施工时可采用波浪铲土、多刀推土、并列推土或下坡推土等方法进行作业。波浪推土是推土机铲土时将铲刀最大限度地切入土中，直到发动机稍有超负荷现象时，将铲刀提起以使发动机恢复正常工作，再降下铲刀切土，再切土，这样反复多次，直到铲刀前堆满土并将其推至指定地点，如图2-8所示。多刀推土是在较宽的作业面上，推土机分段将所切土推运到各切土终点，等作业面上积聚一个个土堆后，再由远而近用以土拥土的方法叠送至卸土处，如图2-9所示。

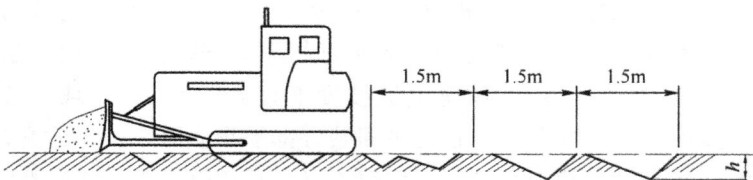

图 2-8 推土机波浪推土

并列推土是用两台以上同类型推土机同步作业，以减少运土损失。两铲之间间隔不宜过大或过小，一般为15cm左右。

下坡推土法是利用推土机下坡时的重力分力，加速铲土过程和增大运土量以提高施工效率的一种推运方法。

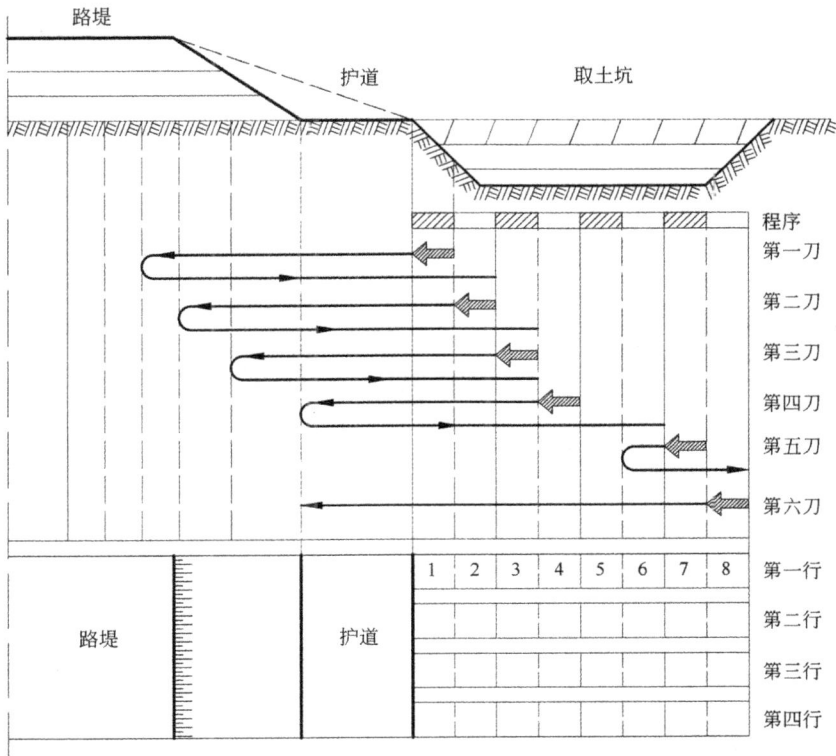

图 2-9　推土机多刀推土

2. 铲运机

铲运机主要用于铲运土方，分拖式和自行式两种。铲运斗容量一般为 6～10m³。当铲运机行进时，可做自挖、自装、自运、自卸等各项工作，并有铺平及初步压实的作用。铲运机一般用于填筑路堤、开挖路堑、填挖和平整场地等，其通行坡度不应大于 15%，经济运距为 400～600m。

铲运机作业分一般铲土、波浪式铲土、跨铲铲土及下坡铲土等。一般铲土时铲运机形成的铲土道纵断面如图 2-10a）所示。铲运 I、II 级土时，铲刀一开始即以最大切土深度（不超过 30cm）铲土，随着铲运机行驶阻力不断增加而逐渐减小铲土深度，直到铲斗装满为止。波浪式铲土适用于较硬的土质，铲运机开始铲土即以最大切土深度切入土中，随着铲运机负荷逐渐增加，发动机转速下降时，相应地减小切土深度，如此反复若干次，直到铲斗装满为止，铲土道纵断面图如图 2-10b）所示。下坡铲土是利用铲运机下坡时的重力分力促牵引力增加，从而提高铲土效率。铲土下坡角一般为 7°～8°，最大不超过 15°，如图 2-10c）所示。跨铲铲土按图 2-10d）布置铲土道，适用于铲挖较坚硬的土质。铲土时先铲运 1、2、3 区铲土道上的土，两相邻铲土道之间留出铲斗一半宽的土埂，然后铲运 4、5 区铲土道上的土，最后使各铲土道前、后、左、右重合起来。

铲运机铲土时应达到运距短、坡道平缓和修筑工作量小的目的，这就必须综合考虑施工效率、地形条件、机械磨损等因素选择合适的运行线路。用铲运机填筑路堤或开挖路堑时，可采用"椭圆"形、"8"字形、"之"字形、"穿梭"形或"螺旋"形等线形运行。椭圆形运行是铲运机最基本的运行方式，椭圆纵、横轴分别根据填挖段长度及挖填重心来决定。这种

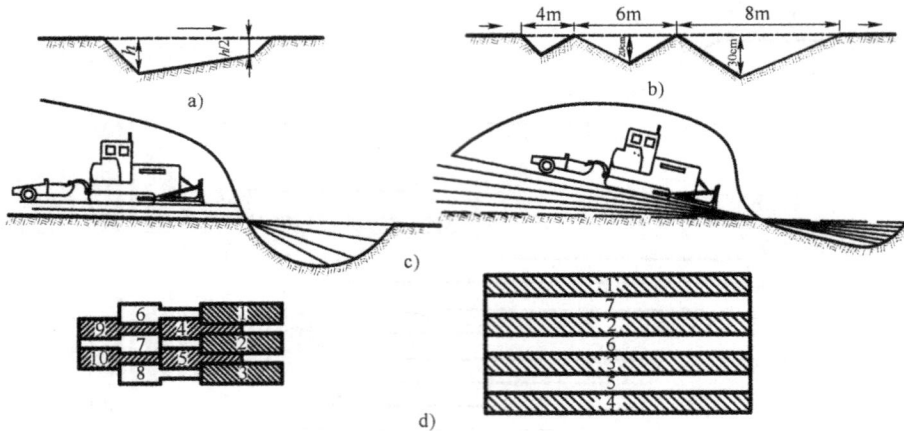

图 2-10 铲运机作业方式

a) 一般铲土；b) 波浪铲土；c) 下坡铲土；d) 跨铲铲土

运行方式可灵活布置于各种地形情况，顺、逆运行方向可随时改变，运行中干扰较小，图 2-11 为椭圆形运行路线。将两个相邻的椭圆形运行环连接的连续作业路线 即为"8"字形运行线路，如图 2-12 所示，它可避免椭圆形重载上坡转急弯的缺点，节省转向时间。"之"字形运行线路是若干个"8"字形运行环首尾相连而得，适宜于机群作业，如图 2-13 所示。

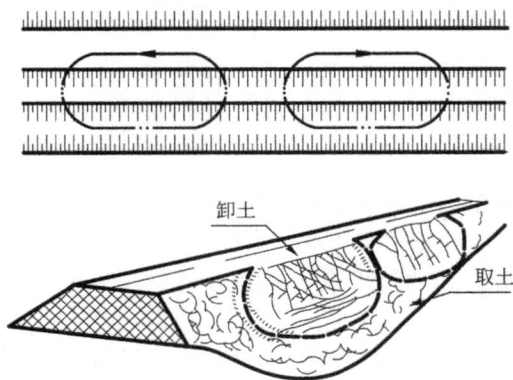

图 2-11 铲运机椭圆形运行环

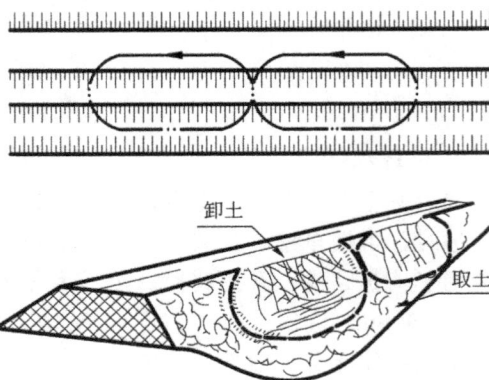

图 2-12 铲运机"8"字形运行环

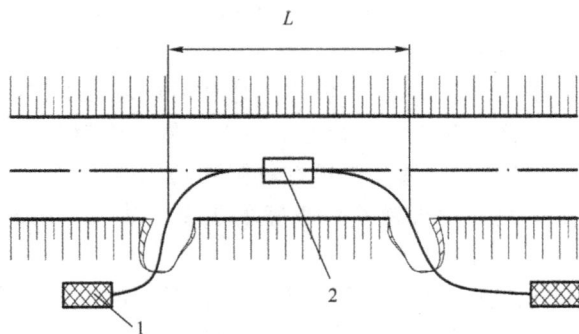

图 2-13 铲运机"之"字形运行环

1-铲土；2-卸土

3．平地机

平地机是公路工程施工的专用机械之一，路基施工时主要用于平整场地、修整路基顶面和路拱，还可用于修筑高度为 0.75m 以下的矮路堤及深度为 0.5m 以下的浅路堑及平整边坡、开挖边沟或排水沟等。平地机的刀片铲切深度视土类和施工要求可在 0.08～0.25m 范围内确定。

平地机的主要工作装置是刮刀，它可以调整成四种作业动作，即刮刀平面回转、刮刀左右端升降、刮刀左右引伸和刮刀机外倾斜，分别做刮刀刀角铲土侧移以开挖边沟、刮刀刮土侧移以填筑路基及回填沟渠、刮刀刮土以平整路基顶面、刮刀机外倾斜以清刷路基边坡等作业。

4．挖掘机

挖掘机主要用于挖土和装土，必须配备运土机械与之共同作业，适用于工程量大而集中的土石方挖掘。路基工程常用全圆回转履带式挖掘机，土斗分反铲和正铲两种。反斗铲挖掘机的工作面可低于其停留面以下 3～5m，常用于挖基坑、沟槽等。正斗铲的挖掘机主要用来挖掘高出挖掘机停留面的土堆。反铲挖掘机可进行沟端开挖和沟侧开挖作业。沟端开挖时挖掘机从沟的一端开始，沿沟中线倒退开挖，如图 2-14a）所示。运输车辆停在沟侧，此时动臂只回转 40°～45°即可卸料。若所挖沟渠较宽，可分段挖掘，如图 2-14b）所示。反铲挖掘机沟侧开挖时，挖掘机停在沟侧，运输车辆停在沟端，动臂回转小于 90°即可卸料，如图 2-14c）所示。

正铲挖掘机可采用侧向开挖或正向开挖的方式作业。侧向开挖如图 2-15a）所示，车辆的运行路线位于挖掘机开挖路线的侧面，可左线行驶。正向开挖如图 2-15b）所示，运输车辆停在挖掘机后方，主要用于挖掘进口处。

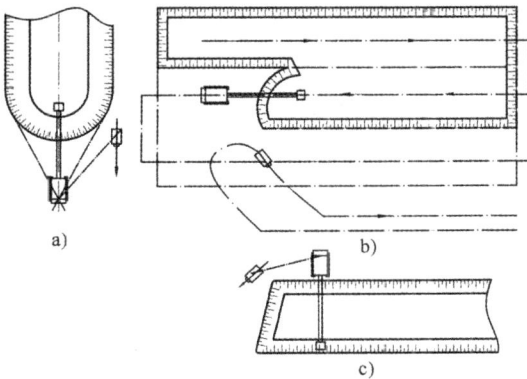

图 2-14　反铲挖掘机作业方式
a）沟端开挖；b）宽沟沟端开挖；c）沟侧开挖

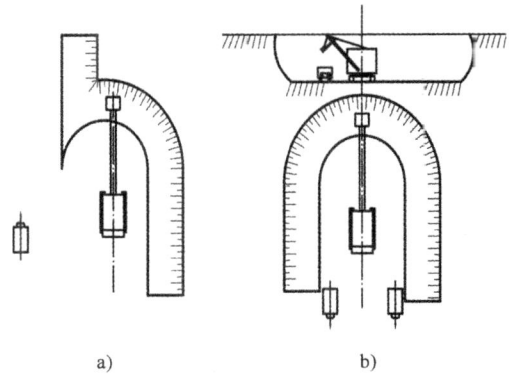

图 2-15　正铲挖掘机作业方式
a）侧向开挖；b）正向开挖

二、施工机械选择

可用于路基施工的机械种类、规格繁多，应选用先进、可靠、能保证施工质量和安全的机械设备。在路基施工时应根据工程量大小和施工进度要求来确定施工机械种类和数量，使各种施工机械能优化组合，以充分发挥各种机械的效能，避免机械能力不足或剩余，以免延误工期或机械利用率低。常用土方施工机械的适用范围如表 2-4 所列。若按施工条件选择土方施工机械，可参照表 2-5。

常用土方机械适用范围   表 2-4

机械名称	适用的作业项目		
	施工准备作业	基本作业	施工辅助作业
推土机	1. 修筑临时道路 2. 推倒树木、拔除树根 3. 铲草皮，除积雪及建筑碎屑 4. 推缓陡坡地形，整平场地	1. 高度 3m 以内的路堤和路堑 2. 运距 100m 内的挖填及压实 3. 傍山坡挖填结合路基	1. 路基缺口填方回填 2. 路基粗平，取弃方、整平 3. 填土压实，斜坡挖台阶 4. 配合挖掘机与铲运机松土
铲运机	1. 铲除草 2. 移运孤石	运距 60～70m 内的挖土、铺平与压实（高度不限）	1. 路基粗平 2. 借土坑与弃土堆整平
自动平地机	除雪、扫雪、松土	修筑高 0.75m 以内路堤及深 0.6m 以内路堑，挖填结合路基的挖、运	开挖排水沟，平整路基，整修边坡
松土器 （推土机牵引）	翻松硬土		1. 破碎 0.5m 深以内的冻土层 2. III～IV 类土的翻松
挖掘机		1. 半径 7m 以内挖、卸土 2. 装土供汽车远运	1. 挖坑槽 2. 水下捞土

土方施工机械的选用条件   表 2-5

路基形式及施工方法	填挖高度（m）	土方移运水平直距（m）	主要施工机械名称	辅助机械	机械施工运距（m）	最小工作段长度（m）
一、路堤						
路侧取土	<0.75	<15	自动平地机			300～500
路侧取土	<3.00	<40	58.9kW 推土机			—
路侧取土	<3.00	<60	73.6～103kW 推土机		10～60	—
路侧取土	>6.00	20～100	6m³ 拖式铲运机		80～250	50～80
路侧取土	>6.00	50～200	6m³ 拖式铲运机		250～500	80～100
远运取土	不限	<500	6m³ 拖式铲运机	58.9kW 推土机	<700	>50～80
远运取土	不限	500～700	9～12m³ 拖式铲运机		<1000	>50～80
远运取土	不限	>500	9m³ 自动铲运机		>500	>50～80
远运取土	不限	>500	自卸汽车		>500	(5000m³)
二、路堑						
路侧弃土	<0.60	<15	自动平地机			300～500
路侧弃土	<3.00	<40	58.9kW 推土机		10～40	—
路侧下坡弃土	<4.00	<70	73.6～103kW 推土机		10～70	—
路侧弃土	<6.00	30～100	6m³ 拖式铲运机	58.9kW 推土机	100～300	50～80
路侧弃土	<15.0	50～200	6m³ 拖式铲运机		300～600	>100
路侧弃土	<15.0	>100	9～12m³ 拖式铲运机		<1000	>200
纵向利用	不限	20～70	58.9kW 推土机	推土机	20～70	—

路基形式及施工方法	填挖高度（m）	土方移运水平直距（m）	主要施工机械名称	辅助机械	机械施工运距（m）	最小工作段长度（m）
纵向利用	不限	<100	73.6～103kW 推土机		<100	—
纵向利用	不限	40～600	6m³ 拖式铲运机		80～700	>100
纵向利用	不限	<80	9～12m³ 拖式铲运机	58.9kW 推土机	<1000	>100
纵向利用	不限	>500	9～12m³ 拖式铲运机		>500	>100
纵向利用	不限	>500	自卸汽车		>500	(500m³)
三、半挖半填路基						
横向利用	不限	<60	73.6～103kW 推土机		10～60	—

注：本表适用于 I、II 类土，如土质坚硬应先用推土机翻松。

机械化施工是公路施工现代化的重要标志之一，主要优点是施工效率高、进度快、施工质量容易得到保证。但机械化施工不能仅局限于用机械施工替代人的劳动或人工无法完成的施工作业，而是要不断提高机械化施工水平，即不断提高机械化程度和施工管理水平，根据工程实际情况合理选用各种机械，并用先进、科学的管理方法将各种机械有机地组织起来，优化施工组织设计，以便充分发挥各施工机械的生产效能。

第五节　路基排水与防护设施施工

水是使路基产生病害的主要原因之一。一方面，土中含水量的增加将降低路基土的强度和稳定性；另一方面，水对路基的浸泡、冲刷等作用将直接影响路基的正常使用。因此应修筑必要的排水设施拦截或排除危害路基的地表水和地下水。

本节内容同样适用于石质路基。

一、地表排水设施施工

路基地表排水设施包括边沟、截水沟、排水沟、急流槽、拦水带、蒸发池等。施工排水设施应做到位置、断面、尺寸、坡度准确，所用材料符合设计文件及规范要求。

1. 边沟

边沟布置在挖方路段的边坡坡脚和填土高度小于边沟深度的填方边坡坡脚，用以汇集和排除降落在坡面和路面上的地表水。边沟断面一般为梯形，边沟内侧坡度按土质类型取 1:1.0～1:1.5。在较浅的岩石挖方路段，可采用矩形边沟，其内侧沟壁用浆砌片石砌成直立状。矩形和梯形边沟的底宽和深度不应小于 0.4m。挖方路段边沟的外侧沟壁坡度与路堑下部边坡坡度相同。边沟的纵坡与路线纵坡保持一致，纵坡为最小值时应缩短边沟出水口间距。一般地区边沟长度不超过 500m，多雨地区不超过 300m，三角形边沟不超过 200m。

施工边沟时，其平面位置、断面尺寸、坡度、高程及所用材料应符合设计文件和施工技术规范要求。修筑的边沟应线形美观，直线顺直，曲线圆滑，无突然转弯等现象，纵坡顺适，沟底平整，排水畅通，无冲刷和阻水现象，表面平整美观。土质边沟纵坡大于 3% 时应采用浆砌片石、栽砌片石、水泥混凝土预制块等进行加固。采用浆砌片石铺砌时，片石应坚固稳定，砂浆配合比符合设计要求，砌筑时片石间应咬扣紧密，砌缝砂浆饱满、密实，勾缝应平顺，无脱落且缝宽一致，沟身无漏水现象。采用干砌片石铺筑时，应选用有平整面的片石，砌筑时片石间应咬扣紧密、错缝，砌缝用小石子嵌紧，禁止贴砌、叠砌和浮塞。采用抹面加固土质边沟时，抹面应平整压光。

2. 截水沟

当路堑边坡上侧流向路基的地表径流流量较大，或者路堤上侧倾向路基的地面坡度大于1:2时，应在路堑或路堤上方设置截水沟，以拦截流向路基的地面径流。在坡面汇流长度大的山坡上，应酌情设置两道以上大致平行的截水沟。边坡稳定性差或有可能形成滑坡的路段，应考虑在滑坡周界外设置截水沟，以减轻水对坡面的渗透和冲刷等不利影响。截水沟应设置在路堑边坡顶5m以上或路堤坡脚2m以外，并结合地形和地质条件顺等高线合理布置，使拦截的坡面水顺畅地流向自然沟谷或排水渠道。截水沟长度以200~500m为宜。一般采用梯形断面，沟壁坡度为1:1.0~1:1.5，断面尺寸可按设计流量计算确定，但底宽和沟深不宜小于0.5m。

截水沟的施工要求与边沟基本相同。在地质不良、土质松软、透水性较大、裂缝多及沟底纵坡较大的地段，为防止水流下渗和冲刷，应对截水沟及其出水口进行严密的防渗处理和加固。

3. 排水沟

由边沟出水口、路面拦水堤或开口式缘石泄水口通过路堤边坡上的急流槽排放到坡脚的水流，应汇集到路堤坡脚外1~2m处的排水沟内，再排到桥涵或自然水道中。深挖路堑或高填路堤设边坡平台时，若坡面径流量大，可设置平台排水沟，以减小坡面冲刷。排水沟的断面形式和尺寸以及施工要求等与截水沟基本相同。

4. 急流槽与跌水

在路堤、路堑坡面或从坡面平台上向下竖向排水，或者在截水沟和排水沟纵坡较大时，应设急流槽。构筑急流槽后使水流与涵洞进出口之间形成一个过渡段，可减轻水流的冲刷。急流槽可由浆砌片石或水泥混凝土铺筑成矩形或梯形断面。浆砌片石急流槽的底厚为0.2~0.4m，施工时做成粗糙面，壁厚0.3~0.4m，底宽至少0.25m，槽顶与两侧斜坡齐平，槽底每隔5m设一凸榫，嵌入坡面土体内0.3~0.5m，以防止槽身顺坡面下滑。

在陡坡或深沟地段的排水沟，为避免其出口下游的桥涵、自然水道或农田受到冲刷，可设置跌水。跌水可带消力池，也可不带，按坡度和坡长不同可设成单级或多级跌水。不带消力池的跌水，台阶高度为0.3~0.4m，高度与长度之比应与原地面坡度吻合。带消力池的跌水，单级跌水墙的高度为1m左右，消力槛的高度宜为0.5m，消力池台面设2%~3%的外倾纵坡，消力槛顶宽不宜小于0.4m，槛底设泄水孔。跌水的槽身结构与急流槽相同。急流槽与跌水都属圬工砌体结构，石砌圬工与边沟的砌筑要求一致。水泥混凝土急流槽的施工与混凝土结构的施工要求一致。

二、地下排水设施施工

路基地下排水设施有明沟、暗沟、渗沟、检查井等，应根据工程地质和水文地质条件选择、确定其类型、位置及几何尺寸，施工时严格按设计文件和施工技术规范进行。

1. 明沟与暗沟

明沟用于拦截和引排路堑边坡或边沟外侧土体内的上层滞水或浅层地下水。当含水层厚度不大时宜采用浆砌片石明沟。沟底埋入不透水层，纵坡不应小于0.3%。明沟断面宜采用梯形，最小底宽0.5m。沟深超过1.2m时宜采用槽形明沟，最小底宽0.8m。明沟深度不宜超过2m，断面形式如图2-16所示。沟壁与含水层之间应设渗水孔和反滤层。渗水孔间距上下为0.3m，左右为0.5～1.0m，孔径根据地下水流量和含水层土质通过计算确定，沟壁最下一排渗水孔的底部高出沟底应不小于0.2m。反滤层可用砂砾石、渗水土工织物或无砂混凝土等材料做成，沿明沟纵向每隔10～15m应设一道伸缩缝，伸缩缝内应用沥青麻絮或有弹性的不透水材料填塞。

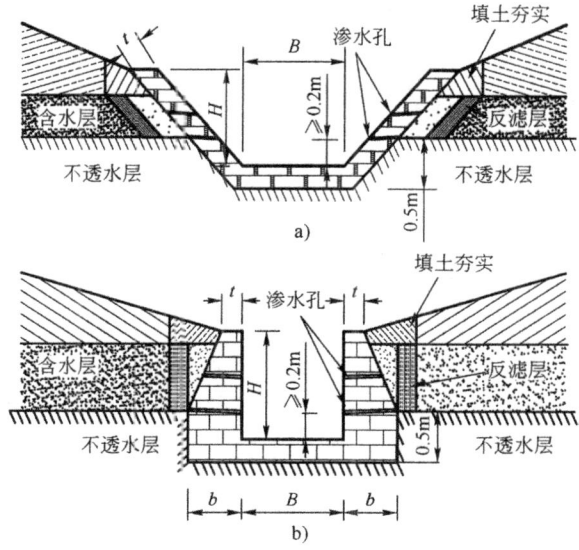

图 2-16　地下排水明沟

a) 浆砌片石梯形断面；b) 浆砌片石槽形断面

当路基基底遇有裂隙水或层间水时，无论水流量大小均应设置暗沟将水引至路基坡脚以外或排入路堑边沟。暗沟可采用矩形断面，沟宽和沟深按出水口大小确定，沟壁应采用浆砌片石或混凝土砌筑，沟顶设置盖板，盖板上的填土厚度不应小于0.5m。暗沟的纵坡不宜小于0.5%，出水口应防止冲刷填土边坡，引入边沟时，沟底高程应高出边沟常水位0.2m以上。

明沟和暗沟应能保证通畅地排除影响路基的地下水，它们的构造、位置、高程、断面形式和尺寸必须满足其功能要求。两种地下排水设施均为圬工砌体结构，施工方法和质量要求与浆砌片石边沟和混凝土结构的施工一致。

2. 渗沟

渗沟用于降低地下水位或拦截地下水，设置在地面以下。渗沟分为填石渗沟、管式渗沟和洞式渗沟三种，构造如图2-17所示。

渗沟的各部位尺寸应根据埋设位置和排水需要确定，宜采用槽形断面，最小底宽0.6m，沟深大于3m时最小底宽1.0m。渗沟内部用坚硬的碎、卵石或片石等透水性材料填充。沟顶和沟底应设封闭层，用干砌片石层封闭顶部，并用砂浆勾缝；底部用浆砌片石作封闭层，出水口采用浆砌片石端墙式结构。渗沟应尽量布置成与渗流方向垂直。

渗沟沟壁应设置反滤层和防渗层。沟底挖至不透水层形成完整渗沟时，迎水面一侧设反滤层，背水面一侧设为防渗层。沟底设在含水层内时则形成不完整渗沟，两侧沟壁均设置反滤层，反滤层可用砂砾石、渗水土工织物或无砂混凝土板等。防渗层采用夯实黏土、浆砌片石或土工薄膜等防渗材料。管式渗沟的排水管采用带渗水孔的混凝土圆管，管径不宜小于

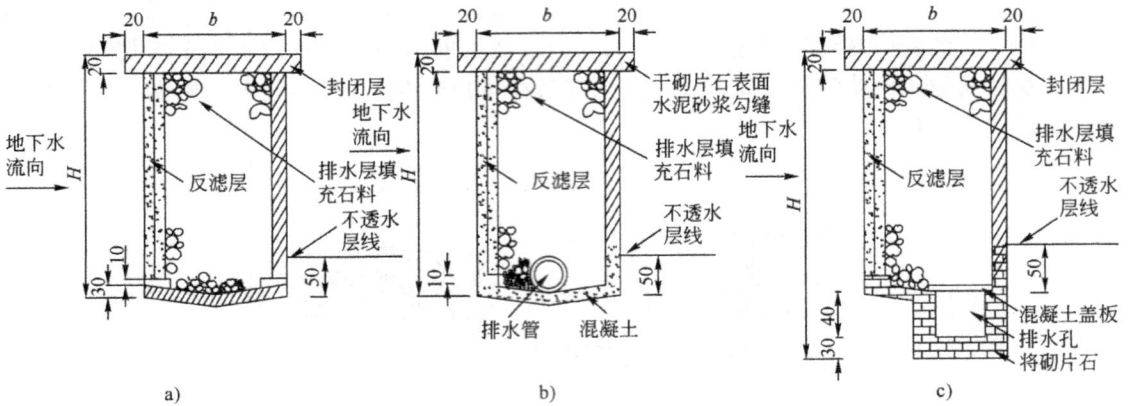

图 2-17　渗沟的构造（尺寸单位：cm）
a) 填石渗沟；b) 管式渗沟；c) 洞式渗沟

200mm，管壁交错设渗水孔，间距不大于 20cm，孔径可为 1.5～2.0cm。洞式渗沟采用浆砌片石作沟洞，孔径大小根据设计流量定，洞顶用混凝土板搭盖，盖板间留缝隙，缝宽 2cm。深而长的渗沟应设检查井以便检查维修。

　　三种结构形式渗沟的位置、断面形式和尺寸应符合设计规定，材料质量要求等均应严格按设计和上述构造要求精心施工。渗沟采用矩形断面时，施工应从下游向上游开挖，并随挖随支撑，以防坍塌。填筑反滤层时，各层间用隔板隔开，同时填筑，至一定高度后向上抽出隔板，继续分层填筑至要求高度为止。渗沟顶部用单层干砌片石覆盖，表面用水泥砂浆勾缝，再在上面用厚度不小于 0.50m 的土夯填到与地面齐平。

三、路面排水设施施工

　　高速公路和一级公路路幅较宽，路面汇积的水较大时将冲蚀路基边坡，同时会影响行车安全，因此应设置路面排水设施排出路面水。路面排水设施一般由路肩排水和中央分隔带排水设施组成。

　　1. 路肩排水设施

　　路肩排水设施主要由拦水带、急流槽和路肩排水沟组成。路肩排水设施的纵坡应与路面纵坡一致。当路面纵坡小于 0.3% 时，可采用横向分散排水方式将路面水排出路基，同时对路基边坡采取相应防护措施。当路堤边坡较高，采用横向分散排水不经济时，应采用集中排水方式，在硬路肩边缘设置拦水带，然后通过急流槽将水排出路基。拦水带可用水泥混凝土预制块或沥青混凝土筑成，高出路肩 12cm，顶宽 8～10cm。急流槽的设置应适应拦水带拦水量的大小，间距以 20～50m 为宜。当路肩汇水量较大时，可在土路肩上设置路肩排水沟，沟底纵坡同路肩纵坡且不小于 0.3%，可用 "V" 形水泥混凝土预制构件砌筑。其他等级的公路路面较宽时，也可设置拦水带以避免路堤边坡受路面水冲刷。

　　2. 中央分隔带排水设施

　　中央分隔带排水设施由纵向排水沟（明沟、暗沟）、渗沟、雨水井、集水井、横向排水

管等组成。排水沟（管）的断面尺寸及分段长度通过流量计算确定，一般孔径为 20～40cm，纵坡与路面纵坡相同，但不宜小于 0.3%。排水沟横断面可采用碟形、三角形、V 形或矩形，一般用水泥混凝土预制件或浆砌片石砌筑。纵向排水沟（管）与横向排水管之间用集水井连接，横向排水管孔径一般为 20～60cm 的水泥混凝土管或塑料排水管，管底纵坡不应小于 1%，出口处的路基应加固。雨水井设置在有超高路段的中央分隔带内，井间距离应根据流量计算确定，一般为 10～30m，用浆砌片石或水泥混凝土预制块砌筑。相邻雨水井间用直径为 20～40cm 的水泥混凝土管纵向连接，管底纵坡不应小于 0.3%。雨水井汇集的雨水可直接排入桥涵或通过横向排水管排出。多雨地区的中央分隔带表面不作封闭时，可设地下排水渗沟。渗沟两侧可用沥青砂、沥青土、土工布或黏土封闭，渗沟顶与路床顶面齐平，渗沟内宜用直径为 5～8cm 的硬塑料管将水引至路基边坡以外。

四、路基防护工程施工

为防止雨水、风力、水流、波浪等自然因素对路基边坡的危害，同时为了改善公路路容，保护生态环境，应根据当地实际条件，因地制宜地采用经济合理、适用耐久的路基边坡防护措施。根据防护的主要不利因素，路基防护分为坡面防护和冲刷防护。根据防护方法的不同，对土质路基边坡的防护主要采用植物防护和工程矿料类防护。

（一）坡面防护

1. 植物防护

植物防护是在边坡上种植草皮、灌木等植物，覆盖裸露的表土以防止雨水冲刷，调节土的湿度以防止产生裂缝。这样就能防止容易被冲蚀的土质边坡在雨水和风力作用下产生的冲沟、溜方、坍塌等变形和破坏。植物防护具有施工简单、费用低廉、效果较好等优点，在适宜于植物生长的土质边坡上应优先选用植物防护措施。

（1）种草

在边坡上种草适用于草类能够生长的土质边坡，边坡坡度宜缓于 1∶1.25。种草时将草籽均匀撒布在已清理好的土质边坡上，长出的草将覆盖于坡面。一般宜选用易成活、生长快、根系发达、叶茎低矮或有匍匐茎的多年生草种。高且陡的土质路堑边坡，可通过试验用草籽与含有肥料的有机泥浆混合，均匀喷射在需防护的边坡上。

（2）铺草皮

铺草皮适宜于坡度不陡于 1∶1 的土质边坡，特别适宜于需要迅速绿化的路段。草皮应选择根系发达、茎矮叶茂的耐旱草种，不宜采用喜水草种，严禁采用生长在泥沼地的草皮。施工时采用带状或块状草皮，规格大小视施工条件而定，草皮厚度宜为 10cm 左右。铺设时由坡脚向上铺钉，用尖木（竹）桩固定在土质边坡上。铺设形式可为平铺、叠铺或方格状铺等。

（3）植树

植树适用于各种土质边坡和风化极严重的岩石边坡，坡度不陡于 1∶1.5。树种应选用根系发达、枝叶茂盛，能迅速生长分蘖的低矮灌木。高速公路和一级公路边坡严禁种乔木。

植物防护施工和养护应根据当地气候、土质、含水率等因素，选用易于成活的植物。坡面植树应注意栽植季节，坡面植物种植后，应适时洒水施肥。

2. 框格防护

框格防护是采用混凝土、浆砌片（块）石、卵（砾）石等做成框格状骨架，框格内种植物或采用其他辅助措施以保护路基边坡。对于土质边坡和风化岩石边坡，可采用预制混凝土砌块或栽砌卵石、干砌片石等做骨架。骨架宽20～30cm，嵌入边坡深度为10～20cm。根据边坡坡度、土质情况来确定框格大小，方形框格尺寸宜为（1m×1m）～（3m×3m）；也可做成拱形骨架，圆拱直径宜为2～3m；边坡坡顶与坡脚应采用与骨架相同的材料加固，加固条带的宽度宜为40～50cm。

其他土质边坡的工程类防护措施如捶面、护面墙、石砌护坡等设施的施工与石质路基边坡相同，将在第三章阐述。

（二）路基冲刷防护

沿河路基由于受到地形限制，大多依山傍水，可能受到经常性或周期性水流的冲刷时，为保证路基的安全和稳定性，应根据实际情况采取必要的防护措施以消除和减轻水流对路基的冲刷危害。路基冲刷防护一般分为岸坡防护（直接防护）、导流构造物防护（间接防护）两种形式。

1. 直接防护

山区狭窄的河谷地段不宜设置导流构造物，也难以改移河道，应优先考虑采用岸坡防护措施。岸坡防护是直接加固河岸路基边坡或基底，防护设施直接承受水流的冲刷，因此，各种防护设施的施工必须进行彻底、认真的基础处理，保证施工质量，以免遭受水流冲刷而破坏、淘空，应能经受最不利水流的考验，确保路基稳定。常用的岸坡防护设施有：草皮防护、抛石防护、干砌片石防护、石笼防护、浆砌片石防护及挡土墙等。

草皮防护可用于水流速度不大于1.2m/s的河岸防护；抛石防护用于经常浸水且水较深的路基及洪水季节的防洪抢险；干砌片石护坡用于周期性浸水的路基边坡或河岸；石笼防护用于受水流冲刷的沟底和堤岸边坡；浆砌片石适用于经常浸水且受水主流冲刷或受较强波浪作用的路基边坡，也可用于有水流及封冻的河岸边坡的防护。

路基边坡主要的直接防护形式是干（浆）砌片石或水泥混凝土板。在施工过程中，开挖基坑应核对地质情况，必须挖到设计高程。基础完成后应及时用稳定性较好的材料回填，并做好原始记录。边坡坡面应密实、平整，铺砌时应自下而上进行，砌块应交错嵌紧，严禁浮塞，砂浆在砌体内必须饱满、密实。所用石料的强度应符合要求，砂浆、混凝土应符合设计配合比。坡岸砌体两端和顶部与岸坡应牢固衔接、平稳密贴，防止水进入坡岸背面。每隔10～15m设一伸缩缝，基底土质变化处应设置沉降缝。采用片石砌筑时，不得大面平铺，石块应彼此交错搭接、无松动；采用卵石铺砌时，必须长方向垂直于坡面，成横行栽砌牢固；采用就地浇筑混凝土时，宜在混凝土中加入速凝剂，提高早期强度，并在表面收浆时抹墁，做到平整、光滑。

2. 间接防护

间接防护是利用顺坝、丁坝、拦水坝、格坝等导流构造物来改变水流方向，调节水流速度，从而消除和减弱水流对路基边坡的直接作用。施工这些导流结构物时，应认真研究，制订合理的施工方案，避免因这些结构物的施工而引起沿岸农田、建筑物等遭受水流冲刷。

改移河道工程因造价较高，仅用于小规模的工程，如局部裁弯取直、挖滩改道、清除孤石等，一般在较短、较窄的河流中进行。

第六节　路基整修、检查验收与维修

一、路基整修

路基工程基本完成后，由施工单位会同监理单位按设计文件和施工规范要求检查道路中线、高程、宽度、边坡坡度和排水设施等，根据检查结果制订整修计划并进行整修。

1. 土质路基的整修

土质路基表面的整修，可用机械配合人工切土和补土，并配合压路机碾压。深路堑边坡应按设计自上而下进行削坡整修，不得在边坡上贴补。填土经压实后不得有松散、软弹、翻浆及表面不平现象，到设计高程后，宜用平地机刮平，路堤两侧超过设计高度部分应切除。

2. 边坡加固与整修

边坡需防护加固地段，应预留加固位置和厚度，使完工后的边坡与设计一致。当路堑边坡被雨水冲刷成沟槽时，应自下而上，分层挖台阶填筑并夯实。若填补厚度很小，又非加固边坡地段时，可用种植土填补并种草。当填方边坡出现冲沟或坍塌缺口时，应自下而上分层挖台阶加宽填补并压实，再按设计坡度修坡。

3. 排水系统的整修

边沟整修时应挂线进行。对各种非水设施的纵坡应进行仔细检查，断面尺寸应符合设计要求，沟底应平整、排水畅通。

二、检查验收及质量标准

1. 中间检查

施工过程中当每一分项、分部工程完成后，应按设计文件及施工技术规范等进行中间检查。如路基原地面处理完毕，应检查基底处理情况；边坡加固前，应对加固方法、加固形式、填挖方边坡加固的适用性、边坡坡度是否适当等进行检查；若发现已完工路基受水浸蚀损坏、取土及弃土超过设计、意外的填土下陷、填挖方边坡坍塌需增加土方及边坡加固工程数量时应进行中间检查。此外，在路基渗沟回填土前、路基换土工作完成后、各类防护加固工程基坑开挖后必须进行中间检查验收，检查不合格不得进行下一工序的施工。

2. 竣（交）工验收

对路基进行竣工验收时，应对以下项目进行检查、验收：路基的平面位置、路基宽度、高程、横坡和平整度；边坡坡度及加固设施；边沟等排水设施的尺寸及沟底纵坡；防护工程的修建位置和各部尺寸，填土压实度及表面弯沉；取土坑、弃土堆、护坡道、截水沟、渗水井等的位置和形式，隐蔽工程施工记录等。这些项目的评定按《公路工程质量检验评定标准》（JTG F80/1—2004）和《公路路基施工技术规范》（JTG F10—2006）进行。

3. 质量标准

（1）土方路基

土方路基施工应符合下列质量要求：路基必须分层填筑压实，表面平整坚实，无软弹和翻浆现象，路拱合适，排水良好，土的压实度、强度和路床的整体强度符合设计要求。挖方地段上边坡应平整稳定。路床土压实度及强度必须符合规定。土方路基施工允许偏差见表 2-6。

项　　次	检查项目	允许偏差	
		高速公路和一级公路	其他公路
1	路基压实度（%）	不低于表 2-1 中的规定	不低于表 2-1 中的规定
2	弯沉（0.01mm）	不大于设计设计值	不大于设计计算值
3	纵断高程（mm）	10，-15	10，-20
4	中线偏位（mm）	50	100
5	宽度（mm）	不小于设计值	不小于设计值
6	平整度	15	20
7	横坡（%）	±0.3	±0.5
8	边坡	不陡于设计值	不陡于设计值

（2）路肩

路肩施工必须做到表面平整密实、无积水、边缘顺直、曲线圆滑，偏差应符合表 2-7 的规定。

项次	检查项目		允许偏差	项次	检查项目	允许偏差
1	压实度		不小于设计值	3	宽度	不小于设计值
2	平整度（mm）	土路肩	20	4	横坡	±0.5%
		硬路肩	10			

（3）地表排水设施

边沟、截水沟或排水沟应线条顺直、曲线圆滑、沟底平整、排水畅通。浆砌片石加固砌体的砂浆应密实饱满，配合比符合设计要求。边沟勾缝平顺，缝宽均匀，无脱落现象。沟渠断面应均匀平整，无凹凸不平现象，沟底无积水。施工出现的偏差应符合表 2-8 的要求。

项　　次	检查项目	规定值或允许偏差
1	沟底高程（mm）	0，-30
2	断面尺寸	不小于设计
3	边坡坡度	不陡于设计
4	铺砌厚度	不小于设计值

三、路基的维修

路基工程完工后，在路面施工前及公路工程初验后直至竣（交）工验收终验前，路基如有损坏，施工单位应进行维修，并保证路基排水设施完好，及时清除排水设施中的淤积物、杂草等。对较长时间停工和暂时不做路面的路基，则应保持排水畅通，复工前应对路基各分项工程予以整修。

　　路面施工前应整修路基，使表面无坑槽，保持规定的路拱横坡。若路堤经雨水冲刷或发生沉降时，应立即修补、加固或采取其他处理措施，并查明原因，做好记录。遇路堑边坡坍方时，应及时清除。未经加固的高路堤和路堑边坡以及潮湿地区的土质路基边坡上的积雪应及时清除，以免危害路基。当路基构造物有变形时，应详细查明原因，及时修复，使之保持稳定。路基工程完工后，每当大雨、连日暴雨或积雪融化期间，应控制施工机械和车辆在土质路基上通行；若不能避免时，应及时排干积水，整平压实。

第三章 石质路基施工

第一节 填石路堤施工

填石路堤是指用挖方路段的石方弃渣或其他来源的石料填筑的路堤，它的填料性质、填筑方法、压实标准及边坡的防护等与土质路堤有很大差异。

一、填料的选择

用于填石路堤的石料强度不应小于 15MPa，用于护坡的石料强度不应小于 20MPa，填料最大粒径不宜超过分层压实厚度的 2/3。石料性质差异较大时，不同性质的石料应分层或分段填筑。若所利用的路堑挖方或隧道弃渣岩石为不同岩种互层时，允许使用挖出的混合石料填筑，但石料强度、粒径应符合要求。暴露在大气中风化速度较快的石块不应作填石路堤的填料，必须用这种强风化石料或软质岩石填筑路堤时，应先检验其 CBR 值是否符合土质路堤的填土质量要求，CBR 值符合要求的按土质路堤相关技术要求进行填筑，不符合要求的不得使用。高速公路和一级公路填石路堤路床顶面以下 50cm 范围内用符合路床要求的土填筑，土的最大粒径不得超过 10cm，分层压实。其他公路填石路堤路床顶面以下 30cm 范围内用符合路床要求的土填筑，填料粒径不大于 15cm。

二、填筑工艺

填石路堤的基底处理与土质路堤相同。高速公路和一级公路、铺设高级路面的其他公路的填石路堤应分层填筑、分层压实。在陡峻的山坡路段，当施工难度较大或大量爆破移挖作填时，二级及二级以下公路、铺设中低级路面的公路路堤下部可采用倾填方式填筑，但路床底面以下不小于 100cm 范围内应改为水平分层填筑、分层压实。为保证路堤边坡的稳定性，倾填前应先用粒径不小于 30cm 的硬质石料码砌路堤边坡。路堤高度在 6m 以下的，码砌宽度不应小于 100cm；路堤边坡高度超过 6m 时，码砌宽度不应小于 200cm。

高速公路和一级公路填石路堤填料的分层松铺厚度不大于 50cm，其他公路不大于 100cm。分层填筑时，应先安排好石料运输路线，按既定施工组织方案先低后高、先两侧后中央卸料，并用大型推土机水平分层，摊铺平整，个别不平处用人工以细石块、石屑找平。当填料级配较差、粒径较大、填层较厚、石块间空隙较大时，为保证填石路堤的强度和稳定性，在水源丰富的条件下可采用水沉积法填筑路基，即将石渣、石屑、中粗砂等扫入石块间空隙中，用压力水将这些细料冲入填料层下部，如此反复数次，使石料空隙填满。用人工铺筑粒径大于 25cm 的石料时，应先铺大块石料，块石大面向下，小面向上，摆平放稳，再用小石块找平，石屑塞缝，最后压实。人工铺筑粒径小于 25cm 的石料时，可直接分层铺填、分层压实。

三、压实及质量控制

填石路堤应使用工作质量 12t 以上的振动压路机压实。当缺乏振动压路机时，可采用重型静载光轮压路机碾压并减薄分层厚度、减小石料粒径。适宜的压实厚度应通过试压确定，但最大厚度不超过 50cm。若采用重型振动压路机压实，压实厚度可加至 100cm。压路机碾压时应先压路堤两侧，后压中间部分；压实路线沿纵向保持平行，反复碾压，碾压轮迹重叠 40～50cm；前后相邻施工段的衔接处应重叠碾压 100～150cm。用夯锤夯实时应呈弧状布点，达到规定密实度后向后移动一个夯锤位置。

填石路堤压实到要求的密实度所需碾压（夯实）遍数应通过试压确定。石料的紧密程度用 12t 以上振动压路机进行压实检验，若压实层顶面稳定，不再下沉，表面无轮迹，可判定为已碾压密实。用重型夯锤夯实时，以重锤下落时不下沉而发生弹跳现象为达到密实度要求。高速公路及一级公路填石路堤路床顶面以下 50cm（其他公路为 30cm）范围内的压实度要求与土质路堤相同。

第二节　石质路堑开挖

由于岩石坚硬，石质路堑的开挖往往比较困难，这对路基的施工进度影响很大，尤其是工程量大而集中的山区石方路堑更是如此。因此，采用何种开挖方法以加快工程进度，是石质路堑开挖需要解决的重要问题。通常，应根据岩石的类别、风化程度、节理发育程度、施工条件及工程量大小等选择爆破法、松土法或破碎法进行开挖。

一、爆破法开挖

爆破法是利用炸药爆炸的能量将土石炸碎以利挖运或借助爆炸能量将土石移到预定位置。用这种方法开挖石质路堑具有工效高、速度快、劳动力消耗少、施工成本低等优点。对于岩质坚硬，不可能用人工或机械开挖的石质路堑，通常要采用爆破法开挖。爆破后用机械清方，是非常有效的路堑开挖方法。

根据炸药用量的多少，爆破法分为中小型爆破和大爆破，其中使用频率最高的是中小型爆破，大爆破的应用则受多种因素的限制。例如，开挖山岭地带的石方路堑时，若岩层不太破碎，路堑较深且路线通过突出的山嘴时，采用大爆破开挖可有效提高施工效率。但如果路堑位于页岩、片岩、砂岩、砾岩等非整体性岩体时，则不应采用大爆破开挖。尤其是路堑位于岩石倾斜朝向路线且有夹砂层、黏土层的软弱地段及易坍塌的堆积层时，禁止采用大爆破开挖，以免对路基稳定性造成危害。

爆破对山体破坏较大，对周围环境也有较大影响，因此必须按有关施工规范和安全规程进行作业，严格按设计文件实施。通常应作试爆分析，用试爆分析结果作为指导施工的依据。

二、松土法开挖

松土法开挖是充分利用岩体的各种裂缝和结构面，先用推土机牵引松土器将岩体翻松，再用推土机或装载机与自卸汽车配合将翻松的岩块运输到指定地点。松土法开挖避免了爆破作业的危险性，而且有利于挖方边坡的稳定和附近建筑设施的安全，凡能用松土法开挖的石方路堑，应尽量不采用爆破法施工。随着大功率施工机械的使用，松土法愈来愈多地应用于石质路堑的开挖，而且开挖的效率也愈来愈高，能够用松土法施工的范围也不断扩大。

松土法开挖的效率与岩体破裂面情况及风化程度有关。岩体被破碎岩石分隔成较大块体时，松开效率较高。当岩体已裂成小石块或呈粒状时，松土只能劈成沟槽，效率较低。砂岩、石灰岩、页岩等沉积岩有沉积层面，是比较容易松开的岩石，沉积层愈薄愈容易松开。片麻石、石英岩等变质岩，松开的难易程度要视其破裂面发育程度而定。花岗岩、玄武岩、安山岩等岩浆岩不呈层状或带状，松开比较困难。

多齿松土器适用于松动较破碎的薄层岩体，单齿松土器则适用于松动较坚硬的厚层岩体。松土器型号及松土间隔应根据岩石的强度、裂隙情况、推土机功率等选择，最好通过现场松土器劈松试验来确定。遇到较坚硬的岩石，松土器难以贯入，引起推土机后部翘起或履带打滑时，可用另一台推土机在松土器后面顶推。坚硬完整的岩石难于翻松，可进行适当的浅孔松动爆破，再进行松土作业。

三、破碎法开挖

破碎法开挖是利用破碎机凿碎岩块，然后进行装、运等作业。这种方法是将凿子安装在推土机或挖土机上，利用活塞的冲击作用使凿子产生冲击力以凿碎岩石，其破碎岩石的能力取决于活塞功率的大小。破碎法主要用于岩体裂缝较多、岩块体积小、抗压强度低于100MPa 的岩石，由于开挖效率不高，只能用于前述两种方法不能使用的局部场合，作为爆破法和松土法的辅助作业方式。

以上三种开挖方法各有特点，应视施工条件合理选用。

第三节　坡面防护工程施工

路基石质较差时，会在雨水、风力、气温变化、冰冻等自然因素的作用下出现风化、剥落、掉块等病害，严重时则会出现较大的溜方、变形、坍塌等破坏，因此应采取一定的技术措施保护路基边坡。一般应根据当地气候、水文、地形、地质条件及筑路材料分布情况等因地制宜地选择切实可行的防护措施。石质路基的防护设施主要有抹（捶）面、喷浆、喷射混凝土、护面墙、干（浆）砌片石护坡、浆砌水泥混凝土预制块等。防护工程施工前，应将坡面上的杂质、浮土、松动石块及表面风化层清除干净。当坡面有潜水出露时，应作引水或截水处理。

本节的有关内容同样适用于土质路基边坡。

1. 抹面与捶面

抹面是用人工将水泥砂浆或多合土等材料抹覆在坡面上以封闭边坡，从而对坡面起保护作用。抹面适用于尚未严重风化的软质岩石边坡，边坡坡度可不受限制，但坡面应干燥。抹面的使用年限为 8～10 年，厚度为 3～7cm，施工时应分两次进行，底层抹全厚的 2/3，面层抹全厚的 1/3。

捶面是将多合土等材料经捶击、拍打后紧贴于坡面上，形成一紧密的保护层以保护路基边坡。捶面适用于易风化剥落的岩石边坡及土质边坡，边坡坡度不陡于 1：0.5。捶面的使用年限为10～15年，厚度为10～15cm，一般采用等厚式截面，当边坡较高时可采用上薄下厚的载面形式。施工时应均匀捶打使多合土与坡面贴紧、黏牢，做到厚度均匀，表面光滑。

抹（捶）面的面积较大时，应设伸缩缝，缝距不超过10m，缝宽10～20mm；与未防护边坡接触的四周应严密封闭，坡脚设置一道1～2m高的浆砌片石护墙。抹（捶）面在施工前应将坡面清理干净，表面要平整、密实、湿润。用于抹（捶）面的砂浆或多合土应经过试抹或试捶后确定配合比，保证能稳固地紧贴于坡面。

2. 喷浆及喷射混凝土

喷浆及喷射混凝土是用喷射设备将水泥砂浆或混凝土喷射在需防护的边坡上形成砂浆或混凝土保护层，防止边坡风化。这两种方法适用于易风化、裂隙和节理发育、坡面不平的岩石边坡。对于高且陡、上部岩层较破碎而下部岩层较完整的边坡及需要大面积防护的边坡，用这种方法防护比较经济。

喷浆防护所用的砂浆强度不应低于M10，厚度为50～100mm。喷射混凝土强度不应低于C15，混凝土中集料最大粒径不超过15mm，厚度为100～150mm，分2～3次喷射，喷层厚度应均匀。喷浆及喷射混凝土护坡与未防护边坡的衔接处应严格封闭，以免水分渗入而造成防护层破坏，坡脚做一道1～2m高的浆砌片石护坡。

喷浆及喷射混凝土施工前，岩体表面应冲洗干净，边坡上如有较大裂缝及凹坑时应嵌补牢固。在准备喷射混凝土的边坡上放置菱形金属网或高强聚合物土工格栅，用锚杆或锚钉将其固定在边坡上，可提高混凝土防护层的整体强度，增强喷射混凝土与边坡之间的连接，改善防护效果。将锚杆嵌入岩体时，应先将孔内冲洗干净，再插入锚杆，然后灌注水泥砂浆。菱形金属网或土工格栅与锚杆的联接应牢固可靠，不得外露，并与坡面保持规定的间距。严禁在大雨中或冰冻季节进行喷射作业。喷射后养护7～10d。

3. 灌浆及勾缝

坚硬的岩石边坡开挖后，应用水泥砂浆或混凝土对存在的裂隙作灌浆或勾缝处理，以免水分渗入岩石裂隙造成病害，改善边坡外观。灌浆适用于较坚硬而裂缝较大较深的岩石路堑边坡；勾缝则适用于较硬、不易风化、节理发育、裂缝多而细的岩石路堑边坡。

对岩体坡面进行灌缝或勾缝时，应先将缝内冲洗干净。灌浆用水泥砂浆的配合比为1：4或1：5，裂缝很宽时可用体积比为1：3：6或1：4：6的混凝土灌注并振捣密实，灌至缝口并抹平。勾缝时用1：2或1：3的水泥砂浆或1：0.5：3或1：2：9的水泥石灰砂浆。施工后坡面应平整、密实、线形顺适。

4. 护面墙

护面墙能防治比较严重的坡面变形，适宜于易受侵蚀的土质边坡和易风化的软质岩石挖方边坡。护面墙可用片石、块石、混凝土预制构件以砂浆砌筑，也可采用现浇混凝土。砌筑砂浆强度不应低于M5，寒冷地区不应低于M7.5；混凝土强度不应低于C15。护面墙基础应设置在稳定的地基上，埋深应根据地质条件确定，在冰冻地区应设置在冰冻线以下不小于0.25m，墙趾应低于边沟铺砌的底面。护面墙可分为实体式、窗孔式及拱式等类型，应根据边坡地质条件合理选用。实体式护面墙适宜防护坡度不陡于1：0.5的边坡；窗孔式护面墙防护的边坡不应陡于1：0.75，窗孔内可采用干砌片石、草皮等辅助防护。窗孔宜采用半圆拱型，圆拱半径1.0～1.5m，高2.5～3.5m，宽2～3m。单级护面墙高度不宜超过10m，顶宽一般为40～60cm，底宽为顶宽加0.1～0.2倍墙高。护面墙每隔10～15m应设一道2cm

宽的伸缩缝，并每隔 2～3m 交错布设泄水孔，孔径 0.1m。

5. 浆砌片石护坡

浆砌片石护坡常用于石料丰富、劳动力价格较低的地区。所用砂浆的强度等级不应低于 M5，砌体厚度宜为 25～50cm，每隔 10～15m 设置一道 2cm 宽的伸缩缝，间隔 2～3m 设置 10cm×10cm 的矩形泄水孔或孔径 10cm 的圆形泄水孔，泄水孔后设置反滤层。需防护的边坡坡体应稳定、干燥，必要时设置粒料类垫层，以防因边坡过分潮湿、严重冻害而使护坡变形。

第四节　路基石方爆破

一、爆破原理

利用炸药爆炸的能量，将岩体破碎或将岩块抛移到预定位置的施工方法即为爆破法，是开挖石质路堑最有效的方法之一。爆破所使用的炸药称为药包，放置在岩体内部或外部，根据药包的形状和集结程度的不同，分为集中药包、延长药包和分集药包三种。药包爆破岩石的原理，可假定药包在无限介质（岩体）内爆炸，炸药在瞬间转化成气体状爆炸产物，体积增加数千倍乃至上万倍，形成高温高压，产生的冲击波以每秒数千米的速度自药包中心按球面等量扩展，传递到周围介质，在介质内产生各种不同程度的破坏和振动作用，这种作用随距药包中心距离的增大而逐渐消失。按介质被破坏程度的不同，药包爆炸影响的范围可分为四个区，如图 3-1 所示。

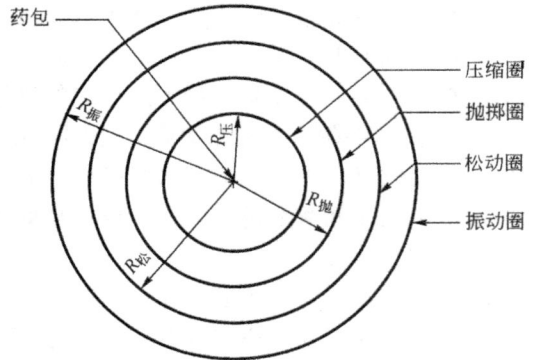

图 3-1　爆破作用圈示意图

图 3-1 中 $R_压$ 表示压缩半径。在此作用圈范围内，介质直接承受药包爆炸产生的巨大作用力。若介质为坚硬的脆性岩石则将会被爆炸能量粉碎，若介质为可塑性土则将会被压缩而形成空腔。以 $R_压$ 为半径的球形区称为压缩区。

图 3-1 中 $R_压$～$R_抛$ 范围为抛掷区。该区的介质原有结构将受到强烈冲击而破裂成碎块，且爆炸力尚有足够能量使这些碎块获得运动速度。若药包在有限介质内，这些碎块的一部分会向临空面（即自然地面）方向抛掷出去。

图 3-1 中 $R_抛$～$R_松$ 范围为松动区，在松动区内的介质会受到一定程度的破坏，但不会产生较大的位移。

图 3-1 中 $R_松$～$R_振$ 范围为振动区。振动区内的介质不会受到破坏而只会产生振动现象。在振动区以外，爆破作用的能量将逐渐消失。

药包在有限介质内爆炸后，在临空面的表面会出现一个爆破坑，一部分被炸碎的土石将被抛出坑外，一部分仍回落到坑底，爆破坑形状好像漏斗一样，故称爆破漏斗，如图 3-2 所示。爆破漏斗的形状和大小，既与药包量大小、炸药性能、介质类别有关，又与临空面的数量和所处边界条件有关。爆破漏斗可用以下要素来描述：

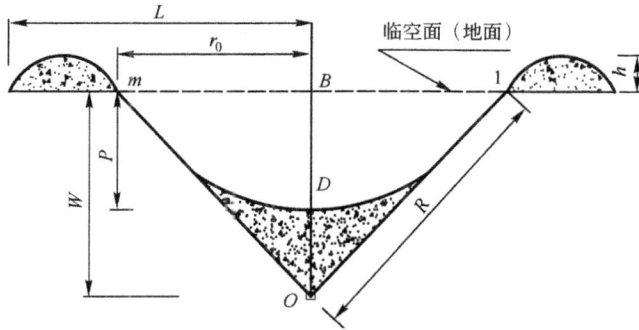

图 3-2　爆破漏斗示意图

最小抵抗线 W——药包中心到临空面的最短距离；

爆破漏斗口半径 r_0——最小抵抗线与临空面交点到爆破漏斗破坏边缘的距离，即漏斗底圆的半径；

抛掷漏斗半径 R——从药包中心沿漏斗边缘至坑口的距离。

爆破作用的性质通常用爆破作用指数 n 来表示。n 即爆破漏斗口半径与最小抵抗线之比值：

$$n = \frac{r_0}{W} \tag{3-1}$$

当 $r_0 = W$ 时，$n = 1$ 称为标准抛掷爆破，在水平边界条件下的抛掷率 $E = 27\%$，漏斗顶部夹角为直角。

当 $r_0 > W$ 时，$n > 1$，称为加强抛掷爆破，抛掷率 $E > 27\%$，漏斗顶部夹角大于 $90°$

当 $r_0 < W$ 时，$n < 1$，称为减弱抛掷爆破，$E > 27\%$，爆破漏斗顶部夹角小于 $90°$。

实践证明，爆破作用指数 $n < 0.75$ 时，不能形成显著的爆破漏斗，不会发生抛掷现象，岩石只能产生松动和隆起。通常将 $n = 0.75$ 时的爆破称为标准松动爆破，$n < 0.75$ 时称为减弱松动爆破。

用爆破法开挖石质路堑，应根据路基范围的地形、地质及工程实际需要等来确定炸药的用量、炮孔的位置及深度等参数，即进行爆破设计。确定炸药用量的基本公式为：

$$Q = eKW^3 f \tag{3-2}$$

式中：Q——炸药用量；

　　K——单位耗药量，即爆破单位体积介质所需炸药用量；

　　e——炸药换算系数，标准炸药 $e = 1$；

　　W——最小抵抗线；

　　f——与爆破方法、地形条件等因素有关的系数或函数。

炸药用量应与爆破的岩石体积相适应，炸药用量不足，将达不到预期的爆破效果；炸药用量过多，除造成经济上的浪费外，还会影响路基边坡的稳定性和施工安全。因此，应将爆破范围内的地形、地质情况调查清楚，合理选择爆破方法。

二、常用爆破方法

爆破方法一般分为中小型爆破和大爆破。中小型爆破包括裸露药包法、炮孔法（钢钎炮、深孔炮）、药壶法（葫芦炮）、猫洞炮等。大爆破为洞室炮，炸药用量在 1000kg 以上。应根据工程量的大小和集中程度、地形、地质及路基横断面形式等因素确定经济适用、安全可靠的爆破方法。

（一）中小型爆破

1. 裸露药包法

这种方法是将药包放置在被炸岩石表面或经过清理的石缝中，药包表面用草皮、泥土或橡胶条网覆盖后进行爆破。由于炸药利用率低，这种方法仅限用于爆破孤石或大块岩石的二次爆破。

2. 炮孔法（钢钎炮）

炮孔法的炮孔直径小于 7cm，深度小于 5cm。由于炮孔浅，用药量少，每次爆破的石方量不大，在路基石方工程量大而集中时，很少采用这种方法。但这种爆破方法操作简单、机动性好、耗药量少，在工程分散、石方量少及地形艰险地段时仍是比较适宜的炮型。在大规模爆破工程施工中是一种改造地形、为其他爆破方法创造临空面的辅助爆破方法。炮孔法的炮孔深度根据岩石坚硬程度确定，通常等于要炸去的阶梯高度，可按式（3-3）计算。

$$L = CH \qquad (3\text{-}3)$$

式中：L——炮孔深度，m；

$\quad H$——爆破岩石的厚度或阶梯高度，m；

$\quad C$——系数，坚石为 1.0～1.15，次坚石为 0.85～0.95，软石为 0.7～0.9。

当采用成排炮孔进行爆破时，同排炮孔的间距应根据岩石类别、节理发育程度等参照下式确定：

$$a = \beta W \qquad (3\text{-}4)$$

式中：a——炮孔间距，m；

$\quad W$——最小抵抗线，m；

$\quad \beta$——系数，采用电雷管起爆为 0.8～2.3。

当采用群炮爆破时，炮孔应按梅花状布置，炮孔排距约为同排炮孔间距的 0.86 倍。各炮孔的装药长度一般为炮孔深度的 1/3～1/2，特殊情况下不得超过 2/3。对于松动爆破或减弱松动爆破，装药长度为炮孔深度的 1/3～1/4。

3. 深孔爆破

深孔爆破的炮孔孔径大于 7.5cm，深度超过 5m，使用延长药包爆破，炮孔施工需要用大型凿岩机或钻孔机。这种爆破方法装药量大，一次爆破量大，施工进度快，爆破效率较高，对路基边坡稳定性的影响比大爆破小，爆破效果容易控制，比较安全。但这种方法需要使用大型机械，施工准备和转移工地比较困难。因此，多用于石方工程量大而集中的工地。深孔爆破后仍有 10%～25% 的大石块需进行二次爆破以方便清方。进行深孔爆破时，要先将地面修成阶梯状，坡面倾角 α 最好为 60°～75°，高度宜为 5～15m；炮孔垂直孔向下，也可为倾斜，孔径以 100～150mm 为宜；炮孔超钻深度 h 大致是梯段高度 H 的 10%～15%，岩石坚硬者 h 取大值，如图 3-3 所示。有关计算如下：

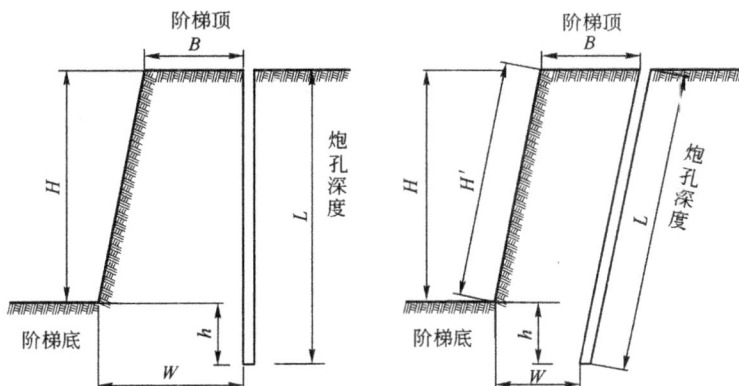

图 3-3　垂直孔和斜孔阶梯段断面图

垂直孔的深度
$$L = H + h \qquad (3\text{-}5)$$

斜孔的深度
$$L = \frac{H}{\sin\alpha + h} \qquad (3\text{-}6)$$

炮孔间距
$$a = mW \qquad (3\text{-}7)$$

底板抵抗线
$$W = D\sqrt{\frac{7.85\rho\,\tau L}{K'mH}} \qquad (3\text{-}8)$$

上式中：L——炮孔深度，m；

　　　　H——爆破岩石的阶梯高度，m；

　　　　h——炮孔超钻深度，m；

　　　　α——阶梯坡面倾斜角，(°)；

　　　　a——炮孔间距，m；

　　　　m——药包邻接系数，约为 0.6～1.4，一般取 0.7～0.85；

　　　　D——钻孔直径，mm；

　　　　ρ——炸药密度，kg/cm^3；

　　　K'——单位耗药量，$K' = \dfrac{1}{3}K$，kg/m^3；

　　　　τ——深孔装药系数，$H < 10\text{m}$，$\tau = 0.6$；$H = 10\sim15\text{m}$，$\tau = 0.5$；$H > 15\text{m}$，$\tau = 0.4$。

底板抵抗线 W 值确定后，可按式（3-9）估算炮孔与阶梯段顶边缘的距离 B，即：
$$B = W - H\cot\alpha \qquad (3\text{-}9)$$

为确保机械作业安全，B 应大于 2～3m，否则可调整 W 值。

采用多排深孔爆破时，排与排之间的距离 b 可取为 $b = W$，按下列公式估算用药量：
$$Q = eK'WHa \qquad (3\text{-}10)$$

式中：e——炸药换算系数；

　　　Q——炸药用量，kg。

4. 药壶法（葫芦炮）

药壶法俗称葫芦炮，钻孔时经一次或多次烘堂后扩大成葫芦形，爆破时先将少量炸药装入炮孔底部，这样炸药将基本集中于炮孔底部的药壶内，使爆破效果大大提高，如图 3-4 所示。药壶法炮孔深度常为 5～7m，装药量 10～60kg，适于开挖均匀致密的黏土（硬土）、次坚石、坚石。但对于炮孔深度小于 2.5m、节理发育的软石、地下水较发育或在雨季施工时不宜采用。

药壶炮每次可炸岩石数十方到百余方，是中小型爆破中最省炸药的方法。一般布置在有较大较多临空面、地面横坡较陡的地段，但不宜靠近设计边坡布设，药室至设计边坡线的水平距离不宜小于最小抵抗线。炮孔烘堂后应将药室内的碎渣淘尽。

药壶法爆破的炸药用量按式（3-11）计算：

$$Q = KW^3 \tag{3-11}$$

式中：Q——炸药用量，kg；

    K——单位体积岩石的铵炸药消耗量，kg/m^3；软石为 $0.26 \sim 0.28$，次坚石为 $0.28 \sim 0.34$，坚石为 $0.34 \sim 0.65$；

    W——最小抵抗线，一般为阶梯高度，m。

单排群炮用电雷管起爆时，每排内药包间距为：

$$a = (0.8 \sim 1.0)W \tag{3-12}$$

式中：a——每排内药包间距，m；

    W——相邻两炮孔间最小抵抗线的平均值，m。

采用多排群炮时，各排间的药包间距为：

$$b = 1.5W \tag{3-13}$$

当炮孔布置成三角形时，上下层药包间距为：

$$a = W_{\text{下}} \tag{3-14}$$

式中：$W_{\text{下}}$——下层药包的最小抵抗线，m。

5. 猫洞法

猫洞法是将集中药包放入直径为 $20 \sim 50cm$、深度为 $2 \sim 6m$ 的水平或略微倾斜的炮洞底部进行爆破。这种方法的特点是充分利用岩体的崩坍作用，能用较浅的炮洞爆破较高的岩体，适用于硬土、胶结良好的古河床、冰渍层、软石和节理发育的次坚石等，如图 3-5 所示，还可以利用坚石的裂隙形成炮洞或药室进行爆破。猫洞法爆破的炮洞深度应与台阶高度和自然地面横坡相配合，遇高阶梯时应布置多层药包。炮洞可根据岩土类别，分别采用浅眼烘堂、深孔烘堂和内部扩眼等方法形成。

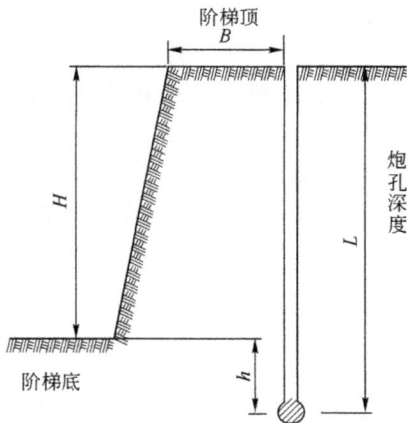

图 3-4 药壶法

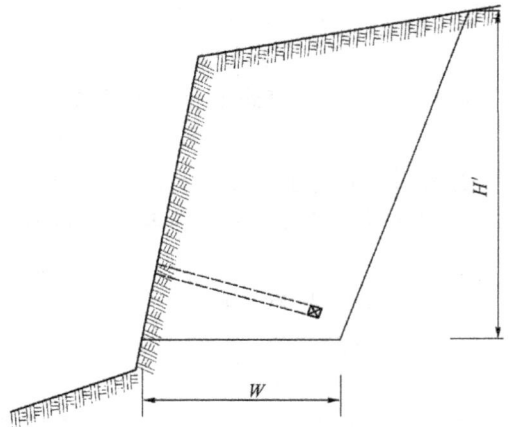

图 3-5 猫洞法

猫洞法的炸药用量应根据岩体的崩坍情况确定。当被炸松的岩石能坍塌出路基时，用药量可根据式（3-15）计算：

$$Q = KWf(\alpha)d \qquad\qquad (3\text{-}15)$$

式中：Q——炸药质量，kg；

W——最小抵抗线，m；

K——形成标准漏斗的单位耗药量，kg；一般为抛掷爆破单位耗药量的 $1/2\sim1/3$；

$f(\alpha)$——猫洞法抛坍系数，$f(\alpha)=26/\alpha$；

α——地面横坡，（°）；

d——堵塞系数，可近似取 $d=3/h$，h 为炮孔深度。

当被炸松的岩石不能坍塌出路基时，用药量按式（3-16）计算：

$$Q = 0.35KW^3d \qquad\qquad (3\text{-}16)$$

式中符号意义同前。

6. 微差爆破

微差爆破是指相邻两个药包或前后排药包以数十毫秒的时间间隔（一般为 $15\sim75\mathrm{ms}$）依次爆破。微差爆破的特点是在装药量相等的条件下，可减震 $1/3\sim2/3$ 左右；前发药包为后发药包开创临空面，从而加强了对岩石的破碎作用，同时可降低岩石堆集高度以利清方。由于是依次爆破，减少了岩石夹制力，可节省 20％ 的炸药，并可增大孔距，提高每米钻孔的爆破方量。微差爆破时，炮孔的布置如图 3-6 所示。

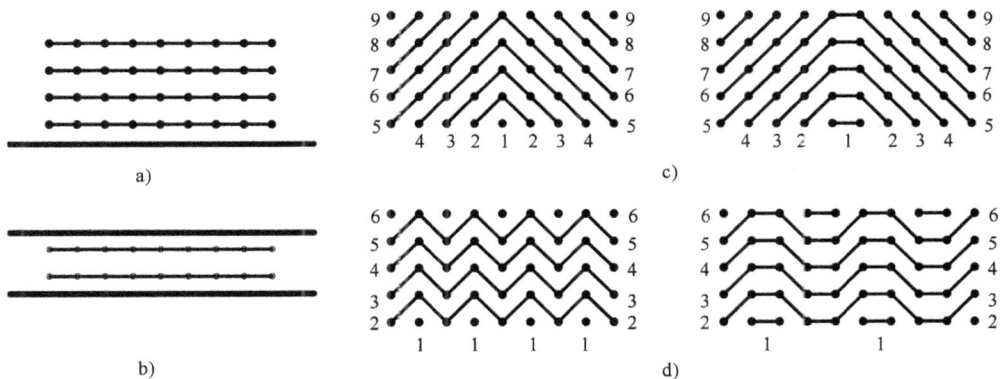

图 3-6　微差爆破起爆网络图（数字为起爆序号）

a) 直排依次起爆；b) 直排中心掏槽起爆；c) "V" 形起爆网；d) 波形起爆网

7. 光面爆破和预裂爆破

光面爆破是在开挖界面周边，适当排列一定间隔的炮孔，在有侧向临空面的情况下，用控制抵抗线和落量的方法使爆破后的坡面顺直、平整。预裂爆破是在开挖界限处按适当间距排列炮孔，在没有侧向临空面和最小抵抗线的情况下，用控制用药量的方法，预先炸出一条裂隙，使拟爆破岩体与山体分离，作为隔震减震带，从而消除和减弱开挖界面以外山体或建筑物受爆破震动的破坏作用。进行光面与预裂爆破后，在边坡壁上通常会均匀留下半个炮孔的痕迹。进行光面爆破或预裂爆破时，应严格保持炮孔在同一平面内，炮孔间距 a 和最小抵

抗线 W 之比应小于0.8。采用恰当的药包结构,并控制装药量,通常使炮孔直径大于药卷直径1～2倍,或采用间隔药包、间隔钻孔装药。预裂爆破的起爆时间应在主炮起爆之前,光面爆破则在主炮起爆之后,间隔时间在25～50ms范围内。同一排炮孔必须同时爆破,以免影响起炮质量,最好用传爆线起爆。

光面爆破和预裂爆破的主要设计参数为:

光面炮炮孔间距 $\qquad a_1 = 16D$ (3-17)

预裂炮炮孔间距 $\qquad a_2 = (8 \sim 12)D$ (3-18)

光面炮最小抵抗线 $\qquad W = 1.33a_1 = 21.5D$ (3-19)

装药密度 $\qquad q' = 9D^2$ (3-20)

式中:q'——每米钻孔装药量,kg/m;

$\qquad D$——钻孔直径,cm;

式中 a、W 意义同前,单位与 D 同。

(二) 大爆破

大爆破为洞室爆破,具有威力大,效率高,节约劳力等优点。但若使用不当,则会破坏山体自然平衡,产生意外塌方,还可能在路基建成后遗留后患,长时间影响路基的正常使用。在地质不良地段,如滑坡体、断层破碎带、周围有重要建筑物及人烟稠密的城镇附近等条件下不宜采用大爆破。为了达到使路基设计断面内的岩体大量抛掷(抛坍)出、减少爆破后的清方工作量、保证路基稳定性等目的,应根据施工地段的地形和地质条件,采用合适的爆破形式并进行爆破设计。采用大爆破施工,应按规定程序向公安部门报告,经审核批准后方可实施。大爆破分为以下几种。

1. 抛掷爆破(扬弃爆破)

(1)平坦地形的抛掷爆破

此方法适用于平坦地形或自然地面坡度小于15°的地段,如平地拉槽路堑。石质为软石时,为使石方大量扬弃到路基两侧,通常要采用加强抛掷爆破,抛掷率在80%左右。但这种爆破方法耗药量很大,爆破很容易造成路堑边坡稳定性不能满足要求,因此,在路基工程中很少采用。

(2)斜坡地形的抛掷爆破

这种方法适用于自然地面坡度为15°～50°、岩体较松软的路段。可用于具有较大临空面的傍山深路堑及半填半挖路基,爆破时石块向较低方向抛掷,设计抛掷率一般为60%左右。这种爆破方法耗药量较大,对路堑边坡稳定性影响较大,应慎重选用。

2. 抛坍爆破

这种爆破方法适用于地面横坡大于30°、地形地质条件较单一、临空面大的半填半挖路基。爆破时充分利用了岩体本身的自重滑坍作用,使爆破效果得以提高,对路堑边坡影响较小,是一种有效的爆破方法。

3. 定向爆破

定向爆破是利用炸药爆炸能量将大量土石方按预定方向搬运到指定位置并形成路堤的一种爆破方法。这种方法集挖、装、运、填等各工序同时完成,施工效率极高。在路基施工时适用于借方作填或移挖作填的地段,特别适用于深挖高填相间、工程量大的鸡爪形地段的路基。但定向爆破对地形条件要求很严,工程实践中并不多见。

4. 松动爆破

大型松动爆破主要用于不宜采用抛掷爆破的次坚石、软石路基或配合机械清方的路段。在坚石中，宜采用深孔松动爆破。

5. 多面临空地形爆破

路线通过波浪起伏的峡谷或鸡爪地形地段、横切山包或山嘴时，常有两个以上的临空面，对实施爆破很有利。由于山包或山嘴的石质较周围岩体坚固完整，爆破后可获得较陡而稳定的边坡。

大爆破是一种工效较高的路堑开挖方法，但同时也具有较大的破坏性，在下列工程地质条件下不宜进行大爆破：

（1）岩堆、滑坡体、坡顶上部堆积的覆盖层较厚且倾向路基等不良地质地段；

（2）断层破碎带、侵入体与围岩的接触带，以及具有引起塌方的地质软弱地段；

（3）当软弱面通过路基上方或下方时，爆破后不易形成路基的地段；

（4）层理面、滑动面以及其他构造软弱面倾向路基且层面胶结不良的地段；

（5）山脊较薄、山后有良好临空面，爆破会使整个山头破坏、造成塌方的地段。

此外，对周围环境应予以考虑，如有良田、果树、重要建筑物等，在无法确保其安全时，不宜采用大爆破。

（三）选用各种爆破方法的原则

上述爆破方法各有特点，应因地制宜、利用地形地质等客观条件，充分发挥各种爆破方法的优势，尽可能地综合使用各种爆破方法，达到爆破方量大、炸药用量少、路基边坡稳定的最佳效果。选用爆破法应按以下原则进行：

1. 全面规划，重点设计

对拟爆破的路基石方，应根据工程量大小和集中程度、微地形变化、横断面形式以及地质条件所允许的爆破规模等，结合各种爆破方法的特点进行全面规划，合理确定各地段应采用的爆破方法和实施方案。对石方较集中的地段应进行重点设计。

2. 做好爆破顺序设计

前期进行的爆破应为后续的爆破创造条件，增加临空面，提高爆破效益。

3. 综合利用小群炮，进行分段或分批爆破

一般有以下几种情况：

（1）斜坡地形的半填半挖路基，可采用沿路线纵向布置的一字排炮进行开挖。对于自然地面坡度较缓的地形，可先用炮孔炮切脚，改造地形后再用一字排炮。

（2）路线横切山坡时，可用炮孔炮三面切脚，改造地形后，再在中间用药壶炮进行爆破。

（3）对于路基较宽、阶梯较高的地形，可采用上下互相配合的小炮群，如图 3-7 所示。

（4）对拉槽路堑，从两头开挖时，可采用竖眼揭盖、水平炮扫底的梅花状方式布置炮孔，如图 3-8 所示。

（5）爆破后采用机械清方的挖方作业，如遇坚石，采用眼深 2m 以上的炮孔炮组或 20～40 个的多排多层群炮或深孔炮进行爆破，可使岩石破碎程度满足清方要求。此外，采用微差爆破和间隔爆破也容易满足机械清方的要求。若遇软石或节理发育的次坚石，可采用松动爆破。

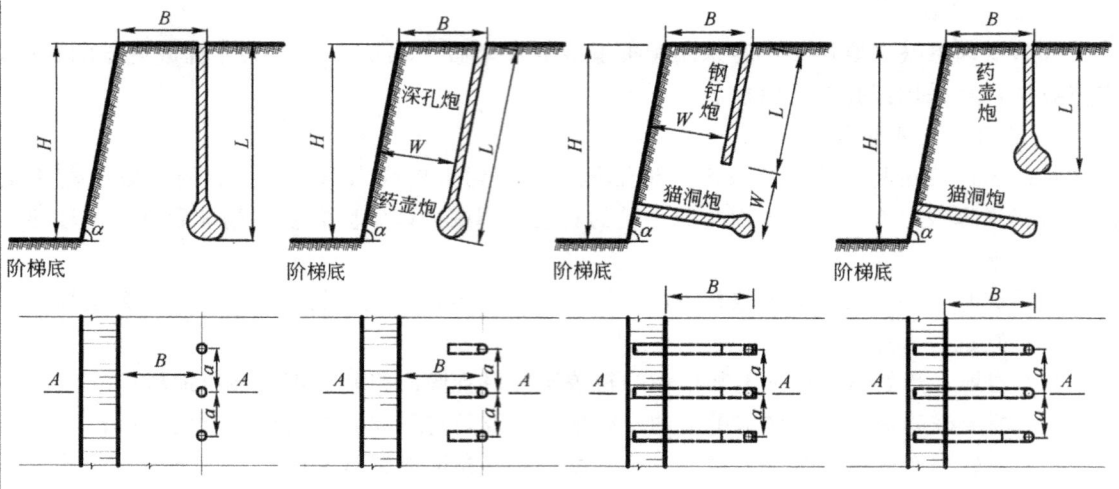

图 3-7 上下互相配合的小炮群

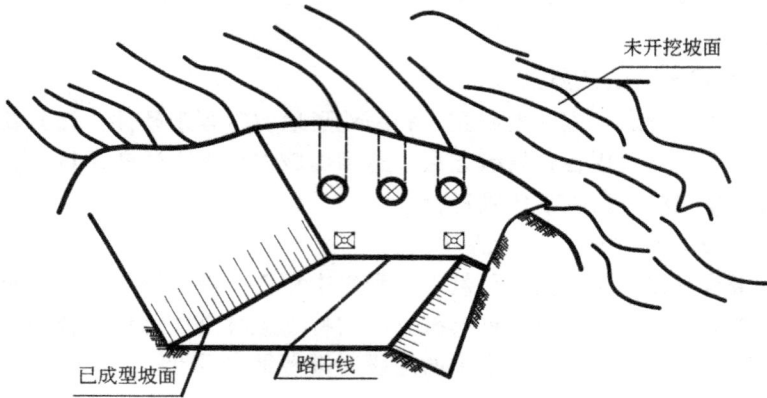

图 3-8 梅花形直立炮孔与水平炮孔的混合炮群

三、炸药、起爆器材及起爆方法

用于爆破作业的各种炸药应性质稳定,质量可靠;起爆器材应便于安全操作,引爆效果好;起爆方法应根据需要合理选用。

1. 炸药

1)炸药的性质

炸药是一种化学性质不稳定的物质,其化学成分大都含有碳、氢、氧、氮等元素,在外力冲击、摩擦、挤压下易发生爆炸,爆速高达每秒几千米,爆温高达 $1500 \sim 4500 ℃$,压力超过 $101.325 \times 10^5 kPa$,因此,炸药爆炸具有非常大的破坏力。炸药的性质用以下指标描述:

(1)炸药的威力。一般用爆力和猛度来衡量。爆力是指炸药破坏一定量介质的能力。猛度是指炸药爆炸时,将一定量岩石粉碎成细块的能力。

(2)炸药的敏感度。指炸药在外能作用下发生爆炸的难易程度,包括爆燃点、撞击敏感度、摩擦敏感度和起爆敏感度。炸药的敏感度受其密度、湿度、粒度和杂质含量等的影响。

（3）炸药的安全性。指炸药在长期储存时，保持原有物理、化学性质不变的性能。影响物理安全性的因素主要是吸湿、结块、挥发、耐冻、耐水性质，影响化学安全性的因素则是自身的化学性质。

2）炸药的种类

按用途的不同，炸药分为起爆炸药和主要炸药两类。

起爆炸药用于制造雷管，是一种起爆速度较高的炸药。起爆炸药又可分为正起爆炸药和负起爆炸药，正起爆炸药具有很高的热能和机械冲击敏感性，它起爆负起爆炸药；负起爆炸药增强了雷管的起爆能量。

主要炸药是用来爆破介质的炸药。其敏感度较低，要在起爆炸药爆炸的强力冲击下才能爆炸。路基施工常用的主要炸药有黑火药、TNT、胶质炸药、硝铵炸药、铵油炸药及浆状炸药等。各种炸药的性质有较大差异，其适用性亦不同，使用时应根据工程实际合理选用。

2. 起爆器材

道路施工时常用的起爆器材是雷管，按引爆方式不同可分为火雷管和电雷管两种。

火雷管亦称普通雷管，用导火索引爆，按其装药量的多少编号，常用的6号雷管相当于1g雷汞的装药量。

电雷管由电流引爆，按其起爆时间可分为即发型和迟发型。即发型电雷管同时点火同时起爆；迟发型电雷管同时点火，但不同时起爆，按其推迟起爆时间长短可分为2s、4s、6s、8s、10s、12s数种。采用电雷管起爆时，电源电流不小于1A，也不应大于5A。

3. 起爆方法

（1）导火索起爆

这种方法是先将导火索点燃，引爆火雷管，从而起爆主炸药。所用导火索应燃烧完全，燃速稳定，根据使用要求选用不同燃速的导火索。导火索与雷管应联结紧密，符合要求。导火索在使用前必须作外观检查，不得有表面破损、折断、曲折、沾有油脂及涂料不均匀等情况，并应做燃速试验。

（2）电起爆

这种方法是通过电起爆网路使电雷管在接通电流时点火器点火，引爆电雷管。产生电流的电源可用干电池组、蓄电池或专用小型手摇发电机、起爆器等。

（3）传爆线起爆

由传爆线组成的传爆网路与药包按串联、并联或并簇联的方式联结，然后起爆传爆线以实现药包起爆。传爆线又称导爆线，其爆速很高，但着火困难，使用时必须在药室外的一段传爆线上捆扎一个8号雷管来引爆，因此是一种十分安全的起爆方法。由于传爆线爆速快，在大爆破的药室中，可提高爆破效果。

（4）塑料导爆管非电起爆

由内涂引爆炸药的塑料导爆管组成的起爆网路与药包联结，通过雷管、导火索、引火头等能产生冲击作用的引爆器材激发导爆管，从而起爆药包。导爆管本身很安全，可作为非危险品贮运。一个8号雷管能激发30～50根导爆管，效率较高。这种方法具有抗杂电、操作简单、安全可靠、成本较低等优点。

四、爆破作业

1. 施爆区管理

需要进行爆破作业的路段，应先进行空中线缆的平面位置及高度、地下管线的平面位置及埋置深度的详细调查。同时，还要调查开挖边界线以外的建筑物结构类型、完好程度、距开挖界面距离等，作为进行爆破方法选择和爆破设计的依据。任何方式的爆破，都要保证空中线缆、地下管线和施爆区边界内建筑物的安全。

2. 炮孔位置选择与钻孔

炮孔位置选择应注意以下几点：

（1）炮孔设计应充分考虑岩石的产状、类别、节理发育程度、溶蚀情况等，炮孔药室应避开溶洞和大的裂隙。

（2）避免在两种硬度相差较大的岩石交界面上设置炮孔、药室。

（3）非群炮的单炮或数次施爆，炮孔宜选在抵抗线最小、临空面较多且与各临空面距离大致相等的位置，同时为下次布设炮孔创造更多的临空面。

（4）应根据地形、岩石类别、炮型等确定群炮孔间距，炮孔位置应准确。群炮宜分排或分段采用微差爆破。

（5）炮孔方向宜与岩石临空面大致平行，一般按岩石外形、节理、裂隙等情况，分别选择正炮孔、斜炮孔、平炮孔或吊炮孔。

钻孔作业分人工钻孔和机械钻孔两种。人工钻孔操作简单，工具简便，但效率低，适宜于工程量较小，工期要求不严的石质路堑开挖；当工程量大，工期紧时，应采用风钻和潜孔钻等机具钻孔。炮孔钻成后，应将其中的石粉、石渣或泥浆清除干净并将孔口塞好。

3. 爆破器材的检查与试爆

为保证施工安全，爆破器材在使用前应进行安全检查，不符合施工要求的变质器材不得使用；炸药的名称、规格应与实际相符，有怀疑时应做性能试验；各种炸药的含水率应符合以下要求：黑火药不大于 1％，硝铵炸药不大于 3％，铵油炸药不大于 5％；雷管应符合规定的性能要求，外形完整，加强帽无脱落变形，无药粉漏出；火雷管的发火处不得有铜锈，必要时做试爆鉴定；导火索和传爆线应做燃速试验，其燃速应稳定一致，否则不能在群炮中使用。

4. 装药、堵塞与引爆

（1）装药

往炮孔内装填炸药是一项细致而危险的工作，必须由经过专业培训的人员操作。装药时无关人员应撤离危险区，装药现场严禁火源、电源。装药与堵塞炮孔应连续而快速地进行，避免炸药受潮而降低威力。不得在雨雪、大风、雷电、浓雾天气及黑夜装药；不得使用铁器装填散装的黑火药，可用木片或竹片将药装入孔中，再将导火索插入，用木棍轻轻捣实。可使用散装黄色炸药装填炮孔，也可将包装成条状药包的黄色炸药直接装入，待炸药装入一半时，将插好导火索的雷管放入，再散装另一半炸药，最后用木棍轻轻捣实。

（2）堵塞炮孔

炮孔可用细砂土、黏土等堵塞，最好用最佳含水率时的黏土、粗砂混合料堵塞。炸药装好后，先用干砂灌入并捣实，然后用堵塞料塞满炮孔、捣实，捣实时应保护导火索或电爆线。炮孔堵塞完毕后立即布置安全警戒，组织施爆区和飞石、强震影响区内的人、畜疏散，布置安全警戒岗，封闭所有与施爆区相通的路径，做好起爆准备。

（3）引爆

引爆前应向安全警戒范围发出引爆信号，以确保施工安全。

引爆火雷管时，应指定专人按规定顺序点火。点火时用草绳或香火引燃导火索，禁止用明火引爆。电雷管用接通电源的方法引爆。点火引爆后，应仔细记录爆炸的炮数，当爆炸的炮数与装药引爆的炮数相同时，可解除安全警戒，若炮数不相等，应在最后一炮响过 30min 后，方可解除警戒。

5. 清除瞎炮

点火后未爆炸的炮称为瞎炮，也叫拒爆药包，必须尽快清除。清除瞎炮不但费工费时，影响施工进度，而且清除工作有一定的难度和危险性，因此，在施工过程中应尽量避免产生瞎炮。产生瞎炮的原因有雷管、导火索受潮失效；导火索与雷管接头脱开，堵塞炮孔时导火索被扯断，炮孔潮湿有水；点炮时漏点等。

清除瞎炮时，先找出其位置，在其附近重新打眼，布置新的药包，通过引爆新炮使瞎炮一起爆炸。若瞎炮为小炮且为一般炸药时，可用水冲洗处理。

待瞎炮清除后方可解除警戒，随后进行清方工作。清方时人工和机械必须按操作规程进行，以免被炸松的岩石坍塌，发生事故。

五、施工安全

爆破施工安全包括施爆区内参与爆破施工的人员安全和施爆区内的物资安全，以及警戒范围内的其他人员和物资的安全。为了避免发生事故，组织爆破施工时应遵守《爆破安全规程》（GB 6722—2003），并特别注意以下几点：

（1）应根据实际地形、地质及路基横断面等条件采取合理的爆破方案，正确进行爆破设计并上报有关部门审批。

（2）所有的爆破作业均应由操作熟练、受过专业培训并取得爆破资格的人员进行。

（3）严格各种爆破器材的储运和管理，各工序必须严格按操作规程作业。

（4）严格执行施爆区的安全警戒和安全检查，及时疏散危险区的人员、牲畜、设备及车辆等，对不能撤离的建筑物应采取保护、加固措施。

（5）起爆后应由专业人员进行安全检查，确认无拒爆、瞎炮后方可解除警戒。

（6）实施大爆破施工作业时，应由专门设立的机构全面负责组织、指挥、协调和安全等方面的工作。

六、石质路堑边坡清刷及路床检验要求

（1）石质挖方边坡应顺直，大面平整。边坡上不得有松石、危石。凸出或凹进设计边坡线的部分不得大于 20cm。对于软质岩石，凸出或凹进尺寸不得大于 10cm，否则应进行修整。

（2）挖方边坡应从开挖面往下分级清刷，每下挖 2～3m 即对新开挖的边坡进行刷坡。软质岩石可用人工或机械刷坡，次坚石、坚石则可用炮孔法或裸露药包法清刷边坡并清除影响施工安全的危石、松石等。清刷后的边坡不应陡于设计边坡，见表 3-1。

（3）如因过量超挖而影响上方岩体稳定时，应用浆砌片石等补砌超挖的坑槽。

（4）石质路堑路床的高程应符合设计要求，开挖后的路床高程与设计高程之差应符合验收标准。过高时应凿平，过低时应用开挖的石屑或碎石灰土填平并压实。

（5）石质路堑的边坡表面宜用密集小型排炮施工。炮孔底面高程宜低于设计高程 $10\sim15\mathrm{cm}$，装药时宜在孔底留 $5\sim10\mathrm{cm}$ 空孔，装药量按松动爆破设计，以确保坡面平顺。

（6）石质路床出现裂隙水时，应采取措施把水降低、拦截或排除到路基之外。

石质路基的施工质量应符合表 3-1 的要求，其质量检查的指标要求与土质路基的相同。

石方路基允许偏差

表 3-1

项　次	检查项目	允　许　偏　差	
		高速公路及一级公路	其他公路
1	纵断面高程（mm）	10，－30	10，－50
2	中线偏差（mm）	50	100
3	宽度（mm）	不小于设计值	不小于设计值
4	平整度（mm）	30	50
5	横坡（%）	±0.5	±0.5
6	边坡	不陡于设计值	不陡于设计值

第四章　路面基层施工

第一节　半刚性基层材料

在路面结构中，将直接位于路面面层之下的主要承重层称为基层，铺筑在基层下的次要承重层称为底基层，但一般常将二者统称为基层。基层承受由面层传递而来的行车荷载应力作用，抵御环境因素的影响，是构成路面整体强度的主要组成部分，因此要求路面基层既应具有足够的强度，又应具有良好的水温稳定性和耐久性。根据材料组成及使用性能的不同，可将基层分为有结合料稳定类（包括有机结合料类和无机结合料类）和无结合料的粒料类。有机结合料稳定类基层（如沥青碎石及沥青贯入式等）的施工在第五章中阐述，本章主要介绍无机结合料稳定类基层和无结合料的粒料类基层施工。

一、半刚性基层分类

半刚性基层是用无机结合料与集料或土组成的混合料铺筑的、具有一定厚度的路面结构层。这类基层称为半刚性基层，具有整体性好、强度高、刚度大、水稳定性好、经济效益佳等特点，是二级以上公路的主要基层类型。按结合料种类和强度形成机理的不同，半刚性基层分为水泥稳定类、石灰稳定类及工业废渣稳定类三种。

1. 水泥稳定类基层

水泥稳定类基层是在粉碎的或原来松散的集料或土中掺入适量的水泥和水，经拌和后得到的混合料通过压实及养生，当其抗压强度达到要求时所得到的结构层。可用水泥稳定的材料包括级配碎石、砂砾、未筛分碎石、砂砾土、碎石土、石屑、土等，经加工后性能稳定的钢渣、矿渣等也可用水泥来稳定。水泥稳定类基层具有较高的强度及刚度，适用于各种交通类别的公路路面基层和底基层，但水泥稳定细粒土（水泥土）的细料含量多、强度低、容易开裂，不应用做薄沥青混凝土面层的基层，只能用作底基层。在高速公路和一级公路的水泥混凝土路面板下也不应用水泥稳定细粒土做基层。

2. 石灰稳定类基层

石灰稳定类基层是在粉碎的或原来松散的集料或土中掺入适量的石灰和水，经拌和、压实及养生，当其抗压强度符合规定时得到的路面结构层。可用石灰稳定的材料包括细粒土、天然砂砾土、天然碎石土、级配砂砾、级配碎石和矿渣等。同时用石灰和水泥稳定某种集料或土时，称为石灰水泥综合稳定类基层。石灰稳定类适用于各级公路路面底基层，也可用做二级公路的基层。与水泥稳定细粒土一样，石灰稳定细粒土（石灰土）不能用作薄沥青混凝土面层的基层，在冰冻地区的潮湿路段及其他地区的过湿路段也不宜采用石灰土做基层或底基层。

3. 工业废渣稳定类基层

用一定数量的石灰与粉煤灰、水泥与粉煤灰或石灰与煤渣等混合料与其他集料或土配合，加入适量的水，经拌和、压实及养生后得到的混合料，当其抗压强度符合规定时即得到工业废渣稳定类基层。石灰粉煤灰稳定类包括石灰粉煤灰土、石灰粉煤灰砂砾、石灰粉煤灰碎石、石灰粉煤灰矿渣等。水泥粉煤灰稳定类包括水泥粉煤灰稳定砂砾、碎石及砂等。石灰煤渣类包括石灰煤渣、石灰煤渣碎石等。用工业废渣做路面基层，可大量利用各种工业废渣，减少占地，变废为宝，具有良好的经济效益和社会效益。工业废渣稳定类混合料适用于各级公路的基层，但石灰粉煤灰稳定细粒土（二灰土）与水泥稳定细粒土一样不应用作薄沥青混凝土面层的基层，而只能用作底基层。在高速公路和一级公路的水泥混凝土路面板下，也不应采用石灰粉煤灰稳定细粒土做基层。

二、材料质量要求

路面基层施工的目的，就是要保证路面在交付使用后不致因基层施工质量不符合要求而提早破坏。科学研究和工程实践证明：要铺筑满足质量要求的路面基层，必须使用质量符合要求的原材料，采用性能优良的施工机械和合理的施工工艺，在施工过程中实行科学的施工组织管理。使用质量符合要求的原材料及合理、正确的混合料组成设计是铺筑高质量路面基层的重要物质保证。因此，施工前应对组成半刚性基层的所有原材料进行质量检验，通过试验选择符合要求的原材料，然后进行配合比设计，在证明混合料强度和稳定性均符合要求后才能用于铺筑基层。

1. 原材料试验项目

进行混合料配合比设计前，抽取有代表性的原材料样品进行试验，以试验结果作为判定是否选用该种材料的主要技术依据。主要的试验项目有：含水率测定，确定土及砂砾、碎石等集料的原始含水率；颗粒筛析，用筛分法分析砂砾、碎石等集料的颗粒组成情况，检验所用材料的级配是否符合要求，为集料配合比设计提供依据；液限和塑限试验，计算土的塑性指数并判定该种土是否适用；相对密度、吸水率试验，测定砂砾、碎石等粒料的相对密度与吸水率，评定其质量，计算固体体积率；压碎值试验，评定碎石、砂砾的抗压碎能力是否符合要求；有机质和硫酸盐含量试验，对土有怀疑时做该项试验，判断土是否适宜用石灰和水泥稳定；石灰有效氧化钙和氧化镁含量测定，确定石灰有效成分含量，评定石灰的质量，以便确定结合料剂量；水泥标号和终凝时间测定，确定水泥质量是否满足设计强度和施工时间要求；烧失量测定，确定粉煤灰、煤渣等是否适用；粉煤灰化学成分及细度，评定粉煤灰的质量。

2. 原材料质量要求

1）集料和土

对集料和土的一般要求是能被经济地粉碎，满足一定级配要求，便于碾压成型，并应满足以下指标要求：

（1）液限和塑限。结合料为水泥时，集料的通过率、土的液限和塑性指数应符合表4-1的要求。结合料为石灰时，应选用塑性指数为15～20的黏质土或含有一定量黏质土的中、粗粒土。塑性指数小于10的土宜用水泥稳定，塑性指数大于15的土宜用石灰和水泥综合稳定。用工业废渣稳定土时，细粒土的塑性指数宜为12～20，其中，中、粗粒土应少含或不含高塑性土。

适宜用水泥稳定的集料颗粒组成范围

表 4-1

公路等级		高速公路及一级公路		二级及二级以下公路	
层位		基层	底基层	基层	底基层
通过下列筛孔 (mm) 的质量百分率 (%)	53				100
	37.5		100	90～100	
	31.5	100	90～100		
	26.5	90～100		66～100	
	19	72～89	67～90	54～100	
	9.5	47～67	45～68	39～100	
	4.75	29～49	29～50	28～84	50～100
	2.36	17～35	18～38	20～70	
	1.18			14～57	
	0.6	8～22	8～22	8～47	17～100
	0.075	0～7	0～7	0～30	0～50
	0.002				0～30
液限（%）		＜28	＜40	＜40	
塑性指数		＜9	＜17	＜17	

（2）颗粒组成。集料粒径地半刚性基层的路用性能影响很大。如果集料粒径过大，则在拌和、摊铺混合料时难以达到均匀，容易出现离析现象，密实度、平整度不易达到要求。如果集料粒径过小，则基层刚度不足，而且集料比表面积的增加会使结合料用量增加，使工程投资增大。用半刚性材料做底基层时，集料最大粒径不应超过 50mm（圆孔筛，以下同）；做基层时，最大粒径不应超过 40mm。用水泥稳定类混合料做基层时，土的均匀系数（集料通过率为 60％的筛孔与通过率为 10％的筛孔尺寸的比值）应大于 5，一般选用均匀系数大于 10 的土。水泥稳定类混合料的集料颗粒组成应符合表 4-1 的要求，工业废渣稳定类混合料的集料颗粒组成应符合表 4-2 的要求。

适宜用工业废渣及综合措施稳定的集料颗粒组成范围

表 4-2

公路等级		高速公路及一级公路		二级及二级以下公路
层位		基层	底基层	基层
最大粒径（mm）		≤31.5	≤37.5	≤40
通过下列筛孔 (mm) 的质量百分率 (%)	37.5		100	100
	31.5	100	85～100	90～100
	19	85～100	65～85	72～90
	9.50	55～75	50～70	48～68
	4.75	39～59	35～55	30～50
	2.36	27～47	25～45	18～18
	1.18	17～35	17～35	10～27
	0.60	10～25	10～27	6～20
	0.075	0～10	0～15	0～7

（3）压碎值。用于半刚性基层的碎石、砾石应具有足够的抗压碎能力。高速公路和一级公路的半刚性基层集料压碎值不应大于30%，用于其他公路的集料压碎值不应大于35%（底基层可放宽到40%）。

（4）硫酸盐及腐殖质。用水泥做结合料时，土中硫酸盐含量不应超过0.25%，有机质含量不应超过2%；超过上述规定时，不应单纯用水泥稳定，可先用石灰与土混合均匀，闷料一昼夜后再用水泥稳定。用工业废渣稳定土时，土中硫酸盐含量不应超过0.8%，有机质含量不应超过10%。

2）无机结合料

常用的无机结合料为水泥、石灰、粉煤灰及煤渣等。

（1）水泥。硅酸盐水泥、普通硅酸盐水泥、矿渣硅酸盐水泥和火山灰质硅酸盐水泥均可用于稳定集料和土。为了有充裕的时间组织施工，不应使用快硬水泥、早强水泥或受潮变质的水泥，应选用终凝时间较长（6h以上）的水泥。

（2）石灰。石灰质量应符合三级以上消石灰或生石灰的质量要求。准备使用的石灰应尽量缩短存放时间，以免有效成分损失过多，若存放时间过长则应采取措施妥善保管。

（3）粉煤灰。粉煤灰的主要成分是SiO_2、Al_2O_3和Fe_2O_3，三者总含量应超过70%，烧失量不应超过20%；若烧失量过大，则混合料强度将明显降低，甚至难以成型。粉煤灰比表面积宜大于2500cm²/g，粒径变化范围为0.001～0.3mm。干湿粉煤灰均可使用，但湿粉煤灰含水率不宜超过35%；干粉煤灰露天堆放时应洒水湿润，防止随风飞扬造成污染。使用时结团的灰块应打碎或过筛，并清除有害杂质。

（4）煤渣。煤渣是煤燃烧后的残留物，主要成分是SiO_2和Al_2O_3，松干密度为700～1000kg/m³，最大粒径不应大于30mm，颗粒组成以有一定级配为佳。

3）水

一般人、畜饮用水均可使用。

三、混合料组成设计

1. 设计目的

半刚性基层的混合料必须具有足够的强度、良好的水温稳定性和耐久性，为便于施工，还应具有适宜的施工和易性。为达到这一目的，应在经济适用的原则下进行混合料配合比设计，即以设计文件和施工技术规范规定的混合料强度为设计标准，通过试验选择最适宜稳定的集料或土，确定结合料剂量和混合料最佳含水率。设计得到的参数和试验结果是检查和控制施工质量的重要依据。

2. 混合料试验

混合料的物理力学指标必须经过相关试验来测定，以试验结果作为评定混合料质量的主要依据。试验项目为：

1）重型击实试验

该试验用击实仪进行，目的是确定混合料的最佳含水率和最大干密度。试验结果一方面用于控制强度试验和耐久性试验的混合料含水率和干密度，另一方面作为检验混合料压实度是否达到要求的标准。

2）承载比试验

承载比试验用路面材料强度测试仪进行，目的是测试工地预期干密度下混合料的承载比

（CBR 值），以试验结果评定混合料的承载能力是否满足路面基层或底基层的要求。

  3）抗压强度试验

  抗压强度是评定混合料质量的重要技术标准，用路面材料强度测试仪测试。进行半刚性基层混合料组成设计时，通过测试混合料的无侧限抗压强度，选定最适宜用结合料稳定的集料或土，确定结合料剂量，为工地提供施工质量评定标准。

  除上述试验外，路面结构设计时还需要测试半刚性基层材料的劈裂强度等。

  3. 混合料组成设计的步骤

  半刚性基层混合料的配合比设计过程为：首先通过前述有关试验，检验拟采用的结合料、集料和土的各项技术指标，初步确定适宜的原材料。其次是确定混合料中各种原材料所占比例，制成混合料后通过击实试验测定最大干密度和最佳含水率，并在此基础上进行承载比试验和抗压强度试验，根据表 4-3 规定的强度标准及其他要求，选择最适宜的原材料及其混合料组成方案。表 4-3 所列强度指标为龄期 7d〔常温（非冰冻地区 25℃，冰冻地区 20℃）湿养 6d，浸水 1d〕的无侧限抗压强度。混合料组成设计的具体步骤为：

无机结合料稳定类混合料抗压强度标准（MPa）   表 4-3

公 路 等 级		高速公路及一级公路		二级及二级以下公路	
层位		基层	底基层	基层	底基层
材料类型	水泥稳定类	3.0～5.0	1.5～2.5	2.5～3.0	1.5～2.0
	石灰稳定类	—	≥0.8	≥0.8	0.5～0.7
	工业废渣稳定类	0.8～1.1	≥0.6	0.6～0.8	≥0.5

  1）制备混合料

  试验前先制备一种集料或土、不同结合料剂量的混合料。所谓结合料剂量是结合料质量占全部集料或土干质量的百分比。剂量过低时，混合料将难以形成半刚性材料，其强度将难以抵抗行车荷载产生的应力；剂量过高时，混合料会由于刚度过大而容易出现开裂现象，同时也不经济。一般情况下，水泥和石灰的剂量可按表 4-4 及表 4-5 确定。当采用水泥和石灰综合稳定集料或土时，若水泥用量占结合料总质量的 30% 以上，按水泥稳定土设计；否则按石灰稳定土设计。通常，施工实际采用的水泥剂量和石灰剂量应比设计剂量高 0.5%～1.0%。工业废渣稳定土以及含有多种结合料的综合稳定土配合比可参考表 4-6 取用。

  2）击实试验

  通过击实试验确定各种混合料的最佳含水率和最大干密度。试验时每一种土样至少做 3 个不同结合料剂量的混合料进行试验，即结合料最小剂量、中间剂量和最大剂量。其他剂量混合料的最佳含水率和最大干密度用内插法求得。

水泥剂量参考值   表 4-4

土 类	层位	水泥最小量（%）					水泥最小剂量（%）	
							厂拌法施工	路拌法施工
中粒土或粗粒土	底基层	3	4	5	6	7	3	4
	基层	3	4	5	6	7		
塑性指数小于 12 的土	底基层	4	5	6	7	9	4	5
	基层	5	7	8	9	11		

土 类	层位	水泥最小量（%）					水泥最小剂量（%）	
							厂拌法施工	路拌法施工
其他细粒土	底基层	6	8	9	10	12	4	5
	基层	6	10	12	14	16		

石灰剂量参考值 表 4-5

层 位	土 类	参考水泥剂量（%）				
基层	砂粒土和碎石土	3	4	5	6	7
	塑性指数小于 12 的黏性土	10	12	13	14	16
	塑性指数小于 12 的黏性土	5	7	9	11	13
底基层	塑性指数小于 12 的黏性土	8	10	11	12	14
	塑性指数大于 12 的黏性土	5	7	8	9	11

工业废渣稳定类及综合稳定类基层常用配合比 表 4-6

混合料名称	层 位	常用配合比（质量比）
石灰粉煤灰（二灰）	基层、底基层	石灰：粉煤灰＝1：2～1：9
石灰粉煤灰土（二灰土）	基层、底基层	石灰：粉煤灰＝1：2～1：4 石灰粉煤灰：土＝30：70～90：10
石灰粉煤灰集料	基 层	石灰：粉煤灰＝1：2～1：4 石灰粉煤灰：集料＝20：80～15：85
水泥粉煤灰碎石	基 层	石灰：粉煤灰：碎石＝4：16：80
水泥石灰粉煤灰砂砾	基 层	水泥：石灰：粉煤灰：砂砾＝3：6：16：75
水泥石灰砂土	基层、底基层	水泥：石灰：砂：土＝4：3：68：25
石灰煤渣（二渣）	基层、底基层	石灰：煤渣＝20：80～15：85
石灰煤渣碎石（三渣）	基 层	石灰：煤渣：碎石＝（7～9）：（26～33）：（67～58）

3）强度试验

首先制备抗压试验试件，混合料取最佳含水率，干密度由工地预定达到的压实度与最大干密度确定。用于做平行试验的最少试件数量见表 4-7 的规定；如果试验结果的偏差系数大于表中规定值，应分析原因并重新试验，不能降低偏差系数时，应追加试验数量，以便获得客观、准确的试验结果。试件成型后在规定的温度（非冰冻地区为 25℃，冰冻地区为 20℃）下养生 6d、浸水 1d 后进行无侧限抗压强度试验，计算试验结果的平均值和均方差，计算公式为：

$$\left.\begin{array}{l} R = \dfrac{1}{n}\sum\limits_{i=1}^{n} R_i \\[2mm] C_v = \dfrac{\sigma}{R} \end{array}\right\} \qquad (4\text{-}1)$$

式中：R——混合料所测强度平均值，MPa；

　　　R_i——各测定强度值，MPa；

　　　n——试验样本数；

C_v——偏差系数；

σ——试验结果标准差。

4）确定结合料剂量

根据表 4-3 所列的强度标准，选定符合强度要求的结合料剂量。所选定结合料剂量的混合料室内抗压强度平均值 R 应符合下列条件：

$$R \geqslant \frac{R_d}{1 - Z_a C_v} \tag{4-2}$$

式中：R_d——混合料设计抗压强度，MPa；

C_v——试验结果变异系数（以小数计）；

Z_a——标准正态分布表中随保证率而变的系数，高速公路、一级公路和二级公路的保证率为 95%，此时 $Z_a = 1.645$；一般公路保证率为 90%，此时 $Z_a = 1.282$。

对满足以上条件的混合料组成方案，应进行工程经济分析，在技术经济合理的原则下确定最佳方案。

无侧限抗压试验最少试件数量 表 4-7

土类别	下列偏差系数时的试验数量			土类别	下列偏差系数时的试验数量		
	小于 10%	10%~15%	15%~20%		小于 10%	10%~15%	15%~20%
细粒土	6	9	—	粗粒土	—	9	13
中粒土	6	9	13				

第二节 半刚性基层施工

半刚性基层的混合料可在拌和厂（场）集中拌和，也可沿路拌和，故施工方法有厂拌法和路拌法之分。高速公路和一级公路的半刚性基层对强度、平整度等技术性能有很高的要求，应采用施工质量好、进度快的厂拌法施工；其他公路的半刚性基层可用路拌法施工。

一、铺筑试验路

高速公路和一级公路或使用新技术、新材料及新工艺的半刚性基层，在大面积施工前，应先铺筑一定长度的试验路。通过试验路的铺筑，施工单位可进行施工工艺的优化，找出施工过程中存在的主要问题，取得实现成功施工的经验，为大面积基层的铺筑确定合适的施工方法，同时还可检验拌和、运输、碾压、养生等施工设备的可靠性。根据试验路铺筑的具体情况，制订合理可行的施工组织计划，检验铺筑的半刚性基层质量是否符合设计和规范要求，并提出质量控制措施。此外，设计和建设单位也可对试验路的实际使用效果进行分析，对所设计的路面结构形式、混合料组成设计、基层的路用性能等一系列指标进行再次论证，从而优选出经济、适用的路面结构方案，并确定最终采用的基层类型及混合料配合比。

二、厂拌法施工

厂拌法施工是在中心拌和厂（场）用强制式拌和机、双转轴浆叶式拌和机等拌和设备将原材料拌和成混合料，然后运至施工现场进行摊铺、碾压、养生等工序作业的施工方法。无拌和设备时，也可用路拌机械或人工在现场分批集中拌和；之后，再进行其他工序的作业。

厂拌法施工前，应先调试用于拌和、摊铺、碾压等工序的设备，使之处于良好的工作状态。拌和前应进行适当的试拌，使大量拌和的混合料组成符合设计要求。厂拌法施工的工艺流程如图 4-1 所示，其中与施工质量有关的重要工序是混合料拌和、摊铺及碾压。

1. 下承层准备与施工放样

半刚性基层施工前应对下承层（底基层或土基）按施工质量验收标准进行检查验收，验收合格后方可进行基层施工。下承层应平整、密实，无松散和"弹簧"等不良现象，并符合设计高程、横断面宽度等几何尺寸要求。注意采取措施做好基层施工的临时排水工作。

施工放样主要是恢复路中线，在直线段每隔 20m、曲线段每隔 10～15m 设一中桩，并在两侧路肩边缘设置指示桩，在指示桩上明显标记出基层的边缘设计高程及松铺厚度的位置。

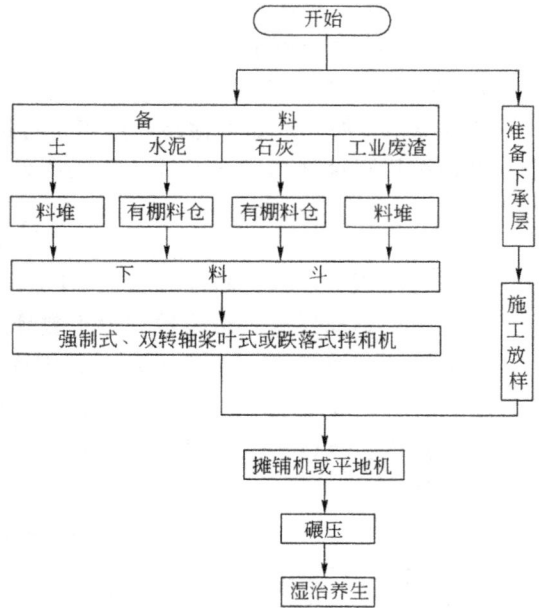

图 4-1 半刚性基层厂拌法施工流程

2. 备料

半刚性基层的原材料应符合质量要求。料场中的各种原材料应分别堆放，不得混杂。运到料场的水泥应防雨防潮，准备使用的石灰应提前洒水，使石灰充分消解。石灰和粉煤灰过干会随风飞扬而造成污染，过湿又会成团而不便于施工，因此，应适时洒水或设遮雨棚，使之含有适宜的水分。在潮湿多雨地区施工时，应采取有效措施使细粒土、结合料免受雨淋。

3. 拌和与摊铺

拌和时应按混合料配合比要求准确配料，使集料级配、结合料剂量等符合设计要求，并根据原材料实际含水率及时调整加入拌和机内的水量。水泥稳定类和工业废渣稳定类混合料的含水率可比最佳含水率大 1％～2％，而石灰稳定类混合料的含水率可比最佳含水率小 1％～2％，这样可获得较好的压实效果。

拌和好的水泥稳定土混合料和水泥石灰稳定土混合料应尽快运到施工现场摊铺并碾压成型，以免因时间过长而使混合料强度损失过大。工业废渣稳定类混合料在 24h 内进行摊铺碾压即可。运输混合料的距离较长时，应用篷布等覆盖混合料以免水分损失过大。

高速公路和一级公路的半刚性基层应用沥青混合料摊铺机、水泥混凝土摊铺机或专用稳定土摊铺机摊铺，这样可保证基层的强度及平整度、路拱横坡、高程等几何外形质量指标符合设计和施工规范要求。摊铺过程中应设专人跟随摊铺机行进，以便随时消除粗、细集料严重离析的部位。应严格控制基层的厚度和高程，禁止用薄层贴补的办法找平，确保基层的整体承载能力。拌和机与摊铺机的生产能力应相互协调，避免出现机械停工待料和生产能力不足的问题。

4. 碾压

碾压是使半刚性基层获得强度和稳定性的关键工序。摊铺整平的混合料应立即用 12t 以上的振动压路机、三轮压路机或轮胎压路机碾压。混合料压实厚度与压路机吨位的关系宜符合表 4-8 的要求。必须分层碾压时，最小分层厚度不应小于 10cm。碾压时应遵循先轻后重的次序安排各型压路机，以先慢后快的方法逐步碾压密实。在直线段由两侧向路中心碾压，在平曲线范围内由弯道内侧逐步向外侧碾压。碾压过程中若局部出现"弹簧"、松散、起皮等不良现象时，应将这些部位的混合料翻松，重新拌和均匀再碾压密实。半刚性基层的压实质量应符合表4-9规定的压实度要求。

水泥稳定类混合料从开始加水拌和到碾压完毕的时间称为延迟时间。混合料从开始拌和到碾压完毕的所有作业必须在延迟时间内完成，以免混合料的强度达不到设计要求。厂拌法施工的延迟时间为2h。

半刚性基层压实厚度与压路机吨位的关系　表4-8

压路机类型与吨位（t）	适宜的压实厚度（cm）	最小分层厚度（cm）
三轮压路机（12～15）	15	
三轮压路机（18～20）	20	10
质量更大的振动压路机、三轮压路机	根据试验确定	

半刚性基层压实度要求（%）　表4-9

公路等级			高级公路和一级公路		二级及二级以下公路	
层位			基层	底基层	基层	底基层
材料类型	水泥稳定土	细粒土	98	95	93	93
		中、粗粒土	98	97	97	95
	石灰稳定土	细粒土	—	95	93	93
		中、粗粒土	—	97	97	95
	工业废渣稳定土	细粒土	98	95	93	93
		中、粗粒土	98	97	97	95

5. 养生与交通管制

半刚性基层碾压完毕，应进行保湿养生，养生期不少于7d。水泥稳定类混合料在碾压完成后立即开始养生，石灰或工业废渣稳定类混合料可在碾压完成后3d内开始养生；养生期内应使基层表面保持湿润或潮湿，一般可洒水或用湿砂、湿麻布、湿草帘、低黏质土覆盖，基层表面还可采用沥青乳液做下封层进行养生。水泥稳定类混合料需分层铺筑时，下层碾压完毕，待养生1d后即可铺筑上层；石灰或工业废渣稳定类混合料需分层铺筑时，下层碾压完即可进行铺筑，下层无需经过7d养生。养生期间应尽量封闭交通，若必须开放交通时，应限制重型车辆通行并控制行车速度，以减少行车对基层的扰动。

三、路拌法施工

路拌法施工是将集料或土、结合料按一定顺序均匀平铺在施工作业面上，用路拌机械拌和均匀并使混合料含水率接近最佳含水率，随后进行碾压等工序的作业。路拌法施工的流程为：下承层准备→施工测量→备料→摊铺→拌和→整形→碾压→养生。其中，下承层准备、施工测量、碾压及养生的施工方法和要求与厂拌法施工相同。

路拌法施工时，备料在准备完毕的下承层上进行。首先根据铺筑层的宽度、厚度及预定达到的干密度计算各施工段所需干集料的数量。其次是根据混合料的配合比、原材料含水率及运输车辆的吨位计算各种原材料每车的堆放距离；对于水泥、石灰等结合料，当以袋（或小翻斗车）为计量单位时，应计算每计量单位结合料的堆放距离。这样分层堆放的原材料经摊平、拌和后得到的混合料更容易符合规定的配合比要求。

通常先堆放集料或土，用自动平地机等适合的机械或人工按铺筑试验路确定的松铺系数摊铺均匀，然后按上述计算结果堆放结合料并摊平，摊铺应使混合料层厚度均匀。摊铺完毕，用稳定土拌和机、农用旋耕机或多铧犁进行拌和，拌和深度应达到稳定层底部，略扰动下承层，使基层与下承层结合良好。在拌和过程中，应设专人跟随拌和机行进，以便随时调整拌和深度并检查拌和质量。混合料应充分拌和均匀，严禁在拌和层底留有"素土"或夹层，否则会严重影响稳定层的强度和稳定性。拌和时应适时检查混合料的含水率，若含水率不符合设计要求，应通过自然蒸发或补充洒水，使之处于最佳值，并再次拌和均匀。

混合料拌和均匀后，立即用平地机初平、整型。在直线段，平地机由两侧向路中心刮平；在曲线段，平地机由内侧向外侧刮平。初平后，用拖拉机、平地机或轮胎式压路机快速碾压1～2遍，使可能的不平整部位暴露出来，再用平地机整型，如此反复1～2遍。整形过程中要及时消除集料离析现象，特别是粗集料集中的部位。低洼处应用齿耙将距表面5cm深度范围内的混合料耙松，再用新拌和的混合料找平。初步整形后，应检查混合料松铺厚度，并进行必要的补料和减料。碾压作业与厂拌法施工相同。碾压结束前，用平地机再最终找平一次，使基层纵向顺适，路拱、超高、高程等符合设计要求。特别要将高出部分刮除并扫出路外，以保证上层路面结构的有效厚度。

四、施工应注意的问题

1. 施工季节

半刚性基层宜在春末或夏季组织施工。施工期间的最低气温应在5℃以上；在冰冻地区，应保证在结冻前有一定成型时间，即在第一次重冰冻（−3～−5℃）到来之前的半个月到一个月（水泥稳定类）或一个月到一个半月（石灰、工业废渣稳定类）完成。若不能达到上述要求，则碾压成型的半刚性基层应采取覆盖措施，以防止冻融破坏。多雨地区应避免在雨季施工石灰土结构层。雨季施工水泥稳定土或石灰稳定中、粗粒土时，应特别注意气候变化，采取措施避免结合料或混合料遭雨淋。降雨时应停止施工，及时排除地表水，使运到路上的材料不过分潮湿。已经摊铺的混合料应尽快碾压密实。

2. 接缝及"掉头"处的处理

无论用厂拌法还是路拌法施工，均应尽量减少横向接缝和纵向接缝，必须设置接缝时应妥善处理。对于水泥稳定类基层，同一天施工的两个作业段衔接处应搭接拌和，即前一段拌和后留下5～8m长的混合料不碾压，待后一段施工时，在前一段未碾压的混合料中加入水泥，并拌和均匀。每一工作日的最后一段水泥稳定类基层完工后，应将末端设置成垂直端面，以保证接缝处有良好的传荷能力。对于石灰稳定类和工业废渣稳定类基层，同一天施工的两作业段衔接处可按前述方法处理，但不再添加结合料。施工过程中出现的纵向接缝应设置成垂直接缝，接缝区的混合料应充分碾压密实。

拌和机等施工机械不应在已碾压成型的稳定类基层上"掉头"、制动或突然起动。若必须进行这些操作时，应采取有效的措施保护基层。

3. 水泥稳定类混合料基层施工作业段长度的确定

确定水泥稳定类混合料基层的施工作业段长度应考虑水泥的终凝时间、延迟时间、工程质量要求、施工机械效率及气候条件等因素。延迟时间宜控制在3～4h内，不得超过水泥的终凝时间。在保证混合料强度符合要求的前提下，尽可能增长施工作业段长度。为此，水泥稳定类基层应采用流水作业法组织施工，使各工序紧密衔接，尽可能缩短延迟时间以增加施工流水段长度。一般条件下，每作业段长度以 200m 为宜。

第三节　粒料类基层施工

粒料类基层是由有一定级配的矿质集料经拌和、摊铺、碾压后，当强度符合规定时得到的基层。按强度形成原理的不同，矿质集料分为嵌挤型和密实型两种类型。嵌挤型粒料包括泥结碎石、泥灰结碎石、填隙碎石等，这种基层的强度靠颗粒之间的摩擦和嵌挤锁结作用形成。密实型粒料具有连续级配，故也称级配型基层，材料包括级配碎（砾）石、符合级配要求的天然砂砾等。本节主要介绍级配碎石、级配砾石和填隙碎石基层的施工技术。

一、粒料类基层及其材料质量要求

1. 级配碎石基层

级配碎石基层由粗、细碎石和石屑各占一定比例、级配符合要求的碎石混合料铺筑而成。级配碎石基层适用于各级公路的基层和底基层，还可用作较薄沥青面层与半刚性基层之间的中间层，起减轻和消除半刚性基层开裂对沥青面层影响的作用，避免出现反射裂缝。符合级配要求的碎石可用几组颗粒组成不同的碎石或未筛分碎石与石屑掺配而成，用于基层时，碎石的最大粒径及颗粒组成等应符合表 4-10 的要求，级配曲线应连续圆滑。

级配碎石混合料颗粒级配范围　　　　　　　　　　　　　　表 4-10

公路等级		各级公路			
		基层	中间层	底基层	底基层
通过下列筛孔（mm）的质量百分率（%）	50			100	
	40	10		85～100	100
	30	90～100	100	65～85	80～100
	20	75～90	85～100	42～67	56～37
	10	50～70	60～80	20～40	30～30
	5	30～55	30～50	10～27	18～46
	2	15～35	15～30	8～20	10～33
	0.5	10～20	10～20	5～18	5～20
	0.075	4～10②	2～8②	0～15	0～15
液限（%）		≤28			
塑性指数		≤6 或 <9①			
最大粒径（%）		≤30	≤30	≤40	≤40
扁平状颗粒总含量（%）		≤20			

注：①潮湿多雨地区不大于 6，其他地区不大于 9；
　　②对无塑性的混合料，小于 0.075mm 的颗粒含量接近高限使压实后的基层透水性水。

级配碎石基层的强度主要由碎石颗粒间的密实、填充作用形成，对碎石颗粒的强度要求很高。碎石的压碎值应符合以下要求：高速公路和一级公路基层，不大于 26%；高速公路

71

和一级公路底基层、二级公路基层，不大于 30％；二级公路底基层及二级以下公路基层，不大于 35％；二级以下公路底基层，不大于 40％。石屑和其他细集料可以用碎石场的筛余细料、专门轧制的细碎石集料、天然砂砾等。若级配碎石中所含细料的塑性指数偏大，则塑性指数与 0.5mm 以下细料含量的乘积应符合以下要求：年降雨量小于 600mm 的中干和干旱地区，地下水对土基无影响时，该乘积不大于 120；在潮湿多雨地区，该乘积不大于 100。

2. 级配砾石基层

级配砾石基层是用粗、细砾石和砂按一定比例配制的混合料铺筑的、具有规定强度的路面结构层，适用于二级及二级以下公路的基层及各级公路底基层。级配砾石基层的颗粒组成应符合表 4-11 规定的级配要求，级配不符合要求的可用其他粒料掺配，达到规定的级配后同样可作为级配砾石基层，塑性指数在 6（潮湿多雨地区）或 9（其他地区）以下的天然砂砾可直接用作基层。对于细料含量较多的砾石，可先筛除部分细料后再使用。塑性指数偏大的可掺加少量石灰或无塑性砂土。

级配砾石混合料质量要求

表 4-11

公路等级及层位		各级公路	二级及二级以下公路		
		底基层	基层	基层	基层
通过下列筛孔（mm）的质量百分率（％）	50	100	100		
	40	80～100	90～100	100	
	30			90～100	100
	20		65～85	75～90	85～100
	10	40～100	45～70	50～70	60～80
	5	25～85	30～55	30～55	30～55
	2		15～35	15～35	15～35
	0.5	8～45	10～20	10～20	10～20
	0.075	0～15	4～10	4～10	2～8
液限（％）		<28			
塑性指数		<6 或 <9*			
最大粒径（mm）		≤50	≤40		
扁平状颗粒总含量（％）		≤20			

注：潮湿多雨地区不大于 6，其他地区不大于 9。

级配砾石颗粒的级配曲线应连续圆滑。当塑性指数偏大时，塑性指数与 5mm 以下细土含量的乘积应符合与级配碎石相同的规定。级配砾石的压碎值应符合下列要求：高速公路及一级公路底基层或二级公路基层，不大于 30％；二级公路底基层或二级以下公路基层，不大于 35％；二级以下公路底基层，不大于 40％。

3. 填隙碎石基层

填隙碎石基层是用单一尺寸的粗碎石作主骨料，用石屑作填隙料铺筑而成的结构层。填隙碎石适用于各级公路的底基层和二级以下公路的基层，颗粒组成等技术指标应符合表 4-12 的要求。填隙碎石基层以粗碎石作嵌锁骨架，石屑填充于粗碎石间的空隙中，使密实度增加，从而提高强度和稳定性。当缺乏石屑时，可用细砂砾或粗砂替代。粗碎石应用坚硬的各类岩石或漂石轧制而成，压碎值应符合下列规定：用作基层，不大于 26％；用作底基层，不大于30％。若抗压碎能力不能满足上述要求，则填隙碎石基层的整体强度将难以得到保证。

填隙碎石集料质量要求

表4-12

集料类型		粗 碎 石			填 隙 料
标称尺寸		30～60	25～50	20～40	9.5
通过下列筛孔（mm）的质量百分率（％）	63	100			
	53	25～60	100		
	37.5			100	
	31.5	0～15	25～50	35～70	
	26.5		0～15		
	19	0～5		0～15	
	16		0～5		
	9.5			0～5	100
	4.75				85～100
	2.36				50～70
	0.6				30～50
	0.075				0～10
塑性指数		<6			
不合格颗粒总含量（％）		<15			

二、施工方法

1. 级配碎（砾）石基层施工

级配碎（砾）石基层大都采用路拌法施工，施工次序为：准备下承层→施工放样→运输和摊铺主集料→运输和摊铺掺配集料→洒水拌和→整形→碾压→做封层。采用集中厂拌法施工，施工次序为，准备下承层→施工放样→混合料拌和与摊铺→整型→碾压→做封层。下承层准备与施工放样按半刚性基层施工的方法和要求进行；运输和摊铺集料是确保级配碎（砾）石基层施工质量的关键工序之一，通过准确配料、均匀摊铺可使碎（砾）石混合料具有规定的级配，从而达到规定的强度等技术要求。施工时根据拟定的混合料配合比、基层宽度与厚度及预定达到的干密度等计算确定各规格集料的用量，以先粗后细的顺序将集料分层平铺在下承层上，然后用人工或平地机进行摊平；级配碎（砾）石混合料可用稳定土拌和机、自动平地机、多铧犁与缺口圆盘耙相配合拌和，拌和应均匀，避免出现集料离析现象，确保级配碎（砾）石基层具有良好的整体强度。应边拌和边洒水，使混合料达到最佳含水率。混合料拌和均匀即可按松铺厚度摊平，级配碎石的松铺系数为1.4～1.5，级配砾石的松铺系数为1.25～1.35。表面整理成规定的路拱横坡，随后用拖拉机、平地机或轮胎压路机在初平的混合料上快速碾压1～2遍，使潜在的不平整部位暴露出来，再用平地机整平。混合料整形完毕，含水率等于或略大于最佳含水率时，用12t以上三轮压路机或振动压路机碾压。在直线段，由路肩开始向路中心碾压；在平曲线段，由弯道内侧向外侧碾压，碾压轮重叠1/2轮宽，后轮超过施工段接缝。后轮压完路面全宽即为一遍，一般应碾压6～8遍，直到符合规定的密实度、表面无轮迹为止。压路机碾压头两遍的速度为1.5～1.7km/h，然后为 2.0～2.5km/h。路面外侧应多压 2～3 遍。对于含细土的级配碎（砾）石，应进行滚浆碾压，一直到碎（砾）石基层中无多余细土泛到表面为止，泛到表面的泥浆应清除干净。用级配碎石做基层时，压实度不应小于 98％；做底基层时，压实度不应小于 96％。用级配砾石做基层时，压实度不应小于 98％，CBR 值不应小于 60％；做底基层时，压实度不应小于 96％，中等交通条件下 CBR 值不应小于 60％，轻交通条件下 CBR 值不应小于 40％。

级配碎石用作薄沥青面层与半刚性基层间的中间层时，主要起防治反射裂缝的作用，碎石混合料应采用强制式拌和机、卧式双转轴桨叶式拌和机或普通水泥混凝土拌和机等集中拌和，用沥青混凝土摊铺机、水泥混凝土摊铺机或稳定土摊铺机摊铺，这样可使其具有良好的强度和稳定性，表面平整，质量明显高于路拌法施工的基层。

2. 填隙碎石基层施工

填隙碎石基层施工的顺序为：准备下承层→施工放样→运输和摊铺粗骨料→稳压→撒布石屑→振动压实→第二次撒布石屑→振动压实→局部补撒石屑并扫匀→振动压实，填满空隙→洒水饱和（湿法）或洒少量水（干法）→碾压。其中，运输和摊铺粗骨料及振动压实是确保施工质量的关键。

填隙碎石施工时，细集料应干燥；采用振动压路机充分碾压，尽量使粗碎石骨料的空隙被细集料填充密实，而填隙料又不覆盖粗碎石表面自成一层，粗碎石应"露子"。填隙碎石的压实度用固体体积率来表示，用作基层时，不应小于 83％；用作底基层时，不应小于 85％。填隙碎石基层碾压完毕，铺封层前禁止开放交通。

第四节　基层施工质量控制与检查验收

一、施工质量控制

确保基层的施工质量符合设计文件和技术规范要求是基层施工的首要任务，施工过程中应采取有效措施控制施工质量，如建立、健全工地现场试验设施、质量检查与工序间的交接验收制度。各工序完成后应进行相应指标的检查验收，上一道工序完成且质量符合要求方可进入下一道工序的施工。施工质量控制的内容包括原材料与混合料技术指标的检验、试验路铺筑及施工过程中的质量控制与外形管理三大部分。

1. 原材料与混合料质量技术指标试验

基层施工前及施工过程中原材料出现变化时，应对所采用的原材料进行规定项目的质量技术指标试验，以试验结果作为判定材料是否适用于基层的主要依据。原材料技术指标试验项目及试验方法参见前述有关内容。

2. 铺筑试验路

为了有一个标准的施工方法作指导，在正式施工前应铺筑一定长度的试验路，以便考查混合料的配合比是否适宜，确定混合料的松铺系数、标准施工方法及作业段的长度等，并根据铺筑试验路的实际过程优化基层的施工组织设计。

3. 质量控制与外形管理

基层施工质量控制是在施工过程中对混合料的含水率、集料级配、结合料剂量、混合料抗压强度、拌和均匀性、压实度、表面回弹弯沉值等项目进行检查。表 4-13 列出了其中一些主要项目的检测频度及质量标准。外形管理包括基层的宽度、厚度、路拱横坡、平整度等，施工时应按规定的频度和质量标准进行检查。

施工质量控制主要项目的检查频度和标准   表 4-13

类别	项目		频度	质量标准	达不到要求时的参考处理措施	备注
水泥、石灰稳定土及水泥石灰综合稳定土	级配		每 2000m² 1 次	在规定范围内	调整材料，修整配合比	摊铺现场取样
	集料压碎值		根据观察，异常时随时试验	不超过规定	更换合格的材料	现场取样
	水泥、石灰剂量		每 2000m² 1 次，至少 6 个样品，用滴定法或测钙仪试验	不小于−1.0%	检查原因，进行调整	摊铺时取样
	拌和均匀性		随时观察	无灰条、灰团、色泽均匀，无离析	补充拌和，处理粗集料窝和粗集料带	
	压实度	稳定细粒土	每一作业段或不超过 2000m² 检查 6 次以上	93%以上（高速公路及一级公路 95%以上）	继续碾压，局部含水率过大或材料不良地点，挖除并换填混合料	以灌砂法为准，每个点受压路机碾压次数相同
		稳定中、粗粒土		底基层 95%、基层 97%（高速公路及一级公路 98%以上）		
	抗压强度		每种土质相同剂量结合料不少于 6 个试件	符合规定要求	调查原材料，按需要增加结合料剂量，改善集料级配	试件密度与现场密度一致
	延迟时间		每作业段 1 次	不超过规定要求	适当处理，改进施工方法	仅用于水泥稳定类
石灰粉煤灰稳定土	配合比		每 2000m² 1 次	石灰−1%以内		按用量控制
	级配		每 2000m² 1 次	符合规定要求		全过程取样
	拌和均匀性		随时观察	无灰条、灰团，色泽均匀，无离析	补充拌和，处理粗集料窝和粗集料带	
	抗压强度		稳定细粒土每天两组，每组 6 个试件，稳定中粒土每天分别为 6 个和 9 个试件	符合规定要求	调查原材料，按需要增加石灰剂量，调整配合比，提高压实度等	试件密度与现场密度一致
	压实度	二灰及二灰稳定类	每一作业段或不超过 2000m² 检查 6 次以上	93%以上（高速公路及一级公路 95%以上）	继续碾压，局部含水率过大或材料不良地点，挖除并换填混合料	以灌砂法为准，每个点受压路机碾压次数相同
		二灰稳定粒料类		底基层 95%，基层 97%（高速公路及一级公路 98%以上）		

类别	项目	频度	质量标准	达不到要求时的参考处理措施	备 注
粒料类基层	级配	每2000m² 1次	在规定范围内	调查原材料，按需要修正现场配合比	现场取样湿筛法进行
	均匀性	随时观察	无粗细集料离析	局部添加所缺材料，补充拌和或换料	全过程取样
	压实度	每一作业段或不大于2000m²检查6次以上	基层98%以上，底基层96%以上	继续碾压，局部含水率过大或材料不良地点，挖除并换混合料	以灌砂法为准，每个点受压路机碾压次数相同
回弹弯沉值		每一评定段（不超过1km）每车道40～50个测点	95%或97.7%概率的上波动界限大于计算弯沉值	继续碾压，局部处理	碾压完后检测

二、检查验收

基层施工完毕应进行竣工检查验收，内容包括竣工基层的外形、施工质量和材料质量三个方面。检查验收过程中的试验、检验应做到原始记录齐全、数据真实可靠，为质量评定提供客观、准确的依据。检查验收应随机抽样进行，不能带有任何倾向性，通常以1km长的路段为一个评定单位。表4-14列出了竣工验收外形检查的内容和合格标准。竣工质量检查的内容和合格标准列于表4-15中。

竣工外形检查的数量和合格标准 表4-14

工程类别	项 目	检测频度	质 量 标 准	
			高速公路和一级公路	二级及二级以下公路
基层	高程（mm）	每200m长4点	+5，−10	+5，−15
	宽度（mm）	每200m长4处	+0以上	+0以上
	横坡度（%）	每200m长4个断面	±0.3	±0.5
	厚度（mm）	每车道200m长1点	−8（均值）	−10（均值）
			−15（单个车道）	−20（单个车道）
	平整度（mm）	每200m长2处，每处连续量10尺	10	15
底基层	高程（mm）	每200m长4点	+5，−15	+5，−20
	宽度（mm）	每400m长4处	+0以上	+0以上
	横坡度（%）	每200m长4个断面	±0.3	±0.5
	厚度（mm）	每车道200m长1点	−10（均值）	−12（均值）
			−25（单个车道）	−30（单个车道）
	平整度（mm）	每200m长2处，每处连续量10尺	15	20

工程种类	项目	检查数量	标准值	极限低值
水泥稳定粒料（土） 石灰稳定粒料（土） 工业废渣稳定粒料	压实度	每 200m 6～10 处	基层 98%（97%） 底基层 96%（95%）	94%（93%） 92%（91%）
	颗粒组成	2～3	规定级配范围	
	水泥、石灰剂量	3～6	设计值	−1%
水泥土、石灰土、 二灰、二灰土	压实度	每 200m 6～10 处	93%（95%）	89%（91%）
	剂量（%）	3～6	设计值	水泥 1.0% 石灰 2.0%
级配碎石（砾石）	压实度	每 200m 6～10 处	基层 98% 底基层 96%	94% 92%
	颗粒组成	2～3	规定级配范围	
	弯沉值	每车道 40～50 测点	按 JTG F80/1—2004 附录 I	
填隙碎石	压实度	每 200m 6～10 处	基层 85% 底基层 83%	82% 80%
	弯沉值	每车道 40～50 测点	按 JTG F80/1—2004 附录 I	
集料底基层	压实度	每 200m 6～10 处	96%	92%
	弯沉值	每车道 40～50 测点	按 JTG F80/1—2004 附录 I	

检查验收的另一项重要工作是对有关测试数据进行处理。检查基层外形后，应分别计算宽度、厚度等项目测试数据的平均值 $\overline{X}$ 和标准差 S，再计算平均值的下置信界限 $\overline{X_1}$：

$$\overline{X_1} = \overline{X} - t_a \frac{S}{1 - n^{0.5}} \tag{4-3}$$

式中：t_a——t 分布表中随自由度和保证率（或置信度）而变的系数，高速公路及一级公路取 95%，其他公路取 90%；

n——检查样本数。

$\overline{X_1}$ 不应小于基层的设计厚度或宽度。

在检查施工质量时，测量弯沉值后，考虑一定保证率后的测量值上波动界限不应大于计算得到的弯沉值。弯沉测量值的上波动界限用下式计算：

$$l_u = \overline{l} + Z_a S \tag{4-4}$$

式中：l_u——测量值的上波动界限（即代表弯沉值）；

$\overline{l}$——测量弯沉值的平均值；

S——测得弯沉值的标准差；

Z_a——与要求保证率有关的系数，高速公路和一级公路，取 $Z_a=2.0$；二级公路，取 $Z_a=1.645$。

在计算观测值的平均值和标准差时，可将超出 $[\bar{l}\pm(2\sim3)S]$ 的弯沉特异值舍弃，这样计算得到的代表弯沉值不应大于要求的弯沉值。因弯沉值过大而舍弃的点，应找出其周围界限，并进行局部处理。

压实度检查后，其下置信限 $\bar{k}_1$ 不应小于标准值 $\bar{k}_d$ [参看式（4-3）]。水泥和石灰的测定剂量，其下置信限不应小于设计剂量。在检查施工质量过程中，个别测定指标超出极限值的点，特别是弯沉值大且压实度过小的点，应找出其范围并进行局部处理。

第五章　沥青路面施工

第一节　沥青类路面基本特性及分类

一、基本特性

沥青路面是通过各种方式将沥青材料与矿料均匀混合，经铺筑后形成路面面层并与其他各类基层和垫层共同组成路面结构的统称。由于使用沥青作结合料，矿料间的黏结力获得很大增强，提高了混合料的强度和稳定性，使路面的使用性能和耐久性都得到提高。与水泥混凝土路面相比，沥青路面具有表面平整、无接缝、行车舒适、耐磨、振动小、噪声低、施工期短、养护维修简便、适宜分期修建等优点，因而获得非常广泛的应用。沥青路面属于柔性结构，面层抗拉强度较低，其整体强度和稳定性在很大程度上取决于土基和基层的特性，因而要求基层和土基必须具有足够的强度和良好的稳定性。由于沥青是一种典型的感温性材料，在夏季高温时沥青路面会出现软化现象，导致在行车荷载作用下出现车辙、拥包、推挤等变形和破坏；在冬季低温时，沥青路面的抗变形能力会降低，有时会出现低温开裂现象。因此，必须选用质量符合要求的原材料并进行合理的混合料组成设计、采用先进的施工设备和工艺组织施工，以此获得质量满足设计和施工技术规范要求的沥青路面。

20 世纪 50 年代以来，沥青路面已成为世界各国公路的主要面层类型。近 20 年来，我国在公路和城市道路上修筑了大量的沥青路面。目前我国高速公路大都采用沥青路面。随着国民经济和现代化道路交通发展的需要，沥青路面将会得到更大的发展。

二、沥青路面的分类

根据施工工艺的不同，沥青路面可分为层铺法施工的沥青路面、路拌法施工的沥青路面和厂拌法施工的沥青路面三种。

1. 层铺法施工的沥青路面与封层

层铺法施工是将沥青分层洒布、矿料分层撒铺，然后碾压形成沥青面层的施工方法。其主要优点是工艺和设备简便、功效较高、施工进度快、造价较低；缺点是结构强度低、使用寿命短、路面成型期较长，需要经过炎热季节经行车碾压之后路面才能最终成型。根据铺装时所采用的具体工艺、结构层厚度、适用条件的不同，又分为沥青表面处治、沥青贯入式和碎石封层等类型。

沥青表面处治路面是指用沥青和矿料按层铺法铺筑而成的、厚度一般为 1.5～3.0cm 的沥青路面。表面处治可做成单层或多层，优点是摩擦系数大，表面构造深度深，有利于车辆行驶安全。此外，它还具有良好的抗温度开裂性能。沥青表面处治适用于三级、四级公路的面层、旧沥青面层上加铺罩面或抗滑层、磨耗层等。

沥青贯入式路面是靠矿料颗粒间的锁结作用以及沥青的粘结作用获得所需的强度和稳定性，采用层铺法施工，厚度通常为 4～8cm（用作基层时，厚度可达 10cm），也称为沥青贯入碎石。当沥青贯入式路面的上部加铺拌和的沥青混合料时，称为上拌下贯，此时，拌和层的厚度宜为 3～4cm，其他厚度为 7～10cm。沥青贯入式路面适用于作二级及二级以下公路的沥青面层。若沥青贯入碎石设在沥青混凝土面层与半刚性基层或粒料基层之间时成为联结层，也可作路面基层使用。

碎石封层同样采用层铺法施工，施工工艺和工序与沥青表面处治相同，但要求结合料有较大的粘结强度和稳定性，一般情况下要求使用改性沥青，使用粒径严格单一的石料，对石料的洁净度和针片状含量要求高，施工时用机械洒布沥青和撒铺石料，对施工机械的要求比较高。这种路面成型后具有较大的构造深度，有利于行车安全。碎石封层表面见图 5-1。

图 5-1　碎石封层表面

根据碎石撒铺工艺的不同，碎石封层分为异步碎石封层和同步碎石封层两种。异步碎石封层工艺是先由沥青洒布车洒布沥青，而后由碎石撒铺机撒铺骨料，两个工序在同一点间隔 10min 左右，最后用压路机碾压成型。同步碎石封层施工则是洒布沥青和撒铺集料由一台设备同时完成，两个工序在同一点间隔几秒钟，最后用压路机碾压成型。除了简化工序的优点外，同步碎石封层最大的优点是能够在沥青保持高温时撒布石料，从而有效地保证两者之间的粘结。

2. 路拌法施工的沥青路面

路拌法是指在路上用人工或机械将矿料和沥青材料就地拌和、摊铺、碾压密实后形成沥青结构层的施工方法。路拌法施工时，通过就地拌和，沥青材料在矿料中的分布比层铺法均匀，可以缩短路面的成型期。但因所用矿料为冷料，需使用粘稠度较低的沥青材料，故混合料的强度较低。比较典型的路拌法施工沥青路面为乳化沥青碎石混合料路面，这种沥青路面适用于做三、四级公路的沥青面层、二级公路养护罩面以及各级公路的调平层。

3. 厂拌法施工的沥青路面

厂拌法施工的沥青路面是用不同粒径的碎石、天然砂（或机制砂）、矿粉和沥青按一定比例在拌和机中热拌所得的拌和物（称为热拌沥青混合料，HMA），然后在规定温度范围内运到工地并用摊铺机摊铺，再碾压成型的沥青路面。这种混合料的矿料具有严格的级配，当这种混和料被压实达到规定的强度和孔隙率后，就称作沥青混凝土。沥青混凝土具有很高的强度和密实度，常温下还具有一定的塑性。它的强度和密实度是各种沥青矿料混合料中最高的。沥青混凝土透水性小，水稳性好，有较强的抵抗自然因素影响和行车荷载作用的能力，使用寿命长，耐久性好。

根据热拌沥青混合料强度构成原理、矿料级配组成、路用性能等因素的不同，厂拌法施工的沥青路面可作如下分类：

（1）按混合料强度构成原理不同可分为级配密实型和嵌挤锁结型。

级配密实型沥青混合料的矿料级配按最大密实原则设计，其强度和稳定性主要取决于混合料中沥青与矿料的粘聚力，矿质颗粒之间的摩阻力处于次要地位。设计空隙率较小的密实式沥青混凝土混合料（以 AC 表示）和密实式沥青稳定碎石混合料（以 ATB 表示）就属于这一类型。此类混合料沥青用量通常较大，强度受温度影响明显，但抗渗水性、耐久性较好。沥青稳定碎石基层见图 5-2。

嵌挤锁结型沥青混合料采用颗粒尺寸较大且级配较为均一的矿料，细集料和填料较少，形成开级配沥青混合料。如半开级配沥青碎石混合料（以 AM 表示）、大孔隙开级配排水式沥青碎石混合料（以 OGFC 表示，设计空隙率可达到 18％以上）就属于这一类型。这种沥青混合料路面的强度和稳定性主要依靠骨料颗粒之间相互嵌挤、锁结作用所产生的内摩阻力，沥青与矿料的粘聚力相对较小，起次要的作用。嵌挤锁结型沥青混合料路面比级配密实型沥青混

图 5-2　沥青稳定碎石基层

合料路面的高温稳定性要好，但因空隙率大，易渗水，因而耐久性相对较差。

（2）按材料组成及结构分为连续级配沥青混合料、间断级配沥青混合料。

连续级配沥青混合料的矿料具有连续、光滑的级配曲线。若矿料级配组成中缺少一个或几个粒径档次（或用量很少），则成为间断级配沥青混合料。

（3）按矿料级配组成和空隙率分为密级配、半开级配、开级配混合料。

若矿料具有连续级配、设计空隙率为 3％～6％时称为密级配沥青混合料。若矿料由适当比例的粗集料、细集料及少量填料（或不加填料）组成，标准马歇尔击实成型试件的空隙率为 6％～12％，即为半开级配沥青碎石混合料。若沥青混合料采用颗粒尺寸较大且较为均一的矿料、细集料和填料较少，设计空隙率达到 18％以致更大，即为开级配沥青混合料，如大孔隙开级配排水式沥青碎石混合料。

（4）按公称最大粒径分为特粗式（公称最大粒径大于 31.5mm）、粗粒式（公称最大粒径等于或大于 26.5mm）、中粒式（公称最大粒径为 16mm 或 19mm）、细粒式（公称最大粒径为 9.5mm 或 13.2mm）、砂粒式（公称最大粒径小于 9.5mm）。

（5）沥青玛蹄脂碎石混合料。

由沥青结合料与少量的纤维稳定剂、细集料及较多的填料组成的沥青玛蹄脂填充于具有间断级配的粗集料骨架的空隙中组成沥青混合料整体，即为沥青玛蹄脂碎石混合料（SMA）。它具有抗滑、耐磨、密实耐久、抗疲劳、抗高温车辙、抗低温开裂等优点，同时能有效减轻行车噪声污染，是一种优质的沥青路面类型，适用于高速公路、一级公路表层，其厚度在 3.5～4cm。

热拌沥青混合料分类见表 5-1。

热拌沥青混合料分类　　　　表 5-1

混合料类型	密级配			开级配		半开级配	公称最大粒径（mm）	最大粒径（mm）
	连续级配		间断级配	间断级配				
	沥青混凝土	沥青稳定碎石	沥青玛蹄脂碎石混合料	排水式沥青磨耗层	排水式沥青碎石基层	沥青碎石		
特粗式	—	ATB-40	—	—	ATPB-40	—	37.5	53.0
粗粒式	—	ATB-30	—	—	ATPB-30		31.5	37.5
	AC-25	ATB-25	—	—	ATPB-25		26.5	31.5
中粒式	AC-20	—	SMA-20	—	—	AM-20	19	26.5
	AC-16	—	SMA-16	OGFC-16	—	AM-16	16	19.0

混合料类型	密级配			开级配		半开级配	公称最大粒径（mm）	最大粒径（mm）
	连续级配		间断级配	间断级配				
	沥青混凝土	沥青稳定碎石	沥青玛蹄脂碎石混合料	排水式沥青磨耗层	排水式沥青碎石基层	沥青碎石		
细粒式	AC-13	—	SMA-13	OGFC-13	—	AM-13	13.2	16.0
	AC-10	—	SMA-10	OGFC-10	—	AM-10	9.5	13.2
砂粒式	AC-5	—	—	—	—	—	4.75	9.5
设计空隙率（%）	3～5	3～6	3～4	>18	>18	6～12	—	—

三、沥青路面的选择与应用

各种沥青类路面的选择使用，一方面要根据任务要求（道路的等级、交通量、使用年限、修建费用等）和工程特点（施工季节、施工期限、结构组合状况等），另一方面还应考虑材料的供应情况、施工机具、劳力和施工技术条件等因素。

沥青混凝土是适合现代交通的一种优质高级面层材料。铺筑在坚硬基层上的优质沥青混凝土面层可使用 20～25 年，国外的重交通道路和高速公路主要采用这种面层形式。我国《公路沥青路面施工技术规范》（JTG F40—2004）规定：高速公路、一级公路的表面层、中面层、下面层应采用沥青混凝土；二级公路的表面层宜用沥青混凝土。工程实践中可参照表5-2 和以下原则选定。

面层类型的选择   表 5-2

公路等级	路面等级	面层类型	设计年限（年）	设计年限内累计标准轴次（万次/1 车道）
高速公路一级公路	高级路面	沥青混凝土 沥青玛蹄脂碎石混合料	15	>400
二级公路	高级路面	沥青混凝土	12	>200
	次高级路面	热拌沥青碎石 沥青贯入式	10	100～200
三级公路	次高级路面	乳化沥青碎石 沥青表处	8	10～100
四级公路	中级路面	填隙碎石、级配碎（砾）石 半整齐石块路面	5	≤10
	低级路面	粒料改善土	5	

密级配沥青混凝土混合料（AC）适用于各级公路沥青面层的任何层次；沥青玛蹄脂碎石混合料（SMA）适用于铺筑新建公路的表面层、中面层或旧路面加铺磨耗层；设计空隙率 6%～12% 的半开级配的沥青碎石混合料（AM）仅适用于三级及三级以下公路、乡村公路，且沥青混合料拌和设备缺乏添加矿粉装置和人工炒拌的情况；设计空隙率 3%～6% 的粗粒式及特粗式密级配沥青稳定碎石混合料（ATB）适用于基层；设计空隙率大于 18% 的

粗粒式及特粗排水式沥青稳定碎石混合料（ATPB）适用于基层；设计空隙率大于18%的细粒排水式沥青稳定碎石混合料（OGFC）适用于高速行车、多雨潮湿、不易被尘土污染、非冰冻地区铺筑排水式沥青路面磨耗层。开级配排水式沥青混合料基层（ATPB）的下卧层应具有排水和抗冲刷能力，工程上必须通过试验，取得成功的经验，并经过论证后使用。特粗式沥青混合料适用于基层，粗粒式沥青混合料适用于下面层或基层，中粒式沥青混合料适用于中面层和表面层，细粒式沥青混合料适用于表面层和薄层罩面。砂粒式沥青混合料适用于非机动车道或行人道路。对高速公路及一级公路，除沥青稳定碎石基层外，通常宜选用公称最大粒径为 13.2～26.5mm 的沥青混合料。

对沥青层较厚的高速公路、一级公路，在选择级配类型、确定矿料级配和最佳沥青用量时，应首先保证各层的组合不致发生早期破坏。并在此基础上优先或侧重考虑各层的服务功能后作出抉择，主要包括：

（1）表面层应具有良好的表面功能、密水、耐久、抗车辙、抗裂，潮湿区和湿润区的路面上面层应符合潮湿条件下的抗滑要求，抗滑性能不符合要求时，宜铺筑抗滑磨耗层。在寒冷地区，表面层应考虑低温抗裂性能的要求。

（2）三层式面层的中面层或双层式面层的下面层应重点满足混合料的高温抗车辙性能。下面层应在满足高温抗车辙性能的基础上，重点考虑抗疲劳性能及抗裂性能的要求。

（3）除排水式沥青混合料外，每一层都应该考虑密水性，当上层属渗水性结构层时，层间或下层应采取防渗水或排水措施。高速公路的紧急停车带（硬路肩）沥青面层宜采用与车行道相同的结构，但表面层宜采用密级配沥青混凝土混合料铺筑。

沥青面层集料的最大粒径宜从上至下逐渐增大，并应与设计厚度相匹配。除人行道路外，沥青层的压实厚度不宜小于集料最大粒径的 2 倍。对于高速公路和一级公路，密级配沥青混合料的层厚不宜小于公称最大粒径的 3 倍，SMA 等嵌挤型混合料的层厚不宜小于公称最大粒径的 2.5 倍，以减少离析，便于施工和压实。

沥青类路面一般不宜铺筑在纵坡大于 6% 的路段上。在纵坡大于 3% 的路段，考虑抗滑的要求，宜采用粗粒式的沥青碎石或粗粒式沥青混凝土作面层。

第二节　沥青路面对原材料的技术要求

一、沥青

沥青路面所用的沥青材料有石油沥青、煤沥青、液体石油沥青和沥青乳液等。

石油沥青在道路建筑中使用最广，可以用在不同地区和不同等级道路上铺筑各种沥青面层和基层。石油沥青的性质与石油的性质和获得沥青的方法有关。高树脂、少石蜡的石油是道路沥青的最好原料。煤沥青主要是由炼焦或制造煤气得到的高温焦油加工而得，它的主要成分是芳香族碳氢化合物及其氧、氮和硫的衍生物的混合料。煤沥青与石油沥青相比较，温度稳定性低，易老化，但其与矿料颗粒表面的粘附性较好，因煤沥青会造成轻微的空气污染，一般不宜作沥青面层，仅作为透层沥青使用。沥青乳液也称乳化沥青，它是沥青经机械作用分裂为细微颗粒，分散于含有表面活性物质（乳化剂—稳定剂）的水中，形成均匀而稳定的分散系。根据其中表面活性物质的特性及形成乳胶体的性质，乳化沥青可分为乳液和乳膏两大类。选用乳化沥青时，对于酸性石料、潮湿的石料，以及低温季节施工时宜选用阳离子乳化沥青；对于碱性石料或与掺入水泥、石灰、粉煤灰共同使用时，宜选用阴离子乳化沥青。

沥青路面采用的沥青标号，宜按照公路等级、气候条件、交通条件、路面类型、在路面结构中的层位及受力特点、施工方法等，结合当地使用经验，经技术论证后确定。各沥青等级的适用范围应符合表 5-3 的规定。

道路石油沥青的适用范围 表 5-3

沥 青 等 级	适 用 范 围
A 级沥青	各等级公路，适用于任何场合和层次
B 级沥青	高速公路、一级公路下面层，二级及二级以下公路的各个层次。用作改性沥青、乳化沥青、改性乳化沥青、稀释沥青的基质沥青
C 级沥青	三级及三级以下公路的各个层次

高速公路、一级公路、夏季气温高、高温持续时间长、重载交通、山区及丘陵区上坡路段、服务区、停车场等行车速度较慢的路段，特别是汽车荷载剪应力大的层次，宜采用稠度大、60℃粘度大的沥青，也可提高高温气候分区的温度水平选用沥青等级；对于冬季寒冷地区、交通量较小的公路、旅游区公路宜选用稠度小、低温延度大的沥青；对温度日温差、年温差大的地区宜选用针入度指数大的沥青。当高温要求与低温要求发生矛盾时应优先考虑满足高温性能要求。当缺乏所需标号的沥青时，可使用不同标号沥青进行掺配，但质量应符合表 5-4 规定的道路石油沥青技术要求。

对热拌热铺的沥青路面，由于沥青材料和矿料须加热拌和，并在热态下铺压，故可采用稠度较高的沥青材料。反之则应采用稠度较低的沥青。对其他类型沥青路面，若沥青材料过稠，则难以贯入碎石中，过稀则又易流入路面底部，因此这类路面宜采用中等稠度的沥青材料。当气温寒冷、施工气温较低、矿料粒径偏细时，宜采用稠度较低的沥青材料。但炎热季节施工时，由于沥青材料的温度散失较慢，则可用稠度较高的沥青材料。路拌法施工的沥青路面，一般仅采用稠度较低的沥青材料。

随着公路交通量增大和对路面性能要求的提高，在原有工业生产所获基质沥青性能不能满足要求的情况下，可采用改性沥青。改性沥青可单独或复合采用高分子聚合物、天然沥青及其他改性材料制作。各类聚合物改性沥青的质量应符合表 5-5 的要求。

二、粗集料

沥青路面可用轧制碎（砾）石、筛选砾石、矿渣等作为粗集料。粗集料在沥青混合料中起形成矿质骨架的作用，对混合料的强度等一系列路用性能影响很大。碎石应均匀、清洁、坚硬、无风化，小于 0.05mm 的颗粒含量应小于 2％，吸水率应小于 2％～3％。颗粒形状接近立方体并有多棱角，细长或扁平颗粒含量应小于 15％，杂质含量不能超标，压碎值应不大于 20％～30％。轧制砾石系由天然砾石轧制并经筛选而得，要求大于 5mm 颗粒中 40％（按重量计）以上至少有一个破碎面。用于沥青贯入式面层时，主层矿料中要有 30％～40％（按重量计）以上颗粒至少有两个破碎面。

道路石油沥青技术要求

表 5-4

指 标	单位	等级	160号④	130号④	110号	90号	70号③	50号③	30号④	试验方法①
针入度（25℃，5s，100g）	0.1mm		140～200	120～140	110～120	80～100	60～80	40～60	20～40	T 0604
适用的气候分区⑥		A	注④	注④	2-1 2-2 3-2	1-1 1-2 1-3 2-2 2-3	1-3 1-4 2-2 2-3 2-4	1-4	注[4]	附录 A⑤
针入度指数 PI②		A	-1.5～+1.0							T 0604
		B	-1.8～+1.0							
软化点 T_{R&B} 不小于	℃	A	38	40	43	45	46 / 45	49	55	T 0606
		B	36	39	42	43	44 / 43	46	53	
		C	35	37	41	42	43	45	50	
60℃动力粘度②不小于	Pa·s	A	—	60	120	160	180 / 160	200	260	T 0620
10℃延度②不小于	cm	A	50	50	40	45 30 20	25 20 15	15	10	T 0605
		B	30	30	30	30 20 15	20 15 10	10	8	
15℃延度②不小于	cm	A、B	100					80	50	
		C	50					30	20	
蜡含量（蒸馏法）不大于	%	A	2.2							T 0615
		B	3.0							
		C	4.5							

95

指标	单位	等级	沥青标号							试验方法①
			160号④	130号④	110号	90号	70号③	50号③	30号④	
闪点 不小于	℃		230	230	230	245	260	260	260	T 0611
溶解度 不小于	%		99.5							T 0607
密度 (15℃)	g/cm³		实测记录							T 0603
TFOT (或 RTFOT) 后⑤										
质量变化 不大于	%		±0.8							T 0610 或 T 0609
残留针入度比 (25℃) 不小于	%	A	48	54	55	57	61	63	65	T 0640
		B	45	50	52	54	58	60	62	
		C	40	45	48	50	54	58	60	
残留延度 (10℃) 不小于	cm	A	12	12	10	8	6	4	—	T 0605
		B	10	10	8	6	4	2	—	
残留延度 (15℃) 不小于	cm	C	40	35	30	20	15	10	—	T 0605

注：①试验方法按照现行《公路工程沥青及沥青混合料试验规程》(JTJ 052—2000) 规定的方法执行。用于仲裁试验求取 PI 时的 5 个温度的针入度关系的相关系数不得小于 0.997。

②经建设单位同意，表中 PI 值、60℃动力粘度、10℃延度可作为选择性指标，也可不作为施工质量检验指标。

③70 号沥青可根据需要要求供应商提供针入度范围为 60～70 或 70～80 的沥青，50 号沥青可要求提供针入度范围为 40～50 或 50～60 的沥青。

④30 号沥青仅适用于沥青稳定基层。130 号和 160 号沥青除寒冷地区可直接在中低级公路上直接应用外，通常用作乳化沥青、稀释沥青、改性沥青的基质沥青。

⑤老化试验以 TFOT 为准，也可以 RTFOT 代替。

⑥气候分区见《公路工程沥青及沥青混合料试验规程》(JTJ 052—2000) 附录 A。

聚合物改性沥青技术要求 表 5-5

指　标	单位	SBS类（I类）				SBR类（II类）			EVA、PE类（III类）				试验方法
		I-A	I-B	I-C	I-D	II-A	II-B	II-C	III-A	III-B	III-C	III-D	
针入度（25℃，5s，100g）	0.1mm	>100	80~100	60~80	40~60	>100	80~100	60~80	>80	60~80	40~60	30~40	T 0604
针入度指数 PI 不小于		−1.2	−0.8	−0.4	0	−1.0	−0.8	−0.6	−1.0	−0.8	−0.6	−0.4	T 0604
5℃延度（5cm/min）不小于	cm	50	40	30	20	60	50	40	—				T 0605
软化点（R&B）不小于	℃	45	50	55	60	45	48	60	48	52	56	60	T 0606
运动粘度（135℃）不大于	Pa·s	3											T 0620
闪点 不小于	℃	230				230			230				T 0611
溶解度 不小于	%	99				99							T 0607
弹性恢复（25℃）不小于	%	55	60	65	75	—							T 0662
粘韧性 不小于	N·m					5							T 0624
韧性 不小于	N·m					2.5							T 0624
储存稳定性离析，48h软化点差 不大于	℃	2.5				—			无改性剂明显析出、凝聚				T 0631
TFOT（或 RTFOT）后残留物													
质量变化 不大于	%	±1.0											T 0610 T 0609
针入度比（25℃）不小于	%	50	55	60	65	50	55	60	50	55	58	60	T 0604
延度（5℃）不小于	cm	30	25	20	15	30	20	10	—				T 0605

　　筛选砾石由天然砾石筛选而得。由于天然砾石是各种岩石经自然风化而成的不同尺寸的粒料，强度极不均匀，而且多是圆滑形状。因此，筛选砾石仅适用于交通量较小的路面面层下层、基层的沥青混合料中使用，不宜用于防滑面层。在交通量大的沥青路面面层，若倜用砾石拌制沥青混合料，则在砾石中至少应掺有50%（按重量计）粒径大于5mm的碎石或经轧制的砾石。沥青贯入式路面用砾石时，主层矿料中亦应掺有30%～40%以上的碎石或轧制砾石。

　　粗集料与沥青材料粘附性大小，对沥青混合料的强度和耐久性有极大影响，应优先选用与石油沥青材料有良好粘附性的碱性碎（砾）石。集料与沥青材料的粘附性用水煮法测定时，一般公路不小于3级，高等级公路应不小于4级。

　　用于高速公路、一级公路沥青路面表面层及各类抗滑表层的粗集料要符合规定的石料磨光值要求，应选用坚硬、耐磨、抗冲击好的碎石，不得使用筛选砾石、矿渣及软质集料。为了保证石料与沥青之间有较好的粘结性能，经检验属于酸性岩石的石料，用于高速公路、一级公路和城市快速路，主干道时宜使用针入度较小的沥青，必要时可在沥青中掺加抗剥离剂，或用干燥的磨细消石灰或生石灰粉、水泥作为矿粉的一部分，其用量宜为矿料总量的1%～2%；将粗集料用石灰浆处理后也可以有效地提高石料与沥青之间的粘结力。沥青面层对粗集料的质量技术要求见表5-6、表5-7。

沥青面层粗集料技术要求

表 5-6

| 指标 | 单位 | 高速公路、一级公路 | | 其他等级公路 | 试验方法 |
		表面层	其他层次		
石料压碎值 不大于	%	26	28	30	T0316
洛杉矶磨耗损失 不大于	%	28	30	40	T0317
表观相对密度 不小于	—	2.60	2.50	2.45	T0304
吸水率 不大于	%	2.0	3.0	3.0	T0304
坚固性 不大于	%	12	12	—	T0314
细长扁平颗粒含量（混合料）不大于	%	15	18	20	T0312
其中粒径大于9.5mm 不大于	%	12	15	—	
其中粒径小于9.5mm 不小于	%	18	20	—	
水洗法＜0.075mm 颗粒含量 不大于	%	1	1	1	T0310
软石含量 不大于	%	3	5	5	T0320

粗集料与沥青的粘附性、磨光值的技术要求

表 5-7

雨量气候区	1（潮湿区）	2（湿润区）	3（半干区）	4（干旱区）	试验方法
年降雨量 （mm）	＞1000	1000～500	500～250	＜250	图 5-2
集料的磨光值 PSV，不小于 高速公路、一级公路表面层	42	40	38	36	T0321
粗集料与沥青粘附性，不小于 高速公路、一级公路表面层	5	4	4	3	T0616
高速公路、一级公路的其他层次 及其他等级公路的各层次	4	4	3	3	T0663

三、细集料

细集料与粗集料共同形成混合料矿质骨架。沥青面层的细集料可采用天然砂、机制砂及石屑等，质量应符合表5-8规定的技术要求。热拌密级配沥青混合料中，天然砂的用量通常不超过集料总量的20％，SMA及OGFC混合料不宜使用天然砂，表5-9是沥青面层用天然砂规格要求。机制砂系从轧制岩石中筛选而得，其最大粒径一般小于5mm。无论天然砂还是机制砂，均要求坚硬、清洁、干燥、无风化、不含杂质，并且应有适当的级配，见表5-10规格要求。热拌沥青混合料宜采用优质的天然砂或机制砂，在缺乏砂资源地区也可以用石屑。但由于一般情况下石屑的含泥量高，强度不高，因此，高速公路、一级公路沥青混凝土面层及抗滑表层的石屑用量不宜超过天然砂及机制砂的用量。河砂、海砂的颗粒缺乏棱角，表面光滑，使用时虽能增加和易性，满足了提高密实度的要求，但内摩阻角较小，为了提高混合料的内摩阻角，可掺加部分人工砂。

沥青混合料细集料质量要求　　　　　　　　　　　　　　　　表 5-8

项　目	单位	高速公路、一级公路	其他等级公路	试验方法
表观相对密度 不小于	—	2.50	2.45	T 0328
坚固性（＞0.3mm 部分）不小于	%	12	—	T 0340
含泥量（小于 0.075mm 的部分）不大于	%	3	5	T 0333
砂当量 不小于	%	60	50	T 0334
亚甲蓝值 不大于	g/kg	25	—	T 0349
棱角性（流动时间）不小于	s	30	—	T 0345

沥青面层用天然砂规格　　　　　　　　　　　　　　　　表 5-9

孔筛尺寸（mm）	通过各筛孔的质量		
	粗砂	中砂	细砂
9.5	100	100	100
4.75	90～100	90～100	90～100
2.36	65～95	75～90	85～100
1.18	35～65	50～90	75～100
0.6	15～30	30～60	60～84
0.3	5～20	8～30	15～45
0.15	0～10	0～10	0～10
0.075	0～5	0～5	0～5
细度模数 M_x	3.7～3.1	3.0～2.3	2.2～1.6

沥青混合料用机制砂或石屑规格　　　　　　　　　　　　　　　　表 5-10

规格	公称粒径（mm）	水洗法通过各筛孔的质量百分率（%）							
		9.5	4.75	2.36	1.18	0.8	0.3	0.15	0.075
S15	0～5	100	90～100	60～90	40～75	20～55	7～40	2～20	0～10
S16	0～3	—	100	80～100	50～80	25～60	8～45	0～25	0～15

　　细集料应与粗集料一样，要求与沥青形成良好的粘结力。与沥青的粘结性能很差的天然砂以及用花岗岩、石英岩等酸性石料破碎的机制砂或石屑不宜用于高速公路、一级公路的沥青面层，必须使用时，应有抗剥落措施。

四、矿粉与纤维稳定剂

　　混合料中矿粉与沥青形成沥青胶浆填充于矿质骨架空隙中，在密级配沥青混合料中，矿粉表面积占全部矿料表面积的 90% 以上，矿粉的使用使矿料比表面积大大增加，从而沥青以结构沥青形式存在，减少自由沥青数量，有利于提高沥青粘结力，获得较高的强度。宜采用石灰岩或岩浆岩中的强基性、憎水性岩石经磨细得到的矿粉，原石料中的泥土杂质应除尽。也可采用水泥、石灰、粉煤灰作矿粉，但其用量不宜超过矿料总量的 2%。其中粉煤灰用量不得超过填料总量的 50%，且烧失量不超过 12%，与矿粉混合后的塑性指数不小于 4%，高速公路、一级公路的沥青面层不宜采用粉煤灰做填料。

　　矿粉中所含小于 0.075mm 的颗粒应不少于 30%，但过细颗粒的含量也不宜过多，否则会降低混合料施工和易性和水稳性。对矿粉的要求是干燥、洁净，其质量应符合表5-11的技术要求。

沥青面层用矿粉质量技术要求 表5-11

指　标	单　位	高速公路、一级公路	其他等级公路	试验方法
表观密度　不小于	t/m³	2.5	2.45	T 0352
含水率　不大于	%	1	1	T 0103
粒度范围＜0.6mm	%	100	100	T 0305
＜0.15mm	%	90～100	90～100	
＜0.075mm	%	75～100	70～100	
外观	—	无团粒结块		
亲水系数（%）	—	＜1		T 0353
塑性指数	%	＜4		T 0354
加热安定性	—	实测记录		T 0355

在SMA混合料中，纤维稳定剂与矿粉、沥青共同形成沥青玛蹄脂，填充于粒径较为单一的集料空隙中，是沥青玛蹄脂碎石混合料的重要组成部分。纤维稳定剂在SMA混合料中的主要作用包括：

1. 加筋作用

纤维在混合料中以三维状分散相存在，犹如钢纤维混凝土、土工格栅等加筋材料所起的作用。

2. 分散作用

混合料中加入纤维后，可使沥青与矿粉形成的胶团适当分散，形成均匀的材料体系。如果没有纤维，由于沥青和矿粉用量较大，所形成的胶团不能均匀地分散到集料之间，混合料铺筑在路面上会形成明显的"油斑"，成为沥青路面施工的另一种离析现象。

3. 吸附与吸收沥青的作用

在SMA混合料中加入纤维稳定剂在于充分吸附（表面）及吸收（内部）沥青，从而使沥青用量增加，沥青膜变厚，有利于提高混合料耐久性。

4. 稳定作用

纤维可使沥青膜处于比较稳定的状态，尤其在夏季高温季节，沥清受热膨胀时，纤维内部的空隙具有缓冲作用，不致使其成为自由沥青，有利于改善混合料高温稳定性。

5. 增粘作用

纤维将增加沥青与矿料的粘附性。木质素纤维质量技术要求见表5-12。

木质素纤维质量技术要求 表5-12

项　目	单　位	指　标	试　验　方　法
纤维长度　不大于	mm	6	水溶液用显微镜观测
灰分含量	%	18±5	高温590～600℃燃烧后测定残留物
pH值	—	7.5±1.0	水溶液用pH试纸或pH计测定
吸油率　不小于	—	纤维质量的5倍	用煤油浸泡后放在筛上经振敲后称量
含水率（以质量计）不大于	%	5	105℃烘箱2h后冷却称量

第三节　沥青混合料组成设计

一、密级配沥青混合料组成设计

沥青混合料组成设计内容包括确定沥青混合料材料品种及混合料类型、矿料最优级配、最佳沥青用量。在工程实践中，高速公路和一级公路的热拌沥青混合料配合比设计分试验室目标配合比设计、施工阶段的生产配合比设计及生产配合比验证三个阶段进行。我国《公路沥青路面施工技术规范》(JTG F40—2004) 规定，热拌沥青混合料配合比设计采用马歇尔试验方法。

1. 试验室目标配合比设计

1) 设计任务

根据公路性质、交通量、路用性能要求、筑路材料、当地气候条件、施工技术水平等选择原材料，确定混合料类型、矿料级配类型和最佳沥青用量。具体设计时用工程实际使用的材料计算各种材料的用量比例后配合成符合规范所要求的矿料级配，进行马歇尔试验，确定最佳沥青用量。以此矿料级配及沥青用量作为目标配合比，供拌和机确定各冷料仓的供料比例、进料速度及试拌使用。

2) 设计流程

密级配沥青混合料配合比设计可按图 5-3 所示流程进行。

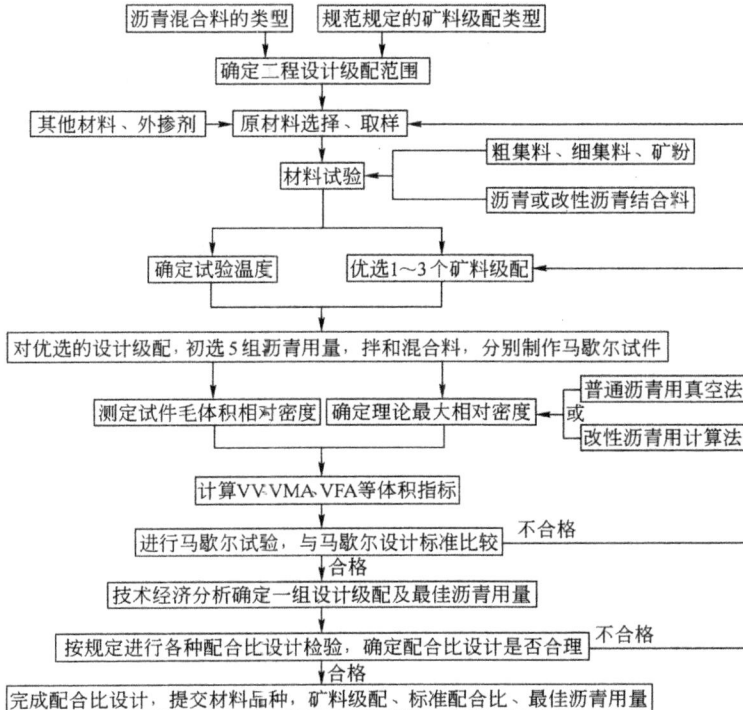

图 5-3　密级配沥青混合料目标配合比设计流程图

(1) 确定混合料类型。混合料类型由矿料公称最大粒径确定。矿料最大粒径对沥青混合料路用性能影响很大。当结构层厚度（h）与矿料最大粒径（D）的比值较小时，沥青混合料的高温稳定性提高，车辙等损害减小，但抗疲劳能力降低；当 h/D 增大时，矿料细集料含量多，沥青用量大，沥青混合料的抗疲劳特性提高，但高温稳定性下降。通常取 $h/D \geqslant 2$，此时沥青混合料施工和易性、可压实性较好，容易达到规定的密实度和平整度。确定矿料最大粒径后，根据混合料所在层位、气候环境、材料来源、施工条件等确定沥青混合料类型。混合料类型应符合表 5-2 要求。

（2）原材料选择。根据原材料技术性能等各种因素对沥青混合料路用性能的影响情况，结合当地材料供应等条件，按技术、经济合理的原则，通过相关试验选择质量符合要求的原材料品种。

（3）确定工程设计级配范围。根据公路等级、工程性质、气候条件、交通条件、材料供应条件等确定混合料工程设计级配范围，并符合表 5-13、表 5-14 规定级配要求。根据材料实际情况进行工程设计级配范围调整，并遵循以下原则：

① 首先按表 5-13 确定采用粗型（C 型）或细型（F 型）的混合料。对于夏季气温较高、高温持续时间长、重载交通多的路段，宜采用粗型密级配沥青混合料（AC-C 型），并取较高的设计空隙率。对于冬季气温较低或重载交通较少的路段，宜选用细型密级配沥青混合料（AC-F 型），并取较小的设计空隙率。

② 为确保高温抗车辙能力，同时兼顾低温抗裂性能的要求。配合比设计时宜适当减少公称最大粒径附近的粗集料用量，减少 0.6mm 以下部分细粉的用量，使中档粒径集料较多，形成 S 型级配曲线，并取中等或偏高的设计空隙率。

③ 确定工程设计级配范围应考虑混合料所在路面层位的功能要求，经组合设计的沥青路面应能满足耐久、稳定、密水、抗滑等要求。

④ 根据公路等级和施工设备的控制水平确定的级配范围应比规范级配范围窄，其中 4.75mm 和 2.36mm 通过率的上下限差应小于 12％。

⑤ 沥青混合料的配合比设计应充分考虑施工性能，使沥青混合料容易摊铺和压实，避免造成严重的离析现象。

密级配沥青混凝土和沥青稳定碎石混合料级配范围　　　　　　　表 5-13

级配类型		通过下列筛孔（mm）的质量百分率（％）														
		53	37.5	31.5	26.5	19	16	13.2	9.5	4.75	2.36	1.18	0.6	0.3	0.15	0.075
粗粒式	AC-25			100	90~100	75~90	65~83	57~76	45~65	24~52	16~42	12~33	8~24	5~17	4~13	3~7
中粒式	AC-20				100	90~100	78~92	62~80	50~72	26~56	16~44	12~33	8~24	5~17	4~13	3~7
	AC-16					100	90~100	76~92	60~80	34~62	20~48	13~36	9~26	7~18	5~14	4~8
细粒式	AC-13						100	90~100	68~85	38~68	24~50	15~38	10~28	7~20	5~15	4~8
	AC-10							100	90~100	45~75	30~58	20~44	13~32	9~23	6~16	4~8
砂粒式	AC-5								100	90~100	55~75	35~55	20~40	12~28	7~18	4~8
特粗式	ATB-40	100	90~100	75~92	65~85	49~71	43~63	37~57	30~50	20~40	15~32	10~25	8~18	5~14	3~10	2~6
	ATB-30		100	90~100	70~90	53~72	44~66	39~60	31~51	20~40	15~32	10~25	8~18	5~14	3~10	2~6
粗粒式	ATB-25			100	90~100	60~80	48~68	42~62	32~52	20~40	15~32	10~25	8~18	5~14	3~10	2~6

混合料类型	公称最大粒径（mm）	用以分类的关键性筛孔（mm）	粗型密级配		细型密级配	
			名称	关键性筛孔通过率（%）	名称	关键性筛孔通过率（%）
AC-25	26.5	4.75	AC-25 C	<40	AC-25 F	>40
AC-20	19	4.75	AC-20 C	<45	AC-20 F	>45
AC-16	16	2.36	AC-16 C	<38	AC-16 F	<38
AC-13	13.2	2.36	AC-13 C	<40	AC-13 F	>40
AC-10	9.5	2.36	AC-10 C	<45	AC-10 F	>45

（4）矿料配合比设计。在实际工程中，常常需要用两种或两种以上具有不同级配的原材料掺配后才能得到符合既定级配要求的矿质集料，即对矿料进行配合比设计。

高速公路和一级公路沥青路面矿料配合比可借助电子表格用试配法进行，其他等级公路沥青路面也可参照进行。矿料级配曲线按《公路沥青与沥青混合料试验规程》T0725 的方法绘制。具体为（见图 5-4）：以原点与通集料最大粒径 100% 的点的连线作为沥青混合料的最大密度线。对高速公路和一级公路，宜在工程设计级配范围内计算 1~3 组粗细不同的配合比，绘制设计级配曲线，分别位于工程设计级配范围的上方、中值和下方。设计合成级配不得有太多的锯齿状交错，且在 0.3~0.6 范围内不出现"驼峰"。反复调整不能得到满意结果时，应更换材料设计。图 5-4 和表 5-16 为某沥青混合料矿料配合比设计示例。

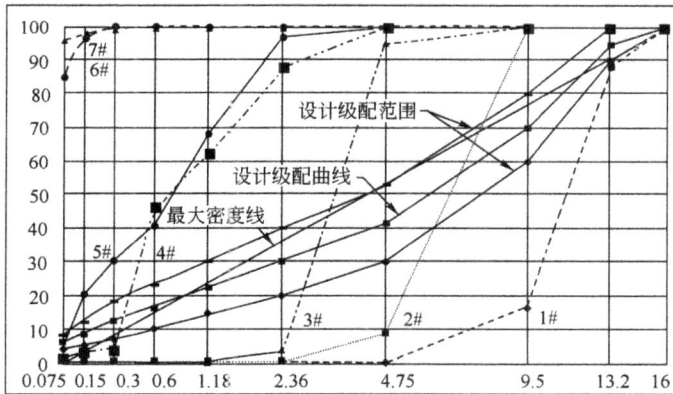

图 5-4　沥青混合料配合比设计示例

泰勒曲线的横坐标　　表 5-15

d_i	0.075	0.15	0.3	0.6	1.18	2.36	4.75	9.5	13.2	16	19	26.5	31.5	37.5	53	63
$x=d_i^{0.45}$	0.312	0.426	0.582	0.795	1.077	1.472	2.016	2.754	3.193	3.482	3.762	4.370	4.723	5.109	5.969	6.452

矿料级配设计计算示例　　表 5-16

筛孔（mm）	10~20	5~10	3~5	石屑	黄砂	矿粉	消石灰	合成级配	工程设计级配范围		
	%	%	%	%	%	%	%		中值	下限	上限
16	100	100	100	100	100	100	100	100	100	100	100
13.2	88.6	100	100	100	100	100	100	96.8	95	90	100

筛孔 （mm）	10～20 %	5～10 %	3～5 %	石屑 %	黄砂 %	矿粉 %	消石灰 %	合成 级配	工程设计级配范围		
									中值	下限	上限
9.5	16.6	99.7	100	100	100	100	100	76.6	70	60	80
4.75	0.4	8.7	94.9	100	100	100	100	47.7	41.5	30	53
2.36	0.3	0.7	3.7	97.2	87.9	100	100	30.6	30	20	40
1.18	0.3	0.7	0.5	67.8	62.2	100	100	22.8	22.5	15	30
0.6	0.3	0.7	0.5	40.5	46.4	100	100	17.2	16.5	10	23
0.3	0.3	0.7	0.5	30.2	3.7	99.8	99.2	9.5	12.5	7	18
0.15	0.3	0.7	0.5	20.6	3.1	96.2	97.6	8.1	8.5	5	12
0.075	0.2	0.6	0.3	4.2	1.9	84.7	95.6	5.5	6	4	8
配合比	28	26	14	12	15	3.3	1.7	100	—	—	—
材料编号	1#	2#	3#	4#	5#	6#	7#	—	—	—	—

（5）马歇尔试验。以预估的沥青用量（根据以往工程经验结合工程实际情况确定）为中值，按一定间隔（密级配沥青混合料可为0.5%，沥青碎石混合料可为0.3%）取5个或5个以上不同的沥青用量分别制成马歇尔试件。每组试件的数量按试验规程要求确定，对粒径较大的沥青混合料应增加试件数量。测定马歇尔击实试件的毛体积相对密度、吸水率。计算沥青混合料试件的空隙率、矿料间隙率、有效沥青的饱和度等体积指标，进行体积组成分析。进行马歇尔试验，测定马歇尔稳定度和流值。密级配沥青混合料马歇尔试验指标应符合表5-17标准要求，沥青稳定碎石混合料马歇尔试验指标应符合表5-18标准要求。

密级配沥青混凝土混合料马歇尔试验技术标准

（适用于公称最大粒径≤26.5mm的密级配沥青混凝土混合料）　　　表5-17

试验指标		单位	高速公路、一级公路				其他等 级公路	行人 道路
			夏炎热区 （1-1、1-2、1-3、1-4区）		夏热区及夏凉区 （2-1、2-2、2-3、2-4、3-2区）			
			中轻交通	重载交通	中轻交通	重载交通		
击实次数（双面）		次	75				50	50
试件尺寸		mm	Φ101.6×63.5					
空隙率	深约90mm以内	%	3～5	4～6	2～4	3～5	3～6	2～4
	深约90mm以下	%	3～6		2～4	3～5	3～6	—
稳定度 MS 不小于		kN	8				5	3
流值 FL 不小于		mm	2～4	1.5～4	2～4.5	2～4	2～4.5	2～5
矿料间隙率 VMA（%） 不小于	设计空隙率（%）	相应于以下公称最大粒径（mm）的最小VMA及VFA技术要求（%）						
		26.5	19	16	13.2	9.5	4.75
	2	10	11	11.5	12	13	15
	3	11	12	12.5	13	14	16
	4	12	13	13.5	14	15	17
	5	13	14	14.5	15	16	18
	6	14	15	15.5	16	17	19
沥青饱和度 VFA（%）		55～70		65～75		70～85	

试 验 指 标	单位	密级配基层（ATB）		半开级配面层（AM）	排水式开级配磨耗层（OGFC）	排水式开级配基层（ATPB）
公称最大粒径	mm	26.5mm	等于或大于 31.5mm	等于或大于 26.5mm 等于或大于 26.5mm		所有尺寸
马歇尔试件尺寸	mm	Φ101.6×63.5	Φ152.4×95.3	Φ101.6×63.5 Φ101.6×63.5		Φ152.4×95.3
击实次数（双面）	次	75	112	50	50	75
空隙率	%	3～6		6～10	不小于 18	不小于 18
稳定度 不小于	kN	7.5	15	3.5	3.5	—
流值	mm	1.5～4	实测	—	—	—
沥青饱和度 VFA	%	55～70		40～70	—	—
密级配基层 ATB 的矿料间隙率 不小于	%	设计空隙率		ATB-40	ATB-30	ATB-25
		4		11	11.5	12
		5		12	12.5	13
		6		13	13.5	14

（6）确定最佳沥青用量。按图 5-5 的方法，以沥青用量（油石比）为横坐标，以马歇尔试验的各项指标为纵坐标，将试验结果绘入图中，连成圆滑的曲线。确定均符合规范规定的沥青混合料技术指标的沥青用量范围 OAC_{min}～OAC_{max}。试验时选择的沥青用量范围应涵盖设计空隙率的全部范围，并尽可能涵盖沥青饱和度的要求范围，并使密度和稳定度出现峰值。若达不到上述要求应扩大沥青用量范围。根据图 5-5 试验曲线，按下列方法确定最佳沥青用量。

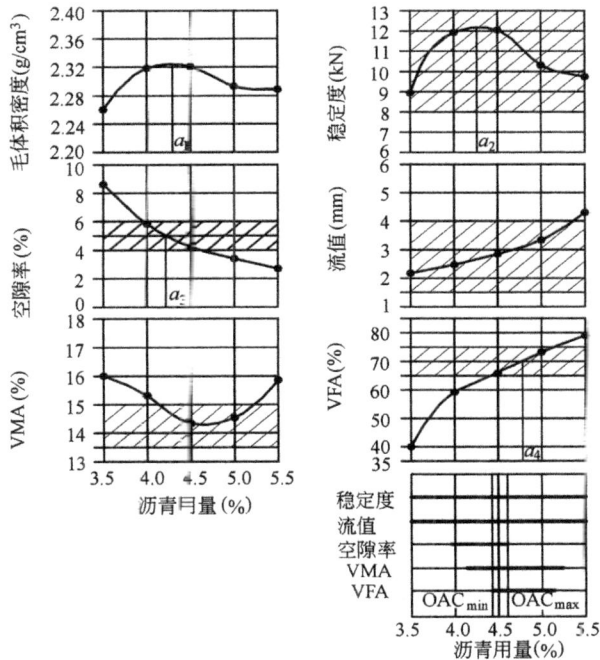

图 5-5 马歇尔试验结果示例

①求 OAC₁：

$$OAC_1 = (a_1 + a_2 + a_3 + a_4)/4 \tag{5-1}$$

式中：a_1——相应于密度最大的沥青用量，%；

a_2——相应于稳定度最大的沥青用量，%；

a_3——相应于目标空隙率（或规范范围中值）的沥青用量，%；

a_4——相应于饱和度规范范围中值的沥青用量，%。若所取沥青用量范围未能涵盖饱和度要求的范围，舍去该项，分母为 3 项。

② 求 OAC₂：

$$OAC_2 = (OAC_{min} + OAC_{max})/2 \tag{5-2}$$

式中：OAC_{min}——各项指标均符合技术标准的沥青用量最小值，%；

OAC_{max}——各项指标均符合技术标准的沥青用量最大值，%。

③ 求 OAC：

$$OAC = (OAC_1 + OAC_2)/2 \tag{5-3}$$

上式计算得最佳沥青用量 OAC 在图 5-5 中宜位于 VMA 曲线的最低处的贫油一侧。得出的空隙率和 VMA 应满足表 5-17 和表 5-18 的要求，且相应于 OAC 的各项指标均应符合马歇尔试验技术标准。

（7）最佳沥青用量的调整。在上述试验和计算结果的基础上，根据实践经验、公路等级、气候条件、交通情况来调整最佳沥青用量。

① 调查当地各项条件接近的工程其沥青用量及使用效果，论证适宜的最佳沥青用量。检查计算确定的最佳沥青用量是否接近，若相差甚远应查明原因，必要时重新调整级配，再进行配合比设计。

② 对炎热地区公路以及高速公路、一级公路的重载交通路段，山区公路的长陡坡度路段，预计可能产生较大车辙时，宜在空隙率符合要求的范围内将计算的最佳沥青用量减小 0.1%～0.5% 作为设计沥青用量。此时，除孔隙率外的其他指标可能会超出马歇尔配合比设计技术标准，在配合比设计报告或设计文件中必须说明，并要求必须采用重型轮胎压路机和振动压路机组合等方式加强碾压，以使施工后路面的空隙率达到未调整前的最佳沥青用量时的水平，且渗水系数符合要求。若试验路段达不到上述要求，应调整减小沥青用量的幅度。

③ 对寒区公路、旅游区公路、交通量较小的公路，最佳沥青用量可以在前述计算 OAC 的基础上增加 0.1%～0.3%，以适当减小空隙率，但不降低压实标准。

（8）配合比设计检验。用于高速公路、一级公路的密级配沥青混合料，需在上述配合比设计的基础上进行各种使用性能的检验，不符合要求的沥青混合料，必须更换材料或重新进行配合比设计。其他等级公路的沥青混合料也可参照进行。检验项目包括高温稳定性检验、水稳定性检验、低温抗裂性能检验、渗水系数检验。以上各性能指标的试验测定均应在规定条件下进行并满足相关技术要求。

公称最大粒径等于或小于 19mm 的混合料，按规定方法进行车辙试验和低温弯曲试验，车辙试验所得的动稳定度符合表 5-19 的技术要求，低温弯曲试验测得的破坏应变应符合表 5-20 的技术要求。利用轮碾机成型的车辙试验试件进行渗水检验，所测得的渗水系数应符合表 5-21 的技术要求。

沥青混合料车辙试验动稳定度技术要求　　　　　　　　　　　表 5-19

气候条件与技术指标	相应于下列气候分区所要求的动稳定度（次/mm）									试验方法
七月平均最高气温（℃）及气候分区	≥30				20～30				<20	T 0719
	1. 夏炎热区				2. 夏热区				3. 夏凉区	
	1-1	1-2	1-3	1-4	2-1	2-2	2-3	2-4	3-2	
普通沥青混合料 不小于	800		1000		600		800		600	
改性沥青混合料 不小于	2400		2800		2000		2400		1800	
SMA 混合料　非改性 不小于	1500									
改性 不小于	3000									
OGFC 混合料	1500（一般交通路段），3000（重载交通路段）									

沥青混合料低温弯曲试验破坏应变（με）技术要求　　　　　　　　　　　表 5-20

气候条件与技术指标	相应于下列气候分区所要求的破坏应变（με）									试验方法
年极端最低气温（℃）及气候分区	<-37.0		-21.5～-37.0			-9.0～-21.5		>-9.0		T 0715
	1. 冬严寒区		2. 冬寒区			3. 冬冷区		4. 冬温区		
	1-1	2-1	1-3	2-2	3-2	1-3	2-3	1-4	2-4	
普通沥青混合料 不小于	2600		2300			2000				
改性沥青混合料 不小于	3000		2800			2500				

沥青混合料试件渗水系数（mL/min）技术要求　　　　　　　　　　　表 5-21

级 配 类 型	渗水系数要求（mL/min）	试验方法
密级配沥青混凝土　不大于	120	T 0730
SMA 混合料　不大于	80	
OGFC 混合料　不大于	实测	

（9）配合比设计报告。沥青混合料配合比设计报告内容包括工程设计级配范围选择说明、材料品种选择与原材料质量试验结果、矿料级配、最佳沥青用量，以及各项体积指标、配合比设计检验结果等，矿料级配曲线应按照规定的方法绘制。

2. 生产配合比设计阶段

对间歇式拌和机，必须对二次筛分后进入各热料仓的材料取样进行筛分，以确定各热料仓的材料比例，供拌和机控制室使用。同时反复调整冷料仓进料比例以达到供料均衡，并取目标配合比设计的最佳沥青用量、最佳沥青用量±0.3%的 3 种沥青用量进行马歇尔试验，最终确定生产配合比的最佳沥青用量。

3. 生产配合比验证阶段

拌和机采用生产配合比进行试拌、铺筑试验路段，并用所拌和沥青混合料及路上钻取的芯样进行马歇尔试验检验，由此确定生产用的标准配合比，并作为生产上控制的依据和质量检验的标准。标准配合比的矿料级配至少应包括 0.075mm、2.36mm、4.75mm 三档，三档的筛子通过率接近要求级配范围的中值。经验证确定的标准配合比在施工过程中不能随意变更。生产过程中，当进场材料发生变化，沥青混合料的矿料级配、马歇尔试验技术指标不符合要求时，应及时调整配合比，使沥青混合料质量符合要求并保持相对稳定，必要时重新进行配合比设计。

二、SMA 混合料组成设计

SMA 是一种由沥青、纤维稳定剂、矿粉及少量的细集料组成的沥青玛蹄脂填充于间断级配的粗集料骨架空隙中所形成的沥青混合料。其最基本组成是形成骨架的粗碎石和沥青玛蹄脂结合料。SMA 混合料是一种全新的沥青混合料类型，其组成不同于密级配沥青混合料的悬浮密实型结构，也不同于半开级配沥青碎石的骨架空隙结构，而是一种骨架嵌挤密实结构。具有"三多一少"的特点，即：粗集料多、矿粉多、沥青结合料多、细集料少。由于与普通沥青混合料在组成设计上存在较大差异，SMA 的配合比设计不完全依靠马歇尔试验方法，而是以体积指标确定。

SMA 混合料组成设计仍然按目标配合比设计、施工配合比设计、施工配合比验证三个阶段完成。目标配合比设计可按图 5-6 流程进行。

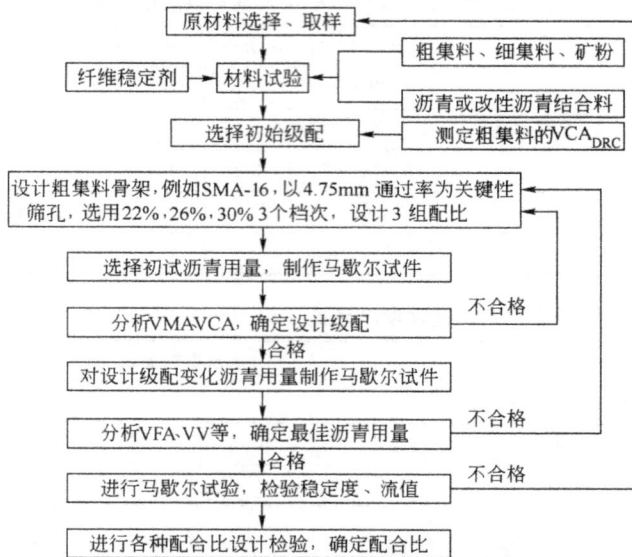

图 5-6　SMA 混合料配合比设计流程图

1. 原材料选择、取样

（1）沥青结合料

SMA 混合料中沥青结合料的质量必须满足沥青玛蹄脂的需要，要求有较高的粘度，符合一定的技术要求，保证混合料具有足够的高温稳定性和低温韧性。

（2）矿料

SMA 之所以有较好的高温稳定性，主要得益于含量甚高的粗集料之间的嵌挤作用，而集料嵌挤作用的好坏则取决于集料石质的坚韧性、集料颗粒形状和棱角多少，粗集料是否具有这些方面良好的性质，是 SMA 成败的关键。因此，粗集料必须具有良好的抗滑性能、低压碎值、坚韧性好，同时颗粒接近立方体、表面粗糙、棱角丰富，扁平颗粒含量少。由于SMA 混合料通常选用改性沥青，质地坚硬的花岗岩、石英岩、砂岩均可使用。

SMA 混合料中细集料用量通常少于 10%，可选用坚硬岩石反复破碎后得到的机制砂，由于机制砂具有丰富的棱角和嵌挤性能，有利于提高混合料高温稳定性。

SMA 混合料中矿粉与沥青用量之比可达到 1.8～2.0，大于密级配沥青混合料。通常选用磨细的石灰石粉。

（3）纤维稳定剂

生产 SMA 混合料必须采用纤维稳定剂。可以使用的纤维包括矿物纤维、木质素纤维、聚合物有机纤维等。纤维稳定剂质量应符合表 5-12 中各项标准要求。

SMA 混合料所用结合料、矿料及纤维稳定剂应通过相关试验进行质量检测，各项性能参数应符合前述相关技术标准要求。

2. 矿料级配确定

（1）设计初试级配

SMA 路面的工程设计级配范围应符合表 5-22 的矿料级配范围。公称最大粒径等于或小于 9.5mm 的 SMA 混合料以 2.36mm 作为粗集料骨架的分界筛孔，公称最大粒径等于或小于 13.2mm 的 SMA 混合料以 4.45mm 作为粗集料骨架的分界筛孔。在工程设计级配范围内，调整各种矿料比例，设计 3 组粗细不同的初试级配，3 组级配的粗集料骨架分界筛孔的通过率处于级配范围的中值、中值±3%附近，矿粉数量均为 10%左右。

沥青玛蹄脂碎石混合石混合料矿料级配范围　　　　　　表 5-22

级配类型		通过下列筛孔（mm）的质量百分率（%）											
		26.5	19	16	13.2	9.5	4.75	2.36	1.18	0.6	0.3	0.15	0.075
中粒式	SMA-20	100	90~100	72~92	62~82	40~55	18~30	13~22	12~20	10~16	9~14	8~13	8~12
	SMA-16		100	90~100	65~85	45~65	20~32	15~24	14~22	12~18	10~15	9~14	8~12
细粒式	SMA-13			100	90~100	50~75	20~34	15~26	14~24	12~20	10~16	9~15	8~12
	SMA-10				100	90~100	28~60	20~32	14~16	12~18	10~18	9~16	8~13

（2）选择沥青用量，测定 VMA、VCA$_{DRC}$

计算初试级配矿料的合成毛体积相对密度、合成表观密度和有效密度。筛出合成级配中颗粒小于粗集料骨架分界筛孔的集料，用捣实法测定粗集料骨架的松方毛体积相对密度，计算粗集料骨架混合料的平均毛体积相对密度，并计算各组初试级配在捣实状态下的粗集料松装间隙率 VCA$_{DRC}$。

预估 SMA 混合料适宜的沥青用量作为马歇尔试验的初试沥青用量。并以此沥青用量和选定的矿料级配制作马歇尔试件，测定试件的毛体积相对密度，马歇尔标准击实次数为双面 50 次，一组马歇尔试验试件数目不少于 4~6 个。

（3）变化沥青用量，测定空隙率，确定最佳沥青用量

计算在不同沥青用量下 SMA 混合料的最大理论相对密度。

按下式计算马歇尔试件中的粗集料骨架间隙率。试件其他体积指标空隙率 VV、集料间隙率 VMA、沥青饱和度 VFA 的计算与密级配沥青混合料有关计算相同。

$$VCA_{mix} = (1 - \frac{\gamma_f}{\gamma_{ca}} \times P_{CA}) \times 100 \qquad (5-4)$$

式中：VCA$_{mix}$——粗集料骨架间隙率，%；

　　　P_{CA}——沥青混合料中粗集料的比例，即大于 4.75mm 的颗粒含量，%；

　　　γ_f——沥青混合料试件的毛体积相对密度，表干法测定。

　　　γ_{ca}——粗集料骨架部分的平均毛体积相对密度。

按照 $VCA_{mix}<VCA_{DRC}$ 及 $VMA>16.5\%$ 的要求，从 3 组初试级配的试验结果中选择设计配合比，当有 1 组以上的级配符合上述要求时，以粗集料骨架分界集料通过率大且 VMA 较大的级配为设计级配。

3. 确定设计沥青用量

根据所选择的矿料设计级配和初试沥青用量试验的空隙率结果，以 $0.2\%\sim0.4\%$ 为间隔，调整 3 个不同的沥青用量，制作马歇尔试件，计算空隙率等指标。进行马歇尔稳定度试验，检验稳定度、流值是否符合表 5-23 规定的技术标准。根据期望的设计空隙率确定沥青用量为最佳沥青用量 OAC。

SMA 混合料马歇尔试验配合比设计技术要求 　　　　　　　　　表 5-23

试　验　项　目		单　位	技　术　要　求		实验方法
			不使用改性沥青	使用改性沥青	
马歇尔试件尺寸		mm	$\Phi101.6\times63.5$		T 0702
马歇尔试件击实次数		次	双面击实 50 次		T 0702
空隙率 VV		%	$3\sim4$		T 0705
矿料间隙率 VMA	不小于	%	17.0		T 0705
粗集料骨架间隙率 VCA_{mix}	不大于	—	VCA_{DRC}		T 0705
沥青饱和度 VFA		%	$75\sim85$		T 0705
稳定度	不小于	kN	5.5	6	T 0709
流值		mm	$2\sim5$	—	T 0709
谢伦堡沥青析漏试验的结合料损失		%	不大于 0.2	不大于 0.1	T 0732
肯塔堡飞散试验的混合料损失或浸水飞散试验		%	不大于 20	不大于 15	T 0733

4. 目标配合比设计检验

在上述设计基础上，根据确定的设计矿料级配、最佳沥青用量，按规定方法进行车辙试验、低温弯曲试验、浸水马歇尔试验、渗水试验，检验 SMA 混合料的高温稳定性、低温抗裂性能、密水性能、水稳定性。此外，为检验 SMA 混合料中有无多余的自由沥青或沥青玛蹄脂，需进行谢伦堡沥青析漏试验。SMA 混合料路面的构造深度大、粗集料外露，空隙中经常有水，在交通荷载反复作用下，由于集料与沥青的黏结力不足而容易引起集料脱落、掉粒、飞散，进而形成坑槽，为了防止出现这种破坏，在 SMA 混合料配合比设计时，需进行肯塔堡飞散试验的混合料损失或浸水飞散试验。以上两个试验可控制 SMA 混合料沥青用量不能过多，也不能过少。试验结果可作为确定最佳沥青用量的依据之一。

SMA 混合料配合比设计报告内容与密级配沥青混合料配合比设计报告相同。

第四节　层铺法、路拌法施工沥青路面

一、沥青表面处治

沥青表面处治是用沥青裹覆矿料，铺筑厚度小于 3cm 的一种薄层路面面层。其主要作用是防水、抗磨耗、防滑和改善碎（砾）石路面的使用品质，改善行车条件。在计算路面厚度时，不作为单独受力结构层。沥青表面处治层在施工完毕后，须经过一段时间的行车碾压，特别是一定高温下的行车碾压，使其矿料取得最稳定的嵌紧位置，并同沥青黏结牢固，这一过程就称为"成型"阶段。因此，沥青表面处治宜选择在干燥和较热的季节施工，并在雨季前及日最高温度低于15℃到来之前半个月结束，使表面处治层通过开放交通后靠行车压实，成型稳定。

沥青表面处治层是按嵌挤原则构成强度的，为了保证矿料间有良好的嵌挤作用，同一层的矿料颗粒尺寸应力求均匀，其最大粒径应与表面处治单层厚度相当。当采用乳化沥青时，为了减少乳液流失，可在主层集料中参加20%以上的较小粒径的集料。沥青表面处治层施工后，应在路侧另备5～10mm碎石或3～5mm石屑、粗砂或小砾石2～3m³/1000m²作为初期养护用料，在施工时与最后一遍料一起撒布。

沥青表面处治材料规格和用量见表5-24。

沥青表面处治材料规格和用量

表5-24

沥青种类	类型	厚度（cm）	集料（1000m²/m³）						沥青或乳液用量（kg/m²）			
			第一层		第二层		第三层		第一次	第二次	第三次	合计用量
			粒径规格	用量	粒径规格	用量	粒径规格	用量				
石油沥青	单层	1.0	S12	7～9					1.0～1.2			1.0～1.2
		1.5	S10	12～14					1.4～1.6			1.4～1.6
	双层	1.5	S10	12～14	S12	7～8			1.4～1.6	1.0～1.2		2.4～2.8
		2.0	S9	16～18	S12	7～8			1.6～1.8	1.0～1.2		2.6～3.0
		2.5	S8	18～20	S12	7～8			1.8～2.0	1.0～1.2		2.8～3.2
	三层	2.5	S8	18～20	S10	12～14	S12	7～8	1.6～1.8	1.2～1.4	1.0～1.2	3.8～4.4
		3.0	S6	20～22	S10	12～14	S12	7～8	1.8～2.0	1.2～1.4	1.0～1.2	4.0～4.6
乳化沥青	单层	0.5	S14	7～9					0.9～1.0			0.9～1.0
	双层	1.0	S12	9～11	S14	4～6			1.8～2.0	1.0～1.2		2.8～3.2
	三层	3.0	S6	20～22	S10	9～11	S12	4～6	2.0～2.2	1.8～2.0	1.0～1.2	4.8～5.4
							S14	3.5～4.5				

沥青表面处治可采用道路石油沥青或乳化沥青。当采用道路石油沥青时，沥青用量按表5-24选定，沥青标号按相关规定选用。当采用乳化沥青时，乳液用量应按其中的沥青含量折算。表5-24中所列乳液用量适用于沥青含量为60%的乳化沥青。在远离城市的达远地区可采用煤沥青，此时，应将表5-24中的沥青数量相应增加15%～20%。沥青表面处治各层沥青用量应根据施工气温、沥青标号以及基层情况，在规定范围内选用。

此外，对矿料的其他质量要求，如足够的强度和耐磨性能、与沥青良好的粘结力、干燥清洁无杂质等，也适用于其他类型的沥青路面。

沥青表面处治可采用拌和法或层铺法施工。拌和法施工可采用热拌热铺或冷拌冷铺法，层铺法宜采用沥青洒布车及集料撒布机联合作业，并确保各工序紧密衔接。每个作用段长度应根据压路机数量，沥青洒布设备及集料撒布机能力等确定，当天施工的路段必须在当天完成。单层及三层沥青表面处治的施工程序与双层式相同，仅需相应地减少或增加一次洒布沥青、撒铺矿料和碾压工序。层铺法沥青表处的施工工艺如下。

1. 清理下承层

在表面处治层施工前，应将路面下承层清扫干净，使下承层的矿料大部分外露，并保持干燥。对有坑槽、不平整的路段应先修补和整平,若下承层整体强度不足,则应先予补强。级配砂砾、级配碎石下承层及水泥、石灰、粉煤灰等无机结合料稳定土或粒料的半刚性基层上须浇洒透层沥青,并且应尽早铺筑沥青面层。但当乳化沥青作透层时,洒布后应待其充分渗透、水分蒸发后方可铺筑沥青面层,此段时间应在 24h 以上。

2. 洒布沥青

下承层清扫或透层沥青充分渗透后,即可按要求的速度浇洒沥青。若采用汽车洒布机洒布沥青,应根据单位面积的沥青用量选定洒布机排挡和油泵挡位;若采用手摇洒布机洒布沥青,应根据施工气温和风向调节喷头离地面的高度和移动的速度,以保证沥青洒布均匀,并应按洒布面积来控制单位沥青用量。沥青的浇洒温度根据施工气温及沥青标号选择,石油沥青的洒布温度为 130～170℃,煤沥青为 80～120℃。乳化沥青在常温下洒布,当气温偏低、破乳及成型过慢时,可将乳液加温后洒布,但乳液温度不得超过 60℃。

沥青洒布要均匀。当发现有空白、缺边时,应立即用人工补洒,有沥青积聚时应予刮除。沥青浇洒的长度应与集料撒布机能力相配合,应避免沥青浇洒后等待较长时间才撒铺集料。为保证前后两车喷洒的接茬搭接良好,可用铁板或建筑纸等横铺在本段起洒点前及终点后,长度为 1～1.5m。如需分数幅浇洒时,纵向搭接宽度为 10～15cm。若浇洒第二、三层沥青时,搭接缝应错开。

3. 铺撒矿料

洒布沥青后应趁热迅速铺撒矿料,按规定用量一次撒足。撒料后应及时扫匀,达到全面覆盖一层、厚度一致、集料不重叠,也不露出沥青的要求。当局部有缺料时,应采用人工方法适当找补,局部集料过多时,应将多余集料扫出。若使用乳化沥青,集料撒布必须在乳液破乳之前完成,若沥青为分幅浇洒,在两幅的搭接处,第一幅浇洒沥青应暂留 10～15cm 宽度不撒石料,待第二幅浇洒沥青后一起撒布集料。

4. 碾压

铺撒矿料后即用 60～80kN 双轮压路机或轮胎压路机及时碾压。碾压应从一侧路缘压向路中心。碾压时,每次轮迹重叠约 30cm,碾压 3～4 遍。压路机行驶速度开始为 2km/h,以后可适当提高。

5. 双层式或三层式沥青表面处治施工

重复 2、3、4 步工艺。

6. 初期养护

当发现表面处治层有泛油时,应在泛油处补撒与最后一层石料规格相同的嵌缝料并扫匀,过多的浮动集料应扫出路面外,并不得搓动已经粘着就位的集料。如有其他破坏现象,也应及时进行修补。

除乳化沥青表面处治应待破乳后水分蒸发并基本成型后方可通车外,沥青表面处治层在碾压结束后即可开放交通。在通车初期应设专人指挥交通或设置障碍物控制行车,使路面全部宽度均匀压实。在路面完全成型前应限制行车速度不超过 20km/h,严禁畜力车及铁轮车行驶。

二、沥青贯入式

沥青贯入式路面具有较高的强度和稳定性,其强度构成主要依靠矿料的嵌挤作用和沥青材料的粘结力,适用于二级及二级以下的公路,城市道路的次干道及支路,也可作为沥青混凝土路面的联结层。由于沥青贯入式路面是一种多孔隙结构,为了防止水的下渗,增强路面的水稳定性，路面的最上层应撒布封层料或加铺拌和层。乳化沥青贯入式路面铺筑在半刚性基层上时，应铺筑下封层。沥青贯入层作为联结层时，可不撒表面封层料。

沥青贯入式路面应选择在干燥和较热的季节施工，并在雨季前及日最高温度低于15℃到来之前半个月结束，使贯入式结构层通过开放交通碾压成型。

沥青贯入层厚度一般为4~8cm，但乳化沥青贯入式路面的厚度不应超过5cm。当贯入层上面加铺拌和的沥青混合料面层时，总厚度宜为6~10cm，其中拌和层的厚度宜为2~4cm。

沥青贯入式路面所用的集料应选择有棱角、嵌挤性好的坚硬石料，结合料可采用石油沥青、煤沥青或乳化沥青，其规格和用量见表5-25。材料的其他要求与沥青表面处治层基本相同。

沥青贯入式面层材料规格和用量

（用量单位：集料 m³/1000m²，沥青及沥青乳液：kg/m²）　　　　表 5-25

沥青品种	石油沥青										乳化沥青			
厚度（cm）	4		5		6		7		8		4		5	
规格和用量	规格	用量	规格	用量	规格	用量	规格	用量	规格	用量	规格	用量	规格	用量
封层料	S14	3~5	S14	3~5	S13(S14)	4~6	S13(S14)	4~6	S13(S14)	4~6	S14	4~6	S14	4~6
第五遍沥青														0.8~1.0
第四遍嵌缝料													S14	5~6
第四遍沥青												0.8~1.0		1.2~1.4
第三遍嵌缝料											S14	5~6	S12	7~9
第三遍沥青		1.0~1.2		1.0~1.2		1.0~1.2		1.0~1.2		1.0~1.2		1.4~1.6		1.5~1.7
第二遍嵌缝料	S12	6~7	S11(S10)	10~12	S11(SI0)	10~12	S10(S11)	11~13	S10(S11)	11~13	S12	7~8	S11	9~11
第二遍沥青		1.6~1.8		1.8~2.0		2.0~2.2		2.4~2.6		2.6~2.8		1.6~1.8		1.6~1.8
第一遍嵌缝料	SI0(S9)	12~14	S8	16~18	S8(S6)	16~18	S6(S8)	18~20	S6(S8)	20~22	S9	12~14	S8	10~12
第一遍沥青		1.8~2.1		2.4~2.6		2.8~3.0		3.3~3.5		4.0~4.2		2.2~2.4		2.6~2.8
主层集料	S5	45~50	S4	55~60	S3(S2)	66~76	S3	80~90	S1(S2)	95~100	S5	40~45	S4	50~55
沥青总用量		4.4~5.1		5.2~5.8		5.8~6.4		6.7~7.3		7.6~8.2		6.0~6.8		7.5~8.5

注：1. 煤沥青贯入式的沥青用量可较石油沥青用量增加15%~20%。
　　2. 表中乳化沥青用量是指乳液的用量，并适用于乳液浓度约为60%的情况。
　　3. 在高寒地区及干旱风沙大的地区，可超出高限，再增加5%~10%。

沥青贯入式面层的施工工序如下：

（1）整修和清扫基层。

（2）浇洒透层或粘层沥青。

（3）铺撒主层矿料。颗粒大小要均匀，并检查松铺厚度。严禁车辆在铺好的集料层上通行。

（4）碾压。主层集料撒铺后应采用 6～8t 的钢筒式压路机进行初压。碾压速度宜为 2km/h，碾压应自路边缘逐渐移向路中心，每次轮迹重叠约 30cm，接着应从另一侧以同样方法压至路中心，称为碾压一遍。检验路拱和纵向坡度，若不符合要求，应调整找平再压，至集料无显著推移为止。然后用 10～12t 压路机进行碾压，每次轮迹重叠 1/2 左右，压 4～6 遍，直至主层集料嵌挤稳定，无显著轮迹为止。

（5）浇洒第一层沥青。沥青的浇洒温度应根据沥青标号及气温情况选择。若采用乳化沥青，为防止乳液下漏过多，可在主层集料碾压稳定后，先撒铺一部分上一层嵌缝料，再浇洒主层沥青。

（6）铺撒第一次嵌缝料。主层沥青浇洒后，应立即均匀撒布第一层嵌缝料，并立即扫匀，不足处应找补。

（7）碾压。嵌缝料扫匀后应立即用 8～12t 钢筒式压路机进行碾压，轮迹重叠 1/2 左右，压 4～6 遍直至稳定。碾压时随压随扫，使嵌缝料均匀嵌入。

（8）浇洒第二层沥青，撒布嵌缝料，然后碾压。

（9）铺撒封层料。施工要求与撒布嵌缝料相同。重复该过程，采用 6～8t 压路机碾压 2～4 遍，然后开放交通。

（10）初期养护。沥青贯入式路面开放交通后的交通控制、初期养护等与沥青表面处治相同。沥青贯入式表面不撒布封层料而加铺沥青混合料拌和层时，应紧跟贯入层施工，使上下成为一个整体。贯入部分采用乳化沥青时，应待其破乳、水分蒸发且成型稳定后方可铺筑拌和层。若拌和层与贯入部分不能连续施工，又要在短期内通行施工车辆时，贯入层部分的第二遍嵌缝料应增加用量 2～3m³/1000m²。在摊铺拌和层沥青混合料前，应清除贯入层表面的杂物、尘土以及浮动石料，再补充碾压一遍，并浇洒粘层沥青。

三、乳化沥青碎石混合料路面

乳化沥青碎石混合料适用于三级及三级以下公路的沥青面层、二级公路的养护罩面以及各级公路沥青路面的联结层或整平层。一般情况下，乳化沥青碎石混合料路面的沥青面层采用双层式：下层采用粗粒式沥青碎石混合料，上层采用中粒式或细粒式沥青碎石混合料。单层式只适合在少雨干燥地区或半刚性基层上使用。在多雨潮湿地区必须做上封层或下封层。

乳化沥青碎石混石料的矿料级配应满足规范要求，并根据已有道路的成功经验试拌确定配合比。其乳液用量应根据当地实践经验以及交通量、气候、石料情况、沥青标号、施工机械等条件确定，也可按热拌沥青碎石混合料的沥青用量折算。实际的沥青用量宜较同规格热拌沥青混合料的沥青用量减少 15％～20％。乳化沥青碎石混合料应采用拌和机拌和，在条件限制时也可在现场用人工拌制。适宜拌和时间根据施工现场使用的集料级配情况、乳液裂解速度、拌和机械性能、施工时的气候等具体条件通过试拌确定，机械拌和不宜超过 30s（自矿料中加进乳液的时间算起），人工拌和不超过 60s。

已拌好的混合料应立即运至现场进行摊铺。拌和与摊铺过程中已破乳的混合料，应予废弃。拌制的混合料应用沥青摊铺机摊铺。若采用人工摊铺，应防止混合料离析。松铺系数可通过试验确定。

乳化沥青碎石混合料的碾压应符合下列要求：

混合料摊铺后，应采用 6t 左右的轻型压路机初压，碾压 1～2 遍，使混合料初步稳定，再用轮胎压路机或轻型钢筒式压路机碾压 1～2 遍。初压时应匀速进退，不得在碾压路段上紧急制动或快速起动。

当乳化沥青开始破乳，混合料由褐色转变成黑色时，用 $12\sim15t$ 轮胎压路机或 $10\sim12t$ 钢筒压路机复压 $2\sim3$ 遍后，立即停止，晾晒一段时间待水分蒸发后，再补充复压至密实为止。压实过程中如有推移现象应立即停止碾压，待稳定后再碾压。如当天不能完全压实，应在较高气温状态下补充碾压。

压实成型后的路面应做好早期养护，并封闭交通 $2\sim6h$。开放交通初期，应设专人指挥，车速不得超过 $20km/h$，并不得制动或掉头。严禁畜力车和铁轮车通过。

乳化沥青碎石混合料施工的所有工序，包括路面成型及铺筑上封层等，均必须在冻前完成。上封层应在压实成型、路面水分蒸发后加铺。

四、透层、粘层与封层

1. 透层

透层是为了使路面沥青层与非沥青材料层结合良好而在非沥青材料层上浇洒乳化沥青、煤沥青或液体石油沥青后形成的透入基层表面的薄沥青层。在级配碎（砾）石及半刚性基层上铺筑沥青混合料面层时必须浇洒透层沥青。透层沥青宜采用慢裂洒布型乳化沥青，也可使用中、慢裂液体石油沥青或煤沥青。表面致密、平整的半刚性基层上宜采用较稀的透层沥青，粒料类基层宜采用较稠的透层沥青。根据基层类型，透层沥青的规格和用量可按表5-26确定。

沥青路面透层材料的规格和用量表　　　　　表 5-26

用　途	液 体 沥 青		乳 化 沥 青		煤 沥 青	
	规格	用量（L/m²）	规格	用量（L/m²）	规格	用量（L/m²）
无结合料粒料基层	AL(M)-1、2 或 3 AL(S)-1、2 或 3	$1.0\sim2.3$	PC-2 PA-2	$1.0\sim2.0$	T-1 T-2	$1.0\sim1.5$
半刚性基层	AL(M)-1 或 2 AL(S)-1 或 2	$0.6\sim1.5$	PC-2 PA-2	$0.7\sim1.5$	T-1 T-2	$0.7\sim1.0$

注：表中用量是指包括稀释剂和水分等在内的液体沥青、乳化沥青的总量。乳化沥青中的残留物含量以50％为基准。

透层沥青应紧接在基层施工结束、表面稍干后浇洒。当基层完工后的时间较长时，应对表面进行清扫，若表面过于干燥时，应在基层表面适当洒水并待稍干后浇洒透层沥青。高速公路和一级公路的透层沥青宜采用沥青洒布车喷洒，其他等级公路可采用手工沥青洒布机喷洒。

浇洒透层沥青应符合以下要求：浇洒的透层沥青应渗入基层一定深度，但又不致流淌而在表面形成油膜；气温低于 $10℃$ 及大风、降雨时不得浇洒透层沥青；浇洒后，禁止车辆、行人通过；未渗入基层的多余透层沥青应刮除，有遗漏的部位应补洒。

在半刚性基层上浇洒透层沥青后，立即以 $2\sim3m^3/1000m^2$ 的用量将石屑或粗砂撒布在基层上，然后用 $6\sim8t$ 钢筒压路机稳压一遍。当需要通行车辆时，应控制车速。透层沥青洒布后应尽早铺筑沥青面层；用乳化沥青做透层时，应待其充分渗透、水分蒸发后方可铺筑沥青面层，此段时间不宜少于 $24h$。

2. 粘层

粘层是为加强沥青层之间、沥青层与水泥混凝土面板之间的粘结而洒布的薄沥青层。将热拌沥青混合料铺筑在被污染的沥青层表面、旧沥青路面及水泥混凝土路面上时应浇洒粘层，与新铺沥青路面接触的路缘石、雨水井、检查井等设施的侧面应浇洒粘层沥青。粘层宜采用快裂洒布型乳化沥青，也可采用快、中凝液体石油沥青或煤沥青。根据被粘结层的结构层类型，通过试洒确定粘层沥青用量，并符合表5-26规定的技术要求。粘层沥青宜采用洒布车喷洒并符合以下要求：洒布应均匀，浇洒过量时应予刮除；气温低于10℃或路面潮湿时不得浇洒；浇洒后严禁除沥青混合料运输车以外的其他车辆通行；粘层沥青浇洒后应紧接着铺筑沥青层，但乳化沥青应待其破乳、水分蒸发后再铺沥青层。路面附属结构侧面可用人工涂刷。

3. 封层

所谓封层即为封闭表面空隙、防止水分浸入面层或基层而铺筑的沥青混合料薄层。铺筑在面层表面的称为上封层，铺筑在面层下面的称为下封层。在下列情况下，应在沥青面层上铺筑上封层：沥青面层空隙较大，渗水严重，有裂缝或已修补的旧沥青路面，需要铺抗滑磨耗层或保护层的旧沥青路面。在下列情况下应在沥青面层下铺筑下封层：位于多雨地区且沥青面层空隙较大、渗水严重的路面，基层铺筑后不能及时铺沥青面层而又需开放交通的路面。

可采用拌和法或层铺法施工的单层式沥青表面处治层作封层，二级及二级以下公路的沥青路面可采用乳化沥青稀浆作封层。层铺法铺筑沥青表面处治上封层的材料用量和要求可根据表5-24确定，沥青用量取表中规定范围的中低限。铺筑下封层的矿料规格可采用表5-24中的S14、S13或S12等，通常矿料用量为$5\sim8m^3/1000m^2$，沥青用量可采用表5-24中规定范围的中高限。

乳化沥青稀浆封层是用适当级配的石屑或砂与填料（水泥、石灰、粉煤灰、石粉等）、乳化沥青、外加剂和水按一定比例拌和成流态的乳化沥青稀浆，然后用稀浆封层摊铺机均匀地摊铺在需设置封层的结构层上，厚度为$3\sim6mm$。通常采用慢裂或中裂拌和型乳化沥青，矿料的类型及级配根据处治目的、公路等级、铺筑层厚度、集料尺寸及摊铺用量按表5-27确定。乳化沥青稀浆混合料用拌和机拌和，拌和时严格控制集料、填料、水、乳液配合比，加水量根据施工和易性要求由稠度试验确定，要求的稠度为$2cm\sim3cm$。混合料的湿轮磨耗试验磨耗损失不大于$800g/m^2$，轮荷压砂试验的砂吸收量不大于$600g/m^2$。

乳化沥青稀浆封层的矿料级配及沥青用量范围　　　　　　　　　　表 5-27

筛孔及级配类型	筛孔（mm）		级配类型		
	方孔筛	圆孔筛	ES-1	ES-2	ES-3
通过筛孔的质量百分率（%）	9.5	10		100	100
	4.75	5.0	100	90～100	70～90
	2.36	2.5	90～100	65～90	45～70
	1.18	1.2	65～90	45～70	28～50
	0.6	0.6	40～65	30～50	19～34
	0.3	0.3	25～42	18～30	12～25
	0.15	0.15	15～30	10～21	7～18
	0.075	0.075	10～20	5～15	5～15

第五节　厂拌法施工沥青路面

热拌沥青混合料路面通常采用厂拌法施工，施工过程可分为沥青混合料的拌制、运输、铺筑及碾压成型等几个阶段，施工流程图 5-7。

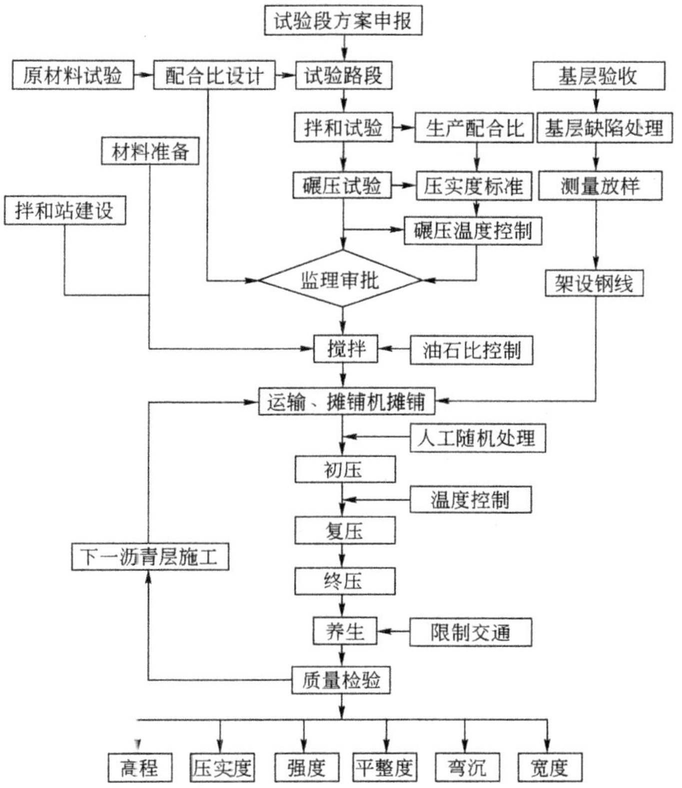

```
                        试验段方案申报
                             │
原材料试验 ── 配合比设计 ── 试验路段        基层验收
                             │                │
                          拌和试验 ── 生产配合比 ── 基层缺陷处理
              材料准备         │                │        │
                          碾压试验 ── 压实度标准    测量放样
拌和站建设                    │                         │
                                  └── 碾压温度控制         │
                             │                         │
                          监理审批 ◄─────────────    架设钢线
                             │
                           搅拌 ── 油石比控制
                             │
                      运输、摊铺机摊铺
                             │
                         └── 人工随机处理
                           初压
                             │
                         └── 温度控制
                           复压
                             │
下一沥青层施工              终压
                             │
                           养生 ── 限制交通
                             │
                         质量检验
                             │
   ┌────┬────┬────┬────┬────┬────┐
  高程  压实度  强度  平整度  弯沉  宽度
```

图 5-7　热拌沥青混合料路面施工流程

一、搅拌站建设与搅拌设备

热拌沥青混合料在生产过程中会产生粉尘、废气、废油等污染，搅拌站设置必须符合国家有关环境保护、消防、安全等规定。搅拌站与工地现场的距离应充分考虑道路条件，确保不会因运输而导致混合料冷却至规定温度以下，避免混合料因颠簸而产生离析。搅拌站应有功能完善的防排水设施，各种原材料应分仓堆放，细集料、矿粉等应有防雨顶棚，站内道路应作硬化处理，防止泥土污染集料。

热拌沥青混合料可采用间歇式拌和机或连续式拌和机拌制。前者是在每盘拌和时计量混合料各种材料的重量，而后者则在计量各种材料之后连续不断地送进拌和器中拌和（图 5-8、图 5-9）。为保证沥青混合料的质量稳定、沥青用量准确，高速公路和一级公路的沥青混凝土宜采用间歇式拌和机拌和。当工程材料从多处供料、来源或质量不稳定时，不得采用连续式拌和机。各类拌和机均应有防止矿粉飞扬散失的密封性能及除尘设备，并有检测拌和温度的装置。搅拌系统的各种传感器必须作定期检查，确保各种材料计量准确。

高速公路和一级公路用的间歇式搅拌系统必须配备计算机设备，拌和过程中能逐盘采集并打印各传感器测定的材料用量和沥青混合料拌和量、拌和温度等各种参数。每个台班结束时打印出一个台班的统计量并用于施工质量检查。

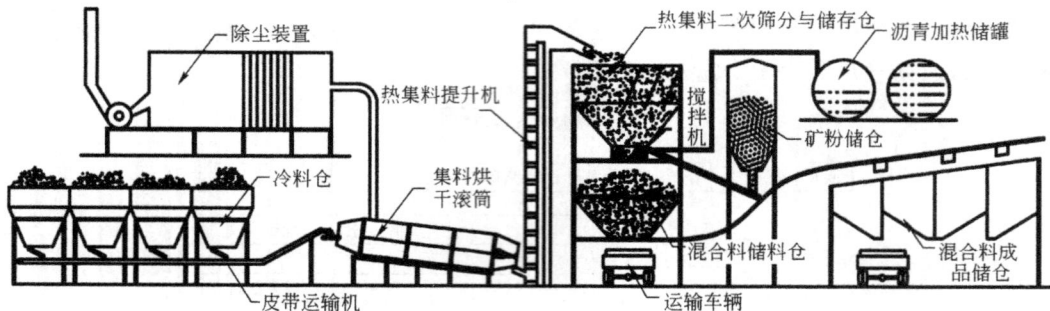

图 5-8　间歇式拌和机

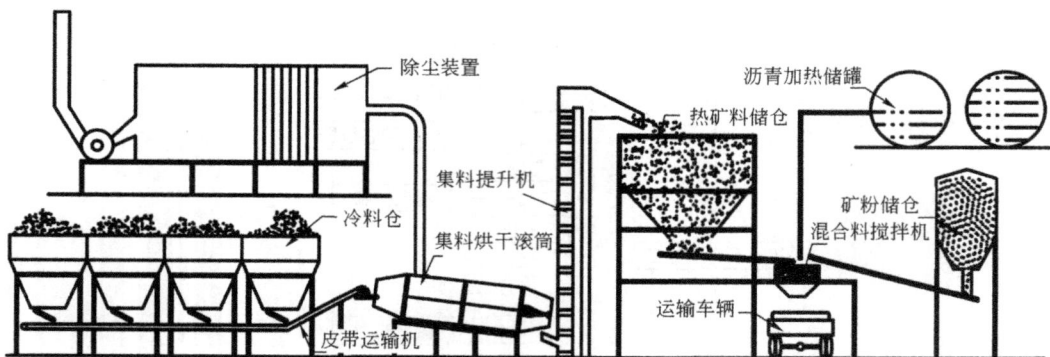

图 5-9　连续式拌和机

二、混合料的拌制

在拌制沥青混合料之前，应根据确定的配合比进行试拌。试拌时对所用的各种矿料及沥青应严格计量。通过试拌和抽样检验确定每盘热拌的配合比及其总重量（对间歇式拌和机）、或各种矿料进料口开启的大小及沥青和矿料进料的速度（对连续式拌和机）、适宜的沥青用量、拌和时间、矿料和沥青加热温度以及沥青混合料出厂的温度。对试拌沥青混合料进行试验之后，即可选定施工的配合比。

为保证沥青混合料的质量，需要控制拌制温度、运输温度、摊铺温度及碾压温度，沥青混合料在各阶段的施工温度应符合表 5-28、表 5-29 的要求。尤其应严格控制沥青加热温度，沥青温度过低，混合料拌和不均匀，沥青加热温度过高，可能会导致沥青老化。集料烘干后的残余含水率不超过 1%。沥青混合料拌和的时间根据具体情况经试拌确定，以沥青均匀裹覆集料为度，间歇式搅拌系统的每盘生产周期不宜少于 45s（其中干拌时间不少于 5～10s）。改性沥青和 SMA 混合料的拌和时间应适当延长。经拌和后的沥青混合料应均匀一致，无花白料，无结团成块或严重的粗细料分离现象，不符合要求时不得使用，并应及时调整搅拌系统相关参数。

热拌沥青混合料的施工温度（℃）

表 5-28

施工工序		沥青标号			
		50 号	70 号	90 号	110 号
沥青加热温度		160～170	155～165	150～160	145～155
矿料加热温度	间歇式搅拌机	集料加热温度比沥青温度高 10～30			
	连续式搅拌机	矿料加热温度比沥青温度高 5～10			
沥青混合料出料温度		150～170	145～165	140～160	135～155
沥青混合料储料仓储存温度		储存过程中温度降低不超过 10			
混合料废弃温度	高于	200	195	190	135
运到现场温度	不低于	150	145	140	135
混合料摊铺温度不低于	正常施工	140	135	130	125
	低温施工	160	150	140	135
开始碾压的混合料内部温度不低于	正常施工	135	130	125	120
	低温施工	150	145	140	135
碾压终了的表面温度不低于	钢轮压路机	80	70	65	60
	轮胎压路机	85	80	75	70
	振动压路机	75	70	65	60
开放交通的路标温度	不高于	50	50	50	45

聚合物改性沥青混合料的正常施工温度范围（℃）

表 5-29

施工工序		聚合物改性沥青品种		
		SBS	SBR 胶乳类	EVA、PE 类
沥青加热温度		160～165		
改性沥青现场制作温度		165～170	—	165～170
成品改性沥青加热温度	不大于	175	—	175
集料加热温度		190～220	200～210	185～195
改性沥青 SMA 混合料出厂温度		170～185	160～180	165～180
混合料最高温度（废弃温度）		195		
混合料储存温度		拌和出料后温度降低不超过 10		
摊铺温度	不低于	160		
初压开始温度	不低于	150		
碾压终了的表面温度	不低于	90		
开放交通时的路标温度，不高于		50		

　　间歇式搅拌系统应备有保温性能良好的成品储存仓，储存过程中混合料温度降低应符合表 5-28 和表 5-29 的要求，并不能有沥青滴漏。普通沥青混合料的储存时间不得超过 72h；改性沥青混合料储存时间不宜超过 24h；SMA 混合料只限当天使用；OGFC 混合料宜随拌随用。沥青混合料出厂时应逐车检查混合料重量和温度，记录出厂时间。

　　生产添加纤维的沥青混合料时，必须将纤维充分分散到混合料中，搅拌均匀。拌和机应具有同步添加投料设备，松散的絮状纤维可在喷入沥青的同时或稍后采用风送设备喷入拌和机，搅拌时间延长 5s 以上。颗粒纤维在粗集料投入的同时自动加入，经 5～10s 的干拌后，再投入矿粉。

三、混合料运输

热拌沥青混合料应采用较大吨位的自卸汽车运输，车厢应清扫干净。为防止沥青与车厢板粘结，车厢侧板和底板可涂一薄层油水混合液（柴油与水的比例可达 1：3），但不得有余液积聚在车厢底部。混合料运输所需的车辆数可按下式计算：

$$需要的车辆数 = 1 + \frac{t_1 + t_2 + t_3}{T} + \alpha \qquad (5\text{-}5)$$

式中：T——一辆车容量的沥青混合料拌和与装车所需的时间，min；

　　　t_1——运到铺筑现场所需的时间，min；

　　　t_2——由铺筑现场返回拌和厂所需的时间，min；

　　　t_3——在现场卸料和其他等待时间，min；

　　　α——备用的车辆数（运输车辆发生故障及其他用途时使用）。

沥青混合料运输车的运量应较拌和能力或摊铺能力有所富余，施工过程中摊铺机前方应有运料车在等候卸料。对高速公路和一级公路，开始摊铺时在施工现场等候卸料的运料车不宜少于 5 辆。

从储料斗向运输车辆卸料时，应多次挪动车辆位置，平衡装料，以减少混合料离析。运输车应有保温、防雨、防污染措施。车辆在施工现场不得超载运输，或急制动、急转弯使透层、封层受到损伤。车轮不能带入泥土等外物污染摊铺现场。

向摊铺机卸料时，运料车在摊铺机前方 100～300mm 处停住，空挡等候，由摊铺机推动缓缓前进并开始卸料，避免撞击摊铺机。有条件时可将混合料卸入转运车经二次拌和后再向摊铺机连续均匀的供料。每次卸料务必倒净，尤其是改性沥青混合料和 SMA 混合料，防止余料结块。应检查每车来料的温度是否达到要求，是否遭雨淋或结团成块。

四、混合料摊铺

1. 下承层准备和放样

沥青混合料面层铺筑前，应对其下的基层或旧路面的厚度、密实度、平整度、路拱等进行检查。基层或旧路面若有坎坷不平、松散、坑槽等，必须在混合料铺筑之前整修完毕，并清扫干净。为使铺筑层与下承层粘结良好，在铺筑前 4～8h，在粒料类的下承层上洒布透层沥青；若下承层为旧沥青路面或水泥混凝土路面，则要在旧路面上洒布一层粘层沥青；若下承层为灰土类基层，为防止水渗入基层，加强基层与面层的粘结，要在面层铺筑前铺下封层。

在做好下承层准备的同时，进行必要的施工测量，作为混合料摊铺控制高程、厚度、平整度的依据。

2. 摊铺

热拌沥青混合料应采用沥青混合料摊铺机摊铺。对高速公路和一级公路路面，一台摊铺机的铺筑宽度不宜超过 6～7.5m，避免造成混合料离析。应采用两台或更多台数摊铺机布置成梯队形式同步摊铺，相邻摊铺机之间间距控制在 10～20m、摊铺范围搭接 30～60mm，并避开车道轮迹带，上下层的搭接位置错开 200mm 以上。

摊铺机开工前应提前 0.5～1h 预热熨平板，至不低于 100℃。摊铺过程中合理选择熨平板的振捣或夯锤压实装置，使其具有适宜的振动频率和振幅，以提高路面的初始压实度。摊铺机必须缓慢、均匀、连续不间断的作业，不得随意变换速度或中途停顿；摊铺机的螺旋布料器应根据摊铺速度保持均匀、稳定旋转，两侧混合料不低于布料器高度的 2/3，以减少混合料离析，提高路面平整度。摊铺速度控制在 2～6m/min 范围内，对改性沥青混合料或 SMA 混合料则应放慢至 1～3m/min。当发现混合料出现明显的离析、波浪、裂缝、拖痕时，应查明原因并消除。

用机械摊铺的混合料，不宜用人工反复修正。局部机械无法摊铺的部位不可避免用人工找补时，应仔细进行，严防混合料降温过多和离析。

应采用自动找平方式控制摊铺高程，下面层或基层采用钢丝引导的高程控制方式，上面采用平衡梁或雪橇式厚度控制方式，中面层根据情况选用其中一种。沥青混合料的松铺系数应根据试铺试压确定。

沥青混合料摊铺的最低气温应符合表 5-30 的要求，寒冷季节、大风降温天气下不能保证迅速压实时不得摊铺沥青混合料。

沥青混合料的最低摊铺温度　　　　　　　　　　表 5-30

下卧层的表面温度（℃）	相应于下列不同摊铺层厚度的最低摊铺温度（℃）					
	普通沥青混合料			改性沥青混合料或 SMA 混合料		
	50mm	（50～80）mm	80mm	50mm	（50～80）mm	80mm
<5	不允许	不允许	140	不允许	不允许	不允许
5～10	不允许	140	135	不允许	不允许	不允许
10～15	145	138	132	165	155	150
15～20	140	135	130	158	150	145
20～25	138	132	128	153	147	143
25～30	132	130	126	147	145	141
>30	130	125	124	145	140	139

五、混合料压实与成型

混合料压实是获得高质量、高路用性能沥青路面的关键工序之一，必须重视混合料压实工作。压实成型的沥青混合料应满足规定压实度和平整度要求。

沥青混凝土的压实厚度不宜超过 100mm；沥青稳定碎石混合料最大压实厚度不宜超过 120mm。应配备数量足够的碾压设备，选择合理的压路机组合方式及初压、复压、终压的碾压步骤，以达到最佳压实效果。高速公路铺筑双车道路面的压路机数量不宜少于 5 台。施工温度低、风大、碾压层薄时，压路机数量应适当增加。

压路机应以慢而均匀的速度碾压，行走速度符合表 5-31 的要求，不应突然改变压路机行走路线和碾压方向，碾压区的长度应保持大体一致，两端的折返位置随摊铺机前进而不断向前推进，且横向不得在相同的断面上。

压路机碾压速度（km/h）　　　　　　　　　　　　　　　　　　表 5-31

压路机类型	初　压		复　压		终　压	
	适宜	最大	适宜	最大	适宜	最大
钢筒式压路机	2～3	4	3～5	6	3～6	6
轮胎式压路机	2～3	4	3～5	6	4～6	8
振动式压路机	2～3 （静压或振动）	3 （静压或振动）	3～4.5 （振动）	5 （振动）	3～6 （静压）	6 （静压）

压路机的碾压温度应符合表 5-28、表 5-29 的规定，并根据混合料类型、压路机特性、气温、厚度等经试压确定，在不产生严重推移的前提下，初压、复压、终压都应在混合料温度较高时进行。同时不得在低温状况下反复碾压，这会导致石料棱角磨损、压碎，破坏集料嵌挤效果。

1. 初压

混合料摊铺后紧接着进行初压，并保持较短的初压长度，在热量损失较小的情况下尽快使混合料被压实。若摊铺机摊铺后混合料初始压实度较大，经实践证明采用振动压路机或轮胎压路机直接碾压不会出现严重推移现象时，可免去初压，直接进行复压。初压的目的主要是使混合料初步稳定，采用钢轮压路机静压 1～2 遍，在此过程中，压路机驱动轮面向摊铺机，从外侧向中心碾压，在超高路段则由低向高碾压，在坡道上应将驱动轮从低处向高处碾压。初压后应检查平整度、路拱，有严重缺陷时进行修整乃至返工。

2. 复压

复压紧跟在初压后进行，且不得随意停顿。碾压长度尽量缩短，保持 60～80m 左右。采用不同型号压路机组合时，应安排每台压路机均全幅碾压，防止不同部位的压实度不均匀。密级配沥青混合料优先采用总吨位不低于 25t 的重型轮胎压路机进行搓揉碾压，以增加路面密水效果，每个轮胎的压力不小于 15kN，冷态的轮胎充气压力不小于 0.55MPa，轮胎发热后不小于 0.6MPa，且各个轮胎的充气压力相同，相邻碾压带重叠 1/3～1/2 的碾压轮宽度。混合料粗集料较多、最大粒径较大时，优先选用振动压路机，振动压路机的振动频率宜为 35～50Hz，振幅宜为 0.3～0.8mm。碾压厚度较大时采用高频率大振幅，以获得较大的激振力；厚度较小时采用高频率低振幅，避免集料破碎；厚度小于 30mm 的薄沥青层不宜用振动压路机碾压。压路机折返时应先停止振动，相邻碾压带重叠 100～200mm。三轮钢筒压路机总吨位不应小于 12t，相邻碾压带重叠 1/2 后轮宽，且不小于 200mm。大型压路机无法碾压的部位采用小型振动压路机或振动夯板压实。

3. 终压

终压采用双轮钢筒压路机或关闭振动的振动压路机进行，主要是为了消除碾压轮迹。终压紧跟在复压后进行。

4. SMA、OGFC 混合料的碾压

SMA 混合料不宜采用轮胎压路机碾压，以防止沥青结合料搓揉挤压上浮。通常采用振动压路机按"紧跟、慢压、高频、低幅"的原则进行碾压。OGFC 混合料采用 12t 的钢筒压路机碾压，碾压过程中保持碾压轮清洁，有混合料粘轮时应立即清除。当采用向碾压轮喷水避免粘轮时，必须控制喷水量且成雾状，不得漫流，防止混合料降温过快造成温度离析。

六、接缝处理与开放交通

沥青路面的各种施工缝，由于压实不足易产生病害，施工时必须十分注意，保证其紧密、平顺。

纵缝应采用热接缝。施工时应将已铺混合料部分留下 10～20cm 宽暂不碾压，作为后摊铺部分的高程基准面，最后作跨缝碾压以消除缝迹。半幅施工不能采用热接缝时，应加设挡板或采用切刀切齐。摊铺另半幅前必须将缝边缘清扫干净，并浇洒少量粘层沥青。

相邻两幅及上下层的横向接缝应错位 1m 以上。对高速公路和一级公路，中下层的横向接缝可采用斜接缝，在上面层采用垂直的平接缝。其他等级公路的各层均可采用斜接缝。铺筑接缝时，可在已压实部分上面铺设一些热混合料使之预热软化，以加强新旧混合料的粘接。但在开始碾压前应将预热用的混合料铲除。

热拌沥青混合料路面应待摊铺层完全自然冷却，混合料表面温度低于 50℃后，方可开放交通。需提早开放交通时，可洒水冷却降低混合料温度。

第六节　热拌沥青混合料路面施工质量管理和检查

沥青路面施工应根据全面质量管理的要求，建立健全有效的质量保证体系，实行严格的目标管理、工序管理与岗位责任制度。对施工各阶段的质量进行检查、控制、评定，达到所规定的质量标准，确保施工质量的稳定性。施工质量管理包括施工前、施工过程中质量管理与质量控制，以及各施工工序间的检查及工程交工后的质量检查验收。高速公路、一级公路沥青路面应加强施工过程质量控制，实行动态质量管理。

一、施工前的材料与设备检查

原材料质量符合要求是保证沥青路面质量的重要前提，施工前必须检查各种材料的来源和质量。施工过程中材料来源或规格有变化时，必须对材料来源、质量、数量、供应计划、料场堆放及储存条件等进行检查。检查时应以同一料源、同一次购入并运至生产现场的相同规格品种的集料、沥青为一批进行检查。质量达不到要求的材料严禁使用。正式开工前，各种原材料的实验结果及据此进行的配合比设计和生产配合比设计应向建设单位和质量监理单位报告。

拌和厂及沥青路面施工机械和设备的配套情况、技术性能、计量精度等也应在施工前进行检查和调试。各种称量传感器应进行标定并得到监理的认可。

二、铺筑实验路

高速公路和一级公路在施工前应铺筑试验路段。试验段的长度应根据试验目的确定，宜为 100～200m。试验段最好在直线段上铺筑，如在其他道路上铺筑时，路面结构等条件应相同，路面各结构层的试验可安排在不同的试验段上。

热拌沥青混合料路面试验路段分式拌及试铺两个阶段进行，应包括下列试验内容：

(1) 根据沥青路面各种施工机械相匹配的原则，确定合理的施工机械、机械数量及组合方式。

(2) 通过试拌来确定拌和机的上料速度、拌和数量与时间、拌和温度等操作工艺参数。

（3）通过试铺确定透层沥青的标号与用量、喷洒方式、温度；摊铺机的摊铺温度、摊铺速度、摊铺宽度、自动找平方式等操作工艺；压路机的压实顺序、碾压温度、碾压速度及遍数等压实工艺；以及确定松铺系数和接缝方法等。

（4）验证沥青混合料配合比设计结果，提出生产用的标准矿料配合比和最佳沥青用量。

（5）建立用钻孔法及核子密度仪法测定密度的对比关系。确定粗粒式沥青混凝土和沥青碎石面层的压实标准密度。

（6）检测试验段的渗水系数。

（7）确定施工产量及作业段长度，制订施工进度计划。

（8）全面检查材料及施工质量。

（9）确定施工组织及管理体系、人员、通信、联络及指挥方式。

试验段铺筑应有相关单位参加，及时协商有关事项，明确试验结论。铺筑结束后，由施工单位就试验内容提出完整的试验路施工、检测报告，取得业主和监理的批复，作为正式施工的依据。

三、施工阶段的质量管理与检查

施工单位在施工过程中应随时对施工质量进行自检。监理单位应按规定要求自主进行试验，并对施工单位的实验结果进行质量评定、计算合格率等。当检查结果达不到规定的要求时，应追加检测数量，查找原因并作相应处理。

沥青混合料生产过程中，必须按表5-32规定的检查项目、频度，对各种原材料进行抽样检查，质量应符合前述有关技术指标要求。所生产的沥青混合料按表5-33规定的项目和频度检查质量。热拌沥青混合料路面施工过程中的质量检查与控制指标应符合表5-34的要求。各项试验的方法和试验次数应符合相关试验规程要求。

施工过程中材料质量检查的项目与频度   表5-32

材料	检查项目	检查频度		试验规程规定的平行试验次数或一次试验的试样数
		高速公路、一级公路	其他等级公路	
粗集料	外观（石料品种、含泥量）	随时	随时	—
	针片颗粒含量	随时	随时	2~3
	颗粒组成（筛分）	随时	必要时	2
	压碎值	必要时	必要时	2
	磨光值	必要时	必要时	4
	洛杉矶磨耗值	必要时	必要时	2
	含水率	必要时	必要时	2
细集料	颗粒组成（筛分）	随时	必要时	2
	砂当量	必要时	必要时	2
	含水率	必要时	必要时	2
	松方单位重	必要时	必要时	2
矿粉	外观	随时	随时	—
	<0.075mm 含量	必要时	必要时	2
	含水率	必要时	必要时	2

材料	检查项目	检 查 频 度		试验规程规定的平行试验次数或一次试验的试样数
		高速公路、一级公路	其他等级公路	
石油沥青	针入度	每2~3天1次	每周1次	3
	软化点	每2~3天1次	每周1次	2
	延度	每2~3天1次	每周1次	3
	含蜡量	必要时	必要时	2~3
改性沥青	针入度	每天1次	每周1次	3
	软化点	每天1次	每周1次	2
	离析试验（成品改性沥青）	每周1次	每周1次	2
	低温试验	必要时	必要时	3
	弹性恢复	必要时	必要时	3
	显微镜观察（对现场改性沥青）	随时	随时	—
乳化沥青	蒸发残留物含量	每2~3天1次	每周1次	2
	蒸发残留针入度	每2~3天1次	每周1次	2
改性乳化沥青	蒸发残留物含量	每2~3天1次	每周1次	2
	蒸发残留物针入度	每2~3天1次	每周1次	3
	蒸发残留物软化点	每2~3天1次	每周1次	2
	蒸发残留物延度	必要时	必要时	3

热拌沥青混合料的检查频度和质量要求　　　　　表 5-33

项　　目		检查频度及单点检验评价方法	质量要求或允许偏差		试验方法
			高速公路、一级公路	其他等级公路	
混合料外观		随时	观察集料粗细、均匀性、离析、油石比、色泽、冒烟、有无花白料、油团等现象		目测
拌和温度	沥青、集料的加热温度	逐盘检测评定	符合规范规定		传感器自动检测、显示并打印
	混合料出厂温度	逐车检测评定	符合规范规定		传感器自动检测、显示并打印，出厂时逐车按 T 0981 人工检测
		逐盘测量记录，每天取平均值评定	符合规范规定		传感器自动检测、显示并打印
矿料级配	0.075mm	逐盘在线检测	±2%（2%）	—	计算机采集数据计算
	2.36mm		±5%（4%）	—	
	4.75mm		±6%（5%）	—	
	0.075mm	逐盘检查，每天汇总1次取平均值评定	±1%	—	总量检测
	2.36mm		±2%	—	
	4.75mm		±2%	—	
	0.075	每台拌和机每天1~2次，以2个试样的平均值评定	±2%（2%）	±2%	T 0725 抽提筛分与标准级配比较的差
	2.36mm		±5%（3%）	±6%	
	4.75mm		±6%（4%）	±7%	

项　目	检查频度及单点检验评价方法	质量要求或允许偏差		试验方法
		高速公路、一级公路	其他等级公路	
沥青用量	逐盘在线监测	±0.3%	—	计算机采集数据计算
	逐盘检查，每天汇总1次取平均值评定	±0.1%	—	总量检测
	每台拌和机每天1~2次，以2个试样的平均值评定	±0.3%	±0.4%	抽提 T 0722、T 0721
马歇尔试验：空隙率、稳定度、流值	每台拌和机每天1~2次，以4~6个试件的平均值评定	符合规范规定		T 0702、T 0709
浸水马歇尔试验	必要时（试件数同马歇尔试验）	符合规范规定		T 0702、T 0709
车辙试验	必要时（以3个试件的平均值评定）	符合规范规定		T 0719

热拌沥青混合料路面施工过程中的工程质量控制标准　　　　表 5-34

项　目		检查频度及单点检验评价方法	质量要求或允许偏差		试 验 方 法
			高速公路、一级公路	其他等级公路	
外观		随时	表面平整密实，无明显轮迹、裂缝、推挤、油包等缺陷，无明显离析		目测
接缝		随时	紧密平整、顺直、无跳车		目测
		逐条缝检测评定	3mm	5mm	T 0931
施工温度	摊铺温度	逐车评定	符合规范要求		T 0981
	碾压温度	随时	符合规范要求		插入式温度计
厚度	每一层次	随时　厚度50mm以下　　　厚度50mm以上	设计值的5%　设计值的8%	设计值的8%　设计值的10%	施工时插入测松铺厚度或压实厚度
	每一层次	1个台班区段的平均值　厚度50mm以下　厚度50mm以上	−3mm　　−5mm	—	
	总厚度	每2000m² 一个单点评定	设计值的−5%	设计值的−8%	T 0912
	上面层	每2000m² 一个单点评定	设计值的−10%	设计值的−10%	
压实度		每2000m² 检查1组逐个试件评定并计算平均值	试验室标准密度的97%（98%）　最大理论密度的93%（94%）　试验段密度的99%（99%）		T 0924　T 0922
平整度（最大间隙）	上面层	随时，接缝处单杆评定	3mm	5mm	T 0931
	中下面层		5mm	7mm	T 0931
平整度（标准法）	上面层	连续测定	1.2 mm	2.5 mm	T 0932
	中面层		1.5 mm	2.8 mm	
	下面层		1.8 mm	3.0 mm	
	基层		2.4 mm	3.5 mm	

项 目		检查频度及单点检验评价方法	质量要求或允许偏差		试 验 方 法
			高速公路、一级公路	其他等级公路	
宽度	有侧石	检测每个断面	20mm	20mm	T 0911
	无侧石		不小于设计宽度		T 0911
纵断面高程		检测每个断面	±10mm	±15mm	T 0911
横坡度		检测每个断面	±0.3%	±0.5%	T 0911
沥青层层面上的渗水系数不大于		每1公里不少于5个点，每点3处取平均值	300mL/min（普通密级配沥青混合料）200mL/min（SMA混合料）		T 0971

四、热拌沥青混合料路面交工验收阶段的工程质量检查与验收

热拌沥青混合料路面施工完成后，应对路面进行工程质量检查与验收，通常全线以1～3km路段作为一个评定段，每侧行车道按表5-35规定的频度，随机选取测点，对于沥青混合料面层全线自检，将单个测定值与表中的质量要求和允许偏差进行比较，计算合格率；然后计算一个评定路段的平均值、极差、标准差及变异系数。施工单位在规定时间内提交全线检测结果和施工总结报告，申请交工验收。

公路热拌沥青混合料路面交工检查与验收质量标准 表5-35

检 查 项 目		检查频度（每一侧车行道）	质量要求或允许偏差		试 验 方 法
			高速公路、一级公路	其他等级公路	
外观		随时	表面平整密实，不得有明显轮迹、裂缝、推挤、油丁、油包等缺陷，无明显离析		目测
面层总厚度	代表值	每1km5点	设计值的-5%	设计值的-8%	T 0912
	极值	每1km5点	设计值的-10%	设计值的-15%	T 0912
上面层厚度	代表值	每1km5点	设计值的-10%	—	T 0912
	极值	每1km5点	设计值的-20%	—	T 0912
压实度	代表值	每1km5点	试验室标准密度的97%（98%）最大理论密度的93%（94%）试验段密度的99%（99%）		T 0924
	极值（最小值）	每1km5点	比代表值放宽1%（每1km）或2%（全部）		T 0924
路面平整度	标准差	全线连续	1.2mm	2.5mm	T 0932
	IRI	全线连续	2.0m/h	4.2m/h	T 0933
	最大间隙	每1km10处，各连续10杆	—	5mm	T 0931
路表渗水系数不大于		每1km不少于5点，每点3处取平均值测定	300mL/min（普通混合料）200mL/min（SMA混合料）	—	T 0971
宽度	有侧石	每1km20个断面	±20mm	±30mm	T 0911
	无侧石	每1km20个断面	不小于设计宽度	不小于设计宽度	T 0911

检 查 项 目		检查频度（每一侧车行道）	质量要求或允许偏差		试 验 方 法
			高速公路、一级公路	其他等级公路	
纵断面高程		每 1km20 个断面	±15mm	±20mm	T 0911
中线偏位		每 1km20 个断面	±20mm	±30mm	T 0911
横坡度		每 1km20 个断面	0.30％	±0.5％	T 0911
弯沉	回弹弯沉	全线每 20m 一个点	符合设计要求	符合设计要求	T 0951
	总弯沉	全线每 50m 一个点	符合设计要求	—	T 0952
构造深度		每 1km5 点	符合设计要求	—	T 0961/62/63
摩擦系数值		每 1km5 点	符合设计要求	—	T 0964
横向力系数		全线连续	符合设计要求	—	T 0965

第六章　水泥混凝土路面施工

水泥混凝土路面是由混凝土面板与基层组成的路面结构，具有刚度大、强度高、稳定性好、使用寿命长等特点，适用于各级公路特别是高速公路及一级公路。水泥混凝土面板必须具有足够的抗折强度，良好的抗磨耗、抗滑、抗冻性能以及尽可能低的线膨胀系数和弹性模量，使混凝土路面能承受荷载应力和温度应力的综合疲劳作用，为行驶的汽车提供快速、舒适、安全的服务。施工时混凝土拌和物应具有良好的和易性。能否达到这些性能要求与混凝土的原材料品质及混合料组成有密切关系，因此，混凝土路面施工时应选用质量符合要求的原材料，混合料组成应满足强度及施工和易性要求，同时尽可能采用先进的施工工艺和方法。

第一节　材料要求及拌和物配合比设计

一、材料质量要求

组成水泥混凝土路面的原材料包括水泥、粉煤灰、粗集料（碎石）、细集料（砂）、水、外加剂、接缝材料及局部使用的钢筋等。

1. 水泥和粉煤灰

水泥是混凝土的胶结材料，混凝土的性能在很大程度上取决于水泥的质量。施工时采用的水泥质量应符合我国现行国家标准《道路硅酸盐水泥》（GB 13693—2005）规定的技术要求。通常应选用强度高、干缩性小、抗磨耗性能及耐久性能好的水泥，施工时根据公路等级、工期要求、浇筑方法、路用性能要求、经济性等因素选用合适的水泥。特重、重交通路面宜选用旋窑道路硅酸盐水泥，也可采用旋窑硅酸盐水泥或普通硅酸盐水泥；中、轻交通的路面可采用矿渣硅酸盐水泥；低温条件下施工或有提早开放交通要求的路面，可采用 R 型水泥，除此之外，宜选用普通型水泥。各交通等级路面所使用水泥的抗折强度、抗压强度应满足表 6-1 的规定。除满足表 6-1 规定的指标要求外还应通过混凝土配合比试验，根据所配制的混凝土抗折强度、耐久性和工作性优选适宜的水泥品种、强度等级。

各交通等级路面水泥各龄期的抗折强度、抗压强度　　　　　　　　　表 6-1

交通等级	特重交通		重交通		中、轻交通	
龄期	3	23	3	28	3	28
抗压强度（MPa），≥	25.5	57.5	22.0	52.5	16.0	42.5
抗折强度（MPa），≥	4.5	7.5	4.0	7.0	3.5	5.5

此外，采用机械化铺筑时，宜选用散装水泥。散装水泥的夏季出厂温度：南方不宜高于65℃，北方不宜高于55℃；混凝土搅拌时的水泥温度：南方不宜高于60℃，北方不宜高于50℃，且不宜低于10℃。

当采用贫混凝土和碾压混凝土作基层时，可使用各种硅酸盐水泥，不掺入粉煤灰时，宜使用强度等级 32.5 以下的水泥。掺用粉煤灰时只能使用道路水泥、硅酸盐水泥、普通水泥。水泥的抗压强度、抗折强度、安定性和凝结时间必须检验合格。粉煤灰宜采用散装灰，进货应有等级检验报告并应确切了解所用水泥中已经掺入的掺合料种类和数量。粉煤灰质量应符合表 6-3 规定的技术要求。路面和桥面混凝土中可使用硅灰或磨细矿渣，使用前应进行试配试验，确保路面和桥面混凝土弯拉强度、工作性、抗磨性、抗冻性的技术指标合格。

根据路用性能要求，每批购进的水泥应附有化学成分、物理及力学指标合格的检验证明，并符合表 6-2 相关技术要求。进入施工现场以备待用的水泥应有产品合格证及化验单。若对水泥质量有怀疑、水泥出厂期超过 3 个月或水泥受潮时，必须做复查试验，并根据试验结果确定是否使用该批水泥。不同标号、厂牌、品种、出厂日期的水泥，严禁混合使用。

各交通等级路面用水泥的化学成分和物理指标　　　　　　　　　　表 6-2

水泥性能	特重、重交通路面	中、轻交通路面
铝酸三钙	不宜＞7.0%	不宜＞9.0%
铁铝酸四钙	不宜＜15.0%	不宜＜12.0%
游离氧化钙	不得＞1.0%	不得＞1.5%
氧化镁	不得＞5.0%	不得＞6.0%
三氧化硫	不得＞3.5%	不得＞4.0%
碱含量	$Na_2O+0.658K_2O \leqslant 0.6\%$	怀疑有碱活性集料时，≤0.6%；无碱活性集料时，≤0.6%
混合料种类	不得掺窑灰、煤矸石、火山灰和黏土，有抗盐冻时不得掺石灰、石粉	不得掺窑灰、煤矸石、火山灰和黏土，有抗盐冻时不得掺石灰、石粉
出磨时安定性	雷氏夹或蒸煮法检验必须合格	蒸煮法检验必须合格
标准稠度需水量	不宜＞28%	不宜＞30%
烧失量	不得＞3.0%	不得＞5.0%
比表面积	宜在 300～450m²/kg	宜在 300～450m²/kg
细度（80μm）	筛余量不得＞10%	筛余量不得＞10%
初凝时间	不早于 1.5h	不早于 1.5h
终凝时间	不迟于 10h	不迟于 10h
28d 干缩率*	不得＞0.09%	不得＞0.10%
耐磨性*	不得＞3.6kg/m²	不得＞3.6kg/m²

注：* 28d 干缩率和耐磨性试验方法采用《道路硅酸盐水泥》（GB 13693—2005）标准。

粉煤灰分级和质量指标　　　　　　　　　　表 6-3

粉煤灰等级	细度①（45μm 气流筛，筛余量）（%）	烧失量（%）	需水量比（%）	含水率（%）	CI⁻（%）	SO₃（%）	混合砂浆活性指数②	
							7d	28d
I	≤12	≤5	≤95	≤1.0	＜0.02	≤3	≥75	≥85（75）
II	≤20	≤8	≤105	≤1.0	＜0.02	≤3	≥70	≥80（62）
III	≤45	≤15	≤115	≤1.5	—	≤3	—	—

注：① 45μm 气流筛的筛余量换算为 80μm 水泥筛的筛余量时换算系数约为 2.4；
　　② 混合砂浆的活性指数为掺粉煤灰的砂浆与水泥砂浆的抗压强度比的百分数，适用于配制强度等级大于等于 C40 的混凝土；当所配制混凝土强度等级小于 C40 时，混合砂浆的活性指数应满足 28d 括号中数值。

2. 粗集料

为了保证水泥混凝土具有足够的强度、良好的抗磨耗、抗滑及耐久性能，应选用质地坚硬、洁净、具有良好级配的粗集料，包括碎石、碎卵石及卵石。水泥混凝土粗集料的最大粒径不应超过 37.5mm，并符合表 6-4 规定的技术要求。

粗集料的技术指标 表 6-4

项　目	技　术　要　求		
	I	II	III
碎石压碎指标（%）	<10	<15	<20①
卵石压碎指标（%）	<12	<14	<16
坚固性（按质量损失计）（%）	<5	<8	<12
针片状颗粒含量（按质量计）（%）	<5	<15	<20②
含泥量（按质量计）（%）	<0.5	<1.0	<1.5
泥块含量（按质量计）（%）	<0	<0.2	<0.5
有机物含量（比色法）	合格	合格	合格
硫化物及硫酸盐（按 SO_3 质量计）（%）	<0.5	<1.0	<1.0
岩石抗压强度	火成岩不应小于 100MPa；变质岩不应小于 80MPa；水成岩不应小于 60MPa		
表观密度	>2500kg/cm³		
松散堆积密度	>1350kg/m³		
空隙率	<47%		
碱集料反应	经碱集料反应试验后，试件无裂缝、酥脆、胶体外溢等现象，在规定试验期的膨胀率小于 0.10%		

粗集料的颗粒组成可采用连续级配，也可采用断级配，但不得使用不分级的统料，应按最大公称粒径不同采用 2～4 个粒级的集料进行掺配。卵石最大公称粒径不超过 19mm；碎卵石最大公称粒径不超过 26.5mm；碎石最大公称粒径不超过 31.5mm；钢纤维混凝土与碾压混凝土集料最大公称粒径不宜大于 19.0mm，且级配符合表 6-5 的要求。集料为连续级配的混凝土具有密度大、工作性好、不易产生离析等优点。集料为间断级配的混凝土在相同的强度下水泥用量将减少，但施工时易产生离析现象，必须采用强力振捣。

粗集料标准级配范围 表 6-5

类型	级配 \ 粒径	方筛孔尺寸（mm）							
		2.36	4.75	9.50	16.0	19.0	26.5	31.5	37.5
		累计筛余（以质量计）（%）							
合成级配	4.75～16	95～100	85～100	40～60	0～10				
	4.75～19	95～100	85～95	60～75	30～45	0～5	0		
	4.75～26.5	95～100	90～100	70～90	50～70	25～40	0～5	0	
	4.75～31.5	95～100	90～100	75～90	60～75	40～60	20～35	0～5	0

类型	级配 粒径	方筛孔尺寸（mm）							
		2.36	4.75	9.50	16.0	19.0	26.5	31.5	37.5
		累计筛余（以质量计）（%）							
粒级	4.75～9.5	95～100	80～100	0～15	0				
	9.5～16		95～100	80～100	0～15	0			
	9.5～19		95～100	85～100	40～60	0～15	0		
	16～26.5			95～100	55～70	25～40	0～10	0	
	16～31.5			95～100	85～100	55～70	25～40	0～10	0

3. 细集料

水泥混凝土中粒径在 0.15～5mm 范围的集料为细集料。细集料应尽可能采用天然砂、机制砂或混合砂。细集料应质地坚硬、耐久、洁净，符合表 6-6 规定的技术要求。高速公路及一级公路、二级公路以及有抗盐（冻）要求的三、四级公路混凝土路面适用的砂应不低于 II 级，无抗盐（冻）要求的三、四级公路混凝土路面、碾压混凝土基层可使用 III 级砂。特重、重交通混凝土路面宜使用河砂，砂的硅质含量不低于 25%。细集料的级配应与粗集料级配同时考虑并符合表 6-7 的规定级配，使混凝土的集料符合级配要求。优质的混凝土应使用密度高、比表面积小的细集料，这样既能保证混凝土拌和物有适宜的工作性，硬化后有足够的强度和耐久性，同时又能达到节约水泥的目的。为了提高水泥混凝土的耐磨性能，粒径小于 0.08mm 的颗粒不应超过 3%，细度模数宜在 2.5 以上。

细集料技术指标 表 6-6

项 目	技 术 要 求		
	I	II	III
机制砂单粒级最大压碎指标（%）	<20	<25	<30
氯化物（以氯离子质量计）（%）	<0.01	<0.02	<0.06
坚固性（按质量损失计）（%）	<6	<8	<10
云母（按质量计）（%）	<1.0	<2.0	<2.0
机制砂、天然砂含泥量（按质量计）（%）	<1.0	<2.0	<3.0
机制砂、天然砂泥块含量（按质量计）（%）	0	<1.0	<2.0
机制砂 MB 值<1.4 或合格石粉含量（按质量计）（%）	<3.0	<5.0	<7.0
机制砂 MB 值<1.4 或不合格石粉含量（按质量计）（%）	<1.0	<3.0	<5.0
有机物含量（比色法）	合格	合格	合格
碳化物及硫酸盐（以 SO₃ 含量计）（%）	<0.5	<0.5	<0.5
轻物质（按质量计）（%）	<1.0	<1.0	<1.0
机制砂母岩抗压强度	火成岩不应小于 100MPa；变质岩不应小于 80MPa；水成岩不应小于 60MPa		

项 目	技 术 要 求		
	I	II	III
表观密度	>2500kg/cm³		
松散堆积密度	>1350kg/m³		
空隙率	<47%		
碱集料反应	经碱集料反应试验后，由砂配制的试件无裂缝、酥脆、胶体外溢等现象，在规定试验期的膨胀率小于0.10%		

细集料标准级配范围 表 6-7

砂分级	方筛孔尺寸（mm）					
	0.15	0.30	0.60	1.18	2.36	4.75
	累计筛余（以质量计）（%）					
粗砂	90～100	80～95	71～85	35～65	5～35	0～10
中砂	90～100	70～92	41～70	10～50	C～25	0～10
细砂	90～100	55～85	16～40	0～25	C～15	0～10

4. 水

用于清洗集料、拌和混凝土及养护用的水，不应含有影响混凝土质量的油、酸、碱、盐类及有机物等。饮用水一般均可使用，非饮用水经化验后满足下列要求的也可以使用：硫酸盐含量小于 2.7mg/cm³；含盐量不超过 5mg/cm³；pH 值大于 4。

5. 外加剂

为了改善水泥混凝土的技术性能，可在混凝土拌和过程中加入适宜的外加剂。常用的外加剂有流变剂、调凝剂及引气剂三大类。加入流变剂可改善混凝土拌和物的流变性能，常用的流变剂有塑化剂、减水剂及流化剂等。其中最常用的是减水剂，如木质素系减水剂（简称 M 剂）、萘系减水剂（NF、MF 等）、水溶性树脂类减水剂（SM）等。在混凝土拌和物中加入适量的减水剂后，在保持其工作性不变的情况下可显著降低水灰比；在水灰比不变的条件下，可大大提高混凝土拌和物的工作性，从而提高混凝土的强度及抗冻、抗磨等性能。

加入调凝剂可调节水泥的凝结时间。若需要缩短水泥的凝结时间，可在拌和混凝土时加入适量的促凝剂，如水玻璃、碳酸钠、氯化钙、氟化钠等；若需要延缓水泥的凝结时间，可加入适量的缓凝剂，如羟基羧酸盐类（酒石酸等）、无机化合物类（NO_3、PO_4）等；为了提高混凝土的早期强度，可加入适量的早强剂，常用的早强剂有氯化钙等；在低温季节施工时为了使混凝土迅速凝结、硬化，可加入适量的速凝剂；为了提高混凝土抗冻、抗渗、抗蚀的性能，可在混凝土拌和物中加入引气剂。

6. 接缝材料

接缝材料用于填塞混凝土路面板的各类接缝，按使用部位的不同，分为接缝板和填缝料两类。接缝板可采用杉木板、纤维板、泡沫橡胶板、泡沫树脂板等做成。接缝板应能适应混凝土路面板的膨胀与收缩，施工时不变形，耐久性良好，质量符合表 6-8 规定的技术要求。

胀缝板的技术要求
表 6-8

试 验 项 目	胀缝板种类		
	木 材 类	塑胶、橡胶泡沫类	纤维类
压缩应力（MPa）	5.0～20.0	0.2～0.6	2.0～10.0
弹性复原率（%）	≥55	≥90	≥65
挤出量（mm）	＜5.5	＜5.0	＜3.0
弯曲荷载（N）	100～400	0～50	5～40

注：各类胀缝板吸水后的压缩应力不应小于不吸水的90%，木板应去除结疤，沥青浸泡后木板厚度应为（20～25）±1mm。

填缝料分为加热施工型和常温施工型两种。加热施工型包括沥青橡胶类、聚氯乙烯胶泥类、沥青玛蹄脂类等。常温施工型包括聚反氨脂焦油类、氯丁橡胶类、乳化沥青橡胶类等。填缝料应与混凝土路面板缝壁粘附力强，回弹性好，能适应混凝土路面的胀缩，不溶于水，高温不溢出，低温不脆裂，耐久性好。填缝料的质量应符合表6-9（1）和（2）规定的技术要求。

常温施工式填缝料技术要求
表 6-9（1）

试 验 项 目	低 弹 性 型	高 弹 性 型
失粘（固化）时间（h）	6～24	3～16
弹性复原率（%）	≥75	≥90
流动度（mm）	0	0
（−10℃）拉伸量（mm）	≥15	≥25
与混凝土粘结强度（MPa）	≥0.2	≥0.4
粘结延伸率（%）	≥200	≥400

注：低弹性型适宜在气候严寒、寒冷地区使用；高弹性型适宜在炎热、温暖地区使用。

加热施工式填缝料技术要求
表 6-9（2）

试 验 项 目	低 弹 性 型	高 弹 性 型
针入度（0.01mm）	＜50	＜90
弹性复原率（%）	≥30	≥60
流动度（mm）	＜5	＜2
（−10℃）拉伸量（mm）	≥10	≥15

7. 钢筋

素混凝土路面的各类接缝需要设置用钢筋制成的拉杆、传力杆，在板边、板端及角隅需要设置边缘钢筋和角隅钢筋，钢筋混凝土路面和连续配筋混凝土路面则要使用大量的钢筋。用于混凝土路面的钢筋应符合设计规定的品种和规格要求，钢筋应顺直，无裂缝、断伤、刻痕及表面锈蚀和油污等。

二、配合比设计

水泥混凝土路面板的厚度和平面尺寸是以抗折强度为标准进行设计的，因此，所设计的水泥混凝土必须具有足够的抗折强度，同时还应具有良好的耐久性、耐磨性和经济性，混凝土拌和物有良好的和易性。混凝土配合比设计的主要任务包括原材料选择和配合比设计两部分内容。前者是根据路面设计和施工要求，选择技术性能符合要求的原材料。配合比设计则是根据路面对混凝土提出的一系列路用性能上的要求，确定混凝土各组成材料的最佳用量。混凝土配合比设计的主要工作是确定混凝土的水灰比、砂率及用水量等组成参数。根据混凝土的组成情况可采用四组分法或五组分法进行。

确定混凝土配合比的计算可采用经验公式法或正交试验法。对于规模较大的混凝土路面工程，应采用正交试验法进行配合比设计，这样可用较少的试验次数优选出满足要求的配合比。

1. 水泥混凝土配合比的设计过程

（1）根据以往的设计参数或设计经验，初拟设计配合比，然后进行试拌，通过试验考察混凝土拌和物的工作性。如果测得的工作性低于设计要求，可保持水灰比不变，增加水泥浆用量；如果测得的工作性超过设计要求，可减少水泥浆用量，或者保持砂率不变，增加砂石用量。每次调整时只加入少量材料，重复试验（时间不超过 20min），直到符合要求为止。

（2）进行强度和耐久性试验，并作必要的调整，得到设计配合比。在混凝土拌和物符合工作性要求的配合比基础上，适当增减水泥用量，配制三组混凝土梁式试件，测定实际密度，养护到规定龄期后测定抗折强度。当实测强度未达到设计要求时，可提高水泥标号、减小水灰比或改善集料级配。

（3）根据水泥混凝土拌和物的现场实际浇筑条件、集料情况（级配、含水率等）、摊铺机具和气候条件等，对配合比进行适当调整，得到施工配合比。

2. 经验公式法设计混凝土配合比

（1）确定混凝土配制强度 f_c：

$$f_c = \frac{f_r}{1 - 1.04c_v} + t_s \qquad (6-1)$$

式中：f_c——配制 28 天弯拉强度的均值，MPa；

$\quad\quad f_r$——设计弯拉强度标准，MPa；

$\quad\quad s$——弯拉强度试验样本的标准差，MPa；

$\quad\quad t$——保证率系数，按表 6-10 确定；

$\quad\quad c_v$——弯拉强度变异系数，按统计数据在表 6-11 的规定范围内取值；在无统计数据时，弯拉强度变异系数按设计取值。

保 证 率 系 数 t　　　　　　　　　　　表 6-10

公路等级	判别概率 p	样本数 n（组）				
		3	6	9	15	20
高速公路	0.05	1.36	0.79	0.61	0.45	0.39
一级公路	0.10	0.95	0.59	0.46	0.35	0.30
二级公路	0.15	0.72	0.46	0.37	0.28	0.24
三、四级公路	0.20	0.56	0.37	0.29	0.22	0.19

各级公路混凝土路面弯拉强度变异系数　　　　　　　　　　　表 6-11

公 路 等 级	混凝土弯拉强度变异水平等级	弯拉强度变异系数 c_v 允许范围
高速公路	低	0.05～0.10
一级公路	低	0.05～0.10
	中	0.10～0.15

公 路 等 级	混凝土弯拉强度变异水平等级	弯拉强度变异系数 c_v 允许范围
二级公路	中	0.10～0.15
三、四级公路	中	0.10～0.15
	高	0.15～0.20

（2）确定混凝土工作性

① 滑模摊铺前混凝土拌和物最佳工作性及允许范围应符合表6-12的规定。

混凝土路面滑模摊铺最佳工作性及允许范围 表6-12

指　　标	坍落度 SL（mm）		振动粘度系数 η（N·s/m²）
界限	卵石混凝土	碎石混凝土	
最佳工作性	20～40	25～50	200～500
允许波动范围	5～55	10～65	100～600

② 轨道摊铺机、三辊轴机组、小型机具摊铺的混凝土路面坍落度及最大单位用水量应满足表6-13的规定。

不同路面施工方法混凝土坍落度及最大单位用水量 表6-13

摊 铺 方 法	轨道摊铺机摊铺		三辊轴机组摊铺		小型机具摊铺	
出机坍落度（mm）	40～60		30～50		10～40	
摊铺坍落度（mm）	20～40		10～30		0～20	
最大单位用水量（kg/m³）	碎石156	卵石153	碎石153	卵石148	碎石150	卵石145

（3）确定混凝土耐久性

各交通等级路面混凝土耐久性要求的最大水灰（胶）比和最小单位水泥用量应符合表6-14的规定，但最大单位水泥用量不宜大于 400kg/m³；掺粉煤灰时，最大单位胶材总量不宜大于 420kg/m³。

混凝土满足耐久性要求的最大水灰（胶）比和最小单位水泥用量 表6-14

公 路 等 级		高速公路及一级公路	二级公路	三、四级公路
最大水灰（胶）比		0.44	0.46	0.48
抗冰冻要求最大水灰（胶）比		0.42	0.44	0.46
抗盐冻要求最大水灰（胶）比		0.4	0.42	0.44
最小单位水泥用量（kg/m³）	42.5级	300	300	290
	32.5级	310	310	305
掺粉煤灰的最小单位水泥用量（kg/m³）	42.5级	320	320	315
	32.5级	330	330	325
掺粉煤灰时最小单位水泥用量（kg/m³）	42.5级	260	260	255
	32.5级	280	270	265
抗冰（盐）冻掺粉煤灰的最小单位水泥用量（kg/m³）		280	270	265

（4）计算水灰（胶）比$\dfrac{W}{C}$

对于碎石或碎卵石混凝土：

$$\frac{W}{C} = \frac{1.5684}{f_c + 1.0097 - 0.3595 f_s} \tag{6-2}$$

对于卵石混凝土：

$$\frac{W}{C} = \frac{1.2618}{f_c + 1.5492 - 0.4709 f_s} \tag{6-3}$$

式中：f_s——水泥实测 28d 抗折强度，MPa。

高速公路及一级公路路面的混凝土拌和物水灰比$\left(\dfrac{W}{C}\right)$不应大于 0.46，其他公路不应大于 0.5。

（5）计算用水量 W

在水灰比已确定的条件下，确定用水量即确定了混凝土拌和物中水泥浆的用量。水泥浆用量取决于混凝土拌和物的工作要求（一般以坍落度表征）和组成材料的性质（集料最大粒径和表面特征、细集料粗度和含水率等）。混凝土拌和物的用水量 W（kg/m³）可按下式确定：

对于碎石混凝土

$$W_0 = 104.97 + 0.309 SL + 11.27 \frac{C}{W} + 0.61 S_P \tag{6-4}$$

对于卵石混凝土

$$W_0 = 86.89 + 0.370 SL + 11.24 \frac{C}{W} + 1.00 S_P \tag{6-5}$$

式中：W_0——不含外加剂与掺合料混凝土的单位体积用水量，kg/m³；

$\quad$ SL——坍落度，cm；

$\quad \dfrac{C}{W}$——灰水比，水灰比之倒数；

$\quad S_P$——砂率，%，可参考表 6-15 选用。

砂的细度模数与最优砂率关系 　　　　　　　　表 6-15

砂细度模数		2.2~2.5	2.5~2.8	2.8~3.1	3.1~3.4	3.4~3.7
砂率 S_P（%）	碎石	30~34	32~36	34~38	36~40	38~42
	卵石	28~32	30~34	32~36	34~38	36~40

（6）计算单位水泥用量 C_0（kg/m³）

$$C_0 = \left(\frac{C}{W}\right) W_0 \tag{6-6}$$

式中符合意义同前。

根据上式计算的结果通常为：300kg/m³ $\leqslant C_0 \leqslant$ 360kg/m³ 范围内。

（7）采用绝对体积法计算集料用量 S 和 G

$$\frac{W}{\rho_W} + \frac{C}{\rho_C} + \frac{S}{\rho_S} + \frac{G}{\rho_G} = 1000 \tag{6-7}$$

细集料用量

$$S = \frac{1000 - \dfrac{W}{\rho_\text{w}} - \dfrac{C}{\rho_\text{C}}}{\dfrac{1}{\rho_\text{S}} + \dfrac{(100 - S_\text{P})\rho_\text{G}}{S_\text{P}}} \qquad (6-8)$$

粗集料用量

$$G = S \frac{100 - S_\text{P}}{S_\text{P}} \qquad (6-9)$$

式中：S——细集料单位体积用量，kg/m^3；

    G——粗集料单位体积用量，kg/m^3；

    ρ_w——水密度，g/cm^3；

    ρ_C——水泥密度，g/cm^3；

    ρ_S——细集料饱和面平密度，g/cm^3；

    ρ_G——粗集料饱和面干密度，g/cm^3；

其余符合号意义同前。

滑模式摊铺机对混凝土拌和物的品质要求十分严格，骨料的最大集料粒径应小于 30～40mm，拌和物摊铺时的坍落度应控制在 46cm。为了增加混凝土拌和物的施工和易性，以达到所需要的坍落度，常需要使用外加剂。所掺外加剂品种、数量应先通过试验确定。

3. 正交试验法设计混凝土配合比

正交试验法又称正交设计法，是解决多因素试验问题的数学方法之一，是材料设计的有效方法之一。此方法应用数学中的搭配均衡、整齐可比的正交性原理，以最少的试验次数指明多个影响因素对某一指标的影响规律和各因素的主次关系。对于规模较大的混凝土路面工程，用正交试验法进行混凝土配合比设计，达到用较少的试验次数优选出满足要求的水泥用量、用水量和砂的用量，这样可提高设计效率和效益。例如，用经验公式法考察三因素、三水平的全面试验需要进行 27 次，而用正交试验法只需要 9 次即可，大大减少了试验数量。

正交试验法确定水泥混凝土配合比的过程大致如下：

(1) 试验设计

用正交试验法设计水泥混凝土的配合比时，应先进行试验设计，即确定考核指标、影响因素及水平。配合比设计目的是获得强度和施工和易性等指标符合要求的水泥混凝土，因此，正交试验的考核指标应选用坍落度、7d 抗压强度和 28d 抗折强度。影响这些指标的因素主要为水泥用量 C、用水量 W 和砂用量 S 等，这些因素的影响水平根据设计和施工技术规范及设计经验来确定。例如三因素、三水平正交试验的三个因素 A、B、C 及各自的三个水平的表头设计如表 6-16。

三因素三水平正交试验表头 表 6-16

水平＼因素	A	B	C
1	A1	B3	C1
2	A2	B2	C2
3	A3	B1	C3

128

根据因素及其水平的多少，选用适当的正交表，三因素、三水平的正交试验可选用 L9（3^4）的正交表。

（2）试验及数据处理

按正交表列出的因素组合方式进行相应考核指标的试验，每一种因素组合方式都有对立的试验结果。考核指标的试验结果及直观分析如表 6-17 所示。根据考核指标的试验结果和各影响因素的水平数据，通过相关分析建立考核指标与影响因素之间的数学关系，从而找到各因素对考核指标的影响规律。通过正交试验获得考核指标与各影响因素之间的对应关系后，即可用于混凝土配合比设计。设计时将混凝土坍落度、7d 抗压强度（R_7）及 28d 抗折强度（F_{28}）这些有明确数值要求的指标代入所建立的关系式，即可得到设计所需的配合比。

混凝土正交试验指标 H 的测定结果 表 6-17

列号因素 试验号	1 A （单位）	2 B （单位）	3 C （单位）		指　标　H		
					（1）	（2）	合计
1	A1	B1	C1	1	H11	H12	H11＋H12
2	A1	B2	C2	2	H21	H22	H21＋H22
3	A1	B3	C3	3	H31	H32	H31＋H32
4	A2	B1	C2	3	H41	H42	H41＋H42
5	A2	B2	C3	1	H51	H52	H51＋H52
6	A2	B3	C1	2	H61	H62	H61＋H62
7	A3	B1	C3	2	H71	H72	H71＋H72
8	A3	B3	C1	3	H81	H82	H81＋H82
9	A3	B2	C2	1	H91	H92	H91＋H92
K1	K11	K12	K13	—			
K2	K21	K22	K23	—			
K3	K31	K32	K33	—			
K-K	(K-K) 1	(K-K) 3	(K-K) 3	—			

第二节　滑模式摊铺机施工

混凝土路面施工方法包括滑模式摊铺机施工、轨模式摊铺机施工、碾压混凝土施工、三辊轴机组施工和小型机具人工施工。对于高速公路及一级公路混凝土路面，宜采用施工进度快、工程质量高的机械化施工方法。与公路等级相适应的混凝土路面施工方法可按表 6-18 确定。

与公路等级相适应的混凝土路面施工方法 表 6-18

摊铺机械装备	高速公路	一级公路	二级公路	三级公路	四级公路
滑模摊铺机	√	√	√	▲	○
轨模摊铺机	▲	√	√	√	○

摊铺机械装备	高速公路	一级公路	二级公路	三级公路	四级公路
三辊轴机组	○	▲	√	√	√
小型机具	×	○	▲	√	√
碾压混凝土机械	×	○	√	√	▲
计算机自动控制强制搅拌楼（站）	√	√	√	▲	○
强制搅拌楼（站）	×	○	▲	√	√

注：√应使用；▲有条件使用；○不宜使用；×不得使用。

一、滑模式摊铺机施工特点

随着公路运输交通量的迅猛发展，对高等级公路路面的内在质量、表面的行驶功能和耐久性等技术要求越来越高。现代高等级公路建设必须依靠大型成套铺装设备和高新技术措施才能使路面基本功能得以实现。滑模摊铺机施工是当今混凝土路面施工的最新技术之一，具有连续铺筑、一次成型、高质高效地完成混凝土路面铺筑的优点。摊铺机铺筑时不需要轨模，摊铺机支承在四个液压缸上，两侧设置有随机移动的固定滑模，摊铺厚度通过摊铺机上下移动来调整。图 6-1 为某型号混凝土滑模摊铺机实体照片，图 6-2 为正在作业的滑模摊铺机，图 6-3 为滑模摊铺机各主要功能部件配置示意图。滑模式摊铺机一次通过即可完成摊铺、振捣、整平等多道工序。施工中的各种动作均由电子液压系统控制，精度较高，与传统的水泥混凝土路面施工方法相比较具有非常明显的优势，主要为：

图 6-1　某型号混凝土滑模摊铺机

图 6-2　正在作业的混凝土滑模摊铺机

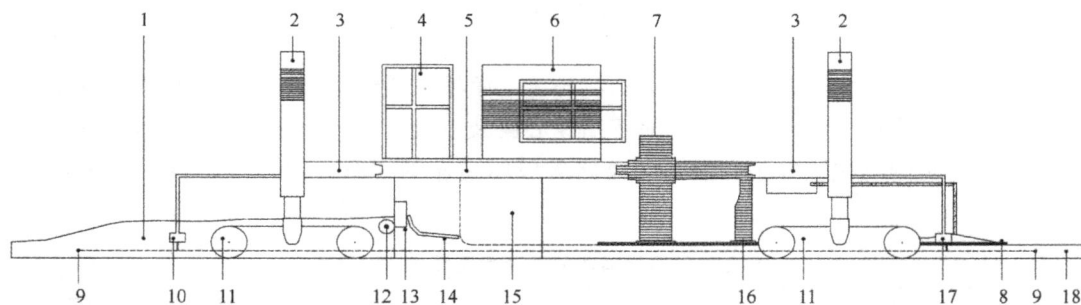

图 6-3　混凝土路面滑模摊铺机部件配置示意图

1-卸下的混凝土料堆；2-调平油缸；3-回旋支腿；4-操作平台；5-主机架；6-动力装置；7-传力杆插入器；8-超级抹平器；9-基准绳；10-前调平和转向装置；11-履带行走装置；12-螺旋布料器；13-前计量挡板；14-高频振动器；15-挤压成型模板；16-横向搓动整平梁；17-后调平和转向装置；18-已铺筑的混凝土路面

1. 内在质量高

滑模式摊铺机施工的混凝二路面具有较高的密实度，混凝土具有高而稳定的弯拉强度。滑模摊铺机铺筑时采用高频率密集排列的振捣棒振捣及强大的挤压力成型，使相同配合比的混凝土弯拉强度比传统工艺施工高 10⅓～15％，混凝土具有较高的断裂韧性，抵抗超载、断板的能力得到增强。另外，滑模摊铺工艺需要配制计算机自动控制的大型搅拌楼，可提高混凝土的配制准确性和稳定性，混凝土拌和物均质性好、色泽均一，也提高了混凝土路面的内在质量。

2. 表面功能好

混凝土弯拉强度的提高就意味着其抗渗、抗冻、抗磨等耐久性也相应得到提高，有利于路面表面抗滑构造深度长期保持，使行车更安全、可靠。

3. 路面动态平整度好

滑模摊铺机铺筑时沿基准线平稳运行，路面直顺度便于调整，可保证路面具有良好的动态平整度，提高了水泥混凝土路面的行车舒适性。

4. 混凝土拌和物质量稳定

混凝土路面采用滑模摊铺机施工时要求拌和物质量高度稳定，原材料计量精度高，水灰比和水泥用量变化小，总用水量基本无变化，确保路面不出现麻面或倒边等问题，再加上摊铺机完全一致的振捣和挤压，可确保路面质量的均质稳定，不会出现水泥浆或水分在表面积聚的现象，可有效延长路面使用年限。

5. 适应范围广

滑模式摊铺机施工可适应多种类型混凝土路面的施工。包括用预制钢筋支架和 DBI 两种方式铺筑的全缩缝代传力杆的混凝土路面、钢纤维混凝土路面、聚丙烯纤维混凝土路面、耐碱玻璃纤维混凝土路面、钢筋混凝土路面、连续配筋混凝土路面、双钢混凝土特大桥桥面等，对小半径、大坡度等具有特殊几何尺寸的公路也具有良好的适应性。

6. 生产效率高、施工进度快

常用的混凝土摊铺机每天平均可完成 8.5m 宽、260mm 厚的高速公路路面 600～1000m。其间劳动力需要量小。大大加快了混凝土路面的施工进度，有利于缩短混凝土路面建设周期。

7. 便于提高科技和管理水平

由于滑模式摊铺机施工的机械化程度高，需要上下游设备密切协调配合，施工中的人为干扰因素少，其中材料、机械、组织管理的科技含量高，有利于提高施工队伍管理水平和培养高素质的道路建设人员。

8. 路面使用寿命大幅度延长

根据工程实践验证，在相同的交通量条件和工作条件下，采用滑模式摊铺机施工的混凝土路面比传统工艺施工的路面使用寿命延长 6 年左右。

二、施工准备

采用滑模式摊铺机施工混凝土路面前的准备工作包括技术准备和物质准备等方面。施工前应做好相应的准备工作，避免施工过程中出现不必要的停顿。

1. 技术准备

施工前，建设单位应组织设计、监理、设计及施工单位进行技术交底。了解设计单位设计意图，明确施工技术要求。

施工单位应根据设计文件、合同文件、现场施工条件及本单位的设备、人员等情况确定混凝土路面施工工艺流程，上报合理的施工组织设计文件，精心编制施工组织计划。开工前施工单位还应对工程参与人员进行岗位培训，明确各自的职责要求及相互关系。

施工放样是采用滑模式摊铺机铺筑混凝土路面的重要准备工作。首先根据设计图纸恢复道路中心线和混凝土路面边线，在中心线上每隔 20m 设一中桩，同时布设曲线主点桩及纵坡变坡点、路面板胀缝位置等施工控制点，并在路边设置相应的边桩，重要的中心桩要进行拴桩。每隔 100m 左右应设置一个临时水准点，以便复核路面高程。由于混凝土路面一旦浇筑成功就很难拆除，因此测量放样必须经常复核，在浇捣过程中也要进行复核，做到勤测、勤核、勤纠偏，确保混凝土路面的平面位置和高程符合设计要求。

混凝土路面施工前，应对混凝土路面板下的基层进行强度、密实度及几何尺寸等方面的质量检测和相应的整修。基层质量检查项目及其标准应符合基层施工技术规范要求和混凝土路面设计规范要求。对于采用滑模式摊铺机施工的路面，基层宽度应留有供摊铺机行走的宽度，通常为 50～80cm。

2. 搅拌站建设与材料准备

混凝土路面施工前的物质准备工作包括材料准备及质量检验、混合料配合比试验与调整、机械设备准备等。混凝土路面施工前必须做好各种机械的检修工作，以便施工时能顺利运行。

为缩短运输距离，搅拌站宜设置在铺筑路段的中间位置。搅拌站应能满足原材料储运、混凝土拌和物运输、钢筋加工、供水、动力等工作要求，力求紧凑，减少占地面积。搅拌站应保障水源充足、可靠，满足搅拌、清洗、养生用水的供应。场内水泥、粉煤灰、砂石材料储运应满足以下要求：

（1）水泥、粉煤灰储存与供应。每台搅拌机应至少配备两个水泥储仓，粉煤灰应至少配备一个储仓。备用的袋装水泥和粉煤灰应放置在地势较高的位置，严禁受潮或雨淋。

（2）砂石材料储运。施工前，宜储备 10～15d 的砂石料。砂石料场应建在排水通畅的位置，地坪应作硬化处理，不同砂石材料应分仓堆放，严禁混杂。在低温、雨天、大风天气及日照强烈条件下应设置遮盖棚。

（3）搅拌站内原材料运输与混凝土拌和物运输应减少互相干扰。搅拌楼应设厚度不小于 200mm 的硬铺装层，并设置排污管道、积水坑或搅拌楼产生的废水回收处理设备。

根据混凝土路面施工进度计划，施工前应分批备好所需的各种材料，并在使用前进行核对、调整，各种材料应符合规定的质量要求。新出厂的水泥应至少存放一周后方可使用。路面在浇筑前必须对混凝土拌和物的工作性进行检验并作必要的调整。

3. 运输设备配置

采用滑模式摊铺机施工时，主要工序是混凝土的拌和与摊铺成型，因此，应把混凝土摊铺机作为第一主导机械，拌和机作为第二主导机械。选择的主导机械应能满足施工质量和工程进度要求。拌和机与摊铺机应互相匹配，拌和质量、拌和能力、技术可靠性及工作效率等应能满足要求。在保证主导机械发挥最大效率的前提下，选用的配套机械要尽可能少。

通常情况下，运输设备的运输能力应略大于搅拌能力，由于滑模施工工程量较大，运输距离相对较长，应尽可能采用搅拌运输车，无此条件时可使用自卸汽车，基本能满足施工要求。由于自卸车的倒料一倾而下，增加了摊铺机的负荷，会引起摊铺机履带打滑，导致路面高程和平整度合格率降低，因此，实际施工过程中，为了提高施工进度和路面质量，可在滑模摊铺机之前增加一台螺旋布料机，既克服了上述缺点，又可实现二次搅拌，解决运输途中的混凝土水分流失和离析现象。

4．防滑处理与养生设备的配置

滑模施工作为一种高效的机械化施工工艺，施工进度快，作业面宽，一般日工作量1000m左右，作业面宽8m以上，防滑处理与养生相应要求用高效的设备完成，采用拉毛养生机可连续完成拉毛或拉槽和养生剂的喷洒工作。

5．通信设备的配置

滑模摊铺系统是快速的现代生产系统，现场要求配置有快速反应能力的无线电联络通言和生产者挥调度系统。

三、施工过程

为提高混凝土路面质量，加速施工进度，必须制定合理的滑模摊铺的工艺流程，其流程如图 6-4 所示。

1．测量放样，悬挂基准绳

滑模式摊铺机的摊铺高度和厚度可实现自动控制。摊铺机一侧有导向传感器，另一侧有高程传感器。导向传感器接触导向绳，导向绳的位置沿路面的前进方向安装。高程传感器接触高程导向绳，导向绳的空间位置根据路线高程的相对位置来安装。基准绳设置有单向坡双线式、单向坡单线式和双线坡双线式。测量时沿线应每 200m 增设一水准点，并在控制测量精度、平差后使用。摊铺机摊铺的方向和高程准确与否，取决于导向线的准确程度，因此导向绳经准确定位后固定在打入基层的钢钎上。

一般架设传感器的导向绳的长度在 1000m 左

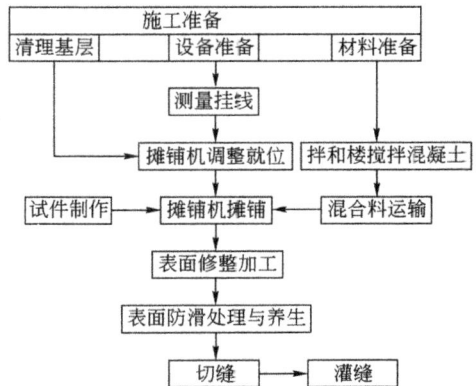

图 6-4　滑模摊铺机施工流程图

右即可满足日间的工作量，导向绳距待摊铺的混凝土路面 1～1.5m 为宜，高度为路面延伸至导向线实测高程加 20cm，导向钢钎间距为 5～10m，在路线曲线段还应进行加密。基准绳的设置精度应满足表 6-19 的要求，摊铺前应复测，以满足施工精度。

基准线设置精度要求　　　　　　　　　　　　　　表 6-19

项　　目	中线平面偏位（mm）	路线宽度偏差（mm）	面板厚度（mm）		纵断高程偏差（mm）	横坡偏差（%）	连续纵缝高差（mm）
			代表值	极值			
规定值	≤10	≤+15	≥-3	≥-8	±5	±0.10	±1.5

2．摊铺机调整和就位

摊铺机进入摊铺现场安装后，停在起始位置，使左右侧模板前后基本上和导向线平行且前后等距，起动发动机与自动方向调整系统，慢慢向工作方向行驶，按预设模板与导向线的距离，调整前后转向传感器，使前后模板与导向线完全平行。完成方向调整之后，在路面纵

133

横方向各找两个点并打桩成矩形，用细线将纵向桩连接，线的位置与路面设计高程相等，然后将机器移至四根桩内，而前端有一定进料仰角，调整后退至起始位置。滑模摊铺机首次摊铺时应对其摊铺位置、几何参数和机架水平度进行调整和校核，确认无误后方可开始摊铺。其他机构的调整包括：

（1）振捣棒布置。振捣棒下缘位置应在最低点以下，棒间横向间距不宜大于450mm，均匀排列。两侧最边缘振捣棒与摊铺边缘不宜大于250mm。

（2）挤压板调整。挤压底板前倾角设置为3°左右，提浆夯板位置宜在挤压底板前缘以下5～10mm之间。

3．混凝土搅拌

搅拌前应先检查搅拌设备的各机构是否运转正常，并根据实验室提供的配料单将各材料数据输入搅拌设备微机里，在接到前方通知后，进行搅和。搅拌楼配料计量偏差应满足表6-20的规定，不满足时应分析原因，排除故障，确保拌和计量精度。拌和时应根据拌和物粘聚性、均质性及强度稳定性试拌确定最佳拌和时间。通常全部原材料放齐的最短纯拌时间不少于40s，最长总搅拌时间不应超过240s，具体视搅拌机性能确定。外加剂应以稀释溶液加入，并扣除相应用水量。所生产的拌和物应色泽一致，有生料、干料、离析或外加剂成团的非均质混和物严禁用于路面铺筑。一台搅拌楼每盘出料之间的坍落度最大允许偏差为±10mm并适合现场摊铺。

搅拌楼混凝土拌和物拌和计量允许偏差（％）　　　　　　表6-20

材料名称	水泥	掺和料	钢纤维	砂	粗集料	水	外加剂
高速公路及一级公路	±1	±1	±2	±2	±2	±1	±1
高速公路及一级公路累计每车	±1	±1	±1	±2	±2	±1	±1
其他等级公路	±2	±2	±2	±3	±3	±2	±2

4．混凝土拌和物运输与机前布料

把搅拌好的混凝土拌和物运到摊铺现场，在运输过程中要保证不漏浆、不变干、不离析，卸料时尽量不要堆积太高。卸料高度不应超过1.5m。远距离运输或运输桥面、钢筋混凝土路面混凝土拌和物时宜采用混凝土运输车。

机前布料尽量使混凝土在全宽方向厚度较均匀，中间可高一点，布料高度一般比成型后的路面高出6～10cm为宜。

5．摊铺机摊铺

启动自动找平和自动转向传感器，向前行驶，当布料器接触到混凝土，根据料的情况进行二次布料，调整计量门位置使料充分进入振动料仓，振动棒完全接触混凝土后启动振动棒，抹平板和左右侧模板把振实的混凝土通过相互挤压后，经过传力杆和连接筋的安装、搓平梁的搓平、超级抹平器抹平，形成混凝土路面。在开始摊铺的5m内，应在摊铺进行中对摊铺出的路面高程、边缘厚度、中线、横坡度等参数进行复核测量，所摊铺路面精确度应满足表6-19要求。

滑模摊铺机应缓慢、匀速、连续不间断地作业。严禁料多追赶，然后随意停机等待、间歇摊铺。摊铺速度应根据拌和物稠度、供料多少和设备性能控制在0.5～3.0m/min之间，一般控制为1.0m/min。拌和物稠度发生变化时应相应改变摊铺速度。正常摊铺时的振捣频率在6000～11000r/min之间调整，应防止过振、欠振或漏振。摊铺过程中应经常检查振捣棒的工作情况和位置，路面出现拉裂或麻面时应立即停机检查或更换振捣棒，机后出现砂浆带时必须调整振捣棒位置。

每天摊铺工作结束时，将两侧尾模板逐渐内收大约1~2cm，以利于第二天摊铺。

6. 对路面进行修整加工

为保证质量，对摊铺机摊铺过的路面，应人工检查并及时对有缺陷的部分进行修整抹平，同时还应及时检测路面的平整度和高程。一定时间后，由拉毛养生机对路面进行防滑和养生处理。

7. 摊铺机的第二天摊铺

启动自动找平及自动转向传感器，外放尾模板，并将找平机构上调0.5cm左右，按导向线后退，直至计量门与前一天施工的路面齐平，之后执行上述工序，在刚刚开始摊铺段逐渐下调找平机构至原来位置。内收尾模板后进入正常摊铺作业，工作缝应由专人负责处理。

8. 滑模式摊铺机施工常见问题处理

（1）溜肩、塌边

解决溜肩和塌边现象，一种方法是采取加长侧向滑模板长度，提高边角混凝土的自稳性；再一种是在滑模后、路面成形即用边板支护。此外，还可改善、调整混凝土施工配合比，提高混凝土拌和物在振捣后骨料间的嵌合稳定性；提高混凝土的拌和精度，最大限度地减小混凝土坍落度的波动；滑模施工宜用阴槽模板，提高边角的自稳性；加强边角部分的振捣，但也不能过振；在要求较高的场合，使用跨模施工工艺。

（2）欠振、气泡未排尽

摊铺机的工作速度一般控制在1m/min左右，因此要求混凝土拌和物在较短时间内振动密实，施工过程中可能会出现欠振和气泡未排尽的现象，影响混凝土路面的耐久性。解决欠振和气泡排不尽的问题，一方面可调整混凝土配合比的配制指标，引入振动粘度系数；二是调整振动棒的排列方式。

（3）混凝土板面沟槽现象

在挤平梁的后端，有时会出现混凝土表面大量欠料或产生沟槽现象。主要是由于：一是混凝土拌和物太干，坍落度过小，造成振动出浆困难，表面振动不密实；二是振动仓内料位太低，造成振动仓内补料不足；三是振动棒位置偏移。

（4）抹平后表面呈波浪状

经过超级抹平器的作用，有时表面形成波浪状，严重影响了表面平整度。应调整抹平板的挤压力，同时要根据板块的宽度调整抹平板的工作速度。

第三节　轨模式摊铺机施工

轨模式摊铺机施工是由支撑在平底型轨道上的摊铺机将混凝土拌和物摊铺在基层上。摊铺机的轨道与模板是连在一起的，安装时同步进行。轨模式摊铺机施工混凝土路面包括施工准备、拌和与运输混凝土、摊铺与振捣、表面整修及养护等工作。其中施工准备的内容和要求与滑模式摊铺机施工工艺基本相同。

一、混合料拌和与运输

确保混凝土拌和质量的关键是选用质量符合规定的原材料、拌和机技术性能满足要求、拌和时配合比计量准确。采用轨模式摊铺机施工时，拌和设备应附有可自动准确计量的供料系统；无此条件时，可采用集料箱配合地磅的方法进行计量。各种组成材料的计量精度应不超过下列范围：水和水泥±1％，粗细集料±3％，外加剂±2％。拌和过程中加入外加剂时，外加剂应单独计量。用强制式搅拌机拌和坍落度为 1～5cm 的混凝土拌和物，最佳拌和时间应控制为：立轴式强制拌和机为 90～180s；双卧轴强制式拌和机为 60～90s，最短拌和时间不低于低限，最长拌和时间不超过高限的 3 倍。

通常采用自卸汽车运输混凝土拌和物，拌和物坍落度大于 5cm 时应采用搅拌车运输。从开始拌和到浇筑的时间应满足下列要求：用自卸汽车运输时，不得超过 1h；用搅拌车运输时，不得超过 1.5h。若运输时间超过上述时间限制或在夏季浇筑时，拌和过程中应加入适量的缓凝剂。运输时间过长，混凝土拌和物的水分蒸发和离析现象会增加，因此应尽量缩短混凝土拌和物的运输时间，并采取措施防止水分损失和混合料离析。拌和物运到摊铺现场后倾卸于摊铺机的卸料机内，摊铺机卸料机械有侧向和纵向两种。侧向卸料机在路面摊铺范围外操作，自卸汽车不进入路面铺摊范围卸料，设有供卸料机和汽车行驶的通道；纵向卸料机在摊铺范围内操作，自卸汽车后退供料，施工时不能像侧向卸料机那样在基层上预先安设传力杆。

二、混合料摊铺与振捣

1. 轨模安装

轨模式摊铺机的整套机械在轨模上前后移动，并以轨模为基准控制路面的高程。摊铺机的轨道与模板同时进行安装，轨道固定在模板上，然后统一调整定位，形成的轨模既是路面边模又是摊铺机的行走轨道，如图 6-5 所示。轨道和模板的质量应符合表 6-21 规定的技术要求。模板应能承受机组的重量，横向要有足够的刚度。轨模数量应根据施工进度配备并能满足周转要求，连续施工时至少需配备三个全工作量的轨模。

轨模安装时必须精确控制高程，做到轨模平直、接头平顺，否则将影响路面的外观质量和摊铺机的行驶性能。轨模的安装质量和精度应符合表 6-22 的要求。

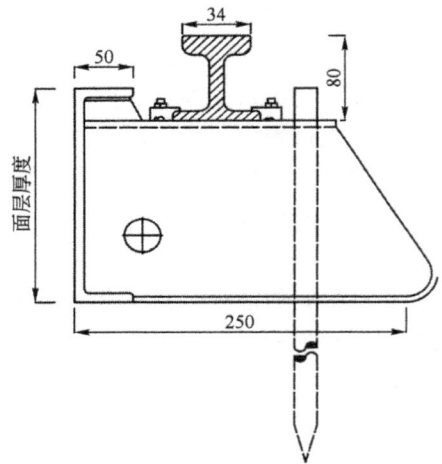

图 6-5 轨道模板安装示意图（尺寸单位：mm）

轨道及模板的质量标准

表 6-21

纵向变形、顺直度	顶面高程	顶面平整度	相邻轨、板高差	相对模板间距误差	垂直度
≤5mm	≤3mm	≤2mm	≤1mm	3mm	≤2mm

轨道及模板安装质量要求

表 6-22

项　　目	纵向变形（mm）	局部变形（mm）	最大不平度（3m 直尺）	高　度
轨道	≤5	≤3	顶面≤1	按机械要求
模板	≤3	≤2	顶面≤2	与路面厚度相同

2. 摊铺

轨模式摊铺机有刮板式、箱式及螺旋式三种类型，摊铺时将卸在基层上或摊铺箱内的混凝土拌和物按摊铺厚度均匀地充满轨模范围内。刮板式摊铺机本身能在轨道上前后自由移动，刮板旋转时将卸在基层上的混凝土拌和物向任意方向摊铺。这种摊铺机质量轻，容易操作，易于掌握，使用较普遍，但摊铺能力较小。箱式摊铺机摊铺时，先将混凝土拌和物通过卸料机一次卸在钢制料箱内，摊铺机向前行驶时料箱内的混合料摊铺于基层上，通过料箱横向移动按松铺厚度准确、均匀地刮平拌和物。螺旋式摊铺机由可以正向和反向旋转的螺旋布料器将拌和物摊平，螺旋布料器的刮板能准确调整高度。螺旋式摊铺机的摊铺质量优于前述两种摊铺机，摊铺能力较大。

摊铺过程中应严格控制混凝土拌和物的松铺厚度，确保混凝土路面的厚度和高程符合设计要求。一般应通过试铺来确定拌和物的松铺厚度。松铺系数与坍落度的关系参见表6-23。

松铺系数与坍落度关系   表 6-23

坍落度（mm）	5	10	20	30	40	50	60
松铺系数	1.30	1.25	1.22	1.19	1.17	1.15	1.12

3. 振捣与整平

摊铺机摊铺时，振捣机跟在摊铺机后面对拌和物作进一步的整平和捣实。振捣机的构造如图6-6所示，在振捣梁前方设置一道长度与铺筑宽度相同的复平梁，用于纠正摊铺机初平的缺陷并使松铺的拌和物在全宽范围内达到正确的高度，复平梁的工作质量对振捣密实度和路面平整度影响很大。复平梁后面是一道弧面振动梁，以表面平板式振动将振动力传到全宽范围。拌和物的坍落度通常不大于 2.5cm，骨料最大粒径控制在 40mm 以下。当混凝土拌和物的坍落度小于 2cm 时，应采用插入式振捣器对路面板的边部进行振捣，以达到应有的密实度和均匀性。振捣机械的工作行走速度一般控制在 0.8m/min，但随拌和物坍落度的增减可适当变化，混凝土拌和物坍落度较小时可适当放慢速度。

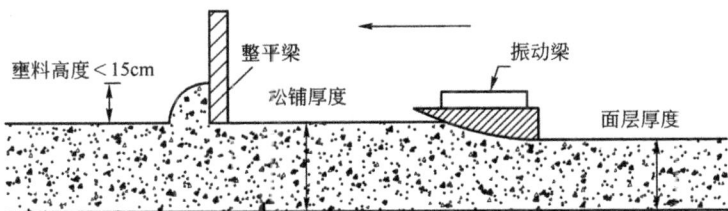

图 6-6　混合料摊铺机整平示意图

三、表面整修

振捣密实的混凝土表面应进行整平、精光、纹理制作等工序的作业，使竣工后的混凝土路面具有良好的路用性能。

1. 表面整平

振捣密实的混凝土表面用能纵向移动或斜向移动的表面整修机整平。纵向表面整修机工作时，整平梁在混凝土表面纵向往返移动，通过机身的移动将混凝土表面整平。斜向表面整修机通过一对与机械行走轴线成10°左右的整平梁作相对运动来完成整平作业，其中一根整平梁为振动梁。机械整平的速度决定于混凝土的易整修性和机械特性。机械行走的轨模顶面应保持平顺，以便整修机械能顺畅通行。整平时应使整平机械前保持高度为 $10\sim15cm$ 的壅料，并使壅料向较高的一侧移动，以保证路面板的平整，防止出现麻面及空洞等缺陷。

2. 精光及纹理制作

精光是对混凝土路面进行最后的精平，使混凝土表面更加致密、平整、美观，此工序是提高混凝土路面外观质量的关键工序之一。混凝土路面整修机配置有完善的精光机械，只要在施工过程中加强质量检查和校核，便可保证精光质量。

在混凝土表面制作纹理，是提高路面抗滑性能的有效措施之一。制作纹理时用纹理制作机在路面上拉毛、压槽或刻纹，纹理深度控制在12mm范围内；在不影响平整度的前提下提高混凝土路面的构造深度，可提高表面的抗滑性能。纹理应与路面前进方向垂直，相邻板的纹理应相互沟通以利排水。纹理制作从混凝土表面无波纹水迹开始，过早或过晚均会影响纹理质量。

四、养护

混凝土表面整修完毕，应立即进行湿治养护，使混凝土在开放交通时具有规定的强度，尤其在气温较高时，必须保持已浇筑的混凝土表面湿润，以免混凝土表面干裂。在养护初期，可用活动三角形罩棚遮盖混凝土，以减少水分蒸发，避免阳光照晒，防止风吹、雨淋等。混凝土泌水消失后，可在表面均匀喷洒薄膜养护剂。喷洒时在纵横方向各喷一次，养护剂用量应足够，一般为 $0.33kg/m^2$ 左右。在高温、干燥、大风时，喷洒后应及时用草帘、麻袋、塑料薄膜、湿砂等遮盖混凝土表面并适时均匀洒水。养护时间由试验确定，以混凝土达到 28d 强度的 80% 以上为准。使用普通硅酸盐水泥时约为 14d，使用早强型水泥约为 7d，使用中热硅酸盐水泥约为 21d。在养护期间禁止车辆通行以保护混凝土路面。

五、接缝施工

混凝土路面在温度变化时会产生较大的温度变形，使混凝土板产生胀缩和翘曲等，为消除和减小温度变形受到约束后产生的温度应力，避免混凝土路面出现不规则开裂，必须在混凝土路面的纵横方向上设置胀缝和缩缝。同时，在混凝土路面施工过程中由于各种原因造成路面施工中断会形成施工缝。接缝施工质量的好坏将直接影响到混凝土路面的使用性能及养护维修工作量的大小，因此各类接缝的施工应做到位置准确、构造及质量符合设计及规范要求。

1. 胀缝施工

胀缝应与混凝土路面中心线垂直，缝壁垂直于板面，宽度均匀一致，缝中不得有粘浆或坚硬杂物，相邻板的胀缝应设在同一横断面上。胀缝传力杆的准确定位是胀缝施工成败的关键，传力杆固定端可设在缝的一侧或交错布置。施工过程中固定传力杆位置的支架应准确、可靠地固定在基层上，使固定后的传力杆平行于板面和路中线，误差不大于 5mm。铺筑混凝土拌和物时严禁造成传力杆移位，否则，将导致混凝土路面接缝区的破坏。在传力杆滑动端安装长度为 10cm 的套筒，套筒内底与传力杆的间隙为 $1\sim1.5cm$，空隙内用沥青麻絮填塞，滑动端涂沥青。

机械化施工混凝土路面时，胀缝可在连续铺筑混凝土拌和物的过程中完成，也可在施工终了时完成。在连续铺筑混凝土拌和物的过程中施工胀缝时，传力杆和接缝板的固定与安装按图 6-7 所示进行。施工时用方木、钢挡板及钢钎固定胀缝板，钢钎间距 1m。在摊铺机前方，先在路面胀缝的传力杆范围内铺筑混凝土拌和物，用两个插入式振捣器在胀缝两侧 0.5～1.0m 的范围内对称均匀地捣实。摊铺机摊铺至胀缝两侧各 0.5m 范围内时，将振动梁提起，拔去钢钎，拆除方木和挡板。留下的空隙用混凝土拌和物填充并用插入式振捣器捣实，人工进行粗面，并通过摊铺机的振动修平梁进行最终修平。待接缝板以上的混凝土硬化后用锯缝机按接缝板的位置和宽度锯两条缝，凿除接缝板之上的混凝土和临时插入物，然后用填缝料填满。这种施工方法可确保接缝施工质量，胀缝的外观也较好。

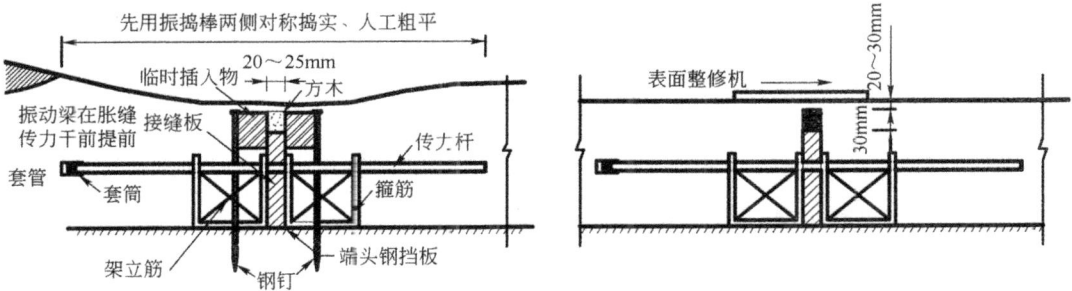

图 6-7 机械连续铺筑时施工胀缝

　　施工终了时设置胀缝的方法是按图 6-8 所示安装、固定传力杆和接缝板。先浇筑传力杆以下的混凝土拌和物，用插入式振捣器振捣密实，并注意校正传力杆的位置，然后再摊铺传力杆以上的混凝土拌和物。摊铺机摊铺胀缝另一侧的混凝土时，先拆除端头钢挡板及钢钎，然后按要求铺筑混凝土拌和物。填缝时必须将接缝板以上的临时插入物清除。胀缝两侧相邻板的高差应符合如下要求：高速公路及一级公路应不大于 3mm，其他等级公路不大于 5mm。

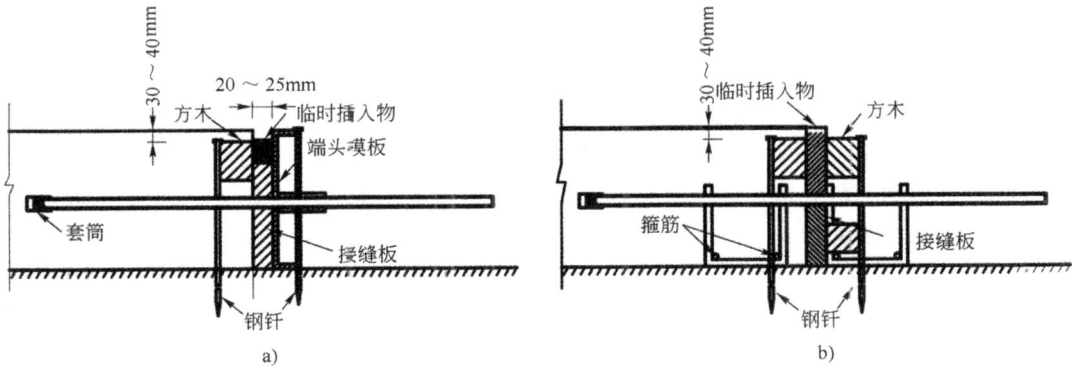

图 6-8 施工终了时施工胀缝

　　2. 横向缩缝施工

　　混凝土面板的横向缩缝一般采用锯缝的办法形成。混凝土结硬后应适时锯缝，合适的锯缝时间应控制在混凝土已达到足够的强度，而收缩变形受到约束时产生的拉应力仍未将混凝土面板拉断的时间范围内。经验表明，锯缝时间以施工温度与施工后时间的乘积为 200～300 个温度小时或混凝土抗压强度为 5～10MPa 较为合适，也可按表 6-24 的规定或通过试锯确定适宜的锯缝时间。缝的深度一般为板厚的 1/4～1/3。

昼夜平均气温（℃）	5	10	15	20	25	30 以上
抹平至开始锯缝的最短时间（h）	45～50	30～35	22～26	18～21	15～18	13～15

注：表列时间为采用普通硅酸盐水泥，并不掺外加剂的锯缝时间。

3. 纵缝施工

纵缝施工应符合设计规定的构造，保持顺直、美观。纵缝为平缝带拉杆时，应根据设计要求，预先在模板上制作拉杆置放孔，模板内侧涂刷隔离剂，拉杆采用螺纹钢筋制作。缝槽顶面采用锯缝机切割，深度为 3～4cm，并用填缝料灌缝。不切割顶面缝槽时，应及时清除面板上的粘浆。假缝型纵缝的施工应预先用门型支架将拉杆固定在基层上或用拉杆置放机在施工时置入。假缝顶面的缝槽采用锯缝机切割，深 6cm，使混凝土在收缩时能从切缝处规则开裂。

4. 施工缝设置

施工中断形成的横向施工缝应尽可能设置在胀缝或缩缝处，多车道路面的施工缝应避免设在同一横断面上。施工缝设在缩缝处应增设一半锚固、另一半涂刷沥青的传力杆，传力杆必须垂直于缝壁、平行于板面。

5. 接缝填封

混凝土养护期满即可填封接缝，填封时接缝必须清洁、干燥。填缝料应与缝壁粘附紧密、不渗水，灌注高度一般比板面低 2mm 左右。当使用加热施工型填缝料时，应加热到规定的温度并搅匀，采用灌缝机或灌缝枪灌缝；气温较低时应用喷灯加热缝壁，使填缝料与缝壁结合良好。

第四节　三辊轴机组与小型配套机具施工

一、机具的选型与配套

水泥混凝土路面采用机械化施工具有生产效率高，施工质量容易得到保证等优点，是我国水泥混凝土路面施工的发展方向。现阶段由于受机械设备、投资等因素的影响，只是在少数比较重要的公路上得到应用，小型配套机具施工仍然是一般公路普遍采用的施工方法。小型配套机具施工需要使用拌和机、运输车辆、振捣器、振动梁、抹面机具及锯缝机等按工序联合作业，这些机具应性能稳定可靠、操作简便、易于维修并能满足施工要求。三辊轴机组施工则是在小型机具施工方法基础上，通过对部分工艺机械进行适当整合，以提高小型机具施工的质量和速度。图 6-9 是一台混凝土摊铺机实体，可改善摊铺的均匀性、提高摊铺质量，减轻劳动强度。图 6-10 是一台带密排振捣棒的混凝土摊铺机，在均匀摊铺的基础上可进行密集振捣，提高了振捣混凝土的均匀性和振捣质量。

机具的配套情况应根据混凝土路面的工程质量、施工进度要求及施工条件等确定，各种机具应能发挥最大效能。应选用拌和质量较好的强制式或锥形反转出料的混凝土拌和机，不重要的小型工程可使用跌落式拌和机。运输拌和物的车辆一般选用中小型机动翻斗车，运距较长时宜选用混凝土搅拌运输车。振捣拌和物的振动板功率应不小于 2.2kW，插入式振捣器功率应不小于 1.1kW。振动梁必须有足够的刚度，长度与一次摊铺振捣的宽度相适应；振动梁上应安装功率不小于 1kW 的振动器两台，当一次铺筑宽度小于 3.5m 时，可只设一台。提浆滚应有足够的刚度，表面光滑平整，长度与振动梁相近。通常用叶片式或磨盘式抹面机抹面，也可用 3m 刮尺与手工工具配合抹面。采用拉毛器、压（切）槽器和滚筒压纹器等进行纹理制作。采用三辊轴机组施工时，摊铺机后应配置一台安插振捣棒组的排式振捣机，防滑沟槽应采用硬刻机制作。三辊轴整平机主要参数应符合表 6-25 的要求。

图 6-9 三辊轴机组的摊铺机

图 6-10 带密排振捣棒的摊铺机

三辊轴整平机的主要技术参数 表 6-25

型号	轴直径（mm）	轴速（r/min）	轴长（m）	轴质量（kg/m）	行走机构质量（kg）	行走速度（m/min）	整平轴距（mm）	振动功率（kW）	驱动功率（kW）
5001	168	300	1.8～9	65±0.5	340	13.5	504	7.5	6
6001	219	300	5.1～12	77±0.7	568	13.5	657	17	9

小型配套机具施工混凝土路面的一般工序为：施工准备→模板安装→传力杆安设→混凝土拌和物拌和与运输→拌和物摊铺与振捣→接缝施工→表面整修→养护与填缝。其中，施工准备、传力杆安设、混凝土拌和物拌和与运输、接缝施工、表面整修、养护及填缝与轨模式摊铺机施工的方法基本相同。三辊轴机组施工的工艺流程与小型机具施工基本相同，只是其中的某些工序用简易机组来完成。

二、模板安装与拆除

1. 模板制作

采用三辊轴机组或小型配套机具施工时，通常应采用具有足够刚度的钢模板，能满足路面施工的要求。用于设置纵缝和施工缝的模板，应根据设计要求预留传力杆或拉杆的置放孔。模板高度应与面板的设计厚度一致，误差为 2mm。模板之间的接头处应设有牢固的拼接装置，装拆方便。模板的数量应能满足施工周转要求。

2. 模板安装

安装模板前应对基层进行检测，基层的各项技术指标应符合基层施工规范的质量要求。模板的平面位置与高程应符合设计要求，平面位置偏差不大于 5mm，纵向高程偏差不大于 3mm。模板应安装稳固，能承受摊铺、振捣、整平时的冲击和振动作用。模板间的连接应紧密平顺，不得有错缝、错位和不平顺现象。模板接头处及基层与模板之间应填塞紧密以防止漏浆，模板内侧应涂隔离剂。模板安装就位后，要横向拉线，检查混凝土板中部的厚度，测量值小于设计厚度时，应将高出的基层削平以保证混凝土路面板的厚度。

3. 模板拆除

拆除模板的时间要根据气温和混凝土强度增长情况确定。当使用道路水泥或普通硅酸盐水泥时,拆除模板的时间可按表 6-26 确定。拆除模板时不得损坏混凝土板边、板角及传力杆和拉杆周围的混凝土。模板拆除后应立即清除黏附的砂浆,冲洗干净,有变形或局部损坏时应及时校正和修理,以备下次使用。

混凝土路面板允许最早拆模时间（单位：h）   表 6-26

昼夜平均气温（℃）	−5	0	5	10	15	20	25	≥30
硅酸盐水泥、R 型水泥	240	120	60	36	34	28	24	18
道路、普通硅酸盐水泥	360	168	72	48	36	30	24	18
矿渣硅酸盐水泥	—	—	120	60	50	45	36	24

注：允许最早拆侧模时间从混凝土面板精整成形后开始计算。

三、混合料拌和与运输

1. 要求

混凝土拌和设备的型号和数量应根据工程量大小、工程进度、运输工具、拌和质量要求等因素确定,必要时应有备用的拌和机和发电设备,以保证混凝土路面施工能连续进行。拌和场内的粗、细集料必须分别堆放,不得混杂,进入拌和机的集料必须准确过磅,使用散装水泥时必须过磅,袋装水泥应抽查质量是否合格,必须严格控制加水量,根据集料的实际含水率和天气情况确定合适的施工配合比。投入拌和机的原材料数量应根据混凝土施工配合比和拌和机容量确定,原材料每盘称量的允许误差应不超过下列规定：水泥±2%,水±1%,集料±3%,外加剂±2%。

2. 拌和

拌和前,应先在拌和机内用适量的拌和物或砂浆试拌并排除,然后按规定的施工配合比进行拌和。向拌和机投料的顺序宜有利于拌和均匀,通常为碎（砾）石→水泥→砂。材料进入拌和机后应边拌和边加水,投入外加剂的顺序应根据使用规定确定。应在尽可能短的时间内将混凝土拌和均匀,每盘拌和时间根据拌和机的性能、对混凝土拌和物的稠度要求按表6-27 的规定通过试拌确定,拌和时间不得超过最短拌和时间的 3 倍。

水泥混凝土拌和机拌和时间（单位：s）   表 6-27

拌和机类型	混凝土拌和物坍落度（cm）	
	0～2	2～3
立轴式	100～140	80～110
卧轴式	70～100	50～80

注：拌和时间自全部材料投入搅拌起到出料止的连续拌和时间。

应每天对混凝土拌和物的稠度进行检查,每班不少于两次,如与规定值不符,应查明原因并及时纠正。每台班或拌和 200m³ 混凝土拌和物,应制作两组抗折强度试验的试件,必要时可增制抗压强度试件。

3. 运输

装运拌和物的储料斗或车厢内壁应平整、光洁、不漏浆,使用前后应冲洗干净。在运输途中混合料明显离析时,摊铺时应重新拌匀。

四、拌和物摊铺、振捣与表面整修

1. 摊铺

混凝土拌和物摊铺前，应对模板和基层等进行全面检查，以保证混凝土面板的几何尺寸等符合设计要求。当混凝土面板的厚度大于 25cm 时，宜分两层摊铺，下层摊铺总厚度的 3/5。摊铺时，料铲应反扣，严禁抛掷和耧耙，防止拌和物离析。

三辊轴机组施工应按作业单元分段摊铺和整平作业，单元长度一般为 20～30m，振捣与整平作业之间的时间间隔不宜超过 15min。三辊轴机组前的混合料宜高于模板顶面 5～20mm 并根据情况及时补料或铲除。

2. 振捣

插入式振捣器与平板式振捣器配合使用时，应先用插入式振捣器振捣。插入式振捣器的移动距离不宜大于作用半径的 1.5 倍，至模板边缘的距离应不大于其作用半径的 0.5 倍。振捣时应避免碰撞模板、钢筋、传力杆和拉杆。平板振捣器纵横振捣时应重叠 10～20cm。振捣器在每一位置的停留时间应足够长，平板振捣器不宜少于 15s，插入式振捣器不宜少于 20s，以便将混凝土拌和物振捣密实。当拌和物停止下沉，不再冒气泡并泛出水泥浆时，混凝土即被振捣密实，但不应过振。振捣时应辅以人工找平，并随时检查模板。如模板发生位移、变形或松动，应及时纠正。振捣作业应在混凝土拌和物初凝前完成。混凝土分两次摊铺的，振捣上层混凝土拌和物时，插入式振捣器应插入下层拌和物 5cm 以上，以便上下两层形成整体，上层混凝土拌和物的振捣必须在下层拌和物初凝前完成。

3. 整平与提浆

振捣后应立即用振动梁在模板上平移拖振，往返 2～3 遍，使混凝土泛浆整平，赶出水泡。在拖振过程中，凹陷处应用相同配合比的混凝土拌和物找补，严禁用纯砂浆填补。经振动梁整平后，用提浆滚往返滚浆，并保持规定的路拱。按设计要求的平整度，用 3m 直尺或刮尺刮平。

4. 表面整修

混凝土整平提浆后，应对板边和接缝进行处理，清除留在表面的粘浆，出现掉边、缺角时应及时进行修补。表面整修宜分两次进行，首先抹面找平，到混凝土表面无泌水时再做第二次抹面。表面整修时严禁在混凝土表面上洒水或撒水泥。可用叶片式或圆盘式抹面机抹面，抹面后混凝土应平整、密实。整修若遇烈日曝晒或干旱大风时，宜设遮阴棚。抹面后沿横坡方向进行纹理制作，纹理构造深度根据面层抗滑要求确定，一般槽深为 23mm，槽宽为 45mm，间距 20mm。混凝土路面板的构造深度（TD）应符合设计要求。纹理制作时，不得影响表面平整度。

五、真空脱水工艺

真空脱水是在经粗平后的混凝土拌和物上覆盖吸垫，通过真空吸水泵将混凝土中的水分抽吸出，这样可缩短整面、锯缝的工艺间隔时间，加快工程进度。真空脱水工艺适用于厚度不大于 25cm 的混凝土路面施工。采用真空脱水工艺施工时，混凝土拌和物的坍落度可比不采用该工艺时大，高温季节宜为 3～5cm，低温季节宜为 2～3cm；混凝土拌和物的最大用水量可增加 8～12kg/m³。其他工序如模板装拆、钢筋布置、混凝土拌和、运输与铺筑、接缝施工及养护等工序保持不变。

采用真空脱水工艺施工混凝土路面时，除应具备前述小型机具外，还需配置真空泵、真空吸垫及抹面机具等。真空泵应真空度稳定，有自动脱水计量装置，配备有效抽速不低于15L/s的主机。吸垫应选用真空度均匀、密封性能好、脱水效率高、操作简便、铺放容易、清洗方便的品种，每台真空泵需要配备的吸垫不少于两块。抹面机具可用叶片式或浮动圆盘式提浆抹光机。

混凝土表面振捣粗平后，即可进行真空脱水。脱水前，应先检查真空泵的空载真空度值应不小于0.08MPa，吸管与吸垫连接后再开机检查。铺放吸垫时应以卷放为宜，避免皱折，周边与已脱水的混凝土重叠5～10cm。吸垫就位后，连接吸管并开机。在开机抽吸过程中，吸垫四周密封边应用小刷沿周边轻轻扫刷，以利密封。吸垫封严后开始脱水，真空度逐渐升高，最大真空度不宜超过0.085MPa。如果在规定的时间内真空度达不到要求，应及时检查，采取措施解决。达到脱水时间或脱水量要求后，先将吸垫四周掀起12cm，继续抽吸15s，以便吸尽表面和吸管中的余水，脱水时间见表6-28。真空脱水时不准在吸垫上走动，检漏补修时，应穿软底鞋。吸垫在存放和搬迁时，应避免拖拉或与有尖角的物体接触，以免吸垫出现漏洞。每班工作完毕，应将吸垫、吸管、真空泵箱内的积聚物清除并冲洗干净。

最短脱水时间（单位：min） 表6-28

混凝土面板厚度（mm）	昼夜平均气温（℃）					
	3～5	6～10	11～15	16～19	20～25	＞25
18	26	24	22	20	18	17
22	30	28	26	24	22	21
25	35	32	30	27	25	24

真空吸水后，用功率较小的平板振捣器复振一次，再用振动梁或提浆滚复拉一次，使混凝土表面密实平整。经过真空脱水的混凝土面板锯缝时间比表6-24规定的时间提早3～5h，这样可大大缩短工序之间的间歇时间，对于加快工程进度效果明显。

第五节　其他水泥混凝土路面施工

除普通水泥混凝土路面外，碾压混凝土、钢纤维混凝土、连续配筋混凝土、混凝土预制块等也可用于路面结构，这些特殊的混凝土路面具有一系列良好的路用性能，其施工方法与普通混凝土路面有较大差异。

一、碾压混凝土路面施工

碾压混凝土路面是指水泥和用水量较普通混凝土显著减少的水泥混凝土拌和物经摊铺、碾压后成型的路面。这种路面具有节约水泥、施工进度快、开放交通早等特点，与普通混凝土相比可节约投资20%～30%。但由于碾压混凝土路面施工时表面平整度不易达到要求，在车辆高速行驶下抗滑性能下降较快，因此将碾压混凝土直接用在高速公路及一级公路面层还比较少见。用碾压混凝土做下面层，用普通混凝土或沥青混凝土做上面层的路面则具有良好的路用性能。尤其是碾压混凝土与沥青混凝土组成的复合式路面结构（RCC＋AC），刚柔并济，具有抗滑、耐磨、平整、整体强度高、低造价、行车舒适等优点。

碾压混凝土的基本组成材料与普通混凝土相同，有时掺入粉煤灰等工业废料，形成强度和稳定性俱佳的密实骨架结构，降低路面造价。碾压混凝土中粗集料应采用连续级配并符合表 6-29 的要求，石料强度等级不低于 II 级。针片状颗粒含量对碾压混凝土强度和使用性能均有较大影响，含量应控制在 10％以内。应严格控制细集料的含泥量，砂的细度模数为 2.3～2.85。

碾压混凝土集料标准级配范围 表 6-29

筛孔（mm）	19	9.5	4.75	2.36	1.18	0.6	0.3	0.15
通过百分率（%）	90～100	50～70	35～47	25～38	18～30	10～23	5～15	3～10

碾压混凝土路面的主要施工设备为强制式拌和机、高密实度沥青混合料摊铺机、8～12t 振动压路机、8～20t 轮胎压路机等。施工工序为：碾压混凝土拌和物的拌和与运输→卸入沥青混合料摊铺机→摊铺→打入拉杆→钢轮压路机初压→振动压路机复压→抗滑构造处理→养护→接缝施工。由于碾压混凝土拌和物是单位用水量较少的干硬性混合料，为提高拌和质量和施工效率，应采用强制式拌和机拌和。拌和物运到摊铺现场应立即摊铺整型，由于摊铺作业对碾压混凝土路面质量影响很大，摊铺应均匀、连续地进行，并在拌和物初凝前完成。摊铺完毕即开始碾压，碾压分初压、复压和终压三个阶段。初压用钢轮压路机或振动压路机不开振碾压两遍左右，使混凝土表面稳定。随后压路机开振充分碾压，直至达到规定的密实度要求，此阶段为复压。用 8～20t 的轮胎压路机或振动压路机不开振动进行修整碾压，称为终压，目的是为了消除碾压轮迹和表面出现的拉裂，使表面密实。

二、钢纤维混凝土路面

钢纤维混凝土是在混凝土拌和过程中加入适量的短钢纤维，从而提高混凝土的抗折强度和抗压强度。钢纤维混凝土路面的抗裂性、耐磨性和抗疲劳性优于普通混凝土路面。钢纤维混凝土对原材料的质量要求与普通混凝土基本一致，通常选用连续级配的集料，粗集料最大粒径不宜大于 20mm。钢纤维最短长度宜大于集料最大公称粒径的 1/3，最大长度不宜大于集料公称最大粒径的 2 倍，应互不熔结和缠绕，截面尺寸不符合设计要求的钢纤维应不超过总质量的 5％，颗粒状、粉末状的钢屑应低于总质量的 0.05％，表面无油污、锈蚀和其他杂质，宜采用熔抽型或剪切型钢纤维，其规格应符合表 6-30 的规定。

钢纤维规格 表 6-30

钢纤维类型	厚度（mm）	宽度（mm）	长度（mm）	长径比	极限抗拉强度（MPa）
熔抽型	0.2～0.3	0.5～1.0	25～45	45～60	≥600
剪切型	0.2～0.5	0.4～0.6	22～35	55～84	≥600

钢纤维混凝土的配合比要求与普通混凝土基本一致。钢纤维的体积率宜为 1.0％～1.2％，拌和物的稠度为 6～12s，水灰比为 0.5 左右，单位用水量为 185～195kg，砂率采用 45％～48％。

钢纤维混凝土路面的施工方法与普通混凝土路面基本相同，但钢纤维混凝土应采用强制式拌和机拌和。投料的顺序与拌和时间为：有钢纤维分散设备时，以砂→水泥→碎石→水泥→砂的顺序投料，拌和时，先干拌 60s，然后加水湿拌，同时开动分散机，将钢纤维投入拌和筒内，再拌和 60～120s，无钢纤维分散设备时，以水泥→1/2 砂→碎石→1/2 砂→钢纤维的顺序投料，先干拌 120～180s，后加水湿拌 60～120s。

钢纤维混凝土路面可采用滑模摊铺机、轨模摊铺机或三辊轴机组施工。但布料与摊铺时应保证钢纤维分布的均匀性和连续性；布料松铺高度应通过试铺确定，相同坍落度下比普通混凝土高 10mm 左右；振捣时除保证混凝土密实外应保证钢纤维在混凝土中均匀分布；整平后的面板不得有裸露上翘的钢纤维，表面下 10~30mm 深度范围内的钢纤维应基本呈水平状；采用滑模摊铺机施工时，振动棒组底缘应严格控制在面板表面位置，不得插入混凝土内；采用三辊轴机组施工时，密排振捣棒组不得插入混凝土内振捣，也不得人工插入振捣，应采用大功率平板式振捣器振捣；必须采用硬刻方式制作表面抗滑沟槽。其他工序作业与普通混凝土路面施工相同。

三、钢筋混凝土和连续配筋混凝土路面施工

钢筋混凝土路面是在普通水泥混凝土路面板内设置纵、横向钢筋或钢筋网，提高混凝土路面的整体强度，防止路面板产生的裂缝不断张开。这种路面适用于面板平面尺寸较大、形状不规则、路基土质不均匀、路基可能产生不均匀沉降或板下埋有地下设施的路段。连续配筋混凝土路面则是沿路面板纵向配置连续的钢筋网的混凝土路面，除与其他路面交接处、邻近构造物处设置胀缝以及因施工需要设置施工缝外，不再设置任何横向接缝。钢筋混凝土路面和连续配筋混凝土路面具有传荷能力和抗变形能力强、使用寿命长等特点，适用于高速公路及一级公路的面层及桥头引道等路段。

上述两种混凝土路面所用原材料的技术要求和混合料配合比与普通混凝土路面一致，施工方法与要求也基本相同。不同之处在于钢筋混凝土路面施工时，先在钢筋设计位置的底部摊铺一层混凝土拌和物，大致整平后布置钢筋，然后再摊铺钢筋之上的混凝土拌和物。设置双层钢筋时，对于板厚不大于 25cm 的路面，上下两层钢筋应先用架立筋绑扎成骨架并安放到设计位置上，然后浇筑混凝土，钢筋安放到位后不得在上面踩踏；对于厚度大于 25cm 的面板，上下两层钢筋应根据设计位置分层安放，分层浇筑混凝土。连续配筋混凝土路面的纵向钢筋应采用闪光对焊或电弧焊焊接，焊头形式、焊接工艺和质量应符合有关规定。钢筋的接头应错开布置，不集中于某一横断面处。横向钢筋宜置于纵向钢筋之下，纵横向钢筋互相垂直。可用与混凝土路面板同标号的预制块布置钢筋。连续配筋混凝土路面与其他路面、桥梁、涵洞等构造物的连接处，应根据实际情况选用矩形地梁、混凝土灌注桩、宽翼缘工字梁接缝、连续设置胀缝等方式进行处理。

四、混凝土预制块路面

混凝土预制块路面是将混凝土预制成一定尺寸的板状构件，然后按设计要求安放在基层上。混凝土预制块为矩形块或异形块，其规格应根据设计和施工条件确定。预制块按抗压强度的不同可分为 C55、C35 及 C25 三个等级。C55 级适用于重要的二级公路或城市主干路，C35 级适用于一般公路，C25 级适用于轻型车辆行驶的公路和人行道。

混凝土预制块路面下的基层质量应符合基层施工规范的规定和设计要求。铺装混凝土预制块前应在基层上设置厚度为 3~5cm 的砂垫层，砂的含水量应不大于 5%，粒径大于 5mm 的颗粒含量应不大于 10%，根据含水量和铺砌方法确定砂垫层的松铺厚度。施工时将砂摊开并刮平，高程符合设计要求，摊铺与刮平砂垫层时不得站在砂垫层上进行。混凝土预制块应根据设计按人字形、十字形或顺序排列等形式铺好第一排砌块，随后的一排砌块应与第一排砌块稳固、紧密地靠齐，砌块间的缝隙宜为 2~3mm。用于靠近边缘约束带的砌块应按设

计要求特制，也可以根据空隙尺寸用预制块切割。砌块镶嵌完毕，采用平板振捣器振压预制块表面，振捣器的振捣面积宜为 0.35～0.50m²，离心力 16～20kN，振动频率 7.5～10.0Hz。初振时应避开无支撑的边缘和端部砌块。

第六节　特殊气候条件下施工

混凝土路面的施工受自然因素的影响很大，如出现现场降雨、强风天气、现场气温高于40℃或现场连续5昼夜气温低于5℃和夜间最低气温低于－3℃的情况之一则必须停工。其他特殊气候条件下施工时应采取必要的措施保证工程质量。

一、高温季节施工

施工现场气温高于30℃、拌和物温度为30～35℃、空气湿度低于80%时，最好不进行混凝土路面的施工，否则即为高温季节施工。在高温施工条件下，混凝土拌和物水分蒸发快，水泥水化作用加速，混凝土易出现干缩开裂。若必须施工则应考虑温度和湿度条件，采取有效的工艺措施，确保混凝土路面质量。这些措施包括：混凝土拌和站应搭设遮阴棚，取用料堆内部温度相对较低的材料；洒水降低粗集料、模板和基层的温度，尽量用温度较低的水；拌和物温度超过35℃时应在水中加冰；为延缓初凝时间可掺加缓凝剂，尽可能在气温较低的早晨和夜间施工；自卸汽车上的混凝土拌和物要加遮盖。

二、低温季节施工

当施工现场连续5昼夜平均气温低于5℃，夜间最低气温在－3～－5℃之间，即为混凝土路面的低温季节施工。低温下因水泥水化速度降低而强度增长缓慢，结冰还会使新铺筑的路面受到破坏，因此，低温条件下施工混凝土路面时，必须有相应的工艺措施。当施工现场气温低于0℃或混凝土拌和物温度低于5℃时，应停止施工。

低温条件下施工混凝土路面，应做好现场防冻工作，以免施工机具、材料、水管等结冻而影响施工，拌和站搭设保温棚或其他挡风设施。采用早强型水泥，掺早强型减水剂、早强剂或引气剂等，不得使用矿渣硅酸盐水泥。施工过程中应采取措施提高混凝土的拌和温度及养护温度，保证混凝土的强度发展。混凝土拌和物摊铺温度低于10℃时，应采用加热水的方法使混凝土拌和物的温度提高。若加热水后拌和物温度仍达不到要求，可先将集料加热再进行拌和，最后投入水泥。加热时，水的温度应不超过60℃，集料温度应不超过40℃，最终使混凝土拌和物的温度不超过35℃。应随时检测水、集料在拌和前和混凝土拌和物出盘时的温度。

低温季节过后，气温上升至3℃以上方可进行混凝土路面的施工，但集料应不带有冰雪，拌和时间适当延长。下承层应不受冰冻影响，铺筑混凝土路面前，应将下承层上的冰雪清除。混凝土路面施工的各个工序必须紧密衔接，以缩短工序间隔时间。运送混凝土拌和物的车辆应有保温设施。

路面混凝土养护可采用蓄热保温的方法进行。在路面铺筑完毕，开始进行表面修整前，应搭设保温棚。混凝土终凝后，应选用合适的保温材料覆盖路面，使用加热原材料拌和的混凝土热量和水泥的水化热蓄存起来，以减少面层热量散失，这样可使混凝土在适宜的温度条件下硬化。可用麦秸、稻草、油毡纸、锯末等材料铺成至少10cm厚的保温层。如预报次日

最低气温在 -2℃ 以下，应提高养护温度，防止混凝土冰冻。养护洒水宜在终凝后进行，洒水时应移去保温材料，洒后覆盖。养护时间应不少于 28d，头 3d 养护温度应保持在 10℃ 以上，后 7d 养护温度应保持在 5℃ 以上。

三、雨季施工

雨季来临前，应及时与当地气象部门联系，定期获得天气变化资料，掌握月、旬降雨趋势，尤其是近期预报的降雨时间、降雨量，了解和掌握施工作业段的汇水情况，以便安排施工。应拟订雨季施工方案和相应措施，拌和站、砂石料堆场应考虑防雨防洪，拌和站应搭设遮雨棚。

雨季施工混凝土路面时，雨天或遇阵雨均应停止施工。混凝土拌和物运输车辆应备有遮盖物，如遇雨应及时覆盖。雨后施工应及时排除基层表面积水。雨季集料的含水率变化大，应及时测定，以调整拌和机的加水量。尽量从料堆内部取料，严禁用含泥量大的底脚料。雨季空气湿度大，水泥贮放应防止漏雨和受潮。铺筑的混凝土面板达到终凝前，如遇下雨，应及时覆盖塑料膜，且不得触及路表面，以免影响路面的外观。需要在雨中操作时，现场应制备足够长度、轻便、易于移动的防雨工作棚。

第七节　施工质量检查与竣工验收

混凝土路面施工质量应符合设计和施工规范要求。为此应加强施工前的原材料质量检验，施工过程中应对每一道工序进行严格的质量检查和控制。对已完成的混凝土路面进行外观检查，测量其几何尺寸，并根据设计文件进行校核。此外，还要查阅施工记录，包括原材料试验和试件强度资料、配合比及隐蔽构造等，以检查结果作为评定工程质量的依据。

一、施工质量控制

1. 原材料质量检验

施工前应对各种原材料进行质量检验，以检验结果作为判定材料质量是否符合要求的依据。在施工过程中，当材料规格和来源发生变化时应及时对材料进行质量检验。材料质量检验的内容包括材料质量是否满足设计和规范要求，数量供应能否满足工程进度，材料来源是否稳定可靠，材料堆放和储存是否满足要求等。质量检查时以"批"为单位进行，通常将同一料源、同一次购进的同品种材料作为一批，取样方法按试验规程进行。混凝土所用的水泥、粗细集料、水、外加剂、钢材、接缝材料等原材料的质量检查项目和标准应符合第一节所述的有关要求。

2. 施工过程中的质量控制

在混凝土路面施工过程中，应检查混凝土拌和物的配合比是否符合设计要求，对拌和、摊铺、振捣的质量等进行检查，并作好记录。混凝土的抗折强度以养护 28d 龄期的小梁试件测定，以试验结果计算的抗折强度作为评定混凝土质量的依据。强度试验应按下列规定进行：

（1）用正在摊铺的混凝土拌和物制作试件，若施工时采用真空脱水工艺，则试件亦采用真空脱水工艺成型。

（2）每台班或每铺筑 200m³ 混凝土，应同时制作两组试件，龄期分别采用标准养生 7d

148

和 28d。每铺筑 1000～2000m³ 混凝土拌和物需增制一组试件，用于检查后期强度，龄期不少于 90d。

（3）当普通硅酸盐水泥混凝土在标准养护条件下养生 7d 的强度达不到 28d 强度的 60%，应分析原因，并对混凝土的配合比作适当调整。

（4）铺筑完毕的混凝土路面，应抽检实际强度、厚度。可采用现场钻取圆柱试件测定，并进行圆柱劈裂强度试验，以此推算小梁抗折强度。圆柱劈裂强度与小梁抗折强度的计算关系式见式（6-10）及式（6-11）：

对于石灰岩、花岗岩碎石混凝土：

$$f_r = 1.868\sigma_c^{0.871} \tag{6-10}$$

对于玄武岩碎石混凝土：

$$f_r = 3.035\sigma_c^{0.428} \tag{6-11}$$

式中：f_r——混凝土标准小梁抗折强度，MPa；

σ_c——混凝土钻芯圆柱（直径 150mm）劈裂强度，MPa。

二、竣工验收

混凝土路面施工完毕，施工单位应将全线以 1km 作为一个检查段，按随机取样的方法选择对每一检查段的测点，按混凝土面层质量验收和允许偏差的规定进行自检，并向监理部门和建设单位提供全线检测结果及施工总结报告。施工监理单位应会同施工单位一起按随机抽样的办法选择一定数量的检查段进行抽样检查，抽样总长度不宜少于全程的 30%，检查的内容和频率应符合规范规定。检查指标的评定标准为：对于高速公路及一级公路，可考虑 $\alpha_1 = 95\%$ 的保证率；对于其他等级公路可考虑 $\alpha_1 = 90\%$ 的保证率。检查段应不少于 3 个，每段长度为 1km。

混凝土路面完工后，应根据设计文件、交工资料和施工单位提出的交工验收报告，按国家建设工程竣工验收的办法组织验收。验收时应提交设计文件和交工资料、交工验收报告、混凝土强度试验报告、材料检查及材料试验记录、基层检查记录、工程重大问题处理文件、施工总结报告、工程监理总结报告等。高速公路及一级公路水泥混凝土路面的工程质量验收检查内容和允许偏差应符合表 6-31 的规定，路面外观应无露石、蜂窝、麻面、裂缝、啃边、掉角、翘起和轮迹等现象。

水泥混凝土面层质量验收和允许偏差 表 6-31

项次	检查项目		规定值或允许偏差		检查方法和频率	权值
			高速公路一级公路	其他公路		
1	弯拉强度（MPa）		在合格标准之内		按质量检评标准附录 C 检查	3
2	板厚度（mm）	代表值	−5		按附录 H 检查，每 200m 每车道 2 处	3
		合格值	−10			
3	平整度	σ（mm）	1.2	2.0	平整度仪：全线每车道连续检测，每 100m 计算 σ、IRI	2
		IRI（m/km）	2.0	3.2		
		最大间隙 h（mm）	—	5	3m 直尺：半幅车道板带每 200m 测 2 处×10 尺	

项次	检查项目	规定值或允许偏差		检查方法和频率	权值
		高速公路 一级公路	其他公路		
4	抗滑构造深度（mm）	一般路段不小于0.7且不大于1.1；特殊路段不小于0.8且不大于1.2	一般路段不小于0.5且不大于1.0；特殊路段不小于0.6且不大于1.1	铺砂法：每200m测1处	2
5	相邻板高差（mm）	2	3	抽量：每条胀缝2点；每200m抽纵、横缝各2条，每条2点	2
6	纵、横缝顺直度（mm）	10		纵缝20m拉线，每200m4处；横缝沿板宽拉线，每200m4条	1
7	中线平面偏位（mm）	20		经纬仪：每200m测4点	1
8	路面宽度（mm）	±20		抽量：每200m测4处	1
9	纵断高程（mm）	±10	±15	水准仪：每200m测4断面	1
10	横坡（%）	±0.15	±0.25	水准仪：每200m测4断面	1

注：表中 σ 为平整度仪测定的标准差；IRI 为国际平整度指数；h 为3m直尺与面层的最大间隙。

第七章　公路小桥施工

第一节　桥梁组成及施工方法概述

一、简支梁桥的基本组成

道路路线通过江河、湖泊、山谷、深沟以及其他路线障碍物时，为了保持道路的连续性和车辆的正常行驶，就需要修建专门的人工跨越构造物——桥梁。根据桥梁结构的外形、受力特点、建筑材料、工程规模等的不同可将其作多种形式的分类，各类型桥梁中又可根据细部构造的不同作进一步划分，因此，桥梁工程具有多样性。本书只介绍结构形式相对简单的混凝土简支梁（板）桥的主要部位，目的在于简要介绍桥梁各部位的施工方法。

图 7-1 表示一座公路简支梁桥的概貌及各部位布置情况。从图 7-1 中可见，此类桥梁一般由基础、墩（台）、桥跨结构、桥面系等部分组成。桥墩和桥台是支撑桥跨结构并将恒载和活载传至地基的建筑物。通常设置在桥两端的桥台，它除了上述作用外，还起着衔接路基、抵御路堤填土压力的作用。将桥墩和桥台全部荷载传至地基的部分称为桥梁基础，它是确保桥梁安全工作的重要组成部分。由于基础往往深埋于土层之中，并且有时需在水下施工，故也是桥梁施工中比较困难的部分。通常人们习惯地称桥跨结构为桥梁的上部构造，称桥墩和桥台为桥梁的下部构造。桥梁工程具有施工部位多，且各部位施工方法多样等特点，施工技术也相当复杂。

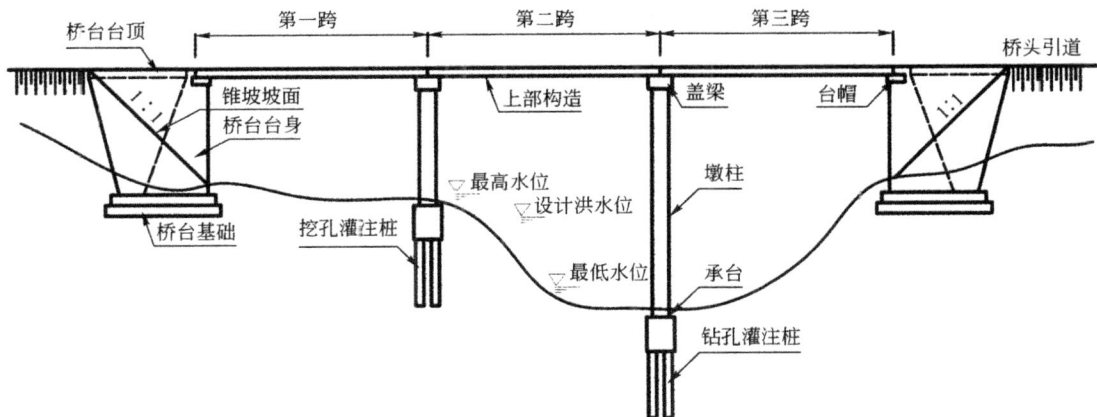

图 7-1　简支梁桥示意图

二、桥梁施工方法概述

1. **基础施工**

一般来说，桥梁基础工程发展到今天，已经不受水文、地质条件的控制，所重视的是工程结构本身的安全和经济性。目前国内已经形成了适合我国国情的一整套桥梁基础施工工艺及相应的设备。

桥梁基础工程由于在地面以下或在水中，属于隐蔽工程，涉及地质和水文地质等问题，从而增加了它的施工复杂性和不可预见性，使桥梁基础施工无法采用统一的模式。但桥梁基础形式大致可以分为扩大基础、桩基础、管柱基础、沉井基础和组合基础等，这些形式的基础可采用相应的方法组织施工。

2. 墩（台）施工

桥梁墩（台）施工方向为垂直向上，解决材料、设备垂直提升和施工安全问题是施工的主要矛盾。根据墩柱的断面形式、高度、工期要求、现场施工条件及设备能力，混凝土墩柱可采用常规模具施工、翻模施工、爬架施工及滑模施工等方法。

3. 上部构造施工

桥梁上部构造施工要解决的主要问题是材料、构件的垂直提升，而且单个提升单元的质量往往较大。对这一问题的解决方法不同，就出现多种上部构造施工方法。此外，由于桥梁类型多、跨度变化大，再加上结构生产的预制化、结构设计方法的进步和机械设备的发展，施工方法也相应得到进步和发展，也形成了多种多样的施工方法。主要有：

（1）就地浇筑法

就地浇筑法是在桥位处搭设施工支架，在支架上浇筑梁体混凝土，待其达到强度要求后拆除模板、支架。是传统的施工方法。

（2）预制安装法

在预制工厂或现场预制场进行梁体的预制工作，然后采用一定的架设方法将梁体安装到预定设计位置。预制安装法施工是目前公路混凝土简支梁桥上部构造施工的主要方法。

（3）悬臂施工法

悬臂施工法是从桥墩开始，两侧对称进行现浇梁或将预制节段对称进行拼装。前者称悬臂浇筑施工，后者为悬臂拼装施工。连续刚构桥的上部构造即采用悬臂浇筑方法施工。

（4）转体施工法

转体施工是将桥梁构件先在桥位处岸边（或路边适当位置）进行预制，待混凝土达到设计强度且组件成型后旋转构件就位的施工方法。转体施工时的静力组合不变，它的支座位置就是施工时的旋转支承和旋转轴，桥梁完工后，按设计要求改变支承情况。

（5）顶推施工法

顶推施工是在沿桥纵轴方向的台后设置预制场地，分节段预制，并用纵向预应力筋将预制节段与施工完成的梁体联成整体，然后通过水平千斤顶施力，将梁体向前顶推出预制场地，之后继续在预制场进行下一节段梁体的预制，循环操作直至梁体施工完成。连续梁桥的施工可采用这种方法。

（6）移动模架逐孔施工法

逐孔施工是中等跨径预应力混凝土连续梁桥的一种施工方法，它使用一套安装在桥梁下部构造上的支撑体系构成施工平台，即为移动模架，形成上部构造施工场地，各主要施工工序在移动模架上完成，施工时从桥的一端向前逐孔进行，直到对岸。

（7）横移施工法

横移施工是在拟安装结构的位置侧面先进行构件预制，然后横向移动该预制构件至规定位置上形成桥垮。

（8）提升与浮运施工法

这是一种采用竖向运输就位的施工方法。提升施工是在拟安装结构物以下的地面上预制该结构并把它提升就位。浮运施工是将梁体在岸上预制，通过大型浮船移运至桥位，利用船的上下起落或吊装设备将梁体安装就位的方法。

选择确定桥梁的施工方法，需要根据桥位的地形、环境、安装方法的安全性、经济性、施工速度等因素充分考虑。

第二节　桥梁基础及墩（台）的施工

一、扩大基础施工

扩大基础是桥涵及其他构造物常用的基础形式，其平面尺寸常为矩形，基础平面尺寸一般均较其上面构造物的底面（如墩的底面）要大。明挖扩大基础施工的主要内容包括基础的测量放样、基坑开挖、基坑排水、基底处理与地基加固、圬工砌筑等。

1. 测量放样

为修筑基础而开挖的临时性坑井称为基坑。基坑属于临时性工程，其作用是提供一个空间，使基础的砌筑作业得以按照设计规定的位置进行。在坑基开挖前，应先进行基础的测量放样工作，以便正确地将设计图上的基础位置准确地设置到桥址上。放样工作是根据桥梁中心线与墩（台）的纵横轴线，推出基础边线的定位点，再放线划出基坑的开挖范围。

2. 基坑的开挖

扩大基础的基坑一般采用明挖法施工。基坑开挖至设计高程后，应及时进行坑底土质和承载力鉴定、清理及整平工作，然后砌筑基础结构物。

根据坑壁稳定等情况将基坑开挖分为无支护开挖和有支护开挖：当地基土质坚实、基坑开挖后能保持坑壁稳定时，可不设置支撑，采用放坡开挖；当土质较差、开挖深度较大、放坡受到用地或其他条件限制等因素的影响时，需要进行各种形式的坑壁支撑。

在干涸无水的河滩中（或有水但经改河、筑堤能排除地表水的河沟中）、地下水位低于基础或渗透量小，不影响坑壁稳定、基础埋置不深、施工期较短、基坑开挖时不影响邻近建筑物安全等情况下，可考虑选用坑壁不加支撑的基坑开挖方案。当坑壁土质不稳定并有地下水影响、放坡开挖工程量过大、施工现场与邻近建筑物过近，不能采用放坡开挖时，须采用坑壁有支撑的基坑开挖方案。

根据施工时水的条件分为无水开挖和有水开挖：在坑基开挖过程中有水渗入时，需要在基坑四周开挖边沟和集水井以便排除积水。在水中开挖基坑时，通常要在基坑周围预先修筑临时性的挡水结构物（称为围堰），然后将围堰内水排干，再开挖基坑。

当基础位于地表水以下，且地下水流速较大时，最常用的方法是采用围堰法。其作用主要是防水和围水，并具有支撑基坑坑壁的作用。围堰的结构型式和材料要根据水深、流速、地质情况、基础型式以及通航要求等条件进行选择。但不论何种形式和材料的围堰，均必须满足下列要求：

（1）围堰顶部宜高出施工期间最高水位 70cm，最低不应小于 50cm，用于防御地下水的围堰宜高出水位或地面 20～40cm；

（2）围堰外形应适应水流排泄，大小不应压缩流水断面过多，以免壅水过高危害围堰安全，或影响通航、导流等；

（3）应尽量采取措施防止或减少渗漏，以减轻排水工作。对围堰外围边坡的冲刷和修筑围堰后引起的河床的冲刷均应有防护措施；

（4）围堰施工一般应安排在枯水期进行。

3. 基坑排水

基坑坑底位于地表水或地下水位以下时，水会渗入坑内，因此必须设法把坑内的水排除，以便于施工。常用的基坑排水方法有：

（1）集水坑排水。除严重流沙外，一般情况下均可适用。集水坑（沟）的大小，主要根据渗水量的大小而定；排水沟底宽不小于 0.3m，纵坡为 1‰～5‰，如排水时间较长或土质较差时，沟壁可用木板支撑防护。集水坑一般设在下游位置，坑深应大于进水笼头高度，并用荆笆、竹篾或木笼围护，以防止泥沙阻塞吸水笼头。

（2）井点排水。当土质较差并有严重流沙现象、地下水位较高、挖基较深或坑壁不稳定，用普通排水方法难以解决时，可采用井点排水法。井点排水应根据基坑土的渗透系数、降水深度要求选用喷射井点法或深井点法。

4. 基底处理

天然地基基础靠基底土壤直接承担荷载，故基底土壤状态的好坏，对基础及墩（台）、上部结构的正常工作影响很大，为使土壤更有效的承担荷载，有时需要进行基底处理工作，处理方法视基底土质而异。

5. 地基加固

当桥涵所在位置的土层为压缩性大、强度低的软弱土层时，除可采用桩基、沉井等深基础外，也可视具体情况采用相应的加固处理措施，以提高其承载能力，然后在其上修筑扩大基础，以求获得缩短工期、节省投资的经济效果。对于一般软弱土层地基，其加固处理方法可归纳为三类，即：

（1）换土法。将基础下软弱土层全部或部分挖除，换填物理力学性质较好的土；

（2）挤密土法。用重锤夯实或采用砂桩、石灰桩、砂井等方法处理，使软弱土层挤压密实或排水固结；

（3）胶结土法。用化学浆液灌入或粉体喷射搅拌等方法，使土壤颗粒胶结硬化。

实际工程中可根据软弱土层的厚度及其物理力学性质、要求的承载能力大小、施工期限、施工机具和材料供应等因素，就地取材、因地制宜予以选用。

6. 圬工砌筑

在基坑中砌筑基础圬工，可分为无水砌筑、排水砌筑及水下灌注三种情况。基础圬工用料应在基坑开挖完成前准备好，以保证能及时砌筑基础。

排水砌筑的施工要点是：确保在无水状态下砌筑圬工，禁止进行带水作业或用混凝土将水赶出模板外的灌注方法。基础边缘部分应严密隔水；水下部分圬工必须待水泥砂浆或混凝土终凝后才允许浸水。

水下灌注混凝土一般只有在排水困难时采用。基础圬工的水下灌注分为水下封底和水下直接灌注基础两种。封底后仍要排水再砌筑基础，封底只是起封闭渗水的作用，其混凝土只作为地基而不作为基础本身，它适用于围堰开挖的基坑。

二、桩基础施工

当地基浅层土质比较差，持力土层埋藏较深，需要采用深基础才能满足结构物对地基强度、变形和稳定性要求时，可用桩基础。桩基础是常用的桥梁基础形式之一。

桩基按材料分类有木桩、钢筋混凝土桩、预应力混凝土桩及钢桩等。按桩的制作方法分为预制桩和钻（挖）孔灌注桩；按施工方法分为锤击沉桩、振动沉桩、射水沉桩、静力压桩、就地灌注桩与钻孔埋置桩等，前四种又统称为沉入桩。应该依据地质条件、设计荷载、施工设备、工期限制及对附近建筑物产生的影响等选择桩基的施工方法。本书只介绍公路上常用的就地灌注混凝土桩基础施工。

就地灌注混凝土桩系指采用不同的钻（挖）孔方法，在土中形成一定直径的井孔，达到设计高程后，将钢筋骨架（笼）吊入井孔中，灌注混凝土形成为桩基础。这种桩的孔径从25cm到200cm以上，桩长从十余米到百米以上，可适用于各种类型桥梁基础。就地灌注混凝土桩的施工工艺发展至今已比较成熟，应用较广。

1. 钻孔灌注桩成孔

钻孔灌注桩具有入土深、单桩承载力较沉入桩大、施工进度快、用筋数量少、对周围环境影响小、设备轻便等优点。

钻孔灌注桩施工的关键是钻孔，钻孔的方法分为三种类型：即冲击法、冲抓法与旋转法。冲击法是用冲击钻机或卷扬机带动冲锥，借助锥头下落产生的冲击力，以反复冲击方式破碎土石或把土石挤入孔壁中，用泥浆浮起钻渣，或用抽渣筒或空气吸泥机排出而形成钻孔；冲抓法是利用冲抓锥自重产生的冲击力，切入土层或破碎土层，叶瓣抓土、弃土以形成钻孔；旋转法是用回旋钻机通过钻杆带动锥或钻头旋转切削土壤，用泥浆浮起并排出钻渣后形成钻孔。根据上述各种钻孔方法的实用范围和特点，结合机具设备的供应情况、设计和工期要求以及土层状况，可选择合适的成孔方法。

各种钻孔灌注桩施工因成孔方法不同和现场情况各异，施工工艺流程不会完全相同。在施工前应安排好施工计划，编制具体的施工流程图，作为安排各工序施工操作和进度的依据。一般情况下，钻孔施工的主要工序是：埋设护筒、制备泥浆、钻孔、清底、钢筋笼制作与吊装以及灌注水下混凝土等。下面就其要点作简略介绍。

（1）埋设护筒。钻孔成败的关键是防止孔壁坍塌。当钻孔较深时，在地下水以下的孔壁土在静水压力作用下会向孔内坍塌，甚至发生砂流现象。钻孔内若能保持比地下水位高的水头，增加孔内的静水压力，能稳定孔壁、防止坍孔。护筒除起这个作用外，同时还有隔离地表水、保护孔口地面、固定桩孔位置和起到钻头导向作用等。

（2）泥浆制备。钻孔泥浆由水、黏土（膨润土）和添加剂组成。具有悬浮钻渣、冷却钻头、润滑钻具、增大静水压力，并在孔壁形成泥皮，隔断孔内外渗流，防止坍孔的作用。周制的钻孔泥浆及经过循环净化的泥浆，应根据钻孔方法和地层情况采用不同的性能指标。泥浆稠度应根据地层变化或操作要求，机动掌握，泥浆太稀，排渣能力小，护壁效果差；泥浆太稠又会削弱钻头的冲击功能，降低钻进速度。

（3）成孔方法。就地灌注混凝土桩的成孔方法有许多种，国内常用的方法有正循环回转法、反循环回转法、潜水电钻法、冲抓锥法和冲击锥法。在钻孔时，钻孔必须在孔位、孔径、孔形、孔深等方面都满足设计要求。因此在钻孔中，必须采取有效措施，以尽量减少事故发生。尤其要注意保证钻孔的垂直度。

（4）孔底清理。孔底清理应紧接在钻孔达到设计要求深度后，以避免历时过长以致泥浆沉淀，引起钻孔坍塌。对于摩擦桩，当孔壁容易坍塌时，要求在灌注水下混凝土前沉淀厚度不大于30cm；当孔壁不易坍塌时，不大于20cm。对于柱桩，要求在射水或射风前，沉淀厚度不大于5cm。清孔方法根据使用的钻机不同而灵活应用。通常可采用正循环回钻机、反循环回钻机、真空吸泥机以及抽渣筒等清孔。

2. 挖孔灌注混凝土桩成孔

挖孔灌注桩是用人工和小型爆破，配合简单机具挖掘成孔，灌注混凝土形成桩基。适用于无水或者是极少水的较密实的各类土层。桩径（或边长）不宜小于1.4m，孔深一般不宜超过20m。其特点是需要的机具设备少，成孔后可直接观测孔内的土质状况，桩基质量有可靠的保障。对于挖孔过深（超过15～20m）、孔壁可能坍塌、渗水量稍大等情况，应慎重选择施工工艺，增加护壁措施和通风条件，以确保施工安全。

桩孔成形后，根据地下水渗流情况和地表水情况选择采用水下灌注工艺或常规灌注方法完成桩基混凝土施工。

三、桥梁墩（台）施工

1. 桥墩的类型

桥墩一般指多跨桥梁的中间支撑结构，除承受上部结构的竖向压力和水平力外，还受风力及可能发生的流水压力、冰压力、船只和桥下漂流物的撞击力、地震力的作用。此外，还要承受施工时的临时荷载。因此，桥墩应有足够的强度、刚度和稳定性，以确保整个桥跨的正常工作。

桥墩形式的采用，取决于桥上线路或道路条件、桥下水流速度、墩位处水深、水流方向与桥梁中轴线的夹角、通航及桥下漂流物、基底土壤的承载能力、梁部结构及施工方法等。桥墩按受力和使用特点一般分为重力式实体桥墩、空心桥墩、柱式桥墩、轻型桥墩和拼装式桥墩。

1）重力式实体桥墩

重力式实体桥墩主要依靠自身的重力来平衡外力保证桥墩的稳定，适用于地基良好或桥下有通航、流水等漂流物的大、中、小桥梁。重力式桥墩一般用混凝土或片石混凝土砌筑，截面尺寸及体积较大，其自重和阻水面积也较大，外形粗壮，很少应用于城市桥梁。重力式实体桥墩按截面形状分为矩形桥墩、圆形桥墩和圆端形桥墩。

（1）矩形桥墩

矩形桥墩截面为矩形（见图7-2所示），具有圬工较省、模板简单、施工简便等优点，但对水流的阻力特别大，并促使水流紊乱而导致桥墩周围发生较大的局部冲刷，所以矩形桥墩一般适用于无水、静水或靠近岸边水流流速较小处。山区的跨谷桥及其他旱桥常采用矩形桥墩。

（2）圆形桥墩

圆形桥墩截面为圆形（见图7-3所示），不受水流与桥梁轴线相交角度的限制。当水流流向不稳定或水流与桥梁轴线斜交角度大于15°时应采用圆形桥墩。由于圆形桥墩各个方向的尺寸相同，不能根据桥墩纵、横向受力及使用要求不同的特点采用不同的尺寸，增大了桥墩的阻水面积，故对于斜交小于15°及横向宽度较大的桥墩不宜采用。同时，因为截面为圆形，不宜用石料砌筑。

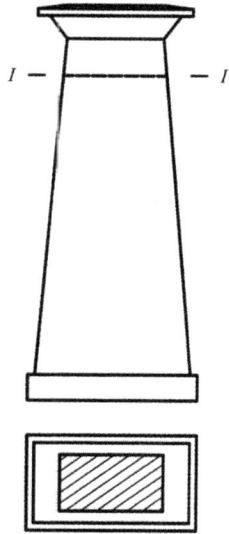

图 7-2 重力式实体墩

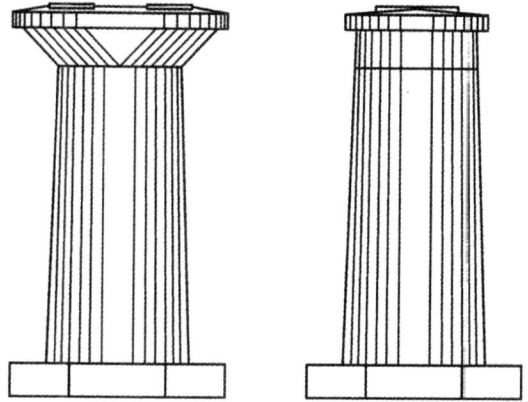

图 7-3 圆形桥墩

（3）圆端形桥墩

圆端形桥墩截面中间为矩形，两端各加一个半圆（见图 7-4 所示），能使水流顺畅的通过桥孔，与矩形桥墩相比，它可减小水流对桥墩周围河床的局部冲刷和水流压力。这种桥墩一般用于斜交角小于 15°时的水中桥墩。

2）空心桥墩

空心桥墩是指在一些高大的桥墩中，为了减少圬工体积，节省材料，或为了减轻自重，降低基底的承压应力，将墩身内部作成空腔体的桥墩，这种桥墩在外观上与实体重力式桥墩无大的差别，只是自重较实体重力式桥墩轻。

3）柱式桥墩

柱式桥墩的结构特点是由分离的两根或多根立柱或桩柱组成，是公路桥梁中采用较多的桥墩型式之一。它的外型美观，圬工体积少，而且结构轻巧，桥下通视情况良好。柱式桥墩的型式主要有单柱式、多柱式、哑铃式以及混合柱式四种。柱身截面大多为圆形和矩形。

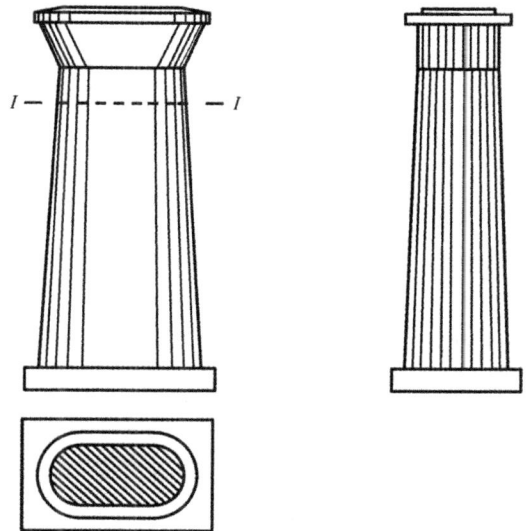

图 7-4 圆端形桥墩

4）轻型桥墩

轻型桥墩截面大多为薄壁矩形或薄壁圆端形实体截面，适用于小跨度、低墩的公路桥梁。轻型桥墩不象重力式桥墩那样要满足独立的稳定性要求，因而可减少圬工材料，获得较好的经济性。

5）拼装式桥墩

拼装式桥墩又称装配式桥墩，是前述的柱式桥墩及轻型桥墩采用部分构件现浇，部分构件预制，现场组拼而成的桥墩。采用拼装式桥墩可提高施工质量、缩短施工周期、减轻劳动

157

强度，使桥梁建设向结构轻型化、制造工厂化及施工机械化发展。拼装式桥墩适用于交通较为方便、同类桥墩数量多的长大干线中的中小跨度桥梁。但使用该类桥墩时应采用轻巧的结构型式和简单可靠的装配方法。应注意提高构件的强度和精度以保证整个结构的正常使用。

桥台作为桥梁的重要组成部分，起着支承桥跨结构和衔接桥跨与路基的作用，它不仅要承受桥跨传来的荷载及自重，而且还要承受台背回填土的压力及填土上车辆荷载产生的附加压力。因此，桥台本身应具有足够的强度、刚度和稳定性，对桥台地基的承载力、沉降量、地基与基础之间的摩阻力等都有一定的要求，以避免在荷载作用下桥台发生过大的水平位移、转动或沉降而影响桥跨的正常使用。

桥台由台顶、台身及基础三部分组成。为了加强桥台与路堤的衔接，桥台尾部应伸入路堤一定的深度，路堤前端填土应按一定的坡度做成锥体，并铺砌护坡。台帽设有支承垫石用于支承桥跨结构。

2. 桥台的类型

常用的中、小跨度的桥梁桥台类型有重力式桥台和轻型桥台两种

1) 重力式桥台

重力式桥台为就地建造的整体式重型结构，主要靠自重来平衡台后的土压力，桥台本身大多用砌石、片石混凝土或混凝土等圬工材料构成，台帽则一般为钢筋混凝土。重力式桥台依据桥台的形状及台背填土情况分类，有 U 形桥台、T 形桥台、埋式桥台、耳墙式桥台及挖台。其中常用的桥台为 U 形桥台，它的优点是构造简单，可以用混凝土或片、块石砌筑，它适用于填土高度在 8～10m 以下或跨度稍大的桥梁；缺点是桥台体积和自重较大，也增加了对地基的要求。此外，桥台的两个侧墙之间填土容易积水，冻结后冻胀，使侧墙产生裂缝。所以宜用渗水性较好的土夯填，并做好台后排水措施。

2) 轻型桥台

轻型桥台多在公路桥梁中采用，一般体积较小，外观轻巧、自重轻、圬工体积少，它主要借助桥台各部分的整体刚度和材料强度承受外力，从而节省圬工，降低对地基承载力的要求和扩大应用范围，为在软土地基上修建桥台开辟了经济可行的途径。轻型桥台种类繁多，可分为以下几种：

（1）设有支撑的轻型桥台

这种桥台的特点是，台身为直立的薄壁墙，台身两侧有翼墙。在两桥台下部设有钢筋混凝土支撑梁，上部结构与桥台通过锚栓连接，于是便构成四铰框架结构系统，并借助两端台后的被动土压力来保持平衡。它的基础将视作为弹性地基上的梁来计算，一般用 C15 混凝土，当基础长度大于 12m 时须配置钢筋。支撑梁的截面尺寸为 12cm×30cm，用 C20 钢筋混凝土浇筑，搁置在基础之上，并垂直于桥台。支撑梁应对称于桥中心线布置，中距约为 2～3m。支撑梁也可用混凝土或块石砌筑，达到节约钢筋，但截面尺寸不应小于 40cm×40cm。

（2）埋置式桥台

埋置式桥台是将台身埋在锥形护坡中，只露出台帽在外以安置支座及上部构造。这样，桥台所受的土压力大为减小，桥台的体积也就相应的减少。但由于台前护坡是用片石作表面防护的一种永久性设施，存在着有被洪水冲毁而使台身暴露的可能，故设计时必须慎重的进行强度和稳定性验算。

（3）钢筋混凝土薄壁桥台

钢筋混凝土薄壁桥台是由扶壁式挡土墙和两侧的薄壁侧墙构成。挡土墙由厚度不小于

15cm（一般为 15～30cm）的前墙和间距为 2.5～3.5m 的扶壁所组成。台顶由竖直小墙和支于扶壁上的水平板构成，用以支撑桥跨结构。两侧薄壁可以与前墙垂直，有时也做成与前墙斜交。前者称 U 型薄壁桥台，后者称八字形薄壁桥台。这种桥台不仅可以减少圬工体积40%～50%，同时因自重减轻而减少了对地基的压力，故适用于软土地基的条件，但其构造和施工比较复杂，而且钢筋的用量也较多。

（4）加筋土桥台

在台后路基填土不被冲刷的中、小跨径桥梁，台高在 3～5m 时，可采用加筋土桥台。这类桥台一般由台帽和竖向面板、拉杆、锚定板及其间填料共同组合的台身组成。拉杆两端分别为加筋土的挡土结构。拉杆应具有柔性，并要采取防腐蚀措施。锚定板尺寸不宜小于75cm×75cm，且通常埋设在路基填土的主动土压力滑裂面以外 3.5H，H 为锚定板的边长。

3. 墩（台）施工

桥梁墩（台）是桥梁建筑中的重要部分。施工时，首先要通过施工测量精确确定墩（台）的设计位置，使用刚度、强度、几何尺寸等满足要求的模板并正确进行安装，采用质量符合要求的建筑材料，严格执行施工规范的规定，以确保工程质量。

桥梁墩（台）施工的方法主要有两类：一类是就地浇筑与砌筑；一类是拼装预制混凝土砌块、钢筋混凝土或预应力混凝土构件。拼装式墩（台）适用于山谷栈桥、跨越平缓无漂流物的河沟、河滩等的桥梁。特别是在工地施工干扰多、施工场地狭窄、缺水与砂石料供应困难的地区，效果尤为显著。装配式墩（台）具有结构形式轻便、建桥速度快、圬工省、预制构件质量可得到有效保证等优点。常用的有砌块式、柱式、管节式或环圈式墩（台）等。

大多数的公路桥梁施工现场主要采用就地浇筑与砌筑，这种方法的施工期限较长，需要耗费较多的劳力与物力。近年来，随着起重机和运输设备的发展，采用拼装预制构件建造各型墩（台）的施工方法有了一定的发展。

1）就地浇筑混凝土墩（台）

就地浇筑混凝土墩（台）的施工有两个主要的工序，一是制作与安装墩（台）的模板；二是混凝土的浇筑与振捣。

（1）墩（台）的模板。根据《公路桥涵施工技术规范》的规定，模板的设计与施工应符合如下要求：

① 具有必须的强度、刚度和稳定性，能可靠的承受施工过程中可能产生的各项荷载，以保证结构物各部形状、尺寸正确；

② 尽可能采用组合钢模板或大模板，以节约木材、提高模板的适应性和周转率；

③ 模板板面平整，接缝严密不漏浆；

④ 拆装容易，施工时操作方便，保证安全。

模板一般用木材或钢板制成。木模质量轻，便于加工成结构物所需要的尺寸和形状，但装拆时易损坏，重复使用少。对于大量或定型的混凝土结构物，则多采用钢模板，钢模板造价较高，但可重复多次使用，且拼装拆卸方便，工程结构物外观较好。

（2）混凝土的浇筑。在墩（台）混凝土施工中，要严格控制混凝土的配合比、水灰比和坍落度等指标符合设计和施工技术规范要求。为防止墩（台）基础第一层混凝土中的水分被基底吸收或基底水分渗入混凝土，对墩（台）基底处理除应符合天然地基的有关规定外，尚应符合以下规定：

① 基底为非粘性土或干土时，应将其湿润；

② 如为过湿土时，应在基底设计高程下夯填一层 10～15cm 厚片石或碎石层；

③ 基底面为岩石时应加以湿润，铺一层厚 2～3cm 水泥砂浆，然后于水泥砂浆凝结前浇筑第一层混凝土。

墩（台）身钢筋的绑扎应和混凝土的浇筑配合进行。在配置第一层垂直钢筋时，应有不同的长度，同一断面的钢筋接头应符合《公路桥涵施工技术规范》（JTJ 041—2000）的规定。水平钢筋的接头，也应内外、上下互相错开。钢筋保护层的净厚度，应符合设计要求，如无设计要求时，则可取墩（台）身受力钢筋大于等于 3cm，承台基础受力钢筋大于等于 3.5cm。

2）石砌墩（台）的施工

石砌墩（台）具有就地取材和经久耐用等优点，在石料丰富的地区建造墩（台）时，在施工期限许可的条件下，为节约水泥，应优先考虑石砌墩（台）的方案。

石砌墩（台）是用片石、块石或粗料石以水泥砂浆砌筑的。石料与砂浆的规格要符合有关规定。浆砌片石一般适用于高度小于 6m 的墩（台）身、基础、镶面以及各式墩（台）身填腹；浆砌块石一般用于高度大于 6m 以上的墩（台）身、镶面或应力要求大于浆砌片石砌体强度的墩（台）；浆砌粗料石则用于磨耗及冲击严重的镶面工程以及有整齐美观要求的桥梁墩（台）身等。

在砌筑前应按设计图放出实样，挂线砌筑。砌筑基底的第一层砌块时，如基底为土质，只在已砌石块的侧面铺上砂浆即可，不需坐浆；如基底为石质，应将其表面清洗、润湿后，先坐浆再砌筑。砌筑斜面墩（台）时，斜面应逐层放坡，以保证规定的坡度。砌块间用砂浆粘结并保持一定的缝厚，所有砌缝要求砂浆饱满。形状比较复杂的工程，应先做出配料设计图，注明块石尺寸；形状比较简单的，也要根据砌体高度、尺寸、错缝等，先行放样配好料石再砌。

3）墩（台）帽施工

墩（台）帽是支撑桥跨结构的部位，其位置、高程及垫石表面，均要保证符合设计和规范要求的精确度，以避免桥跨结构安装困难。台帽内在质量应符合相关要求，避免台帽、垫石出现裂纹，影响墩（台）的使用寿命。墩（台）帽施工的主要工序为：

（1）墩（台）帽放样。墩（台）混凝土浇注或砌筑至离墩（台）帽底下约 30～50cm 的高度时，即须测出墩（台）纵横中心线轴线，并开始树立墩、台帽模板，安装锚栓孔或安装预埋支座垫板、绑扎钢筋等。台帽放样时，应注意不要以基础中心线作为台帽背墙线。浇筑前应反复核实，以确保墩、台帽中心、垫石支座等位置方向与水平高程等符合设计要求。

（2）墩（台）帽模板安装。墩（台）帽是支撑上部结构的重要部分，其几何尺寸、位置和水平高程的精度要求较严，浇筑混凝土应从墩（台）帽下约 30～50cm 处至墩（台）帽顶面一次浇筑，以保证墩（台）帽有足够厚度的紧密混凝土。台帽背墙模板应特别注意纵向支撑或拉杆的刚度，防止灌注混凝土时发生过大变形。

（3）钢筋和支座垫板的安装。墩（台）帽的钢筋绑扎应遵照《公路桥涵施工技术规范》（JTJ 041—2000）有关钢筋工程的规定。墩（台）帽上的支座垫板的安设一般采用预埋支座垫板和预留锚栓孔的方法。前者须在绑扎墩（台）帽和支座、垫石钢筋时，将焊有锚固钢筋的钢垫板安设在支座的准确位置上，即将锚固钢筋和墩（台）帽骨架钢筋焊结固定，同时将钢垫板作一木架，固定在墩、台帽模板上。此法在施工时垫板位置不易准确，应经常检查与

160

校正。后者须在安装墩（台）帽模板时，安装好预留孔模板，在绑扎钢筋时注意将锚栓孔位置留出。此法安装支座施工方便，支座垫板位置准确。

第三节　梁桥上部构造的施工

为了更好的进行桥梁的施工，通常应先对全桥的工程特点、技术状况、水文条件、机械设备能力、劳动力等条件制订全面的规划。包括拟订切实可行的施工方案和方法、安排施工进度计划、确定合理的施工场地布置等。以便对桥梁施工的全过程做到心中有数，便于加强施工管理工作，实现有计划、科学地组织施工。对于某些复杂的工艺，还要在进行施工前安排适当的科学实验工作，必要时应预先准备好补充的施工方案。由于类型多样，桥梁的上部构造施工具有多样性。本书只简要介绍简支梁桥的上部构造施工方法。

钢筋混凝土和预应力混凝土简支梁桥上部构造施工可分为就地浇筑（或简称"现浇"）和预制安装两大类。

一、就地浇筑梁体施工

就地浇筑法是在桥位处搭设施工支架，在支架上浇筑梁体混凝土，待其达到规定强度后拆除模板、支架。就地浇筑施工无需预制场地，而且不需要大型起吊、运输设备将梁体吊装到预定位置，梁体的主筋可不中断，桥梁整体性好。它的缺点主要是工期长，施工质量不容易控制；对预应力混凝土梁而言，由于混凝土的收缩、徐变引起的应力损失比较大；施工中的支架、模板耗用量大，施工费用高；搭设支架影响排洪、通航，施工期间可能受到洪水和漂流物的威胁。

就地浇筑梁体的施工分三个步骤进行：准备工作；混凝土浇筑、养护及预应力筋张拉；模板和支架拆除。

1. 准备工作

现场浇筑施工的梁桥在浇筑混凝土前要进行周密的准备工作和严格的检查。通常，就地浇筑施工时一次浇筑的混凝土工程量大，需要连续作业，因此准备工作相当重要，不可疏忽大意。

（1）支架与模板的检查

在浇筑混凝土之前应对支架和模板进行全面、严格的检查，核对设计图纸的要求，支架的接头位置是否准确、可靠，卸落设备是否符合要求，确保支架稳定、不变形；检查模板的几何尺寸是否符合设计要求，模板安装是否密贴、稳固，螺栓、拉杆、撑木是否牢固，模板内壁是否涂抹脱模剂等。

（2）钢筋和钢索位置的检查

检查钢筋与套管是否正确地按设计图纸规定的位置布置，钢筋骨架绑扎是否牢固，套管端部、连接部分与锚具处应特别注意防止漏浆，检查锚具位置、压浆管和排气孔是否可靠，各种预埋件是否齐备。

（3）浇筑混凝土前的准备工作

应检查混凝土供料、拌制、运输系统是否符合规定要求，在正式浇筑前对灌注的各种机具设备进行试运转，以防止在使用中发生故障，要依照浇筑顺序布置好振捣设备，检查螺帽紧固的可靠程度，对大型就地浇筑施工结构，必须有备用的机械、动力。

在浇筑混凝土前，应会同监理部门对支架、模板、钢筋、预留管道和预埋件进行检查合格后，方可进行浇筑混凝土的工作。

2. 混凝土的浇筑

为了保证结构的整体性，应尽量做到一次浇筑完成。当构件几何尺寸较大或工艺上需要分层浇筑时，应防止在浇筑上层混凝土时扰动和破坏下层混凝土，此时增加浇筑层次须有一定的速度，使上层浇筑的混凝土在先浇筑的混凝土初凝之前完成。同时，在确定主梁混凝土浇筑顺序时，不应使模板和支架产生有害的下沉，为了对浇筑的混凝土进行振捣，应采用适宜的分层浇筑厚度。当在斜面或曲面上浇筑混凝土时，一般从低处开始。

3. 混凝土的养护、预应力筋张拉及模板拆除

（1）混凝土的养护

混凝土浇筑完成后应及时进行养护，确保混凝土在适宜的条件下硬化，在保证混凝土获得规定强度的同时，防止出现裂缝。要防止混凝土受雨淋、日晒、受冻及受荷载的振动、冲击。由于混凝土在硬化过程中发热，在夏季和干燥的气候下应进行湿治养生，而在冬季应保护其不受冻，采用加温的养生方式。

（2）预应力筋的张拉

后张法预应力混凝土梁，必须待混凝土达到设计要求的强度后才能进行张拉。

（3）模板拆除与卸架

当混凝土养护达到规定的强度标准后才能拆除侧模。预应力混凝土梁应在预应力筋张拉完毕或张拉到一定数量后才能拆除底模，以免梁体混凝土受拉。

施工支架的拆除必须按照设计规定的程序进行。梁的落架程序应从梁挠度最大处的支架节点开始，逐步卸落相邻两侧的节点，并要求对称、均匀、有顺序地进行，同时要求各节点分多次进行卸落，以使梁的沉落曲线逐步加大，保证施工安全。通常简支梁可从跨中向两端进行。

二、桥梁上部构造预制安装施工

在预制工厂或在运输方便的桥址附近设置预制场进行梁的预制工作，然后采用一定的架设方法将梁体安装到预定设计位置。预制梁体安装的方法很多，需要不同的安装设备，可根据施工的实际情况合理选择。

1. 预制安装法施工的特点

（1）由于是工厂生产制作，构件质量好，有利于确保构件的质量和尺寸精度。

（2）上下部结构可以平行作业，因而可缩短现场工期。

（3）能有效利用劳动力，并由此降低工程造价。

（4）由于施工速度快，可适用于紧急施工工程。

（5）将构件预制后由于要存放一段时间，因此在安装时已有一定龄期，可减少混凝土收缩、徐变引起的变形。

2. 构件的预制

构件是在预制场（厂）内预制的，预制场地的布置必须合理。预制场（厂）内布置的原则使各工序能密切配合，便于流水作业，缩短运输距离和占地面积尽量少。

构件的预制工艺又分为许多种，应视具体情况合理的选择。简支梁桥常采用先张法生产和后张法生产。

（1）先张法预制工艺

先张法预制梁工艺是在浇筑梁体混凝土前张拉预应力筋，将其临时锚固在张拉台座上，然后立模浇筑混凝土，待混凝土达到规定强度后，逐渐将预应力筋放松，这样由于预应力筋的弹性回缩通过其与混凝土之间的粘结作用，使混凝土获得预应力。

（2）后张法预制工艺

后张法预制工艺的步骤是先制作留有预应力筋孔道的梁体，待混凝土达到规定强度后，再在孔道内穿入预应力筋进行张拉锚固，最后进行孔道压浆并浇灌梁端封头混凝土。

后张法预制工序较先张法复杂（例如需要留孔道、穿筋、灌浆等）、且构件上耗用的锚具和埋设件等增加了用钢量和制作成本，但鉴于此法不需要强大的张拉台座，便于在现场施工，而且又适宜于配置曲线形预应力筋的大型和重型构件制作，因此目前在公路桥梁上得到广泛的应用。

3. 梁体的安装

1）预制梁的出坑和运输

为了将预制梁构件从预制场（厂）运往桥孔现场，首先得把构件从预制底座上移出来，即所谓的"出坑"。钢筋混凝土构件在混凝土强度达到设计强度的 70％、预应力混凝土构件在进行预应力张拉以后，即可进行这一工作。构件出坑时，常用的方法是，龙门吊起吊出坑、三脚扒杆偏吊出坑和横向滚移出坑。而预制梁从预制场至施工现场的运输称场外运输，根据运输距离和运输构件几何尺寸可采用大型平板车、驳船或火车运至桥位现场。预制梁在施工现场内的运输称为场内运输，常用轨道龙门吊运输、轨道平车运输，也可采用纵向滚移法运输。

2）预制梁的安装

由于可采用的吊装设备多种多样，预制梁体的安装也可采用多种方法，主要为：

（1）用跨墩龙门吊机安装。跨墩龙门吊机适用于架设水上岸滩的桥孔，也可用来架设水浅、流缓、不通航河流上的跨河桥孔。

在水深不超过 5m、水流平缓、不通航的中小河流上的小桥孔，也可采用跨墩龙门吊机架梁。这时必须在水上桥墩的两侧，架设龙门吊机轨道便桥。便桥基础可用木桩或钢筋混凝土桩。在水浅流缓而无冲刷的河上，也可用木笼或草袋筑岛来做便桥的基础。便桥的梁可用贝雷梁组拼。

（2）用穿巷吊机安装。穿巷吊机可支承在桥墩和已架设的桥面上，不需要在岸滩或水中另搭脚手架与铺设轨道。因此，这种方法适用于在水深、流急、沟深的大河上架设梁体。

（3）用导梁、龙门架及蝴蝶架（联合架桥机）安装。当桥很高或水很深时，可使用导梁、龙门架和蝴蝶架联合架梁。施工时由跨过两个跨径的导梁和两台立于相邻墩（台）顶上的龙门架与蝴蝶架联合使用来完成架梁工作。载着预制梁的平车沿导梁移至跨径上，由龙门架吊起后将梁横移降落就位。最后一片梁吊起以后将安装梁纵向拖拉至下一跨径，再将梁降落就位。

（4）用扒杆"钓鱼"法安装。用扒杆"钓鱼"法安装是用立于安装孔墩（台）上的两付人字扒杆配合运梁设备，以绞车牵引，把梁悬空吊过桥孔，再落梁就位。此法适用于梁体较轻的小跨径桥梁的安装。

（5）自行式吊车安装。当梁的跨径较小、重量较轻、且预制梁能运抵桥头引道上时，直接用自行式伸臂吊车（汽车吊或履带吊）在桥上架梁甚为方便。显然，对于已架桥孔的主梁，当横向尚未连成整体时，必须核算吊车通行和架梁工作时的承载能力。此种架梁方法，几乎不需要任何辅助作业。

（6）浮吊安装

在通航河道或深水河道上架桥，可采用浮吊安装预制梁。当预制梁分片预制安装时，浮船宜逆流而上，先远后近安装。

用浮吊安装预制梁，施工速度快，高空作业较少，吊装能力强，是大跨多孔河道桥梁的有效施工方法。采用浮吊架设要配置运输驳船，岸边设置临时码头，同时在用浮吊架设时要有牢固锚碇，作业要注意施工安全。

由于新型架桥设备不断出现，桥梁上部构造的梁体安装工艺也在不断更新和发展。桥梁其他部位的施工方法及要求可参见相关专业资料和《公路桥涵施工技术规范》（JTJ 041—2000）。

第八章　施工组织设计概论

第一节　公路施工组织设计的任务与原则

一、公路施工的特点

公路是通过设计和施工，消耗大量的物资资源及人力而完成的建筑产品。和工业生产比较，公路施工同样是把一系列的资源投入产品（即工程）的生产过程，生产上的阶段性和连续性，组织上的专业化和协作化，它们是一致的。但是，由于公路施工自身的特殊性，它不仅与工业生产不同，而且与房屋、水利等土建工程施工也有一定差异。

1. 线性分布工程，施工流动性大

公路是沿地面延伸的线性人工构筑物。由于它的线性特性，使施工流动性大，临时工程多，施工作业面狭长，施工组织与管理的工作量大，也给施工企业员工的生活安排带来一定的困难。

工程数量分布不均匀。大、中型桥梁、隧道、高填深挖路段的路基土石方工程等，往往是控制工期的集中工程。路面工程、小桥、涵洞、交通工程设施、环境绿化等，可视为线性分布工程。

2. 固定性的建筑，占用土地多

公路工程的全部构筑物都固定于一定地点的自然地面上，因此占用土地多。不仅有公路构筑物本身的永久性占地，而且还有施工期间的临时占地。如设计速度 100km/h 的一级公路的永久性占地，一般不会低于每公里 33 333m² （50 亩），这是任何一项土建工程都无法相比的。临时占地如便道、便桥、工棚、施工场地等。因此，精心设计、精心施工是十分必要的。

3. 类型繁多，施工协作性要求高

公路线形及构造物型式受地形、地质、水文等自然条件的影响，又因公路等级和使用要求而异。因此，公路工程类型多种多样，标准化难度大，必须个别设计，施工组织亦须个别进行。就是同一地区相同技术等级的公路，也不可能采用同样的施工组织，这是因为施工时的技术条件（物资供应、机具设备、技术力量等）、自然条件（季节、气候等）和工期要求等不尽相同的缘故。

为了按计划正常施工，建设、设计、施工、监理等单位必须密切配合，施工单位的材料、动力、运输各部门应通力协作，还需要地方各级政府部门和施工沿线各相关单位的大力支持。因此，公路施工过程中的综合平衡和合理调度、严密的计划和科学的管理是特别重要的。

4. 工程形体庞大，施工周期长

公路结构物与其他土建工程一样，具有体形庞大的特点，加之公路工程的线性特性，使这一特点对施工的影响更为严重。首先是同一地点要依次进行多个分部工程作业，致使施工周期长，特别是集中土石方、特大桥等处，在较长时间内占用和消耗大量的人工、材料、机具，直到整个施工周期结束，才能得到直接使用的建筑产品；其次是施工各阶段、各环节必须有机地组成整体，在时间上不间断，空间上不闲置，才能有正常的施工秩序，否则将导致工期延迟，造成人力、物力和财力的大量浪费。

5. 野外作业，受外界干扰和自然因素影响

公路施工大都是野外露天作业，自然地理及气候条件，特别是灾害性天气、不良地质、不良水文等，不但影响施工，而且还会给工程造成损失；另外，来自自然的（如地形艰险、地质条件变化）和人为的（如拆迁受阻、与其他工程交叉）干扰，以及环境因素等，如果处理不当，将对工程的进度、质量、造价等造成很大的影响。

6. 工程质量影响国民经济各部门

公路关系到一个地区的总体规划和国民经济的发展，等级较高的公路总是位于经济较发达的地区，公路施工质量如不符合要求，不仅造成公路建设的直接经济损失，而且严重影响工农业生产和人民生活，其间接经济损失和不良的社会影响将是无法估量的。因此，"百年大计，质量第一"的方针应落实到每一个施工环节上。

二、施工组织设计的基本概念

公路施工组织设计，是公路建设项目在设计、施工阶段必须提交的技术文件，它是准备、组织、指导施工和编制施工作业计划的依据。因此，施工组织设计，是公路工程建设管理规定的主要管理制度之一，是对整个施工活动实行全面的有效控制的基础。

在中华民族几千年的文明史上，有过无数工程建设施工组织的成功事例。宋代学者沈括在他的《梦溪笔谈》一书中，有一篇《一举而三役济》的文章，记载了北宋大中祥符八年（1015 年），大臣丁谓受命重建宫殿的事迹就是一例。宫殿毁于火灾，丁谓的重建方案是：先在废墟周围取土烧砖，然后引汴河水进入取土形成的沟中，再用船将木材、石料等外地材料运到工地，材料备齐后清理废墟填平水沟，最后重建宫殿。这个施工组织方案，在古代运输手段原始落后、完全手工操作、社会分工很差的条件下无疑是十分合理的，它必然取得减少费用、少用人工和缩短工期的良好效果。

那么，什么是施工组织设计呢？概略地说，就是在工程施工前编制的，用来指导拟建工程施工准备和组织施工的全面性的技术、经济文件。施工组织设计应从工程施工的全局出发，根据工程的特点，按照客观的施工规律和当时当地的具体施工条件和工期要求，统筹考虑施工活动中的人工、材料、机械、资金和施工方法等主要因素，对整个工程的施工在时间上和空间上作出科学而合理的安排。

施工组织设计可以是对整个基本建设项目起控制作用的总体战略部署，也可以是对某一单位工程的具体施工作业起指导作用的战术安排。以上二者均称为公路建设项目的施工组织设计，只是前者以施工的宏观控制为核心，后者以施工现场的实施为重点。作好施工组织设计的关键是根据客观的施工条件，充分考虑施工过程中可能出现的各种情况，选择切实可行的施工方案和效果最好的施工组织方法。由于公路施工受到各种因素的制约，因此不存在固定模式的、标准化的施工组织设计。

三、施工组织设计的任务与作用

工程施工需要时间（工期）、占用空间（场地）、消耗资源（人工、材料、机具等）、投入资金（造价）、确定施工方案、选择施工方法等。公路施工需要具备哪些基本条件，如何

按照施工的客观规律来考虑工期的安排、场地的布置、资源的消耗等要素，就成为公路施工组织设计必须认真解决的问题。

施工组织设计的主要任务是：确定开工前必须完成的准备工作；做好施工部署，制定经济、合理的施工方案，选择合适的施工方法和施工机具；统筹安排施工顺序，确定合理可行的施工进度计划；确定施工需用的人工、材料、机具等资源的数量；布置施工现场，做到少占农田、节约开支、有利生产、方便生活；拟定切实有效的施工技术、质量、安全措施，确保工程顺利进行。

施工组织设计的作用有：使复杂的施工过程明细化、程序化，实现有组织、有计划、有秩序的施工；合理的施工进度计划确保待建项目费用省、效率高、质量好，按合同工期完成；在施工前使工程技术人员和管理人员对工程所需的各种施工资源数量和先后顺序做到心中有数；对施工现场平面进行合理布置，实现安全生产、文明施工；针对预计可能出现的各种情况进行相应的准备，能防患与未然；可以把工程的设计与施工、技术与经济、前方与后方、整个企业的施工安排和具体工程的施工组织紧密地联系起来。

编制施工组织设计，本身就是施工准备工作的一项重要内容。公路施工从准备工作开始，也就是说，施工组织设计起着指导施工准备工作、全面布置施工活动、控制施工进度、进行劳动力和机械调配的作用，同时对施工活动内部各环节的相互关系和与外部的联系、确保正常的施工秩序起着有效的协调作用。总之，对于能否优质、高效、按时、低耗地完成公路工程施工任务起着决定性的作用。

四、公路施工组织设计的一般原则

我国公路工程施工组织设计，虽在 20 世纪 50 年代就已开始，但真正形成制度并在公路建设中发挥举足轻重的作用，还是自改革开放以来近 20 余年的事。根据公路建设的现实，以及实施施工组织设计中的经验和教训，施工组织设计一般应遵循以下基本原则。

1. 认真贯彻我国公路建设和经济发展的方针政策

公路工程建设的投资巨大，耗用的人力、物力等各种资源多，必须纳入国家或地方政府的计划安排，公路建设才有可靠的保障。组织施工应严格按基本建设程序办事，认真做好施工组织设计，充分发动群众，建立和健全各项施工的技术保障措施和相应的施工管理制度，确保正常的施工秩序。

随着国家经济的发展，公路建设突飞猛进，建设资金从单一的国家投资来源，增加到地方投资、银行贷款、国外投资、发行股票及债券等多种渠道。公路施工，特别是高速公路的施工，更应该以现行政策为依据，利用施工组织设计调动各方面的积极性，努力提高劳动生产率，加快工程进度，提高工程质量，降低成本，全面完成公路建设计划。

2. 根据建设期限的要求，统筹安排施工进度

公路施工的目的，在于保质保量地把拟建项目迅速建成，尽早交付使用，早日发挥工程的社会效益和经济效益。因此，保证工期是施工组织设计中考虑的首要问题。根据规定的建设期限，按轻重缓急进行工程排队，全面考虑、统筹安排施工进度，做到保证重点，让控制工期的关键项目早日完工。在施工布署方面，既要集中力量保证重点工程的施工，又要兼顾全面，避免过分集中而导致人力、物力的浪费，同时还需要注意协调各专业之间的相互关系，按期完成施工任务。

3. 采用先进技术，实现快速施工

先进的科学技术是提高劳动生产率、加快施工速度、提高工程质量、降低工程成本的重要源泉。同时，积极运用和推广新技术、新工艺、新材料、新设备，减轻施工人员的劳动强度，是现代化文明施工的标志。

施工机械化是公路工程实现优质、快速的根本途径，扩大预制装配化程度和采用标准构件是公路施工的发展方向。只有这样，才能从根本上尽可能减少公路施工的手工操作，实施快速施工。在组织施工时，应结合当时的机具实际配备情况、工程特点和工期要求，作出切实可行的布置和安排。注意机械的配套使用，提高综合机械化水平，充分发挥机具设备的效能。对于基础工程、路基土石方、起重运输等用工多和劳动强度大的工程，以及特殊路基、高级路面等工序复杂的工程，尤其应优先考虑机械化施工。

4. 实现连续、均衡而紧凑的施工

公路施工系野外流动作业，受外界的干扰很大，要实现连续、均衡而紧凑的施工就必须科学、合理地安排施工计划。计划的科学性，就是对施工项目作出总体的综合判断，采用现代数学的方法，使施工活动在时间上、空间上得到最优的统筹安排，也就是施工优化。计划的合理性，是指对各个项目相互关系的合理安排，如施工程序和工序的合理确定等。要做到这些，就必须采用系统分析、流水作业、统筹方法、电子计算机辅助管理和先进的施工工艺等现代化科学技术成果。

施工的连续性和均衡性，对于施工物资的供应、减少临时设施、生产和生活的安排等都是十分有利的。安排计划时，在保证重点工程施工的同时，可以将一些辅助的或附属的工程项目适当穿插。还应考虑季节特点，将一些后备项目作为施工中的转移调节项目。采取这些措施，才能使各专业机构、各工种工人和施工机械，能够不间断地、有次序地进行施工，尽快地由一个项目转移到另一个项目上去，从而实现在全年中能够连续、均衡而又紧凑地组织施工。

5. 保证工程质量和安全施工

公路是永久性的构筑物，工程质量的好坏不但影响施工效果，而且直接影响到沿线国民经济的发展和人民的生活。本着对国家建设高度负责的精神，严肃认真地按设计要求组织施工，确保工程质量，这是每个施工管理者应有的态度。安全施工，既是施工顺利进行的保障，也是党和国家对劳动者关怀的体现。如果施工中发生质量事故或安全事故，不但会耽误工期、造成浪费，有时甚至会引起施工工人思想情绪波动、造成难以弥补的损失。

为此，在进行施工组织设计时，要有保证工程质量和安全施工的措施，在组织施工时，要经常进行质量、安全教育，遵守有关规范、规程和制度。实行预防为主的方针，质量和安全保障措施具体可靠，认真贯彻执行，把质量事故和安全事故消灭在萌芽状态之中。

6. 增产节约，降低工程成本

公路工程建设耗费的巨额资金和大量的物资，是按工程概、预算的规定计算的，即有一个"限额"（承包人则以合同价格为限额）。如果施工时突破这一限额，不仅施工企业没有经济收益，而且从基本建设管理角度也是不允许的。因此，施工企业必须实行经济核算，贯彻增产节约的方针，才能不断降低工程成本，增强企业自身的经济实力和社会竞争力。

社会经济实力的增长，一方面是以现有生产条件为基础，挖掘潜力、增加生产，另一方面则是依靠资金的积累，进行投资，增加生产设备，实现扩大再生产。公路施工涉及面广，需要资源的品种及数量繁杂，在施工组织设计和施工管理中，只有认真实行经济核算，增加

生产，厉行节约，上面所述的科学合理的施工计划安排，就会收到更大的经济效益。此外，还应做到一切施工项目都要有降低成本的技术组织措施，尽可能减少临时工程，充分利用当地资源，以及降低一切非生产性开支和管理费用。

第二节　公路施工组织设计的阶段与内容

在公路基本建设项目的设计阶段和施工阶段，都必须编制相应的施工组织设计文件。在初步设计阶段编制施工方案（也称为施工组织规划设计），在技术设计阶段编制修正施工方案（也称为施工组织总设计），在施工图设计阶段编制施工组织计划，在施工阶段编制实施性施工组织设计。

一、施工方案

公路工程两阶段初步设计和三阶段初步设计中的施工组织设计文件称为施工方案。施工方案由以下内容的文件组成。

1. 施工方案说明

（1）施工组织、施工力量的设想和施工期限的安排，关键工程项目的施工方案比较、论证、决策情况。

（2）主要工程、控制工期的工程和特殊工程采用的施工方案。

（3）主要材料的供应，施工机具、设备的配置及临时工程的安排。

（4）下一设计阶段应解决的问题及注意事项。

2. 人工、主要材料及机具、设备安排表

列出主要材料、机具、设备的名称、单位、总数量和人工数量，并分上半年、下半年编列。主要材料一般指施工中价格高的钢材、木材、水泥、沥青等，以及施工中用量大的如石料、砂等，和施工中有特殊重要用途的如处理软土地基的土工织物、高强度水泥混凝土供用的外加剂等。

3. 工程概略进度图

根据劳动力、施工期限、施工条件以及施工方案按年和季度进行施工进度概略安排。图中应列出工程项目名称、单位、数量，按年度和季度列示出各项工程施工的起止时间、机动时间、衔接时间等。

4. 临时工程一览表

列出临时工程名称，如便桥、便道、预制场、电力设施、通信设施等。列出各项临时工程的地点或桩号、工程项目及数量等。

5. 公路临时用地表

列出临时用地的位置或桩号、工程名称、隶属（县、镇、村、个人）关系、长度、宽度、土地类别及数量等。

上述施工方案说明列入初步设计文件的第一篇即总说明书中，其余4项构成第十篇即施工方案文件。

二、修正施工方案

采用三阶段设计的公路工程，在技术设计阶段编制的施工组织设计文件称为修正施工方案。修正施工方案根据初步设计的审查意见和施工方案说明中提出应进一步解决的问题及注意事项进行编制，修正施工方案的编制深度和提交的文件内容，介于施工方案和施工组织计划之间。

三、施工组织计划

公路工程不论采用几个阶段设计，都要在施工图设计阶段编制施工组织计划。施工组织计划由以下内容的文件组成。

1. 说明

（1）初步设计（或技术设计）批复意见的执行情况。

（2）施工组织、施工期限、主要工程的施工方法、工期、进度及采取的措施。

（3）劳动力计划及主要施工机具的使用安排。

（4）主要材料供应、运输方案及临时工程的安排。

（5）对缺水、风沙、高原、严寒等地区以及冬季、雨季施工所采取的措施。

（6）对高速公路和一级公路的交通工程及沿线设施施工协调和分期实施有关问题的说明。

（7）施工准备工作的意见，如拆迁、用地，修建便道、便桥、临时房屋，架设临时电力、电信设施等。

2. 工程进度图

图中应列出工程项目名称、单位、数量、劳动力等，按年、月分别绘出各工程项目施工延续工期并标出其月计划工日数，绘出劳动力安排示意图等。

3. 主要材料计划表

表中列出主要材料的名称、规格、单位、数量、来源、运输方式，按年、季的计划用量等。

4. 主要施工机具、设备计划表

表中列出机具、设备的名称、规格、数量（台班数、台数）、使用期限（开始和结束时间），按年、季的计划用量等。

5. 临时工程数量表

包括便道、便桥、预制场地、施工场地、电力及通信线等。列出各项临时工程的地点或桩号、工程名称、工程说明、工程数量等。

6. 公路临时用地表

列出临时用地的位置或桩号、工程名称，土地的隶属（县、镇、村、个人）关系、长度、宽度，土地的类别及数量。

施工组织计划为施工图设计文件的第十二篇。

四、实施性施工组织设计

在公路工程的招标、投标阶段和施工阶段，由施工单位编制的施工组织设计统称为实施性施工组织设计。招标、投标阶段由施工企业的经营管理层编制的施工组织设计文件称为标前施工组织设计，中标后由施工项目管理层编制的施工组织设计文件称为标后施工组织设计。标前施工组织设计是规划性的，目的是力争中标、签订工程承包合同，施工条件是一种预计，内容较概略。标后施工组织设计是操作性的，目的是组织项目施工、提高效益，施工条件确定，内容全面而具体。根据公路工程招标文件的规定，如果中标，标后施工组织设计应与标前施工组织设计基本上保持一致。

投标时编制的施工组织设计文件通常又称为施工组织设计大纲，内容必须符合招标文件的要求，一般由以下七张表或图组成：施工组织设计的文字说明；分项工程进度计划；工程管理曲线；施工总平面布置图；主要分项工程施工工艺框图；分项工程生产率和施工周期表；施工总体计划表。其中文字说明部分应包括：设备、人员动员周期以及设备、人员、材料运到施工现场的方法；主要工程项目的施工方案、施工方法，各分项工程的施工顺序；确保工程质量和工期的措施；重点（关键）和难点工程的施工方案、施工方法及其措施；冬季和雨季的施工安排；质量、安全保证体系；其他应说明的事项。

工程中标后，正式开工前编制的实施性施工组织设计文件，根据工程对象的不同又分为施工组织总设计、单位工程施工组织设计和分部分项工程施工组织设计。施工组织总设计的编制对象是整个施工项目，在公路施工项目的准备阶段编制；单位工程施工组织设计针对某一单位工程，在其开工前编制；分部分项工程施工组织设计针对现场作业按施工工序编制。施工组织总设计、单位工程施工组织设计和分部分项工程施工组织设计，是同一工程项目的不同广度、深度和作用的三个层次的施工组织设计，它们是一个相互关联的整体，层层细化，实现对工程施工活动的有效管理与控制。

编制实施性施工组织设计时，施工原则、施工方案和施工方法已确定，施工条件明确。为确保这一阶段的施工组织设计能在工程施工中顺利实施，就必须根据不同的工程对象分别对各单位工程、各分部分项工程、各工序和施工队进行施工进度的日程安排和具体的操作设计。实施性施工组织设计文件的内容与施工图设计阶段的施工组织计划相似，但更具体、更详细。工程进度图应按月、旬、周安排，以分部工程施工为编制对象时，应列出各工序的施工持续时间，并编制相应的人工、材料、机具、设备计划。

综上所述，从施工方案到实施性施工组织设计，后一阶段比前一阶段的要求更高，内容也更详细，但是各个阶段既是独立的又是相互联系的。前一阶段是后一阶段施工组织设计的基础，后一阶段是对前一阶段施工组织设计的深化和落实。

上述施工组织设计文件的内容，是就通常情况而言，对于某一具体工程的施工组织设计，应结合该工程的实际情况，以满足公路工程的设计、施工要求为原则进行适当的调整和补充。

第三节　原始资料的调查与分析

一、调查的目的和方法

开展任何工作都应首先深入了解有关情况，才能避免盲目性，作出正确的决策。要编制出切实可行的施工组织设计，事先必须掌握准确可靠的原始资料，以此为依据，才能做好施工方案、安排施工进度，才能正确作出各项资源供应和施工现场部署。

公路施工涉及面广、专业多、材料及机具类型繁多、投资大，需要协调的问题各种各样。如果原始资料出现差错，对施工组织设计的编制和施工作业的正常进行都会造成不利影响，常常导致延误工期、质量低劣、事故频繁等严重后果。因此，施工前应有计划、有步骤地认真做好原始资料的调查、收集和分析工作。

为编制设计阶段的施工组织设计文件而进行的原始资料调查，是由设计单位在公路的勘察设计阶段进行的。为编制施工阶段的施工组织设计文件而进行的原始资料调查，则由施工单位在公路施工准备阶段进行。勘察阶段的调查由公路设计时外业勘测中的调查组，随着公路设计资料的调查同时完成。施工阶段的调查是对设计阶段调查结果的复核和补充，由开工前组成的调查组来完成。设计阶段和施工阶段的调查方法及内容基本相同，都要深入现场，通过实地勘察、座谈访问、查阅历史资料，并采取必要的测试手段获得所需数据及资料。

调查的主要内容有：工程所在地点的地形、地质、水文、气候条件；自采加工材料场储量、地方生产材料情况、施工期间可供利用的房屋数量；当地劳动力资源、工业生产加工能力、运输条件和运输工具；施工场地的水源、水质、电源，以及生活物资供应情况；当地民俗风情、生活习惯等。

二、自然条件调查

1. 地形、地貌

重点调查公路沿线大桥、隧道、附属加工场、工程困难地段。调查资料用于选择施工用地、布置施工平面图、规划临时设施、掌握障碍物及其数量等。

2. 地质

用以选择路基土石方施工方法、确定特殊路基处理措施、复核地基基础设计及其施工方案、选定自采加工材料料场、制定障碍物的拆除计划等。

3. 水文地质

（1）地下水。判定水质及其侵蚀性质和施工注意事项、研究降低地下水位的措施、选择基础施工方案、复核地下排水设计。

（2）地面水。制定水下工程施工方案、复核地面排水设计、确定临时供水的措施。

4. 气象

（1）气温。确定冬季施工及夏季防暑降温措施，估计混凝土、水泥砂浆的强度增长情况，选择水泥混凝土工程、路面工程及砌筑工程的施工季节。

（2）降雨。确定雨季施工措施、工地排水及防洪方案，确定全年施工作业的有效工作天数及桥涵下部构造的施工季节。

（3）风力及风向。布置临时设施，确定高空作业及吊装的方案与安全措施。

5. 其他自然条件

如地震、泥石流、滑坡等，必要时亦进行调查，并注意它们对基础和路基的影响，以便采取专门的施工保障措施。

三、施工资源调查

1. 筑路材料

（1）外购材料的供应及发货地点，规格、单价、可供应数量，运输方式及运输费用。

（2）地方材料的产地、质量、单价，运输方式、运输距离及运输费用。

（3）自采加工材料的料场、加工场位置、可开采数量、运距等情况。

2. 交通运输条件

工地沿线及邻近地区的铁路、公路、河流的位置，车站、码头到工地的距离和卸货与存储能力。装卸运输费用标准。公路桥梁的最大承载力，航道的封冻、洪水及枯水期。当地汽车修理厂的情况及能力，民间运输能力。

3. 供水、供电、通信

施工由当地水厂供水的可能性，当地供水的水量、水压、水质、水费，输水管道的长度。工地自选水源的可能性，其水质、引水方式、投资费用及设施。当地电源供电的容量、电压、电费、每月停电次数，如需自行发电，应了解发电设备、燃料、投资费用等。对于通信，应了解当地邮电机构的设置情况。如当地能为施工提供水、电力及通信服务，应签定相应的协议书或意向书，以利于施工现场的相关部门提前做好准备。

4. 劳动力及生活设施

（1）当地可动用的劳动力数量、技术水平，如系少数民族地区，还应了解当地风俗习惯。

（2）可供作临时施工用房的栋数、面积、地点，以及房屋的结构、设备情况。

（3）工地所在地区的文化教育、生活、医疗、消防、治安情况及其支援能力。

（4）环境条件，如附近有无有害气体、污水及地方性疾病等。

5. 地方施工能力

如当地钢筋混凝土预制构件厂、木材加工厂、采石场、混凝土搅拌站等建筑施工附属企业的生产能力，这些地方企业满足公路施工需求的可能性和数量。

四、施工单位能力调查

在公路设计阶段，如可行性研究报告没有明确对施工单位的要求，应向建设单位调查了解，确定是由专业队伍施工还是由地方力量施工。对施工单位，主要调查其施工能力，如施工工人数量及水平、技术人员数量及类别、施工机械设备的装备水平、施工单位的资质等级及近年的施工业绩等。

对实行招标、投标的工程，在设计阶段不可能明确施工单位，编制施工组织设计时，应从工程设计的角度出发，提出优化的、最合理的意见作为依据。在施工阶段，施工单位已确定，施工单位能够调动的施工力量，包括本单位自身的施工能力和按合同规定允许分包的其他施工能力，都是编制施工组织设计的依据。

第四节　施工组织的基本方法

公路施工组织的主要方法是流水作业法和网络计划法，个别情况下也可采用顺序作业法和平行作业法。由于不同地区、不同等级公路的建设规模、技术复杂程度、施工要求等差异较大，采用的施工组织方法也有所不同。这几种方法不但适用于公路工程施工，也可以在其他建筑工程施工或工业产品加工的生产过程中应用。

一、顺序作业法

将拟建工程项目划分成若干段落，每段又分解成若干施工过程，按照一定的施工顺序，前一个施工过程完成后，后一个施工过程才开始进行，或前一段施工结束后，后一段才开始施工，这就是顺序作业的组织方法，如路面一段一段地铺筑、涵洞一座一座地修建等。这是最基本的、原始的施工组织方法。

由于施工按顺序进行，因而同一时间只能有一个施工队作业。若一项工程有 n 道工序，每道工序的作业持续时间为 t_i，则该项工程的施工期限 t 可用式（8-1）计算：

$$t = t_1 + t_2 + \cdots + t_n = \sum_{i=1}^{n} t_i \tag{8-1}$$

若整个工程项目共有 m 项工程，则完成全部施工任务的总工期 T 应等于各项工程施工期限之和，即：

$$T = \sum_{i=1}^{n_1} t_{i,1} + \sum_{i=1}^{n_2} t_{i,2} + \cdots + \sum_{i=1}^{n_m} t_{i,m} = \sum_{j=1}^{m} \sum_{i=1}^{n_j} t_{i,j} \tag{8-2}$$

式中：$t_{i,j}$——第 j 项工程的第 i 道工序的作业持续时间。

显然，当 m 项工程都完全相同，而每项工程的 n 道工序的作业持续时间 t_i 都相等时，式（8-2）可以写成：

$$T = mnt_i \tag{8-3}$$

例如：有 5 座结构和规格尺寸都完全相同的涵洞，按顺序作业法组织施工时的施工进度如图 8-1 所示。由图可见，每座涵洞分 4 道工序，每道工序的作业持续时间都为 3d，即有 $m=5$，$n=4$，$t_i=3$。总工期由式（8-3）计算得到：$T = mnt_i = 5 \times 4 \times 3 = 60$（d）。

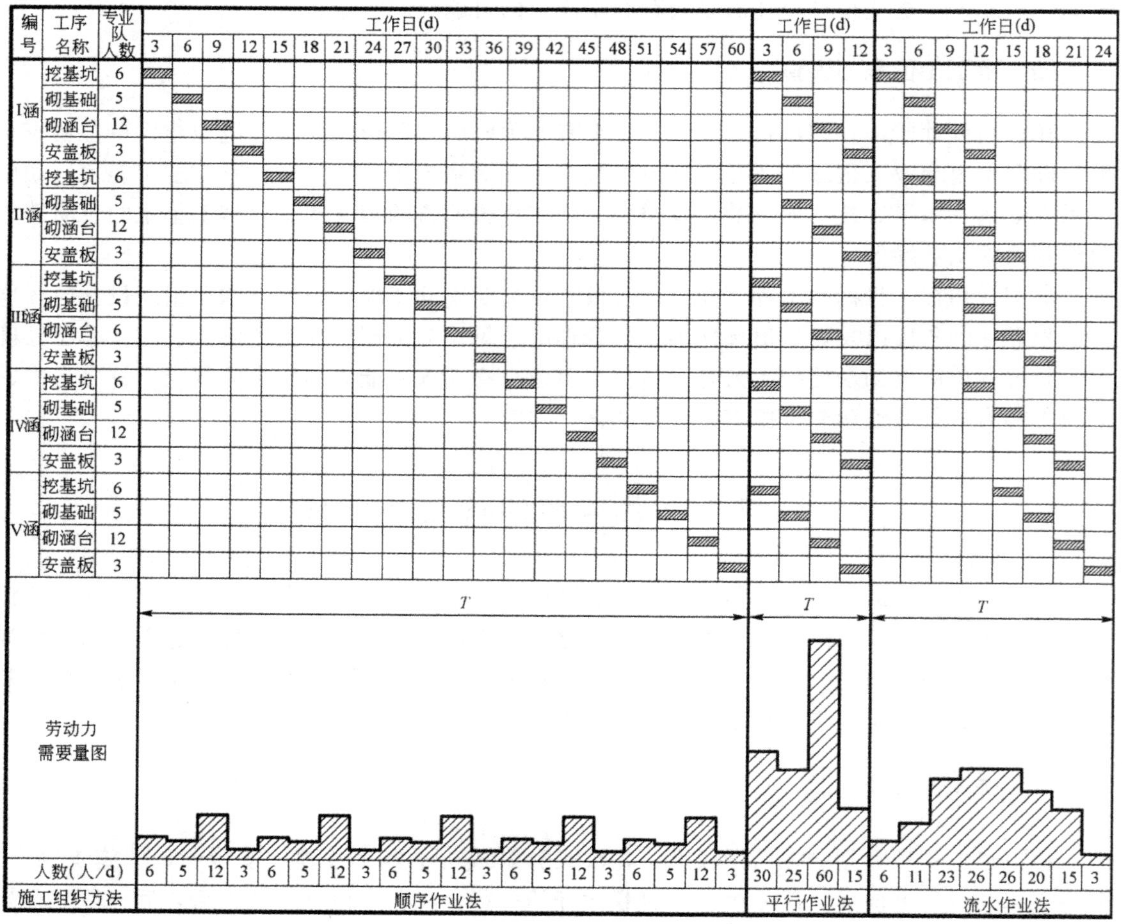

图 8-1 施工组织方法示意图

由图 8-1 可以看出，顺序作业法有以下特点：

（1）不能充分利用工作面去争取时间，所以工期长；

（2）施工队不能实现专业化施工，机具、设备不能充分利用，不利于提高工程质量和劳动生产率；

（3）施工队和工人不能连续作业，劳动力需用量波动性大；

（4）单位时间内需要投入的资源数量比较少，有利于资源供应的组织工作；

（5）因只有一个施工队，所以施工现场的组织管理工作比较简单。

由此可见，在大规模的现代化施工条件下，顺序作业法只能作为一种辅助的施工组织方法。对于规模很小，施工技术单一的工程，或对工期要求不严格的小型工程，才可以考虑采用顺序作业法组织施工。

二、平行作业法

将拟建工程项目分段或划分施工项目，分别组织施工队，在同一时间的不同空间上同时进行作业，这样的施工组织方法叫平行作业法。工程被划分成多少段（或施工项目），就相应地组织多少个施工队。

由于各施工队都同时在作业，因此，完成全部施工任务的总工期 T 就由施工期限最长的那个施工项目决定，即：

$$T = \max\{t_j\} \tag{8-4}$$

式中：t_j——各施工项目或施工段的施工期限，$j=1, 2, \cdots, m$；

m——划分的施工项目（或施工段）数。

同前，当 m 项工程都完全相同，而每项工程的 n 道工序的作业持续时间 t_i 都相等时，式（8-4）可写成：

$$T = nt_i \tag{8-5}$$

前述 5 座涵洞若按平行作业法组织施工时，需要组织 5 个施工队，其他条件与顺序作业法相同，施工进度如图 8-1 所示。显然，总工期应按式（8-5）计算：$T=nt_i=4×3=12$（d）。

由于同时有 5 个施工队在作业，因此每日所需劳动力也为顺序作业法的 5 倍，即最多 60 人，最少 15 人。

由图 8-1 可以看出，平行作业法有以下特点：

（1）充分利用工作面，争取了施工时间，缩短了工期；

（2）施工队不能实现专业化施工，机具、设备不能充分利用，不利于提高工程质量和劳动生产率；

（3）施工队和工人不能连续作业，劳动力需用量出现高峰；

（4）单位时间需要投入施工的资源成倍增长，现场临时设施也相应增加；

（5）因施工队多，所以施工现场的组织、管理工作复杂。

由此可见，只有当施工任务十分紧迫、抢工期突击施工、工作面允许及资源充分保证供应的条件下，才能用平行作业法组织施工。

三、流水作业法

公路工程的流水作业法，是将拟建工程划分为若干个施工段，按工序或按相同的施工过程分别组建专业施工队，各专业施工队按照一定的施工顺序依次在各施工段上完成各自的施工作业任务，从而保证拟建项目的施工全过程在时间上和空间上实现连续、均衡而有节奏地进行。公路工程流水作业法的表现形式是产品（即工程）固定、生产者流动，而工厂化施工或工业生产的流水作业正好相反，即产品（或构件）在生产流水线上移动，加工机械或工人则在固定位置上作业。

若 m 个施工段的工程数量及施工内容相同，每个施工段都有同样的 n 道工序，各道工序的作业持续时间都为 t_i，则流水作业的总工期 T 按式（8-6）计算：

$$T = (m + n - 1)t_i \qquad\qquad (8\text{-}6)$$

关于式（8-6）的来源及用流水作业法组织施工的详细内容，将在第九章中叙述。

前述 5 座涵洞按流水作业法组织施工时，施工进度如图 8-1 所示。划分 5 个施工段、4 个专业队，总工期由式（8-6）计算：$T = (m + n - 1) \ t_i = (5 + 4 - 1) \ 3 = 24$（d）。

在流水作业法中，由于各种专业施工队按工序连接关系先后进入流水作业，因而单位时间内所需劳动力数量，在开始时逐次增加，当全部专业队都进入流水作业后，劳动力需要量达到均衡状态。在图 8-1 的例子中，均衡状态时的劳动力需要量为每天 26 人。

从图 8-1 可以看出，与顺序作业法和平行作业法相比，流水作业法有以下特点：

（1）科学地利用工作面，争取了施工时间，工期比较合理；

（2）施工队及工人为专业化施工，有利于提高工人的操作技术水平，更好地保证工程质量，获得更高的劳动生产率；

（3）专业施工队及工人实现连续作业，相邻专业施工队之间的连接紧凑；

（4）单位时间需要投入施工的资源较为均衡，有利于资源供应的组织工作；

（5）施工有节奏，为文明施工和进行施工现场的科学管理创造了有利条件。

采用流水作业法组织施工，应该是工程量大、技术复杂的大型工程。因为施工段的数量和工作面的大小必须满足一定的要求，流水作业法才能更好地发挥它的优越性，这一点只有大型工程项目才能有条件做到。

以上是假定在施工条件、技术装备、工程数量等完全相同的条件下，仅就三种施工组织方法的施工期限和劳动力需要量进行比较，而实际工程中的情况却要复杂得多。之所以用来比较，主要是为了说明这三种施工组织方法的基本概念，同时也是因为任何工程的工程数量和施工方法确定之后，施工组织设计的首要任务是正确地解决施工期限和劳动力（以及相应的技术物资供应）需要量之间的相互关系。

综合应用上述三种方法，可以组成平行流水作业法、平行顺序作业法等。某些技术复杂的大型集中性工程（如高层房屋建筑），还可以组成立体交叉平行流水作业法等，以进一步缩短工期。

四、网络计划法

每条公路所处的地理环境和地形条件互不相同，从总体上讲，公路工程是线性非均布工程。不但不同结构的构筑物有不同的工程量，而且常常会出现几个同一结构和尺寸的构筑物，由于土质、地质条件的差异，其工程数量也不尽相同的情形，山区公路尤其显著。若用前述的几种方法组织施工，除个别情况外，要实现连续而均衡的施工，难度都是相当大的，而且不容易得到最佳方案。随着我国高速公路建设的开展，对工程质量和进度的要求越来越严，施工规模和技术难度也越来越大，因此，将新的、更科学的施工组织方法引入公路工程的施工组织管理中是十分必要的。网络计划法就是这样一种能从头绪众多的施工环节中较快得到相对最优方案的施工组织方法。自然，前述三种施工组织方法也可以通过网络计划法来安排施工进度。

网络计划法是指 20 世纪 50 年代以来，为适应大规模生产的发展和关系复杂的现代科学研究的需要，国外陆续采用的一些以网络图为基础的计划管理新方法。如 1957 年美国杜邦公司将网络分析中的"关键线路法"（简称 CPM）成功地在若干工程的计划和管理工作中应用，1958 年美国海军武器局又研究了一种称为"计划评审法"（简称 PERT）的管理方法，有效地解决了存在若干未知因素干扰情况下的工程进度安排问题。从 1959 年起，网络计划法广泛应用于军事、计算机、太空、电信、建筑等部门。1961 年 5 月，美国阿波罗登月计划成功的顺利实施，就是借助于 PERT 法。

这些方法尽管名目繁多，但基本原理相同，内容大同小异。我国著名数学家华罗庚教授也在 20 世纪 50 年代中期研究了这些方法，他结合我国的实际情况，把它概括为"统筹方法"，并从 60 年代初期开始先后在一些工厂、企业进行了试验和推广，取得了良好的效果。我国于 1980 年成立了全国性的统筹法研究会，1992 年国家发布了《网络计划技术》的 3 个国家标准，1999 年建设部又发布了《工程网络计划技术规程》，使网络计划的应用走上法制化、规范化的轨道。

网络计划采用网络图的形式表达各项工作的先后顺序和相互关系，所以又称为网络计划法或网络分析法。它逻辑严密，主要矛盾突出，有利于计划的优化、调整和应用电子计算机进行计算。因此，在我国推广以来，已在工业、建筑、国防、农业和科学研究中得到了广泛的应用。

在建筑工程的施工中，通常用网络图来安排施工进度计划，本书将这一方法称为"网络计划法"。在应用于施工组织设计时，首先绘制工程施工的网络图，然后分析各个施工过程（或工序）在网络图中的地位，通过计算找出关键工作和关键线路，接着按照一定的目标不断调整、优化计划安排，选择最优方案，并在计划的执行过程中进行有效的控制和监督，确保以最小的消耗取得最大的经济效果，按时完成施工任务。关于网络计划法的详细内容，将在本书第十章中叙述。

第五节　机械化施工组织

一、机械化施工组织的任务

现代工程建设离不开施工机械，公路工程体形庞大，又是露天作业、影响因素很多，只有实行机械化施工才能取得保证工期、提高工程质量、控制造价的综合最佳效果。由于机械化施工的速度快、需要一定的作业场地、专业性强、一次投入较大，因此，采用前述方法进行机械化施工组织时，除了满足施工任务的要求外，特别需要考虑的应是如何使机械化施工发挥最大的经济效益。

公路工程机械化施工组织的主要任务有以下几点：

1. 制定切实可行的机械化施工方案和进度计划

路基土石方、水泥混凝土、处治地质病害等工程的施工，当采用不同的施工机械时，施工方案截然不同，应考虑工程规模、工期长短、作业安全，并结合地形、地质条件等因素因地制宜地选择和制定施工方案，并合理安排施工进度。路面工程通常采用专用机械，施工方案相对较单一，这种情况下应着重抓好机械的组合与配套。

2. 认真进行施工机械的选型与配套

公路施工大都是多种机械的联合作业，即综合机械化作业，进行施工机械选型时，首先应根据施工现场的具体条件，充分考虑各种施工机械的性能和用途，经过技术经济比较后选定主要施工机械。然后确定在不同作业环境及施工方案下的作业配套机械，实现施工机械的最佳配套组合，提高机械化施工的经济效益。

3. 优化分部分项工程的机械平面运行设计

各种施工机械（特别是路基土石方施工机械）都有若干特定的运行模式，分部分项工程的机械化施工应针对作业场地条件（如地形、土质、施工干扰）、工程要求（如挖方用作填方还是弃方、借方）等采用最适合的运行模式进行作业，最大限度地提高施工效率。对于关键工程的机械化施工，更应做好这方面的工作。

4. 做好施工机械数量的安排及调度计划

施工机械的数量必须满足施工任务的要求。但是，公路施工的环境随时都在变化，随着工程的进展，不同施工阶段所需要的施工机械的数量和型号也不尽相同，为保证机械化施工的连续性，应根据施工进度安排做好施工机械调度计划。通过施工机械的合理安排和及时调度，可以充分发挥机械的施工能力，最大限度地避免机械闲置现象的发生。

5. 机械的维修保养应与施工进度协调

施工机械的技术状况直接关系到工程质量和施工进度，因此，及时进行机械的维修保养，提高机械完好率，是机械化施工必须的保障条件。由于公路施工常常受到天气、地质变化、交叉作业等外部因素的干扰，因而施工进度不可能是均匀的，有时会出现短期内集中使用较多机械的情况，这就要求机械设备的维修保养与施工进度协调，确保满足施工现场作业对机械的需求。

二、施工机械的选型与配套组合

1. 选择施工机械的原则

工程量和施工进度是选择施工机械（特别是主要机械）的重要依据，但影响选择施工机械的因素是多方面的，选择施工机械时一般应遵循以下原则。

（1）施工机械必须与工程具体情况相适应

绝大多数公路都是线性非均布工程，施工条件千变万化，选用的机械类型一方面要适应工地的气候、地形、土质、施工场地大小、运输距离、工程断面形状尺寸、工程质量要求等；另一方面，机械的容量要与工程进度及施工任务相吻合，避免因机械工作能力不足造成延缓工期或因机械工作能力过剩使机械利用效率太低的现象。在条件允许的情况下，应尽量选择最能满足施工内容的机种和机型，保证施工顺利进行。

（2）选用的机型应有较好的经济性

施工机械经济性选择的基础是机械施工单价，主要和机械作为固定资产的消耗及运行费用有关。固定资产消耗与施工机械的投资成正比，包括折旧费、大修费和投资的利息等；而机械的运行费用则是与完成的工程量成正比，包括劳动工资、直接材料费、燃油费、润滑材料费、劳保设施费等。采用大型机械虽然一次性投资大，但它可以分摊到较大的工程量当中，对工程成本影响反而较小。因此在选择机械时，必须权衡工程量与机械费用的关系，同时要考虑机械的先进性和可靠性，这是影响经济效益的重要因素。采用先进的机械设备，由于其技术性能优良、构造简单、易于操作、故障少、维修费低，最终可取得较好的经济效益。

（3）应能保证工程质量要求和施工安全

合适的施工机械是保证工程质量的重要因素之一。对于技术要求较高的作业项目，应考虑采用性能优良的或专用的机械，以保证工程质量和较高的生产率。但应注意不可片面追求高性能专用机械，应在满足工程质量要求的前提下，与机械的通用性相结合。同时，机械应具有可靠的安全性能，如行驶稳定，有翻车或落体保护装置、防尘隔音、危险施工项目可遥控作业等。此外，在保证施工人员和设备安全的同时，还应注意保护自然环境。

（4）从全局出发统筹考虑选择施工机械

从全局出发就是不仅考虑本项工程需要，也要考虑所承担的同一施工现场的其他项工程施工的需要。也就是说，从局部考虑选择可能不合理，但从全局考虑是合理的。例如，几个工程需要的混凝土量大，而又相距不远，采用混凝土拌和楼比多台分散的拌和机要经济，而且可以更好地保证混凝土的质量。

2. 机械的合理配套组合

合理的机械组合是发挥机械设备整体效能的重要因素，也是机械化施工的一个基本要求，它包括技术性能和机械类型及数量两个方面的合理配置与优化组合。

（1）主要机械与配套机械的组合

与主要机械相配套的配套机械，其工作容量、数量及生产率应稍有储备。主要机械与配套机械的工作能力应配合适宜，以充分发挥主要机械的生产率。

（2）牵引车与配套机具的组合

某些辅助性机具或拖式机械没有独立的动力行走装置，需要配以另外的牵引车才能工作，这时，两者组合要协调、平衡，应避免动力剩余过大造成浪费，或动力不足而不能完成要求的作业内容。

（3）配合作业机械组合数尽量少

综合机械化作业的组合数越多，其总的效率就越低。而且每一组合中，当其中一台发生故障停机时，组合中的其他机械便无法正常工作。因此，在能完成作业内容的前提下，应尽量减少机械组合的数量。为了避免这种不利情况的发生，应尽可能组织多个系列的组合，并列进行施工，从而减少组合中一台机械停机而造成全面停工的现象，以减少配合机械工作能力的损失。

（4）尽量选用系列产品

整个机械化施工中，应减少同一功能机械的品种类型，尽可能使用统一的、标准化的系列产品，以便全场调配使用和维修管理。尤其是主要机械，应选用系列产品，配套机械亦应力求做到这一点。

3. 选择施工机械的方法

选择公路工程的施工机械，需要综合考虑各种因素。通常根据机械的技术性能，针对各项作业的具体情况，从以下几个方面出发，进行机械的合理选择。

（1）根据作业内容选择

不同的机械适应不同的工程类别和作业内容，表8-1列出了根据各种作业内容可选择的施工机械种类，以供参考。

根据路基作业内容可选择的施工机械　　　　　　　　　　表 8-1

工程类别	作业内容	选择的机械设备
准备工作	1. 基底清理、料场准备 2. 松土、破冻土（＜0.2m）	伐木机、履带式拖拉机、推土机、铲运机、装载机、水泵、高压水泵、松土器、大犁、平地机
土方开挖	1. 底宽＞2.5m 的沟渠、基坑、取土场等 2. 小型沟渠、基坑	推土机、铲运机、挖掘机、装载机、冲泥机、清淤机
石方开挖	1. 砾石开采 2. 岩石开采 3. 石料破碎	挖掘机、推土机 移动式空气压缩机、凿岩机、挖掘机、推土机、爆破设备 破碎机、筛分机
冻土开挖	沟渠、基坑、池塘、港口、码头	推土机、冻土犁、冻土锯、冻土钻、冻土铲、冻土拍
土石填筑	1. 高而宽的路堤、场地、台阶等 2. 一般路堤、台阶、梯田等	推土机、铲运机、压路机 平地机、推土机、铲运机、大犁、洒水车、压路机、夯搬
整型	1. 削坡 2. 平整	平地机、大犁、推土机、铲运机、挖掘机 平地机、推土机、铲运机、大犁
运输	1. 机械设备调运 2. 土石运输	火车、轮船、汽车、起重机 推土机、铲运机、装载机、汽车

实践表明，中小型工程宜选择通用性好的机械；大型工程应当更注重根据作业内容进行选择，才能获得最佳的技术经济指标。具体选择时，首先选定作业的主要机械，再根据其生产能力、工作参数及施工条件选择配套机械，以保证工程施工连续均衡地开展。

（2）根据土质条件选择

土石是公路施工机械作业的主要对象，土石的性质和状态直接影响施工机械作业的质量、工效及成本，因此，土质条件是选择机械的一个重要依据。首先要考虑机械的通行性，即施工机械在工地土质条件下正常行驶的可能程度，然后根据土质的工程特性选择适宜的施工机械。土质条件不仅影响机械的通行性，而更重要的是直接关系到机械进行各种施工作业的可能性和难易程度。显然，工程特性不同的土质，施工时应选择不同的机械，详细内容见本书施工技术各章。

（3）根据运距选择

根据运距选择机械，主要针对铲土运输机械而言，根据土的状态、性质，以及工程规模、现场条件，可参考表 8-2 选择施工机械。

施工机械经济运距表　　　　　　　　　　表 8-2

施工机械	履带推土机	履带装载机	轮胎装载机	拖式装载机	自引式铲运机	轮式拖车	自卸汽车
经济运距 （m）	＜80	＜100	＜150	100～500	200～1000	＞2000	＞2000
道路条件	土路不平	土路不平	土路不平	土路不平	土路不平	平坦路面	一般路面

（4）根据气象条件选择

气象条件对机械作业的影响很大，尤其是雨季和冬季施工时，应特别予以重视。降雨或积雪融水会直接影响土的状态，从而导致机械通行性下降，工作环境恶化。在此期间，如需施工就不得不考虑使用效率较差的履带式机械，代替干燥条件下机动灵活、效率较高的轮胎式机械进行作业。冬季施工应选择适合低温作业的机械，必要时还需选用破冻土等特殊作业的机械。

（5）根据作业效率选择

施工机械的生产率，一般都是按假定的标准工作条件进行计算。但实际工程施工的条件是变化的，机械的工作能力（即生产率）应在计入作业效率后确定。由于不同的机械在相同条件下的作业效率并不相同，因此，准确求出作业效率有一定困难，表8-3列出了在各种作业条件和机械技术状况下作业效率的参考值。综合机械化作业如何发挥机械组合的作业效率，是在选择机械时必须考虑的问题。

施工机械作业效率参考值 表 3-3

作业条件	机械技术状况				
	优秀	良好	普通	较差	很差
优秀	0.83	0.81	0.76	0.70	0.63
良好	0.78	0.75	0.71	0.65	0.60
普通	0.72	0.69	0.65	0.60	0.54
较差	0.63	0.61	0.57	0.52	0.45
很差	0.52	0.50	0.47	0.42	0.32

（6）综合分析选择

以上是从工程本身的角度选择施工机械，有时还要考虑与工程间接有关的条件，比如大型企业可能同时承担几个不同的施工项目，这时应考虑机械设备的相互调用。此外，诸如电力、燃油、润滑材料的供应，以及机械的完好率、保养条件、大中修、迁移等情况，都对机械的选择有一定的制约。利用现有机械与购置新机械，或租赁机械，因地制宜采用机械化、半机械化相结合等都是机械选择的方式。总之，要综合分析，抓住主要矛盾，认真选择施工机械，切实做到技术上合理、经济上有利，达到两方面的有机统一。

三、机械组织措施

1. 施工前的准备

施工机械的选择和优化组合确定后，就可以按施工进度计划的安排投入使用。为确保工程施工的正常进行，施工机械投入使用前要做好以下工作。

（1）检查施工机械

投入现场的施工机械应技术状况良好，不带故障进场。因此，使用前对机械的认真检查、调试、检修是十分必要的。

（2）制订机械的使用计划

按施工进度安排制订机械进出现场的时间表，以及作业地点使用的机械类型、台数、施工量的形象图和计划表，以便按计划使用机械。

（3）建立机械的现场保障设施

在现场设置机械车场、工地简易修理所、常用机械配件库、油料库等。机械车场最好能照顾到各工点，避免机械行走到施工点的时间过长而影响实际的有效作业时间，并减少机械磨损。施工机械不可能在施工中不发生故障，工地简易修理所能及时排除和修理机械故障。一般在土方施工中，有 5 台以上土方机械作业时，就应建立工地简易修理所。

2. 施工进度安排注意事项

(1) 要有足够的工作面

各种型号机械所要求的工作面不同，主要机械和配套机械的工作面有时还会发生交叉。当多台机械联合作业或组合机械同时作业时，工作面的大小应根据每台机械的运行路线，在不影响机械作业效率和保证施工安全的前提下确定。

(2) 合理划分施工段和施工层

施工段和施工层的划分，除了能使施工机械正常作业外，还应使机械在每个施工段或施工层上的作业持续时间为整天数（个别特殊情况可为半天），当机械需要转移时可利用下班时间，以提高机械的利用效率。

(3) 安排一定的组织间歇时间

机械化施工的每一作业循环完成后，为保证工程质量和构筑物位置的准确性，常常需要进行检查、试验和测量，进度计划中必须安排这一组织间歇时间。

(4) 注意与人工施工协调

在施工段的某些边角处，因工作面狭小无法使用机械作业时，需辅以人工或半机械化作业。由于人工施工速度缓慢，应注意与机械的快速施工协调，可采取增加人工或加班等措施加快人工施工速度，尽量保证机械作业正常进行。

(5) 落实安全保障措施

大型项目的机械化施工通常实行三班制连续作业，为使施工进度能按计划实施，必须落实施工人员和机械设备的安全保障措施。

3. 施工中的组织管理工作

(1) 施工中的机械调度

由于施工现场受到地形、地质条件和天气等因素的影响，虽然编制了较完善的施工计划，但现场的实际情况总是在不断变化的，使施工机械的作业情况也随之发生变化是常有的事，这就要求及时发现和解决。为使实际的施工进度与施工计划保持一致，在施工进行过程中对施工机械的调度工作是必不可少的，机械调度是执行施工计划和补充计划不足的一种措施。

(2) 施工机械实际运转记录

施工机械实际运转记录能反映每班的工作内容、运转小时、台班产量、动力与燃油消耗、故障和维修保养情况等，通过分析可以发现完成工程量的好坏、找出未能完成任务的原因，以便能及时采取补救措施。它是非常重要的施工原始记录，也是基层单位经济核算的主要依据。

第九章 流水作业法

第一节 流水作业的原理

一、流水作业的组织形式

公路工程施工项目的规模有大有小，公路结构物多种多样，流水作业可以根据工程的规模、特点、性质采用相应的组织形式。也就是说，大到一个基本建设项目，小到一道工序，无论是路基土石方还是特大桥，都可以按流水作业组织施工。

1. 流水作业组织的分级

根据流水作业组织范围的大小，通常可划分为以下 4 个等级。

（1）分项工程流水

分项工程流水也称为细部流水。它是在一个专业工种内部按工序组织起来的流水作业。如路基土方施工的挖土、运土、卸土、回空，水泥混凝土路面板的施工清基、支模、制备混凝土拌和物、运输、摊铺、成型等，都属于细部流水的组织范围。

（2）分部工程流水

分部工程流水也称专业流水。它是在一个分部工程内部、各分项工程之间组织起来的流水。如路堤施工的取土、填筑、碾压，石砌挡土墙的挖基、基础、墙身、护栏等。

（3）单位工程流水

单位工程流水也称综合流水。它是在一个单位工程内部、各分部工程之间组织起来的流水。如路基工程的路堤、路堑、挡土墙、排水，路面工程的路槽、垫层、基层、面层、分隔带等。

（4）工程项目流水

工程项目流水也称大流水或群体工程流水。它是在若干相互关联的单位工程之间组织起来的流水，最终完成一个工程项目的施工任务。如将路基、路面、桥梁、隧道、沿线设施等组成流水。工程项目流水作业计划完成，该公路工程项目的施工阶段即告结束。

显然，只有分项工程的流水作业才全部由人工或机械在相应的工作面上直接操作完成，分部工程流水作业仅有一部分（施工过程简单的项目）作业由人工或机械直接操作完成。其余的流水作业实际上是对施工过程的进度起控制作用，间接指导施工。

2. 流水作业的基本组织形式

不论是哪一级的流水作业，都可以根据工程特点和施工的具体条件，采用最能发挥施工效益的流水作业形式组织施工。

（1）流水段法

将施工对象在平面上划分或若干段落，各段的施工过程相同、主要工程数量和所需劳动力资源基本相等。组织若干个在工艺上密切联系的专业施工队相继投入施工，各专业队依次从这一段不断地转移到下一段，以相同的时间重复完成同样的施工作业任务。这样的流水作业法就叫做流水段法。

流水段法主要适用于集中性工程，如大桥的桥墩、每一座涵洞、每一段挡土墙都可以划为一段。第八章所述五座涵洞的流水作业就是按流水段法组织的，每座涵洞即为一段，专业施工队按施工过程（工序）组织，每段的工程量相等，施工作业持续时间都是3d。

（2）流水线法

根据施工对象的工程特点和施工技术方案，组织若干个在工艺上密切联系的专业施工队按工序的连接关系相继投入施工，各专业队都以某一固定的施工速度向前推进，即在单位时间内完成同样长度工程的施工作业任务。这种流水作业法叫流水线法。

显然，流水线法适用于线性工程，尤其是线性均布工程，如路面工程、平原区的路基工程、地质良好的隧道工程、安全设施、绿化工程等。

流水段法和流水线法都要求相同类型工程或同一施工过程有足够大的工程量，因此，分项工程流水作业和分部工程流水作业宜采用这两种方法组织施工。

（3）分别流水法

若施工对象包含若干个不同的施工过程，或相同施工过程的施工方法、施工期限彼此不同时，首先将各个施工过程按上述流水段法或流水线法分别组成独立的流水，然后再将这些独立流水按其施工顺序的逻辑关系依次连接，从而形成整个施工对象的流水。这种流水作业法叫做分别流水法。

公路工程施工的全部内容包括路基、路面、支挡结构、桥梁、涵洞、隧道等，既有线性工程又有集中工程，而且工程量的分布很不均匀，因此，一般公路的综合施工进度，常常就是按分别流水法组织的。单位工程流水作业和工程项目流水作业一般都具备分别流水的特点，宜采用这种方法组织施工。

二、流水作业参数

流水作业必须准确表达各个施工过程在工艺流程、空间布置和时间安排等方面的开展状态和相互关系。用以反映这些状态和关系的参数称为流水作业参数，通常简称流水参数。流水作业参数有工艺参数、空间参数、时间参数三类。

1. 工艺参数

任何一项工程的施工，都由若干不同种类和特性的施工过程组成，每一施工过程都有其特定的施工工艺。在组织流水作业时，用施工过程和流水强度这两个参数来表达流水作业施工工艺开展顺序及特征，这些参数称为工艺参数。

1）施工过程

施工过程根据施工方法和工艺性质的不同进行划分，是组织专业施工队的依据。施工过程所指的范围可以是工序、分项工程、分部工程，也可以是单项工程、单位工程，随流水作业的等级而异。根据它在工程施工中的作用，分为制备类施工过程、运输类施工过程和砌筑安装类施工过程。由于砌筑安装类施工过程要占用施工对象的空间，影响着工期，因此必须列入流水作业的进度计划。制备类和运输类施工过程为砌筑安装类施工过程创造作业条件，不占用施工对象的空间，一般不列入进度计划。

划分施工过程时，应注意以下问题：

（1）施工过程划分的粗细程度，应以流水作业进度计划的作用为依据。对于实施性的流水作业进度计划，应划分得细一些，可划分到分项工程、工序。对于控制性的进度计划，应划分得粗一些，可以是单位工程，甚至是工程项目；

（2）结合所选择的施工方案划分施工过程。如钢筋混凝土结构的现场浇筑与预制吊装、路基土石方爆破施工与机械化施工、水泥混凝土路面的摊铺机施工与人工施工等，两者划分施工过程的差异是很大的；

（3）划分施工过程应重点突出，不宜太细，使流水作业进度计划简明扼要。如路面工程划分到每一结构层即可，各层施工时的操作如拌和、摊铺、压实等不必再细分；

（4）一个流水作业进度计划内的所有施工过程应大致按施工先后顺序排列，所采用的施工过程名称宜与现行定额的项目名称一致。

施工过程的数目，通常用 n 表示。一般情况下，流水作业需要建立的专业工队数目等于施工过程的数目，若施工过程为工序，即为工序数目。

2）流水强度

一个施工过程在单位时间为所完成的工程量，称为该施工过程的流水强度（或称为流水能力），一般用 V_j 表示。流水强度越大，专业队应配备的机械、需用的人工及材料等也越多，工作面相应增大，施工期限将会缩短。流水强度由下列公式计算：

（1）机械作业流水强度

$$V_j = \sum_{i=1}^{x} R_i^j S_i^j \qquad (9\text{-}1)$$

式中：V_j——施工过程 j 的机械作业流水强度；

$\quad R_i^j$——投入施工过程 j 的第 i 种同类型号机械的台数；

$\quad S_i^j$——投入施工过程 j 的第 i 种型号机械的台班产量定额；

$\quad x$——投入施工过程 j 的施工机械种类。

（2）人工作业流水强度

$$V_j = R_j S_j \qquad (9\text{-}2)$$

式中：V_j——施工过程 j 的人工作业流水强度；

$\quad R_j$——投入施工过程 j 的专业施工队的人数；

$\quad S_j$——专业队工人的平均产量定额。

2. 空间参数

执行任何一项施工任务，都要占用一定范围的空间。在组织流水作业时，用工作面、施工段和施工层这三个参数表达流水作业在空间布置上所处的状态，这些参数称为空间参数。

1）工作面

某一专业工种的工人或某种型号的机械在进行施工操作时所必须具备的活动空间称为工作面。显然，一个专业施工队的工作面，就是全部工人和机械进行施工操作所必须的活动空间。工作面的大小常用 A 表示。

工作面的大小，直接影响到施工操作的效率和施工安全。确定工作面时，应考虑人工或机械的产量定额，并遵守施工操作规程和安全规程等的有关规定。

2）施工段

为了合理地组织流水作业，把施工对象在平面上划分成若干段落，在一定时间内，只有一个专业施工队在一个段落上完成一定的施工过程，这些段落称为施工段。施工段也即是专业队在平面上的施工作业空间范围，它保证了各专业队在不同的空间范围同时施工而又互不干扰。施工段的数目常用 m 表示。

施工段是组织流水作业的基础条件，施工段可以自然划分（对桥梁、涵洞、挡土墙等构造物），也可以人为划分（对路基、路面、隧道等线性工程）。划分施工段时一般应遵循以下原则：

(1) 各施工段的劳动量应基本相等，相差以不超过 15％ 为宜；

(2) 每个施工段要有足够的工作面，使工人和机械操作方便，并满足合理的劳动组合的要求，既有利于提高工效，又能保证施工安全；

(3) 应考虑施工对象的结构整体完整性。大型人工构造物在伸缩缝、沉降缝处分段。一般的工程结构应在受力最小又不影响结构外观的位置分段；

(4) 划分施工段的多少，应考虑施工规模、资源供应、充分发挥主要施工机械的效能等因素。从合理组织流水作业的角度出发，施工段数目（m）宜大于或等于施工过程的数目（n），即 $m \geqslant n$。

3）施工层

路基工程的高填方或深挖方地段、高桥墩等施工项目，为了方便施工操作和满足施工工艺要求，将施工段在竖向上划分成若干操作层，这些操作层称为施工层。施工层的数目常用 r 表示。

施工层的划分要根据施工对象的具体情况、施工机械和施工方法。例如，挖掘机施工土质路堑，施工层就由挖掘机的挖土高度确定；而石质路堑的施工层，决定于每次爆破作业的钻孔深度。

3. 时间参数

每一施工过程的完成，都要占用时间。在组织流水作业时，用流水节拍、流水步距、平行搭接时间、技术间歇时间和组织间歇时间这 5 个参数来表达流水作业在时间安排上所处的状态，这些参数称为时间参数。

1）流水节拍

一个专业施工队在一个施工段上完成相应的施工任务所需要的作业持续时间叫流水节拍，常用 t_i 表示。图 9-1 中的短横线长度表示流水节拍，横线上的数字（①、②、③）表示施工段的编号，从图中可以看到挖土施工过程在 3 个施工段上的流水节拍分别是 1d、2d、3d，砌基础则分别是 2d、3d、1d。流水节拍的大小，直接关系到劳动力、材料、机具等资源消耗量的多少，决定着流水作业的施工速度和施工节奏。

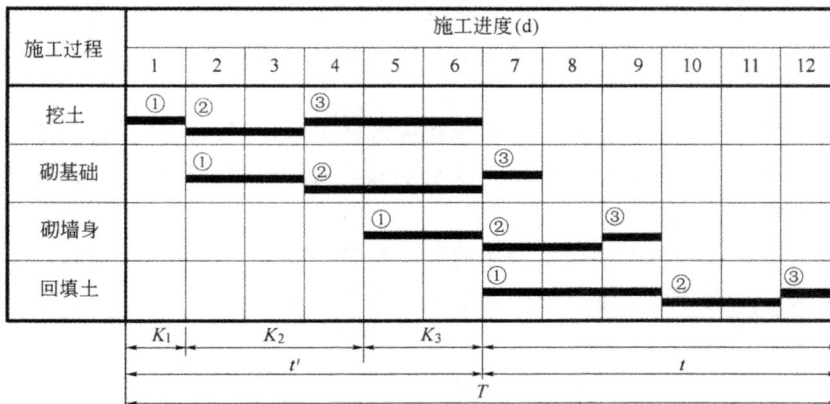

图 9-1 流水作业进度图

影响流水节拍数值大小的因素有：施工方案、施工段的工程数量、专业施工队的人数或机械台数、每天的作业班次等。为避免因专业队转移而浪费工时并有利于施工管理，流水节拍在数值上应该是整天数，个别特殊情况下可取为半天。流水节拍 t_i 值的计算有以下几种方法：

（1）定额计算法。当能够投入施工的资源数量已确定，施工定额或专业队的实际生产能力已知时，用定额计算法。计算公式如下：

$$t_i = \frac{Q}{SRn} = \frac{P}{Rn} \tag{9-3}$$

式中：Q——一个施工段上某施工过程应完成的工程数量；

S——产量定额或每工日、每台班的实际产量；

R——专业施工队的人数或机械台数；

P——完成该施工过程的任务所需劳动量（工日）或机械量（台班）；

n——每日的作业班次，即单班、双班或三班。

（2）经验估算法。当工程施工采用新工艺、新材料、新技术、新方法时，常常无定额可循，可以采取相似施工过程类比或根据以往的施工经验估算一个期望时间 D，作为某施工过程在某一施工段上的流水节拍，计算公式为：

$$D = \frac{a + 4b + c}{6} \tag{9-4}$$

式中：D——完成某施工过程在某施工段上的作业持续时间的期望值；

a、b、c——按经验估计的最短时间、最长时间和正常时间。

施工过程作业持续时间的期望值 D，在组织流水作业时可以作为流水节拍 t_i 使用，但两者的时间意义有所不同。t_i 是一个确定值，必须按期完成，而 D 存在一个完成概率。式（9-4）也叫"三时估算法"公式，它在计划评审法网络中还有更深入的应用。

（3）工期反算法。若施工任务紧迫，必须在规定日期内完成，可采用倒排进度的方法求流水节拍。首先根据要求的总工期 T 倒排进度，确定某一施工过程 j 的施工作业总持续时间 T_j，再根据施工段数 m 反求流水节拍 t_i：

$$t_i = \frac{T_i}{m} \tag{9-5}$$

然后检查反求的流水节拍 t_i 是否大于最小流水节拍 t_{min}，t_{min} 的计算公式为：

$$t_{min} = \frac{A_{min}\mu}{S} \tag{9-6}$$

式中：A_{min}——专业施工队或机械所需的最小工作面；

μ——单位工作面上的工程量含量；

S——产量定额或每工日、每台班的实际产量。

当施工段数确定后，若流水节拍越大，工期就相应延长。从理论上讲，希望流水节拍越小越好。但由于施工作业时受到工作面的限制，流水节拍过小将使施工无法进行。因此，根据工期反算的流水节拍，必须大于最小流水节拍。如不满足，可通过调整施工段数和专业队人数，再综合考虑其他因素后重新确定。

2）流水步距

相邻两个专业施工队依次进入流水作业施工，其开始作业时刻的时间间隔叫流水步距，通常用 K 表示。在图 9-1 中，挖土专业队第一天开始作业，砌基础专业队第二天开始作业，则这两支专业队之间的流水步距为 1d。同理可知，砌基础专业队和砌墙身专业队之间的流水步距为 3d，砌墙身专业队和回填土专业队之间的流水步距为 2d。

当施工段确定后，流水步距的大小直接影响工期。流水步距越小，则工期越短，反之亦然。确定流水步距时，应考虑正确的施工顺序、合理的技术间歇、适当的工作面和施工的均衡性，一般应遵循以下原则：

（1）流水步距要能满足相邻两个专业施工队在施工顺序上相互制约的关系；

（2）保证各专业施工队都能连续作业；

（3）确保相邻两个专业施工队在开始作业时间上最大限度地、合理地连接；

（4）确定流水步距要保证工程质量，满足安全施工的要求。

3）平行搭接时间

为了缩短总工期，在工作面允许的条件下，当专业施工队完成部分施工任务后，能够提前为后一个专业施工队提供工作面时，使后者提前进入该施工段，相邻两支专业队将在同一施工段上平行搭接施工，这段搭接施工的时间称为平行搭接时间，通常用 $C_{j,j+1}$ 表示。例如，路堑高边坡开挖到某一深度后立即支护，地质条件差的隧道衬砌提前介入等，都可按平行搭接考虑。

4）技术间歇时间

在组织流水作业时，不仅要考虑专业队之间的协调配合、施工质量和安全等，有时根据材料特点和工艺要求，还要考虑合理的工艺等待时间，然后下一专业队才能允许进入施工，这个等待时间称为技术间歇时间，常用 $Z_{j,j+1}$ 表示。如水泥混凝土的养生、砂浆抹面和油漆待干等需用的时间都是技术间歇时间。

5）组织间歇时间

在流水作业中，由于施工技术或施工组织的原因，造成流水步距以外增加的间歇时间称为组织间歇时间，常用 $G_{j,j+1}$ 表示。如施工进行中的检查、校正，施工人员和机械的转移等需用的时间都是组织间歇时间。

技术间歇时间和组织间歇时间都将使流水作业总工期延长。

三、流水作业基本公式

1. 流水段法

图 9-2a）为按流水段法组织的流水作业的水平图表。施工过程用 A、B、C、D 代替。

由图可知，流水作业总工期 T 由流水展开期 t' 和最后一个专业施工队的全部作业时间 t 之和组成，即：

$$T = t' + t \tag{9-7}$$

所谓流水展开期，是指从第一个专业施工队开始作业起，到最后一个专业施工队进入流水作业止的时间间隔。显然，流水展开期之后，全部专业队都进入流水作业（当 $m>n$ 时），每天的施工资源需要量保持不变，各专业队每天完成的工作量相等，开始了连续、均衡而有节奏的施工作业。从图 9-1 可知，流水展开期 t' 的数值等于各流水步距 K 值之和。专业施工队数为 n 时，流水步距必然只有 $(n-1)$ 个，则流水展开期为：

$$t' = \sum_{j=1}^{n-1} K_{j,j+1} \tag{9-8}$$

式中：$K_{j,j+1}$——第 j 专业施工队和第 $j+1$ 专业施工队之间的流水步距。

188

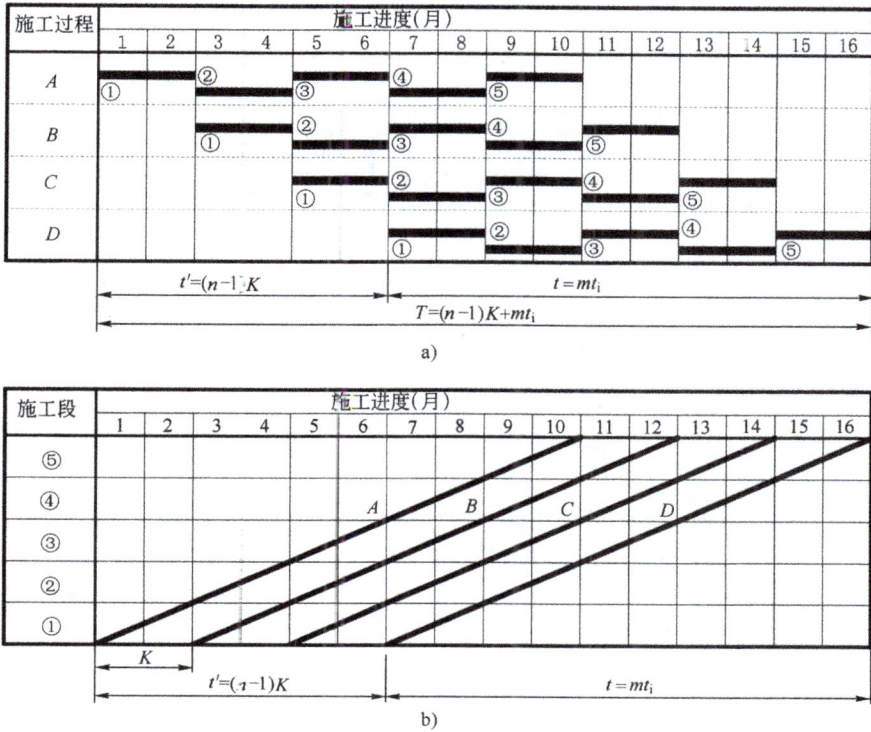

图 9-2 流水段法施工进度图

a) 水平图表；b) 垂直图表

最后一个专业施工队在每个施工段上依次作业，它的全部作业时间 t 应为：

$$t = \sum_{i=1}^{m} t_i^n \tag{9-9}$$

式中：t_i^n——最后一个专业施工队（第 n 队）在各施工段上的作业持续时间。

将式（9-8）和式（9-9）代入式（9-7），得：

$$T = \sum_{j=1}^{n-1} K_{j,j+1} + \sum_{i=1}^{m} t_i^n \tag{9-10a}$$

当有技术间隙时间、组织间隙时间和平行搭接时间时：

$$T = \sum_{j=1}^{n-1} K_{j,j+1} + \sum_{i=1}^{m} t_i^n + \sum Z_{j,j+1} + \sum G_{j,j+1} - \sum C_{j,j+1} \tag{9-10b}$$

式中：j——施工过程编号，$1 \leqslant j \leqslant n$；

$Z_{j,j+1}$——j 与 $j+1$ 两施工过程之间的技术间歇时间；

$G_{j,j+1}$——j 与 $j+1$ 两施工过程之间的组织间歇时间；

$C_{j,j+1}$——j 与 $j+1$ 两施工过程之间的平行搭接时间；

其余符号意义同前。

式（9-10）即为流水段法计算流水作业总工期 T 的基本公式。

图 9-2b）是同一流水段法的垂直图表。两种图表在流水作业中的意义和作用是完全一致的，只是垂直图表能更直观地反映施工过程、施工段和时间三者之间的关系。

2. 流水线法

图 9-3 为按流水线法组织的流水作业的水平图表和垂直图表。流水线法的垂直图表能方

便地表达工程所在的位置（里程），可见这种方法特别适合于线性工程的施工组织。

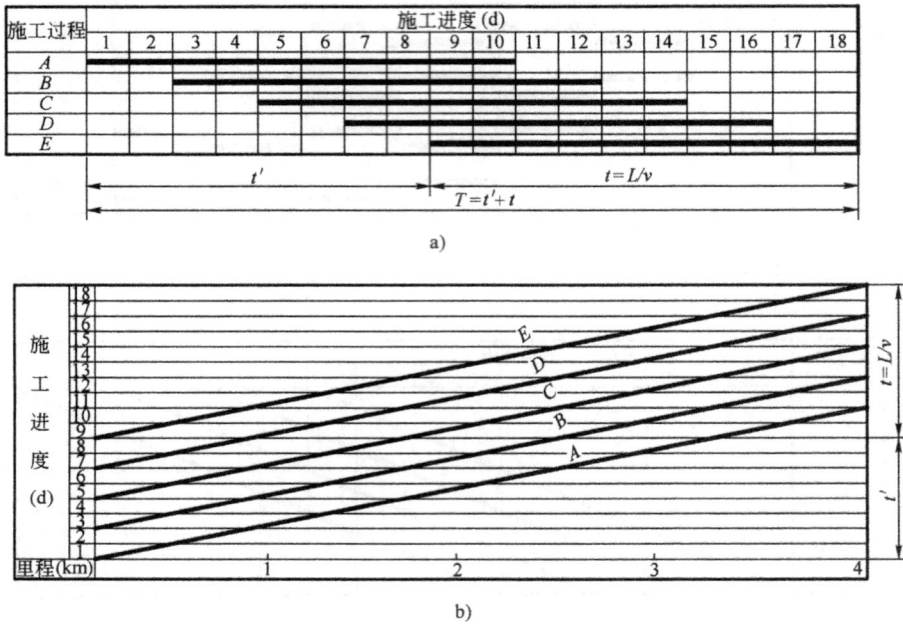

图 9-3　流水线法施工进度图
a) 水平图表；b) 垂直图表

由图 9-3 可知，总工期 T 的计算公式为：

$$T = t' + t = t' + L/v \qquad (9-11)$$

式中：L——线性工程的总长度；

v——专业施工队的流水作业施工速度；

其余符号意义同前。

对比式（9-10a）和式（9-11）可知，两式的流水展开期相等。最后一个专业施工队的全部作业时间 t，在流水段法中 $t = \sum\limits_{i=1}^{m} t_i^n$，而在流水线法中 $t = L/v$。若将某一单位时间（例如 1d 或 1 周）内完成的线性工程长度看成一个施工段，这个单位时间即是 t_i 值，则流水线法就可以按流水段法进行组织和计算。因此，两式实质上是相同的，流水线法实际上是流水段法的一个特例。在以后的叙述中，本书主要讨论流水段法。

第二节　全等节拍流水作业

根据施工对象的构造复杂程度和具体的施工条件，以及工作性质等因素，组织流水作业时，各流水参数之间的关系呈现不同的特点。针对各流水参数之间的不同关系，可分别采用全等节拍流水、成倍节拍流水、分别流水和无节拍流水等四种方法组织施工。

在组织流水作业时，如果所有施工过程在各个施工段上的流水节拍彼此相等，这种流水作业的组织方式称为全等节拍流水。在不同行业的施工组织中，全等节拍流水也称为固定节拍流水、同步距流水、等节拍流水、全等步距全等节拍流水。

190

一、基本特点

图 9-2 即是全等节拍流水的一个例子，该图反映了全等节拍流水有以下特点：

（1）流水节拍彼此相等，流水步距彼此相等，而且两者的数值也相等。即 $t_i =$ 常数，$K =$ 常数，同时 $t_i = K$。这也是组织全等节拍流水作业的条件；

（2）按每一施工过程各组织一个专业施工队。即专业队的数目等于施工过程数 n；

（3）每个专业施工队都能连续作业，施工段设有空闲，实现了连续、均衡而紧凑的施工。因此，全等节拍流水是流水作业施工组织最理想的状态。

二、总工期计算

因为全等节拍流水的 $t_i =$ 常数、$K =$ 常数，则流水作业法基本公式，即式（9-10）中的 $\sum_{j=1}^{n-1} K_{j,j+1} = (n-1) K$，$\sum_{i=1}^{m} t_i^n = m t_i$。又因为 $t_i = K$，代入式（9-10b），经整理后得到全等节拍流水的总工期计算公式：

$$T = (m+n-1) \, t_i + \sum Z_{j,j+1} + \sum G_{j,j+1} - \sum C_{j,j+1} \tag{9-12a}$$

或

$$T = (m+n-1) \, K + \sum Z_{j,j+1} + \sum G_{j,j+1} - \sum C_{j,j+1} \tag{9-12b}$$

式中符号意义同前。

不存在技术间隙时间、组织间隙时间和平行搭接时间时，式（9-12a）即成为第八章中式（8-6）的形式，即 $T = (m+n-1) \, t_i$。

在图 9-2 中，施工段数 $m=5$，施工过程数 $n=4$，流水步距 $K=2$，流水节拍 $t_i=2$。没有间隙时间和搭接时间，由式（9-12a）或式（9-12b）计算的总工期为 $T = (5+4-1) \times 2 = 16$（d）。与图中的 T 值完全吻合。

为使施工进度图更简洁明了，重点突出，将施工进度的时间以流水步距 K 为单位标注，于是图 9-2 便成为图 9-4 的形式。

三、施工组织步骤

前述全等节拍流水仅从最基本的概念计算总工期，实际的情况要复杂得多，一般应按下列步骤进行该流水作业的施工组织。

1. 确定施工过程数 n

首先确定流水作业的起点及流向，然后分解施工过程，专业施工队数即为施工过程数。施工过程确定之后，按施工工艺要求排出它们的先后次序。

2. 确定施工段数 m

（1）无施工层或无技术间歇、无组织间歇时，施工段数至少取 $m=n$；

（2）有施工层，同时又有组织间歇或技术间歇时，必须取 $m>n$。此时，施工段的具体数目可按下面的方法确定。

当 $m>n$ 时，每一施工层将空闲 $m-n$ 个施工段。因为一个施工段的作业时间为 t_i，则每一施工层的空闲时间为 $(m-n) \, t_i = (m-n) \, K$。若同一施工层内各施工过程之间的所有

191

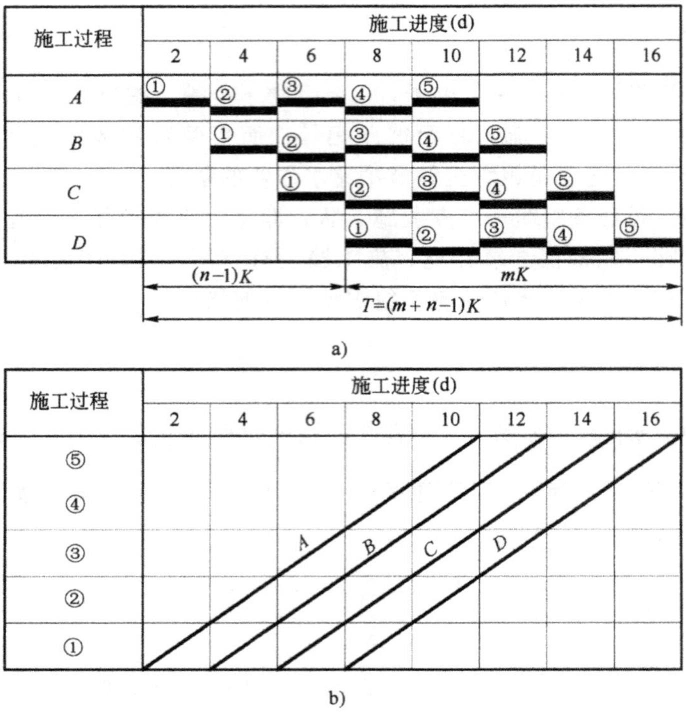

图 9-4 全等节拍流水施工进度图

a) 水平图表；b) 垂直图表

间歇时间之和为 $\sum Z_1$，施工层之间的间歇时间为 Z_2，且每层情况相同，则为了保证连续施工，施工层上除 $\sum Z_1$ 和 Z_2 外不应存在别的空闲，因此，必然有：

$$(m-n)\ K = \sum Z_1 + Z_2$$

于是，得到每层的施工段数 m 的计算公式：

$$m = n + \frac{\sum Z_1}{K} + \frac{Z_2}{K} \tag{9-13}$$

若每施工层的 $\sum Z_1$ 都不相等，施工层之间的 Z_2 亦不相同，则取其最大值代入式 (9-13)，即：

$$m = n + \frac{\max \sum Z_1}{K} + \frac{\max Z_2}{K} \tag{9-14}$$

3. 计算流水节拍 t_i 并确定流水步距 K

按全等节拍流水的要求，用式（9-3）～式（9-6）计算流水节拍的数值 t_i。显然，$K = t_i$。实际计算时，m 值和 K 值有一个相互调整的计算过程。

4. 计算流水作业总工期 T

无施工层时，按式（9-12）计算。

显然，当无施工层又无间歇时间和搭接时间时，式（9-12）即成为式（9-15）的形式，即：

$$T = (m+n-1)t_i \tag{9-15a}$$

192

或

$$T = (m + n - 1)K \tag{9-15b}$$

划分施工层时，按式（9-16）计算。

$$T = (m \times r + n - 1)K + \sum Z_1 - \sum C_{j,j+1} \tag{9-16}$$

式中：r——施工层数；

$\sum Z_1$——第一个施工层中各施工过程之间的技术间歇时间与组织间歇时间之和；

其余符号意义同前。

式（9-16）中，不考虑第二个施工层及其以上各层的$\sum Z_1$，是因为它们已包含在式中的$m \times K \times r$项内。

5. 绘制流水作业施工进度图

图 9-4 为无施工层的施工进度图，图 9-5 为划分施工层的施工进度图。

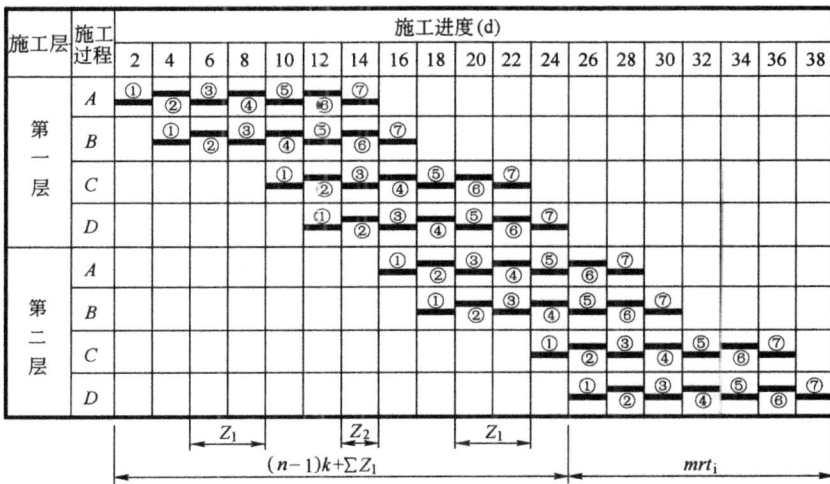

图 9-5 有施工层、技术间歇、组织间歇的施工进度图

四、应用示例

例 9-1 某项工程的施工依次由 A、B、C、D 四道工序组成，划分为两个施工层组织全等节拍流水施工。工序 B 完成后需养护并进行检测，4d 后 C 工序才能施工，施工层之间的技术间歇为 2d。各工序的流水节拍均为 2d。试确定施工段数、计算总工期，绘制施工进度图。

解： 已知 $n = 4$，$t_i = 2$，$r = 2$，$\sum Z_1 = 4$，$Z_2 = 2$。

（1）确定流水步距 K：

因各工序的 $t_i = 2$，则 $K = 2$。

（2）确定施工段数 m：

因划分施工层施工，各施工层的间歇时间不变，用式（9-13）计算，则：

$$m = n + \frac{\sum Z_1}{K} + \frac{Z_2}{K} = 4 + \frac{4}{2} + \frac{2}{2} = （段）$$

（3）计算总工期：

分施工层，用式（9-16）计算，其中平行搭接时间$\sum C_{j,j+1}=0$，则：

$$T=(m\times r+n-1)K+\sum Z_1-\sum C_{j,j+1}=(7\times 2+4-1)\times 2+4-0=38\text{（d）}$$

（4）绘制施工进度图（如图9-5所示）。

第三节　成倍节拍流水作业

全等节拍流水在实现施工的连续性、均衡性和节奏性方面的优点是十分明显的。但由于各个施工过程的性质和复杂程度不同，有时可能会出现某些施工过程所需要的人数和机械台数超出了施工段上工作面所能容纳的最大限量，从而使施工无法进行。这时，只能减少施工人数和机械台数，这又必然导致这些施工过程的流水节拍增长，其结果无法按全等节拍流水组织施工。如果某些施工过程的流水节拍为其他施工过程流水节拍的整数倍，则可按成倍节拍流水组织施工。

一、基本特点

（1）同一施工过程在各个施工段上的流水节拍彼此相等。不同施工过程在同一施工段上的流水节拍彼此不相等，但互为整数倍关系。这也是组织成倍节拍流水作业的条件。

（2）专业施工队的数目n_1，大于施工过程数n，即$n_1>n$。

（3）各专业施工队都能保持连续施工，施工段没有空闲。整个施工是连续的、均衡的，各专业队按自己的节奏施工。

二、施工组织步骤

1. 确定施工过程

按施工对象的结构、特点和工艺要求，分解施工过程，并排列它们的先后顺序。

2. 划分施工段

（1）不分施工层时，按前述划分施工段的原则确定施工段数m；

（2）划分施工层时，每层的施工段数m按式（9-17）计算。

$$m=n_1+\frac{\max\sum Z_1}{K}+\frac{\max Z_2}{K} \tag{9-17}$$

式中：n_1——专业施工队的总数；

　　　K——成倍节拍流水的流水步距；

其余符号意义同前。

3. 计算各施工过程的流水节拍t_i

按成倍节拍流水的要求，用式（9-3）～式（9-6）计算流水节拍的数值t_i。计算过程中，通过调整流水强度，使各个流水节拍t_i值之间应存在整数倍的关系（如调整专业队的劳动组合、增减机械数量等）。

4. 计算流水步距K

流水步距K为各施工过程流水节拍t_i值的最大公约数。

194

5. 计算各施工过程的专业施工队数 b_j 和专业施工队总数 n_1，计算公式为：

$$b_j = \frac{t_i^i}{K} \tag{9-18}$$

$$n_1 = \sum_{j=1}^{n} b_j \tag{9-19}$$

式中：t_i^i——施工过程 j 的流水节拍，即前面计算的 t_i 值；

  b_j——施工过程 j 需要组织的专业施工队数；

  j——施工过程编号，$1 \leqslant j \leqslant n$；

其余符号意义同前。

必须指出，在实际计算时，n_1、K、t_i 和 m 值，是通过相互调整的计算过程来确定的。

6. 计算流水作业总工期 T

由于成倍节拍流水与全等节拍流水具有同样的特点，只是专业施工队的数目不同，因此用 n_1 代替式（9-16）中的 n，即可得到总工期 T 的计算公式如下：

$$T = (m \times r + n_1 - 1) K + \sum Z_1 - \sum C_{j,j+1} \tag{9-20}$$

式中：r——施工层数，不分施工层时 $r = 1$；

其余符号意义同前。

7. 绘制成倍节拍流水作业施工进度图

绘图方法与全等节拍流水基本相同，详见例 9-2 和例 9-3。

三、应用示例

例 9-2 石拱涵施工分四道工序，每道工序的计划工日数为：挖槽 8 工日、基础 16 工日、涵身 24 工日、洞口 8 工日。工作面上只能容纳 4 名工人同时操作。此种规格的涵洞共有 12 座，无技术间歇和组织间歇时间，试组织流水施工。

解：每座涵洞划分为一个施工段，即 $m = 12$，施工过程 $n = 4$。

（1）求各道工序的流水节拍。挖槽 $8 \div 4 = 2$（d），基础 $16 \div 4 = 4$（d），涵身 $24 \div 4 = 6$（d），洞口 $8 \div 4 = 2$（d）。

（2）求流水步距。2、4、6、2 的最大公约数为 2，即 $K = 2$d。

（3）求专业施工队数目。由式（9-18）计算，b_j 依次为：1、2、3、1。专业施工队总数 n_1 由式（9-19）计算：

$$n_1 = 1 + 2 + 3 + 1 = 7（个）$$

（4）计算总工期。将 $m = 12$，$r = 1$，$n_1 = 7$，$K = 2$，$\sum Z_1 = 0$，$C_{j,j+1} = 0$ 代入式（9-20），得 $T = (12 \times 1 + 7 - 1) \times 2 + 0 - 0 = 36$（d）。

（5）绘制施工进度图如图 9-6 所示。

例 9-3 某土质路堑长 300m，分两层开挖，施工过程分为推土机推土、边坡支护、浇筑护坡混凝土。已知每施工段各施工层的每一施工过程的流水节拍为：$t_{推} = 2$d，$t_{支} = 2$d，$t_{混} = 1$d。为确保安全，同一施工层内各施工段的三道施工过程必须连续作业，工作面不得发生空闲。推土机转移到第二层的第一段施工，必须待第一层第一段的护坡混凝土养护 1d 之后。在保证各专业队连续施工的前提下，求该工程每层最少的施工段数，并组织流水作

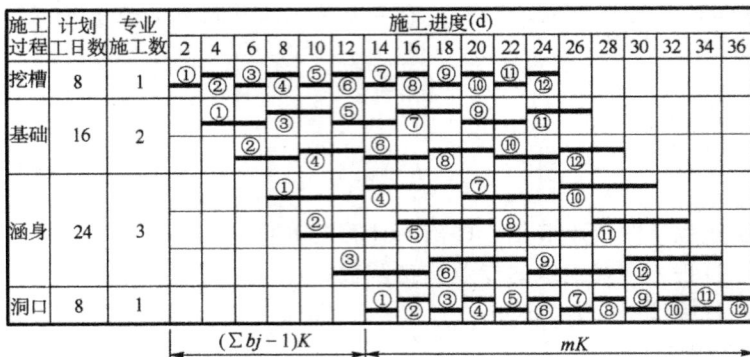

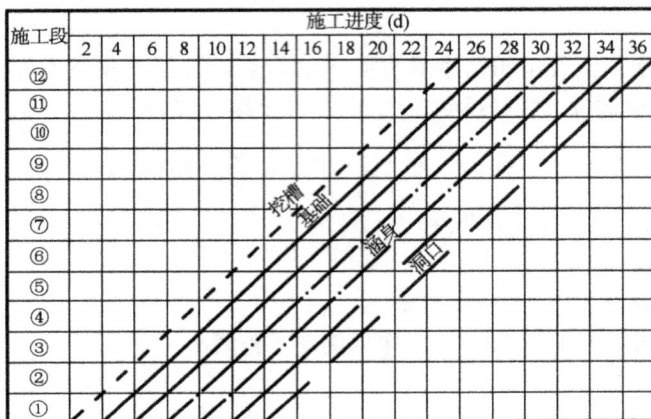

图 9-6　成倍节拍流水

a）水平图表；b）垂直图表

业。由推土机作业，要求每段长度不得短于 40m。

解： 依题意，本工程宜采用成倍节拍流水组织施工。已知各 t_i 值，$\sum Z_1 = 0$，$C_{j,j+1} = 0$，$Z_2 = 1$，$r = 2$。

（1）确定流水步距 K：

各施工过程流水节拍 2、2、1 的最大公约数为 1，即 $K = 1$。

（2）确定专业施工队数目：

由式（9-18）得：$b_{推} = t_{推}/K = 2/1 = 2$ 个，同样计算可得：$b_{支} = 2$ 个；$b_{混} = 1$ 个。

由式（9-19）得：$n_1 = 2 + 2 + 1 = 5$（个）

（3）确定每层的施工段数：

由式（9-17）得：

$$m = n_1 + \frac{\max \sum Z_1}{K} + \frac{\max Z_2}{K} = 5 + 0 + \frac{1}{1} = 6 \text{（段）}$$

每个施工段长度为 $300 \div 6 = 50$m，大于要求的最短长度 40m，满足施工条件。

（4）计算总工期：

将 $m = 6$，$r = 2$，$n_1 = 5$，$K = 1$，$\sum Z_1 = 0$，$C_{j,j+1} = 0$ 代入式（9-20）得：

196

$$T = (m \times r + n_1 - 1) K + \sum Z_1 - \sum C_{j,j+1}$$
$$= (6 \times 2 - 5 - 1) \times 1 + 0 - 0 = 16 \ (d)$$

（5）绘制流水作业施工进度图：

见图 9-7，分两种排列方式安排进度。

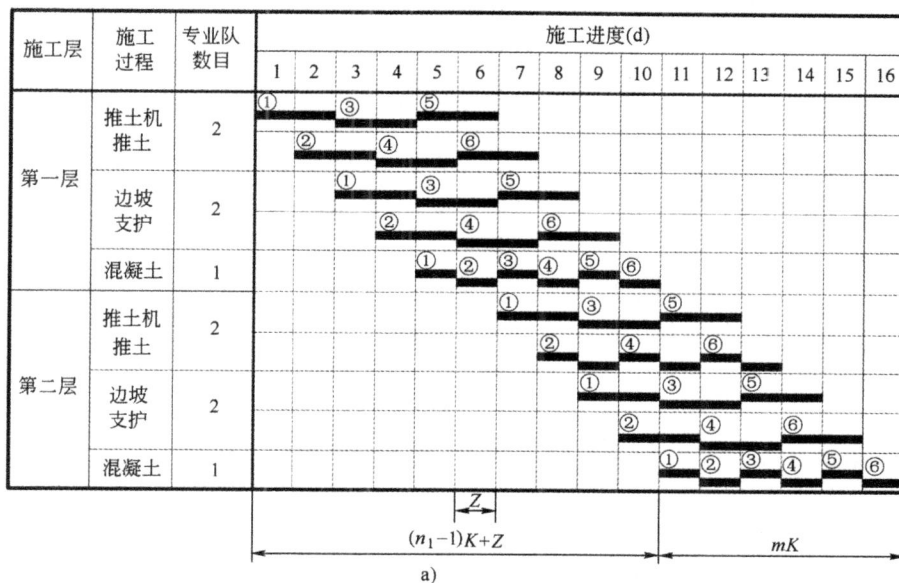

a)

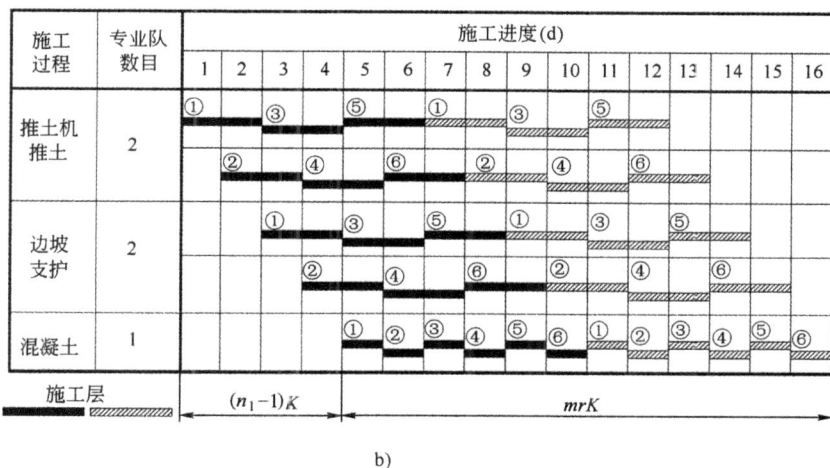

b)

图 9-7　分施工层的成倍节拍流水

a）按施工层排列；b）按施工过程排列

第四节　分别流水作业与无节拍流水作业

为了便于公路工程施工的管理，施工过程的流水节拍一般都要求是整天数。任何一个施工项目的各个施工过程的流水节拍之间都能找到一个最大公约数，因为 1 是任何一组整数的最大公约数。当流水步距 $K=1$ 时，虽然仍能按第三节的方法组织成倍节拍流水作业，但在一般情况下是无法实施的。例如，施工段数太少（$m \ll n_1$ 时），使过多的专业施工队不能充

197

快进入流水作业，造成窝工。又如，当没有流水节拍为 1 的施工过程时，需要组织更多的专业施工队，必然大大增加人工、机具的投入数量。因此，只有当流水步距 $K > 1$ 时，才能充分发挥成倍节拍流水作业的作用（例 9-3 因为不允许工作面发生空闲，是采用成倍节拍流水的一个特殊情况）。当各个施工过程的流水节拍之间不存在互为整数倍的关系时，从技术、经济方面综合考虑，可采用分别流水或无节拍流水作业组织施工。

一、分别流水作业

1. 基本特点

（1）同一施工过程在各个施工段上的流水节拍彼此相等。不同施工过程在同一施工段上的流水节拍彼此不相等，各流水节拍之间不存在大于 1 的最大公约数。这也是组织分别流水作业的条件；

（2）专业队的数目等于施工过程的数目 n，即每一施工过程只组织一个专业施工队；

（3）各专业施工队能始终保持连续的有节奏的施工；

（4）施工段有发生空闲的情况。如不允许工作面空闲，如例 9-3，就应采用成倍节拍流水。

2. 施工组织要点

（1）分解施工过程，确定施工过程数 n；

（2）按前述划分施工段的原则和方法确定施工段数 m；

（3）计算各施工过程的流水节拍 t_i，根据 t_i 值判断是否为分别流水；

（4）计算流水步距 K：

① 当后一施工过程的流水节拍（t_{i+1}）较小时，即 $t_{i+1} < t_i$ 时，流水步距 $K_{j,j+1}$ 用下式计算：

$$K_{j,j+1} = m(t_i - t_{i+1}) + t_{i+1} \tag{9-21a}$$

式中：$K_{j,j+1}$——第 j 专业队与第 $j+1$ 专业队之间的流水步距；

其余符号意义同前。

② 当 $t_{i+1} \geq t_i$ 时，用下式计算：

$$K_{j,j+1} = t_i \tag{9-21b}$$

（5）计算总工期 T。因分别流水作业的 t_i 为常数，则基本公式（9-10a）中的 $\sum_{i=1}^{m} t_i^n = m t_i^n$，再由式（9-16）可得到计算计算总工期 T 公式：

$$T = \sum_{j=1}^{n-1} K_{j,j+1} + m t_i^n + \sum Z_1 - \sum C_{j,j+1} \tag{9-22}$$

式中符号意义同前。

（6）绘制流水作业施工进度图。

3. 应用示例

例 9-4 某路面工程划分为 5 个施工段，4 道工序，即清理路基与挖路槽、垫层、基层、面层。已知各道工序的流水节拍为：$t_槽 = 2\text{d}$，$t_垫 = 3\text{d}$，$t_基 = 3\text{d}$，$t_面 = 1\text{d}$。在保证各专业施工队连续作业的前提下，试组织流水施工。

解： 已知 $m = 5$，$n = 4$ 及各 t_i 值，依题意可知 $t_i^n = t_面 = 1\text{d}$。由于各 t_i 值之间不存在大于 1 的最大公约数，按分别流水作业组织施工。

（1）计算流水步距 K：

因 $t_槽 > t_槽$、$t_基 = t_垫$，由式（9-21b）得 $K_{1,2} = t_槽 = 2d$、$K_{2,3} = t_垫 = 3d$。

因 $t_面 < t_基$，由式（9-21a）得 $K_{3,4} = m(t_基 - t_面) + t_面 = 5(3-1) + 1 = 11$（d）。

（2）计算总工期 T：

将 $t_{(n),i} = t_面 = 1$、$\sum Z_1 = 0$、$C_{j,j+1} = 0$ 代入式（9-22）得：

$$T = \sum_{j=1}^{n-1} K_{j,j+1} + mt_i^n + \sum Z_1 - \sum C_{j,j+1}$$

$$= (2+3+11) + 5 \times 1 + 0 - 0 = 21 \text{ (d)}$$

（3）绘流水作业施工进度图：

如图 9-8 所示。

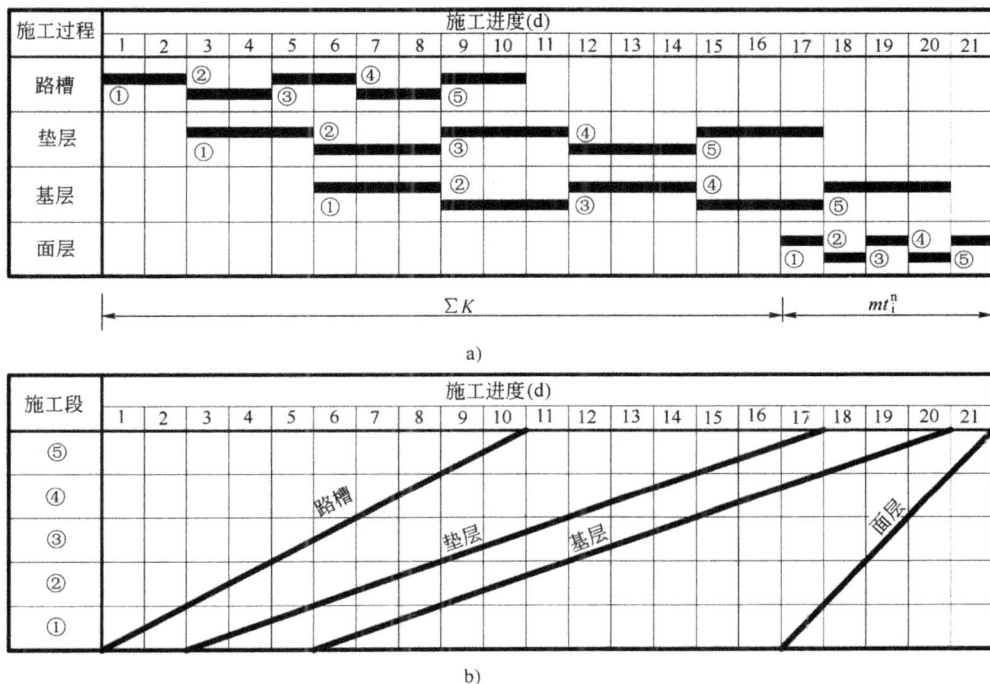

图 9-8　分别流水

a）水平图表；b）垂直图表

二、无节拍流水作业

1. 基本特点

（1）同一施工过程在各个施工段上的流水节拍彼此不相等，不同施工过程在同一施工段上的流水节拍彼此不相等。这也是无节拍流水作业的条件；

（2）专业施工队的数目等于施工过程的数目 n，即按施工过程组织专业施工队；

（3）各专业施工队能保持连续施工，但没有固定的节奏；

（4）施工段有发生空闲的情况。如不允许发生空闲，专业施工队就不能实现连续施二，二者不能兼顾。

2. 施工组织要点

（1）按分别流水作业的方法确定施工过程数 n 和施工段数 m，计算各施工段上每一施工过程的流水节拍 t_i；

（2）计算流水步距 K。无节拍流水的各个 t_i 值之间互无关系，不能建立计算公式，一般用累加数列法（也叫潘特考特夫斯基法、大差法）计算。这种方法能保证各专业队连续作业，自然也适用于前述全等节拍流水和分别流水作业，步骤如下：

① 根据专业施工队在各施工段上完成某施工过程的流水节拍，求累加数列；

② 根据施工顺序，相邻两施工过程的累加数列错位相减；

③ 相减结果中的最大差值即为所求的流水节拍 K。

上述计算步骤的应用，见例 9-5。

（3）计算总工期 T。由于无节拍流水作业的流水节拍 t_i 和流水步距 K 都不为常数，不难理解，无节拍流水作业总工期 T 的计算公式就是流水作业基本公式（9-10），即：

$$T = \sum_{j=1}^{n-1} K_{j,j+1} + \sum_{i=1}^{m} t_i^n + \sum Z_{j,j+1} + \sum G_{j,j+1} - \sum C_{j,j+1} \tag{9-23}$$

（4）绘制流水作业施工进度图。

3. 应用示例

例 9-5 某项工程施工划分为 A、B、C、D、E 等 5 道工序，平面上划分成 5 个施工段。每道工序在各施工段上的流水节拍见表 9-1。按施工工艺要求，工序 B 完成后，该施工段上应至少养护 2d，工序 D 完成后，该施工段需要 1d 的清理时间。为尽早完工，允许在工序 A 与 B 之间搭接施工 1d。试组织流水施工。

流水节拍 t_i（d）值表   表 9-1

t_i(d) 施工段 \ 工序	①	②	③	④	⑤
A	3	2	2	4	3
B	1	3	5	3	4
C	2	1	3	5	2
D	4	2	3	3	1
E	3	4	2	1	2

解： 根据本题条件，按无节拍流水作业法组织施工。每道工序组织一个专业施工队。有 $m=5$，$n=5$。用累加数列法计算流水步距 K。

（1）求各工序在每个施工段上的流水节拍的累加数列。

工序 A　3，5，7，11，14

工序 B　1，4，9，12，16

工序 C　2，3，6，11，13

工序 D　4，6，9，12，13

工序 E　3，7，9，10，12

（2）相邻两累加数列错位相减，最大差值为流水步距 K。

① $K_{A,B}$

$$
\begin{array}{llllll}
& 3, & 5, & 7, & 11, & 14, & \cdots\cdots\cdots\text{累加数列 } A \\
-) & & 1, & 4, & 9, & 12, & 16 & \cdots\cdots\cdots\text{累加数列 } B \\
\hline
& 3, & 4, & 3, & 2, & 2, & -16
\end{array}
$$

则 $K_{A,B} = \max \{3, 4, 3, 2, 2, -16\} = 4$ (d)

② $K_{B,C}$

$$
\begin{array}{llllll}
& 1, & 4, & 9, & 12, & 16 & \cdots\cdots\cdots\text{累加数列 } B \\
-) & & 2, & 3, & 6, & 11, & 13 & \cdots\cdots\cdots\text{累加数列 } C \\
\hline
& 1, & 2, & 6, & 6, & 5, & -13
\end{array}
$$

则 $K_{B,C} = \max \{1, 2, 6, 6, 5, -13\} = 6$ (d)

③ $K_{C,D}$

$$
\begin{array}{llllll}
& 2, & 3, & 6, & 11, & 13 & \cdots\cdots\cdots\text{累加数列 } C \\
-) & & 4, & 6, & 9, & 12, & 13 & \cdots\cdots\cdots\text{累加数列 } D \\
\hline
& 2, & -1, & 0, & 2, & 1, & -13
\end{array}
$$

则 $K_{C,D} = \max \{2, -1, 0, 2, 1, -13\} = 2$ (d)

④ $K_{D,E}$

$$
\begin{array}{llllll}
& 4, & 6, & 9, & 12, & 13 & \cdots\cdots\cdots\text{累加数列 } D \\
-) & & 3, & 7, & 9, & 10, & 12 & \cdots\cdots\cdots\text{累加数列 } E \\
\hline
& 4, & 3, & 2, & 3, & 3, & -12
\end{array}
$$

则 $K_{D,E} = \max \{4, 3, 2, 3, 3, -12\} = 4$ (d)

（3）计算总工期 T。

已知：工艺间歇时间 $Z_{B,C}=2\text{d}$，组织间歇时间 $G_{D,E}=1\text{d}$，平行搭接时间 $C_{A,B}=1\text{d}$，代入式（9-23）得总工期为：

$$
\begin{aligned}
T &= \sum_{j=1}^{n-1} K_{j,j+1} + \sum_{i=1}^{m} t_i^n + \sum Z_{j,j+1} + \sum G_{j,j+1} - \sum C_{j,j+1} \\
&= (4+6+2+4) + (3+4+2+1+2) + 2 + 1 - 1 = 30 \text{ (d)}
\end{aligned}
$$

（4）绘制流水作业施工进度图如图（9-9）所示。

安排施工进度图 9-9 时，应注意以下几点：

（1）因工序 A、B 平行搭接 1d，即 $C_{A,B}=1$，则在第①施工段上，A、B 工序进入施工的实际间隔时间为 $K_{A,B} - C_{A,B} = 4-1 = 3$ (d)；

（2）因工序 B 完成后应至少养护 2d，即 $Z_{B,C}=2$，则工序 B、C 进入第①施工段作业的间隔时间为 $K_{B,C} + Z_{B,C} = 6+2 = 8$ (d)；

（3）因工序 D 完成后有组织间歇时间 $G_{D,E}=1\text{d}$，则工序 D、E 进入第①施工段作业的实际间隔时间为 $K_{D,E} + G_{D,E} = 4+1 = 5$ (d)。

三、流水作业排序优化

无节拍流水作业各施工段的施工顺序排列不同，流水作业总工期将发生变化，这是医为流水节拍不为常数时各施工段的空闲时间长短不同所致。所谓流水作业排序优化，是指在保证专业施工队连续作业的条件下，寻求总工期最短的各施工段排列顺序最优模式。

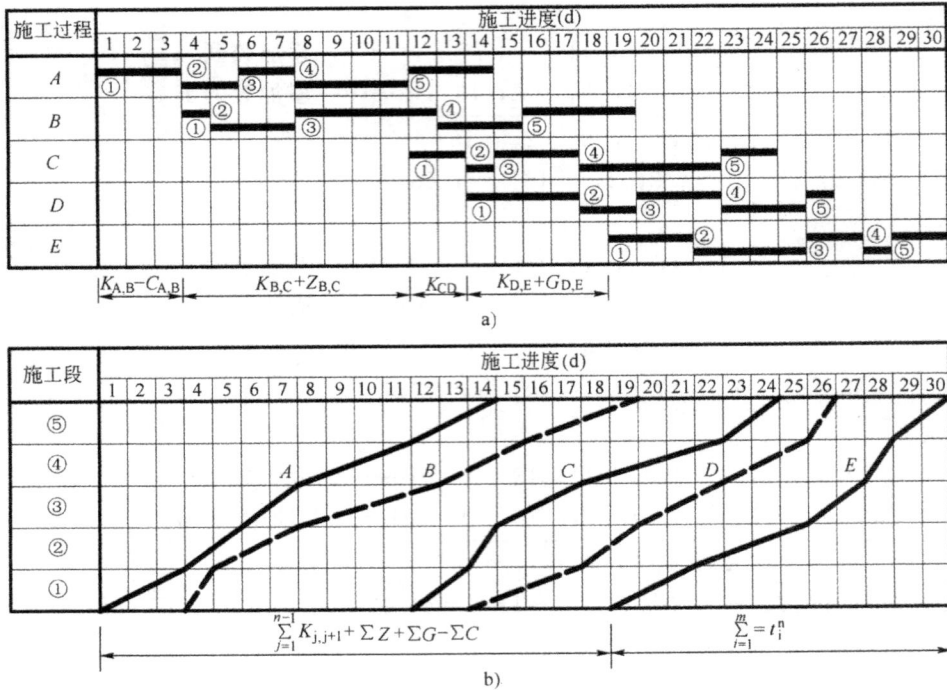

图 9-9　无节拍流水作业进度图

a) 水平图表；b) 垂直图表

实现排序优化有多种方法，例如，可以先找出施工段排列顺序的全部可能模式，然后计算每个模式的总工期，其中的最小值即为排序优化结果。这种方法看似简单，但计算工作量太大，因为全部排序模式数目为施工段数 m 的阶乘（$m!$），4 个施工段就有 24 种排列模式，5 个施工段将有 120 种排列模式。下面介绍一种简捷的排序优化方法——矩阵法。

1. 基本原理

根据流水作业原理，通过对排序优化问题的深入研究发现，影响流水作业总工期的关键是施工段基本排序间隙的数值大小。矩阵法首先计算施工段基本排序流水步距，据此计算出基本排序间隙，并建立基本排序间隙矩阵表；然后按照最优排序模式确定规则，利用矩阵表逐步求出最优排序方案。

任何两个施工段因施工先后顺序不同而造成的施工过程间隙时间的总和，叫基本排序间隙，用 $Z_{i,i+1}$ 表示。任何两个施工段先后进行同一个施工过程，其开始作业的时间间隔叫基本排序流水步距，用 $K_{i,i+1}$ 表示。基本排序流水步距 $K_{i,i+1}$ 可用式（9-24）计算，相应的基本排序间隙 $Z_{i,i+1}$ 可用式（9-25）计算。

$$K_{i,i+1} = \max \left\{ k_j^{i,i+1} = \sum_{j=1}^{j} \Delta t_j^{i,i+1} + t_j^{i+1} \right\} \tag{9-24}$$

$$Z_{i,i+1} = \sum_{j=1}^{n} Z_j^{i,i+1} = nK_{i,i+1} - \sum_{j=1}^{n} k_j^{i,i+1} \tag{9-25}$$

式中：$K_{i,i+1}$——施工段 i 与 $i+1$ 基本排序流水步距，$1 \leqslant i \leqslant m-1$，$m$ 为施工段数；

　　　　$k_j^{i,i+1}$——施工段 i 与 $i+1$ 在施工过程 j 上的"假设步距"，$1 \leqslant j \leqslant n$，$n$ 为施工过程数；

　　　　$\Delta t_j^{i,i+1}$——施工段 i 与 $i+1$ 在施工过程 j 上的流水节拍之差，$\Delta t_j^{i,i+1} = t_j^i - t_j^{i+1}$；

t_j^i——施工段 i 在施工过程 j 上的流水节拍；

t_j^{i+1}——施工段 $i+1$ 在施工过程 j 上的流水节拍；

$Z_{i,i+1}$——施工段 i 与 $i+1$ 基本排序间隙；

$Z_j^{i,i+1}$——施工段 i 与 $i+1$ 在施工过程 j 上的排序间隙。

2. 优化步骤

（1）确定全部施工段各种可能的基本排序，当施工段数为 m 时，基本排序有 $m(m-1)$ 个。

（2）用式（9-24）和式（9-25）分别计算基本排序流水步距和基本排序间隙数值。

（3）根据计算结果列出基本排序间隙矩阵表。

（4）按照下列最优排序模式确定规则进行施工段排序：

① 从矩阵表中选出基本排序间隙数值相对较小的若干个基本排序；

② 从选出的基本排序中，找出两个施工总持续时间最短的施工段，将其中第一个流水节拍数值相对最小的施工段排在最前面，另一个施工段排在最后面；

③ 在满足矩阵表上排序要求的前提下，尽可能将施工总持续时间相对最长的施二段排在中间；

④ 根据施工段之间的矩阵关系，确定其他施工段的最佳排列位置；

⑤ 按上述规则选出几个排序模式，计算它们的排序总间隙时间，其中的最小者即为最优排序模式。排序总间隙时间按式（9-26）计算。

$$Z = \sum_{i=1}^{m-1} Z_{i,i+1} \tag{9-26}$$

式中：Z——排序总间隙时间；

其余符号意义同前。

（5）绘制优化后的流水作业进度图，必要时加绘原始方案进度图，进行对比。

3. 优化示例

例 9-6 山区公路某施工合同段有 5 座小桥，依次按基础（A）、下部（B）、上部（C）、桥面（D）等 4 个施工过程进行施工，每座小桥在各个施工过程上的流水节拍（t_i）值及各施工段的作业总持续时间（T_i）见表 9-2。试按总工期最短的要求组织流水作业。

流水节拍 t_i（周）表 表 9-2

施工段 / 施工过程	Ⅰ	Ⅱ	Ⅲ	Ⅳ	Ⅴ
基础 A	5	4	3	2	4
下部 B	4	5	4	3	5
上部 C	5	3	5	4	4
桥面 D	3	2	4	5	5
总持续时间 T_i	17	14	16	14	18

解： 根据题意该例属于流水作业排序优化问题。每座小桥为一施工段，依次按Ⅰ、Ⅱ、Ⅲ、Ⅳ、Ⅴ编号，施工段数 $m=5$，施工过程数 $n=4$。

（1）计算基本排序流水步距和基本排序间隙：

该例有 5 个施工段，因此基本排序共 $5 \times (5-1) = 20$ 个。施工段Ⅰ与Ⅱ的基本排序有

I→II 和 II→I 两种，其排序流水步距和排序间隙的计算过程如下：

I→II 排序

$$
\begin{array}{ccccl}
5, & 4, & 5, & 3 & \cdots\cdots\cdots\cdots t_j^{\mathrm{I}} \\
-)\; 4, & 5, & 3, & 2 & \cdots\cdots\cdots\cdots t_j^{\mathrm{II}} \\
\hline
1, & -1, & 2, & 1 & \cdots\cdots\cdots\cdots \Delta t_j^{\mathrm{I,II}} \\
1, & 0, & 2, & 3 & \cdots\cdots\cdots\cdots \sum_{j=1}^{j}\Delta t_j^{\mathrm{I,II}} \\
+)\; 4, & 5, & 3, & 2 & \cdots\cdots\cdots\cdots t_j^{\mathrm{II}} \\
\hline
5, & 5, & 5, & 5 & \cdots\cdots\cdots\cdots k_j^{\mathrm{I,II}}
\end{array}
$$

$$\therefore K_{\mathrm{I,II}}=\max\{\,k_j^{\mathrm{I,II}}\,\}=\max\{\,5,5,5,5\,\}=5\ (周)$$

$$Z_{\mathrm{I,II}}=nK_{\mathrm{I,II}}-\sum_{j=1}^{n}k_j^{\mathrm{I,II}}=4\times5-(5+5+5+5)=0\ (周)$$

II→I 排序

$$
\begin{array}{ccccl}
4, & 5, & 3, & 2 & \cdots\cdots\cdots\cdots t_j^{\mathrm{II}} \\
-)\; 5, & 4, & 5, & 3 & \cdots\cdots\cdots\cdots t_j^{\mathrm{I}} \\
\hline
-1, & 1, & -2, & -1 & \cdots\cdots\cdots\cdots \Delta t_j^{\mathrm{II,I}} \\
-1, & 0, & -2, & -3 & \cdots\cdots\cdots\cdots \sum_{j=1}^{j}\Delta t_j^{\mathrm{II,I}} \\
+)\; 5, & 4, & 5, & 3 & \cdots\cdots\cdots\cdots t_j^{\mathrm{I}} \\
\hline
4, & 4, & 3, & 0 & \cdots\cdots\cdots\cdots k_j^{\mathrm{II,I}}
\end{array}
$$

$$\therefore K_{\mathrm{II,I}}=\max\{\,k_j^{\mathrm{II,I}}\,\}=\max\{\,4,4,3,0\,\}=4\ (周)$$

$$Z_{\mathrm{II,I}}=nK-\sum_{j=1}^{n}k_j^{\mathrm{II,I}}=4\times4-(4+4+3+0)=5\ (周)$$

同理可计算其他基本排序流水步距和基本排序间隙值，全部计算结果汇总于表 9-3 中。

基本排序流水步距和基本排序间隙值计算结果汇总表 表 9-3

排序	I→II	I→III	I→IV	I→V	II→III	II→IV	II→V	III→IV	III→V	IV→V
$K_{i,i+1}$	5	7	9	5	6	7	5	7	3	2
$Z_{i,i+1}$	0	5	7	1	7	5	4	6	0	4
排序	II→I	III→I	IV→I	V→I	III→II	IV→II	V→II	IV→III	V→III	V→IV
$K_{i+1,i}$	4	3	2	4	4	2	6	2	6	9
$Z_{i+1,i}$	5	2	6	0	3	3	5	0	1	8

（2）列出基本排序间隙矩阵表：

根据表 9-3 中的数据，列出基本排序间隙矩阵表，如表 9-4 所示。

基本排序间隙矩阵表 表 9-4

i ＼ i	I	II	III	IV	V
I	※	0	5	7	1
II	5	※	7	5	4
III	2	3	※	6	0
IV	6	3	0	※	4
V	0	5	1	8	※

（3）确定最优排序模式：

由表 9-4 的数据可知，基本排序间隙值相对最小的基本排序有 4 个：I→II、III→V、IV→III 和 V→I，数值均为零。其中施工段 II 和 IV 的作业总持续时间（T_i）相对最短，均为 14 周。由于施工段 IV 的第一个流水节拍（为 2 周）比施工段 II 的第一个流水节拍（为 4 周）小，按照排序规则，施工段 IV 应排在最前面，施工段 II 应排在最后面。再将选出的 4 个基本排序按从 IV 到 II 的顺序排列，即 IV→III、III→V、V→I、I→II，便可以找到总工期最短的最优排序模式为：IV→III→V→I→II。

（4）绘制优化前后的流水作业进度图：

利用前述无节拍流水作业计算总工期和绘制施工进度图的方法，可得到：优化前的排序为 I→II→III→IV→V，计算总工期 37 周，水平进度图如图 9-10a）所示；优化后的排序为 IV→III→V→I→II，计算总工期 28 周，水平进度图如图 9-10b）所示。也就是说，五座小桥按 IV、III、V、I、II 的顺序施工将比按编号顺序施工的总工期缩短 9 周。

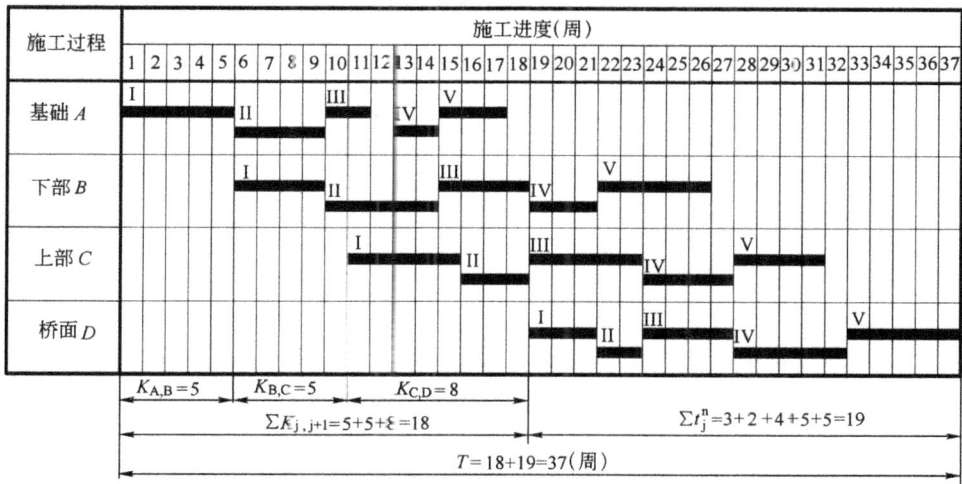

a)

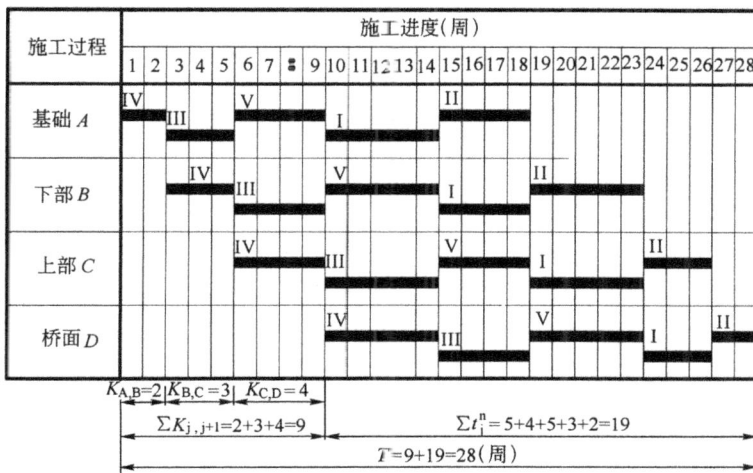

b)

图 9-10　优化排序前后施工进度图

a）优化前水平图表；b）优化后水平图表

205

四、流水作业法总结

（1）流水作业法分为有节拍流水和无节拍流水两类，根据流水节拍之间的相互关系，有节拍流水可以分为全等节拍流水、成倍节拍流水和分别流水。全等节拍流水是流水作业法最理想的状态，完全实现了连续、均衡而有节奏的施工。因此，创造条件，按全等节拍流水组织施工，是工程施工管理的一项重要任务。

（2）各种流水作业都可以用水平图表和垂直图表来安排施工进度，不同类型的流水作业，施工进度图表现出不同的特征，见表 9-5。

各种流水作业类型图表特征表

表 9-5

流水作业类型		主要流水参数关系	垂直图表特征	参考图号
有节拍流水	全等节拍流水	$t_i=$ 常数 $K=$ 常数 $t_i=K$	1. 各流水线呈直线 2. 各流水线彼此平行 3. 各流水线的间距相等	图 9-4b)
	成倍节拍流水	$t_i=$ 常数 $K=$ 常数 $t_i=nK$	1. 各流水线呈直线 2. 各流水线彼此平行 3. 各流水线的间距不相等	图 9-6b)
	分别流水	$t_i=$ 常数 $K\neq$ 常数	1. 各流水线呈直线 2. 各流水线彼此不平行	图 9-8b)
无节拍流水		$t_i\neq$ 常数 $K\neq$ 常数	1. 各流水线呈折线 2. 各流水线彼此不平行	图 9-9b)

注：表中的 n 为正整数，不是前述的施工过程数。

（3）流水作业法计算总工期的基本公式为式（9-10）。求流水步距的通用方法是累加数列法。无节拍流水作业只能采用上述公式和方法进行计算，有节拍流水作业的计算公式是在基本公式的基础上，利用流水参数之间的关系化简得到的，计算较为简便。

（4）对于分别流水作业和无节拍流水作业，当施工对象既划分施工段又划分施工层时，总工期计算和施工进度安排都是十分繁锁的。如果采用网络计划技术，将会更清楚、明了、简便。

第十章　网络计划技术

第一节　网络计划及其工程应用

一、网络计划概述

1. 施工网络图

任何工程的施工都需要进行许多工作，各项工作之间相互联系、制约和影响。把一项工程的所有施工过程，根据施工顺序和相互关系用箭线和节点表示绘制而成的有向网状图形称为施工网络图，简称网络图。

2. 网络图的表示方法

在网络图中，工作用箭线来表示，工作名称写在箭线上方，完成该项工作所需要的时间写在箭线下方，箭尾表示工作的开始，箭头表示工作的结束，箭头和箭尾各与一个节点（即圆圈）衔接，节点有编号，若箭尾为 i，箭头为 j，则 $i—j$ 即表示该项工作的代号。这种用箭线代表工作、节点表示各项工作之间相互关系的方法，称为双代号表示法（图 10-1）。若用节点代表工作，工作的名称、所需时间及编号在节点内注明，箭线表示各项工作之间的关系，则称为单代号表示法（图 10-2）。

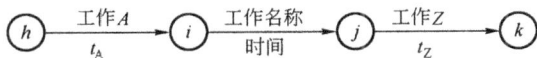

图 10-1　双代号表示法　　　　　　　　图 10-2　单代号表示法

3. 网络计划技术

上世纪中叶，国外陆续出现一些将网络图引入计划管理的新方法。由于这些方法均将计划的工作关系建立在网络模型上，把计划的编制、实施、协调、优化和控制通过网络图有机地结合起来，所以被称为网络计划技术。

网络计划技术的基本原理是：首先根据工作之间的逻辑关系和工艺流程编制工程项目施工计划网络图；其次计算时间参数，找出计划中的关键工作和关键线路；最后根据计划目标不断调整、改善和修正网络计划，选择最优计划方案付诸实施。同时，在网络计划的实施过程中进行跟踪监督与有效控制，确保工程项目计划目标顺利实现。

4. 网络计划方法

网络计划技术有多种方法，按网络逻辑关系和工作持续时间的肯定或非肯定，可将网络计划方法划分为表 10-1 所示的类型。

网络计划方法类型划分　　　　　表 10-1

类　型		持　续　时　间	
		肯　定	非肯定
逻辑关系	肯定型	关键线路法（CPM） 流水作业网络计划 搭接网络计划	计划评审法（PERT）
	非肯定型	决策关键线路法（DCPM）	图示评审法（PERT） 随机网络计划（QGERT） 风险随机网络（VERT）

关键线路法（CPM）和计划评审法（PERT）的基本原理和方法是相同的，主要区别在于：CPM 的工作持续时间是确定值，可以通过定额或实际劳动生产率进行计算，被称为肯定型网络计划；PERT 的工作时间参数是一个期望值，网络计划的工期存在一个完成概率，因此被称为非肯定型网络计划，常用于无定额可遵循的新技术或新工艺项目。本书凡未注明者均指关键线路法网络。

流水作业网络计划综合了流水作业和网络计划的特点，是我国土建工程人员研制的一种新型网络计划。搭接网络计划能够反映工作之间各种错综复杂的连接关系，可使网络图简单、明了，特别适用于高速公路、特大桥、大型交通枢纽等项目的施工计划安排。

图示评审法（PERT）等是广义的随机网络分析方法，主要用于编制项目施工进度计划中的排队、存储及可靠度分析等诸多统筹问题。

二、网络图的分类

1. 按箭线和节点所表达的含义不同分类

根据箭线和节点所表达的含义不同，网络图相应地分为双代号网络图（图 10-3）和单代号网络图（图 10-4）两种。双代号网络图用双代号表示法绘制，即箭线表示工作，节点表示工作之间的相互关系。单代号网络图用单代号表示法绘制，即节点表示工作，箭线表示各项工作之间的相互关系。

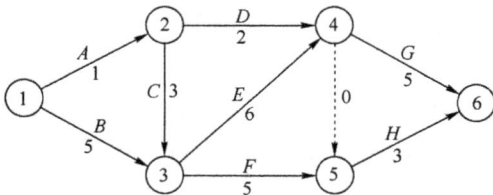

图 10-3　双代号网络图

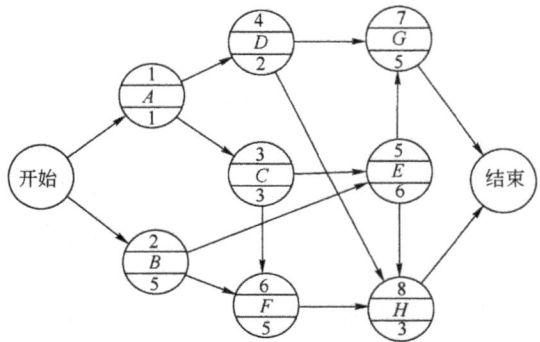

图 10-4　单代号网络图

2. 按箭线长短与工作持续时间的关系分类

双代号网络图中，箭线长短与工作持续时间无关时称为普通双代号网络图。若箭线的水平投影长度与工作持续时间成正比，则称为时间坐标网络图，简称时标网络图。普通网络图的工作持续时间用数字标注在箭线的下方。

3. 按计划目标的多少分类

网络图的计划目标只有一个时称为单目标网络图，当有两个或更多目标时称为多目标网络图。多目标图有多个网络终节点，适用于一个施工企业同时承担多项不同的施工任务时。本书只介绍单目标网络图。

4. 按网络图的应用范围分类

根据工程项目的组成及其应用范围，从大到小依次分为工程项目总体网络图、单项工程网络图、单位工程网络图、分部工程网络图和分项工程网络图。

5. 按复杂程度分类

网络图按复杂程度可分为简单网络图和复杂网络图。简单网络图指工作数量不超过500道，可以借助一般计算工具进行手算的网络图。复杂网络图的工作数目在500道以上，要应用电算程序进行计算。

6. 按详略程度分类

网络图按内容的详细程度可分为详图和简图。详图按工序绘制，直接用于现场施工。简图用于施工的方案论证或报上级领导审阅，通常把一般工序组合成较大的项目，突出主要的施工项目和主要工种之间的逻辑关系。

三、网络计划的特点

网络计划为一种施工进度计划的编制与表达方法，与第九章所述的流水作业水平图表施工进度图具有同样的功能。同一施工项目，用这两种方法的任何一种都可以正确表达施工进度计划，如图10-5所示。但由于表达的形式不同，反映的时间信息量有多有少，它们在工程施工中所发挥的作用也就各具特点。

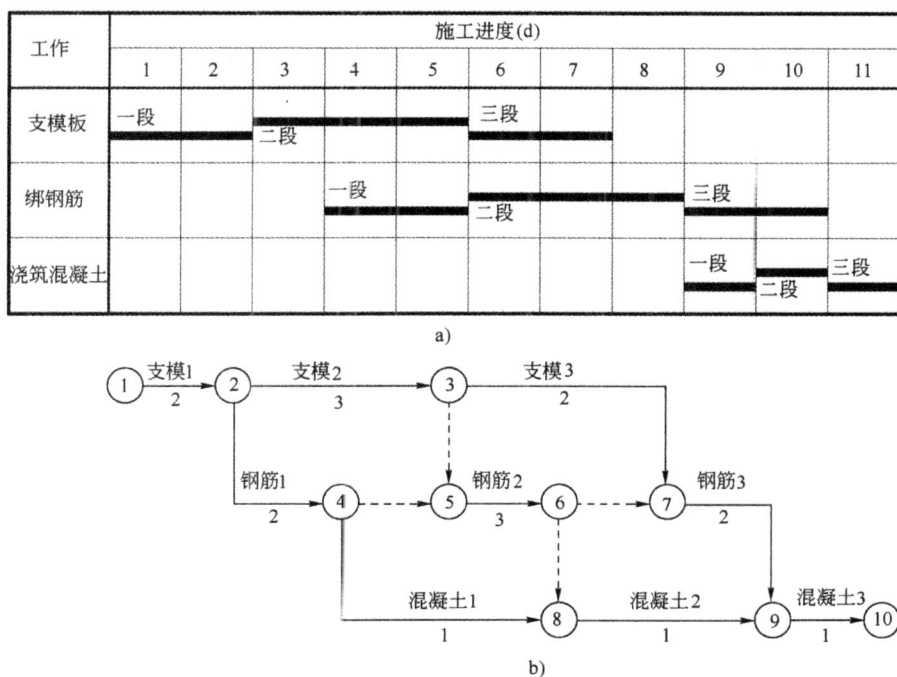

图 10-5　水平图表与网络计划

a) 水平图表；b) 网络计划

水平图表由一系列的横道线组成，并有时间坐标。它的优点是容易编制，简单、明了、直观、易懂，各项工作的施工起讫时间、作业持续时间、施工进度、总工期，以及流水作业情况等都十分清楚。对人工及资源在施工中的动态需用量可以按图叠加计算。它的缺点是不能全面反映各项工作之间的相互制约、依存和影响等关系，不便于进行各种与施工有关的时间计算，不能反映哪些工作影响工期，也不能发现施工潜力，不能电算及优化。这些缺点，对于改进和加强施工的组织及管理工作是极为不利的。

网络计划的优点是把施工过程中的各项工作组成有机的整体，能全面、准确地反映出各工作之间相互制约和相互依赖的关系，逻辑关系清楚；通过时间参数的计算，能在工序繁多、错综复杂的计划中找出影响施工进度的关键工作，便于在施工中抓住主要矛盾，避免盲目性，确保按期竣工；能发现施工潜力，可以更合理地调配人力与资源，达到优质、低耗的目的；在计划的执行过程中如出现意外情况，可以随时调整，及时消除不利因素的影响。此外，网络计划本身就是一个定义明确的数学模型，计算方便，能利用电子计算机进行计算，通过调整和优选比较，获得最佳计划方案。

网络计划的最大特点，是它能够提供工程施工组织与管理所需的众多信息。它有助于施工管理人员合理地组织施工，做到心中有数，知道管理工作的重点所在，在哪里挖掘潜力，怎样缩短工期，如何降低成本等。因此，网络计划比水平图表更能适应复杂多变的工程施工管理工作，如采用时标网络图，则流水作业水平图表所具有的全部功能都能融入网络计划中。

四、网络计划在公路施工组织中的应用

网络图是网络计划的表现形式，而网络计划方法是统筹法的主要工具，它既是一种科学的计划方法，又是一种有效的施工（生产）管理方法。因此，网络计划的应用是十分广泛的，在工业、农业、工程施工、交通运输、航天、高科技等领域都发挥着重要的作用。

网络计划在公路工程中应用最多的是公路工程项目的施工组织与管理，如用网络图特别是时标网络图的形式编制施工进度计划、检查和控制实际施工进度，当施工现场条件发生变化时，及时调整和修订网络计划，以确保计划目标的按期实现。此外，在公路工程的结构计算、投标决策、选择运输方案、费用控制等方面，都会应用网络计划。总之，网络计划的广泛应用，使公路工程项目的施工组织与管理走向现代化、科学化，极大地提高了我国大规模公路工程施工的管理水平。

第二节　双代号网络计划

一、双代号网络图的构成

在双代号网络图中，根据施工组织计划的编制范围不同，箭线可以表示一道工序、一个施工过程、一个分部工程，也可以表示一个单位工程、单项工程等，它们在网络图中，都统称为"工作"。工作都要占用时间和消耗资源，如浇筑混凝土、挖基坑、砌基础等。有些因施工工艺要求而出现的技术间歇时间，如石灰土养生、油漆待干等，只占用时间而不消耗其他资源，也应作为一项工作看待。因此，凡是占时间的过程都是一项工作，即在网络图中有

一条相应的箭线。

为了正确表达各项工作之间的逻辑关系，常引入所谓"虚工作"，它不占用时间，更不消耗资源，也没有具体的工作内容。为了区别于前述真正的工作，在网络图中用虚箭线表示虚工作，如图 10-3 中的工作 4—5。

箭线的方向表示工作进行的方向，因而网络图也就是工程施工的流程图。箭线的长短和曲折对网络图没有影响（时标网络图除外）网络图中的圆圈称为节点，它表示工作的开始、完成或连接等关系，因此，节点也称为事件。网络图的第一个节点叫网络始节点（如图 10-3 中的节点①），最后一个节点叫网络终节点（如图 10-3 中的节点⑥），它们分别表示整个网络计划的开始与完成，其他节点叫中间节点，表示工作之间的连接关系。

一条箭线与它两端的节点共同表示一项工作，与箭尾衔接的节点叫工作始节点，与箭头衔接的节点叫工作终节点，它们分别表示该项工作的开始和完成。其他工作的箭头如与某项工作的工作始节点衔接时，这些工作就是该项工作的紧前工作，同样，箭尾与工作终节点衔接的那些其他工作就叫紧后工作。如图 10-3 中，工作 E 的紧前工作为 B、C，紧后工作为 G、H（从图 10-3 表达的逻辑关系上讲，虚工作 4—5 是 E 的紧后工作，而 H 是虚工作 4—5 的紧后工作）。箭线上方标注工作内容，箭线下方的数字表示工作持续时间（通常被称为流或权）。

在网络图中，从网络始节点沿箭线方向到达网络终节点的通路称为线路。一个网络图的线路有多条，每条线路均表示一个施工工艺流程。从网络始节点到工作始节点之间的所有通路上的工作，称为这项工作的先行工作。从工作终节点到网络终节点之间的所有通路上的工作称为这项工作的后续工作。如图 10-3 中，工作 E 的先行工作是 A、C、B，工作 C 的后续工作是 E、F、G、H（从逻辑关系上讲，虚工作 4—5 也是后续工作）。

箭线、节点和流是双代号网络图的三要素，任何一个复杂的网络图，都是由它们的某种组合构成的。

二、网络图的绘制

1. 绘图规则

绘制双代号网络图时，为了正确地表达各项工作之间的逻辑关系、施工流程和进行时间参数计算，应遵循以下绘图规则。

1）基本绘图规则

（1）在一个网络图中只允许有一个网络始节点和一个网络终节点。

网络图表示一项工程的施工，网络始节点和网络终节点分别代表该项工程的开工及竣工。在图 10-6a)中工序 D 和 K 的表示方法是错误的，图 10-6b）和 c）才是正确的。

只有在多目标网络图中才可以有多个网络终节点。

（2）不允许出现循环的闭合回路。

"闭合回路"又叫循环线路，如图 10-7 中的②—→③—→⑤—→②和②—→④—→⑤—→②。它们在施工工艺上是矛盾的，逻辑关系上是混乱的，实际施工中不可能出现这样的情况。

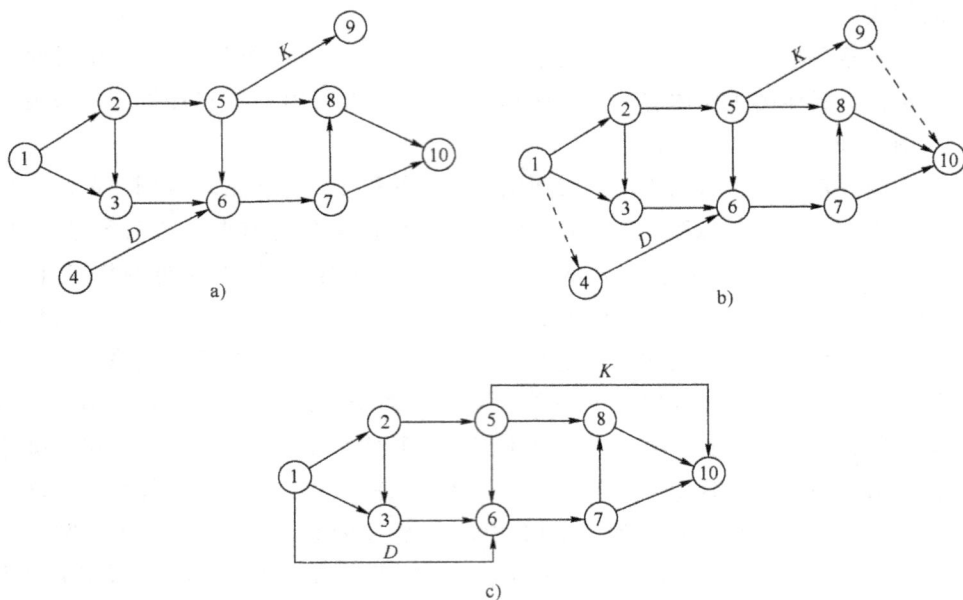

图 10-6 只允许有一个网络始节点和网络终节点
a）错误；b）、c）正确

（3）两个节点之间只能有一条箭线。

网络图中的每一条箭线两端节点的编号（即代号）表示一项工作，每项工作都有一个唯一的代号。两个节点之间如有多条箭线时，必然出现多项工作都为同一代号，将引起逻辑混乱，使施工无法进行。因此，图 10-8a）中的工作 A、B，以及图 10-8b）中的工作 A、D 的表示方法都是错误的。

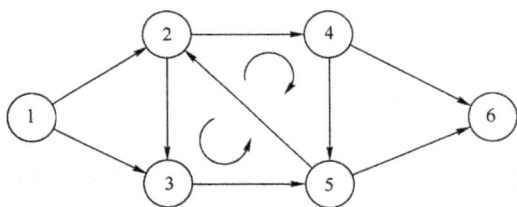

图 10-7　错误的闭合回路

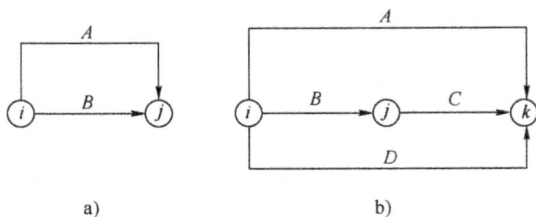

图 10-8　不允许有代号相同的箭线

（4）不允许出现双向箭线或无箭头的线段。

施工网络图按箭线方向开展，这两种情况都与网络图的基本构成规定相矛盾，也与施工的实际情况不符合。

（5）箭线交叉用"过桥"方式。

两项工作的箭线发生交叉时，用"过桥"方式表示，见图 10-9。

（6）箭线只能在节点处交接。

若在工序 A 的进行过程中，工序 B 开始与工序 A 平行施工，正确的表示方法为图 10-10b），如按图 10-10a）所示，则违反了网络图的基本构成规定。

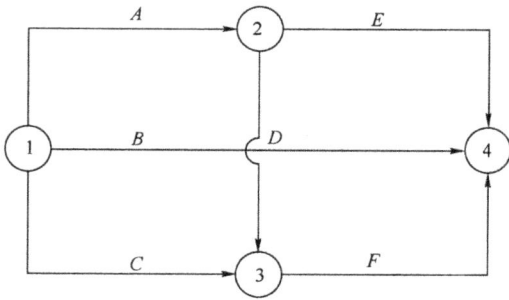

图 10-9　箭线交叉

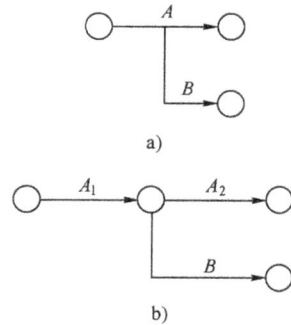

图 10-10　工作的衔接
a）错误；b）正确

2）正确使用虚箭线

网络图必须正确表达各项工作的先后、平行、衔接、无关等逻辑关系。由于施工的复杂性，双代号网络图中使用了大量的虚箭线（即虚工作）。另外，为了遵循基本绘图规则，也要引入虚箭线，图 10-6b）即为一例。

双代号网络图中常见的逻辑关系表示方法（无论是否用虚箭线）见表 10-2。表中还同时列出了相应的单代号网络图的逻辑关系表示方法。

网络图常见逻辑关系表示方法　　　　　　　　　　　　　　　表 10-2

序号	工作之间的逻辑关系	双代号网络图表示方法	单代号网络图表示方法
1	A 的紧后工作是 B B 的紧后工作是 C		
2	A 的紧后工作是 B、C、D E 的紧前工作是 B、C、D		
3	A、B 都是 C、D 的紧前工作		
4	A、B 都是 C 的紧前工作 D 只是 B 的紧后工作		

213

序号	工作之间的逻辑关系	双代号网络图表示方法	单代号网络图表示方法
5	A 进行途中 B 开始，B 最后完成	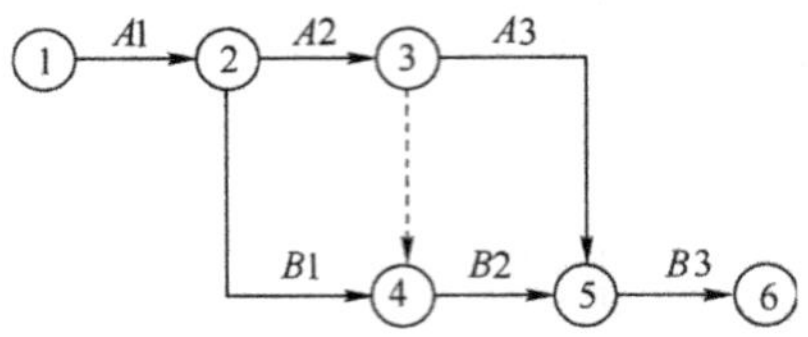	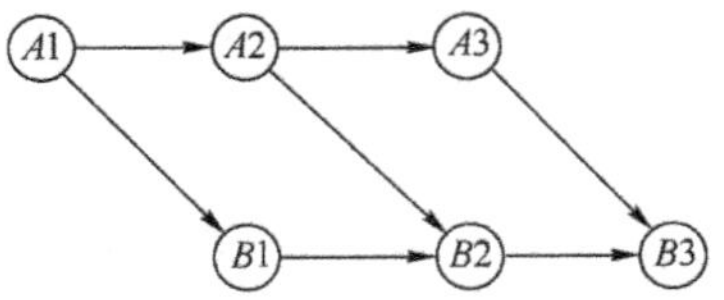
6	A、B 是 C 的紧前工作 B、D 是 E 的紧前工作	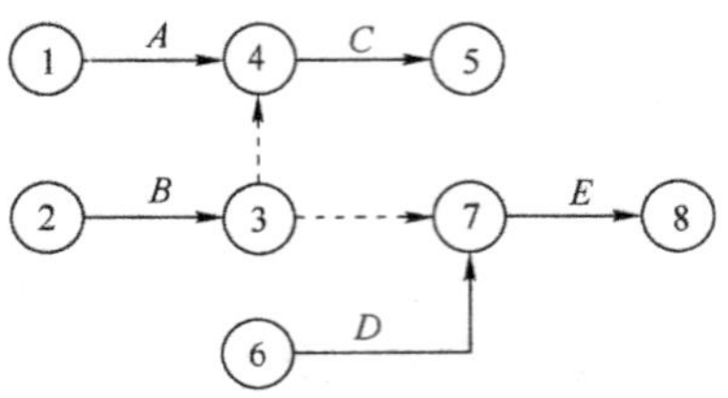	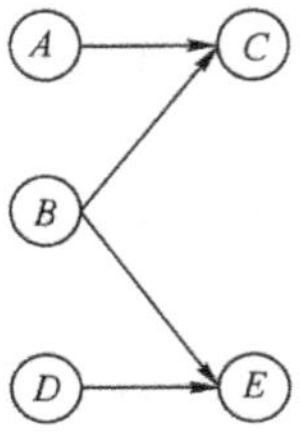
7	A 的紧后工作是 B、C B 的紧后工作是 D、E C 的紧后工作是 E D、E 的紧后工作是 F	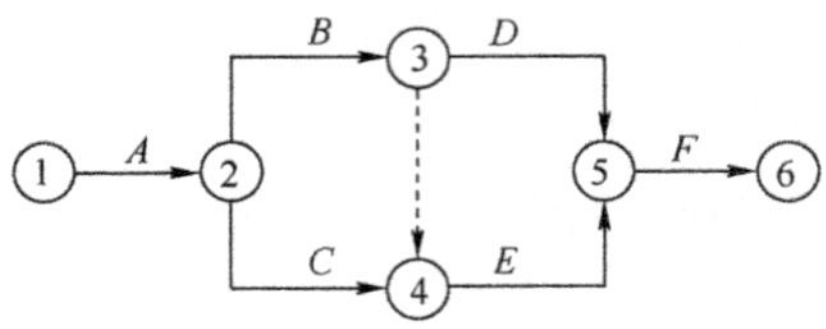	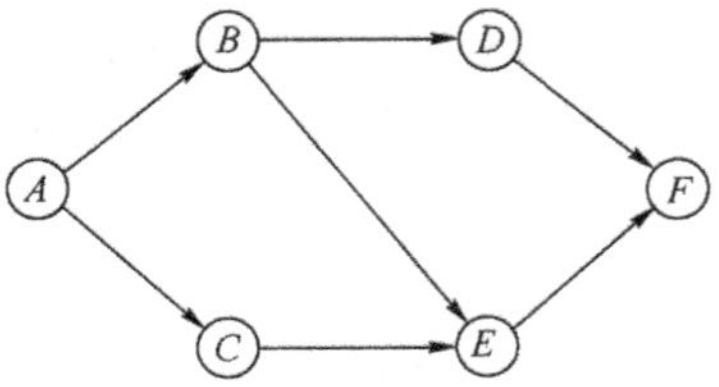
8	A、B、C 都是 D、E、F 的紧前工作	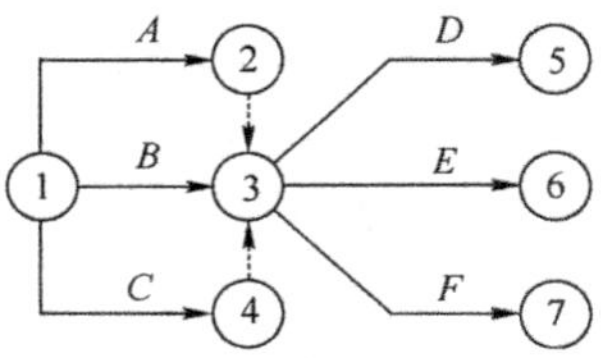	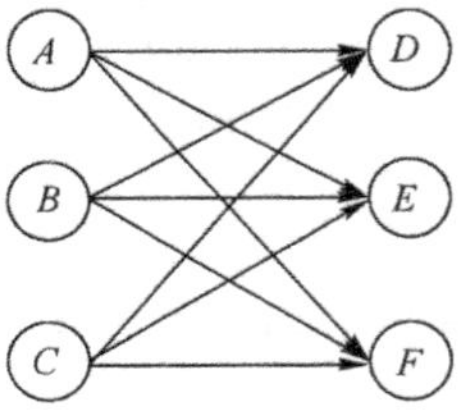

3）节点编号

网络图的每个节点都应编号。编号时，工作始节点号码 i 应小于工作终节点号码 j，即 $i < j$。在一个网络图中，节点号码不得重复。为便于网络图的调整和修改，节点可以不连续编号。

2. 网络图的编制步骤

网络图与流水作业法的施工进度图在工程施工组织及管理中的作用是相同的，因而两者的编制步骤有若干相似之处。

1）选择施工方案，确定施工方法

根据工程特点、施工条件、工期要求，结合本书施工技术相关章节的内容，选择恰当的施工方案和确保该方案实现的施工方法。为使所选择的方案切实可行、效果可靠，必须事先做好调查研究和收集资料的工作，认真研究设计图纸，充分考虑各种有利的和不利的影响因素。具体的实施过程，与流水作业法相同。

2）进行工作划分

用网络计划进行公路施工组织，网络图的工作即是施工过程或施工工序。

不同施工方法的施工过程是有一定差别的，如土方工程的机械化施工可用推土机、铲运机、挖掘机配合自卸车等，各自的施工过程不尽相同。划分施工过程所考虑的因素与流水作业法一致。

3）划分施工段和施工层

如条件允许，应尽可能按流水作业法的要求划分施工段和施工层，因为这样做更容易得到最佳的网络计划。条件不具备时，主要考虑足够的工作面、施工作业的效率和结构的完整性等因素划分施工段和施工层。

4）计算各项工作（即施工过程或工序）在各施工段上的施工作业持续时间

作业持续时间相当于流水作业法的流水节拍，采用式（9-3）～式（9-6）进行计算。其中，采用式（9-4）的计算结果编制的网络称为非确定型网络，这种网络图计算的总工期是一个按某一概率实现的期望值。非确定型网络将在本章第五节计划评审法中介绍。

5）列出工作的逻辑关系列表

这种逻辑关系是由施工的客观规律、施工方案、施工的具体条件等因素确定的，要认真分析和比较，如图 10-5b) 所示的网络图，工作的逻辑关系如表 10-3 所示。

图 10-5b) 的工作逻辑关系表　　　　　　　　　　表 10-3

工作名称	支模1	支模2	钢筋1	支模3	混凝土1	钢筋2	钢筋3	混凝土2	混凝土3
紧后工作	支模2 钢筋1	支模3 钢筋2	钢筋2 混凝土1	钢筋3	混凝土2	钢筋3 混凝土2	混凝土3	混凝土3	

6）草绘网络图

采用规定的绘图符号，把施工对象的所有施工过程草绘成网络图。网络图应按施工过程之间的逻辑关系（不论是否列表）绘制，并遵守绘图规则。

草绘过程中，需要对网络图进行反复补充和修改，因此不要企图一次绘图成功，也不必十分工整，但必须条理清楚，逻辑关系正确，不违背基本绘图规则。

7）检查与调整

对草绘网络图的检查，主要根据工作之间的逻辑关系和绘图规则，发现不妥之处，立即调整，然后删除多余的虚箭线。为使图面清晰，应注意网络图的合理布局，并尽可能减少箭线交叉。过多的箭线交叉将使网络图凌乱，如图 10-9 所示的箭线交叉就可以调整成图 10-11。

8）正式绘图

草绘网络图经过检查和调整，确认无误后即可正式绘图。由于网络图是用来指导施工的，除

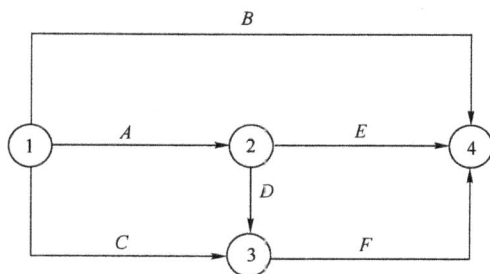

图 10-11　避免箭线交叉

了要准确地表达逻辑关系外，还要符合工程施工的开展方向。因此，绘图时除个别特殊情况外，箭线的方向应从左向右、从上向下绘制，最好不出现反向箭线。对于规模较大、内容复杂的网络图，可先规划，然后分块绘制，再拼接起来，最后统一检查。

网络图绘制完成后，按前述规则进行节点编号。

3. 绘图示例

1) 两段流水作业网络图

以某管涵工程施工为例，用以说明如何在网络图中正确表达各工序之间的逻辑关系。一座管涵的施工，应依次按挖槽、基础、安涵管、砌洞口等 4 道工序进行，其工艺流程用网络图的形式表示时如图 10-12 所示。这一工艺流程是每一座管涵施工都必须遵守的。

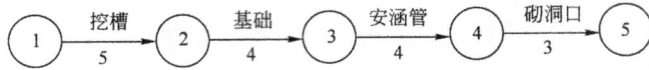

图 10-12　管涵施工工艺流程图

两座管涵施工时，若每座涵洞划为 1 个施工段，则为两段流水作业。显然，两座管涵流水作业的网络图应如图 10-13 所示，为表达正确的逻辑关系，图中使用了虚箭线。图中各工序后的数字 1、2 为施工段编号，箭线下面的数字为施工作业天数。

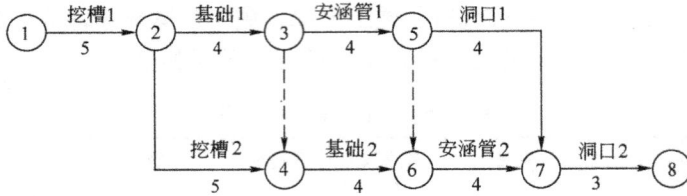

图 10-13　两段流水作业网络图

2) 3 段流水作业网络图

若上述管涵有 3 座，流水作业的网络图就要复杂些。如果按图 10-13 的绘法简单地推广成图 10-14 的形式，虽然每座管涵的施工工艺流程是正确的，但两座管涵之间工序的衔接则发生逻辑错误。因为 3 段流水施工的实际情况是，第 3 段各工序的开展，只受第 2 段施工进程的制约，而与第 1 段的施工毫无关系。例如挖槽 3 只需在挖槽 2 完成后进行，而在图 9-14 中还需待基础 1 完工后才能开始，这显然是错误的。又如基础 3 的紧前工作只有基础 2 和挖槽 3 两项，而与安涵管 1 无关，但在图 10-14 中安涵管 1 也是基础 3 的紧前工作。正确的网络图应如图 10-15 所示，图中的虚箭线 4┈➤5"割断"了基础 1 与挖槽 3 之间的联系而又保持了挖槽 2 与挖槽 3 之间的联系。虚箭线 6┈➤8 和 10┈➤11 也具有同样的作用。

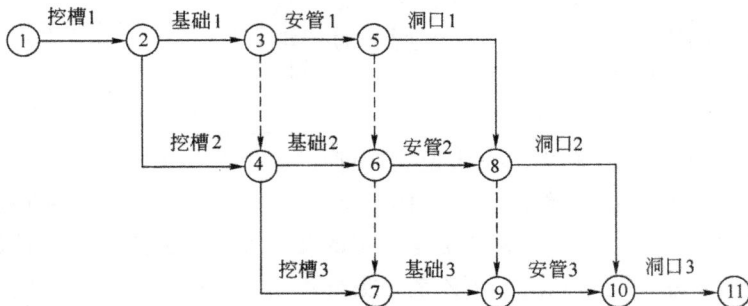

图 10-14　错误的网络图

进一步的分析不难看出，4 段或更多段数的流水作业网络图，可以按 3 段流水作业网络图的格式绘制。

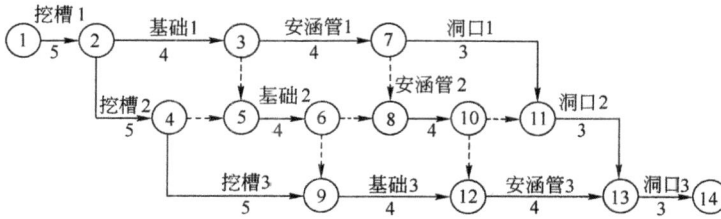

图 10-15　3 段流水作业网络图

3）综合施工网络图

一个工程建设项目常由若干单项工程组成，各单项工程的施工方案不尽相同，施工方法和施工组织方式各异。如用一个网络图表示一个工程建设项目的施工，该网络图称为综合施工网络图。如表示独立大中桥施工、一个合同段的公路或一座隧道施工等的网络图都属于综合施工网络图。

图 10-16 是一座两孔钢筋混凝土梁式桥的综合施工网络图，该图主要说明各项工作之间的逻辑关系，因而工作按分部工程或分项工程划分，并略去了若干辅助性的工作。

图 10-16 的桥梁采用的施工方案为：

（1）桥梁下部和上部分别组织专业队进行流水作业；

（2）上部为预制安装；

（3）桥台两端场地均备料，备料 2 只供桥台 2 使用；

（4）未考虑预制场地及其他辅助工作。

另外，为使网络图重点突出，桥梁上部未绘出每一片梁的流水作业网络图，每孔（分部工程）为一项工作，桥梁下部按每个墩、台的主要分项工程绘制。

4. 公路施工网络图的排列方式

为了使施工网络图条理清楚、直观、易懂、准确清晰，通常根据网络图的不同用途和不同的施工组织方法，按不同的排列方式绘制网络图，使之易于掌握，便于计算和调整。

1）按施工段排列

这种排列方式把同一施工段上的各道工序都排列在一条水平线上，反映了公路工程分段施工的特点，突出了工作面的利用情况，也有利于检查和控制工程施工的形象进度。这是公路施工作业网络图常用的一种排列方式。图 10-17 为 3 座混凝土挡土墙的施工作业网络自上而下按施工段排列的一个例子。

2）混合排列

图 10-17 的网络计划，采用混合排列时，相应的网络图如图 10-18 所示。这种排列方式对称美观，突出了工序之间的平行作业关系。但在同一水平线上有不同施工段的各种工序的作业，因而只适用于绘制简单的网络图。

3）按工序（或工种）排列

这种排列方式的特点是将相同工序或同一工种排列在一条水平线上，突出了不同工种的作业情况，有利于专业施工队安排施工任务，是施工作业现场常用的一种网络图方式。图 10-19 为图 10-17 的同一网络图按工序排列的形式。

217

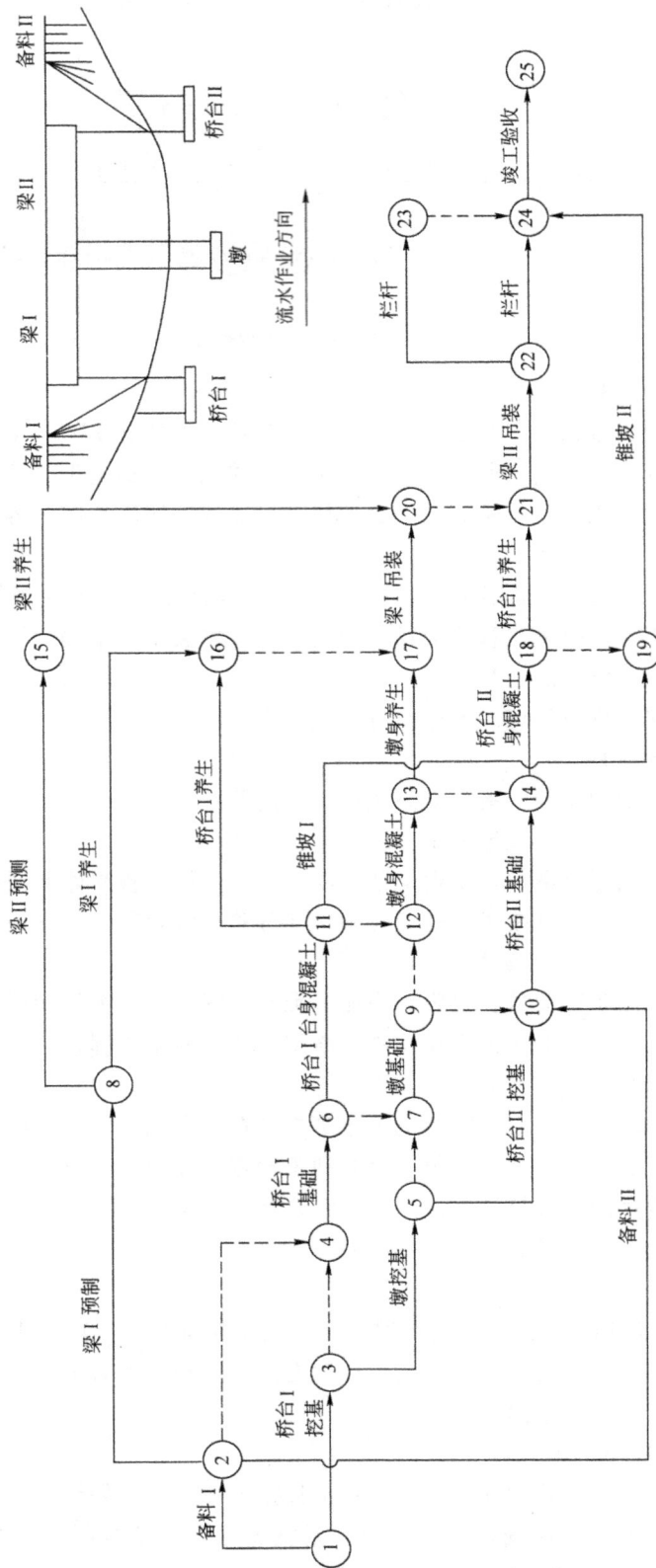

图10-16 两孔梁式桥施工网络

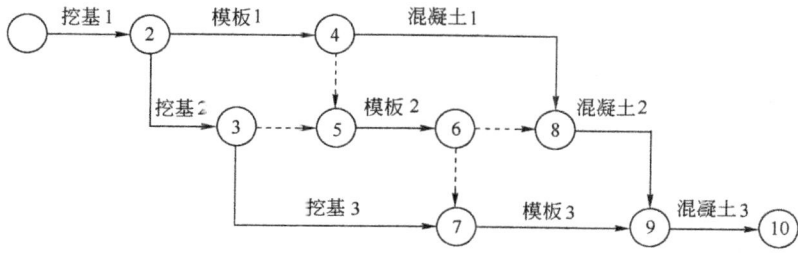

图 10-17　按施工段排列

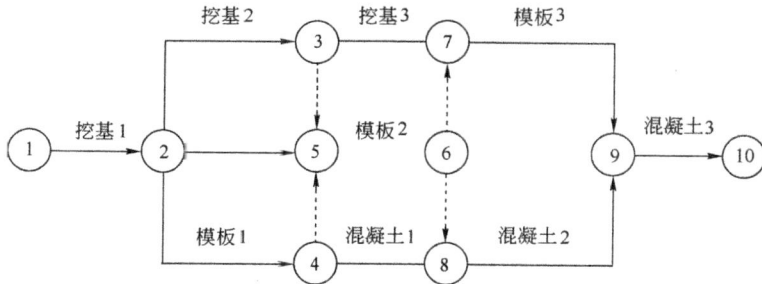

图 10-18　混合排列

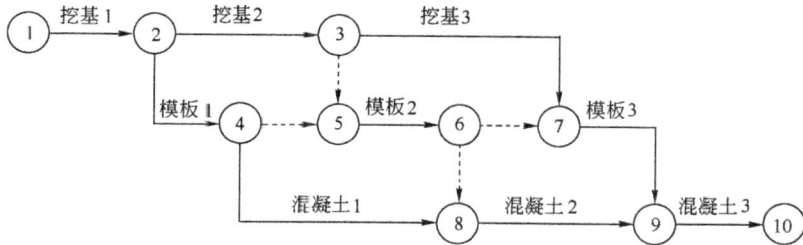

图 10-19　按工序排列

4）按施工单位或专业排列

当一个建设项目由多个施工企业进行施工时，或由专业性质不同的施工队分别完成时，为便于直观地了解各施工单位的进度计划和施工进展情况，网络图就可以按施工单位排列。图 10-20 就是按这种排列方式的一座公路立交桥的施工网络图。图中的土石方工程、立交主体、装饰工程等分别由不同的专业施工单位进行施工。

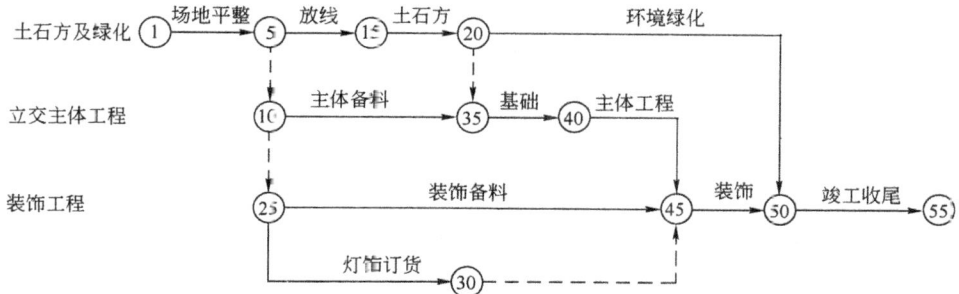

图 10-20　按施工单位或专业排列

5）按单位工程排列

当一个施工企业同时承担几个性质各异的工程施工任务时，各单位工程之间可能还有某些具体的联系。比如需共用某些机械设备、统一安排劳动力、由专人负责施工放样测量等，这样每个单位工程的施工网络图必然是相互关联的。为使总体网络图清楚明了，可以把同一单位工程的施工网络图画在同一水平线（或水平带）上。各单位工程之间需要衔接的工序用虚箭线表示，各单位工程内部仍按选择的施工方案编制施工网络图。

这种排列方法从总体到局部都条理清楚，相关工序的逻辑关系明确，有利于不同单位工程之间的协调施工，能充分利用人工，提高设备的利用率。图 9-21 是 3 个单位工程由一个施工企业承担施工时的网络图，各个单位工程中的混凝土工程、桥台、桥面、栏杆是由相应的同一专业施工队完成的。

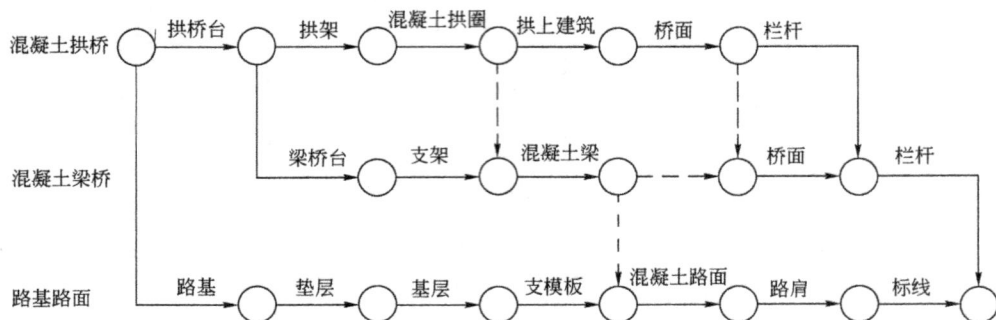

图 10-21　按单位工程排列

5. 网络图的简化与连接

工程施工现场必须使用按每道工序编制的详细网络图，而作为施工总体部署或报上级审批的网络图又必须简明扼要、重点突出，因而只能是简图。对于同一项工程，详图和简图又必须是一个有机的整体。因此，在编制施工网络图时，就存在网络图的简化与连接的问题。

1）工序的组合

网络图的简化是通过工序的组合来实现的，即将某些相互关联的工序适当合并。例如，在图 10-16 的桥梁施工网络图中，钢筋混凝土梁的预制不是按每一片梁，而是合并成每一孔的简图绘制的，而下部构造的施工是按分项工程绘制的详图。如果近一步简化，则为备料、上部、下部、桥面系、验收等，如图 10-22a）所示。如果该桥是某公路工程建设项目的一个单项工程时，甚至可以简化成一条箭线（图 10-22b）。

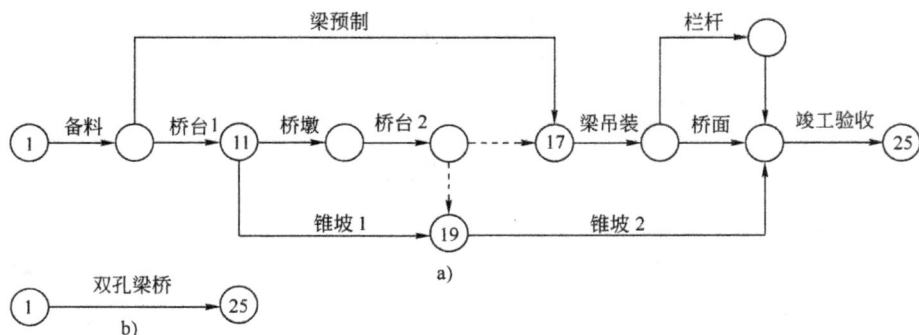

图 10-22　网络图的简化
a）箭线为分部工程；b）箭线为单项工程

220

2）网络图的连接

网络图的连接也称并图。绘制复杂工程的网络图时，常将其划分成若干相对独立的部分，然后分别绘制各部分的网络图，最后把它们合并成一个总网络图。

例如，一条公路的施工可划分为路基、路面、桥梁、涵洞、沥青厂、预制场等部分，或者划分若干合同段，分别绘制网络图后再合并。并图时必须注意各部分之间逻辑关系的正确性，多余的节点和虚箭线应删除。

图 10-20 是工序组合后的简图，其中节点 35 至节点 55 之间是由图 10-23 的连接关系得到的（特别注意两图对应节点的编号相同）。

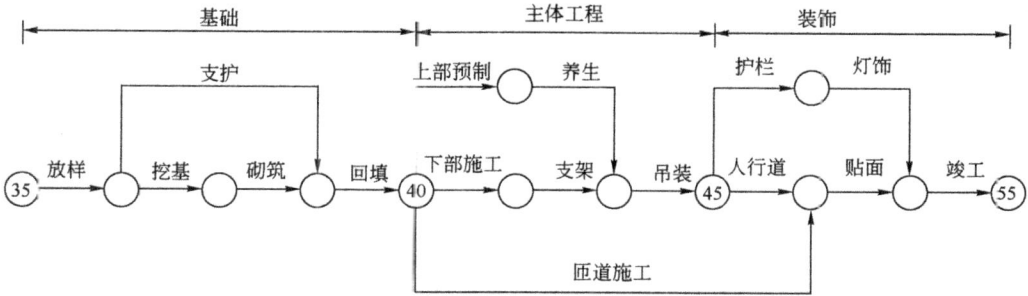

图 10-23　并图

3）组合与并图的联合使用

在大型的施工项目中，常常会出现若干工序多次循环施工，可将组合与并图同时在一个施工网络图中使用，从而使网络图既简单又能满足多种场合下的应用。

例如，加筋土挡土墙施工，每层都是安面板，铺筋带、填土、压实等工序，每层的施工持续时间为 T。当绘制出第一个标准层的施工网络后，以后各层无需重复，只需用一根箭线表示就可以了。图 10-24 为按这种方法绘制的五层加筋土挡土墙的施工网络图。

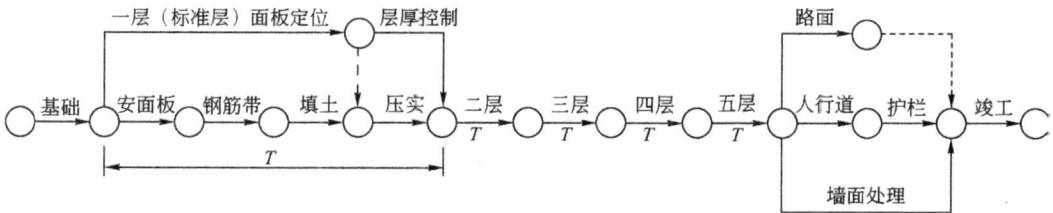

图 10-24　组合与并图的联合使用

三、时间参数计算及关键线路

1. 时间参数的分类与计算方法

网络计划技术是一种定量分析方法，通过计算时间参数，可以为工程施工的计划管理提供一系列重要的数据，这些数据是确定网络计划的总工期、关键线路和工作机动时间的基础，是进行网络计划的调整和优化的前提。同时，在网络计划的实施过程中，时间参数还将为确保实现计划目标提供重要信息。

网络计划的时间参数，按其特性可分为控制性时间参数和协调性时间参数两类。

控制性时间参数有 6 个：最早时间参数，包括节点最早可能实现时间（ET）、工作最早可能开始时间（ES）和工作最早可能完成时间（EF）；最迟时间参数，包括节点最迟必须实现时间（LT）、工作最迟必须开始时间（LS）和工作最迟必须完成时间（LF）。

协调性时间参数有两个：工作的总时差（TF）和自由时差（FF）。

需要指出的是，从严格意义上讲，节点时间和工作时间中的"时间"应为"时刻"，即指某一时间的结束时刻。例如，第 5 天实现、第 5 天开始、第 5 天完成，均指第 5 天下班的那个时刻。

网络计划时间参数的计算方法有图上计算法、列表计算法、分析计算法和电算程序计算法等。各种计算方法的原理相同，本书只介绍图上计算法，这种方法形象、直观、易于理解，也是其他计算方法的基础。采用图上计算法时，全部时间参数的计算结果按图 10-25 所示的方式标注在网络图中。

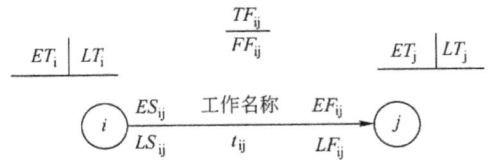

图 10-25 时间参数的标注方式

2. 节点时间参数计算

1）节点最早可能实现时间 ET

节点是工作的连接点，节点时间表示节点前各项工作的完成时刻和节点后各项工作的作业持续时间的开始。节点之前各项工作全部完成的最早时间称为节点最早可能实现时间，用 ET 表示。

网络始节点①表示网络计划的开始，节点之前没有工作，显然，它可以任何一天实现。为使计算简单，假设网络始节点①的最早可能实现时间为零，即 $ET_1 = 0$。

对工作而言，网络始节点①也是工作始节点 i，据此类推，可以认为 ET_i 为已知。由节点最早可能实现时间的含义可知，后一节点 j 的最早可能实现时间 ET_j 应为节点 i 的 ET_i 值与工作（i，j）的持续时间 t_{ij} 值之和的最大值，即：

$$ET_j = \max\{ET_i + t_{ij}\} \tag{10-1}$$

式中：ET_j——计算节点 j 的最早可能实现时间；

　　　　ET_i——前一节点 i（有一个或多个）的最早可能实现时间；

　　　　t_{ij}——计算节点 j 之前的工作（有一项或多项）的持续时间。

图 10-26 为图上计算法示例，图中的"⊥"形符号用来记录计算结果，按照图 10-25 的标注方式，将 ET 值的计算结果，填写在相应节点附近"⊥"形符号的左边。例如节点 4，因 $ET_i = ET_2 = 3$，$t_{ij} = t_{2,4} = 2$，由式（10-1）得节点 4 的最早时间 $ET_4 = 3 + 2 = 5$。又如节点 9，前面两个节点的计算结果为 $ET_7 = 9$、$t_{7,9} = 2$ 和 $ET_8 = 8$、$t_{8,9} = 1$。由式（10-1）得：$ET_9 = \max\{9+2, 8+1\} = \max\{11, 9\} = 11$（d）。

网络终节点ⓝ表示网络计划的完成，因此，网络终节点的实现时间就是网络计划的总工期 T，即：

$$T = ET_n \tag{10-2}$$

式中：T——网络计划的总工期；

　　　　ET_n——网络终节点ⓝ的最早可能实现时间。

图 10-26a）示例的总工期 T 为 12d，在网络终节点处用 $T = 12$ 的形式表示。

2）节点最迟必须实现时间 LT

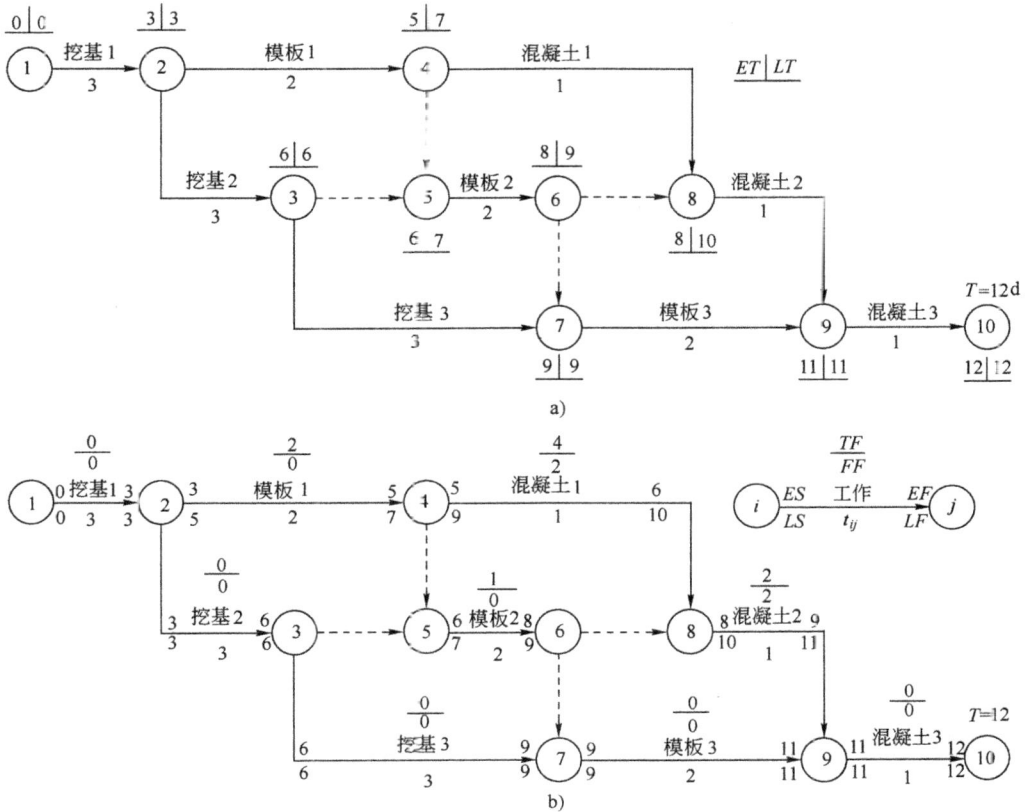

图 10-26 图上计算法

a) 节点最早可能实现时间计算；b) 节点最迟必须实现时间计算

节点在不影响网络计划总工期的前提下，可以向后推迟实现的时间称为节点最迟必须实现时间，用 LT 表示。显然，网络终节点⑩的最迟必须实现时间 LT_n 不影响总工期，只能令其等于总工期 T，即 $LT_n = T$。

对工作而言，网络终节点⑩也是二作终节点 j，据此类推，可以认为 LT_j 为已知。由节点最早可能实现时间的含义可知，前一节点 i 的最迟必须实现时间 ET_i 应为节点 i 的 LT_j 值与工作 (i, j) 的持续时间 t_{ij} 值之差的最小值，即：

$$LT_i = \min\{LT_j - t_{ij}\} \qquad (10\text{-}3)$$

式中：LT_i——计算节点①的最迟必须实现时间；

LT_j——后一节点 j（有一个或多个）的最迟必须实现时间；

其余符号意义同前。

在图 10-26b) 的网络图节点时间参数计算示例中，计算节点⑧时，因 $LT_j = LT_9 = 11$，$t_{ij} = t_{8,9} = 1$，由式（10-3）得最迟必须实现时间 $LT_8 = 11 - 1 = 10$。又如节点④，后面两个节点的数据为：$LT_8 = 10$，$t_{4,8} = 1$；$LT_5 = 7$，$t_{4,5} = 0$。由式（10-3）得：$LT_4 = \min \{10-1, 7-0\} = 7$ (d)。

图 10-26b) 中各节点的最迟必须实现时间 LT 值记录在相应"⊥"形符号的右边。

总结节点时间参数的计算过程，可以得到以下规律：计算节点最早可能实现时间，应从网络始节点开始，顺箭线方向计算，取最大值；而计算节点最迟必须实现时间，则应从网络终节点开始，逆箭线方向计算，取最小值。

3. 工作时间参数计算

计算出节点时间参数后，分析网络计划中节点与箭线之间的逻辑关系，可以较容易地求得工作时间参数。

1）工作最早可能开始时间 ES 和最早可能完成时间 EF

当一项工作具备了自身的作业条件（如工作面、准备工作）和资源条件（人工、材料、机具等）后可以开始作业的最早时间，称为工作最早可能开始时间，用 ES 表示。按工作程序，它必须等所有紧前工作完成之后才能开始，本节的计算仅考虑工作之间在时间上的逻辑关系。全面考虑资源条件和时间因素是网络图优化和施工组织设计研究的主要问题。

一项工作的开始必须待工作始节点实现（即所有紧前工作完成），因此，工作 (i, j) 的最早可能开始时间 ES_{ij} 就等于工作始节点①的最早可能实现时间 ET_i，即：

$$ES_{ij} = ET_i \tag{10-4}$$

式中：ES_{ij}——工作 (i, j) 的最早可能开始时间；

ET_i——工作始节点①的最早可能实现时间。

工作的最早可能完成时间 EF_{ij} 等于工作的最早可能开始时间 ES_{ij} 与它的作业持续时间 t_{ij} 之和，即：

$$EF_{ij} = ES_{ij} + t_{ij} \tag{10-5}$$

式中：EF_{ij}——工作 (i, j) 的最早可能完成时间；

其余符号意义同前。

2）工作的最迟必须完成时间 LF 和最迟必须开始时间 LS

一项工作在不影响网络计划总工期的条件下的完成时间称为该项工作的最迟必须完成时间，用 LF 表示。由于工作终节点表示工作的完成，因此，工作终节点①的最迟必须实现时间 LT_j 就是工作 (i, j) 的最迟必须完成时间 LF_{ij}，即：

$$LF_{ij} = LT_j \tag{10-6}$$

式中：LF_{ij}——工作 (i, j) 的最迟必须完成时间；

LT_j——工作终节点①的最迟必须实现时间。

工作的最迟必须开始时间 LS_{ij} 等于工作的最迟必须完成时间 LF_{ij} 与它的作业持续时间 t_{ij} 之差，即：

$$LS_{ij} = LF_{ij} - t_{ij} \tag{10-7}$$

式中：LS_{ij}——工作 (i, j) 的最迟必须开始时间；

其余符号意义同前。

利用式（10-4）～式（10-7），计算图 10-26 所示网络图的工作时间参数，计算结果按图 10-25 的标注方式进行标注。ES 标注在箭尾上方，EF 标注在箭头上方，LS 标注在箭尾下方，LF 标注在箭头下方。

工作时间参数的计算也可以不利用节点时间参数，根据紧前工作和紧后工作之间的逻辑关系独立计算。图 10-27 中的本工作为 (i, j)，紧前工作为 (h, i)，紧后工作为 (j, k)。

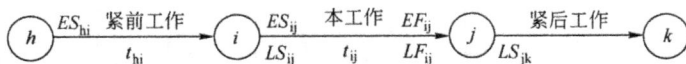

图 10-27　直接计算工作 (i, j) 的时间参数

由图 10-27 可以得到下列直接计算工作时间参数的公式（EF_{ij}的计算公式同前）：

$$ES_{ij} = \max\{ES_{hi} + t_{hi}\} \tag{10-8}$$

$$T = \max\{ES_{yz} + t_{yz}\} = \max\{EF_{yz}\} \tag{10-9}$$

$$LS_{ij} = \min\{LS_{jk}\} - t_{ij} \tag{10-10}$$

$$LF_{ij} = LS_{ij} + t_{ij} \tag{10-11}$$

式中：下标 h, i, j, k——紧前工作、本工作、紧后工作的节点代号；

下标 yz——表示与网络终节点衔接的所有工作的代号；

其余符号意义同前。

利用式（10-8）～式（10-11）计算工作时间参数的规律仍然是：计算工作的最早时间参数时，假设网络计划第一项工作的最早可能开始时间为零，顺箭线方向计算；计算工作的最迟时间参数时，假设网络计划最后一项工作的最迟必须完成时间为网络计划总工期，逆箭线方向计算。

4. 工作时差计算

1）工作的总时差 TF

分析图 10-26 的工作时间参数计算结果可以看出，当总工期一定时，有些工作的最早可能开始（完成）时间与最迟必须开始（完成）时间不相等，两者之间有一个差值，这表明该工作的实际开始时间可以有一个机动范围。将工作在不影响网络计划总工期的条件下拥有的机动时间的极限值称为工作的总时差，用 TF 表示，其计算公式为：

$$TF_{ij} = LS_{ij} - ES_{ij} \tag{10-12a}$$

或

$$TF_{ij} = LF_{ij} - EF_{ij} \tag{10-12b}$$

式中：TF_{ij}——工作（i，j）的总时差；

其余符号意义同前。

例如在图 10-26 中，工作（2，4）的 $LS_{ij} = LS_{2,4} = 5$，$ES_{ij} = ES_{2,4} = 3$，由式（10-12a）得：$TF_{2,4} = LS_{2,4} - ES_{2,4} = 5 - 3 = 2$。

图中各项工作的总时差计算结果，记录在"一"形符号的上方。

一般来说，总时差越大的工作，其开始时间的机动余地也越大，表明该工作存在施工潜力。在组织施工时，可以在总时差范围内调整开工时间，或者在保证最小劳动组织的前提下，抽调人工、物资加强其他工作，只要能保证本工作的完成时间不影响紧后工作的最迟必须开始时间即可。需要指出的是，总时差不但属于本工作，而且与前后工作都有关系，它是一条线路所共有的最大机动时间。

总时差为零的工作，说明它只有一个确定的开始时间，没有任何机动的余地，这些工作的持续时间将直接影响网络计划的总工期，称为关键工作。总时差不为零的工作，有一定的机动时间，称为非关键工作。

2）工作的自由时差 FF

若一项工作将总时差全部利用，即按最迟必须开始时间开工，则它的紧后工作也必须按它本身的最迟必须开始时间开工，这在某些情况下是不允许的。因此，将一项工作在不影响其任何一项紧后工作的最早可能开始时间的条件下可以完全自行支配、灵活使用的时间称为自由时差，用 FF 表示。自由时差是总时差的一部分，显然，一项工作能自由活动的时间范围被限制在本身的最早可能开始时间 ES_{ij} 与其紧后工作的最早可能开始时间 ES_{jk} 之间，从这段时间扣除本工作的作业持续时间 t_{ij} 之后，剩余的时间即为该工作的自由时差 FF_{ij}。将上述内容用公式表达出来就是：

$$FF_{ij} = \min\{ES_{jk}\} - ES_{ij} - t_{ij} \qquad (10\text{-}13a)$$

由式（10-5）可将上式写成：

$$FF_{ij} = \min\{ES_{jk}\} - (ES_{ij} + t_{ij}) = \min\{ES_{jk}\} - EF_{ij} \qquad (10\text{-}13b)$$

式中：FF_{ij}——工作 (i, j) 的自由时差；

ES_{jk}——紧后工作 (j, k) 的最早可能开始时间；

其余符号意义同前。

例如在图 10-26 中，工作（5，6）的 $ES_{ij} = ES_{5,6} = 6$，$t_{ij} = t_{5,6} = 2$，紧后工作有两项 $ES_{jk} = ES_{7,9} = 9$ 和 $ES_{jk} = ES_{8,9} = 8$，由式（10-13a）得：$FF_{5,6} = \min\{8, 9\} - 6 - 2 = 8 - 6 - 2 = 0$。也可由工作（5，6）的 $EF_{5,6} = 8$ 计算。由式（10-13b）得：$FF_{5,6} = \min\{8, 9\} - 8 = 8 - 8 = 0$。

图中各项工作的自由时差计算结果，记录在"—"字形符号的下方。

自由时差是总时差的一部分，因此，工作的自由时差总是小于或对于其总时差，总时差为零的工序，自由时差必然为零。即有：$FF_{ij} \leqslant TF_{ij}$；当 $TF_{ij} = 0$ 时，$FF_{ij} = 0$。

以上是工作时间参数的图上计算法。图 10-26 所示网络图，如用列表计算法直接计算工作时间参数时，计算过程和结果见表 10-4。对于复杂的网络计划，可根据前述计算公式编制电算程序进行计算。

列　表　计　算　法　　　　　　　　　　　　表 10-4

工作名称	工作编号 $(i\!-\!j)$	本工作持续时间 (t_{ij})	紧前工作 $(h\!-\!i)$	最早可能开始时间 (ES)	紧后工作 $(j\!-\!k)$	最迟必须开始时间 (LS)	总时差 (TF)	自由时差 (FF)
挖基1	①→②	3		0	②→③ ②→④	0	0	0
挖基2	②→③	3	①→②	3	③┄→⑤ ③→⑦	3	0	0
立模板1	②→④	2	①→②	3	④┄→⑤ ④→⑧	5	2	0
虚工序	④┄→⑤	0	②→④	5	⑤→⑥	7	2	1
混凝土1	④→⑧	1	②→④	5	⑧→⑨	9	4	2
虚工序	③┄→⑤	0	②→④	6	⑤→⑥	7	1	0
立模板2	⑤→⑥	2	③┄→⑤ ④→⑤	6	⑥┄→⑦ ⑥→⑧	7	1	0
挖基3	③→⑦	3	②→③	6	⑦→⑨	6	0	0
虚工序	⑥┄→⑦	0	⑤→⑥	8	⑦→⑨	9	1	1
虚工序	⑥┄→⑧	0	⑤→⑥	8	⑧→⑨	10	2	0
混凝土2	⑧→⑨	1	④→⑧ ⑥┄→⑧	8	⑨→⑩	10	2	2
立模板3	⑦→⑨	2	③→⑦ ⑥┄→⑦	9	⑨→⑩	9	0	0
混凝土3	⑨→⑩	1	⑦→⑨ ⑧→⑨	11		11	0	0

5. 关键线路及其确定方法

1) 关键线路

网络计划的每一条线路即是一条作业流程线，每条流程线都可以计算出它的工作总持续时间。比较所有线路的计算结果，其总持续时间的最大值就是完成该网络计划的总工期，决定网络计划总工期的线路就是关键线路。关键线路有以下特性：

(1) 关键线路上所有工作的总时差均等于零（为关键工作）；

(2) 关键线路是网络计划中工作持续时间最长的线路，这个时间就是该网络计划的总工期；

(3) 一个网络计划中的关键线路最少有一条，有时有多条；

(4) 非关键工作如果将总时差全部使用，就会转化为关键工作；

(5) 当非关键线路的延长时间超过它的总时差，则转变成关键线路，原来的关键线路则转变成非关键线路。

2) 确定关键线路的方法

(1) 线路枚举法。列出网络计划中的所有线路，计算每条线路上全部工作的作业持续时间之和，其中的最大值所在的线路为关键线路。

如图 10-26 所示的网络图有以下 6 条线路：

第 1 条 ①──→②──→④──→⑧──→⑨──→⑩   总持续时间 8d；
       3   2   2   1   1

第 2 条 ①──→②──→④┈┈⑤──→⑥┈┈⑦──→⑨──→⑩   总持续时间 10d；
       3   2   0   2   0   2   1

第 3 条 ①──→②──→④┈┈⑤──→⑥┈┈⑧──→⑨──→⑩   总持续时间 9d；
       3   2   0   2   0   1   1

第 4 条 ①──→②──→③┈┈⑤──→⑥┈┈⑧──→⑨──→⑩   总持续时间 10d；
       3   3   0   2   0   1   1

第 5 条 ①──→②──→③┈┈⑤──→⑥┈┈⑦──→⑨──→⑩   总持续时间 11d；
       3   3   0   2   0   2   1

第 6 条 ①──→②──→③──→⑦──→⑨──→⑩   总持续时间 12d。
       3   3   3   2   1

计算表明，第 6 条线路的作业总持续时间最长，为 12d。这就是说，即使其他各条线路上的作业持续时间再缩短，整个工程的工期仍受第 6 条线路的控制。第 6 条线路就是关键线路，如图中粗黑线所示。关键工作有挖基 1、挖基 2、挖基 3、模板 3、混凝土 3 等 5 项工作。12d 即为该网络计划的总工期。

用这种方法来确定关键线路和总工期，只适用于箭线较少的简单网络图。如果网络图比较复杂，这种方法显然既繁琐而又容易因遗漏线路而出错。在实际的工作中，常用下述的通过计算其他时间参数的方法来确定总工期和关键线路。

(2) 关键工作法。关键工作的总时差为零，由总时差为零的工作组成的线路为关键线路，这种方法准确无误。如图 10-26 所示网络图的关键工作挖基 1、挖基 2、挖基 3、模板 3

和混凝土 3 的总时差均为零。

（3）关键节点法。关键线路上节点的两个时间参数相等（即 $ET_i = LT_i$），称为关键节点。图 10-26 中的节点①、②、③、⑦、⑨、⑩都是关键节点。关键节点法是确定总工期和关键线路最快而又简单的方法。但须注意，通过关键节点的线路不一定是关键线路，只有当箭尾节点时间与工作持续时间之和等于箭头节点时间时，该项工作才是关键工作。即两个关键节点之间满足式（10-14）时，工作 (i, j) 为关键工作。

$$ET_i + t_{ij} = ET_j \qquad (10-14)$$

式中符号意义同前。

由此可见，采用关键节点法确定关键线路，首先要用式（10-14）判断关键工作。

6. 计算示例

例 10-1 计算如图 10-28 所示网络计划的时间参数和总工期，确定关键工作和关键线路。

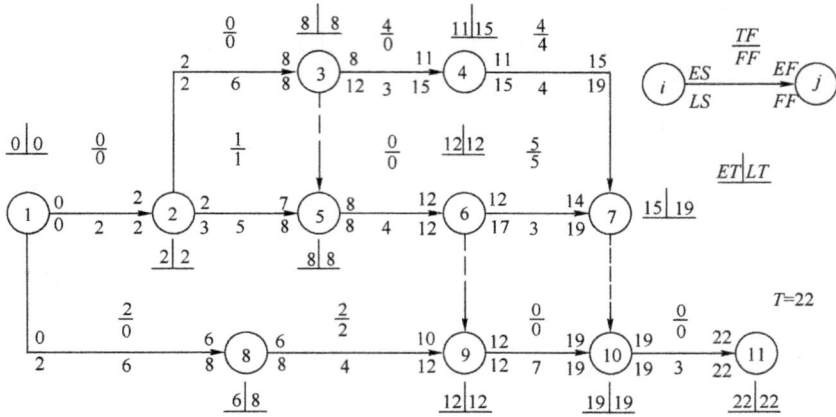

图 10-28 网络计划计算示例

解：用图上计算法计算时间参数，计算结果按图（10-25）的方式标注。

（1）计算节点最早可能实现时间 ET：

设网络始节点①的最早可能实现时间为零，即 $ET_1 = 0$。其他节点的 ET 值由式（10-1）计算，如节点②的 $ET_2 = ET_1 + t_{1,2} = 0 + 2 = 2$，节点③的 $ET_3 = ET_2 + t_{2,3} = 2 + 6 = 8$。节点⑤是工作（2，5）和（3，5）的工作终节点，$ET_5 = \max\{ET_2 + t_{2,5}, ET_3 + t_{3,5}\} = \max\{2+5, 8+0\} = 8$，网络终节点⑪的 $ET_{11} = ET_{10} + t_{10,11} = 19 + 3 = 22$。

（2）计算网络计划总工期 T：

由式（10-2），网络计划的总工期为网络终节点⑪的 ET 值，即 $T = ET_{11} = 22$。

（3）计算节点最迟必须实现时间 LT：

网络终节点⑪的 $LT_{11} = T = 22$，其他节点的 LT 值由式（10-3）计算，如节点⑩的 $LT_{10} = LT_{11} - t_{10,11} = 22 - 3 = 19$，节点⑥的 $LT_6 = \min\{LT_7 - t_{6,7}, LT_9 - t_{6,9}\} = \min\{19 - 3, 12 - 0\} = 12$。

（4）计算工作的最早可能开始时间 ES 和最早可能完成时间 EF：

由式（10-4）和式（10-5）分别计算各项工作的 ES 和 EF 值。如工作（2，5）的 $ES_{2,5} = ET_2 = 2$，$EF_{2,5} = ES_{2,5} + t_{2,5} = 2 + 5 = 7$。又如工作（8，9）的 $ES_{8,9} = ET_8 = 6$，

228

$EF_{8,9} = ES_{8,9} + t_{8,9} = 6 + 4 = 10$。

（5）计算工作的最迟必须完成时间 LT 和最迟必须开始时间 LS：

由式（10-6）和式（10-7）分别计算各项工作 LF 和 LS 值。如工作（3，4）的 $LF_{3,4} = LT_4 = 15$，$LS_{3,4} = LF_{3,4} - t_{3,4} = 15 - 3 = 12$。又如工作（8，9）的 $LF_{8,9} = LT_9 = 12$，$LS_{8,9} = LF_{8,9} - t_{8,9} = 12 - 4 = 8$。

（6）计算工作的总时差 TF：

由式（10-12）计算 TF 值，如工作（2，3）的 $TF_{2,3} = LS_{2,3} - ES_{2,3} = 2 - 2 = 0$，又如工作（2，5）的 $TF_{2,5} = LS_{2,5} - ES_{2,5} = 3 - 2 = 1$。

（7）计算工作的自由时差 FF：

由式（10-13）计算 FF 值。如工作（2，5）的 $FF_{2,5} = ES_{5,6} - EF_{2,5} = 8 - 7 = 1$，又如工作（3，4）的 $FF_{3,4} = ES_{4,7} - EF_{3,4} = 11 - 11 = 0$。

网络计划的全部时间参数计算结果见图 10-28。

（8）确定关键工作和关键线路：

总时差 $TF = 0$ 的工作有（1，2）、（2，3）、（5，6）、（9，10）和（10，11），这 5 项工作为关键工作。关键线路为①——→②——→③——→⑤——→⑥——→⑨——→⑩——→⑪，在图 10-28 中用双箭线表示。

若用关键节点法确定关键线路，关键节点有①、②、③、⑤、⑥、⑨、⑩、⑪。虽然工作（2，5）的两个节点都是关键节点，即 $ET_2 = LT_2$，$ET_5 = LT_5$，但 $ET_2 + t_{2,5} \neq ET_5$，由式（10-14）可知，工作（2，5）不是关键工作，故不在关键线路上。

四、流水作业网络计划

1. 流水作业网络计划及其特点

流水作业能保证人工和机械连续作业，施工均衡而有节奏，但关键工作不清楚。普通网络计划把一个施工任务分解成若干个完全独立的工作，以总工期最短为目标，应用于流水作业时，虽然总工期比流水作业短，但不一定能保证施工作业的连续性。

流水作业网络计划是利用网络图进行流水作业的施工组织，它既能确保人工和机械作业的连续性，又具有网络计划的特点，如关键线路明确，各项工作的时间参数清楚等。流水作业网络通常简称流水网络。

2. 流水作业网络计划的组织

流水作业网络计划按以下步骤进行组织、绘图和计算：

（1）根据流水作业的类型计算流水步距 K 和流水作业总工期 T；

（2）绘制普通双代号网络图；

（3）将流水步距 K 作为一条箭线，绘入普通网络图中的相应位置；

（4）在箭线上标注作业持续时间 t_i（或流水步距 K），即为流水作业网络计划；

（5）按本节前述普通网络的方法计算流水作业网络计划的时间参数。

3. 流水作业网络计划示例

例 10-2 某工程有 A、B、C 三道工序，划分为 4 个施工段组织流水作业，每道工序在各施工段上的作业持续时间 t_i，见表 10-5。试将该工程按流水作业网络计划组织施工，并绘制普通网络图和流水作业网络计划图。

施工段 工序	①	②	③	④
A	4	6	5	3
B	3	3	6	4
C	5	6	5	2

解： 本例为无节拍流水作业，用累加数列法计算流水步距。

（1）计算流水步距 K 和流水作业总工期 T：

工序 A 的累加列 4，10，15，18

工序 B 的累加列 3，6，12，16

工序 C 的累加列 5，11，16，18

求 K_{AB}：

$$\begin{array}{r} 4,\ 10,\ 15,\ 18 \\ -)\qquad 3,\ 6,\ 12,\ 16 \\ \hline 4,\ 7,\ 9,\ 6,\ -16 \end{array}$$

则 $K_{AB} = \max(4，7，9，6，-16) = 9$

求 K_{BC}：

$$\begin{array}{r} 3,\ 6,\ 12,\ 16 \\ -)\qquad 5,\ 11,\ 16,\ 18 \\ \hline 3,\ 1,\ 1,\ 0,\ -18 \end{array}$$

则 $K_{BC} = \max(3，1，1，0，-18) = 3$

由式（9-23）计算流水作业总工期：$T = \sum K + \sum t_c = (9+3) + (5+6+5+2) = 30(d)$。

（2）绘制普通双代号网络图并计算时间参数：

根据流水作业中各工序之间的逻辑关系，绘制本例的普通双代号网络图，见图 10-29。

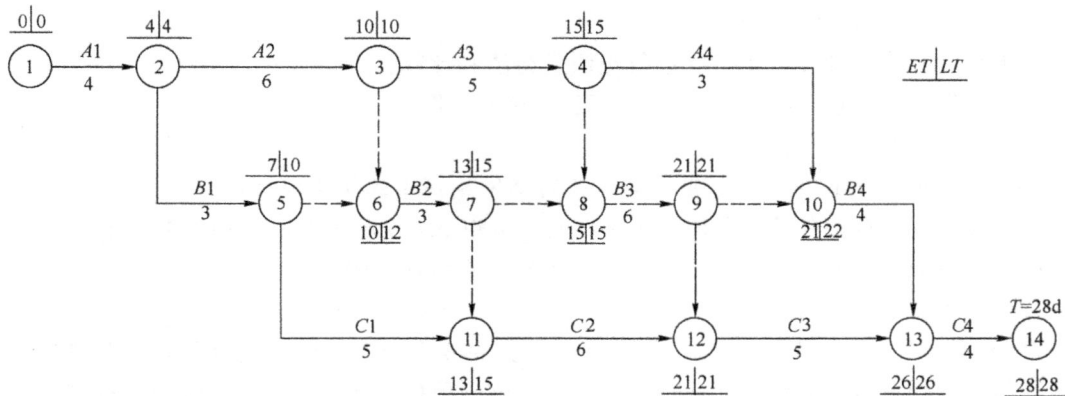

图 10-29　普通双代号网络图

通过节点时间参数计算，该网络计划的总工期 $T=28d$，比流水作业的总工期短 2d。从图 10-15 中的计算结果可以看出，工序 A 的专业施工队只要按节点最早时间安排就能实现连续作业，工序 C 必须按节点最迟时间安排才能实现连续作业，而工序 B 无论怎样安排都不能使该专业施工队连续作业。由此可见，该工程按普通网络计划组织施工时，不能保证各专业队施工作业的连续性。

（3）绘制流水作业网络计划图：

将流水步距 K_{AB} 和 K_{BC} 分别作为一条箭线绘入图 10-29 中，即为本例的流水作业网络计划图，如图 10-30 所示。图 10-30 中的箭线（1，5）代表流水步距 K_{AB}，箭线（5，12）代表流水步距 K_{BC}。

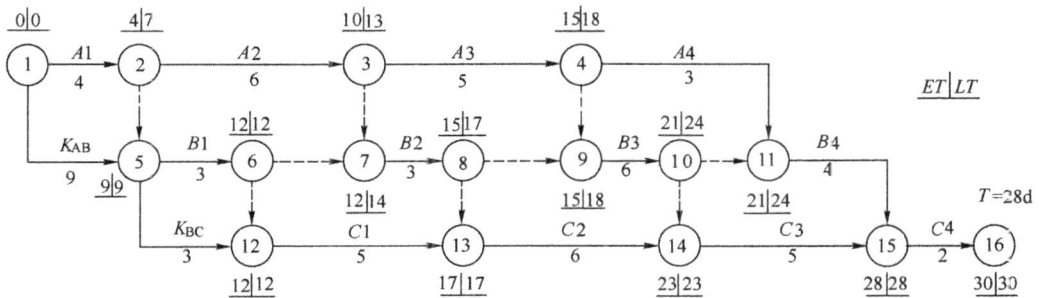

图 10-30　流水作业网络计划

通过节点时间参数计算，该流水作业网络计划的总工期 $T=30d$，与前面计算的流水作业总工期相等。从图 10-30 的计算结果可以看出，A、B、C 这 3 道工序都按节点最早时间安排施工就能使各专业队实现连续作业。

由此可见，流水作业网络计划既保证了施工作业的连续性，又使关键线路明确、各项工作的时间参数清楚，同时具有流水作业和网络计划两者的特点。

第三节　时间坐标网络计划

一、时间坐标网络计划的特点与应用

1. 时间坐标网络计划及其应用

双代号网络计划中，箭线的水平投影长度与它所代表的工作的作业持续时间成正比时，称为时间坐标网络，简称时标网络。这里所说的时间坐标，是指网络图的水平方向必须按时间单位或比例绘制。垂直方向无时间意义。

时标网络计划是施工管理人员对网络计划进行分析和优化的得力工具，是施工进度计划的较好形式。经过调整和优化后的时标网络计划，是最佳施工进度计划，可直接应用于施工进度计划的实施、管理与控制。

2. 时标网络计划的特点

（1）时标网络计划比较接近通常的横道图计划，图形直观，易于理解，方便应用；

（2）不需计算就能从时标网络计划图中直接读取各项工作的时间参数和时差；

（3）能清楚地表示需要同时进行的工作项目，可以用来准确制定施工资源（人工、材料、机械等）的需要量计划；

（4）优化调整后的时标网络计划，可以直接作为施工进度计划下达执行；

（5）时标网络的编制、调整、修改工作比较复杂。

二、时标网络计划的绘制步骤

1. 基本绘制步骤

（1）绘制普通双代号网络计划，计算节点时间参数和总工期 T，确定关键路线；

（2）绘制时间坐标，其形式以方便应用为主，一般采用水平间距相等的垂直分格线，或只在网络图的上、下方沿水平方向绘制分格标尺。分格一般以工作日为单位顺序编号，也可以按施工时实际的月、日、星期编号。分格线在垂直方向上的长度与时间无关；

（3）按节点最早实现时间 ET 值绘制早时标网络，从图上可以读取各项工作的最早可能开始时间 ES、最早可能结束时间 EF 和自由时差 FF；

（4）按节点最迟实现时间 LT 值绘制迟时标网络，从图上可以读取各项工作的最迟必须开始时间 LS 和最迟必须结束时间 LF，确定总时差 TF。

2. 早时标网络计划的绘制

（1）将各个节点按最早实现时间 ET 值标绘在时间坐标分格线的适当位置上；

（2）从各项工作的工作始节点开始，沿水平方向绘出箭线，其水平投影长度等于该项工作的作业持续时间 t_{ij} 值；

（3）箭头到工作终节点之间的水平长度用波纹线、垂直长度用细实线连接；

（4）原网络计划中的虚箭线在时标网络计划中仍用虚箭线绘制，早时标网络计划完成；

（5）箭尾的水平坐标值为工作的最早可能开始时间 ES，箭头的水平坐标值为工作的最早可能完成时间 EF，波纹线水平长度为工作的自由时差 FF。

3. 迟时标网络计划的绘制

（1）将各节点按最迟实现时间 LT 值标绘在时间坐标分格线的适当位置上。

（2）从各项工作的工作终节点开始，沿水平方向绘出箭线，其水平投影长度为该项工作的作业持续时间 t_{ij} 值；

（3）箭尾与工作始节点之间的水平长度用波纹线、垂直长度用细实线连接；

（4）原网络计划中的虚箭线在时标网络计划中仍用虚箭线绘制，迟时标网络计划完成；

（5）箭尾水平坐标值为工作的最迟必须开始时间 LS，箭头水平坐标值为工作的最迟必须完成时间 LF；

（6）对比早时标网络计划和迟时标网络计划，两个时标网络计划中，同一项工作的波纹线水平长度的较大值，为该项工作的总时差 TF（不直接与关键线路连接的工作，其 TF 值用读取的 LS 和 ES 值进行计算）；

（7）关键工作和关键线路在两个时标网络计划中的位置不变，用双箭线标绘。

三、时标网络计划示例

例 **10-3** 将图 10-31 所示的普通网络计划绘制成时标网络计划。

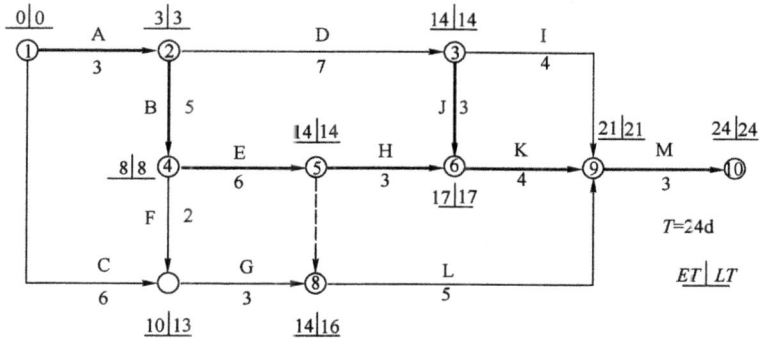

图 10-31 例 10-3 普通网络计划

解：

（1）计算网络计划的节点时间参数，并将计算结果标注在图 10-31 中，该网络计划的总工期为 $T=24$d，关键线路是①——②——④——⑤——⑥——⑨——⑩；

（2）绘制时标网络如图 10-32 所示；

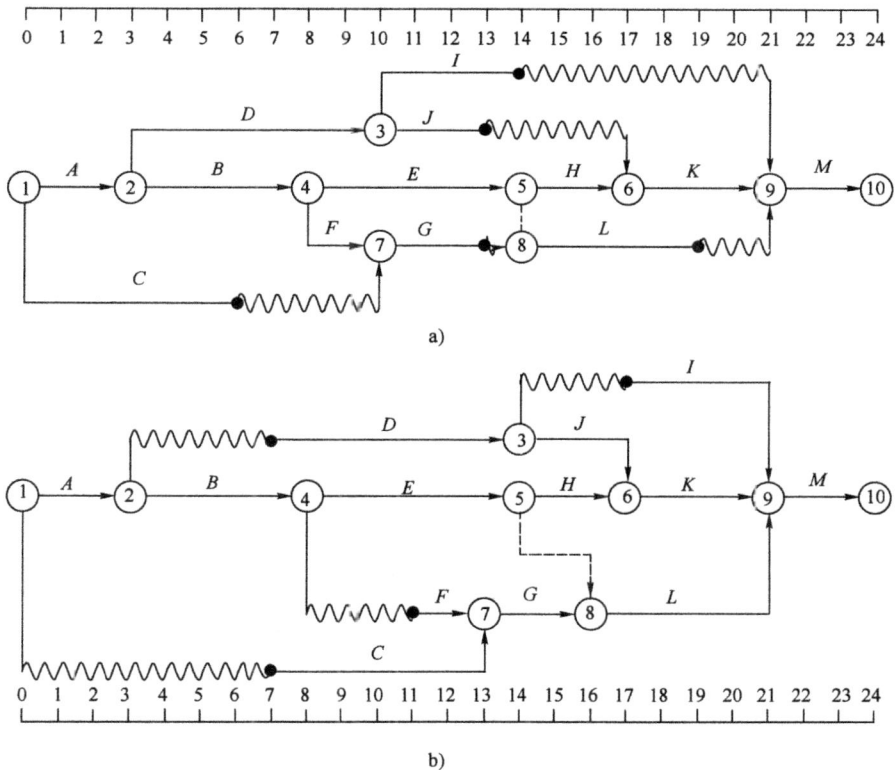

图 10-32 例 10-3 时标网络计划

a）早时标网络；b）迟时标网络

（3）从图 10-32 读取的工作时间参数见表 10-6。

值得注意的是，工作 G 不直接与关键线路连接，其总时差 $TF=3$ 是计算值，如从图

10-32 中读取，将得到 $TF=1$ 的错误结果。

由时标网络读取的工作时间参数（d）　　　　表 10-6

顺序号	工作名称	作业时间 t_{ij}	最早时间		最迟时间		时差		备　注
			ES	EF	LS	LF	TF	FF	
1	A	3	0	3	0	3	0	0	关键工作
2	B	5	3	8	3	8	0	0	关键工作
3	C	6	0	6	7	13	7	4	
4	D	7	3	10	7	14	4	0	
5	E	6	8	14	8	14	0	0	关键工作
6	F	2	8	10	11	13	3	0	
7	G	3	10	13	13	16	3	1	TF 为计算值
8	H	3	14	17	14	17	0	0	关键工作
9	I	4	10	14	17	21	7	7	
10	J	3	10	13	14	17	4	4	
11	K	4	17	21	17	21	0	0	关键工作
12	L	5	14	19	16	21	2	2	
13	M	3	21	24	21	24	0	0	关键工作

第四节　单代号网络计划

一、单代号网络计划的特点

相对于双代号网络计划，单代号网络计划具有以下特点：

（1）单代号网络计划是节点型网络计划，即节点代表工作，箭线表示工作之间的关系；

（2）无虚箭线，绘图简单，工作之间的逻辑关系容易表达，因而更适宜绘制逻辑关系十分复杂的网络计划；

（3）由于节点代表工作，因而只有工作时间参数，计算工作量较少；

（4）单代号网络计划的图形比较抽象，直观性差；

（5）单代号网络计划不能绘制成时间坐标网络计划。

二、单代号网络计划的绘制

1．绘图规则

（1）单代号网络图与双代号网络图的根本区别，在于绘图符号代表的意义不同，因此，双代号网络图的绘图规则同样适用于单代号网络图。

（2）当单代号网络计划有多项工作同时开始或同时结束时，应引入虚拟始工作或虚拟终工作，它们的作业持续时间为零；

（3）绘图时直接向紧后工作引出箭线，当箭线交叉时直接通过，不用"过桥"。

2．常见的工作逻辑关系的表达方法

与双代号网络图对应的单代号网络图常见逻辑关系的表达方法见表 10-2。

3. 绘图步骤与绘图示例

(1) 绘图步骤同双代号网络图；

(2) 绘图示例。将图 10-15 和图 10-31 所示的双代号网络图绘成对应的单代号网络图，见图 10-33 和图 10-34。在图 10-34 中，由于工作 A 和工作 C 同时开始，因此引入虚拟始工作，它的工作代号为 0，工作持续时间为 0。

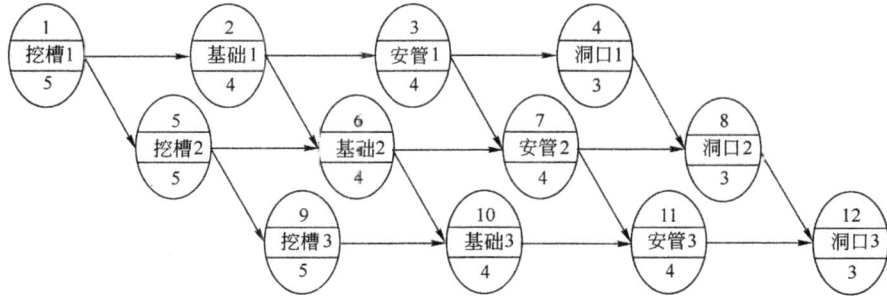

图 10-33　对应于图 10-15 的单代号网络图

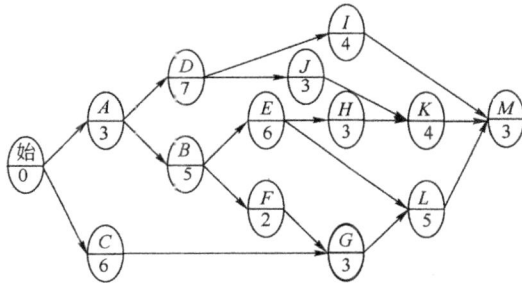

图 10-34　对应于图 10-31 的单代号网络图

三、时间参数计算和关键线路的确定

单代号网络图各个时间参数的意义同双代号网络图，计算规律相同，计算方法相似。

1. 工作的最早可能开始时间 ES 和最早可能完成时间 EF

与双代号网络图一样，计算 ES 应从网络计划的第一项工作开始，顺箭线方向计算。设第一项工作的最早可能开始时间 $ES_1 = 0$，则 $EF_1 = ES_1 + t_1$。据此类推，工作的最早可能完成时间 EF_i 的计算公式为：

$$EF_i = ES_i + t_i \tag{10-15}$$

由于 EF_i 为已知，根据工作之间的逻辑关系，其紧后工作（j）的最早可能开始时间为：

$$ES_j = \max\{EF_i\} \tag{10-16}$$

2. 网络计划的总工期 T

与双代号网络计划相同，最后一项工作（n）的 EF_n 值为总工期 T，即：

$$T = EF_n \tag{10-17}$$

3. 工作的最迟必须完成时间 LF 和最迟必须开始时间 LS

计算 LF 值应从网络计划的最后一项工作（n）开始，逆箭线方向计算。最后一项工作

若不影响总工期 T，只能是 $LF_n = T$，则 $LS_n = LF_n - t_n$。据此类推，工作的最迟必须开始时间为：

$$LS_i = LF_i - t_i \tag{10-18}$$

由于是逆箭线计算，根据工作之间的逻辑关系，工作 (i) 的最迟必须完成时间 LF_i 应等于所有紧后工作 (j) 的最迟必须开始时间 LS_j 的最小值，即：

$$LF_i = \min(LS_j) \tag{10-19}$$

4. 工作的总时差 TF 和自由时差 FF

计算公式与双代号网络计划相同，根据式（10-12）和式（10-13）不难得到：

$$TF_i = LS_i - ES_i \tag{10-20}$$

$$FF_i = \min\{ES_j\} - EF_i \tag{10-21}$$

式（10-15）～式（10-21）中，i 和 j 均为工作的代号，其值为 1，2，3，…，$n-1$，n；n 为最后一项工作的代号。式中其余符号意义同前。

5. 关键工作和关键线路

总时差为零，即 $TF = 0$ 的工作为关键工作，关键线路上的工作都为关键工作。

确定关键线路的方法有线路枚举法和关键工作法两种，同双代号网络。若采用关键工作法，当相邻的关键工作不止一项时，只有满足 $EF_i = ES_j$ 的箭线才在关键线路上。

6. 计算示例

例 10-4 计算图 10-35 所示单代号网络计划的时间参数和总工期，并确定关键工作和关键线路。

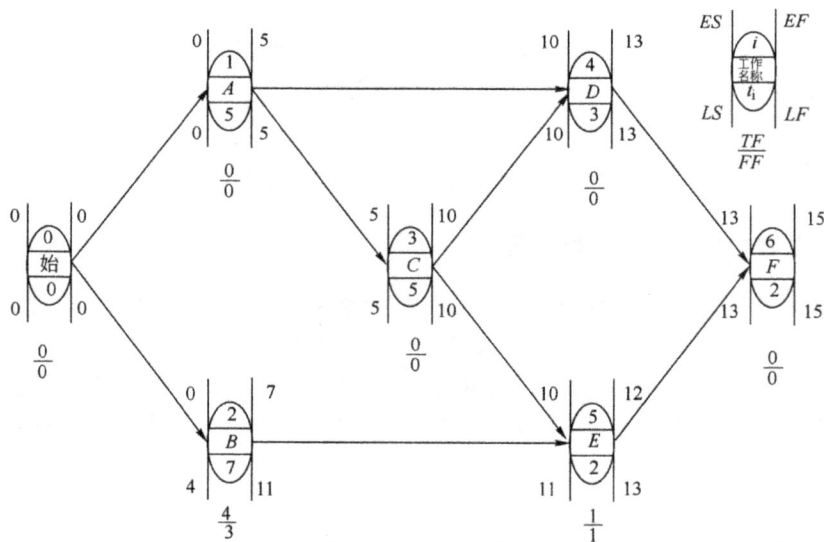

图 10-35 单代号网络计划的时间参数计算

解： 该网络计划有 A、B 两项工作同时开始，故引入虚拟始工作。

（1）工作最早时间参数计算：

工作 A 和 B 的最早可能开始时间为 $ES_1 = 0$ 和 $ES_2 = 0$，最早可能完成时间由式（10-15）计算，$EF_1 = ES_1 + t_1 = 0 + 5 = 5$ 和 $EF_2 = ES_2 + t_2 = 0 + 7 = 7$。工作 C 的 ES 值由式（10-16）计算，$ES_3 = EF_1 = 5$，则 $EF_3 = ES_3 + t_3 = 5 + 5 = 10$。

236

工作 D 的 $ES_4 = \max\{EF_1, EF_3\} = \max\{5, 10\} = 10$，则 $EF_4 = ES_4 + t_4 = 10 + 3 = 13$。按相同步骤计算：$ES_5 = 10$，$EF_5 = 12$；$ES_6 = 13$，$EF_6 = 15$。

网络计划总工期 T 由式（10-17）计算，$T = EF_6 = 15$。

（2）工作最早时间参数计算：

最后一项工作 F 的最迟必须完成时间 $LF_6 = T = 15$，最迟必须开始时间由式（10-18）计算，$LS_6 = LF_6 - t_6 = 15 - 2 = 13$。工作 E 的 LF 值由式（10-19）计算，$LF_5 = LS_6 = 13$，则 $LS_5 = LF_5 - t_5 = 13 - 2 = 11$。工作 D 的 $LF_4 = LS_6 = 13$，则 $LS_4 = LF_4 - t_4 = 13 - 3 = 10$。工作 C 的 $LF_3 = \min\{LS_4, LS_5\} = \min\{10, 11\} = 10$，$LS_3 = LF_3 - t_3 = 10 - 5 = 5$。按相同步骤计算：$LF_2 = 11$，$LS_2 = 4$；$LF_1 = 5$，$LS_1 = 0$。

（3）工作时差计算：

总时差用式（10-20）计算。$TF_2 = 4$，$TF_5 = 1$，其余工作的 $TF = 0$。

自由时差用式（10-21）计算。因工作 A、C、D、F 的 $TF = 0$，故 $FF = 0$。工作 E 的 $FF_5 = ES_6 - EF_5 = 13 - 12 = 1$，工作 B 的 $FF_2 = ES_5 - EF_2 = 10 - 7 = 3$。

各项工作的全部时间参数计算结具见图 10-35，该图右上角为单代号网络时间参数的标注方式。

（4）确定关键工作和关键线路：

根据总时差 $TF = 0$ 判断，工作 A、C、D、F 为关键工作。由关键工作法，可以确定关键线路为 ⓪——①——③——④——⑥，用双箭线标注在图 10-35 中。

四、搭接网络计划

1. 工作的搭接关系

普通网络计划中的工作关系是固定的，即一项工作必须待紧前工作结束后才能开始。但在实际工作中，有时只需在工作开始一段时间后，当能为紧后工作提供一定的工作条件时，紧后工作就提前开始，在同一施工段上与之平行进行。两项工作之间的这种关系称为搭接关系。

2. 普通网络计划的工作搭接关系表示法

用普通网络计划表示搭接关系，应将一项工作最少再细分成两部分，每一部分视作一项工作绘入网络计划中。在图 10-36 中，工作 A 在开始 4d 以后，工作 B 开始。为表示 A、B 之间的搭接关系，必须将工作 A 细分为 A_1 和 A_2 才能绘制网络图，如图 10-36b）和 c）所示。这种网络图虽然逻辑关系清楚、表达严格，但网络计划更复杂，计算工作量增加。

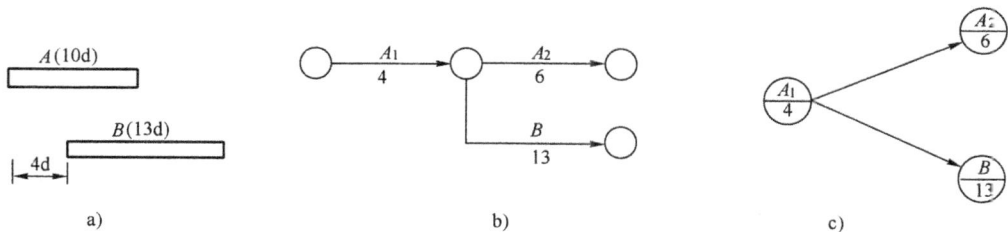

图 10-36　普通网络计划的工作搭接关系表示法
a）横道图；b）双代号网络图；c）单代号网络图

为了简单、明了地直接表示这种搭接关系，使网络计划清晰、简洁，采用搭接网络计划就能达到目的。搭接网络计划一般都采用单代号表示法进行编制。

3. 搭接网络计划中工作的连接关系及表示法

在搭接网络计划中，两项工作之间的关系，除搭接关系外还有多种，统称为连接关系。如图 10-37 所示，工作 I、J 的基本连接关系有以下 4 种：

1）从开始到开始的关系

表示工作 I 开始某一时距后，无论是否已完成，工作 J 就可以开始，用图 10-38a）的形式表示。如路堤压实，不必待整个施工段填土结束就可以开始。当 $S_iTS_j=3d$（时距）时，表示填土 3 天后就可以开始碾压。

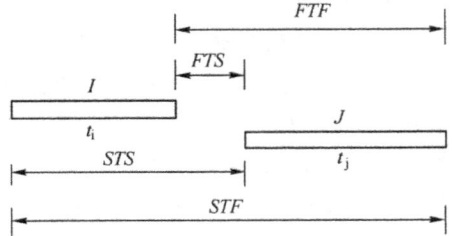

图 10-37　工作的连接关系

2）从开始到完成的关系

表示工作 I 开始某一时距后，紧后工作 J 必须完成，用图 10-38b）的形式表示。如水泥混凝土路面，从拌和开始到浇筑成型结束必须在它的初凝时间之内完成，就可以用 $S_iTF_j=$ 初凝时间（时距）表示。

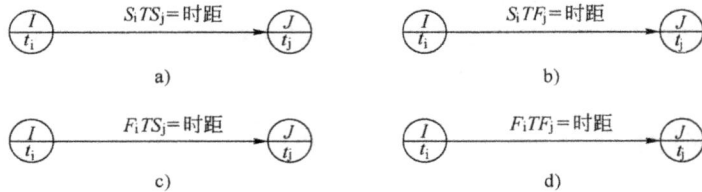

图 10-38　连接关系表示法
a）开始到开始；b）开始到完成；c）完成到开始；d）完成到完成

3）从完成到开始的关系

表示工作 I 结束并经过某一时距后，紧后工作 J 才能开始，用图 10-38c）的形式表示。如石灰土基层施工完成后，为避免出现反射裂缝，必须保湿养生 7d 才能开始沥青面层的施工，就可以表示成 $F_iTS_j=7d$（时距）。

4）从完成到完成的关系

表示工作 I 完成并经过某一时距后，紧后工作 J 必须完成，用图 10-38d）的形式表示。如基础工程施工，基坑开挖完成后，就应在坑壁坍塌发生之前完成基础混凝土的浇筑施工。若坑壁在自然状态下能保持 2d 的稳定，就可以表示成 $F_iTF_j=2d$（时距）。

除此之外，若上述 4 种基本连接关系同时出现两种时，称为混合连接关系。如前面提到的路堤压实施工，$S_iTS_j=3d$，即填土开始 3 天后进行压实能连续施工，但由于填土工序慢而压实工序块，有可能在某一施工段上填土还未开始，压实就要进行。为了避免出现这种矛盾，使施工顺利进行，除了 STS 的限制外，还应有一个从完成到完成的限制，如填土和压实应有 1d 的间隔，即 $F_iTF_j=1d$。这种混合连接关系可表示成图 10-39 的形式。

4. 搭接网络计划的绘制

先绘制一般单代号网络计划，然后在有搭接关系的工作之间的相应箭线上标注连接类型及其时距。图 10-40 为搭接网络计划的一个例子，图中的工作 A 和 B、工作 A 和 C、工作 B

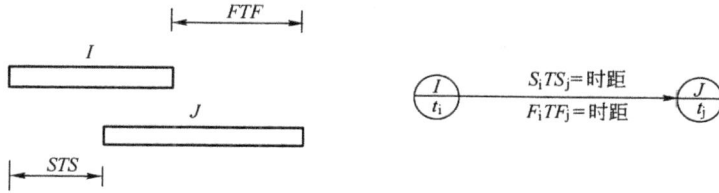

图 10-39 混合连接关系表示法

和 E、工作 C 和 D、工作 C 和 F、工作 E 和 G 之间都存在基本连接关系，工作 D 和 G 之间存在混合连接关系。

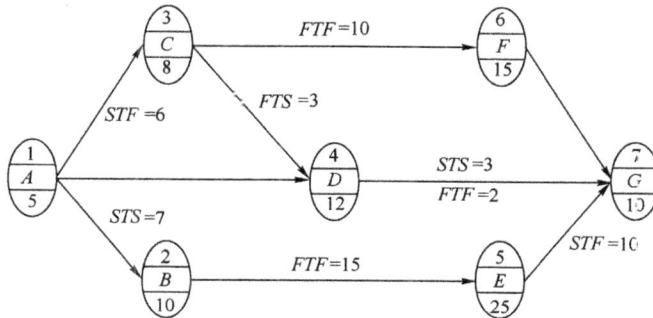

图 10-40 搭接网络计划

5. 搭接网络计划时间参数计算

搭接网络计划需要计算的时间参数内容及计算过程同单代号网络计划，由于各项工作往往受到多种连接关系的约束，计算时应按照不同的连接关系分别考虑。

1）工作最早可能开始时间 ES 和最早可能完成时间 ES

搭接网络计划开始的第 1 项工作的 $ES_1 = 0$，则 $EF_1 = ES_1 + t_1$。当顺箭线方向计算时，可类推 ES_i 和 EF_i 为已知，其紧后工作 j 的 ES_j 和 ES_j 按式（10-22）、（10-23）计算：

$$ES_j = \max \begin{cases} ES_i + S_i TS_j & |\, STS \\ ES_i + t_i + F_i TS_j & |\, FTS \end{cases} \tag{10-22}$$

$$EF_j = \max \begin{cases} ES_j + t_j & |\, STS, FTS \\ EF_i + F_i TF_j \,|\, FTF \\ ES_i + S_i TF_j \,|\, STF \end{cases} \tag{10-23}$$

2）工作的最迟必须完成时间 LF 和最迟必须开始时间 LS

搭接网络计划的最后一项工作（n）的 $LF_n = EF_n = T$，则 $LS_n = LF_n - t_n$，当逆箭线方向计算时，可类推 LS_j 和 LF_j 为已知，其紧前工作（i）的 LF_i 和 LS_i 按式（10-24）、（10-25）计算：

$$LF_i = \min \begin{cases} LS_j - F_i TS_j \,|\, FTS \\ LF_j - F_i TF_j \,|\, FTF \end{cases} \tag{10-24}$$

$$LS_i = \min \begin{cases} LF_i - t_i & |\, FTS, FTF \\ LS_j - S_i TS_j \,|\, STS \\ LF_j - S_i TF_j \,|\, STF \end{cases} \tag{10-25}$$

239

3）工作的总时差 TF

工作总时差的计算公式与一般单代号网络计划相同，用式（10-20）计算。

4）工作的自由时差 FF

$$FF_i = \min \begin{cases} ES_j - EF_i - F_iTS_j \mid FTS \\ ES_j - ES_i - S_iTS_j \mid STS \\ EF_j - EF_i - F_iTF_j \mid FTF \\ EF_j - ES_i - S_iTF_j \mid STF \end{cases} \qquad (10\text{-}26)$$

与一般单代号网络计划相同，当 $TF_i = 0$ 时，一定有 $FF_i = 0$。

6. 关键线路的确定

搭接网络计划各项工作之间存在着复杂的连接关系，线路的长度并不一定等于该线路上所有工作持续时间之和，因此不能用普通网络计划的路线枚举法来确定关键线路，只能用关键工作法确定关键线路（见例 10-5）。

7. 搭接网络计划时间参数计算示例

例 10-5 计算图 10-41 所示搭接网络计划的时间参数，并确定关键工作和关键线路。

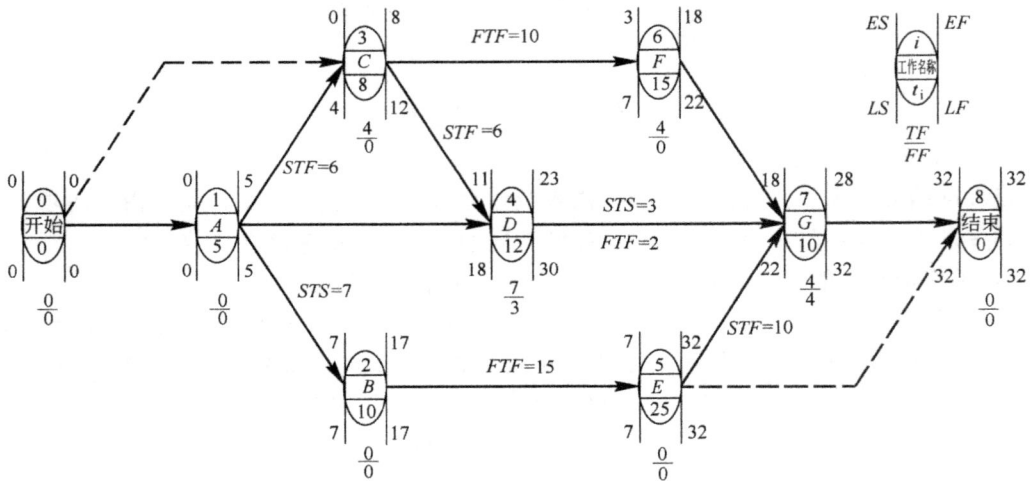

图 10-41 搭接网络计划时间参数计算

解：本例主要说明搭接网络计划的计算步骤和应注意的问题，计算结果标注于图 10-41 中，标注方式同一般单代号网络计划。

1）工作最早时间 ES 和 EF 的计算

工作 A 为网络计划开始的第 1 项工作，$ES_1 = 0, EF_1 = ES_1 + t_1 = 0 + 5 = 5$。

工作 B 的紧前工作为 A，搭接关系为 $STS = 7$，由式（10-22）和式（10-23）计算得到：$ES_2 = ES_1 + STS = 0 + 7 = 7, EF_2 = ES_2 + t_2 = 7 + 10 = 17$。

工作 C 的紧前工作为 A，连接关系为 $STF = 6$，由式（10-23）计算得到：$EF_3 = ES_1 + STF = 0 + 6 = 6$，$ES_3 = EF_3 - t_3 = 6 - 8 = -2$。计算结果 $ES_3 = -2$，表示在网络计划开始之间 2d，工作 C 就开始了，这显然是不可能发生的，因为任何工作的最早可能开始时间只能大于或等于零，在此设 $ES_3 = 0$，并在虚拟始工作与工作 C 之间用虚线连接，见图 10-41。

240

重新计算的结果为 $ES_3 = 0$，$EF_3 = ES_3 + t_3 = 0 + 8 = 8$。

工作 D 的紧前工作有作工 A 和 C，连接关系分别为一般关系和 $FTS = 3$，计算结果应取两者的最大值：$ES_4 = \max \{EF_1, EF_3 + FTS\} = \max \{5, 8 + 3\} = 11$，$EF_4 = ES_4 + t_4 = 11 + 12 = 23$。

工作 E 的紧前工作为 B，连接关系为 $FTF = 15$，由式（10-23）计算得到：$EF_5 = EF_2 + FTF = 17 + 15 = 32$，$ES_5 = EF_5 - t_5 = 32 - 25 = 7$。

工作 F 的紧前工作为 C，搭接关系为 $FTF = 10$，计算结果为：$EF_6 = EF_3 + FTF = 8 + 10 = 18$，$ES_6 = EF_6 - t_6 = 18 - 15 = 3$。

工作 G 的紧前工作有 D、E、F，连接关系分别为 $STS = 3$ 与 $FTF = 2$ 的混合连接、$STF = 10$、一般关系，计算结果应取 4 者的最大值，由式（10-22）：

$$ES_7 = \max \begin{cases} ES_4 + STS = 11 + 3 = 14 \\ EF_4 + FTF - t_7 = 23 + 2 - 10 = 15 \\ ES_5 + STF - t_7 = 7 + 10 - 10 = 7 \\ EF_6 = 18 \end{cases} = 18$$

由 $EF_7 = 18$ 得到 $EF_7 = ES_7 + t_7 = 18 + 10 = 28$。

对于一般网络计划，计算到此即可确定总工期为 28d。由于搭接网络计划存在着复杂的连接关系，有可能某些工作的最早可能完成时间大于网络计划最后一项工作的最早可能完成时间，因此应对计算结果进行检查。如发生这种情况，则将所有大于网络计划最后一项工作的 EF_n 值的那些工作的 EF 值中的最大值作为整个网络计划总工期，并用虚线将这些工作与虚拟终工作连接。本例中，工作 E 的 $EF_5 = 32 > 28$，故总工期 $T = 32$，并用虚线将工作 E 与虚拟终工作连接，见图 10-42。

2）工作最迟时间 LF 和 LS 的计算

工作 G 是虚拟终工作的紧前工作，一般连接关系，因此有：$LF_7 = LS_8 = 32$，$LS_7 = LF_7 - t_7 = 32 - 10 = 22$。

工作 F 是工作 G 的紧前工作，一般连接关系，$LF_6 = LS_7 = 22$，$LS_6 = LF_6 - t_6 = 22 - 15 = 7$。

工作 E 是虚拟终工作及工作 G 的紧前工作，但它的 EF_5 值决定了该网络计划的总工期，因此，$LF_5 = T = 32$，$LS_5 = LF_5 - t_5 = 32 - 25 = 7$。

工作 D 是工作 G 的紧前工作，连接关系为 $STS = 3$ 和 $FTF = 2$，由式（10-24）计算得到：$LF_4 = LF_7 - FTF = 32 - 2 = 30$，$LS_4$ 由式（10-25）计算：

$$LS_4 = \min \begin{cases} LF_4 - t_4 = 30 - 12 = 18 \\ LS_7 - STS = 22 - 3 = 19 \end{cases} = 18$$

工作 C 是工作 D、F 的紧前工作，连接关系分别为 $FTS = 3$ 和 $FTF = 10$，由式（10-24）计算得到：

$$LF_3 = \min \begin{cases} LS_4 - FTS = 18 - 3 = 15 \\ LF_6 - FTF = 22 - 10 = 12 \end{cases} = 12$$

由 $LF_3 = 12$ 得到 $LS_3 = LF_3 - t_3 = 12 - 8 = 4$。

工作 B 是工作 E 的紧前工作，连接关系为 $FTF = 15$，由式（10-24）计算得到：$LF_2 = LF_5 - FTF = 32 - 15 = 17$。由式（10-25）计算得到：$LS_2 = LF_2 - t_2 = 17 - 10 = 7$。

工作 A 是工作 B、C、D 的紧前工作，连接关系分别为 $STS = 7$，$STF = 6$，一般关系，由式（10-25）计算得到：

$$LS_1 = \min \left\{ \begin{array}{l} LS_2 - STS = 7 - 7 = 0 \\ LF_3 - STF = 12 - 6 = 6 \end{array} \right\} = 0$$

由 $LS_1 = 0$ 得到 $LF_1 = LS_1 + t_1 = 0 + 5 = 5$。

3）工作的总时差 TF 计算

总时差 TF 值的计算同一般单代号网络计划，由式（10-20）计算的结果标注在图 10-41 中。工作 A、B、E 的总时差为零，它们为关键工作。

4）工作的自由时差 FF 计算

工作 A、B、E 的总时差 $TF = 0$，它们的自由时差 $FF = 0$。其他工作的自由时差由式（10-26）计算，结果如下：

工作 C：$FF_3 = \min \left\{ \begin{array}{l} ES_4 - EF_3 - FTS = 11 - 8 - 3 = 0 \\ EF_6 - EF_3 - FTF = 18 - 8 - 10 = 0 \end{array} \right\} = 0$

工作 D：$FF_4 = \min \left\{ \begin{array}{l} ES_7 - EF_4 - STS = 18 - 11 - 3 = 4 \\ EF_7 - EF_4 - FTF = 28 - 23 - 2 = 3 \end{array} \right\} = 3$

工作 F：$FF_6 = ES_7 - EF_6 = 18 - 18 = 0$

工作 G：$FF_7 = ES_8 - EF_7 = 32 - 28 = 4$

5）确定关键线路

由关键工作法判断，关键线路为：（开始）--→Ⓐ--→Ⓑ--→Ⓔ--→（结束），用双线标注于图 10-41 中。

第五节 计划评审法网络

一、计划评审法网络的应用

前面介绍的网络计划，每项工作的持续时间都是确定的，称为关键线路法网络（CPM），属于肯定型网络。但是，组成网络计划的各项工作可变因数较多，不积累一定数量的施工时间统计资料，就不能对该项工作确定一个肯定的单一工作持续时间，致使无法进行网络计划的工作时间参数计算。比如，新工艺、新技术、新结构、新材料项目的施工，以及新设备的使用等，既无定额可循，也无统计资料参考。这种情况用网络计划技术组织施工时，就应采用计划评审法（PERT）。

计划评审法网络的编制、时间参数的意义及计算过程、优化方法等与关键线路法网络相同。两者的根本区别在于，计划评审法网络的时间参数是一个期望值，根据概率计算方法进行计算，存在一个完成概率。因此，计划评审法网络属于非肯定型网络。

应用计划评审法网络的基本步骤是：首先根据工作之间的逻辑关系绘制网络图，然后估计工作的持续时间并计算它的期望值及其方差，再确定关键线路并计算期望工期及其方差，最后利用概率理论计算出按指令工期完成的可能性大小。显然，按指令工期完成的可能性越大，即概率越高，计划按期完成的可靠性越好。因此，利用计划评审法网络可以解决工程施工中某些作业时间不能确定的问题，并能找出按指令工期完成的可能性最大的合理工期。

二、工作持续时间期望值及方差

1. 估计工作持续时间的"三时"

计划评审法是一种概率型网络计划方法，它的工作持续时间是不确定的，通常有三种可能，采用以下方法进行估计。

1）最短时间 a

指在最有利的条件下完成该项工作所需要的时间。

2）最长时间 b

指在最不利的条件下完成该项工作所需要的时间。比如，对新技术项目生疏、按新工艺作业配合不协调、工作开始阶段安排欠妥等造成进度缓慢或窝工，导致工作持续时间延长。在估计最长时间 b 时，不包括工作受外界干扰、不可抗力等非正常事件造成的停工时间。

3）最可能时间 c

指正常条件下完成该项工作所需要的时间。显然，最可能时间 c 应是在相同条件下，多次重复进行同一工作时，完成机会最多的估计时间。

2. 计算工作持续时间期望值

前述三个时间的估计值存在着 $a \leqslant c \leqslant b$ 的关系，它们是某一随机过程出现频率分布的三个特征值。如果将同一过程进行若干次，根据概率论的基本原理，可以观察到实际出现的所有工作持续时间均应在以 a 和 b 为界的区间内，其分布状态如图 10-42 所示。

由图 10-42 可知，a、b、c 不是"等权"的数值。我国著名数学家华罗庚教授认为，最可能时间 c 发生的可能性应是最短时间 a 和最长时间 b 的两倍，用加权平均法求出在 (a, c) 和 (c, b) 区间的平均值分别为 $(a+2c)/3$ 和 $(2c+b)/3$。由于分布是对称的，则两个加权平均值各以 1/2 的可能性出现，于是可以得到 a、b、c 的加权平均值，称为工作持续时间期望值：

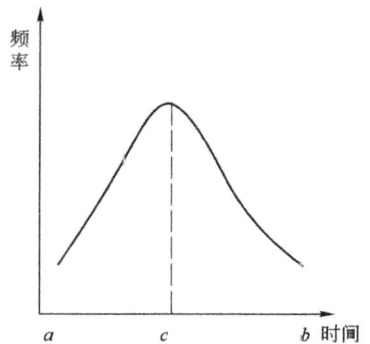

图 10-42 "三时"的频率分布

$$t_{e} = \frac{1}{2}\left(\frac{a+2c}{3} + \frac{2c+b}{3}\right) = \frac{a+4c+b}{6} \tag{10-27}$$

式中：t_e——工作持续时间期望值；

a、b、c——"三时"的估计值，权重系数分别为 1、1、4。

式（10-27）将非肯定的三个时间 a、b、c 转换成一个肯定值 t_e，该式就是第九章中约式 (9-4)，即"三时估算法"公式。

3. 计算工作持续时间期望值的方差

用式（10-27）计算 t_e 值时，有时会出现两组不同 a、b、c 数据的 t_e 值相同。例如表 10-7 中工作 t_e 值都是 6，而"三时"却不相同。这种差异是因为三个时间是估计值，具有随机性，需用方差来衡量。

工作持续时间的期望值（d）与方差 表 10-7

工作	三个时间的估计值			工作持续时间期望值 t_e	方差 σ^2
	a	c	b		
A	2	4	18	6	7.11
B	4	6	8	6	0.44

方差是衡量估计偏差的特征数，它反映了估计数据的离散程度。方差越大，数据越离散，计算得到的期望值的代表性就差，具有较大的不肯定性；相反，方差越小，数据越集中，计算得到的期望值的代表性就好，具有较大的肯定性，实现的可能性越大。根据概率理论，方差按式（10-28）计算。

$$\sigma^2 = \frac{1}{2}\left[\left(\frac{a+4c+b}{6}-\frac{a+2c}{3}\right)^2 + \left(\frac{a+4c+b}{6}-\frac{2c+b}{3}\right)^2\right] = \left(\frac{b-a}{6}\right)^2 \quad (10\text{-}28)$$

式中：σ^2——工作持续时间期望值 t_e 的方差；

其余符号意义同前。

由式（10-28）计算表 10-7 中工作 A 和 B 的方差值，结果分别为 7.11 和 0.44。从计算结果可知，工作 B 的方差值较小，它按 6d 实现的可能性比工作 A 要大得多。

三、期望工期及其方差与计划完成的概率

1. 计算期望工期与方差

计划评审法网络期望工期的计算方法与关键线路法求总工期的方法相同，即关键线路上所有工作的持续时间期望值之和为期望工期。期望工期的方差亦为关键线路上所有工作的持续时间期望值的方差之和。期望工期与方差的计算公式为式（10-29）和式（10-30）。

$$T_e = \sum_{cp} t_e \quad (10\text{-}29)$$

$$\sigma_p^2 = \sum_{cp} \sigma^2 \quad (10\text{-}30)$$

式中：T_e 和 σ_p^2——分别为期望工期和方差；

cp——表示关键线路；

其余符号意义同前。

值得注意的是，当一个 PERT 网络计划有两条或多条关键线路时，要分别计算每条线路的方差，并取其中的最大值作为整个网络计划期望工期的方差。

2. 计算按期完成的概率

根据概率论的基本原理，期望工期随机变量服从正态分布。由正态分布的规律可知，完成某一计划的概率是由该计划的期望工期和均方差确定的。计算步骤是，先根据指令工期、期望工期及其均方差由式（10-31）计算概率系数，然后由概率系数查概率函数表（表 10-8）即可求出该网络计划按指令工期完成的概率 $P(z)$。

$$Z = \frac{T - T_e}{\sigma_p} \qquad (10\text{-}31)$$

式中：Z——概率系数；

T——指令工期；

σ_p——期望工期的均方差，由方差 σ_p^2 求得；

其余符号意义同前。

3. 求按规定概率完成计划的指令工期

如果事先规定了完成计划的概率 $F(z)$，则可由 $P(z)$ 查表 10-8 得到相应的概率系数 Z，于是可由式（10-31）反求指令工期 T，计算公式为式（10-32）。

$$T = T_e + Z\sigma_p \qquad (10\text{-}32)$$

式中符号意义同前。

概 率 函 数 表

表 10-8

Z	$P(z)$,%	Z	$P(z)$,%	Z	$P(z)$,%	Z	$P(z)$,%
−3.0	0.14	−1.5	6.68	0.1	53.98	1.6	94.52
−2.9	0.19	−1.4	8.08	0.2	57.93	1.7	95.54
−2.8	0.26	−1.3	9.68	0.3	61.79	1.8	96.41
−2.7	0.35	−1.2	11.51	0.4	65.54	1.9	97.13
−2.6	0.47	−1.1	13.57	0.5	69.15	2.0	97.70
−2.5	0.62	−1.0	15.87	0.6	72.57	2.1	98.21
−2.4	0.82	−0.9	18.41	0.7	75.80	2.2	98.61
−2.3	1.07	−0.8	21.19	0.8	78.81	2.3	98.93
−2.2	1.39	−0.7	24.20	0.9	81.59	2.4	99.18
−2.1	1.79	−0.6	27.43	1.0	84.13	2.5	99.38
−2.0	2.28	−0.5	30.85	1.1	86.43	2.6	99.53
−1.9	2.87	−0.4	34.46	1.2	88.49	2.7	99.65
−1.8	3.59	−0.3	38.21	1.3	90.32	2.8	99.74
−1.7	4.46	−0.2	42.07	1.4	91.92	2.9	99.81
−1.6	5.48	−0.1	46.02	1.5	93.32	3.0	99.87
		0.0	50.00				

求出了期望工期和方差，以及计划按指令工期完成的概率后，就可以对计划评审法网络的最终工期目标进行有效控制。为了对计划实施过程中的进度情况及其实现的概率进行检查和控制，尚需计算网络图的节点时间参数及方差。计划评审法网络的节点最早可能实现时间 ET 和最迟必须实现时间 LT 的计算方法同关键线路法网络计划，此外还要计算节点时间的方差、节点时差及实现的概率等，本书不再叙述，请读者参阅有关专门书籍。

四、计算示例

例 10-6 已知某新技术项目的 PERT 网络计划如图 10-43 所示，试计算该计划的期望工期。当指令工期为 35d 时，计划完成的概率是多少？若要求计划完成的概率达到 97%，则指令工期不应少于多少天？

245

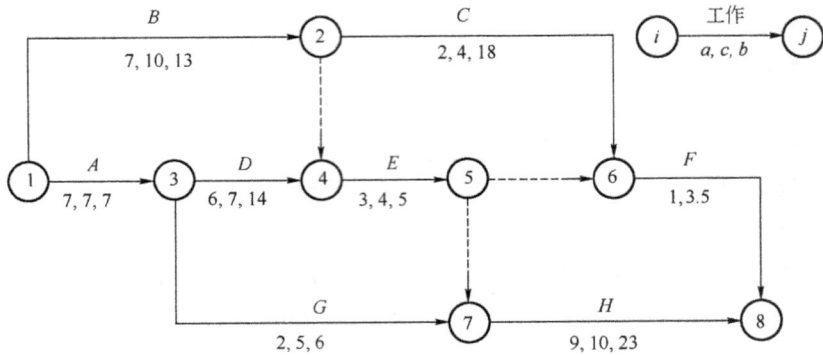

图 10-43　某 PERT 网络计划

解： 已知网络图及各项工作的"三时" a、b、c 估计值，依题意按以下步骤计算。

（1）计算工作持续时间期望值及方差：

根据各项工作的"三时" a、b、c 估计值，用式（10-27）和式（10-28）分别计算工作持续时间期望值 t_e 及方差 σ^2。计算结果见表 10-9，并填写在图 10-44 中相应箭线的下方。

（2）计算节点时间参数：

用本章第二节的方法和式（10-1）与式（10-3）分别计算各节点的最早可能实现时间 ET 和最迟必须实现时间 LT，计算结果填写在图 10-44 的相应节点旁的"⊥"型符号中。

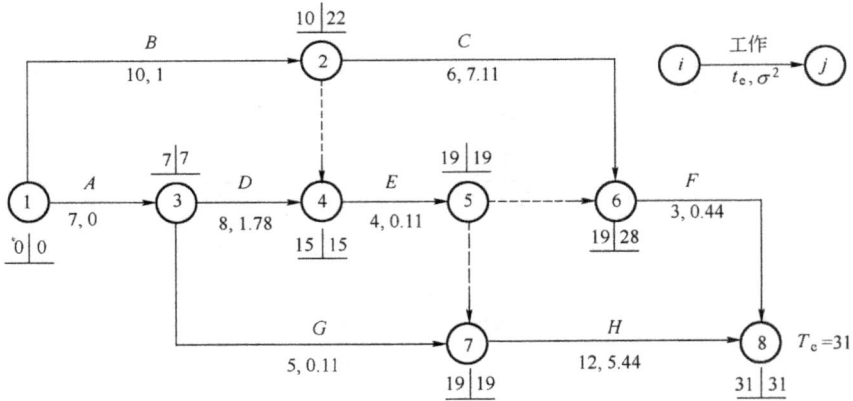

图 10-44　某 PERT 网络计划计算结果图

工作持续时间期望值计算结果表　　　　　　　　　　　　　　表 10-9

工作	估计时间（d）			工作持续时间期望值（d）t_e	方差 σ^2 (t_e)	备注
	a	c	b			
A	7	7	7	7	0	关键工作
B	7	10	13	10	1	
C	2	4	18	6	7.11	
D	6	7	14	8	1.78	关键工作
E	3	4	5	4	0.11	关键工作
F	1	3	5	3	0.44	
G	2	5	6	5	0.11	
H	9	10	23	12	5.44	关键工作

（3）计划的期望工期及方差：

根据节点时间参数的计算结果可知，节点①、③、④、⑤、⑦、⑧为关键节点，工作 A、D、E、H 为关键工作。由式（10-29）和式（10-30）分别计算得到计划的期望工期 T_e 及方差 σ_p^2。

$$T_e = \sum_{cp} t_e = 7 + 8 + 4 + 12 = 31 \text{（d）}$$

$$\sigma_p^2 = \sum_{cp} \sigma^2 = 0 + 1.78 + 0.11 + 5.44 = 7.33$$

（4）求按指令工期完成的概率：

因方差 $\sigma_p^2 = 7.33$，则均方差 $\sigma_p = \sqrt{7.33} = 2.71$。当指令工期 $T = 35\text{d}$ 时，由式（10-31）计算概率系数 Z 得：

$$Z = \frac{T - T_e}{\sigma_p} = \frac{35 - 31}{2.71} = 1.48$$

由 $Z = 1.48$ 查表 10-8，得按指令工期完成的概率 $P(z) = 92.59\%$。

（5）求按规定概率完成计划的指令工期：

当要求计划完成的概率 $P(z) = 97\%$ 时，根据 $P(z) = 97\%$ 查表 10-8，得概率系数 $Z = 1.88$，由式（10-32）计算按该概率完成计划的指令工期为：

$$T = T_e + Z\sigma_p = 31 + 1.88 \times 2.71 = 36\text{(d)}$$

第六节　网络计划的优化

网络计划的实施，需要各种条件的支持。一个工期符合规定、资源需求均衡、费用合理的方案，是对初始网络计划进行优化后实现的。所谓优化，就是利用时差不断改善和调整网络计划的初始方案，在满足既定限制条件的情况下，按某一目标求解最优方案的问题。根据优化目标的不同，有时间优化、工期-成本优化、资源优化三种类型。

例如，对工期紧迫的项目，为寻求时间最短、或满足指令工期要求时，采用时间优化；在总成本最低的条件下，寻求最短工期的施工计划方案，采用工期-成本优化；在人工、材料、机具设备和资金等资源有限的条件下，寻求工期最短，或在工期规定的条件下，要求投入的各种资源数量最小，采用资源优化。

根据所寻求的目标不同，有着各种各样的优化理论、方法和途径。任何一种优化方法都要进行大量的反复调整和计算，本书限于篇幅，以下扼要阐述几种常见的实用优化方法的基本概念。

一、资源有限、工期最短

假定网络计划需要 S 种不同的物资资源，已知各种资源每天可能供应的数量分别为 $A_1(t)$，$A_2(t)$，$\cdots$，$A_s(t)$。完成每一项工作 (i, j) 只需要其中一种资源，工作 (i, j) 需要的资源是第 K 种，单位时间的需要量以 $r_{ij}^{(k)}$ 表示，并假定 $r_{ij}^{(k)}$ 为常数。在物资资源供应满足 $r_{ij}^{(k)}$ 的条件下，完成工作 (i, j) 所需的作业持续时间以 D_{ij} 表示。

优化的主要任务是，在物资资源供应有限的条件下，必须保持事先规定的施工工艺顺序，寻求工期最短，也就是工期最合理的方案。

以 $W_{i,j}^{(k)}$ 表示工作 (i, j) 所需的第 K 种资源的总数量，必然有 $W_{i,j}^{(k)} = r_{i,j}^{(k)} D_{i,j}$。因此，整个网络计划对第 K 种资源的总需要量为：

$$\sum_{v(i,j)} W_{i,j}^{(k)} = \sum_{v(i,j)} r_{i,j}^{(k)} D_{i,j}$$

假定 $A_K(t)$ 为常数（$K = 1, 2, \cdots\cdots, S$），即 $A_K(t) = A_K$，那么最短工期的下界为：

$$\max_k \left[\frac{1}{A_k} \sum_{v(i,j)} W_{i,j}^{(k)} \right]$$

如果在不考虑物资资源供应受限制的条件下，计算得到网络计划关键线路的长度 L_{cp}，那么在满足物资资源供应受限制的条件下，其工期 T 必然满足下式：

$$T \geqslant \max \left\{ L_{cp}, \max_k \left[\frac{1}{A} \sum_{v(i,j)} W_{i,j}^{(k)} \right] \right\} \tag{10-33}$$

网络优化的基本步骤是，根据初始网络图，先绘制相应各工作最早可能开始时间的时标网络图及相应的物资资源需要量动态曲线，从图中读出优化所需的各时间参数。如果物资资源需要量超出规定的限制条件时，就需要对网络图进行调整。

调整时根据资源限制的具体情况，将非关键工作在时差范围内移动、延长或压缩，然后绘制相应的资源需要量动态曲线，再检查是否满足规定的限制条件。一般都要反复调整多次，使每一种物资都满足式（10-33）的要求，其中的最大值就是优化后的最短工期。如果通过时差调整，按工作的最迟完成时间仍不能满足要求，则必须另行制定新的计划方案，重新绘制网络图，重复以上调整步骤。因此，优化调整过程是需要反复进行试算的一个近似求解过程。

二、工期规定、资源均衡

即在工期规定的条件下，求物资资源需用量最均衡的优化方案，是资源优化的又一类型。为使问题简化起见，假定对于每项工作 (i, j) 的单位时间资源需要量 $r_{i,j}$ 为常数，并假定所有工作都需要同一种资源，即 $S = 1$。

衡量物资资源需要量的不均衡程度有两个指标，即方差与极差。由于资源需要量的动态曲线为阶梯形，其方差值应为：

$$\frac{1}{T} \sum_1^T [R(t) - R_m]^2 = \frac{1}{T} \left[\sum_1^T R^2(t) - \sum_1^T 2R(t)R_m + \sum_1^T R_m^2 \right] = \frac{1}{T} \sum_1^T R^2(t) - R_m^2 \tag{10-34}$$

式中：$R(t)$——在时间 t 需要的物资资源数量；

$\qquad R_m$——物资资源需要量的平均值；

$\qquad T$——规定的工期。

由于 T、R_m 为常数，因此要使方差值最小，即使下式为最小：

$$\sum_1^T R^2(t) = R_1^2 + R_2^2 + R_3^2 + \cdots + R_T^2 \tag{10-35}$$

式中：$R(t)$——第 t 天需要的物资资源数量。

极差值为：

$$\max[R(t) - R_m] \qquad t \in (0, T) \tag{10-36}$$

因为 R_m 为常数，因此欲使极差最小，即使式（10-37）为最小。

$$\max R(t) \qquad t \in (0, T) \tag{10-37}$$

使方差值及极差值为最小，这是两个不同性质的问题，其求解方法也不相同。

具体的优化过程，仍然是不断调整网络图的近似解法。所不同的是，初始网络图的关键线路长度 L_{cp} 不能超过规定工期 T，即 $L_{cp} \leqslant T$。因此应先按规定工期调整初始网络图，符合要求后再绘制标网络图，然后根据资源需用量最均衡，即各种物资资源需要量动态曲线波动最小的原则，利用时差进行调整。网络计划达到最优状态时，方差值（式 10-34）和极差值（式 10-36）均为最小。

三、工期合理、成本最低

工程成本由直接费用和间接费用两部分组成。正常情况下，工期延长，直接费用降低，间接费用增加；而工期缩短，直接费用增加，间接费用降低。然而，由于工程施工有一定的条件要求（如工作面，工人的劳动组合等），当直接费用增加到某一界限时，无论再增加多少费用工期也不可能再缩短。反之，工期延长到某一限度后，再延长工期不但不能减少直接费用，有时反而会增加，这是因为过长的工期会影响人工和机具的生产效率。

工期与直接费用、间接费用、工程成本三者的关系如图 10-45 所示。网络图优化的目的是求工程成本（即直接费用和间接费用之和）最低（图 10-45 中的 B 点），及与最低工程成本相对应的工期，这就是最优的合理工期。

以下分析直接费用与工期之间的关系。

如前所述，直接费用随工期的长短而变化，设这种变化如图 10-46 的曲线所示。直接费用与工期之间的关系，最简单的可用连接曲线上两点的直线 AB 来表示。B 点的直接费用（C_n）最低，与此费用相对应的工期（T_n）称为正常工期。A 点是完成施工过程的最短工期，称为极限工期（T_s），与此相对应的费用为 C_s，显然，单位时间费用的变化率（e）为：

$$e = \frac{C_s - C_n}{T_n - T_s} \tag{10-38}$$

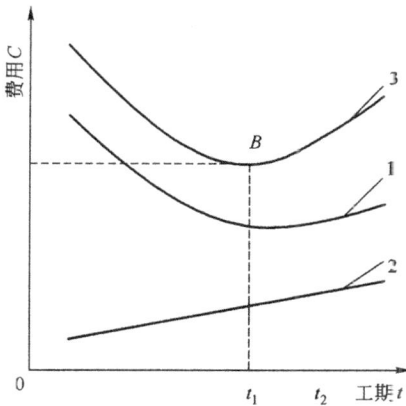

图 10-45　工期-费用曲线

1-直接费用；2-间接费用；3-费用总和

t_1-费用最低工期；t_2-规定工期

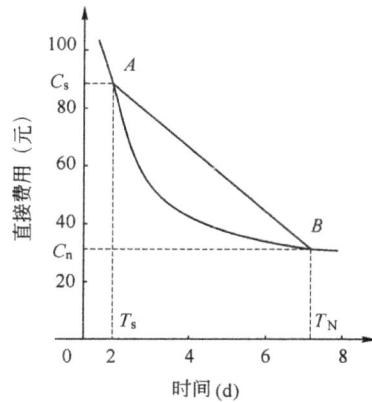

图 10-46　直接费用与时间的关系

由于 AB 之间近似地取直线，所以单位时间费用变化率（e）是固定的。在图 10-46 中：

$$e = \frac{90 - 30}{7 - 2} = \frac{60}{5} = 12(元/d)$$

不同施工过程的 e 值是不同的，e 值愈大，意味着施工持续时间变化一天所增加的费用也愈大。也就是说，要缩短工期，首先要缩短位于关键线路上 e 值最小的施工过程的持续时间，使工期缩短而直接费用的增加最少。

通常情况下，关键线路的总工期 L_{cp} 就是直接费用最低的工期。当实际工期大于 L_{cp} 时，直接费用和间接费用都将增加，延长工期不能降低成本。优化后成本最低的合理工期小于 L_{cp}。

网络计划的优化是寻求最佳施工组织方案的一个必要步骤，往往要反复调整多次才能得到近似的解答结果。可见，优化过程中的计算和绘图工作量十分繁重，一般都要借助电子计算机程序进行计算，目前国内已有相应的计算软件，需要进一步了解的读者，可参阅有关专著。另外，优化的理论和方法也在不断发展，寻找一种简捷、可靠的优化技术是十分必要的。

第十一章　公路工程施工组织设计文件的编制

第一节　编制依据及编制程序

一、编制依据

施工组织设计需要各种资料，依据实际资料编制的施工组织设计文件，才能满足使用要求，根据公路工程建设的不同阶段，以及施工组织设计的具体用途不同，对资料的内容及深度要求不尽相同，概括起来有如下种类和内容。

1. 计划文件及合同文件

系指国家批准的基本建设计划文件，施工期限要求，施工期限要求，建设单位对工程设计、施工的指示，施工单位上级主管部门下达的施工任务等。实行施工招投标工程的合同，与施工沿线单位签订的协议、合同、纪要等。

2. 工程设计文件

除了设计说明书、计算书、图表必须齐全外，还应详细了解：各项工程的结构型式和细部结构特点；各分项工程的工程数量及其分布情况；工程所需的各种材料与构件、成品的数量和规格；个别工程对施工的特殊要求；采用新材料、新结构、新工艺、新机具的情况等。

3. 现场自然条件调查资料

公路勘测设计阶段对沿线自然条件的调查资料，可以在施工组织设计中使用。施工阶段的补充调查项目和内容见第八章"施工组织设计概论"中第三节"原始资料的调查与分析"。

4. 各种定额、概（预）算资料及技术规范

编制施工组织设计时，应对上一阶段的施工组织设计文件进行分析，并根据确定的施工方案计算资源数量，因此应收集相关的定额，例如：设计采用的概（预）算定额、施工定额、沿线地区性定额、预算单价、概（预）算编制办法等。同时还应收集施工操作规程、施工安全作业规程，设计与施工技术规范等。

5. 施工时可能调用的资源

工程施工的进度，直接受到资源供应的控制。在进行实施性施工组织设计时，对资源的供应情况应有十分具体确切的资料。在作施工方案和施工组织计划时，因施工单位未确定，资源供应情况一般有建设单位提供。

施工时可能调用的资源主要包括：劳动力数量及技术水平；施工机具的类型和数量；外购材料的来源、数量及运输距离；各种资源的供应时间等。

6. 类型相似或相近项目的经验资料

影响公路施工组织设计的因素很多，每项工程都必须单独编制施工组织设计文件。参考以往工程的成功经验，可以少走弯路，提高施工组织设计文件的质量。

7. 其他资料

其他资料指施工组织与管理工作的有关政策规定和规章制度，环境保护条例，上级部门对施工的有关规定，以及历史文物、风景名胜地区对施工的特殊规定等。

二、编制程序

编制施工组织设计要遵守一定的程序，要按照施工的客观规律，协调和处理好各个影响因素的关系，用科学的方法进行编制。一般的编制程序如下：

1. 分析设计资料，了解工程概况，进行调查研究

这是掌握原始资料、熟悉编制依据必须进行的工作。特别是实施性施工组织设计的编制人员，应充分了解施工对象的特点、重点和难点，全面理解设计人员的设计意图，了解工程概况，做到心中有数，为编制好施工组织设计打好坚实的基础。

2. 提出施工整体部署，选择施工方案和施工方法

工程施工不论规模大小都要根据可能的施工条件做出整体部署，即在确保工期和工程质量的前提下，对单项施工的顺序进行总体安排。然后选择能保证施工部署顺利实现的施工方案和施工方法，从宏观上控制工程的建设进度。

3. 编制工程进度图

即安排各项工程的进度。根据施工部署，采用恰当的施工组织方法，如流水作业、网络计划等，具体落实各单项工程的施工进度。事先应按照选择的施工方法分施工段，计算工程数量和施工作业的持续时间。由工程进度图安排的竣工日期不得超过建设计划规定的日期。

4. 计算人工、材料、机具、设备需求量，编制人工、主要材料和主要机具计划

根据工程进度图，计算人工、材料、机具在施工期间的动态需求量。如超出实际可能的供应量，应对工程进度图作适当的调整。

5. 编制临时工程计划

临时工程计划包括：临时生产、生活设施，临时供水、供电、供热计划等。便道、便桥、预制场等临时生产设施，按施工的实际进度和需要编制。临时生活设施应能保证施工高峰期全体人员的生活需要。

6. 工地运输组织

公路施工需用的大量外购材料都要运送到施工现场，合理的运输组织既要满足工程按计划进度施工对材料的需求量，又要有适当的储备。运输、使用、储备三者之间应保持恰当的比例，以尽量减少临时仓库的规模。

7. 布置施工平面图

施工场地千变万化，施工条件各地不同，良好的施工平面布置应是综合考虑施工需要、安全、环境等因素的因地制宜的方案。

8. 计算技术经济指标

主要的技术经济指标有：工期、劳动生产率、质量、安全、机械化作业程度、工程成本、主要材料消耗等。这些指标与相近或类似的工程对比，就能反映施工组织设计的技术经济效果。

9. 编写施工组织设计说明书

说明书的编写见第八章"施工组织设计概论"中第二节"公路施工组织设计的阶段与内容"。

以上的编制步骤是相互关联的，常常需要反复调整才能得到最优方案。图 11-1 是编制程序的相互关系图，但在不同的施工组织设计阶段，实际的编制程序会有调整。

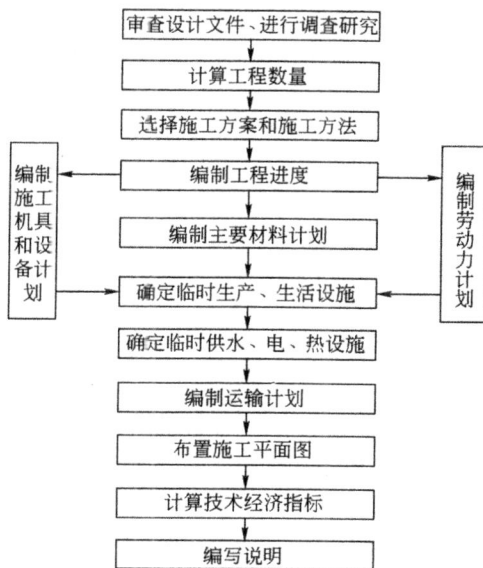

图 11-1　施工组织设计编制程序

三、注意事项

施工组织设计关系到技术、经济、管理、政策等诸多方面，不是一个单纯的数学计算问题。在编制过程中，特别是编制实施性施工组织设计时，应认真注意处理好以下问题，才能使施工组织设计对工程施工具有指导意义。

（1）根据工程的特点，解决好施工中的主要矛盾，既要突出重点，又要概括全面。但要防止面面俱到，繁琐冗长。

（2）认真而细致地做好工程排队工作。安排工程进度，是施工组织设计必须解决的关键问题。各项工程的施工顺序和搭接关系以及保证重点工程的施工等问题，只能通过工程排队并合理调整来解决。

（3）施工展开的进行方向应注意技术物资与生活资料的补给，为工地运输创造条件。如：新建公路可以从补给线向内修筑，逐段通车，使补给线向内延伸，方便运输。旧路改造项目，不应一开工就挖断旧路，造成运输困难。

（4）留有余地，便于调整。由于影响施工的因素较多，所以，在执行时必然会出现未能预见的问题。这就要求编制时力求可行，执行时又可根据现场具体情况进行调整、修改和补充，因此，编制施工组织设计时应留有恰当的调整余地。

第二节　工程进度图

一、工程进度图的作用和内容

编制工程进度图应认真贯彻施工组织设计的各项原则，它的任务是：在已定施工方案的基础上，对各项工程的施工时间和施工顺序作出具体安排。力求以最少的人工、机械和技术物资消耗，保证在规定工期内完成质量合格的单位工程的施工任务。工程进度图的主要作用是：控制单位工程的施工进度，确定单位工程的各个施工过程的施工顺序、施工作业持续时间以及相互衔接和穿插配合关系。

由此可见，工程进度图是控制工程施工进度和工程竣工期限等各项施工活动的依据，是施工组织设计的核心。它规定了各个施工项目的完成期限和整个工程的总工期；集中体现了施工组织设计的成果。它反映了工程从施工准备工作开始，直到工程竣工为止的全部施工过程；反映了工程建筑与安装的配合关系；反映了各分部分项工程及各工序之间的衔接关系。有助于领导部门抓住关键、统筹全局，合理布置人力、物力，正确指导施工生产活动的有序进行；有利于工人群众明确目标，更好地发挥主动性；有利于施工企业内部的及时配合，协同作战。因此，它对整个工程施工具有指导性意义。

工程进度图一般应包括一下内容：

（1）主要工程的工程数量及其分布情况；

（2）各施工项目的施工期限，即施工开始和结束时间；

（3）个施工项目的施工顺序与衔接情况，专业施工队之间的相互配合、调动安排；

（4）施工平面示意图；

（5）劳动力的动态需要量图。

工程进度图中的施工平面示意图，是沿公路路线纵向的展开图。主要反映原有交通路线、典型地形及地貌、附近居民点，标注出施工机构、附属施工企业、工地供应站（如仓库、车站、码头等）在平面图上的相应位置。如果设计文件中另有施工总平面图，则施工平面示意图可以简化或省略不绘。有时为了简化其他图表，还可以将主要机具、材料需要量以图形或表格的形式附在工程进度图上。

二、工程进度图的形式

工程进度图的形式有横道图、垂直图表和网络图三种。下面将同一工程分别用这三种不同的形式表示，并说明其各自的特点和适用条件。

1. 横道图

横道图又称水平图表，是在工程实践中应用非常广泛的一种表示工程进度的方法。它由两大部分组成，左面部分是以分部分项工程为主要内容的表格，包括了相应的工程量、定额和劳动量等计算数据；右面部分是指示图表，它是根据左面表格中的有关数据经计算得到的。指示图表用横向线条形象地表示出分部分项工程的施工进度，横道线的长短表示施工的期限；线的位置表示施工过程；线上的数字表示劳动力数量；线的不同符号表示作业队或施工段别。表现出各施工阶段的工期和总工期，并综合反映了各分部分项工程相互间的关系。

图 11-2 所示的横道图，是 80km 长的公路工程综合施工的进度图。图中标出了 12 项主要施工项目的施工期限和劳动力需要量情况，整个工程 1 月初开工，10 月上旬竣工。

横道图的优点是简单、直观、易懂、容易编制，能宏观控制工期，但有以下缺点：

（1）分部分项工程（或工序）的相互关系及专业施工队之间的关系不明确；

（2）施工日期和施工地点无法表示，只能用文字说明；

（3）工程数量实际分布情况不具体，也无法表示；

（4）仅反映出水平流水速度；

（5）不能绘制对应施工项目的平面示意图。

产生上述缺点的原因，在于横道图职能反映平均的施工进度，无法表示施工地点（或里程）。因此，横道图适用于绘制集中性工程，不要求反映施工地点计划，完全的线性均布工

编号	工程名称	施工方法	工程量		2006年										起止时间	
			单位	数量	一月	二月	三月	四月	五月	六月	七月	八月	九月	十月	开工	结束
1	临时通信线路	人工施工	km	80	6										一月初	七月底
2	沥青混凝土基地	人工安装	处	1	35										一月上旬	五月上旬
3	清除路基	机 械	m²	700 000			4								三月初	七月底
4	路用房屋	人工施工	m²	1	60				40						一月初	六月底
5	大 桥	半机械化	座	1 300					94						五月初	九月中旬
6	中 桥	半机械化	座	5			53			38					三月十五	八月底
7	集中性土石方	机 械	m³	430 000				20							四月上旬	九月底
8	小型构造物	半机械化	座	23					30						五月初	九月底
9	沿线土方	机械为主	m³	89 000					36						五月初	十月初
10	基 层	半机械化	m²	560 000					48						五月上旬	十月上旬
11	面 层	半机械化	m²	560 000					18						五月上旬	十月上旬
12	整修工程	人工为主	km	80					10						五月上旬	十月上旬

图 11-2　工程进度图（水平图表）

程，较单纯或次要的工程，以及材料供应计划和作为辅助性的图表附在说明书内向施工单位下达任务。另外，在初步设计中的工程概略进度图，也可以采用横道图。

2. 垂直图表

垂直图表也称垂直坐标图。它是在流水作业垂直图表的基础上通过扩充和改进而形成的。它的特点是：以纵坐标表示施工日期，以横坐标表示里程或工程位置，而各分部分项工程的施工进度则相应地以不同的斜线表示。工程量在图表上方相应地表示，施工组织平面示意图可在图表的下方相应地表示，资源平衡可在图表右侧以曲线表示。图 11-3 是用垂直图表表示的前述 80km 长的公路工程综合施工的进度图。

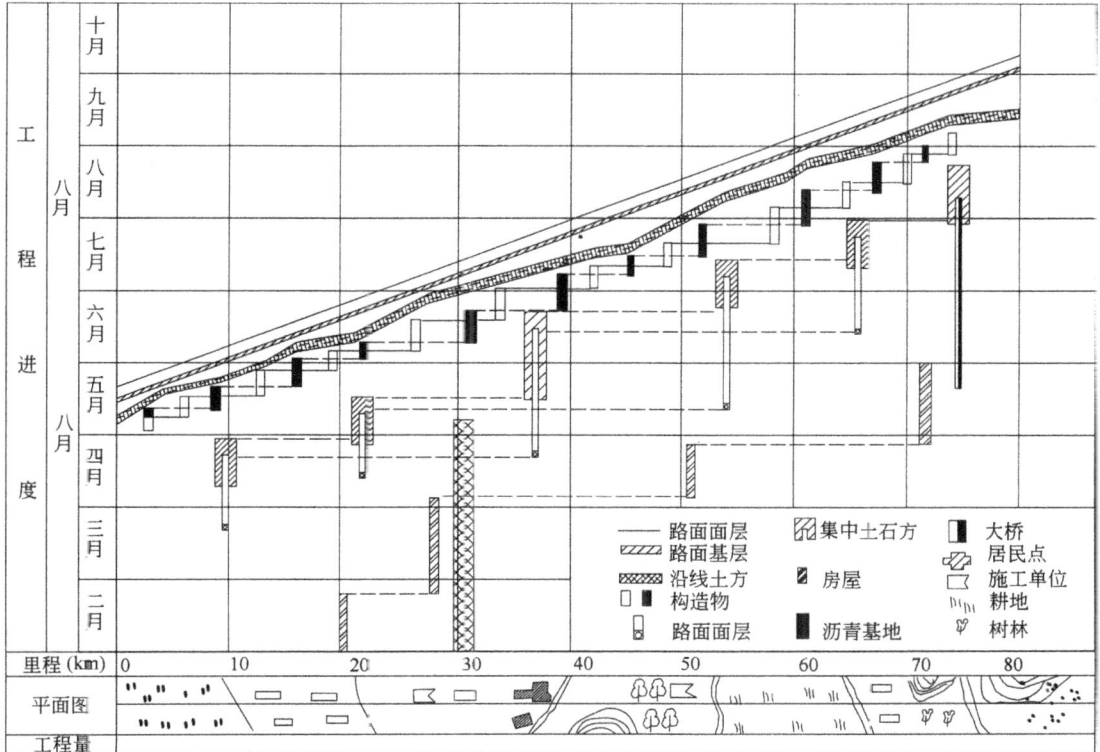

图 11-3　工程进度图（垂直图表）

垂直图表的优点在于：工程进度图要求的 5 项内容都能在垂直图表中准确、清楚地表达。工程数量的分布情况和各项工程的施工期限一目了然，各专业施工队之间的相互关系、施工节奏和施工速度都十分清楚，施工平面示意图概括了工程施工的基本情况。从垂直图表中可以直接找出任何一天各施工队的施工地点和正在进行的施工项目，可以随时了解施工任务的完成情况，可以预测在正常施工条件下的施工进度。但它仍有一些不足之处：

(1) 反映不出某项工作提前（或推迟）完成对整个计划的影响程度；

(2) 反映不出哪些工程是主要的，即不能明确表达出哪些是关键工作；

(3) 计划安排的优劣程度很难评价；

(4) 不能使用电子计算机，因此绘制和修改进度图的工作量很大。

3. 网络图

表示工程施工进度的网络图也称施工流程图。与横道图、垂直图表相比，网络图不但能反映施工进度，而且能清楚地表达各施工项目、各专业施工队之间错综复杂的联系、制约、协作等关系。它的最大优点是：在计划的执行过程中，可以很方便地根据当时的条件进行调整，通过计算，找出优化后的方案，指导工程施工按最佳的进度运行。因此，不论是集中性工程还是线性工程，都可以用网络图表示工程进度，尤其是时标网络图更能准确、直观地表达工程进度。网络图是一种比较先进的工程进度图的表示形式。

将图 11-2 和图 11-3 的同一公路工程项目的工程进度图用网络图表示时，其结果如图 11-4 所示。该图主要说明各施工项目之间的相互关系，编制时对施工流程情况作了适当的简化。

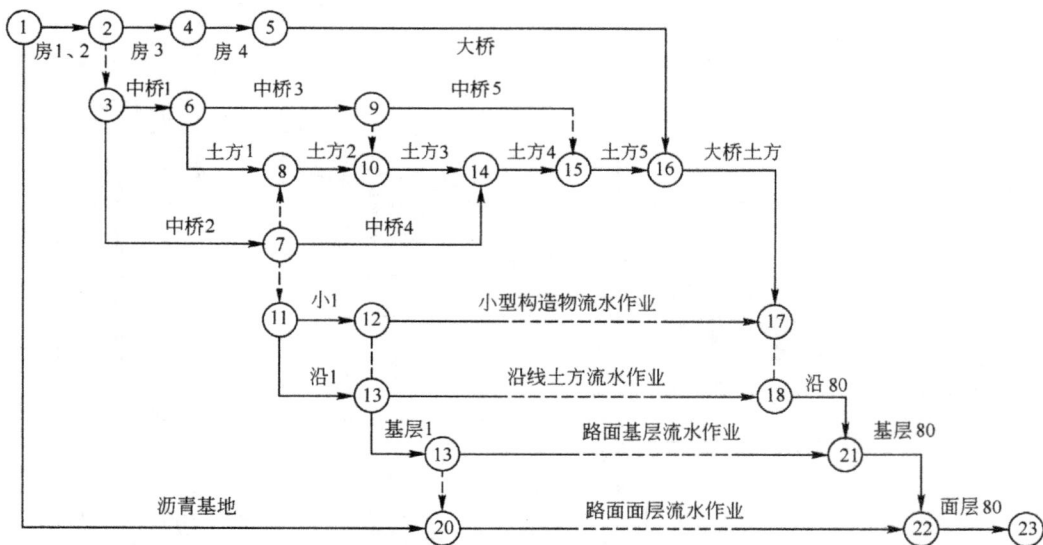

图 11-4　工程进度图（网络图）

三、工程进度图的编制步骤

1. 确定施工方法和施工组织方法

确定施工方法时，首先应考虑工程特点、现有机具的性能、施工环境等因素。例如：中等高度（或深度）的路堤（或路堑）宜用推土机或铲运机施工，需要远运利用的深挖方宜用挖掘机配合自卸汽车施工，填挖均不大的路基土方常选用铲车施工。采用预制装配式施工的板桥、管涵等工程，必须有相应的吊装、运输设备，其次要考虑施工单位的机械配置情况。当机具量少、型号单一时，自然应选择最能发挥机械效益的施工方法，即使机具齐全，也必须考虑施工方法的经济性；最后还要考虑施工技术操作上的合理性。如果在一个固定位置上有大量的施工作业，最好选用适于固定式机具作业的施工方法。如果是分散作业，或有象路面工程那样的线性工程，则选择移动式施工机具是适宜的。

根据具体的施工条件选择最先进的施工组织方法，是编制工程进度图的关键。流水作业法是公路工程施工较好的组织方法，但在某些情况下不一定能发挥作用，比如工作面受限制时只能采用顺序作业法，工期特别紧而资源供应十分充足时可以采用平行作业法。但在一般情况下，要积极创造条件优先采用流水作业法。对于技术复杂、施工头绪多、涉及面广的大型工程，则应考虑采用网络计划法。

2. 划分施工项目

施工方法确定后，就可以划分施工项目。每项工程都是由若干个相互关联的施工项目所组成的，工程进度图的实质就是科学合理地确定这些施工项目的排列次序。施工项目划分的粗细程度，与工程进度图的用途有关。

划分施工项目时，必须明确哪一项是主导施工项目。一般来讲，主导施工项目就是施工难度大、耗用资源多或施工技术最复杂、需要使用专门的机械设备的工序或单位工程（随工程进度图的用途而定）。主导施工项目常常控制施工进度，因此首先应安排好主导施工项目的施工进度，其他施工项目的进度要密切配合。在公路工程中，高级路面、重点土石方、特殊路基、大中桥等通常都是主施工项目，安排工程进度图时应予特别重视。

划分施工项目时还应注意以下问题：

（1）划分施工项目应与施工方法相一致，使进度计划能够完全符合施工实际进展情况，真正起到指导施工的作用；

（2）划分施工项目的粗细程度一般要按施工定额（施工图设计阶段按预算定额）的细目和子目来填列，这样既简明清晰，又便于查定额计算；

（3）施工项目在进度计划表内填写时，应按工程的施工顺序排列（指横道图），而且应首先安排主导工程；

（4）施工项目的划分一定要结合工程结构特点仔细分项填列，切不可漏填，以免影响进度计划的准确性。

3. 计算工程量与劳动量

1）工程量计算

施工项目的工程量计算应与所选择的施工方法一致，当划分施工段组织流水作业时必须分段计算工程量，此外还应考虑为保证施工质量和安全的附加工程量。工程数量的计算单位，应与相应定额的计量单位一致。

2）劳动量计算

所谓劳动量，就是工程细目的工程数量与相应时间定额的乘积，或等于施工时实际使用的工人数与作业时间的乘积，或实际使用的机械台数与作业时间的乘积。人工操作时叫劳动量，机械作业时叫作业量，通称劳动量。

计算劳动量时要注意施工现场的具体情况。如施工场地狭窄发生的二次转运、利用挖方弃渣作填方材料的不同运距等，都将出现工程量相同而劳动量不同的情形。

4. 计算各施工项目的作业持续时间

具体的计算方法见第九章和第十章，在计算过程中应结合实际的施工条件认真考虑以下几点：

（1）各施工项目均应按一定技术操作程序进行，作业持续时间必须确保全部操作程序的完成；

（2）保证足够的工作面和工人的最佳劳动组合；

（3）相邻施工项目之间应有良好的衔接和配合，互不影响工程进度；

（4）必须保证施工安全和工程质量；

（5）确定技术间歇时间、组织间歇时间、平行搭接时间。

5. 初步拟定工程进度

按照客观的施工规律和合理的施工顺序，采用前面确定的施工组织方法就可以拟定工程进度，在拟定时应考虑施工项目之间的相互配合，特别注意人工的均衡使用，施工开始后，人工数应逐渐增加，然后在较长时间内保持稳定，接近完工时又逐渐减少。此外，还应力求避免材料、机械及其他技术物资使用的不均衡现象。初拟方案若不能满足规定的工期要求，或超过物资资源供应量，应对工程进度进行调整。

例如：横道图的编制步骤如下：

（1）按图 11-2 的格式绘制空白图表；

（2）根据设计图纸、施工方法、相应定额进行列项，并按施工顺序填入图 11-2 工程名称栏内；

（3）逐项计算工程量；

（4）逐项选定定额，将其编号填入图 11-2 中；

（5）进行劳动量计算；

（6）按施工力量（作业队、班组人数、机械台数等）计算作业时间，并将计算结果填入图 11-2 中；

（7）按计算的各施工过程的周期，并根据施工过程之间的逻辑关系，安排施工进度日期（其具体做法是：将整个工程的开、竣工日历填入图 11-2 中，然后按计算的周期，用直线或绘有符号的直线绘进度图）；

（8）进行反复调整与平衡，最后择优定案。

6. 检查和调整工程进度

无论采用流水作业法还是网络计划法组织施工，都要在初拟方案的基础上通过优化调整，最后得到工程进度图。在优化过程中重点检查的内容有：是否满足工期要求、施工的均衡性，以及施工顺序、搭接配合关系、技术间歇时间、组织间歇时间等是否合理。根据检查结果，针对主要问题采取有效的技术措施和组织措施，使全部施工在技术上协调，对人工、材料、机具的需用量均衡，力争达到最优的状态。调整结束后，采用恰当的形式绘制工程进度图。

四、注意事项

（1）安排工程进度时，应扣除法定节假日，并充分估计因气候或其他原因的停工时间。上级规定或合同签订的施工工期减去上述时间之后，才是实际的可做安排的施工作业时间。

此外，还要考虑必要的准备工作时间，必须的外部协调和内部消耗时间。

（2）注意施工的季节性。例如，桥梁基础施工应避开洪水期，沥青路面施工不宜安排在冬季等。同一季节，南方与北方也不尽相同，因此，应根据施工地区的实际情况并考虑工程特点，按方便施工、保证质量、有利于降低施工成本的原则进行安排。

（3）公路工程系野外施工，影响施工的因素很多，任何周密详尽的计划也很难完全一一实现。安排工程进度时应保证重点、留有余地、方便调整。特别是对于施工难度大、物资资源供应条件差的工程，更应注意留有充分的调整余地。

（4）各种施工间歇时间，由于不消耗资源，往往容易被忽视。采用网络计划法组织施工时可以将间歇时间作为一条箭线处理。

（5）在对初步方案进行优化时，注意外购材料和各种设备分批到达工地的合同日期，需用这些材料和设备的施工项目的开工日期不得早于合同日期。

编制工程进度图是一项十分细致而又复杂的工作，因此在编制前必须做好深入的调查研究和资料收集工作，编制时要认真负责，充分估计可能发生的各种情况，根据现场的条件实事求是地进行。施工阶段的实施性工程进度图，还需要随时根据变化的条件进行调整。

第三节　资源需要量计划

一、劳动力需要量计划

工程进度确定之后，可以容易地计算各个施工项目每天所需的人工数量。将同一天所有施工项目需用的人工数量累加起来，即可得到如图 11-5 右下方所示的每日施工的人工数量随时间变化的劳动力需要量图。

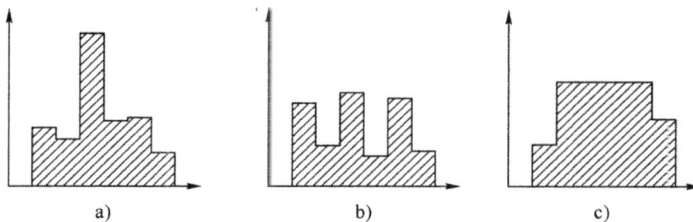

图 11-5　劳动力需要量图
a) 短时高峰；b) 反复波动；c) 均衡

劳动力需要量图反映了施工期间劳动力的动态变化，它是衡量施工组织设计合理性的重要标志。不同的工程进度安排，劳动力需要量图呈现不同的形状，一般可归纳成如图 11-5 所示的三种典型图式。图 11-5a) 出现短暂的劳动力高峰，图 11-5b) 劳动力数量频繁波动，这两种情况都不便于施工管理并增大了临时生活设施的规模，应尽量避免。图 11-5c) 在一个较长时间内保持均衡。劳动力需用量的高峰值与施工期间的平均值之比，称为劳动力不均衡系数。显然，劳动力不均衡系数应大于或等于 1，越接近于 1，施工组织设计就越合理。要做到这一点，通常都要多次调整工程进度图。

根据劳动力需要量图，可以编制劳动力需用量计划（表 11-1）。劳动力计划是确定临时生活设施和组织工人进场的依据。

劳动力计划表

表 11-1

_____公路 _____ 段

序号	工种名称	需要总工日数	需要人数及时间										备注
			年					年					
			一季度	二季度	三季度	四季度	合计	一季度	二季度	三季度	四季度	合计	
1	2	3	4	5	6	7	8	9	10	11	12	13	14

二、主要材料计划

主要材料计划包括施工需用的材料、构件和半成品等的名称、规格、数量、以及来源和运输方式等内容，它是运输组织和筹建工地仓库的依据。

主要材料应包括钢材、木材、水泥、沥青、石灰、砂、石料（碎石、块石、砾石等）、爆破器材等公路施工中用量大的材料。特殊情况下使用的土工织物，各种加筋带、外掺剂等也应列入主要材料计划。

主要材料计划的编制过程同劳动力计划，一般按年度和季度进行编制（表 11-2）。

主要材料计划表

表 11-2

_____公路 _____ 段

序号	材料名称规格	单位	数量	来源	运输方式	需要人数及时间										备注
						年					年					
						一季度	二季度	三季度	四季度	合计	一季度	二季度	三季度	四季度	合计	
1	2	3	4	5	6	7	8	9	10	11	12	13	14	15	16	17

三、主要施工机具、设备计划

在确定施工方法时，已经考虑了哪些施工项目需用何种施工机具或设备。为了做好机具、设备的供应工作，在工程进度确定之后，将每个施工项目采用的机械名称、规格和需用数量、以及使用的日期等综合汇总、编制成施工机具、设备计划（表 11-3）。

资源需用量计划是根据工程进度图编制的，而资源需用量的均衡性又反映了工程进度的合理性。因此，上述人工、材料、机械等的需用量计划，在实际工作中是结合工程进度图的编制、调整、优化过程同时进行的。实际上，资源需用量的均衡性本身就是工程进度优化的指标。

____公路____段

序号	机具名称规格	数量		使用期限		需要人数及时间																		备注
		台班	台(辆)	开始时间	完成时间	年								年									
						一季度		二季度		三季度		四季度		一季度		二季度		三季度		四季度			
						台班	台(辆)	台班	台(辆)	台班	台(辆)	台班	台(辆)	台班	台(辆)	台班	台(辆)	台班	台(辆)	台班	台(辆)		
1	2	3	4	5	6	7	8	9	10	11	12	13	14	15	16	17	18	19	20	21	22		23

第四节　临时设施组织

工程项目施工的正常进行，除了安排合理的施工进度外，还需要在工程正式开工前充分做好各项准备工作，建造相应的临时设施，如工棚、仓库、供水、供电、通信设施等。

一、加工场地组织

工地临时加工场地组织的任务是确定建筑面积和结构型式。加工场（站、厂）的建筑面积，通常参照有关资料或根据施工单位的经验确定，也可以按公式计算。

钢筋混凝土构件预制厂、木工房、钢筋加工间等的场地或建筑面积用下式确定：

$$A = \frac{KQ}{TSa} \tag{11-1}$$

式中：A——所需建筑面积，m^2；

　　　Q——加工总量，m^3、t 等；

　　　K——生产不均衡系数，取 $1.3 \sim 1.5$；

　　　T——加工总工期，月；

　　　S——每平方米场地的月平均产量；

　　　a——场地或建筑面积利用系数，取 $0.6 \sim 0.7$。

水泥混凝土搅拌站面积用下式计算：

$$A_T = NA \tag{11-2}$$

式中：A_T——搅拌站面积，m^2；

　　　A——每台搅拌机所需的面积，m^2；

　　　N——搅拌机台数（按式11-3计算），台。

$$N = \frac{QK}{TR} \tag{11-3}$$

式中：Q——混凝土总需要量，m^3；

　　K——不均衡系数 1.5；

　　T——混凝土工程施工总工作日；

　　R——混凝土搅拌机台班产量，m^3/台班。

大型沥青混凝土搅拌设备的场地面积，要根据设备说明书的要求确定。

上述建筑场地的结构型式应根据当地条件和使用期限而定。使用年限短的用简易结构，如油毡或草屋面的竹木结构；使用年限较长的则可采用瓦屋面的砖木结构或活动房屋等。

二、临时仓库组织

工地临时仓库分为转运仓库、中心仓库和现场仓库等。临时仓库组织的任务是确定材料储备量和仓库面积、选择仓库位置和进行仓库设计等。

1. 确定建筑材料储备量

材料储备量要保证工程连续施工的需要，也要避免材料积压而增大仓库面积。供应不易保证、运输条件差、受季节影响大的材料可增大储存量。

常用材料的储备量宜通过运输组织确定（见本章第五节），也可以按下式计算：

$$P = T_e \frac{Q_i K}{T} \tag{11-4}$$

式中：P——材料储备量 m^3、t 等；

　　T_e——储备期，d，按材料来源确定，一般不小于 $10d$，即保证 $10d$ 的需用量；

　　Q_i——材料、半成品等的总需要量；

　　T——有关项目施工的总工作日；

　　K——材料使用不均匀系数，取 $1.2 \sim 1.5$。

对于不经常使用和储备期长的材料，可按年度需用量的某一百分比储备。

2. 确定仓库面积

一般的仓库面积可按下式计算：

$$A = \frac{P}{qK} \tag{11-5}$$

式中：A——仓库总面积，m^2；

　　P——仓库材料储备量，由式（11-4）确定；

　　q——每平方米仓库面积能存放的材料数量；

　　K——仓库面积利用系数（考虑人行通道和车行通道所占面积）一般为 $0.5 \sim 0.8$。

特殊材料，如爆炸品、易燃或易腐蚀品的仓库面积，按有关安全要求确定。

仓库除满足总面积要求外，还要正确地确定仓库的平面尺寸，即仓库的长度和宽度。仓库的长度应满足装卸要求，宽度要考虑材料的存放方式、使用方便和仓库的结构型式。

三、行政、生活用临时房屋

此类临时房屋的建筑面积取决于工地的人数，包括施工人员和家属人数。

建筑面积按下式确定：

$$A = NP \tag{11-6}$$

式中：A——建筑面积，m^2；

　　　N——工地人数；

　　　P——建筑面积指标，见表11-4。

在做施工组织设计时，应尽量利用工地附近的现有建筑物，或提前修建能利用的永久房屋，如道班房、加油站等，不足部分修建临时建筑。

临时建筑应按节约、适用、装拆方便的原则设计，其结构型式按当地气候、材料来源和工期长短确定。通常有帐篷、活动房屋和就地取材料的简易棚等。

行政、生活临时建筑面积指标（m^2/人）　　　　　　　　表 11-4

序号	临时房屋名称	指标使用方法	参考指标
一	办公室	按使用人数	3～4
二	宿舍		
1	单层通铺	按高峰年（季）平均人数	2.5～30
2	双层床	按在工地住宿实有人数	2.0～2.5
3	单层床	按在工地住宿实有人数	3.5～4.0
三	食堂	按高峰年平均人数	0.5～0.8
	食堂兼礼堂	按高峰年平均人数	0.6～0.9
四	其他合计	按高峰年平均人数	0.5～0.6
1	医务室	按高峰年平均人数	0.05～0.07
2	浴室	按高峰年平均人数	0.07～0.1
3	理发室	按高峰年平均人数	0.01～0.03
4	俱乐部	按高峰年平均人数	0.1
5	小卖部	按高峰年平均人数	0.03
6	招待所	按高峰年平均人数	0.06
7	其他公用设施	按高峰年平均人数	0.05～0.1
8	开水房	每间	$10m^2$～$40m^2$
9	厕所	按工地平均人数	0.02～0.07

四、临时供水、供电、供热

工地临时供水、供电、供热应解决以下问题：确定用量、选择供应来源、设计管线网络等。如供应来源由工地自行解决，还需要确定相应的设备。

确定量时，应考虑施工生产、生活和特殊用途（如消防、抗供）的需用量。选择供应来源时，首先考虑当地已有的水源、电源，若当地没有或供应量不能满足工程需用时，才需自行设计解决。下面介绍公路施工工地对水、电、热需用量的计算方法，以及设计中一般应考虑的问题。

1. 工地临时供水

1）用水量计算

施工期间的工地供水应满足工程施工用水（q_1）、施工机械用水（q_2）、施工现场生活用水（q_3）、生活区生活用水（q_4）和消防用水（q_5）等 5 个方面的需用，其用水量可参照有关手册计算确定。由于生活用水是经常性的，施工用水是间断性的，而消防用水又是偶然性的，因此，工地的总用水量（Q）并不是全部计算结果的总和，而按以下公式计算：

（1）当（$q_1+q_2+q_3+q_4$）$\leqslant q_5$ 时，则：

$$Q = q_5 + 0.5(q_1+q_2+q_3+q_4) \tag{10-7}$$

（2）当（$q_1+q_2+q_3+q_4$）$> q_5$ 时，则：

$$Q = q_1 + q_2 + q_3 + q_4 \tag{10-8}$$

（3）当工地面积小于 50000m^2，而且（$q_1+q_2+q_3+q_4$）$< q_5$ 时，则：

$$Q = q_5 \tag{11-9}$$

2）水源选择

首先考虑当地自来水作水源，如不可能才另选天然水源。临时水源应满足以下要求：水量充足稳定，能促证最大需水量供应；符合生活饮用和生产用水的水质标准，取水、输水、净水设施安全可靠；施工安装、运转、管理和维护方便。

3）临时供水系统

供水系统由取水设施、净水设施、储水管网几部分组成。

取水设施由取水口、进水管及水泵站组成。取水口距河底（或井底）不得小于 0.25～0.9m，距冰层下部边缘的距离也不得小于 0.25m。水泵要有足够的抽水能力和扬程。

当水泵不能连续工作时，应设置储水构造物，其容量以每小时消防用水量确定，但一般不小于 10～20m^3。

输水管网应合理布局，干管一般为钢管或铸铁管，支管为钢管。输水管的直径必须满足输水量的需要。

2. 工地临时供电

1）工地总用电量

工地用电可分为动力用电和照明用电两类，用电量可用下式计算：

$$P = (1.005～1.10)\left(K_1\frac{\sum P_1}{\cos\varphi} + K_2\sum P_2 + K_3\sum P_3 + K_4\sum P_4\right) \tag{11-10}$$

式中：P——工地总用电量，kV·A；

$P_1 \cdot K_1$——电动机额定功率，kW，需要系数 K_1=0.5～0.7，电动机 10 台以下取 0.7，超过 30 台取 0.5；

$P_2 \cdot K_2$——电焊机额定容量，kV·A，需要系数 K_2=0.5～0.6，电焊机 10 台以下取 0.6；

$P_3 \cdot K_3$——室内照明容量，kW，需要系数 K_3=0.8；

$P_4 \cdot K_4$——室外照明容量，kW，需要系数，K_4=1.0；

$\cos\varphi$——电动机的平均功率因数，根据用电量和负荷情况而定，最高为 0.75～0.78，一般为 0.65～0.75。

2）选择电源及确定变压器

无论由当地电网供电还是在工地设临时电站解决，或者各供给一部分，选择电源都应在考虑以下因素后，根据工程具体情况经过比较确定。当地电源能否满足施工期间最高负荷；电源距离较远时是否经济；设临时电站，供电能力应满足需用，避免造成浪费或供电不足；

电源位置应设在设备集中、负荷最大而输电距离又最短的地方。

一般都首先考虑将附近的高压电，通过工地的变压器引入。变压器的功率按下式计算：

$$P = K \left(\frac{\sum P_{max}}{\cos\varphi} \right) \tag{11-11}$$

式中：P——变压器的功率，kV·A；

K——考虑功率损失的系数，取 1.05；

$\sum P_{max}$——各施工区的最大计算负荷，kW；

$\cos\varphi$——功率因数。

3）选择导线截面

合理的导线截面应满足三个方面的要求：首先要有足够的机械强度，即在各种不同的敷设方式下，确保导线不致因一般机械损伤而折断；其次应满足通过一定的电流强度，即导线必须能承受负载电流长时间通过所引起的温度升高；第三是导线上引起的电压降必须限制在容许限度之内。按这三项要求，选其截面最大者。

4）配电线路的布置要点

线路宜架设在道路的一侧，并尽可能选择平坦路线。线路距建筑物的水平距离应大于 1.5m。在 380/220V 低压线路中，木杆间距为 25～40m。分支线及引入线均应从电杆处接出。

临时布线一般都用架空线，因为架空线工程简单、经济、便于检修。电杆及线路的交叉跨越要符合有关输变电规范。配电箱要设置在便于操作的地方，并有防雨、防晒设施。各种施工用电机具必须单机单闸，绝不可一闸多用。闸刀的容量按最高负荷选用。

3. 工地临时供热

工地临时供热的主要对象是：临时房屋如办公室、宿舍、食堂等内部的冬季采暖；冬季施工供热，如施工用水和材料加热等；预制场供热，如钢筋混凝土构件的蒸汽养生等。

建筑物内部供暖耗热量，按有关建筑设计手册计算。

临时供热的热源，一般都设立临时性的锅炉或个别分散设备（如火炉），如有条件，也利用当地的现有热力管网。

临时供热的蒸汽用量用下式计算：

$$W = \frac{Q}{IH} \tag{11-12}$$

式中：W——蒸汽总热量，kg/h；

Q——所需总热量，按建筑采暖设计手册计算，J/h；

I——在一定压力下蒸汽的含热量，查有关热工手册，J/kg；

H——有效利用系数，一般为 0.4～0.5。

蒸汽压力根据供热距离确定，供热距离在 300m 以内时，蒸汽压力为 30～50kPa，在 1 000m 以内时，则需要 200kPa。确定了蒸汽压力后，可根据式（11-12）计算得到蒸汽用量，即可查阅锅炉手册，选定锅炉的型号。

五、其他临时工程设施

在施工组织设计中，还会遇到其他的临时工程设施，如便道、便桥、临时车站、码头、堆场、通信设施等。对于新建道路工程，这些临时工程设施更多。

各种临时工程设施的数量视工地具体情况而定，因它们的使用期限一般都很短，通常都采用简易结构。全部临时建筑及临时工程设施都应在设计完成之后，再编制临时工程表。临时工程表是施工组织设计规定的文件之一，它的内容及格式见表 11-5。

临 时 工 程 表 表 11-5

_____公路_____段																共　　页　第　　页	
序号	设置地点	工程名称	说明	单位	数量	工程数量											备注
1	2	3	4	5	6	7	8	9	10	11	12	13	14	15	16	17	18

第五节　工地运输组织

工地运输组织的任务是：编制运输计划、确定运输量、选择运输方式、计算运输工具的需要量等。公路施工需要运输的物资有建筑材料、构件、半成品、以及机械设备、施工及生活用品等。这些物资由外地运到工地（即场外运输），一般都由专业运输单位承运。工地内的运输（即场内运输）通常由施工单位承担，不论哪种运输，都应有组织，按计划地进行。

一、编制运输计划

这里所说的运输计划，是指寻求施工物资需用量、每日运输量、库存量三者之间的最佳平衡关系。通过运输计划，达到确保施工需要、运量均衡、库存最小的目的。运输计划是确定运输日期、计算运输工具需用量和工地临时仓库面积的依据。

1. 差额曲线法

公路施工中，同一种材料（如水泥、钢材）常常在不同施工过程的不同时间使用。因此，材料每日需用量的变化十分频繁，几乎没有任何规律，如果完全按照每日材料需用量组织运输，将导致运输工具每日变化，增加了运输管理工作难度，效果亦差。

所谓差额曲线，是指累积运输量与累积消耗量之差随施工时间的变化曲线，它反映了材料库存量的变化，通过差额曲线，可以把无规律的材料需用量由有序的均衡运输来实现。

假设根据优化后的工程进度图，得到某工程施工的水泥需用量如图 11-6 所示。从图中可以看到，施工需用水泥的日期是从开工后的第 15d 到第 75d，最高用量 103t/d（第 20d 到第 25d），最低用量 34t/d（70d 到第 75d），最高用量为最低用量的 3 倍，从图中不难计算出水泥的总需用量为 4 100t。

若提前 5d 开始运输，运量为 100t/d 则 4 100÷100＝41（d）即可运完。这一运输方案如图 10-6 中的点划线所示。分析该差额曲线图，可以得出以下几点结论：

（1）差额值为正，表示有足够的库存量，能确保工程连续施工的需要；

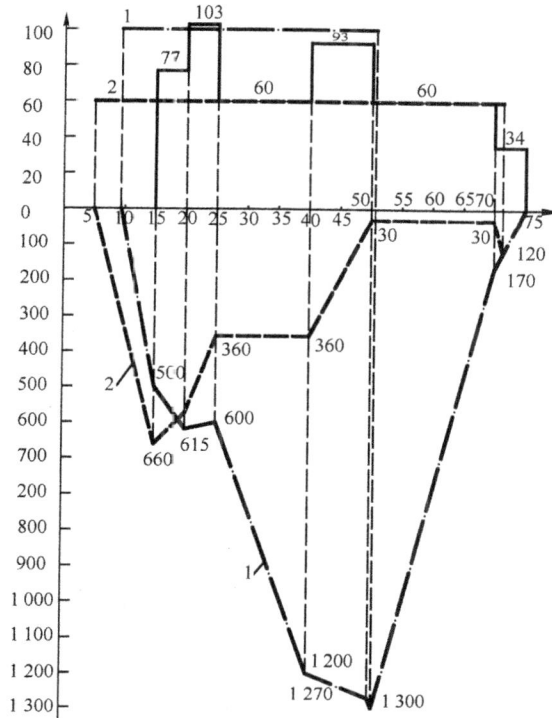

图 11-6 差额曲线

1-方案 I，100t/d，点划线；2-方案 II，60t/d，虚线

（2）每日运量不变，运输是均衡的，有利于安排运输工具；

（3）运输日期明确（从第 10d 到第 51d），简化了运输工具的调度；

（4）最大库存量清楚（为 1 310t，发生在第 51d），可按此修建工地临时仓库。

如果按方案 II 组织运输（图 10-7 中虚线，即提前 11d 开始运输，运量 60t/d，则需 68d（第 4d 到第 72d）运完，最大库存量为 660t，发生在第 15d。

比较方案 I 和方案 II 可以发现，两个方案都能保证工程的连续施工和均衡运输。但方案 II 的最大库存量仅为方案 I 的 50%，这就意味着工地临时仓库建筑面积可以减少一半。由于两个方案的运输、费用不变，可见方案 II 产生的经济效益是不言而喻的。

2. 累积曲线法

差额曲线法不能事先控制材料的储备量，采用累积曲线法则能弥补这一缺陷。

所谓累积曲线法，是将材料的累积消耗线、累积供应线绘于同一张图上，它反映了材料消耗量、供应量、库存量随时间变化的情况。图 11-7 为图 11-6 同一实例的累积曲线。

从图 11-7 可以看出：

（1）同一日期的供应线值都大于消耗线值，说明能保证工程连续施工对材料的需求；

（2）供应线与消耗线之间的垂直距离是材料的储备（库存）量（如方案 I 在第 40d 的储备量为 1 200t）；

（3）供应线与消耗线之间的水平距离，表示暂时停止运输后当时的储备量仍能保证施工使用的日期（如方案 I 在第 40d 的储备量还能使用 14d，即可使用到第 54d）。

若在整个施工期间，材料的储备量保持基本稳定，临时仓库的利用率将大大提高，这就

267

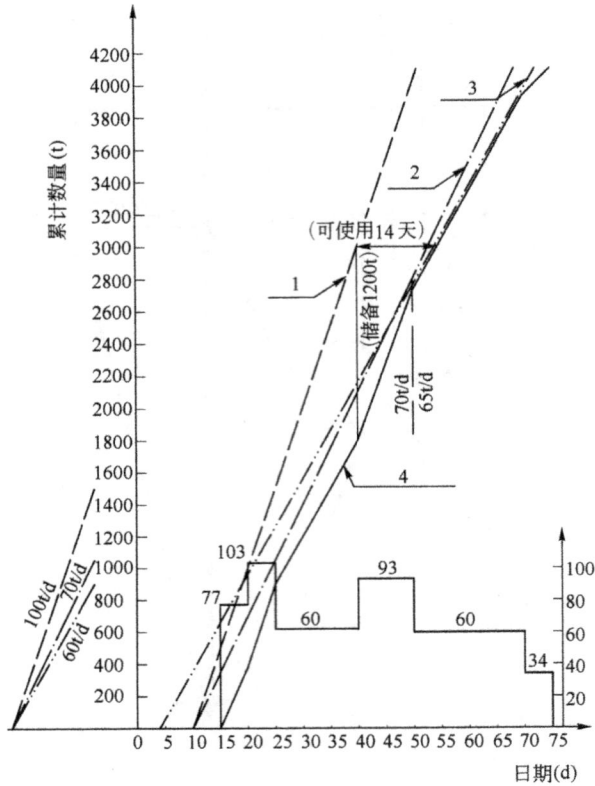

图 11-7 累积曲线

1-方案 I；2-方案 II；3-方案 III；4-实际消耗线

必须利用累积曲线对储备量进行控制。控制储备量的方法是调整供应线的斜率，使之与消耗线基本平行。

供应线的斜率决定于运量，因而可以先绘几条表示不同运量的斜线（见图 11-7 的左下角），然后按尽量与消耗线平行同时间距又最小的原则，选择适合的斜线，直接在图上用推平行线的方法绘出供应线。图 10-7 中的方案 III 就是一例：从第 10d 到第 49d 的运量为 70t/d，第50d 的运量为 65t/d（图中双点划线），该方案的运输时间为 60d，储备量在 200t左右，最大储备量为 350t，发生在第 15d。方案 III 的材料最大库存量又比方案 II 降低将近一半。

根据差额曲线或累积曲线，可以得到运输计划的主要数据：运输日期、运量、储备量、暂停运输后可保证施工的天数等。

二、确定运输量

每日需要运输物资的吨公里（或吨立方米）数称为运输量或货运量。一般情况下，工地运输的货运量可按下式计算：

$$q = \frac{\sum Q_i L_i}{T} K \tag{11-13}$$

式中：q——每日货运量，t·km（吨·公里）；

Q_i——各种物资的年度需用量，或整个工程的物资用量；

L_i——运输距离，km；

T——工程年度运输工作日数，或计划运输天数；

K——运输工作不均衡系数，公路运输取 1.2，铁路运输了 1.5。

若已用差额曲线或累积曲线编制运输计划，则每日需要运输的物资数量和运输工作日数为已知，每日货运量公式为：

$$q = \sum Q_i L_i K \qquad (11\text{-}14)$$

式中：Q_i——每日运到工地的物资数量，t/d；

其余符号意义同前。

三、选择运输方式

目前工地运输的方式有铁路运输、公路运输、水路运输和特种运输（索道、管道）等。选择运输方式，必须充分考虑各种影响因素，例如：运量大小、运距和物资性质；现有运输设备条件；利用永久性道路的可能性；地形、地质及水文等自然条件；敷设、运输和装卸费用多少等。

一般来说，当货运量较大、运距远，又具备条件时，宜采用铁路运输；内部加工场地与原料供应点之间可采用窄轨铁路运输；运距短、地形复杂、坡度较陡时，宜采用汽车运输。当有几种可能的运输方式可供选择时，应通过比较后确定。

场内运输大都采用汽车运输，在场地狭小或运输长大笨重构件时，如隧道、特大桥街的施工，也可采用窄轨铁路运输或索道运输。

四、计算运输工具需要量

运输方式确定后，即可用下式计算每班作业所需运输工具的需要量：

$$N = \frac{QK_1}{qTnK_2} \qquad (11\text{-}15)$$

式中：N——所需的运输工具台数；

Q——全年（季）度最大运输量，t；

K_1——运输不均衡系数，场外运输一般采用 1.2，场内运输采用 1.1；

q——汽车台班产量，t/台班，根据运距按定额确定；

T——全年（季）的工作天数；

n——每日的工作班数；

K_2——运输工具供应系数，一般取 0.9。

第六节　施工平面布置图

一、施工总平面图

1. 施工总平面图的作用

正确解决各施工项目之间的时间关系和空间关系，是施工组织设计顺利实施的必要前提。工程进度图解决了时间关系问题，而整个工地在施工期间所需的各项设施、管理机构、永久性建筑之间的空间关系，则需用施工总平面图表示。施工总平面图是整个拟建项目施工场地的总体规划布置图，它是加强施工管理、指导现场文明施工的重要依据。

2．公路施工总平面图的内容

（1）拟建公路工程的主要工程施工项目。如路线及里程；大中桥、隧道、集中土石方、交叉口、特殊路基等重点工程的位置；公路养护、运营管理使用的永久性建筑，如道班房、加油站，高速公路的收费站、服务区等。

（2）为工程施工服务的临时设施及其位置。如采石场、采砂场、便道、便桥、仓库、码头、沥青拌和基地、生活用房等。

（3）施工管理机构。如工程建设现场指挥部、监理机构、工程处、施工队、办事处等。

（4）工地附近与施工有关的永久性建筑设施。如已有公路、铁路、车站、码头、居民点、地方政府所在地等。

（5）重要地形地物。如河流、山峰、文物及自然保护区、高压铁塔、重要通信线等。

（6）其他与施工有关的内容。如地质不良路段、国家测量标志、气象台、水文站、变电站、防洪、防火、安全设施等。

3．施工总平面图的形式

施工总平面图可用两种形式表示。一种是根据公路路线的实际走向按适当的比例绘制，如图 11-8a）所示。这种图形直观，图中所绘内容的位置准确。另一种是将公路路线绘成水平直线，将图中各点的平面位置以路中心线为基准作相对移动，见图 11-8b）。这种图形只能表示图中内容相对于路线的位置，但它可以采用不同的纵横向比例将长度缩短，还可以略去若干次要的路段。

由于复印技术已十分普及，目前多采用按路线实际走向绘制总平面图，绘图比例一般为1:5000 或 1:2000。

二、施工场地布置图

公路立交枢纽、集中土石方工点、大中桥、隧道等施工技术复杂或施工条件困难的重点工程地段，由于施工环节多，需用较多的机械、设备和人力，为做好施工现场的施工布置，需要用较大的比例尺（一般为 1:500 至 1:100）绘制施工场地布置图。施工场地布置图应在等高线地形图上按比例绘制。图上应详细绘出施工作业现场、辅助生产设施、办公和生活等多区域的布置情况。对原有地物，特别是交通线、车站、码头等应适当绘出，与施工密切相关的资料，如洪水位线、地下水出入处、供水供电管线等亦应在图上注明。

布置施工场地应遵循有利生产、方便生活、保护环境、安全可靠的原则，具体安排时，应注意以下几点：

（1）在满足施工要求的条件下，尽可能紧凑布置，充分利用每一寸土地，保护环境，少占农田。

（2）施工区、辅助生产区、生活区应合理划分和布局，既要有利施工、便于管理，又要避免相互干扰，保障职工生活。

（3）施工作业场地的布置应符合工艺流程，最大限度地缩短工地内的运输距离，在确保施工顺利进行的情况下尽量减少临时工程。

（4）必须符合劳动保护、安全生产的要求，要有防洪、消防、防盗的设施。

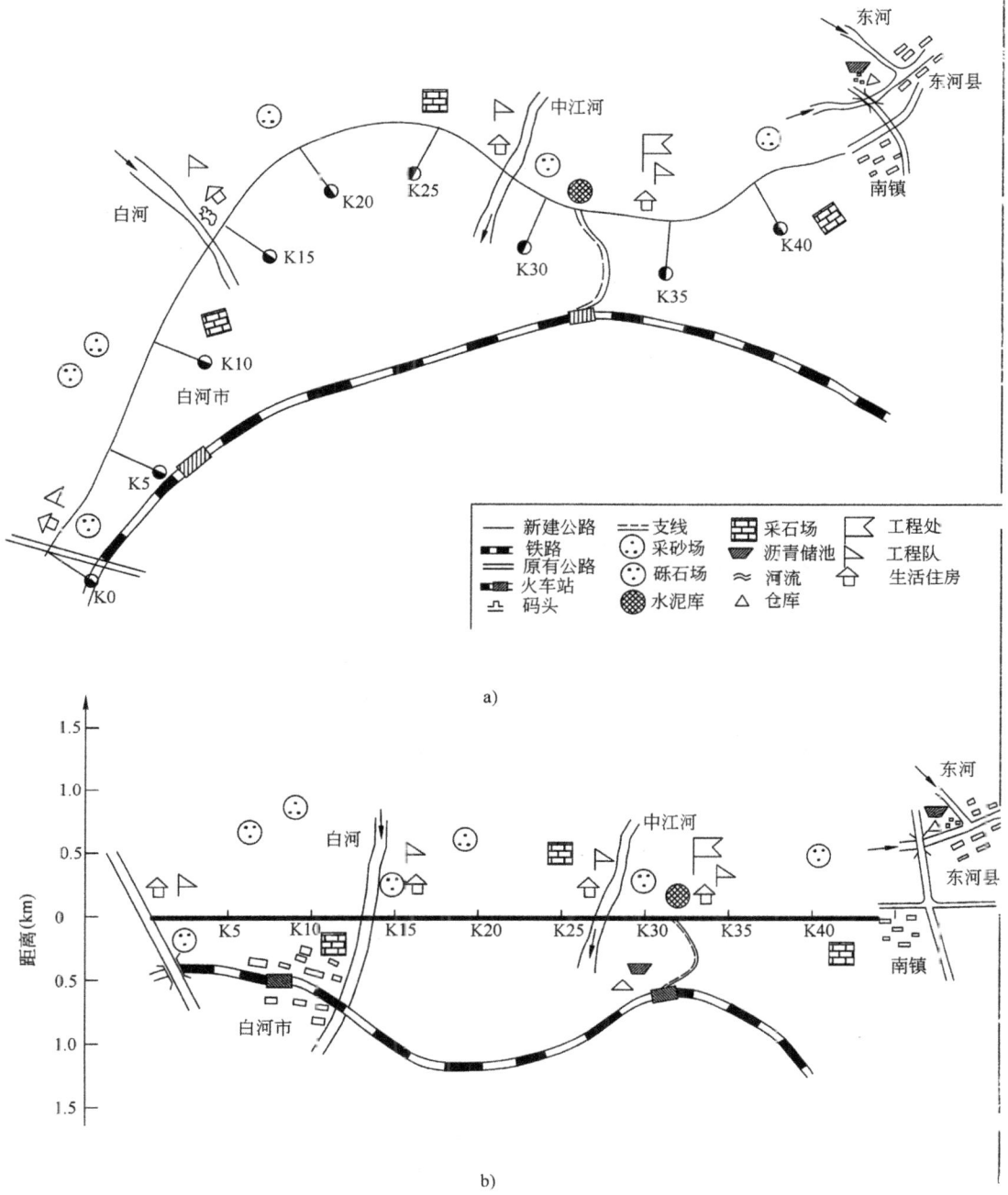

图 11-8 施工总平面图

a) 实际坐标图;b) 相对坐标图

图 11-9 是某大桥工程的施工场地布置图。图的右边部分为办公和生活区,中部为辅助生产与材料堆放区,左下部为大桥施工区。现有道路将生活区和施工生产区分隔开,临时仓库和材料堆置场位于现有道路两侧。所有生产和生活设施都在历史最高洪水位线以上。

序号	名称	单位	数量	备注
1	工程队办公室	m²		
2	食堂	m²		
3	职工宿舍	m²		
4	水泥库	m²		
5	材料库	m²		
6	工具库	m²		
7	修理间	m²		
8	锻工间	m²		
9	机械库	m²		
10	试验室	m²		
11	钢筋加工棚	m²		
12	木材加工棚	m²		
13	油库	m²		
14	拌和机棚	m²		
15	碎石机棚	m²		
16	配电室	m²		
17	医务室	m²		
18	平整场地	m²		
19	轻便轨道	km		
20	临时道路	km		
21	木便桥	m		

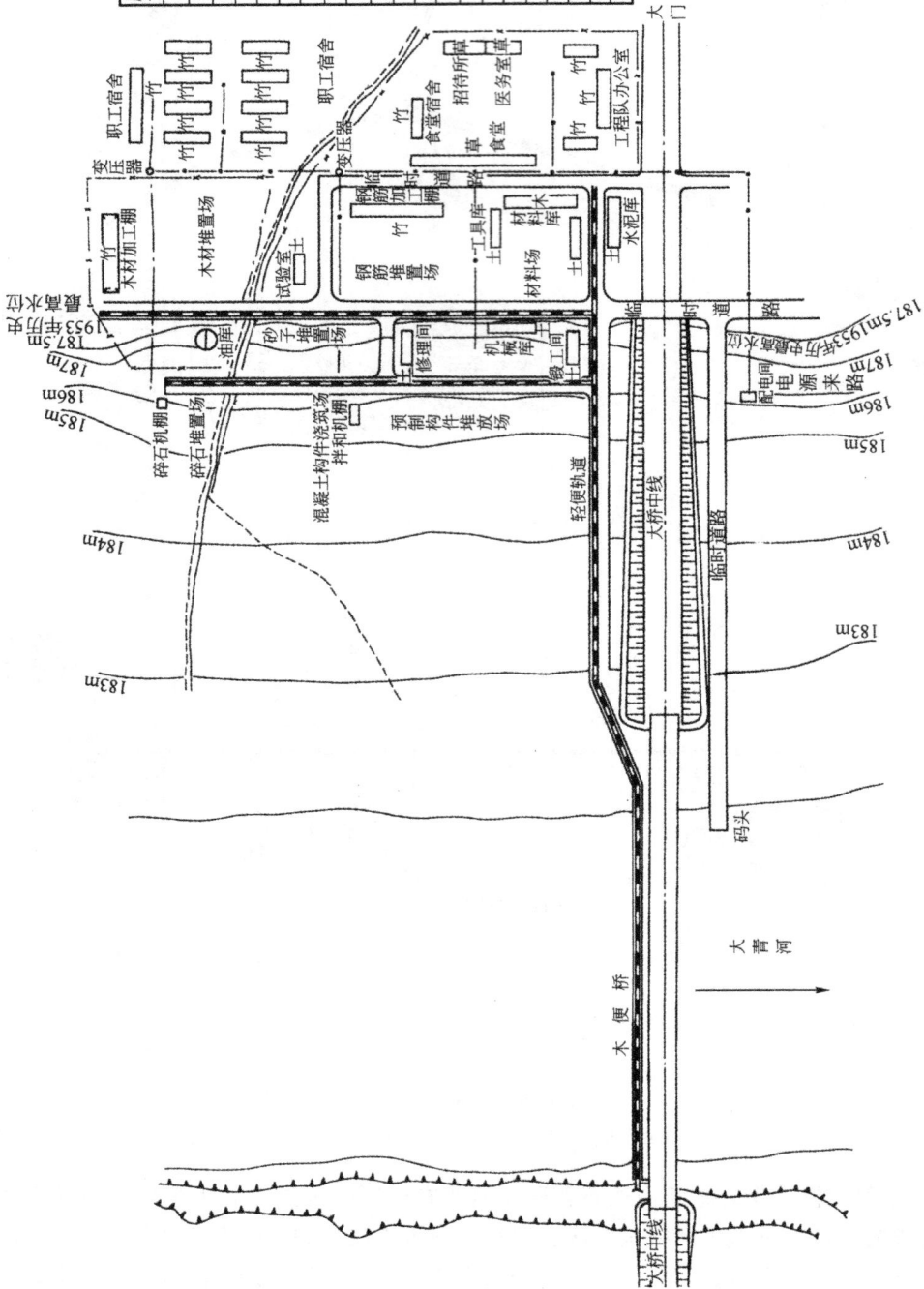

图1-9 某大桥工程的施工场地布置图

应予指出，布置施工场地没有固定的模式，必须因地制宜、密切联系实际。因此，只能通过详细调查研究，充分收集资料，针对施工对象的工程特点和施工现场的环境条件，以及确定的施工方案，才能编制出既切实可行又富有特色的施工场地布置图。

三、其他局部平面图

高速公路、特大桥梁、长大隧道等大型工程项目，施工年限一般都较长，施工管理工作量大，与主体工程施工配套的附属企业众多，为使施工在整体上协调进行，还应绘制其他局部平面图。局部平面图的内容和编制要求与施工场地布置图相似，这类平面图主要有以下几种：

（1）沿线砂石料场平面布置图；

（2）大型附属企业平面布置图。如沥青混合料拌和基地、主要材料加工或制备厂、外购材料转运及储存场地等；

（3）主要施工管理机构的平面布置图；

（4）临时供水、供电、供热基地及管线分布平面图；

（5）大型仓储基地主要设施及物资存放布置图。

第七节 公路施工组织设计示例

现选择已经建设的国道主干线重庆—湛江公路通过重庆市郊区的 K31～K54 段，说明在施工阶段编制实施性施工组织设计过程中应考虑的主要问题。本例重点讨论施工的总体部署、工程进度图的编制，以及工期、资源需要量的平衡等问题。为适应教学特点，对原工程作了适当的简化。

一、工程概况

本路段起点为界石镇，经一品镇至龙岗场，全长 23km，详见图 11-12。根据施工图设计文件，通过现场核查，工程概况如下：

1. 公路技术等级

山岭区高速公路，计算行车速度 30km/h。

2. 路线

路段内共有 14 个转角点，平均每公里 0.61 个。车站曲线最小半径 700m，最大半径 7 000m。缓和曲线最小长度 100m，平曲线最小长度 407.39m。平面线形要素组合均为直线、回旋线、圆曲线、直线顺序的基本形。

路段内共有 31 个变坡点，平均每公里 1.35 个。最大纵坡 4.5%，最小纵坡 0.7%。最短坡长 300m。因地形高差变化大，凸形竖曲线最小半径 11 000m 仅 1 处，其余竖曲线半径均大于规范值，竖曲线组合 15 处，均符合最佳组合需求，平竖曲线组合的最大合成坡度 5.71%。

3. 路基、路面

路基宽度采用重丘区高速公路标准，即整体式路基宽度 24.5m，分离式路基单幅宽度 12.5m。

路基土石方共 4965800m³，石方占 97%。重点工程有 3 段：（1）K39＋450～＋980 段，

平均挖深 19m，最大挖深 39.23m，集中挖方数量 387700m³；（2）K49+410～+590 段，平均挖深 9m，最大挖深 18m，集中挖方数量 55890m³；（3）K50+450～+990 段，平均挖深 15m，最大挖深 31m，集中挖方数量 303750m³。上述 3 处集中土石方重点工程，占路基土石方总量的 15%。

挡土墙、护面墙、护坡等沿线都有分布，工程数量为 334 140m³。

路面结构分两种：K31～K33 的 2km 路段为配合通式立交工程，采用水泥混凝土路面，工程量为 55870m²；其余路段采用沥青混凝土路面，工程量为 406462m²。

4. 桥梁、涵洞

本路段有大桥 1408.58m/7 座，中桥 906.78m/12 座，小桥 91.9m/3 座，人行天桥（包括渡槽）771.45m/18 座。各种桥梁 42 座（另有 2 座互通式立交），平均每公里 1.83 座，路段内有涵洞及行人通道 94 道，平均每公里 4.09 道。

为方便机械化施工，除 1 号和 4 号大桥采用石拱桥外，其余大桥均为预应力钢筋混凝土梁桥或板桥。沿线石料丰富、石质好，中桥、小桥、涵洞都采用就地取材的石拱结构（仅在地质条件较差的个别地段采用钢筋混凝土圆管涵）。人行天桥采用钢筋混凝土结构。

5. 互通式立交

本路段设互通式立交 2 座：界石互通式立交（中心桩号 K31+820.92）和一品互通式立交（中心桩号 K45+282.14）。

界石互通式立交为国道主干线重庆过境公路与本路的连接点，采用标准较高的半定向 Y 形连接三条高速公路，设计标准为一级互通式立交。匝道设计行车速度为 50km/h，最小平曲线半径 150m，并对其中最主要的车流方向采用单向双车道。

一品互通式立交为本路与原川黔公路的连接点，采用单喇叭型，设计标准为二级互通式立交，匝道设计行车速度为 40km/h，最小平曲线半径为 59.3m。

各项工程的详细况见表 10-6 和表 10-7。

主要工程数量划分表　　　　　　　　　　　　　　　表 11-6

主要工程项目	单位	第一工程队	第二工程队	第三工程队	全路段合计
起止桩号		K31～K40	K40～47	K47～K54	K31～K54
长度	km	9	7	7	23
临时电力电讯	m	45 780	30 520	40 700	117000
临时土石方	m³	2 400	2 200	2 300	6 900
路基沿线土石方	m³	1 804 600	1 138 800	1 275 060	4 218 460
重点土石方	m³	387 700		359 640	747 340
挡土墙、护面墙	m³	101 560	110 850	121 740	334 150
互通式立交	处	1	1		2
大桥	座	1	3	3	7
中桥	座	3	4	5	12
小桥	座	3			3
天桥、渡槽	座	7	5	6	18
涵洞	道	47	28	25	94
路面	m²	水泥混凝土路面 55 870；沥青混凝土路面 406 426			
沿线设施	km	25.8（含立交连接线）			

大桥及到通式立交桥一览表

表 11-7

桥名	中心桩号	桥梁结构说明	施工单位
界石立交 I 桥	K31+708.11	1～20m 预应力混凝土空心板	一队
II 桥	K31+899.56	1～20m 预应力混凝土空心板	一队
III 桥	AK0+713.66	11～19.7m 连续梁	一队
1 号桥	K34+652.00	1～40m（1/4）石拱桥	一队
2 号桥	K41+245.25	9～30m 预应力混凝土梁	二队
3 号桥	K45+026.32	4～25m 预应力混凝土空心板	二队
一品立交 I 桥	K45+246.46	1～13m 预应力混凝土空心板	二队
II 桥	K45+282.11	1～16m 预应力混凝土空心板	二队
III 桥	CK0+143.97	1～16m 预应力混凝土空心板	二队
4 号桥	K45+669.95	3～40m（1/4）石拱	二队
5 号桥	K48+952.70	10～30 预应力混凝土空心板	三队
6 号桥	K50+191.43	11～30m 预应力混凝土空心板	三队
7 号桥	K52+507.00	3～30m 预应力混凝土空心板	三队

二、施工方案和施工方法

1. 组建工程队

由于公路等级高，沿线地形复杂、构造物多、工程量巨大，为确保工程进度、方便施工管理，组建四个工程队独立作业，各工程队的施工任务如下：第一工程队施工路段为 K31～K40，长 9km；第二工程队施工路段为 K40～K47，长 7km；第三工程队施工路段为 K47～K54，长 7km；第四工程队施工全部路面及全路段的沿线设施。各工程队的工程量划分见表11-6，表中路面及沿线设施，由第四工程队施工。

2. 施工方案

（1）整个工程采用平行流水作业法组织施工，以缩短总工期。

（2）各工程队分别组建施工队，依据工程特点和工程量的分布情况，采用流水作业法或平行作业法组织施工。各工程队的具体施工方案见表11-7。

（3）施工展开方向的确定。

本工程规模大，需用的劳动力、材料和机具设备多，必须保证施工期间场内、场外运输畅通，同时还应避免施工时各施工队之间的互相干扰。为此，应尽量利用原有公路作为物资运输通道，已施工完成的工程应在后续工程施工中发挥作用。根据现场条件，第一工程队的施工展开方向为 K31 到 K40，第二工程队为 K47 到 K40，第三工程队为 K47 到 K54，第四工程队为 K54 到 K31。

3. 施工方法

本工程主要采用机械化施工，路基土石方、路面、钢筋混凝土结构桥梁等工程全部采用大型配套机械施工。石拱结构桥梁、涵洞等工程采用人工配合机械施工。挡土墙、护面墙、临时房屋、沿线设施等工程采用人工施工。

钢筋混凝土桥梁和圆管涵采用预制安装的施工方法。集中土石方采用机械打眼的深孔爆破、机械清方的施工方法，为保护环境，不采用大爆破。各施工队的施工方法见表11-8。

工程队	专业施工队	人数	施工任务说明	劳动量（工日）		施工时间	
				计算值	计划安排	开始	结束
第一工程队	临时工程	60	修建临时房屋，人工施工	7 200	7 200	1998.07	1998.12
	桥一队	135	界石立交施工，预制安装，半机械化	40 610	40 500	1998.10	1999.12
	桥二队	200	1 号大桥及 3 座中桥，半机械化	59 970	60 000	1998.10	1999.12
	桥三队	60	3 座小桥，人工配合机械	12 580	12 000	1999.01	1999.10
	路基一队	285	集中土石方 387700 ㎡，机械化	57 060	57 000	1998.11	1999.08
	路基二队	1100	沿线土石方 1 804 600m³ 机械化	264 210	264 000	1999.09	2000.08
	涵洞队	290	41 座涵洞，流水作业	98 860	98 600	1998.12	2000.04
	砌筑队	880	挡土墙洞、护面墙、流水作业	177 240	176 000	1999.01	1999.10
	桥四队	145	7 座天桥和渡槽，机械化	22 980	23 200	2000.01	2000.08
第二工程队	临时工程	70	临时房屋，人工施工	7 000	7 000	1998.07	1998.11
	桥一队	355	一品立交及 2、3、4 号大桥，机械	141 200	142 000	1998.02	2000.03
	桥二队	230	4 座中桥，流水作业，半机械化	50 980	50 600	1998.12	1999.10
	涵洞队	270	28 座涵洞，流水作业	75 750	75 600	1998.12	2000.01
	砌筑队	545	挡土墙、护面墙、流水作业	131 200	130 800	1998.02	1999.11
	路基队	835	沿线土石方 1 138 800m³，机械	167 130	167 000	1999.11	2000.08
	桥三队	150	5 座天桥、流水作业，半机械化	18 010	18 000	2000.03	2000.08
第三工程队	临时工程	95	临时房屋，人工施工	7 610	7 600	1998.07	1998.10
	桥一队	390	5、6、7 号大桥，机械化	140 220	140 400	1998.10	2000.03
	桥二队	200	5 座中桥，流水作业，半机械化	63 940	64 000	1998.11	2000.02
	路基一队	55	集中土石方 359 640m³，机械化	13 220	13 200	1998.11	1999.10
	涵洞队	225	25 座涵洞，流水作业	72 340	72 000	1999.01	2000.04
	路基二队	1170	沿线土石方 1 275 060m³，机械化	188 010	187 200	1998.11	2000.06
	砌筑队	890	挡土墙、护面墙、流水作业	181 000	178 000	1999.01	1999.10
	桥三队	130	6 座天桥、渡槽，机械化	21 075	20 800	1999.11	2000.06
第四工程队	准备队	275	全路段电力电讯线架设	5 474	5 500	1998.07	1998.07
	基地队	20	路面材料拌和基地设备安装	3 980	4 000	1999.10	1999.10
	路面一队	130	水泥混凝土，55 870，m² 机械化	15 640	15 600	2000.05	2000.10
	路面二队	275	沥青混凝土，406 426m² 机械化	38 575	38 500	2000.05	2000.11
	沿线队	100	安装公路沿线设施，人工施工	12 000	12 000	2000.07	2000.12

三、工程进度图

1. 划分施工项目

本例的施工项目共 13 个，如表 11-6 和表 11-7 所示。这 13 个项目由四个工程队按工程处的统一部署分别完成。

2. 计算劳动量

由工程量和相应的定额，计算得到本工程共需 2 095 065 工日，表 11-8 为各专业施工队的劳动量安排情况。

3. 组织专业施工队，计算施工作业持续时间

为确保施工的有序进行，四个工程队分别组织各自的专业施工队。共组织 29 个专业施工队先后投入工程施工。各专业队的人数在充分发挥施工机械效益的基础上按最佳劳动组合确定，再根据各专业队应完成的劳动量，计算施工作业持续时间。在表 11-8 中计划安排的劳动量为 2 088 300 工日，比计算值少 6 765 工日，即减少 0.32%，符合要求。

4. 确保施工作业期限

合同规定的施工期限为 1998 年 7 月至 2000 年 12 月，共计 2 年 6 个月。

根据当地气象资料，平均年降雨日数 148d，施工期间出现雨天和高温等天气是不可避免的。

国家规定的全年法定工作日为 $365-52 \times 2-7=254$（d）。

综合考虑以上因素，每月的施工作业天数按 20d 安排。为完成施工任务，在两年半的施工期限内，每天每公里路段上的平均施工人数应为 2 095 065÷2.5÷12÷20÷23＝152 人，在宏观上是能保证完成施工任务的。表 11-8 中计划安排劳动量一栏就是按照每月 20d 的工作日计划的。

5. 安排工程进度

1）正式开工时间

按合同规定，正式开工时间为 1998 年 7 月 1 日。

2）重点工程施工进度安排

本工程的重点工程项目有：大、中桥梁，集中土石方和挡土墙等三项。

全路共有立交及大中型桥梁共 25 座，平均每公里超过一座。本工程的桥梁不仅施工技术复杂，而且数量多。除 3 号大桥跨越的箭滩河有常年水流外，其他大中桥均跨越小溪沟，不必考虑洪水对桥梁施工的影响，各工程队均将桥梁专业施工队安排在 1998 年 8 月和 10 月开始施工，2000 年 3 月结束全部大、中、小桥的施工。

集中土石方共 3 处，工程量 747340m³，占路基土石方总量的 15%，必须首先安排施工。开始日期为 1998 年 11 月，完工日期为 1999 年 10 月。

重点工程施工进度安排完成后，进行其他各项工程的施工进度安排。根据本工程的特点，安排进度时主要考虑以下几点：

① 遵循客观的施工规律。如在任一路段上都应按照桥涵、挡土墙、路基、路面这样的顺序施工，桥台完工后才能填筑引道和锥坡等；

② 多项工程需在同一地点施工时，除遵循客观施工规律外，还应紧凑安排，以缩短工期；

③ 注意人力和各种资源需用量的均衡性。本例在安排时，为实现劳动力的均衡，对涵洞、沿线土石方等项目的施工期限做了适当调整；

④ 遵守合同，应在 2000 年 12 月 31 日前完成全部项目的施工；

⑤ 安排的进度应留有适当的余地，便于在施工进行过程中调整。本例对同一桩号上的构造物、土石方、路面等大项目的施工衔接都留有 15d 左右的间隔，而各项目内部的施工是紧凑的。

表 10-8 为各专业施工队的施工作业期限安排结果，表中的施工开始时间指当月的 1 日，结束时间为当月 30 日（或 31 日）。图 11-11 为本例的工程进度图。

挡土墙的工程数量大（334150m³），因系人工施工，故耗用劳动量大（489440 工日）。

但是，挡土墙分布在公路沿线，可以同时容纳较多的劳动力。考虑到挡土墙与桥梁、路基施工的衔接，安排在 1998 年 12 月开始，1999 年 11 月结束。

　　3）各项工程的施工进度安排

　　6. 关于工程进度图的说明

　　（1）图 11-10 为垂直坐标法工程进度图，它与表 11-8 的进度安排是一致的，表是按专业施工队编制的，图反映了各项工程的施工进度。由同一专业队施工的工程，在图中用水平向的点线连接。

　　（2）每一专业施工队内部，实际上分为若干小队或班组进行流水作业。图 11-10 主要表现各施工项目的空间和时间关系，未绘出各班组进行流水作业的情况。

　　（3）劳动力的平衡只考虑工人总数，未考虑工种，同时也未考虑四个工程队内部自身的劳动力平衡，图中的劳动力安排示意图是按全工程处的总体数量编制的。

四、施工总平面图

　　图 11-11 为本例的施工总平面图，整个工程的管理机构（工程处）驻一品镇，此地位于路段中部，是重点工程（立交、大桥）集中处，又是现有公路与高速公路的交叉点。第一工程队驻界石镇，第 2 工程队驻一品镇，第 3 工程队驻百合村，第 4 工程队驻地及沥青拌和基地在一品镇。各工程队驻地均位于工程量集中的路段，交通方便，靠近居民点，生活用房可以租用民房，以减少临时房屋工程数量。

五、主要材料、机具、设备计划

　　根据工程进度图安排的施工进度，对施工需用的材料、机具、设备按时间进行汇总，得到主要材料计划表（表 11-9）和主要施工机具、设备计划表（表 11-10）。本例仅通过工程进度图的编制来说明施工组织设计的基本步骤，这是施工组织设计的核心内容。施工组织设计的其他内容参见其他有关章节。

主要材料计划表　　　　表 11-9

材料名称及规格	单位	数量	年度季度需要量													
			1998 年			1999 年					2000 年				
			3	4	合计	1	2	3	4	合计	1	2	3	4	合计
木材	10m³	1 019		80	80	150	150	170	170	640	160	120	19		299
钢材	t	7 587			0	1 015	1 050	1 250	1 250	4 565	1 230	1 185	607		3 022
32.5 水泥	100t	1 055	50	60	110	120	120	130	130	500	150	150	125	20	445
42.5 水泥	100t	143			0	25	30	30	30	115	28				28
中（粗）砂	100m³	4 856	260	280	540	570	570	610	610	2 360	620	620	600	116	1 956
碎石	100m³	2 233			0			300	350	650	350	440	440	353	1 583
块（片）石	100m³	12 817			0	1 830	2 120	2 320	2 320	8 590	2 320	1 907			4 227
粗料石	100m³	4 949		500	500	810	810	810	810	3240	809	400			1 209
石油沥青	t	8 338			0					0	2 402	3 574	2 362		8 338
石屑	10m³	4 110									1 040	2 050	1 020		4 110
硝铵炸药	t	640		55	55	85	90	90	90	355	90	90	50		230

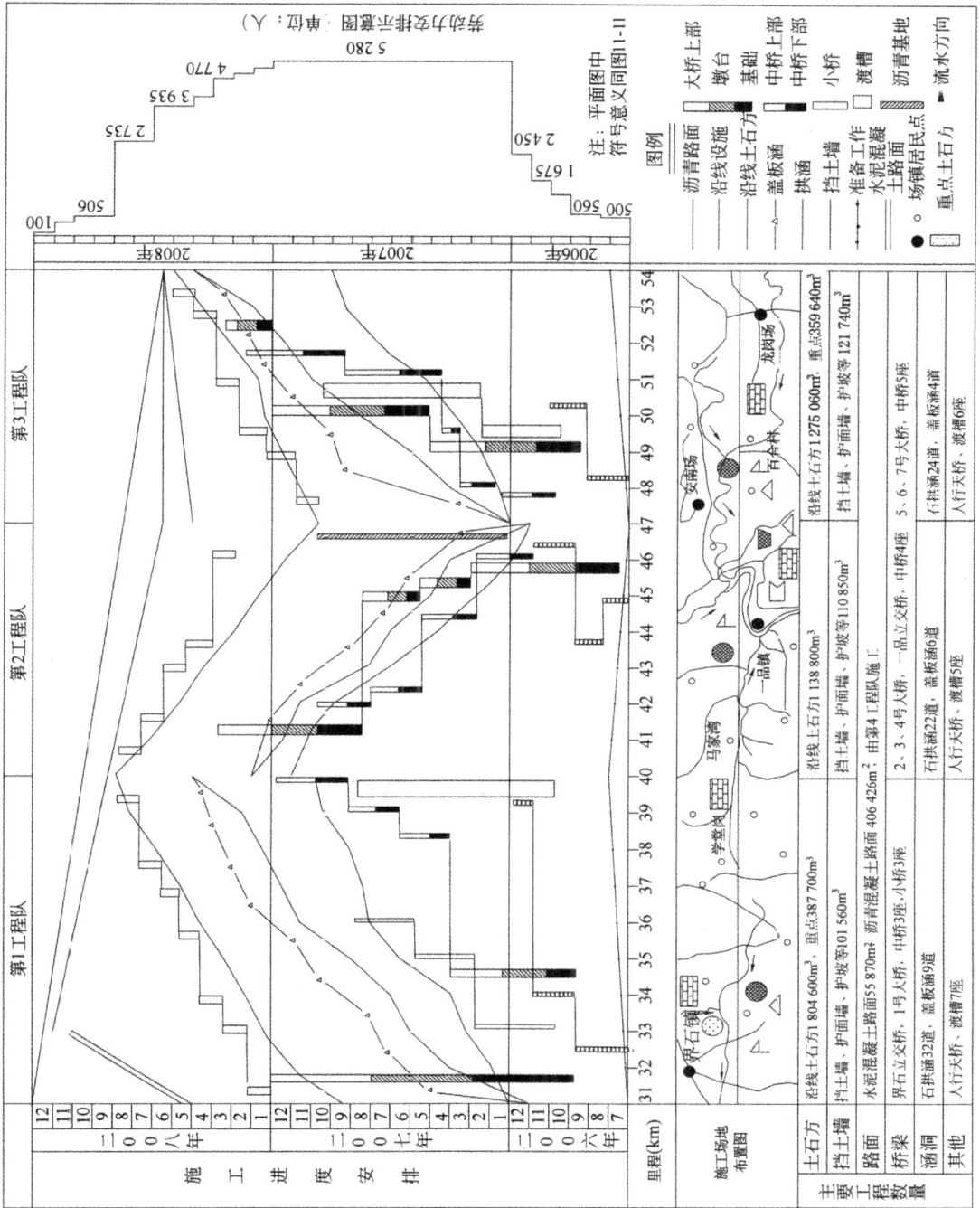

图11-10 工程进度图（示例）

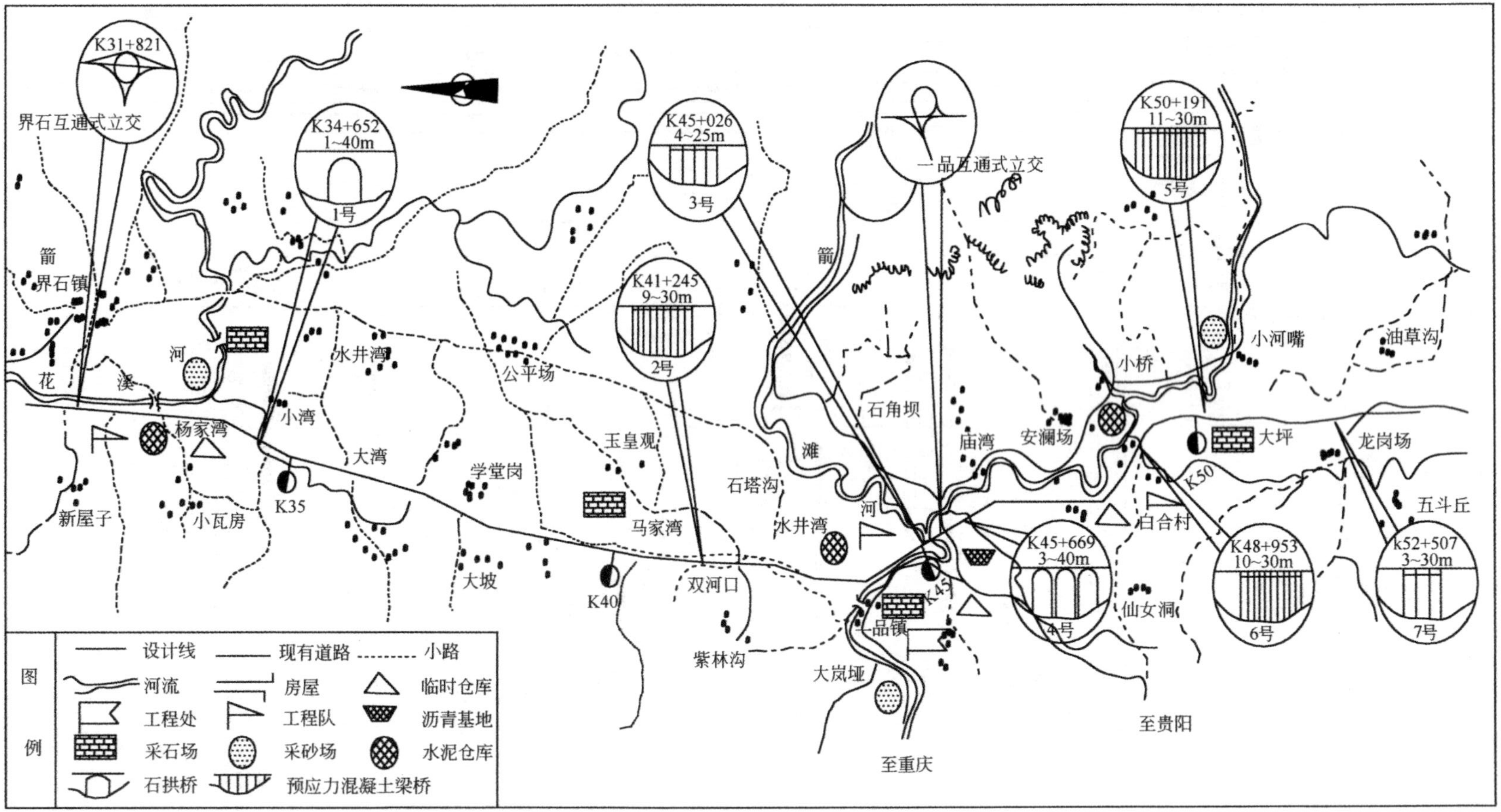

图11-11 施工总平面图(示例)

图 例

符号	名称	符号	名称
设计线		现有道路	
河流		小路	
工程处	房屋	临时仓库	
采石场	工程队	沥青基地	
采砂场	采石场	水泥仓库	
石拱桥		预应力混凝土梁桥	

280

主要机具、设备计划表

表 11-10

机具名称及规格	单位	数量	年度季度需要量（台班数/台数）								
			1998年	1999年				2000年			
			4	1	2	3	4	1	2	3	4
75kW 推土机	台班数	1 133			120	180	180	220	220	213	
	台数	4			2	3	3	4	4	4	
105kW 推土机	台班数	18 076	2 100	2 200	2 200	2 625	2 625	2 625	2 625	1 076	
	台数	22	18	20	20	22	22	22	22	10	
120kW 推土机	台班数	1 418			250	250	306	306	306		
	台数	5			4	4	5	5	5		
1m³ 挖掘机	台班数	2 540			320	340	470	470	470	470	
	台数	6			4	4	6	6	6	6	
1m³ 装载机	台班数	20 869	1 808	2 782	2 920	2 920	2 920	2 920	2 920	1 679	
	台数	25	15	23	25	25	25	25	25	14	
8t 自卸汽车	台班数	49 500	4 290	6 600	6 930	6 930	6 930	6 930	6 930	3 960	
	台数	58	36	55	58	58	58	58	58	33	
9m³/min 空压机	台班数	35 597	3 059	4 727	5 006	5 006	5 006	5 006	5 006	2 781	
	台数	42	26	40	42	42	42	42	42	24	
6～8t 光轮压路机	台班数	3 237			250	350	350	660	660	647	320
	台数	11			4	6	6	11	11	11	6
12～15t 光轮压路机	台班数	2 113			230	280	360	360	360	343	180
	台数	6			4	5	6	6	6	6	3
18～20t 光轮压路机	台班数	1 553			180	180	300	300	300	293	
	台数	5			3	3	5	5	5		
15t 振动压路机	台班数	3 026			200	200	840	840	790	156	
	台数	12			4	4	12	12	12	3	

第十二章　施工项目进度控制

第一节　进度控制概述

一、进度控制原理

工程项目的进度控制是指为了实现项目最优的进度目标，对工程建设进度所进行的计划、执行、检查和调整等系列活动。

在公路工程项目建设过程中，能否使其在预定的时间内交付使用，直接关系到业主和施工企业投资效益的发挥。进行公路工程项目的进度控制是进行项目管理的中心任务和重要环节，它包括计划、执行、检查和调整等基本控制要素，其控制原理如图 12-1 所示。

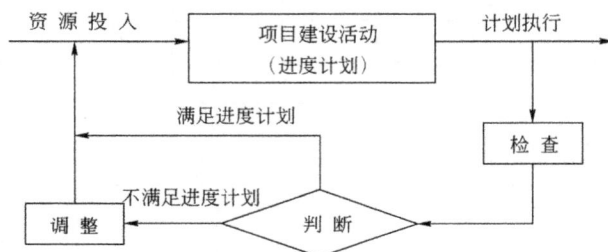

图 12-1　公路工程项目进度控制原理

在进度控制过程中，首先针对公路工程项目各阶段的工作内容、工作程序、持续时间和衔接关系编制进度计划；在计划执行过程中检查实际进度是否按计划要求进行；当实际进度与计划进度出现偏差时要进行原因分析，对计划进行及时调整（包括采取补救措施、修改原计划等），使后续计划在下一循环中达到预定的目标。如此循环往复，直至工程竣工，交付使用。

1. 项目进度计划

公路建设项目进度计划是项目进度控制的依据。它是指公路建设项目各阶段开始前，根据各项活动的先后关系、技术经济特点、组织措施、资源消耗、约束条件等，对其各建设活动在开始与完成时间上进行的规划活动。公路项目进度计划根据使用者、编制范围、对象等的不同，分为以下几种：

（1）业主进度计划。是宏观进度计划，实现项目进度目标。包括：公路工程项目前期工作计划、公路工程项目建设总进度计划、公路工程项目年度计划。

（2）监理咨询单位进度计划。是根据业主要求，实现项目的总进度计划、总进度分解计划、各子项目进度计划。

（3）设计单位进度计划。是根据业主要求，实现设计准备工作计划、设计总进度计划和设计工作分专业进度计划。

（4）施工单位进度计划。是根据业主要求，从编制的范围与对象看，实现施工准备工作计划、施工总进度计划、单位工程进度计划、分包工程进度计划、分部和分项工程进度计划；从编制计划时间的长短看，实现施工项目年、季、月、旬进度计划。

2. 编制公路工程进度计划应遵循的基本原则

（1）保证目标工期的实现；

（2）投资效果的尽早实现；

（3）尽量使基本建设活动均衡与连续。

项目进度控制在项目进度计划阶段的实质体现在：一是制订分级控制进度计划，即将上级计划细化为项目总进度计划（总控制）、项目分阶段进度计划（中间控制）和项目分阶段的各子项进度计划（详细控制）；二是需对这些计划进行优化，以提高项目进度计划的有效控制程度。

项目进度计划是通过年、季、月施工进度计划来实现的，各项进度计划编制的要求见表12-1。

各项年、季、月进度计划编制要求 表12-1

类　别	编　制　依　据	主　要　内　容
项目年施工进度计划	1. 施工总进度计划； 2. 项目管理实施规划； 3. 业主下达的年度任务指标	1. 工程量； 2. 工作量； 3. 形象进度（以横道图或网络图表示）； 4. 本年度进度计划的风险分析及控制措施
项目季施工进度计划	1. 项目年施工进度计划； 2. 业主下达的阶段任务指标； 3. 上季完成计划情况	1. 工程量； 2. 工作量； 3. 形象进度（以横道图或网络图表示）； 4. 本季度进度计划的风险分析及控制措施
项目月施工进度计划	1. 项目季施工进度计划； 2. 业主下达的阶段任务指标； 3. 上月完成计划情况	1. 工程量； 2. 工作量； 3. 形象进度（以横道图或网络图表示）； 4. 本月进度计划的风险分析及控制措施

二、进度控制目标

公路工程项目的施工进度控制目标是施工项目生产部在生产副经理指导组织下，根据工程项目的规模、工程量与工程复杂程度，建设单位、施工单位对工期和项目投产时间的要求、资金到位计划和实现的可能性，主要设备进场计划，交通部颁布的"公路工程建筑安装工程工期定额"，工程地质、水文地质、建设项目所在地区的气候等因素，进行科学分析后，根据施工合同确定的开工日期、总工期和竣工日期明确计划开工日期、计划竣工日期及项目分期分批的开工、竣工日期。

项目的最佳工期是由多因素组成的工期指标和奋斗目标，必须以整个系统的全面完成为条件。并非所有的工程工期都是越短越好，不能一味地追求缩短工程工期而导致工程建设项目的投资增加。

合同工期确定后，施工进度控制的任务就是根据进度总目标从不同角度将进度总目标进行层层分解，确定实施方案，形成施工进度目标控制体系，作为实施进度控制的依据，在施工过程中进行控制和调整，以实现进度控制的目标。

施工进度目标控制体系包括公路建设项目建成交付使用的日期总目标、各单项工程交工使用的分目标、按承包单位、施工阶段和不同计划期划分的分目标。各目标之间相互联系又相互制约，下级目标受上级目标的制约，又是上级目标的保证。各项施工进度目标的制定原则如下：

1. 按项目组成分解，确定各单项工程开工及竣工日期

各单位工程的进度目标在工程项目建设总进度计划及工程建设年度计划中都有体现。在施工阶段应进一步明确各单项工程的开工和交竣工日期，以确保施工总进度目标的实现。

2. 按承包单位分解，明确分工条件和承包责任

在一个单项工程中有多个承包单位参加施工时，应按承包单位将单项工程的进度目标分解，确定出各分包单位的进度目标，列入分包合同，以便落实分包责任，并根据各专业工程交叉施工方案和前后衔接条件，明确不同承包单位工作面交接的条件和时间。

3. 按施工阶段分解，划定进度控制分界点

根据工程项目的特点，可将其施工分成几个阶段，如公路工程项目可分为路基工程、路面工程、桥梁工程、隧道工程、互通立交工程、沿线设施及交通工程等。每一阶段的起止时间都要有明确的标志，特别是不同单位承包的不同施工段之间，更要明确划定时间分界点，以此作为形象进度的控制标志，从而使单项工程施工目标具体化。

4. 按计划工期分解，组织综合施工

将工程项目的施工进度控制目标按年度、季度、月（或旬）进行分解，并用实物工程量、货币工作量及形象进度表示，将更有利于项目管理者明确对各承包单位的进度要求。同时，还可以据此监督其实施，检查其完成情况。计划期愈短，进度目标愈细，进度跟踪就愈及时，发生进度偏差时也就更能有效地采取措施予以纠正。这样，就形成一个有计划有步骤的协调施工、长期目标对短期目标自上而下逐级控制、短期目标对长期目标自下而上逐级保证，逐步趋近进度总目标的局面，最终达到工程项目按期竣工交付使用的目的。

确定施工进度控制目标的主要依据有：工程建设总进度目标对施工工期的要求；工期定额、类似工程项目的实际进度；工程难易程度和工程条件的落实情况等。

在确定施工进度分解目标时，还要考虑以下各个方面：

（1）对于大型工程建设项目，应根据尽量提供单位工程的原则，集中力量分期分批建设，以便尽早投入使用，尽快发挥投资效益。这时，为保证每一单位工程能形成完整的生产能力，就要考虑这些单位工程交付使用所必需的全部配套项目。因此，要处理好前期动用和后期建设的关系、每期工程中主体工程与辅助及附属工程之间的关系、地下工程与地上工程之间的关系、场外工程与场内工程之间的关系等。

（2）合理安排土建与设备的综合施工。要按照它们各自的特点，合理安排土建施工与设备基础、设备安装的先后顺序及搭接、交叉或平行作业，明确设备工程对土建工程的要求和土建工程为设备工程提供施工条件的内容及时间。

（3）结合本工程的特点，参考同类工程建设的经验来确定施工进度目标。避免只按主观愿望盲目确定进度目标，从而在实施过程中造成进度失控。

（4）做好资金供应能力、施工力量配备、物资（材料、构配件、设备）供应能力与施工进度需要的平衡工作，确保工程进度目标的要求而不使其失控。

（5）考虑外部协作条件的配合情况。包括施工过程中及项目竣工动用所需的水、电、气、通信线路及其他社会服务项目的满足程序和满足时间。它们必须与有关项目的进度目标相协调。

（6）考虑工程项目所在地区地形、地质、水文、气象等方面的限制条件。

三、进度控制程序

一般来说，进度控制随着工程项目的进程而展开，因此进度控制的总程序与建设程序的阶段划分相一致。在具体操作上，每一建设阶段的进度控制又按计划、实施、监测及反复调整的科学程序进行。

进度控制的重点是项目施工准备和施工阶段的进度控制。因为这两个阶段时间最长、影响因素最多、分工协作关系最复杂、变化也最大。但前期工作阶段所进行的进度决策又是实施阶段进度控制的前提和依据，其预见性和科学性对整个进度控制的成败具有决定性的影响。进度控制总程序如下：

（1）项目建议书阶段，通过机会研究和初步可行性研究，在项目建议书报批文件中提出项目总安排的建议。它体现了业主对项目建设时间方面的预期目标。

（2）可行性研究阶段，对项目的实施进度进行较详细的研究。通过对项目投入使用时间要求和建设条件可能的相关分析，对不同进度安排的经济效果的比较，在可行性研究报告中提出最优的两个或三个及以上备选方案。该报告经评估、审批后确定的建设总进度和分期、分阶段控制进度，就成为实施阶段控制进度的决策目标。

（3）设计阶段，除进行设计进度控制外，还要对施工进度作进一步预测。设计进度本身也必须与施工进度相协调。

（4）施工准备阶段，要控制征地、拆迁、场地清障和平整的进度，抓紧水、电、道路等建设条件的准备，组织材料、设备的订货，组织施工招标，办理各种协议签订和有关主管部门的审批手续。这一阶段工作头绪繁多，上下左右间关系复杂。每一项疏漏或拖延都将留下建设条件的缺口，造成工程顺利开展的障碍或打乱进度的正常程序。因此这一阶段工作及其进度控制极为重要，绝不能掉以轻心。在这一阶段里还应通过编制与审批施工组织设计，确定施工总进度计划、首期或第一年工程的进度计划。

（5）施工阶段进度控制的重点是组织综合施工和进行偏差管理。项目管理者要全面做好进度的事前控制、事中控制和事后控制。除对进度的计划审批、施工条件提供等预控环节和进度实施过程的跟踪管理外，还要重视协调好总包不能解决的内外界关系问题。当没有总包单位，建筑安装的各项专业任务直接由业主分别发包时，计划的综合平衡和单位间协调配合的责任就更为重要。对进度的事后控制，就是要及早发现并尽快排除相互脱节、冲突和外界干扰等影响工程进度的不利情况，使进度始终处于受控状态，确保进度目标的逐步实现。与此同时，还要抓好项目投入使用准备工作，为按期或提早竣工创造必要而充分的条件。施工单位的具体进度控制程序如下：

① 确定施工进度目标。根据施工合同确定的开工日期、总工期和竣工日期确定施工进度目标，明确计划开工日期和计划竣工日期，并确定项目分期、分批的开工、竣工日期；

② 编制施工进度计划。施工进度计划应根据工艺关系、组织关系、搭接关系、起止时间、劳动力计划、材料计划、机械计划和其他保证性计划等因素综合确定；

③ 报送开工申请报告。向监理工程师提出开工申请报告，并按照监理工程师下达的开工令指定的日期开工；

④ 实施施工进度计划和统计报告。当出现进度偏差（不必要的提前或延误）时，应及时进行调整，并应不断预测未来进度状况；

⑤ 进行进度控制总结。全部任务完成后进行进度控制总结并编写进度控制报告。

（6）在竣工验收阶段，施工单位要做好项目的自验和预验收；协助建设单位进行初验；在具备条件后协助业主组织正式验收。在本阶段中，有关甲、乙方之间的竣工结算和技术资料核查归档移交、施工遗留问题的返修、处理等，都会有大量涉及双方利益的问题需要协调解决。此外还有各验收过程的大量准备工作，必须抓全、抓细、抓紧，才能加快验收的进度。

四、进度控制措施

进度控制的措施包括组织措施、技术措施、经济措施和合同措施等。

1. 组织措施

进度控制的组织措施主要包括：

（1）建立包括监理单位、建设单位、设计单位、施工单位、供应单位、市政公用单位等进度控制体系，明确各方的人员配备，进度控制任务和相互关系。

（2）建立进度报告制度和进度信息沟通网络。

（3）建立进度协调会议制度。

（4）建立进度计划审核制度。

（5）建立进度控制检查制度和调度制度。

（6）建立进度控制分析制度。

（7）建立图纸审查、及时办理工程变更和设计变更手续的措施。

2. 技术措施

进度控制的技术措施主要包括：

（1）采用多级网络计划技术和其他先进适用的计划技术。

（2）组织流水作业，保证作业连续、均衡、有节奏。

（3）缩短作业时间、减少技术间歇的技术措施。

（4）采用电子计算机控制进度的措施。

（5）采用先进高效的技术和设备。

3. 经济措施

进度控制的经济措施主要包括：

（1）对工期缩短给予奖励。

（2）对应急赶工给予优厚的赶工费。

（3）对拖延工期给予罚款、收赔偿金。

（4）提供资金、设备、材料、加工订货等供应时间保证措施。

（5）及时办理预付款及工程进度款支付手续。

（6）加强索赔管理。

4. 合同措施

进度控制的合同措施包括：

（1）加强合同管理，加强组织、指挥、协调，以保证合同进度目标的实现。

（2）严格控制合同变更，对各方提出的工程变更和设计变更，监理工程师应严格审查后补进合同文件中。

（3）加强风险管理，在合同中充分考虑风险因素及其对进度的影响、处理办法等。

第二节 进度计划的审核与实施

一、进度计划的审核

对进度计划进行认真审核的目的是检查制定的工程进度计划是否合理，是否适合工程项目的实际条件和施工现场情况，避免以不切实际的工程施工进度计划来指导施工。

施工进度计划的审核内容主要有：

（1）进度安排是否符合建设项目总进度计划中总目标和分解目标的要求，是否符合施工合同中开、竣工日期的规定。

（2）施工总进度计划中的项目是否有遗漏，分期是否满足分批完工，投入使用的需要和配套投入使用。

（3）施工顺序是否符合施工程序。

（4）劳动力、材料、构配件、机具和设备的供应计划是否能保证进度计划的需要，供应是否均衡，高峰期是否具有足够能力实现计划供应。

（5）建设单位资金供应能力是否能满足进度需要。

（6）与设计单位图纸提供进度是否一致。

（7）建设单位应提供的场地条件、甲方供应物资、特别是国外设备的到货与进度计划是否衔接。

（8）总分包分别编制的各项单位工程施工进度计划之间是否协调，专业分工与计划衔接是否明确合理。

（9）是否有造成甲方违约而导致索赔的可能存在。

二、进度计划的实施

在进度计划的实施中应作好如下工作：

（1）检查各层次的进度计划，形成严密的计划保证系统。施工项目所有各层次的施工进度计划包括：施工总进度计划、单位工程施工进度计划、分部分项工程施工进度计划，它们都是围绕着一个总任务而编制的；它们之间的关系是：高层次的计划作为低层次计划的编制和控制依据，低层次计划是高层次计划的深入和具体化。在其贯彻执行时，应当首先检查其是否紧密配合、协调一致，计划目标是否层层分解，互相衔接，检查是否在施工顺序上、空间安排上、时间安排上、资源供应上等方面有无矛盾，以确保计划实施保证体系的可靠性，并以施工任务书的方式下达到各施工队组，以保证计划的实施。

（2）层层签订承包合同或下达施工任务书。总承包单位与各分包单位、单位与项目经理、施工队和作业班组之间应分别签订承包合同，按计划目标明确规定合同工期，相互承担的经济责任、权限和利益。施工单位内部也可采用下达施工任务书形式，将作业任务和时间下达到施工班组，明确具体施工任务书和劳动量、技术措施、质量要求等内容，使施工班组必须保证按作业计划完成规定的任务。

（3）全面和层层实行计划交底，使全体工作人员共同实施计划。施工进度计划的实施是全体工作人员的共同行动，要使有关人员都明确各项计划的执行人、目标、任务、实施方案和措施、检查方法和考核办法，使管理层和作业层协调一致，将计划变成全体员工的自觉行动，充分调动和发挥每个员工的干劲和创造精神。因此，在计划实施前，必须进行计划交底工作，根据计划的范围和内容，层层进行交底落实，以使施工有计划，有步骤，连续、均衡的进行。

（4）做好施工进度记录。"记录"就是如实记载计划执行中，每项工作的开始日期、工作进程和完成日期。其作用是为计划实施的检查、分析、调整、总结提供原始资料。因此，由生产统计在计划图上进行实际进度记录，跟踪记载每个施工过程的开始日期、完成日期，记录每日完成数量、施工现场发生的情况、干扰因素的排除情况；跟踪形象进度，并对工程量、总产值、耗用的人工、材料和机械台班等的数量进行统计与分析，编制统计报表。各级施工进度计划的执行者都要实事求是地跟踪做好施工记录，并填好有关资料。

（5）做好调度工作。实行动态进度控制，调度工作是不可缺少的手段，可以说，调度工作起着各环节、各专业、各工种协调动作的核心作用。调度工作的主要任务是跟踪计划的实施并进行监督，协调关系，排除矛盾，克服薄弱环节，保证作业计划和进度控制目标的实现。

因此，调度工作的内容包括：检查作业计划执行中的问题，找出原因，采取措施予以解决；督促供应单位按进度计划的要求供应资源；控制施工现场道路、水、电等设施等正常使用，搞好平面管理，实现文明施工；发布调度令，开好调度会并跟踪检查决议执行情况等。

调度工作应以作业计划和现场实际需要为依据，按政策和规章制度办事，加强预测，使信息通畅，做到及时、准确、灵活、果断、确保工作效率。

（6）在执行施工合同中对进度、开工及延期开工、暂停施工、工期延误、工程竣工的承若。

（7）处理工期索赔。

第三节　进度计划的检查与调整

一、进度计划的检查

要了解和掌握项目进度计划在实施过程中的变化趋势和偏差程度，必须进行项目进度检查。项目进度控制是项目进度检查阶段的实质性体现：一是跟踪检查；二是数据采集；三是偏差分析（实际结果与进度计划的比较）。这些偏差识别工作的快速、准确进行，可提高项目进度控制的敏感度和精度。

进度计划的检查是计划执行信息的主要来源，是施工进度调整和分析的依据，也是进度控制的关键步骤。对进度计划的检查应做好以下工作：

（1）在工程项目的施工中，每日按单位工程、分项工程或工艺对实际进度进行记录，并予以检查，以作为掌握工程进度和进行决策的依据。每日进度检查记录应包括以下基本内容：当日实际完成及累积完成的工程量；实际参加施工的人力、机械数量及生产效率；施工停滞的人力、机械数量及其原因；承包人的主要技术人员到达现场的情况；当日发生的影响工程进度的特殊事件或原因；当日的天气情况等。

（2）根据现场提供的每日施工进度记录，及时进行统计和标记，并通过分析和整理，每月总结一份工程进度报告。该报告应包括以下主要内容：工程进度概况或总说明，应以记事方式对计划进度执行情况提出分析；编制出工程进度累计曲线和完成投资额的进度累计曲线；显示关键线路（或主要工程项目上）一些施工活动及进展情况的工程图片；反映施工现金流动、工程变更、价格调整、索赔、工程支付及其他财务支出情况的财务状况；影响工程进度或造成延误的其他特殊事项、因素及解决措施。

（3）编制和建立各种用于记录、统计、标记，反映实际工程进度与计划进度差距的进度控制图及进度统计表，以便随时对工程进度进行分析和评价，并作为要求承包人加快工程进度、调整进度计划或采取其他合同措施的依据。

进度计划检查的方法主要是对比法，即用实际进度与计划进度进行对比，从而发现偏差，以便调整或修改计划。一般常用进度控制图形比较方法直观进行进度比较、控制，常用的进度控制图形比较方法有：横道图比较法、S 形曲线比较法、"香蕉"曲线比较法和网络计划比较法。

① 横道图比较法：

实际进度与计划进度的比较最常月的方法是横道图比较法。即将项目实施中检查实际进度收集的信息，经整理后直接用横道线标于原计划的横道线下，进行直观比较，如图 12-2 所示。

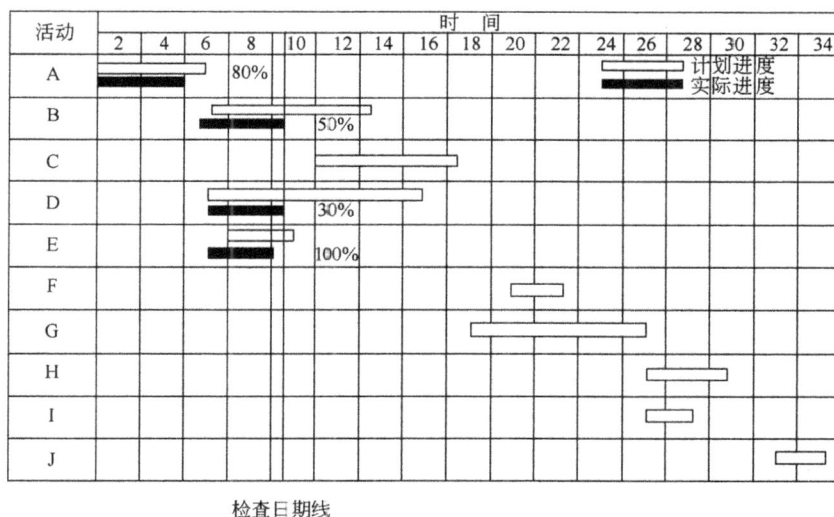

图 12-2　实际进度与计划进度比较

② S 形曲线比较法：

S 形曲线亦能直观反映工程的实际进展情况。项目实施过程中，每隔一段时间将实际进展情况绘制在原计划的 S 形曲线上进行直观比较，如图 12-3 所示。通过比较可以获得如下信息：

a. 实际工程进展速度；

b. 进度超前或拖延的时间；

c. 工程量的完成情况；

d. 后续工程进度预测。

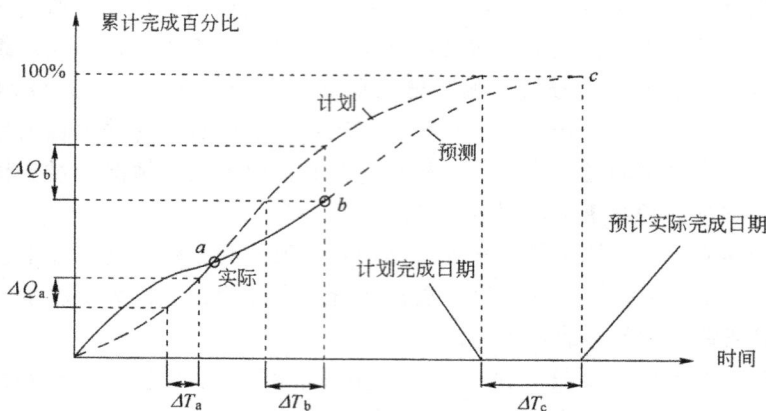

图 12-3　S 形曲线比较图

③"香蕉"曲线比较法：

"香蕉"形曲线是两种 S 形曲线合成的闭合曲线（图 12-4）。ES 曲线为各项活动均按最早开始时间而绘制的 S 形曲线；LS 曲线为各项活动均按最迟开始时间开始而绘制的 S 形曲线。

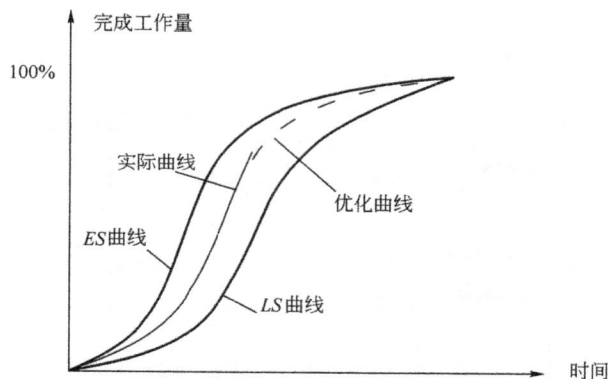

图 12-4　"香蕉"曲线比较法

"香蕉"曲线能直观反映工程的实际进展情况，比 S 形曲线能获得更多的信息。利用"香蕉"曲线可进行：

a. 进度计划的合理安排；

b. 实际进度与计划进度的比较；

c. 对后续工程进度进行预测。

④ 网络计划比较法：

利用网络计划检查各项作业的计划执行情况时，可用以下的表达方法：

a. 记录实际作业时间进行检查。例如某项工作计划为 8d，实际进度为 7d，如图 12-5 所示，将实际进度记录于括弧中，显示进度提前 1d。

b. 记录工作的开始日期和结束日期进行检查。例如图 12-6 所示为某项砌砖作业计划开始日期为 5 月 8 号（标记为：8/5），结束日期为 5 月 15 日（标记为：15/5），共 8d，实际进度为 7d，如图中标法记录，亦表示实际进度提前 1 天。

c. 标注已完工作。可以在网络图上用特殊的符号、颜色记录作业已完成部分，如图12-7

所示，阴影部分为已完成部分。

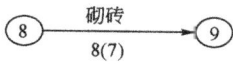

图 12-5 记录实际作业时间

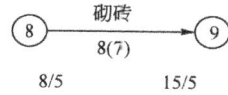

图 12-6 作业实际开始和结束日期记录

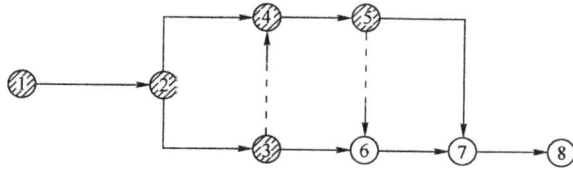

图 12-7 已完成作业的记录

　　d. 当采用时标网络计划时，可以用"实际进度前锋线"记录实际进度，如图 12-8 所示。图中的折线是实际进度前锋的连线，在记录日期右方的点，表示提前完成进度计划，在记录日期左方的点，表示进度拖期。进度前锋点的确定可采用比例法。这种方法形象、直观，便于采取措施。

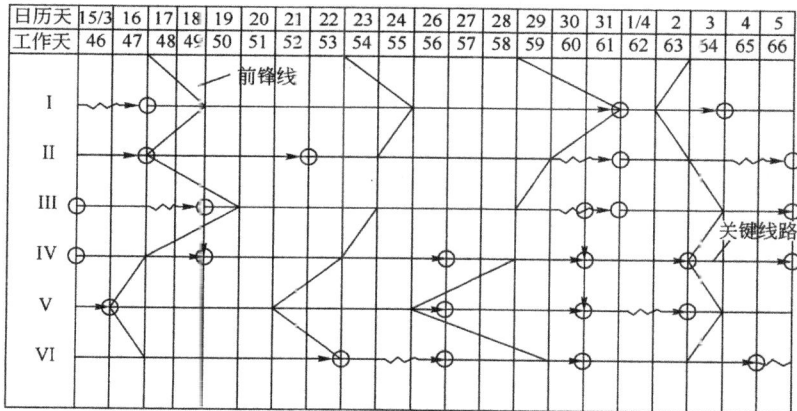

图 12-8 用"实际进度前锋线"记录实际进度

　　e. 用切割线进行实际进度记录。如图 12-9 所示，点划线称为"切割线"。在第 10d 进行记录时，D 工作尚需 1d（方括号内的数）才能完成，G 工作尚需 8d 才能完成，L 工作尚需 2d 才能完成。这种检查方法可利用表 12-2 进行分析。经过计算，判断进度进行情况是 D、L 工作正常，G 拖期 1 天。由于 G 工作是关键工作，所以它的拖期很有可能影响整个计划导致拖期，故应调整计划，追回损失的时间。

网络计划进行到第 10d 的检查结果   表 12-2

工作编号	工作代号	检查时尚需时间	到计划最迟完成前尚有时间	原有总时差	尚有时差	情况判断
2-3	D	1	$13-10=3$	2	$3-1=2$	正常
4-8	G	8	$17-10=7$	0	$7-8=-1$	拖期 1d
6-7	L	2	$15-10=5$	3	$5-2=3$	正常

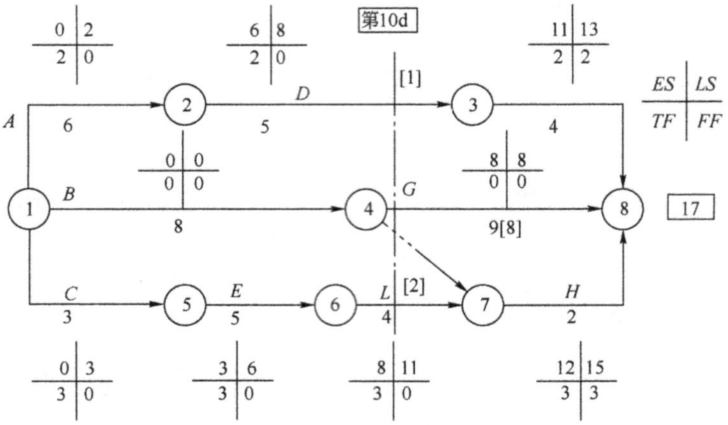

注：[ ]内数字是第10天检查工作尚需时间

图 12-9　用切割线记录实际进度

二、进度计划的执行情况分析

1. 项目进度执行

项目进度执行过程中，由于存在干扰因素，会使实施结果偏离进度计划。项目进度控制在项目进度执行阶段的实质性体现：一是预测干扰因素；二是分析风险程度；三是采取预控措施。采用这些监控手段，可避免或减少实际结果与进度计划的偏差。

2. 执行情况分析

项目进度计划在实施过程中，由于承包人的机械及人力的变化、管理失误、恶劣的地质、气候条件或业主的原因等因素的影响，都将给施工进度计划的实现带来困难，造成进度拖延。这时，可采用因果关系分析图，影响因素分析表，工程量、劳动效率对比分析等方法，详细分析进度拖延的各种影响因素及其大小。

3. 进度拖延的常见原因

进度拖延的原因是多方面的，常见的有：

① 工期及相关计划的失误，计划工期及进度计划超出现实可能性。

② 自然条件的影响，遇到了更加不利的自然条件。

③ 管理过程中的失误，如计划部门与实施者之间，总、分包人之间，业主和承包人之间缺少沟通，许多工作脱节。

④ 边界条件的变化，如设计变更、设计错误、外界（如政府，上层机构）对项目提出新的要求或限制。

⑤ 资金不到位，材料、设备不按期到货等。

三、进度计划的调整

当计划实际执行指标与计划指标发生偏差而需要调整时，承包人应对原工程进度计划及现金流动计划予以调整，以符合实际，保证满足合同工期的要求，并报经监理工程师批准。工程项目进度控制是周期性进行的，项目经理是进度控制的核心部分，业主、承包商和监理工程师的共同控制是进度控制的有力保证。

进度计划的调整是个非常复杂的过程。项目进度控制在项目进度调整阶段的实质性体现：一是偏差分析，分析产生进度偏差的前因后果；二是动态调整，寻求进度调整的约束条件和可行方案；三是优化控制、决策使进度、费用变化最小，能达到或逼近进度计划的优化控制目标。偏差分析、动态调整和优化控制是项目进度控制中最困难、最关键的控制要素。进度计划的调整可以从关键线路、非关键线路、工作项目、逻辑关系、作业持续时间和资源等方面入手，同时要科学分析、综合考虑，确保合同工期。

1. 对关键线路的调整

调整工程进度计划，主要是调整关键线路上的施工安排。对于非关键线路，如果实际进度与计划进度的差距并不对关键线路上的实际进度造成不利影响时，可不必对整个工程进度计划进行调整，只需对机动和富裕时间予以局部调整安排。如果工程进度比原计划的进度提前时，确定是否需要对原计划工期予以缩短，如果不需要缩短，可利用这个机会降低资源强度，降低费用；如果要利用提前完成的关键线路效果，促使整个计划工期提前完成，则可将计划中未完成的部分重新计算与调整，按新的进度计划执行，保证新的关键工作按新计算的时间完成。如果工程进度比原计划的进度拖延时差较大，并影响到合同工期的关键线路时，必须及时对工程进度计划作整体修订与调整，在未完成的关键线路中选择资源强度小的工作予以缩短，将延迟的时间抢回来。

2. 对非关键线路的调整

当关键线路上某项工程的施工时间比计划增加，意味着整个工期将延长。在这种情况下，承包人先把注意力集中在非关键线路上，看非关键线路上的工程是否有机动时间（时差），能否把非关键线路上的机械、人员调整到关键线路上的关键工序上去，以改变关键线路的时间；如果不能，为了满足关键线路的工程按计划完成，承包人则可能延长工作时间，或者重新增加新的机械和人员来完成进度计划的调整；当非关键线路的实际进度比计划进度拖延时差较大，并影响到合同工期的关键线路时，必须充分利用资源，降低成本，满足施工需要，及时修订与调整工作时差，满足进度计划。进度计划调整方法有两种：

① 在总时差范围内移动工作，改变时差位置，降低资源强度；

② 延长非关键工作的持续时间或缩短工作的持续时间，降低资源强度。

3. 增减工作项目

增减工作项目均不应打乱原网络计划的总体逻辑关系，只能改变局部的逻辑关系，以便使原进度计划得以实施。增加工作项目，仅是对有遗漏或不具体的逻辑关系进行补充；减少工作项目，仅是对已提前完成的工作项目或原不应设置的工作项目予以删除。

增减工作项目之后，应重新计算时间参数，分析调整是否对原计划工期有影响，如不符合要求，应采取措施，以使计划保持不变。

4. 调整逻辑关系

当施工组织或施工方法改变后，可以调整逻辑关系。调整逻辑关系是以不影响原定计划工期和其他工作顺序为前提，不能否定原进度计划。

5. 调整作业的持续时间

如果作业的持续时间计划有误，在计划检查中被发现或实现确有困难时，可进行调整。调整是按施工的劳动定额重新计算作业的持续时间，然后计算各作业的时间参数。

在没有取得合理延期的情况下，实际工程进度过慢，将不能按照进度计划预定的竣工期完成工程时，可采取加快工程进度的措施，以赶上工程进度计划中的阶段目标或总体目标。

6.调整资源

当资源供应发生异常时，即资源中断或强度降低，不能满足施工需要，影响计划工期的实现时，可进行工期规定、资源有限或资源强度降低、工期适当优化，以保证计划工期。

施工进度计划调整后，应编制调整后的施工进度计划。

第四节　施工进度控制总结

施工进度计划完成后，应及时进行施工进度控制总结，编写进度控制报告。总结内容包括：

（1）合同工期目标及计划工期目标完成情况；

（2）施工进度控制经验；

（3）施工进度控制中存在的问题及分析；

（4）科学的施工进度计划方法应用情况；

（5）施工进度控制的改进意见。

第十三章　施工项目质量控制

第一节　施工项目质量计划

一、质量计划的作用

"计划"是管理的主要功能之一，质量管理同样必须首先做好质量计划工作，也就是为达到质量目标在活动之前进行详细的筹划。经编制所形成的质量计划文件，其中应规定：进行质量检查和控制应依据的标准及规范；应达到的质量目标；项目施工各阶段中各部门及其人员的责任和权限的分配；应采用的特定程序、方法和作业指导书；施工阶段的试验、检验和审核的指导大纲；随施工的进展而修改和完善质量计划的方法；为达到质量目标必须采取的其他措施。

二、质量计划的内容

不同类型的企业、不同类型的工程，其施工质量控制计划的内容不尽相同，主要内容归纳起来有以下几个方面，可根据实际需要来选择采用。

（1）项目编制依据；

（2）项目概况；

（3）项目质量目标；

（4）项目质量组织机构和职责；

（5）项目质量控制及管理组织协调的系统描述；

（6）必要的质量控制手段、施工过程、质检、测量、检验、试验程序等；

（7）确定关键工序和特殊过程及其作业指导书；

（8）描述与施工阶段相适应的检验、试验、测量和验证要求；

（9）适用的质量规范标准清单；

（10）必须的质量记录清单；

（11）更改和完善质量保证计划的程序。

三、质量计划的编制与实施

1. 项目质量计划的编制依据

（1）招投标文件和总承包合同中的有关要求；

（2）公司批准发放的"项目管理实施规划"；

（3）项目适用的主要质量标准规范；

（4）公司的管理体系文件。

2. 质量计划的编制应符合以下规定

（1）质量保证计划应体现从工序、分项工程、分部工程到单位工程的全过程控制，且应体现从资源投入到完成工程质量最终验收和评定的全过程质量控制；

（2）质量保证计划应成为对外质量保证和对内质量控制的依据。

3. 质量保证计划的实施应符合下列规定

（1）项目质量部应按照分工，控制质量保证计划的实施，并应按规定保存控制记录；

（2）当发生质量缺陷或事故时，必须分析原因、分清责任、进行整改。

第二节　质量控制方法

一、质量保证体系

1. 质量保证体系概念

质量保证是企业向用户保证其承建的工程在规定期限内的正常使用。它体现企业和用户之间的关系，体现企业对工程质量负责到底的精神，把现场施工的质量管理与交工后用户使用质量联系在一起。

质量保证体系，是企业以保证和提高工程质量为目标，运用系统的概念和方法，把企业各部门、各环节的质量管理职能组织起来，形成一个有明确任务、职责、权限，互相协调、互相促进的有机整体，使质量管理制度化、标准化，从而达到建造出用户满意的工程，给用户以满意的服务。

2. 质量保证体系运转的基本形式

全面质量管理的基本方法可以概括为"一个过程"、"四个环节"、"八个步骤"。

一个过程：指一个管理过程。从确定方针、目标，传达布置到贯彻执行，再通过了解将情况反映上来，然后经过分析研究作出奖励和制订下一步的措施。这个过程具体可分为四个环节，这四个环节需要不断循环地进行，才能不断提高质量。运转基本形式按 PDCA 管理循环活动。

四个环节：计划（Plan），实施（Do），检查（Check），处理（Action），这种循环是由美国数理统计学家戴明（W. E. Deming）提出的，所以也称戴明循环。

第一阶段是计划阶段（也叫 P 阶段）。工作内容是分析现状，找出存在的质量问题与原因，针对主要原因，拟定对策和措施，提出计划，预计效果。

第二阶段是实施阶段（也叫 D 阶段）。工作内容是按计划去实施、执行，使措施得以实现。

第三阶段是检查阶段（也叫 C 阶段）。对执行的结果进行必要的检查和测试，将执行的实际结果与预定目标对比，检查执行情况。简言之，考察取得的效果。

第四阶段是处理阶段（也叫 A 阶段）。对检查出来的各种问题进行处理，准确地加以肯定，总结成文，编制标准；不能解决的问题则移到下一循环作进一步研究。即巩固成绩，使效果明显的问题标准化，并把遗留问题移到下一循环。

质量管理活动的全部过程就是反复地按照 PDCA 的管理循环不停地、周而复始地运转。这个管理循环每运转一次，工程质量就提高一步，管理循环不停地运转，质量水平也就随之不断地提高。

这四个环节相互衔接，象车轮一样向前转动。每经过一次循环，就要修订工作标准，改善工作效果，再进入下一个循环。这样质量管理的车轮就不断地向前转动，每转动一圈，质量就提高一步，见图 13-1PDCA 循环关系示意图。

从企业→施工队→班组都有一个循环，并且是大环扣小环，一环扣一环、要相互推动，才能不断提高质量。

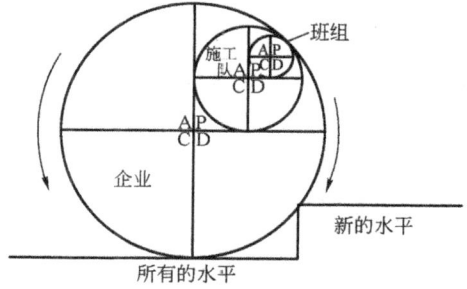

图 13-1　PDCA 循环关系示意图

实现、推动 PDCA 循环的动力是企业的全体人员，但关键是领导。各级领导要搞好生产，必须严格按八个步骤进行。

八个步骤：

P 环节有三个步骤：

① 根据技术经济调研及需要达到的目标和存在的问题，确定方针；

② 分析发展过程，部署发展计划；

③ 研究关键环节，分析可能发生的问题，制定对策和措施。

在 P 环节中，要认真解决 5 个 w 和一个 H 问题：

why——为什么要有计划？

what——计划要达到什么目的？

where——在哪个部门进行？

when——什么时候完成？

who——具体落实到哪个人去办？

How——计划如何去执行？

D 环节有一个步骤：

④ 根据 P 环节的计划和要求，制订实施措施，切实执行。

C 环节有两个步骤：

⑤ 检查执行情况，分析实施效果；

⑥ 巩固成果，找出问题。

A 环节有两个步骤：

⑦ 通过标准化的办法，巩固成果，对问题提出改进办法；

⑧ 对下一步的循环提出意见。

在以上八个步骤中，P 环节的三个步骤，是决定整个循环是否有成效的决定性步骤。A 环节中的第⑦点，也十分重要，因为这个步骤，把设计、工艺、检验等有效措施和方法巩固下来，形成标准。

二、全面质量管理

全面质量管理的基本点应该是以国家和人民的需要为依据，以用户的要求为标准，以生产技术为基础，以科学方法为手段，以全员积极参加为保证，以最大的社会经济效益为目的，以实际使用效果为最终的评价。全面质量管理可从下述几方面来理解：

1. 全面质量的管理

它不仅要对工程质量进行管理，也要对工作质量进行管理；不仅要对产品性能，也要对可靠性、安全性、环保等方面进行管理；不仅管物，也要学会管人。

297

2. 全过程的管理

不仅对工程的形成过程进行质量管理，还要对形成以后的过程进行质量管理。例如，公路建设项目从可行性研究、勘察、设计、辅助、施工、养护等影响工程质量的一切因素和环节都管起来，才可称为全过程的管理。

3. 全面管理

即企业中各部门所有的人员都应在各自有关的工作中参与质量管理工作。

对于公路工程的全面质量管理工作，可包括如下内容：

（1）公路工程质量与工作质量的确定与管理。

（2）质量标准的分析与质量保证计划制定。

（3）施工过程工程质量与工作质量的控制与检查。

（4）辅助部门工作质量的控制与评价。

（5）质量管理方法和手段的研究。

（6）质量情报系统、质量管理干部培训、全体职工的质量管理教育。

（7）质量保证专门问题的研究。

三、质量控制的统计分析方法

（一）统计质量管理方法和统计数据的特征

全面质量管理的基本思想有两个明显的特点：一个是强调有组织地进行全面管理，另一个是强调运用数理统计方法（统计质量管理方法）。所谓运用数理统计方法，就是从统计学原理出发，收集、整理、分析、利用数据，并以这些数据作为判断、决策和解决质量问题的依据，从而预测可控制产品质量。

质量的好坏通常可用质量特征值来表示。所谓质量特征值，就是我们常用的质量数据。表现在工程质量中的统计数据有两个基本特征，一个是统计数据的差异性，一个是统计数据的规律性。

统计数据的差异性，也叫分散性。产品测得的质量数据不可能是固定不变的，总存在着不同程度的差异。通过这种数量波动（变动）规律就可以估计整批产品的质量，判断其质量是否合格，从而判断出生产过程有无异常。

生产过程出现的波动引起统计数据的差异有两类：一类是在正常的生产条件下进行正确的操作所不可避免的，在正常允许范围之内的差异；另一类是在生产过程中发生某些异常现象而产生的超过允许范围的差异。

但是，当按工艺标准进行生产时，由于偶然原因引起产品质量波动和统计数据的差异，并不是漫无边际相差悬殊的，而是具有一定的规律性，这就是统计数据的规律性。

统计质量管理的目的是在生产过程中，控制异常原因，掌握产品质量的统计性分布，按统计原理，进行预测和控制产品的质量。

（二）质量管理中常用的统计方法

质量管理常用而有效的统计方法有排列图法、因果分析图法、频数分布直方图法、管理图法、分层法、相关图法和统计分析表法七种。

1. 排列图法

排列图法是由意大利经济学家巴雷特博士在 1906 年提出的，因此又叫巴雷特图（Poreto），它是用来寻找影响工程（产品）质量的主要因素的一种有效方法。美国质量管理专家裘兰（J. M. Jaran）把它的原理应用到质量管理中，作为改进措施中选择关键因素的一项有力工具。

排列图一般由两个纵坐标和一个横坐标组成。左边纵坐标表示频数即不合格品件数，右边纵坐标表示频率即不合格品的累计百分数；横坐标表示影响质量的各种不同因素，按各因素影响程度的大小，即按造成不合格品的多少，从左到右排列。直方形的高度表示某个因素影响的大小，曲线表示各影响因素大小累计的百分数，这条曲线称作巴雷特曲线。通常把累计百分数分为三类：0%～80%为 A 类，80%～90%为 B 类，90%～100%为 C 类。A 类为影响质量的主要因素，B 类为次要因素，C 类为一般因素。

例 13-1：某公路为沥青路面。竣工后进行质量检验，发现存在若干质量问题，其检测结果见表 13-1。

项目质量检验结果

表 13-1

序号	检验项目	频数	频率%	累计频率%
1	压实度不够	389	58.0	58.0
2	厚度不够	204	30.4	88.4
3	小面积网裂	63	9.4	97.8
4	局部油包	8	1.2	99.0
5	平整度不符	7	1.0	100.0
	合计	671	100.0	

绘制排列图，如图 13-2 所示。通过分析排列图，得到如下结论：

"压实度不够"是主要因素；厚度不足是次要因素；其他三项是一般因素。

为了进一步分析主要因素形成的原因，还可以继续对"压实度不足"的影响因素使用主次因素排列图作深入的分析，这种方法叫"分层法"。

制作排列图的方法与要点：

（1）排列图制作的主要步骤：确定调查对象、范围、内容等，然后通过实地量测收集一批数据，根据内容和原因分类；把数据整理、分类后，按频数大小重新排列项目，计算频数总值，并算出各个项目频率（累计百分比%）；绘制直方图；画出累计百分比曲线。

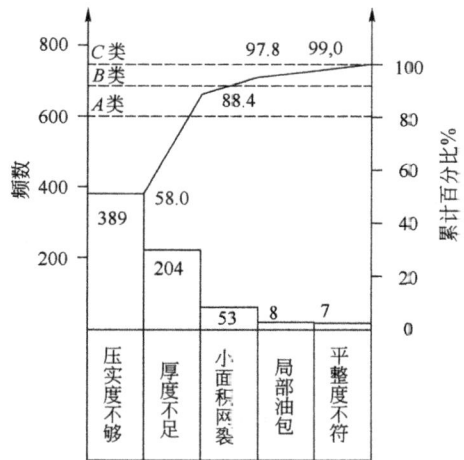

图 13-2　排列图

（2）通过排列图的分析，可以弄清主要因素（影响质量）与次要因素，一般认为影响质量的主要因素最好为 1～2 个，最多不超过 3 个，不太重要的因素可合并在"其他"项，以减少项目数，不使横轴太长。

（3）纵坐标除用质量问题的次数来表示外，也可用损失的工时，废品件数、重量或价值等来表示。

（4）利用该图确定质量主次因素变化情况是可靠的，它不仅数据准确，反映问题灵敏，而且形象简明。它反映出来的问题不带主观性，片面性。

2. 因果分析图法

为了解决由于设计、施工、养护中出现的质量问题，查明原因，采取对策和措施来解决问题，采用因果分析图法（也称之为特性要因图或鱼刺图），是一种有效的方法。

该法根据质量存在的主要因素一步一步地寻找产生原因，然后针对这些原因制定相应对策加以改进。在质量管理中，为了寻找这些原因的起源，可以采用一种从大到小，从粗到细，"顺藤摸瓜"，追根到底的方法。这种方法是由日本东京大学石川馨教授提出的。

一般造成工程质量问题的原因是多方面的，但一般总离不开机器（Machine），人（Man），方法（Method），原材料（Material），仪器（Meter）和环境（Environment）也即5M1E。

在具体施工中，就某一个分项工程而言，这5个因素与1个条件并不一定同时存在，一定要具体分析。在分析每个原因（主要原因）时，又有它产生的具体原因——次要原因，而这些次要原因则是由于更小的原因形成的。把所能想到的原因分门别类归纳起来，绘成图形，就能搞清各个原因之间的关系，其原理可参见图13-3。

这种因果关系图的表示方法，实际上也就是质量管理的静态分析法，图13-4为路面表面处治松散因果分析图。

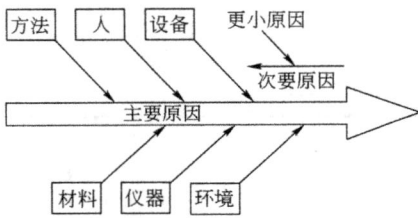

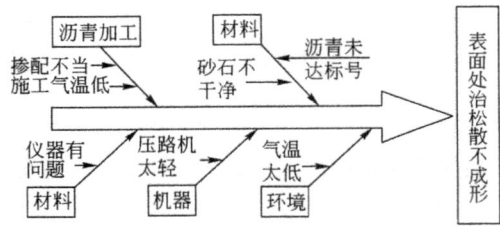

图 13-3　因果分析原理　　　　　　图 13-4　路面表面处治松散因果分析图

3. 频数分布直方图法

频数分布直方图法又叫质量分布图。它是将搜集到的数据，按一定的要求加工整理，然后画成长方形的柱状统计图，每个长方形的高度代表一定范围内数据所出现的频数，从而由频数的分布情况来分析质量问题，它可以了解工序是否正常，工序能力是否满足需要等。

（1）频数及频数分布调查表。在质量管理的若干数据中，每个数据出现的次数即为频数，这种频数有两种含义：

① 在一组数据中，某一个数据反复出现的次数。例如：测量10块砖的厚度，其尺寸误差分别为10、9.6、9.8、9.6、9.9、9.7、9.6、9.9、9.8、9.6mm，由统计可知，9.6的频数为4，9.8和9.9的频数为2，9.7和10的频数为1。

② 将一组数据划分为若干区间时，数据出现在该区间的次数。如上例的数据划分为9.55～9.75，9.75～9.95，9.95～10.15mm 三个区间，在9.55～9.75mm 区间内，9.6、9.7二种，合计5个，则这一区间频数为5。

将上列数据按大小顺序整理且划分为3组区间，统计各区间内的数据个数，就得到频数分布调查表，如表13-2。

频数分布调查表　　　　　　　　　　　　表 13-2

组号	组边界	组中值	频数	组号	组边界	组中值	频数
1	9.55~9.75	9.65	5	3	9.95~10.15	10.05	1
2	9.75~9.95	9.85	4				

由频数分布调查表就可大致看出数据分布的状况了。

（2）频数分布直方图的作法：

① 收集数据。数据不能太少，太少了易使误差大，不精确。一般取 50～200 个。数据总个数为 N。

例 13-2：某公路实测弯沉值的纪录如表 13-3，共有 100 个数据，即 $N=100$。

弯沉值实测值（0.01mm）　　　　　　　　　　　　表 13-3

数　　据										x_{max}	x_{min}
256	248	241	255	248	259	240	238	252	241	259	238
246	256	237	252	248	253	254	250	238	245	263	237
248	250	247	244	232	259	246	256	246	234	259	232
250	252	249	250	240	247	251	250	245	244	252	240
242	247	245	245	252	238	248	252	246	247	252	238
243	248	244	244	234	252	250	246	254	247	254	234
252	246	250	248	246	245	268	248	254	241	268	241
249	250	249	246	243	248	260	246	248	248	260	243
244	256	246	252	230	231	246	250	249	254	256	230
250	238	246	246	246	246	252	256	241	247	256	238

② 求出数据中的最大值 x_{max} 和最小值 x_{min}，全体数据中的最大值与最小值之差，称为极差或散差 R。R 描述了数据分布范围。上例中：$x_{max}=268$，$x_{min}=230$。

$$R = x_{max} - x_{min} = 268 - 230 = 38$$

③ 确定组距和分组数。分组要适当，一般以分成 10 组左右为宜。组数用 K 表示，组距用 h 表示，一般先定组数，再定组距。

$$h = \frac{R}{K}$$

按上表，$K=8$，$h=\frac{38}{8}=4.75$，取 $h=5$。

④ 确定分组区间值（组界值）。为了避免数据刚好落在组界上，组界值的数据要比原数据的精度高一位。第一区的上下界值，可按下式计算：

$$\left(x_{min} - \frac{h}{2}\right) \sim \left(x_{min} + \frac{h}{2}\right) = \left(230 - \frac{5}{2}\right) \sim \left(230 + \frac{5}{2}\right) = 227.5 \sim 232.5$$

第二区的上界值＝第一区的上界值＋h；

第三区的上界值＝第二区的上界值＋h。

⑤ 编制频数分布调查表。分组区间值确定之后，就可以绘制频数分布调查表，如表 13-4。

序号	分组区间界限值	组中值	频数统计	频数	频率
1	227.5～232.5	230	下	3	0.03
2	232.5～237.5	235	下	3	0.03
3	237.5～242.5	240	正 下	9	0.09
4	242.5～247.5	245	正 正 正 正 正 正 下	32	0.32
5	247.5～252.5	250	正 正 正 正 正 正 正 下	38	0.38
6	252.5～257.5	255	正 正	10	0.10
7	257.5～262.5	260	下	3	0.03
8	262.5～267.5	265	—	1	0.01
9	267.5～272.5	270	—	1	0.01

⑥ 画频数分布直方图。从频数分布调查表上已可了解数据的分布情况，但为了进一步了解产品质量情况，还可画出频数分布直方图，该图横坐标表示分组区间，纵坐标表示各个组间数据发生的频数，图 13-5 是根据上表画成的频数分布直方图。

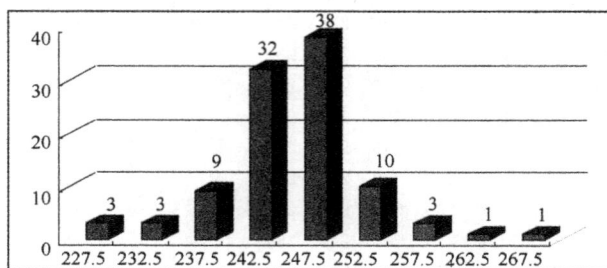

图 13-5　频数分布直方图

（3）频数分布直方图的用途。频数分布直方图在质量管理中的主要用途，有以下两个方面：

① 直接估算次品率。

首先应算出两个统计特征值，即平均值 $\overline{x}$ 和标准偏差 σ。

$$\overline{x} = \frac{1}{n}\sum_{i=1}^{n} x_i$$

$$\sigma = \sqrt{\frac{\sum_{i=1}^{n}(x_i - \overline{x})^2}{n-1}}$$

求得 $\overline{x}$ 和 σ 后即可估算次品率。具体方法：

a. 明确产品质量的标准要求。主要是标准的上下界限值。

b. 计算超公差上限 T_u 出现的次品率 P_u。

c. 计算超公差下限 T_L 出现的次品率 P_L。

d. 计算合计次品率 $P = P_u + P_L$。

为了计算 P_u 和 P_L，要引入正态分布概率系数的相应数值，即 $K_{\varepsilon u}$ 和 $K_{\varepsilon L}$，由 $K_{\varepsilon u}$ 和 $K_{\varepsilon L}$ 查《正态分布概率系数表》，即可求出相应的概率（即次品率）值。

$$K_{\varepsilon u} = \frac{T_u - \overline{x}}{\sigma}$$

$$K_{\varepsilon L} = \frac{T_L - \overline{x}}{\sigma}$$

例 13-3：某等级公路，设计路面宽度 700cm，要求允许超上差为 5%，即 $T_u = 700 + 700 \times 5\% = 735$cm，超下差为零，即 $T_L = 700$cm。计算平均值 $\overline{x} = 720$cm，标准偏差 $\sigma = 5.4$cm。试求可能出现超上差及超下差的次品率各为多少？

解：

$$K_{\varepsilon u} = \frac{T_u - \overline{x}}{\sigma} = \frac{735 - 720}{5.4} = 2.778$$

查正态分布概率表，当 $K_{\varepsilon u} = 2.78$ 时，相应的概率为 0.0027 即 0.27%。

$$K_{\varepsilon L} = \frac{T_L - \overline{x}}{\sigma} = \frac{700 - 720}{5.4} = -3.700$$

查正态分布概率表，当 $K_{\varepsilon L} = -3.700$ 时，相应的概率为 0.0001108 即 0.0108%。

这次检查的路面宽度可能出现超上差的路段为 0.27%，可能出现超下差的路段为 0.0108%，合计为 0.27% + 0.011% 即千分之三左右。

② 判断质量分布状态

作直方图的目的，是通过观察图的形状，来判断产品质量是否稳定，预测产品生产过程的不合格率。方法是用直方图与公差（或标准）进行对比，看直方图是否都在公差要求当中，具体见图 13-6。图中：B 是实际尺寸分布范围；T 是公差范围。这种对比有六种情况：

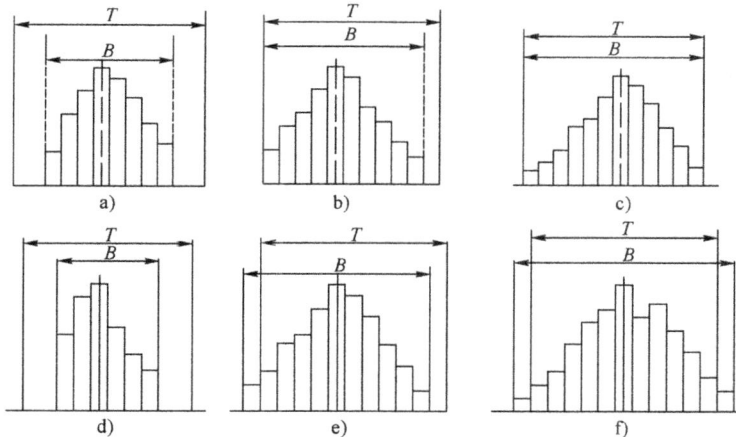

图 13-6　质量分布状态图

a）图中，B 在 T 中间，平均值也正好与公差中心重合，实际尺寸两边还有一定余地，这样的工序质量是很理想的。

b）图中，B 虽然落在 T 内，但因偏一边，因此仍有超差可能，须采取措施把分布移到中间来。

c）图中，B 在 T 中间，但两侧完全没有余地，稍有不慎就会超差，必须缩小分布范围。

d）图中，公差范围大于实际分布，此时应考虑适当放宽精度，降低成本。

e）图中，B 过分偏离 T 的中心造成超差，应采取措施纠正。

f）图中，实际尺寸大于公差，产生超差，应缩小实际分布，提高操作精度。

4. 管理图（控制图）法

上述的排列图、直方图、因果分析图，其所表示的都是质量在某一段时间里的静止状态。从管理角度考虑，最好能在施工过程中，对产品质量加以严格控制，这就必须在产品生产过程中及时了解质量随时间变化的情况，使它处于正常变化（即处于稳定状态）而不发生异常变化（即非稳定状态）。1926 年，美国贝尔电话实验室休哈特（W. A. Shewhart）博士，首先提出管理图方法，用来检查、判断工序的状况。由此，管理图成为质量管理的方法之一。

1）管理图的概念

管理图也可叫控制图。产品的质量情况由工序的状态决定，一定状态的工序，所制造的产品就形成一定的波动分布情况。观察产品质量波动分布情况，一是看围绕着什么中心分布，二是看分布的离散程度，管理图就是从这两个方面来观察产品质量波动分布情况，从而了解工序的变动情况。它通过观察每组数据的平均值（$\overline{X}$）与极差（R）随时间推移的变化情况，来实现控制过程。

2）管理图的管理界线

为了区别由不可避免的原因引起的工序变动和由异常原因引起的工序变动，在管理图上画有控制界线。控制界线画在中心线的上下两侧，中心线与上下界线之间的宽度，一般取三倍标准偏差值（即 3σ）。管理图的中心线记为 CL（Center Line），上控制界线记为 UCL（Upper Control Line），下控制界线记为 LCL（Lower Control Line），如图 13-7 所示。

计算上下控制界限线方法：

$\overline{X}$ 图：中心线　　　　　$CL = \overline{X}$

上控制界线　　　$UCL = \overline{X} + A_2\overline{R}$

下控制界线　　　$LCL = \overline{X} - A_2\overline{R}$

R 图：中心线　　　　　$CL = \overline{R}$

上控制界线　　　$UCL = D_4\overline{R}$

下控制界线　　　$LCL = D_3\overline{R}$

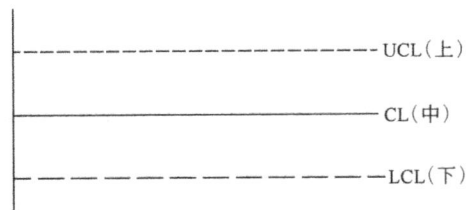

图 13-7　管理图（控制图）结构

上式中：A_2，D_3，D_4——按抽样分组大小 n 所确定的系数，见表 13-5。

计划控制界限所用的系数　　　　　　　　　　表 13-5

抽样分组大小	$\overline{X}$ 图 $UCL = \overline{X} + A_2\overline{R}$, $LCL = \overline{X} - A_2\overline{R}$	$\overline{R}$ 图 $UCL = D_4\overline{R}$, $LCL = D_3\overline{R}$	
n	A_2	D_3	D_4
2	1.88	—	3.27
3	1.02	—	2.57
4	0.73	—	2.28
5	0.56	—	2.11
6	0.48	—	2.00
7	0.42	0.08	1.92
8	0.37	0.14	1.86
9	0.34	0.18	1.82
10	0.31	0.22	1.78

3）管理图的分类

（1）按概率控制界限线分：

① 按 3 个标准偏差（3σ）的质量控制图：以平均数（算术平均数）为中心线，上下两边各取 3σ 距离作为控制界限线。

② 按其他标准偏差（如 σ 或 2σ）的质量控制图。

（2）按计量与计数分：

① 计量的质量控制图：分为个别值图与综合值图两种。综合值图中又有平均值 $\overline{X}$-极差 R 图；平均数 $\overline{X}$-标准差 σ 图；中位数 $\overline{X}$-极差 R 图等。

② 计数的质量控制图：有不合格品百分率 P 图；不合格品数 P_n 图；疵病 C 图；每个产品平均疵病数 U 图等。

在质量控制图中，$\overline{X}$-R 图、P 图、P_n 图、C 图是重点。

4）管理图的制作

结合实例介绍基本管理图，即 $\overline{X}$-R 管理图的制作方法和步骤。

第一步，收集数据。原则上收集 50 个以上的近期数据。表 13-6 为某公路高程误差实测数据。

某公路高程误差实测数据　　　　　　　　　　　　表 13-6

组号	测定值（cm）					小计 $\sum\limits_{i=1}^{5} X_i$	平均值 $\overline{X}$	极差 R
	X_1	X_2	X_3	X_4	X_5			
1	1	1	0.5	1.5	-1	3.0	0.60	2.5
2	1	2	-1	0.5	2	4.5	0.90	3.0
3	2	0.5	2	1	0	5.5	1.10	2.0
4	2	2.5	0.5	1	1	7	1.40	2.0
5	1.5	-1	1.5	1.5	1.5	5	1.00	2.5
6	0	-0.5	0	0	1.5	1	0.20	2.0
7	2	-0.5	-1	-0.5	0.8	0.8	0.16	3.0
8	0	1.7	-1	1	-1	0.7	0.14	2.7
9	-1	1	1	-0.5	1	1.5	0.30	2.0
10	1	-1	0	0	0	0	0	2.0
合计						29	5.8	23.7

第二步，把数据按时间和分批的顺序排列、分组、列表，此例中 $n=5$，$K=10$。

第三步，计算每组的平均值 $\overline{X}$，列入表中。

第四步，计算每组的极差 R，并列入表中，计算公式 $R = X_{\max} - X_{\min}$。

第五步，计算各组平均值 $\overline{X}$ 的平均值 $\overline{\overline{X}}$ 和极差 R 的平均值 $\overline{R}$。

实例中，$\overline{\overline{X}} = \dfrac{\overline{X}_1 + \overline{X}_2 + \cdots \overline{X}_k}{K} = \dfrac{5.80}{10} = 0.58$

$$\overline{R} = \dfrac{R_1 + R_2 + \cdots R_k}{k} = \dfrac{23.7}{10} = 2.37$$

第六步，计算控制界线。

$\overline{X}$ 管理图：$\begin{cases} \mathrm{CL} = \overline{\overline{X}} = 0.58 \\ \mathrm{UCL} = \overline{\overline{X}} + A_2 \overline{R} = 0.58 + 0.56 \times 2.37 = 1.91 \\ \mathrm{LCL} = \overline{\overline{X}} - A_2 \overline{R} = 0.58 - 0.56 \times 2.37 = -0.75 \end{cases}$

R 管理图：
$$\begin{cases} CL = \overline{R} = 2.37 \\ UCL = D_4\overline{R} = 2.11 \times 2.37 = 5.00 \\ LCL = D_3\overline{R} \ (n \leqslant 6 \text{ 时不考虑}) \end{cases}$$

式中：A_2，D_3，D_4——系数，可由 n 大小查表求得。

第七步，绘制管理图。在图上绘出中心线和上下控制界限，标上尺度，写上 CL、UCL、LCL 及其数值。

第八步，在图上打点。每天定时按规定测试，用测得数据计算出 $\overline{X}$ 和 R，点绘在图 13-8 上。

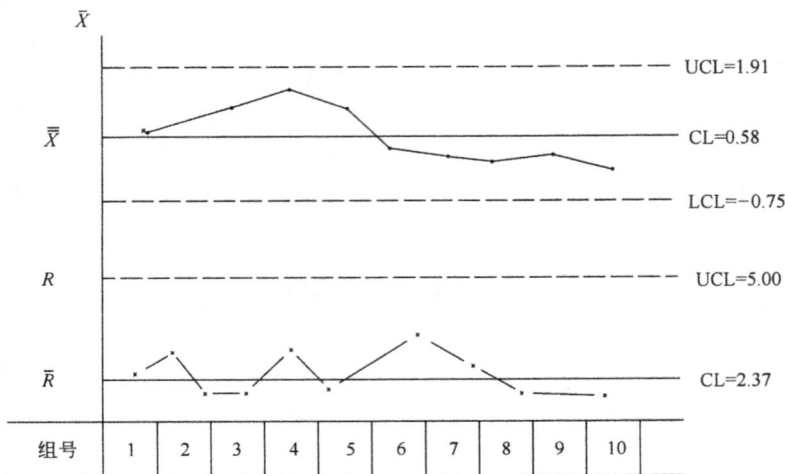

图 13-8　管理图

5）管理图的分析

使用管理图的目的是为了维持生产过程中的工序质量稳定，预防不合格产品的出现。在施工过程中应将从管理图中得到的不稳定信息，及时采取措施，改变与调整生产状态。管理图处于稳定状态，应该符合下列条件：

（1）管理图上的点全部落在控制界线之内，即可认为施工过程中没有出现异常情况。任何一个点越出控制界限之外，则表示存在着一个外来的不正常原因，一定要设法找到原因，予以消除，以提高工程质量。

（2）点的排列应当以数据平均值线（CL）为中心，在控制界限线内呈随机排列。如果点的排列有下述情况者，即认为点的排列不随机，应当判断为发生了异常情况。

① 点在中心线的一侧连续出现 7 次以上者。

② 点在中心线的一侧多次出现。如连续 11 个点中有 10 个点在同一侧者；连续 20 个点中有 16 个点在同一侧者，见图 13-9。

图 13-9 中，1～11 点除 7 点外，其余 10 个点均在同一侧，应引起注意。

③ 连续 7 个以上的点上升或下降，就应当判定生产工序有异常情况，需采取措施，如图 13-10。

④ 连续 3 点中，有两个点在上方或下方的 2σ 横线以外出现者，如图 13-11。

⑤ 点的排列出现"周期性"变动，即使所有的点都在控制界限线之内，也要认为生产工序存在异常情况，如图 13-12。

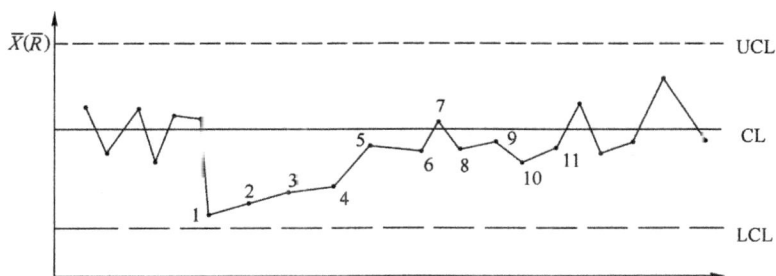

图 13-9　点多次出现在中心线的一侧

⑥ 由于某种偶然事故、操作上的错误等原因造成一个极端数据，而使图上的点远远超出界限线，如图 13-13。

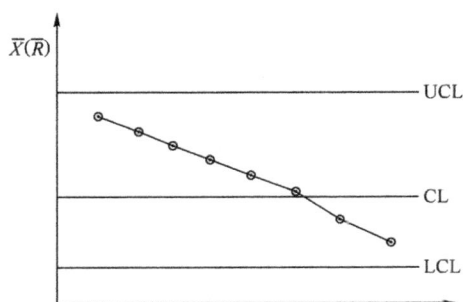

图 13-10　连续 7 个以上的点上升或下降

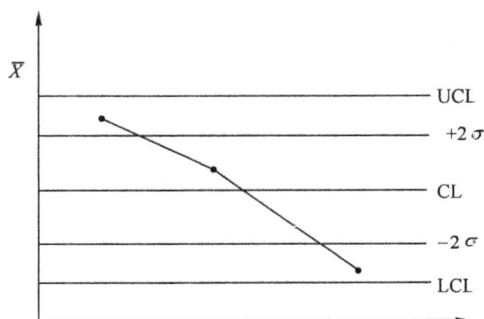

图 13-11　连续 3 点中，有两个点在 2σ 横线以外出现

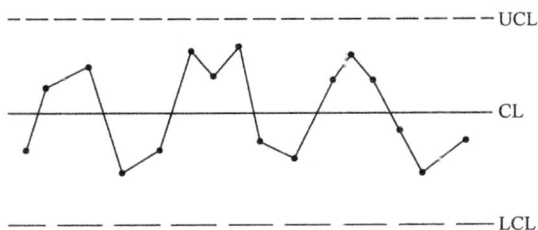

图 13-12　点的排列出现"周期性"变动

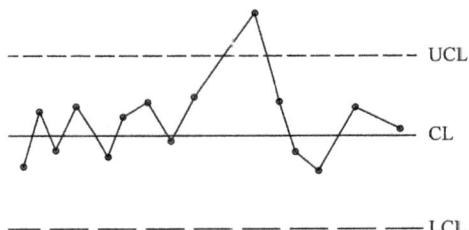

图 13-13　图上的点远远抛出界限线

例 13-4：某水泥混凝土桥梁工地，每处取 5 个水泥混凝土样品作抗压强度实验，连续测定 20d，共做 100 个试件，实验结果列入表 13-7 中。工地要求水泥混凝土抗压强度值 $X = 201 \sim 300 \mathrm{kg/cm^2}$，试按 $\overline{X} - R$ 图分析这批水泥混凝土的质量。

解：

① $k = 20$，$n = 5$：

$$\overline{\overline{X}} = \frac{\sum \overline{X}}{K} = \frac{4720}{20} = 236$$

$$\overline{R} = \frac{\sum R}{K} = \frac{1578}{20} = 78.9$$

② 计算上、下控制界限：

组号	水泥混凝土抗压强度值（kg/cm²）					平均值 $\overline{X}$	极差 R
	X_1	X_2	X_3	X_4	X_5		
1	255	294	286	203	203	248.6	91
2	217	185	196	200	200	204.8	41
3	266	270	220	234	234	251.2	50
4	249	213	254	264	264	240.8	51
5	179	269	272	209	209	231.4	93
6	216	219	209	150	150	212.2	117
7	179	191	155	176	176	183.6	62
8	209	206	184	256	256	217.0	72
9	211	224	194	203	203	205.0	31
10	253	257	194	274	274	253.8	97
11	153	199	276	315	315	232.0	162
12	237	215	272	317	317	261.0	102
13	313	305	306	254	254	291.2	59
14	268	208	247	263	263	243.0	60
15	257	274	194	253	253	253.8	97
16	230	277	282	229	229	248.4	58
17	248	150	239	224	224	217.2	98
18	187	247	267	271	271	229.4	96
19	299	296	263	287	287	276.4	62
20	184	215	263	211	211	219.2	79
						$\sum\overline{X}=4720$	$\sum R=1578$

$\overline{X}$ 图：
$$\begin{cases} \mathrm{UCL}_{\overline{x}} = \overline{\overline{X}} + A_2\overline{R} = 236 + 0.56 \times 78.9 = 280.2 \\ \mathrm{LCL}_{\overline{x}} = \overline{\overline{X}} - A_2\overline{R} = 236 - 0.56 \times 78.9 = 191.8 \end{cases}$$

R 图：
$$\begin{cases} \mathrm{UCL}_R = D_4\overline{R} = 2.11 \times 78.9 = 166.5 \\ \mathrm{LCL}_R = D_3\overline{R} \quad (n \leqslant 6 \text{ 时不考虑}) \end{cases}$$

③ 绘制 $\overline{X}$ 图（图 13-14）与 R 图（图 13-15）：

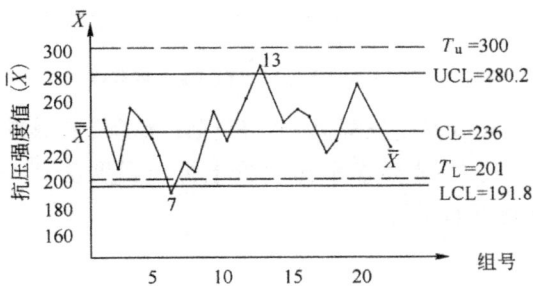

图 13-14 $\overline{X}$ 图

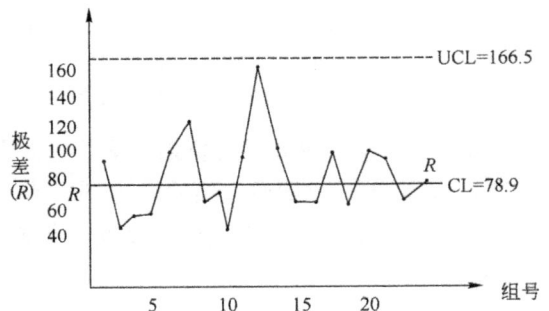

图 13-15 R 图

④ 由 $\overline{X}$ 图（图 13-14）可以看出，第 7 号和 13 号样品组，已超出控制界限，且第 7 号样品已超出规范规定的下限 $T_L = 201\,\mathrm{kg/cm^2}$，说明这二组试件不符合要求，为提高混凝土质量，这二组混凝土应返工，重新浇捣，然后再送样品进行测试、计算，画出修改后的控制图作为质量控制的依据。

5. 分层法

分层法又叫分类法。这是收集整理数据的最基本方法，是把数据按照不同的目的加以分类。这种方法没有固定的图表和格式。如在工程质量管理中，可将收集的数据按需要进行以下的分类：

(1) 按数据发生的时间分类；

(2) 按生产单位或生产班组和操作者分类；

(3) 按分部分项工程分类；

(4) 按质量问题的性质分类；

(5) 按操作方法分类；

(6) 按检测手段分类；

(7) 按其他方法分类等。

6. 相关图法

相关图又称散布图。这种图可用来分析研究两种数据之间是否存在相关关系。把两种数据列出之后，在坐标纸上打点，就可得到一张相关图。从点的散布情况可判别两种数据之间是否有关系。在质量管理中借助相关图进行相关分析，可研究质量结果和原因之间的关系，进一步弄清影响质量特征的主要因素。

相关图的几种基本类型如图 13-16 所示。在该图中，分别表示以下关系：

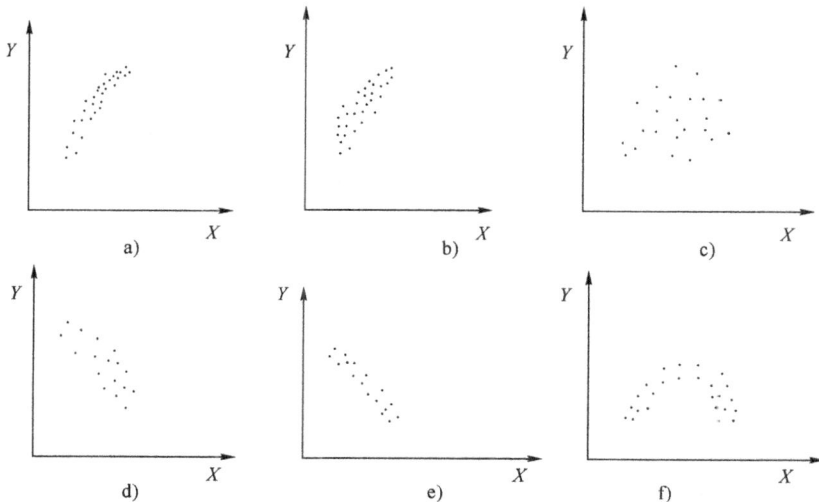

图 13-16　相关图的基本类型

(1) 正相关（X 增加，Y 也明显增加），如图 13-16a）。

(2) 弱正相关（X 增加，Y 也略有增加），如图 13-16b）。

(3) 不相关（X 与 Y 没有关系），如图 13-16c）。

(4) 弱负相关（X 增加，Y 略有减小），如图 13-16d）。

(5) 负相关（X 增加，Y 明显减小），如图 13-16e）。

(6) 非线形相关（X 增加到某一范围时，Y 也增加，但超过一定范围后反而减小），如图 13-16f）。

从图 13-16a）、e）两种图形可以判断，X 是质量特性 Y 的重要影响因素，因此控制好因素 X，就可以把结果 Y 较有效地控制起来。

7. 统计分析表法

统计分析表是用来整理数据和分析原因的一种工具。它没有固定的格式，一般可根据调查的项目，设计出不同的格式。常用的统计分析表法有：

（1）产品缺陷部位统计分析表。

（2）分部分项工程质量特征统计分析表。

（3）影响质量的主要原因的统计分析表。

（4）质量检查评定的统计分析表。

上面介绍的是质量管理中最常用的 7 种工具。这些工具应该互相结合，灵活运用。当然，这 7 种工具，只能帮助我们发现问题。要解决问题，还需要针对问题的性质，研究具体措施和对策。

第三节　施工工序质量控制

一、工序质量控制的内容

工程质量是在施工工序中形成的，而不是靠最后检验出来的。为了把工程质量从事后检查把关，转向事前控制，达到"以预防为主"的目的，必须加强施工工序的质量控制。

1. 工序质量控制的概念

工程项目的施工过程，是由一系列相互关联、相互制约的工序所构成，工序质量是基础，直接影响工程项目的整体质量。要控制工程项目施工过程的质量，首先必须控制工序的质量。

工序质量包含两方面的内容：一是工序活动条件的质量；二是工序活动效果的质量。从质量控制的角度来看，这两者是互为关联的，一方面要控制工序活动条件的质量，即每道工序投入品的质量（即人、机械、材料、方法和环境的质量）是否符合要求；另一方面又要控制工序活动效果的质量即每道工序施工完成的工程产品是否达到有关质量标准。

工序质量的控制，就是对工序活动条件的质量控制和工序活动效果的质量控制，据此来达到整个施工过程的质量控制。

工序质量控制的原理是采用数理统计方法，通过对工序一部分（子样）检验的数据，进行统计、分析，来判断整道工序的质量是否稳定、正常；若不稳定，产生异常情况，必须及时采取对策和措施予以改善，从而实现对工序质量的控制。其控制步骤如下：

（1）实测。采用必要的检测工具和手段，对抽出的工序子样进行质量检验。

（2）分析。对检验所得的数据通过质量控制的统计分析方法，了解这些数据所遵循的规律。

（3）判断。根据数据分布规律分析的结果，如数据是否符合正态分布曲线；是否在上下控制线之间；是否在公差（质量标准）规定的范围内；是属正常状态或异常状态；是偶然性因素引起的质量变异，还是系统性因素引起的质量变异等，对整个工序的质量予以判断，从而确定该道工序是否达到质量标准。若出现异常情况，即可寻找原因，采取对策和措施加以预防，这样便可达到控制工序质量的目的。

2. 进行工序质量控制时，应注重以下四方面的工作

1）严格遵守工艺规程

施工工艺和操作规程，是进行施工操作的依据和法规，是确保工序质量的前提，任何人

都必须严格执行，不得违反。

2）主动控制工序活动条件的质量

工序活动条件包括的内容较多，主要是指影响质量的五大因素：即施工操作者、材料、施工机械设备、施工方法和施工环境等。只要将这些因素切实有效地控制起来，使它们处于被控制状态，确保工序施工的质量，避免系统性因素变异发生，就能保证每道工序质量正常、稳定。

3）及时检验工序活动效果的质量

工序活动效果是评价工序质量是否符合标准的尺度。为此，必须加强质量检验工作，对质量状况进行综合统计与分析，及时掌握质量动态。一旦发现质量问题，随即研究处理，自始至终使工序活动效果的质量满足规范和标准的要求。

4）设置工序质量控制点

控制点是指为了保证工序质量而需要进行控制的重点、关键部位，或薄弱环节，以便在一定时期内、一定条件下进行强化管理，使工序处于良好的控制状态。

二、工序质量控制点

1. 质量控制点的设置

质量控制点设置原则是根据工程的重要程度，即质量特征值对整个工程质量的影响程度来确定。为此，在设置质量控制点时，首先要对施工的工程对象进行全面分析、比较，以明确质量控制点；然后进一步分析所设置的质量控制点在施工中可能出现的质量问题、或造成质量隐患的原因；针对隐患的原因，相应地提出对策措施予以预防。由此可见，设置质量控制点，是对工程质量进行预控的有力措施。

质量控制点的涉及面较广，根据工程特点，视其重要性、复杂性、精确性、质量标准和要求，可能是复杂结构的某一工程项目，也可能是技术要求高、施工难度大的某一结构构件或分项、分部工程，也可能是影响关键质量的某一环节中的某一工序或若干工序。总之，无论是操作、材料、机械设备、施工顺序、技术参数、自然条件、工程环境等均可作为质量控制点来设置，主要视其对质量特征影响的大小及危害程度而定。

2. 工序质量控制点的活动内容

（1）质量控制。包括质量目标、质量标准、质量检验、统计方法和工艺流程等的控制。

（2）质量改进。包括质量波动异常原因的分析、采取的对策、开展 TQC 小组活动等。

3. 工程质量控制

1）工程项目质量管理的内容

工程项目质量管理是工程项目各项管理工作的重要组成部分。它是工程项目从实施准备到交付使用全过程中，为保证和提高工程质量所进行的各项组织管理工作。

保证和提高工程质量，是工程项目经理、各有关职能部门和全体职工的共同责任。

工程项目质量管理工作，主要包括以下内容：

（1）认真贯彻国家和上级有关质量管理工作的方针政策、质量管理和质量保证标准，贯彻国家和上级颁发的技术标准、规范、规程和各项质量管理制度，并结合本工程项目的具体情况制订质量计划和工艺标准，并认真组织实施。

（2）编制并组织施工工程项目质量计划。

（3）运用全面质量管理的思想和方法，实行工程质量控制。在分部、分项工程施工中，确定质量管理点，组织质量管理小组，进行 PDCA 循环，不断地克服质量的薄弱环节，以推动工程质量的提高。

（4）认真进行工程质量检查。贯彻群众自检和专职检查相结合的方法，组织班组进行自检活动，作好自检数据的统计和分析工作；专职质量检查员要加强施工过程中的质量检查工作，做好预检和隐蔽工程验收工作。要通过群众自检和专职检查，发现质量问题，及时进行处理，保证不留质量隐患。

（5）组织工程质量的检验评定工作。按照国家施工及验收规范、建筑安装工程质量检验标准和设计图纸，对分项、分部工程和单位工程进行质量检验评定。

（6）做好工程质量的回访，听取用户意见，并检查工程质量的变化情况。及时收集质量信息，对于施工不善而造成的质量问题，要认真进行处理，系统地总结工程质量的薄弱环节，采取相应的纠正措施和预防措施，克服质量通病，不断提高工程质量水平。

2）工程项目质量控制特点

项目前期阶段决定工程项目质量目标与水平，工程设计将项目目标具体化，施工形成工程项目实体。在施工过程中，由于项目施工涉及面广，是一个及其复杂的综合过程，再加上项目位置固定、生产流动、结构类型不一、质量要求不一、施工方法不一、体型大、整体性强、建设周期长、受自然条件影响大等特点，公路工程项目的质量比一般工业产品的质量更难以控制。因此，其特点主要表现在以下几方面：

（1）影响质量的因素多。如设计、材料、机械、地形、地质、水文、气象、施工工艺、操作方法、技术措施、管理制度等，均直接影响施工项目质量。

（2）容易产生质量变异。由于公路项目施工不同于工业产品的生产，具有产品的固定性、产品的多样性、产品形体庞大性、产品部分结构的易损性，使得公路项目产品生产易产生质量变异。如材料性能微小的差异、机械设备正常的磨损、操作微小的变化、环境微小的波动等，均会引起偶然性因素的质量变异；当使用材料的规格、品种有误，施工方法不妥，操作不按规程，机械故障，仪表失灵，设计计算错误等，均会引起系统性因素的质量变异，造成工程质量事故。因此，在施工中要严防出现系统性因素的质量变异，要把质量变异控制在偶然性因素范围内。

（3）容易产生判断错误。施工中容易产生的判断错误有两类：一类是第二判断错误，即由于工序交接多、中间产品多、隐蔽工程多，若不及时检查实质，事后再看表面，就容易产生判断错误；另一类是第一判断错误，即检查不认真、测量仪表不准确、读数有误。

（4）质量检查不能解体、拆卸。公路工程项目建成后，不能向工业产品那样解体或拆卸检查内在的质量。

（5）质量问题的暴露性。公路建筑产品一旦出现质量问题会很快引起媒体和社会的广泛关注，影响业主与承包商的形象。

（6）质量受投资、进度的制约。工程质量、投资和进度三者相互制约，一般情况下，投资大、进度慢，质量就好；反之，质量就差。

3）工程项目质量控制的目标

项目质量控制是指采取有效措施，确保实现合同（设计承包合同、施工承包合同与订货合同等）商定的质量要求和质量标准，避免常见的质量问题，达到预期目标。一般来说，工程项目质量控制的目标要求是：

（1）工程设计必须符合设计承包合同规定的规范标准的质量要求，投资额、建设规模应控制在批准的设计任务书范围内。

（2）设计文件、图纸要清晰完整，各相关图纸之间无矛盾。

（3）工程项目的设备选型、系统布置要经济合理、安全可靠、管线紧凑、节约能源。

（4）环境保护措施、"三废"处理、能源利用等要符合国家和地方政府规定的指标。

（5）施工过程与技术要求相一致，与计划规范相一致，与设计质量要求相一致，符合合同要求和验收标准。

项目的质量控制在项目管理中占有特别重要的地位。确保工程项目的质量，是工程技术人员和项目管理人员的重要使命。国家已明确规定把公路工程优良品率作为考核公路施工企业的一项重要指标，要求施工企业在施工过程中推行全面质量管理、价值工程等现代管理方法，提高工程质量。

4）工程项目质量控制的关键环节

（1）提高质量意识。要提高所有参加工程项目施工的全体职工（包括分包单位和协作单位）的质量意识，特别是工程项目领导班子成员的质量意识，要有"百年大计，质量第一"的思想，要有对国家、对人民负责的高度责任感和事业心，把工程项目质量的优劣作为考核工程项目的重要内容，以优良的工程质量来提高企业的社会信誉和竞争能力。

（2）落实企业质量体系的各项要求，明确质量责任制。工程项目要认真贯彻落实本企业建立的文件化质量体系的各项要求，贯彻工程项目质量计划。工程项目领导班子成员、各有关职能部门或工作人员都要明确自己在保证工程质量工作中的责任，各尽其职，各负其责，以工作质量来保证工程质量。

（3）提高职工素质，这是搞好工程项目质量的基本条件。参加工程项目的职能人员是管理者，工人是操作者，都直接决定着工程项目的质量。必须努力提高参加工程项目职工的素质，加强职业道德教育和业务技术培训，提高施工管理水平和操作水平，努力创出第一流的工程质量。

（4）搞好工程项目质量管理的基础工作，主要包括质量教育、标准化、计量和质量信息工作。

① 质量教育工作。要对全体职工进行质量意识的教育，使全体职工明确质量对国家建设的重大意义，质量与人民生活密切相关，质量是企业的生命。进行质量教育工作要持之以恒，有计划、有步骤地实施。

② 标准化工作。对工程项目来说：从原材料进场到工程竣工验收，都要有技术标准和管理标准，要建立一套完整的标准化体系。技术标准是根据科学技术水平和实践经验，针对具有普遍性和重复出现的技术问题提出的技术准则。在工程项目施工中，除了要认真贯彻国家和上级颁发的技术标准、规范外，还应结合本工程的情况制定工艺标准，作为指导施工操作和工程质量要求的依据。管理标准是对各项管理工作的规定，如各项工作的操作守则、职责条例、规章制度等。

③ 计量工作。计量工作是保证工程质量的重要手段和方法。要采用法定计量单位，作好量值传递，保证量值的统一。对本工程项目中采用的各项计量器具，要建立台账，按国家和上级规定的周期，定期进行检计。

④ 质量信息工作。质量信息反映工程质量和各项管理工作的基本数据和情况。在工程项目施工中，要及时了解建设单位、设计单位、质量监督部门的信息，及时掌握各施工班组的质量信息，认真作好原始记录，如分项工程的自检记录等，便于项目经理和有关人员及时

采取对策。

（5）项目管理和质量保证的标准化、国际化。近年来，随着工程项目的国际化，在工程项目中使用的质量管理和质量保证体系也趋于标准化、国际化，许多工程项目建设企业为加强自身素质，提高竞争能力，都在贯彻国际通用的质量标准体系——ISO9000 系列。

5）施工阶段总承包单位对工程质量的控制

总承包单位对单位工程的全部分项、分部工程质量向建设单位负责。按有关规定进行工程分包的，总承包单位对分包工程进行全面质量控制，分包单位应对其分包工程的施工质量向总承包单位负责。

（1）审查分包单位的资质和施工方案。主要审查施工方案中所确定的施工方法、施工顺序是否科学合理，施工措施是否得当，有无工程质量方面的潜在危害。

（2）做好施工准备、技术交底和工程测量工作。依据设计文件和设计技术交底的工程控制点进行复测，当发现问题时，应与设计方协商处理，并形成记录；在施工前和施工中各单位工程、分部工程和分项工程开工前，各级项目负责人、技术员应向各级项目执行人员进行书面技术交底；编制"测量控制方案"，归档保存测量记录，在施工中妥善保护测量点线。

（3）把好材料、设备的质量验收和保管关。对主要材料、设备的规格、性能、技术参数、质量要求（必要时包括生产厂家）均应事先对分包单位提出明确要求，并规定具体的质量验收和保管办法。凡未经检查确认或经检查不合要求的材料、设备，一律不准在工程中使用。

（4）做好施工过程中操作质量的巡视检查。有些质量问题是由于操作不当所致，也有些质量问题容易被下道工序掩盖不易发现，还有操作不符合规程要求的工程质量虽然表面上似乎影响不大，却隐藏着潜在的危害。所以在施工过程中，必须注意加强巡视检查，及时发现问题及时纠正。有些问题即使在某一阶段完成后仍然能够发现，但那时再纠正就可能造成较大的损失，也会影响工期，有些甚至很难弥补，造成永久的遗憾。因此，必须坚持"预防为主，防患于未然"的方针。

（5）做好主要分部工程和关键部位的质量监控。对主要的结构部位、关键设备、关键部位的质量一定要有切实有效的监控措施。

6）施工质量控制程序

施工质量控制基本运行程序见图 13-17。

7）项目材料采购质量控制

材料采购的质量好坏，直接影响工程项目的施工质量，无论工程项目的施工管理各个环节如何天衣无缝，劣质的材料会使工程项目功亏一篑。

搞好工程项目材料管理，规范材料管理行为，提高材料质量的控制，有利于推进建设市场和建材市场体系的建立和运转，有利于提高和确保工程项目质量，有利于合理使用社会资源，对于企业效益和社会发展都具有长远和现实意义。

材料采购质量控制的内容有：

（1）供方应建立并保持形成文件程序，以确保所采购的产品符合规定要求。

（2）对分包方的评价：

① 供方应根据满足分合同要求（包括质量体系和特定的质量保证要求）的能力评价和选择分承包方。

② 明确供方对分包方实行控制的方式和程度。这种方式和程度取决于产品的类别以及

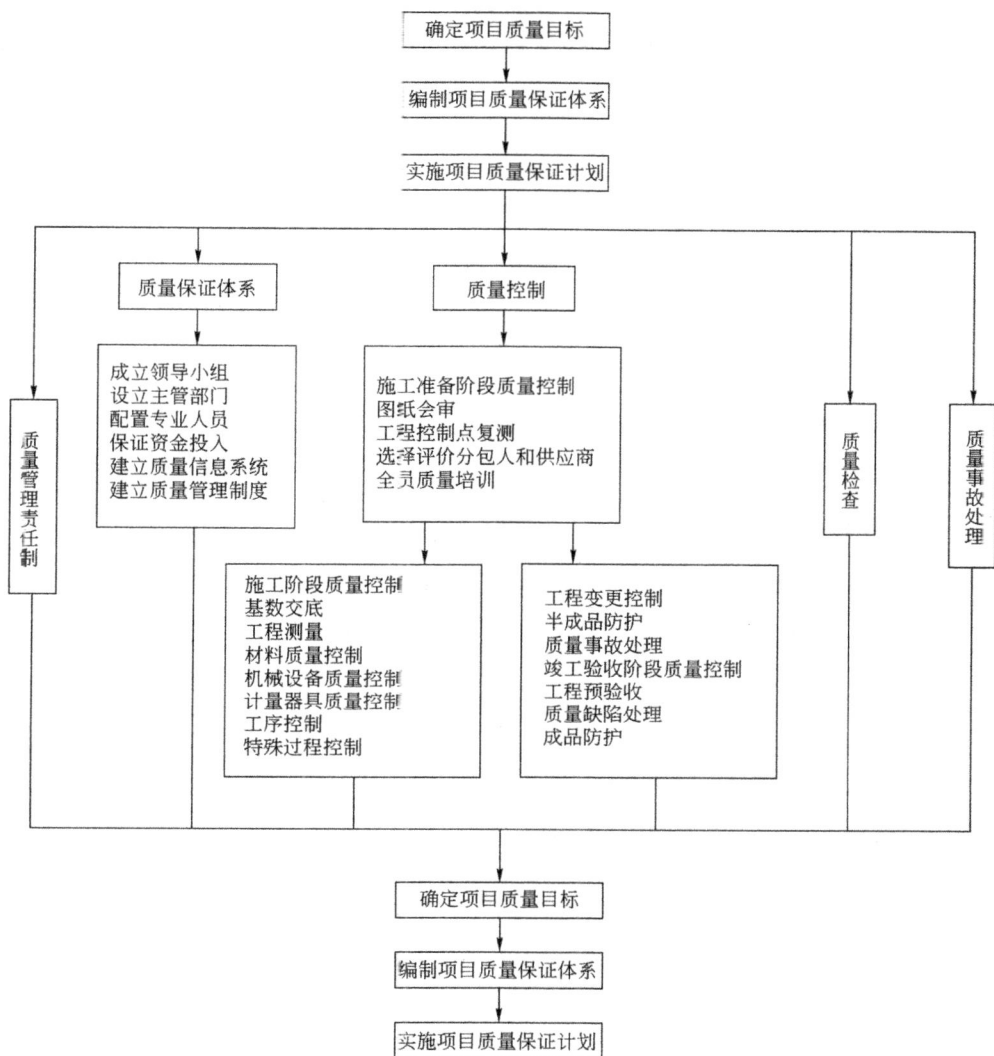

图 13-17 施工质量控制基本运行程序

分包的产品对成品质量的影响。适当时，还取决于已证实的分包方能力和业绩的质量审核报告和质量记录。

③ 建立并保存合格分包方的质量记录。

（3）采购资料。采购文件应清楚地说明订购产品的资料，包括：

① 类别、型式、等级或其他准确标识方法；

② 规范、图样、过程要求、检验规程及其他有关技术资料（包括产品、程序、过程设备和人员的认可或鉴定要求）的名称或其他明确标识和适用版本；

③ 适用的质量体系标准的名称、编号和版本。

供方应在采购文件发放前对规定的要求是否适当进行审批。

（4）采购产品的验证：

① 供方在分包方货源处的验证。当供方提出在分包方货源处对采购产品进行验证时，供方应在采购文件中规定验证的安排以及产品放行的方式。

② 顾客对分包方产品的验证。当合同规定时，供方的顾客或其代表应有权在分包方处和供方处对分包的产品是否符合规定要求进行验证。供方不能把该验证用作分包方对质量进行了有效控制的证据。

（5）顾客提供产品的控制。供方对顾客提供的产品（用于供应品或有关活动）应建立并保持检验、储存和维护形成文件的控制程序。

（6）产品标识和可追溯性。必要时，供方应建立并保持形成文件的程序，在接收和生产、交付及安装的各个阶段以适当的方式标识产品。

在规定有可追溯性要求的场合，供方应建立并保持形成文件的程序，对每个或每批产品都应有唯一性标识，这种标识应加入记录。

第四节　工程质量问题的分析与处理

一、工程质量问题的类型

施工项目质量问题表现的形式多种多样，诸如建筑结构的错位、变形、倾斜、倒塌、破坏、开裂、渗水、漏水、刚度差、强度不足、断面尺寸不准等等，但究其原因，可归纳如下：

（1）违背建设程序导致的质量问题。
（2）工程地质勘察失误导致的质量问题。
（3）地基未加固处理好而导致的质量问题。
（4）设计计算有误导致的质量问题。
（5）建筑材料及制品不合格导致的质量问题。
（6）施工和管理不当导致的质量问题。
（7）自然条件影响导致的质量问题。
（8）建筑结构使用不当导致的质量问题。

二、工程质量问题产生的原因

1. 违背建设程序

如不经可行性论证，不作调查分析就拍板定案；没有搞清工程、水文地质情况就仓促开工；无证设计，无图施工；任意修改设计，不按图纸施工；工程竣工不进行试运行、不经验收就交付使用等盲干现象，致使不少工程项目留有严重隐患，倒塌事故时有发生。

2. 工程地质勘察原因

未认真进行地质勘察，提供地质资料、数据有误；地质勘察时，钻孔间距过大，不能全面反映地基的实际情况，如当基岩地面起伏变化较大时，软土层厚薄相差亦较大；地质勘察钻孔深度不够，没有查清地下软土层、滑坡、墓穴、孔洞等地层构造；地质勘察报告不详细、不准确等，均会导致采用错误的基础方案，造成地基不均匀沉降、失稳，使上部结构及墙体开裂、破坏、倒塌。

3. 未加固处理好地基

对软弱土、冲填土、杂填土、湿陷性黄土、膨胀土、岩层出露、溶岩、土洞等不均匀地基未进行加固处理或处理不当，均是导致重大质量问题的原因。必须根据不同地基的工程特性，按照地基处理应与上部结构相结合，使其共同工作的原则，从地基处理、设计措施、结构措施、防水措施、施工措施等方面综合考虑治理。

4．设计计算问题

设计考虑不周，结构构造不合理，计算不正确，计算荷载取值过小，内力分析有误，沉降缝及伸缩缝设置不当，悬挑结构未进行抗倾覆验算等，都是诱发质量问题的隐患。

5．建筑材料及制品不合格

诸如：钢筋物理力学性能不符合标准，水泥受潮、过期、结块、安定性不良，砂石级配不合理、有害物含量过多，混凝土配合比不准，外加剂性能、掺量不符合要求时，均会影响混凝土强度、和易性、密实性、抗渗性，导致混凝土结构强度不足、裂缝、渗漏、蜂窝、露筋等质量问题；预制构件断面尺寸不准，支撑锚固长度不足，未可靠建立预应力值，钢筋漏放、错位，板面开裂等，必然会出现断裂、跨塌。

6．施工和管理问题

许多工程质量问题，往往是由施工和管理所造成。例如：

（1）不熟悉图纸，盲目施工，图纸未经会审，仓促施工；未经监理、设计部门同意，擅自修改设计。

（2）不按图施工。把铰接作成刚接，把简支梁作成连续梁，抗裂结构用光圆钢筋代替变形钢筋等，致使结构裂缝破坏；挡土墙不按图设滤水层，留排水孔，致使土压力增大，造成挡土墙倾覆。

（3）不按有关施工验收规范施工。如现浇混凝土结构不按规定的位置和方法任意留设施工缝；不按规定的强度拆除模板；砌体不按要求错缝砌筑等。

（4）不按有关操作规程施工。如用插入式振捣器捣实混凝土时，不按插点均布、快插慢拔、上下抽动、层层扣搭的操作方法，致使混凝土振捣不实，整体性差。

（5）缺乏基本结构知识，施工蛮干。如将钢筋混凝土预制梁倒放安装；将悬臂梁的受拉钢筋放在受压区；结构构件吊点选择不合理，不了解结构使用受力和吊装受力的状态。

（6）施工管理紊乱，施工方案考虑不周，施工顺序错误。技术组织措施不当，技术交底不清，违章作业。不重视质量检查和验收工作等，都是导致质量问题的祸根。

7．自然条件影响

施工项目周期长、露天作业多，受自然条件影响大，温度、湿度、日照、雷电、供水、大风、暴雨等都可能造成重大的质量事故，施工中应特别重视，采取有效措施予以预防。

8．建筑结构使用问题

建筑物使用不当，亦易造成质量问题。如不经校核、验算，就在原有建筑物上任意加荷；使用荷载超过原设计的容许荷载；任意开槽、打洞、削弱承重结构的截面等。

三、工程质量问题处理程序

施工项目质量问题分析、处理的程序，一般可按图13-18所示进行。

质量事故发生后，应及时组织调查处理。调查的主要目的是要确定事故的范围、性质、影响和原因等，通过调查为事故的分析与处理提供依据，一定要力求全面、准确、客观。调查结果要整理撰写成事故调查报告，其内容包括：

1．工程概况，重点介绍事故有关部分的工程情况；

2．事故情况，事故发生时间、性质、现状及发展变化的情况；

```
            ┌──────────┐
            │ 发现事故 │
            └────┬─────┘
                 ↓
            ┌──────────┐              ┌────────────┐
            │ 事故调查 │              │ 确定防护措施│
            └────┬─────┘              └─────┬──────┘
                 ↓                          ↓
          ◇─────────────◇           ┌────────────┐
          │   原因分析   │           │ 防护措施实施│
          ◇─────────────◇           └─────┬──────┘
     ┌──────┘      │                       │
┌──────────┐       ↓                       │
│补充调查进一│   ◇─────────────◇           │
│步分析原因 │──→│ 确定是否处理 │←──────────┘
└──────────┘   ◇─────────────◇
                    ↓
            ┌──────────────┐
            │ 确定处理方案 │
            └──────┬───────┘
                   ↓
            ┌──────────────┐
            │  设计、施工  │
            └──────┬───────┘
                   ↓
            ┌──────────────┐
            │   检查验收   │
            └──────┬───────┘
                   ↓
            ┌──────────────┐
            │    结论      │
            └──────┬───────┘
                   ↓
            ┌──────────────┐
            │ 提交处理方案 │
            └──────────────┘
```

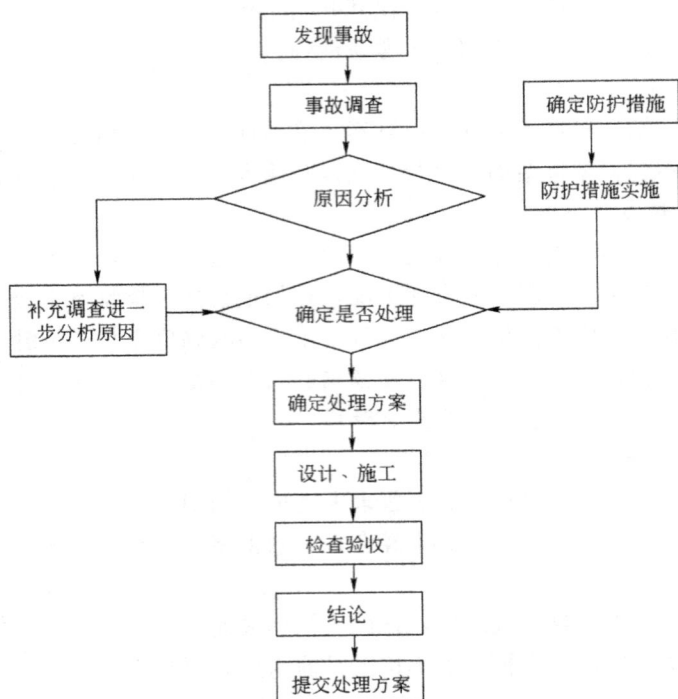

图 13-18　质量问题处理程序

3. 是否需要采取临时应急防护措施；

4. 事故调查中的数据、资料；

5. 事故原因的初步判断；

6. 事故涉及人员与主要责任者的情况等。

事故原因分析要建立在事故情况调查的基础上，避免情况不明就主观分析推断事故的原因。尤其是有些事故，其原因错综复杂，往往涉及到勘察、设计、施工、材质、使用、管理等几方面，只有对调查提供的数据、资料进行详细分析后，才能去伪存真，找到造成事故的主要原因。

事故的处理要建立在原因分析的基础上，对有些事故一时认识不清时，只要事故不致产生严重的恶化，可以继续观察一段时间，做进一步调查分析，不要急于求成，以免造成同一事故多次处理的不良后果。事故处理的基本要求是：安全可靠，不留隐患，满足建筑功能和使用要求，技术可行，经济合理，施工方便。在事故处理中，还必须加强质量检查和验收。对每一个质量事故，无论是否需要处理都要经过分析，作出明确的结论。

第十四章　施工项目成本控制

第一节　施工项目成本控制的内容与程序

成本管理的工作内容包括：成本管理的基础工作，如制定和贯彻各种定额，建立成本管理责任制、成本预测和成本计划、进行成本费用控制、加强成本核算和分析等。成本管理工作的基本程序参见图 14-1。

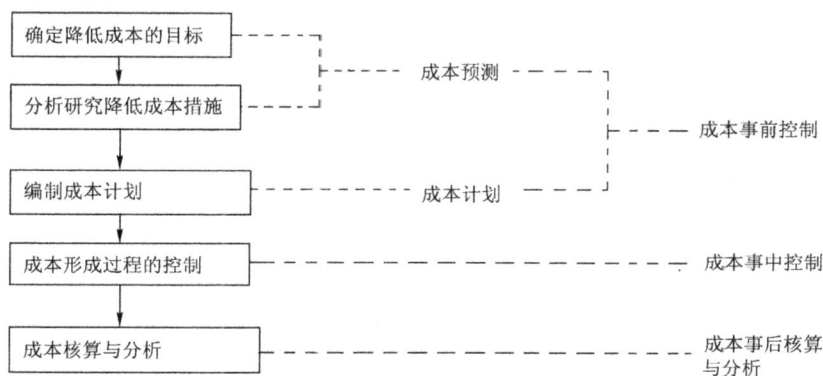

图 14-1　成本管理工作程序

一、项目成本的构成

项目成本是施工企业构成施工总成本的各项成本因素，为加强成本管理、控制及考核提供客观依据，按市场经济及项目施工的客观规律其构成如下：

（1）工、料、机生产费用和现场其他管理费；

（2）项目经理部管理费；

（3）上级切块费用和投标费用；

（4）上交国家税金；

（5）项目利润。

为便于实际成本的测算、核算、分析和考核，上述项目总成本费用分为三大项：

（1）上级切块费用、投标费用和上交国家税金；

（2）项目部管理费：主要包括间接费和现场管理费；

（3）工程施工费用：操作层和协作队伍分包工程费用。

二、项目成本控制的原则

所谓成本控制，就是在施工过程中，对工程成本的形成进行监督并及时纠正发生的偏差，将工程成本限制在计划范围内，以实现降低成本的目标。

项目成本控制应遵循以下基本原则：

1. 开源与节流相结合的原则

在成本控制中，应该坚持开源与节流相结合的原则。要求做到：每发生一笔金额较大的成本费用，都要查一查有无与其相对应的预算收入，是否支大于收，在经常性的分部、分项工程成本核算和月度成本核算中，也要进行实际成本与预算收入的对比分析，以便从中探索成本节超的原因，纠正项目成本的不利偏差，提高项目成本的降低水平。

2. 全面控制原则

1）项目成本的全员控制

工程成本是一项综合性很强的指标，它涉及到项目组织中各个部门、单位和班组的工作系统，也与每个职工的切身利益有关。因此，项目成本的高低需要大家关心，项目成本管理（控制）也需要项目建设者群策群力，仅靠项目经理和专业成本管理人员及少数人的努力是无法收到预期效果的。项目成本的全员控制并不是抽象的概念，而应该有一个系统的实质性的内容，其中包括各部门、各单位的责任网络和班组经济核算等等，成本控制人人有责。

2）项目成本的全过程控制

施工项目成本的全过程控制，是指工程项目确定以后，自施工准备开始，经过工程施工到竣工交付使用后保修期结束，其中每一项经济业务都要纳入成本控制的轨道。也就是：成本控制工作要随着项目施工进展的各个阶段连续进行，既不能疏漏，又不能时紧时松，从而使施工项目成本自始至终置于有效的控制之下。

3. 中间控制原则

又称动态控制原则，对于具有一次性特点的施工项目成本来说，应该特别强调项目成本的中间控制。因为施工准备阶段的成本控制，只是根据上级要求和施工组织的具体内容确定成本目标、编制成本计划、制定成本控制的方案，为今后的成本控制做好准备。而竣工阶段的成本控制，由于成本盈亏已经基本定局，即使发生了偏差，也已经来不及纠正，因此，把成本控制的重心放在路基、路面、桥涵、隧道、防护等主要的施工阶段上，则是十分必要的。

4. 目标管理原则

目标管理是贯彻执行计划的一种方法，它把计划的方针、任务、目的和措施等逐一加以分解，提出进一步的具体要求，并分别落实到执行计划的部门、单位甚至个人。目标管理的内容包括：目标的设定和分解，目标的责任到位和执行，检查目标的执行结果，评价目标和修正目标，形成目标管理的P（计划）、D（实施）、C（检查）、A（处理）循环。

5. 节约原则

人力、物力、财力的科学组织是提高经济效益的核心，也是成本控制的一项最主要的基本原则。节约要从三方面入手：一是严格执行成本开支范围、费用开支标准和有关财务制度，对各项成本费用的支出进行限制和监督；二是提高施工项目的科学管理水平，优化施工方案，提高生产效率，合理使用人、财、物；三是采取预防成本控制的技术组织措施，制止可能发生的浪费。做到了以上三方面，成本目标就能得以实现。

6. 例外管理原则

例外管理是西方国家现代管理常用的方法，它起源于决策科学中的"例外"原则，目前则被更多地用于成本指标的日常控制。

在工程项目建设过程的诸多活动中，有许多活动是例外的，如施工任务单、限额领料单和单机核算的流转程序等，通常是通过制度来保证其顺利进行。但也有一些不经常出现的问题，我们称之为"例外"问题。这些"例外"问题，往往是关键问题，对成本目标的顺利完成影响很大，必须予以高度重视。例如：在成本管理中常见的成本盈亏异常现象，即盈余或亏损超过了正常的比例；本来是可以控制的成本，突然发生了失控现象；某些暂时的节约，但有可能对今后的成本带来隐患（如由于平时机械维修的节约，可能会造成未来的停工修理和更大的经济损失）等等，都应该视为"例外"问题，应进行重点检查，深入分析，并采取相应的积极的措施加以纠正。

7. 责、权、利相结合的原则

要使成本控制真正发挥及时有效的作用，必须严格按照经济责任制的要求，贯彻责、权、利相结合的原则。

在项目施工过程种，项目经理、工程技术人员、业务管理人员以及各单位和生产班组都负有一定的成本控制责任，从而形成整个项目的成本控制责任网络。另一方面，各部门、各单位、各班组在肩负成本控制责任的同时，还应享有成本控制的权利，即在规定的权利范围内可以决定某项费用能否开支、如何开支和开支多少，以行使对项目成本的实质性控制。最后，项目经理还要对各部门、各单位、各班组在成本控制中的业绩进行定期的检查和考评，并与工资分配紧密挂钩，实行有奖有罚。实践证明，只有责、权、利相结合的成本控制，才是名副其实的项目成本控制，才能收到预期的效果。

三、项目成本控制的内容

项目成本控制的基本内容包括：事前控制、成本计划执行过程中的控制和制定成本控制的基本制度。在项目成本控制中，根据控制对象的不同，控制内容也不相同，具体分述如下。

1. 以施工项目成本形成过程为控制对象

在项目成本控制中应对项目成本实行全面、全过程控制，具体控制内容包括：

（1）在工程投标阶段，应根据工程概况和招标文件，进行项目成本的预测，提出投标决策意见；

（2）施工准备阶段，应结合设计图纸的自审、会审和其他资料（如地质勘探资料等）编制实施性施工组织设计，通过多方案的技术经济比较，从中选择经济合理、先进可行的施工方案，编制明细而具体的成本计划，对项目成本进行事前控制；

（3）施工阶段，以施工图预算、施工预算、劳动定额、材料消耗定额、机械台班使用定额和费用开支为目标对实际发生的成本费用进行控制。

（4）竣工交付使用及保修期阶段，应对竣工验收过程发生的费用和保修费用进行控制。

2. 以施工项目的职能部门、施工队和生产班组作为成本控制对象

成本控制的具体内容是日常发生的各种费用和损失。这些费用和损失都发生在各部门、施工队和生产班组，因此，也应以部门、施工队和班组作为成本控制对象，接受项目经理和企业有关的指导、监督、检查和考评。

与此同时，项目的职能部门、施工队和班组还应对自己承担的责任成本进行自我控制，这是最直接、最有效的项目成本控制。

3. 以分部分项工程作为项目成本的控制对象

为了把成本控制工作做扎实、细致，落到实处，还应以分部工程作为项目成本的控制对象。在正常情况下，项目经理应该根据分部分项工程的实物量，参照施工预算定额、项目的技术特点、技术组织措施的节约计划，编制包括工、料、机消耗数量、单价、金额控制在内的施工预算，作为对分部分项工程成本进行控制的依据。

4. 以对外经济合同作为成本控制对象

在市场经济条件下，承包商的对外经济业务，都要以经济合同为纽带建立约束关系，以明确双方的权利和义务。在签订上述经济合同时，除了要根据业务要求规定时间、质量、结算方式和履（违）约奖罚等条款外，还必须强调要将合同的数量、单价、金额控制在预算收入以内。因为，合同金额超过预算收入，就意味着成本亏损；反之，就能降低成本。

四、项目成本控制的程序

在确定了项目费用控制目标之后，必须定期地进行费用计划值与实际值的比较，当实际值偏离计划值时，分析产生偏差的原因，采取适当的纠偏措施，以确保费用目标的实现。费用控制程序如下：

1. 比较

指按照某种确定的方式将费用计划值与实际值逐项进行比较，以发现费用是否已超支。

2. 分析

在比较的基础上，对比较的结果进行分析，以确定偏差的严重性及产生偏差的原因。这一程序是费用控制工作的核心，其主要目的在于找出产生偏差的原因，从而采取有针对性的措施，减少或避免相同原因的再次发生或减少发生后的损失。

3. 预测

根据项目实施情况估算整个项目完成时的费用。预测的目的在于为决策提供支持。

4. 纠偏

当工程项目的实际费用出现了偏差，应当根据工程的具体情况、偏差分析和预测的结果，采取适当的措施，以期达到使费用偏差尽可能小的目的。纠偏是费用控制中最具实质性的一步。只有通过纠偏，才能最终达到有效控制费用的目的。

5. 检查

它是指对工程的进展进行跟踪和检查，及时了解工程进展状况、纠偏措施的执行情况及其效果，为今后的工作积累经验。

上述过程是一个完整有机的整体，在实践中它们构成一个周期性的循环过程。

第二节　成本预测与成本控制实施

一、成本预测与目标成本

成本预测是在成本发生之前根据预计的各种变化情况，测算成本的降低幅度，确定降低的目标成本。

1. 施工项目成本预测依据

（1）施工项目目标成本预测的首要依据是施工企业的利润目标对企业降低工程成本的要

求。企业根据经营决策研究经营利润目标后，便对企业降低成本提出了总目标。每个施工项目的降低成本率水平应等于或高于企业的总降低成本率水平，以保证降低成本总目标的实现。在此基础上才能确定施工项目的降低成本目标和成本目标。

（2）项目合同价格。施工项目的合同价格是其收入价格，是所能取得的收入总额。施工项目的目标成本就是合同价格与目标利润（目标成本降低额与计划利润）之差。这个目标成本降低额就是企业利润目标分配到该项目的降低成本要求。根据目标成本降低额，求出目标成本降低率，再与企业的目标成本降低率进行比较，如果前者等于或大于后者，则目标成本额可行，否则，应予以调整。

（3）施工项目的成本估算（概算或预算）。成本估算（概算或预算）是根据市场价格或定额价格（计划价格）对成本发生的社会水平作出估计，它既是合同价格的基础，又是目标成本决策的依据，是量入为出的标准。这是目标成本预测最主要的依据。

（4）施工企业同类施工项目的降低成本水平。这个水平，代表了企业的成本控制水平，是该施工项目可能达到的成本水平，可用以与成本控制目标进行比较，从而作出成本目标决策。

2. 确定降低的目标成本计算

工程项目目标成本＝工程项目预算收入－税金－项目计划利润

$$\frac{工程项目降低成本}{目标（成本降低率）} = \frac{项目预算成本 - 项目目标成本}{项目预算成本} \times 100\%$$

在上式中，工程项目预算收入，在实行招投标情况下，即为工程中标的标价或承包合同确定的价格。项目计划利润包括工程法定利润和工程预计利润（即预计降低成本额）两项。其中工程预计利润是根据企业经营目标计划中的利润指标分解出来的，并通过单位工程经济承包合同规定必须实现的数额。

工程项目的目标成本也可以用盈亏平衡分析的原理来计算，其计算公式如下：

$$单位目标变动成本 = \frac{工程预算收入 - （税金 + 目标利润） - 固定成本总额}{计划完成工程量}$$

目标固定成本＝工程预算收入－（税金＋目标利润）－（计划工程量×单位目标变动成本）

以上各项公式中的目标成本，实际是计划成本或待实现成本。

3. 经济效果计算

降低成本或增产节约的措施确定后，要计算采用这些措施后的经济效果。这实际上也是对保证目标成本的预测。

（1）由于原材料、燃料、动力等物资消耗降低而使成本降低。

成本降低率＝材料成本占全部成本比重×材料、燃料等消耗降低率（％）

（2）由于生产率提高超过平均工资增长率而使成本降低。

$$成本降低率 = 工资成本占全部成本比重（\%） \times \left[1 - \frac{1 + 平均工资计划增长率（\%）}{1 + 劳动生产率计划增长率（\%）}\right]$$

（3）由于多完成工程任务，使固定费用相对节约而使成本降低。

$$成本降低率 = 固定费用占全部成本比重（\%） \times \left[1 - \frac{1}{1 + 劳动完成任务量增长率（\%）}\right]$$

（4）由于节约开支、压缩管理费用而使成本降低。

成本降低率＝管理费用占全部成本比重×费用压缩率（％）

（5）由于减少废品、返工损失而使成本降低。

成本降低率＝废品、返工损失占全部成本比重×废品、返工损失降低率（％）

将上述各项因素计算的成本降低率相加，即为测算的成本降低率，与成本降低目标进行比较，如满足要求，即可把降低成本的措施落实下来，进行成本计划的编制；如不能满足要求，则还需再分析、选择或采用其他的降低成本措施，再进行测算和比较，直到满足成本降低目标的要求为止。

由此可见，成本预测过程也是不断动员挖潜，以保证达到成本降低目标，并保证成本指标与其他各项技术经济指标平衡与衔接的过程。所以，成本预测又叫成本的试算平衡。

二、成本控制的方法

成本控制方法很多，而且有一定的随机性。也就是：在什么情况下，就要采取与之相适应的控制手段和控制方法。以下就一般常用的成本控制方法进行论述。

1. 以施工图预算控制成本支出

在成本控制中，可按施工图预算，实行"以收定支"，或者叫"量入为出"，这是最有效的方法之一。具体内容包括：

（1）人工费的控制；

（2）材料费的控制；

（3）钢管脚手、钢模板等周转设备使用费的控制；

（4）施工机械使用费的控制；

（5）构件加工费和分包工程费的控制。

2. 以施工预算控制人力资源和物质资料的消耗

资源消耗数量的货币表现就是成本费用。因此，资源消耗的减少就等于成本费用的节约；控制了资源消耗也就等于控制了成本费用。

以施工预算控制资源消耗的实施步骤和方法如下：

（1）项目开工以前，应根据设计图纸计算工程量，并按照企业定额或上级统一规定的施工定额编制整个工程项目的施工预算，作为指导和管理施工的依据。如果是边设计边施工的项目，则编制分阶段的施工预算。

在施工过程中，如遇工程变更或改变施工方法，应由预算员对施工预算作统一调整和补充，其他人不得任意修改施工预算，或故意不执行施工预算。

施工预算对分部分项工程的划分，原则上应与施工工序相吻合，或直接使用施工作业计划的"分项工程工序名称"，以便与生产班组的任务安排和施工任务单的签发取得一致。

（2）对生产班组的任务安排，必须签发施工任务单、限额领料单和单机核算单，并向生产班组进行技术交底。施工任务单、限额领料单和单机核算单的内容应与施工预算完全相符，不允许篡改施工预算，也不允许有定额不用而另行估工。

（3）在施工任务单、限额领料单和单机核算单的执行过程中，要求生产班组根据实际完成的工程量和实耗人工、实耗材料做好原始记录，作为施工任务单、限额领料单和单机核算单结算的依据。

（4）任务完成后，根据回收的任务单、限额领料单和单机核算单进行结算，并按照结算内容支付报酬（包括奖金）。

此外还有建立资源消耗台账，实行资源消耗的中间控制法、应用成本与进度同步跟踪的方法控制分部（分项）工程成本等方法。

三、降低成本的途径和措施

降低成本的途径应该是既开源又节流，或者说既增收又节支。具体体现在：

（1）改进施工工艺，合理组织施工。施工过程中的劳动力消耗、材料消耗、机械台班消耗以及费用支出，很大程度上都是由施工方案和施工组织设计水平控制的。施工工艺和施工组织设计的合理性是最大的节约。例如，哪些构件采用现浇，哪些构件采用预制；是现场预制还是工厂预制；构件吊装采用何种设备和方式；准备采用哪些新工艺、新技术、新材料；怎样改进劳动组织等，都需要进行认真研究，必要时，还应进行多方案比较。

（2）提高劳动生产率，节约开支。劳动生产率是指施工全过程中的劳动效率。提高劳动生产率，意味着以一定的劳动消耗完成较多的工程量。劳动生产率有价值指标和实物指标两种形式。劳动生产率的价值指标，一般用全员劳动生产率表示，可按总产值或净产值计算。

$$全员劳动生产率（元／人）＝\frac{报告期实际完成产值}{报告期全部职工平均人数}$$

劳动生产率的实物指标，一般按实物工程量计算。

$$职工年人均完成工程量＝\frac{完成的工程量}{平均人数}$$

（3）节约材料费用。节约材料费用应从量差和价差两方面着手，即从订货、采购、运输、入库验收、仓库保管、集中加工、合理下料、节约代用、回收利旧到综合利用各环节严格控制。

（4）节约机械使用费。在工程上应讲求机械设备的合理配备，加强设备的维修保养，提高机械设备的利用率和效率，降低机械台班使用费。此外，在设备购置与租赁两者之间做出科学的决策。

（5）保证工程质量，减少返工损失，实行全面质量管理，减少和防止不合格品、废品损失和返工损失。

（6）加强安全施工管理，杜绝安全事故，减少事故损失。

（7）节约施工现场管理费用。公路项目施工管理，涉及面广，协作关系复杂，如不加强管理，就会增加许多费用。施工管理应本着艰苦奋斗，勤俭办事的方针，量入为出，精打细算，节约开支，实行指标分层管理，提高管理效率，压缩编制，减少非生产人员，避免人浮于事的现象。

第三节　成本核算与分析

一、成本核算

成本核算就是记录、汇总和计算工程项目各项费用的支出，核算工程的实际成本。搞好成本核算，可以划清工程成本与其他费用开支的界限。例如，工程成本与购置新设备费用开支的界限；工程成本与违反政策、经济合同被罚款的界限等。

1. 施工项目成本核算对象划分

成本核算对象，是指在计算工程成本中，确定归集和分配生产费用的具体对象，即生或费用承担的客体。成本计算对象的确定，是设立工程成本明细分类账户，归集和分配生产费用以及正确计算工程成本的前提。

具体的成本核算对象主要应根据企业生产的特点加以确定，同时还应考虑成本管理上的要求。由于公路建筑产品用途的多样性，带来了设计、施工的单件性。每一建筑安装工程都有其独特的形式、结构和质量标准，需要一套单独的设计图纸，在建造时需要采用不同的施工方法和施工组织。即使采用相同的标准设计，但由于建造地点的不同，在地形、地质、水文以及交通等方面也会有差异。施工企业这种单件性生产的特点，决定了施工企业成本核算对象的独特性。

施工项目不等于成本核算对象。一个施工项目包括多个单位工程，需要分别核算。单位工程是编制工程预算，制订施工项目成本计划和与建设单位结算工程价款的计算单位。按照分批（定单）法原则，施工项目成本一般应以每一独立编制施工图预算单位工程为成本核算对象，但也可以按照承包工程项目的规模、工期、结构类型、施工组织和施工现场等情况，结合成本管理要求，灵活化分成本核算对象。一般来说有以下几种划分方法：

（1）一个单位工程由几个施工单位共同施工时，各施工单位都应以同一单位工程为成本核算对象，各自核算自行完成的部分。

（2）规模大，工期长的单位工程，可以将工程划分为若干单位，以分部位的工程作为成本核算对象。

（3）同一建设项目，由同一施工单位施工，并在同一施工地点，属同一结构类型，开竣工时间详尽的若干单位工程，可以合并成为一个成本核算对象。

（4）改建、扩建的零星工程，可以将开竣工时间相近，属于同一建设项目的各个单位工程合并作为一个成本核算对象。

（5）土石方工程，打桩工程，可以根据实际情况和管理需要，以一个单项工程为成本核算对象，或将同一施工地点的若干个工程量较少的单项工程合并作为一个成本核算对象。

成本核算对象确定后，各种经济、技术资料归集必须统一，一般不要中途变更，以免造成项目成本核算不实，结算漏账和经济责任不清的弊端。这样划分成本核算对象，是为了细化项目成本核算和考核项目经济效益，丝毫没有削弱项目经理部作为工程承包合同事实上的履约主体和对工程最终产品以及建设单位负责的管理实体的地位。

2. 施工项目成本核算的原则

为了发挥施工项目成本管理职能，提高施工项目管理水平，施工项目成本核算就必须讲求质量，才能提供对决策有用的成本信息。要提高成本核算质量，除了建立合理、可行的施工项目成本管理系统外，很重要的一条，就是遵循成本核算的原则。概括起来一般有下列原则：

1）确认原则

是指对各项经济业务中发生的成本，都必须按一定的标准和范围加以认定和记录。只要是为了经营目的所发生的或预期要发生的，并要求得以补偿的一切支出，都应作为成本来加以确认。正确的成本确认往往与一定的成本核算对象、范围和时期相联系，并必须按一定的确认标准来进行。这种确认标准具有相对的稳定性，主要侧重定量，但也会随着经济条件和管理要求的发展而变化。在成本核算中，往往要进行再确认，甚至是多次确认。如确认是否属于成本，是否属于特定核算对象的成本（如施工临时设施先算搭建成本，使用后算摊销费）以及是否属于核算当期成本等。

2）分期核算原则

施工生产是川流不息的，企业（项目）为了取得一定时期的施工项目成本，就必须将施工生产活动划分若干时期，并分期计算各期项目成本。成本核算的分期应与会计核算的分期相一致，这样便于财务成果的确定。《企业会计准则》第51条指出，成本分期核算，与项目都必须按月进行。至于已完施工项目成本的核算，可以是定期的，按月结转，也可以是不定期的，等到工程竣工后一次结转。

3）相关性原则

也称"决策有用原则"。《企业会计准则》第11条指出："会计信息应当符合国家宏观经济管理的要求，满足有关方面了解企业财务状况和经营成果的需要，满足企业加强内部经营管理的需要"。因此，成本核算要为企业（项目）成本管理目的服务，成本核算不只是简单的计算问题，要与管理融于一本。所以，在具体成本核算方法、程序和标准的选择上，在成本核算对象和范围的确定上，应与施工生产经营特点和成本管理要求特性相结合，并与企业（项目）一定时期的成本管理水平相适应。正确地核算出符合项目管理目标的成本数据和指标，真正使项目成本核算成为领导的参谋和助手。无管理目标，成本核算是盲目和无益的，无决策作用的成本信息是没有价值的。

4）一贯性原则

指企业（项目）成本核算所采用的方法应前后一致。《企业会计原则》第51条指出："企业也可以根据生产经营特点，生产经营组织类型和成本管理的要求自行确定成本计算方法。但一经确定，不得随意变动"。

只有这样，才能使企业各期成本核算资料口径统一，前后连贯，相互可比。成本核算办法的一贯性原则体现在各个方面，如耗用材料的计价方法，折旧的计提方法，施工间接费的分配方法，未完施工的计价方法等。坚持"一贯性"原则，并不是一成不变，如确有必要变更，要有充分的理由对原成本核算方法进行改变的必要性作出解释，并说明这种改变对成本、对信息的影响。如果随意变动成本核算方法，并不加以说明，则有对成本、利润指标、盈亏状况弄虚作假的嫌疑。

与"可比性"原则不同的是："可比性"原则要求企业（项目）尽可能使用统一的成本核算、会计处理方法和程序，以便横向比较。而"一贯性"原则则要求同一成本核算单位在不同时期尽可能采用相同的成本核算、会计处理方法和程序，以便于不同时期的纵向比较。

5）实际成本核算原则

这是指企业（项目）核算要采用实际成本计价。《企业会计准则》第52条指出："企业应当按实际发生额核算费用和成本。采用定额成本或者计划成本方法的，应当合理计算成本差异，月终编制会计报表时，调整为实际成本"。即必须根据计算期内实际产量（已完工程量）以及实际消耗和实际价格计算实际成本。

6）及时性原则

指企业（项目）成本的核算，结转和成本信息的提供应当在要求时期内完成。要指出的是，成本核算"及时性"原则，并非越快越好，而是要求成本核算和成本信息的提供，以确保真实为前提，在规定时期内核算完成，在成本信息尚未失去时效情况下适时提供，确保不影响企业（项目）其他环节会计核算工作的顺利进行。

7）配比原则

是指营业收入与其相对应的成本，费用应当相互配合。为取得本期收入而发生的成本和费用，应与本期实现的收入在同一时期内确认入账，不得脱节，也不得提前或延后。以便正确计算和考核项目经营成果。

8）权责发生制原则

这是指凡是当期已经实现的收入和已经发生或应当负担的费用，不论款项是否收付，都应作为当期的收入或费用处理；凡是不属于当期的收入和费用，即使款项已经在当期收付，都不应作为当期的收入和费用。"权责发生制"原则主要从时间选择上确定。成本会计确认的基础，其核心是根据权责关系的实际发生和影响期间来确认企业的支出和收益。根据权责发生制进行收入与成本费用的核算，能够更加准确地反映特定会计期间企业（项目）真实的财务成本状况和经营成果。

9）谨慎原则

是指在市场经济条件下，在成本、会计核算中应当对企业（项目）可能发生的损失和费用，作出合理预计，以增强抵御风险的能力。为此，《企业会计准则》规定企业可以采用后进先出法、提取坏账准备、加速折旧法等，体现"谨慎"原则的要求。

10）划分收益性支出与资本性支出原则

划分收益性支出与资本性支出是指成本会计核算应当严格区分收益性支出与资本性支出界限，以正确地计算当期损益。所谓收益性支出是指该项支出发生是为了取得本期收益，即仅仅与本期收益的取得有关，如支付工资、水电费支出等。所谓资本性支出是指不仅为了取得本期收益而发生的支出，同时该项支出的发生有助于以后会计期间的支出，如购建固定资产支出。

11）重要性原则

是指对于成本有重大影响的业务内容，应作为核算的重点，力求精确，而对于那些不太重要的琐碎的经济业务内容，可以相对从简处理，不要事无巨细，均作详细核算。坚持重要性原则能够使成本核算在全面的基础上保证重点，有助于加强对经济活动和经营决策有重大影响和有重要意义的关键性问题的核算，达到事半功倍，简化核算，节约人力、财力、物力，提高工作效率的目的。

12）明晰性原则

是指项目成本记录必须直观、清晰、简明、可控、便于理解和利用。使项目经理和项目管理人员了解成本信息的内涵，弄懂成本信息的内容，便于信息利用，有效地控制本项目的成本费用。

3. 施工项目成本核算任务和要求

1）施工项目成本核算的任务

鉴于施工项目成本核算在施工项目成本管理所处的重要地位，施工项目成本核算应完成以下基本任务：

（1）执行国家有关成本开支范围，费用开支标准，工程预算定额和企业施工预算，成本计划的有关规定，控制费用，促使项目合理，节约地使用人力、物力和财力。这是施工项目成本核算的先决前提和首要任务。

（2）正确及时地核算施工过程中发生的各项费用，计算施工项目的实际成本。这是项目成本核算的主体和中心任务。

（3）反映和监督施工项目成本计划的完成情况，为项目成本预测，为参与项目施工生产、技术和经营决策提供可靠的成本报告和有关资料，促进项目改善经营管理，降低成本，提供经济效益。这是施工项目成本核算的根本目的。

2）施工项目成本核算的要求

为了圆满地达到施工项目成本管理和核算目的，正确及时地核算施工项目成本，提供对决策有用的成本信息，提高施工项目成本管理水平，在施工项目成本核算中要遵守以下基本要求：

（1）划清成本、费用支出和非成本、费用支出界限。

这是指划清不同性质的支出，即划清资本性支出和收益性支出和其他支出，营业支出与营业外支出的界限。这个界限，也就是成本开支范围的界限。企业为取得本期收益而在本期内发生的各项支出，根据配比原则，应全部作为本期的成本或费用。只有这样才能保证在一定时期内不会虚增或少记成本或费用。至于企业的营业外支出，是与企业施工生产经营无关的支出，所以不能构成工程成本。《企业会计准则》第54条指出："营业外收支净额是指与企业生产经营没有直接关系的各种营业外收入减去营业外支出后的余额"。所以如误将营业外收支作为营业收支处理，就会虚增或少记企业营业（工程）成本或费用。

（2）正确划分各种成本、费用的界限。

这是指对允许列入成本、费用开支范围的费用支出，在核算上应划清的几个界限：

① 划清施工项目工程成本和期间费用的界限；

② 划清本期工程成本与下期工程成本的界限；

③ 划清不同成本核算对象之间的成本界限；

④ 划清未完工程成本与已完工程成本的界限。

上述几项成本费用界限的划分过程，实际上也是成本计算过程。只有划分清楚成本的界限，施工项目成本核算才能正确。这些费用划分得是否正确，是检查评价项目成本核算是否遵循基本核算原则的重要标志。但应当指出，不能将成本费用界限划分的做法过于绝对化，因为有效费用的分配方法具有一定的假定性。成本费用界限划分只能做到相对正确，片面地花费大量人力、物力来追求成本划分的绝对精确是不符合成本—效益原则的。

（3）加强成本核算的基础工作：

① 建立各种财产物资的收支、领退、转移、报废、清查、盘点、索赔制度；

② 建立、健全与成本核算有关的各项原始记录和工程量统计制度；

③ 制订或修订工时、材料、费用等各项内部消耗定额以及材料、结构件、作业、劳务的内部结算指导价；

④ 完善各种计量检测设施，严格计量检验制度，使项目成本核算具有可靠的基础。

（4）项目成本核算必须有账有据。

成本核算中要运用大量数据资料，这些数据资料的来源必须真实可靠，准确、完整、及时。一定要以审核无误，手续齐备的原始凭证为依据。同时，还要根据内部管理和编制报表的需要，按照成本核算对象、成本项目、费用项目进行分类、归集，因此要设置必要的生产费用账册（正式成本账）进行登记，并增设必要的成本辅助台账。

二、成本分析

成本分析就是利用有关资料，对施工项目成本形成情况、变动原因进行评价和剖析。成本分析可以从以下几方面进行：

（1）分析一定时期内降低成本的总情况。对同类项目的前后时期进行比较，观察成本变化情况及其发展趋势。

（2）分析人工费节超的原因。从工人结构的变化、平均工资的变化、工时利用的水平、工效的升降等方面，分析主客观因素，查明劳动力使用和定额管理上节约浪费的原因。

（3）分析材料费节超的原因。从材料的采购、运输、管理、使用等环节着手，分析材料价差和量差的影响，着重分析采取各项技术组织措施（包括就地取材、修旧利废等）节约材料的效果，以及由于施工、管理不善所造成的浪费损失。

（4）分析机械使用费节超的原因。根据施工方案的选择、机械化程度的变化、机械效率的高低、机械油耗定额以及机械维修保养、完好率和利用率等情况，具体分析台班产量定额的工效差及台班费用的成本差。着重分析提高机械效率措施的效果，以及管理不善造成的各种损失。

（5）分析其他直接费节超的原因。着重分析二次搬运费的节约和浪费，以及现场施工用水、电、气等消耗量的节约和浪费。

（6）分析管理费节超的原因。从施工生产任务和组织机构人员配备的变化、非生产人员的增减、各项开支的节约和浪费等方面，分析施工（生产）管理费绝对节超和相对节超的原因，着重分析贯彻节约制度的效果和费用开支管理上存在的问题。

（7）分析合理化建议、技术革新对降低成本的作用和影响，避免片面追求节约，而忽视质量现象的发生。

（8）分析开展班组核算和群众性的增产节约活动对降低成本的作用和影响。

（9）分析开展全优工程竞赛对降低成本的作用和影响。

（10）分析实行奖励制度对降低成本的作用和影响，检查有无因奖罚不分明而影响成本的现象。

（11）对全优工程，还应根据其竣工成本结算，进行从开工到竣工整个施工过程的经济效果总分析，内容包括：

①根据施工组织设计的要求，对全优工程实现多、快、好、省方面进行全面分析，并与同类型结构的其他全优工程进行多方面的比较（包括质量、工期、单位面积用工和成本等）；

②对人工、材料、机械进行数量分析，将施工预算用量和实际用量加以比较，确定其数量差异，并查明其原因。

三、成本考核

施工过程中定期考核成本是成本控制的好办法。一般应该每隔 1～3 个月进行一次，直至工程结束。成本考核的主要内容：

（1）是否编制项目成本计划及现场经费、工料机消耗量计划；

（2）分管的成本费用指标是否完成；

（3）是否对工料机消耗情况进行有效监控；

（4）是否按规定详细记录各种原始资料；

（5）是否按规定提交成本核算、分析资料；

（6）是否对操作层进行有效管理和积极支持；

（7）分包合同、分包结算、分包工程款支付是否有效；

（8）变更索赔工作是否有明显成效。

考核中可对照预先编审后的成本分解表进行逐项对照检查（见表 14-1 和表 14-2）。

考核从最基层开始，也就是说从自有施工队伍承包合同和协作队伍经济合同开始进行考核；考核工料机和其他现场管理费，考核经济合同执行情况；要认真进行工程、库存、资金等盘点工作。

要同时考核项目部本级机构和项目部上级机构的开支情况。

凡发生超过分解额的各个部分，都要查找其超出原因。相反，对于有结余的部分，也要查清原因。总之，各个分项是盈是亏都要查清真正原因，从而达到总结经验，克服缺陷的目的。

项目工程成本分解表　　　　　　　　　　　　　　　　　表 14-1

序　号			费 用 名 称	单位	金额	执行责任人	备　注
一			项目概况				
	一		中标总价				不含暂定金、监理费
	二		预算总价				
	三		降低额				（三）＝（二）－（一）
	四		降价率				（四）＝（三）÷（二）
	五		实施总价				
	六		利润				
	七		技术装备费				
二			工程成本分解				
	一		上级费用				
		1	各级各种管理费				
		2	税金				
		3	其他费				
	二		项目部本级费用				
		（一）	间接费用				
		1	工作人员工资				
		2	工作人员福利费				
		3	劳动保护费				
		4	办公费				
		5	差旅交通费				
		6	行政固定资产折旧费				
		7	行政固定资产修理费				
		8	行政工具斥具使用费				
		（二）	管理费用				
		1	业务招待费				
		2	会议费				
		3	教育经费				
		4	其他费				
	三		对外分包费用				列出相应的实物工作量及议定的单价
		（一）	××协作队				
		⋮					

331

序 号			费用名称	单位	金额	执行责任人	备 注
	（二）		××协作队				
	⋮						
	四		自有施工队完成工程费用				列出相应的实物工作量及议定的单价
		1	人工费				
		2	材料费				
		3	机械使用费				
		4	其他费				
		5	待（停）工期费用				
	五		油材料代办费用				列出中标书内认定的油材料数量及单价
		1	××协作队油材料代办费用				
		⋮	××协作队油材料代办费用				
		2	××协作队油材料代办费用				
		⋮					

项目成本考核分析表

表 14-2

报告期   年   月   日

序 号			费用名称	单位	报告期		盈亏（＋、－）	执行责任人	原因分析
					计划数	实际数			
一			工程结算收入						
二			工程直接成本						
三			项目部本级实际开支						
四			上交费用						
五			其他收入						
六			其他支出						
七			项目利润总额						（七）＝（一）－（二）－（三）－（四）＋（五）－（六）
八			技术装备费						
九			工程实际成本分类						
	一		上级费用						
		1	各级各种管理费						
		2	税金						
		3	其他费						
	二		项目部本级费用						
		（一）	间接费用						

序号		费用名称	单位	报告期		盈亏（＋、－）	执行责任人	原因分析
				计划数	实际数			
	1	工作人员工资						
	2	工作人员福利费						
	3	劳动保护费						
	4	办公费						
	5	差旅交通费						
	6	行政固定资产折旧费						
	7	行政固定资产修理费						
	8	行政工具用具使用费						
	（二）	管理费用						
	1	其中：业务招待费						
	2	会议费						
	3	教育费						
	4	其他费						
三		对外分包费用						
	（一）	××协作队						
	⋮							
	（二）	××协作队						
	⋮							
四		施工队完成工程费用						
	1	人工费						
	2	材料费						
	3	机械使用费						
	4	其他费						
	5	待（停）工期费用						
五		油材料代办费用						
	1	××协作队油材料代办费用						
	⋮							
	2	××协作队油材料代办费用						
	⋮							
	3	机械使用费						
	4	其他费						

说明：

第十五章　施工项目的其他管理内容

第一节　生产要素管理

一、施工项目生产要素管理的概念

1. 什么是生产要素

生产要素是指形成生产力的各种要素。形成生产力的第一要素是科学技术。科学技术的水平，决定和反映了生产力的水平。科学技术被劳动者所掌握，并且融汇在劳动对象和劳动手段中，便能形成相当于科学技术水平的生产力水平。生产力的要素还包括劳动力，即具有劳动能力的人。人是生产力中最活跃的因素，他掌握生产技术，运用劳动手段，作用于劳动对象，从而形成生产力。劳动手段是指机械、设备工具和仪器等不动产，它只有被人所掌握才能形成生产力。劳动对象是指掌握一定的科学技术，利用劳动手段，进行"改造"的对象。通过"改造"，使劳动对象形成为产品，即输入劳动对象，产出具有价值和使用价值的产品，它包括各种材料或半成品。在商品生产条件下，进行生产活动，发挥生产力的作用进行劳动对象的改造，还必须有资金，资金也是生产要素，因为它是财产和物资的货币表现。也可以说资金是一定的货币和物资的价值的总和，它是一种流通手段。投入生产的劳动对象、劳动手段和劳动力，只有支付一定的资金才能得到；也只有得到一定的资金，生产者才能将产品销售给用户，并以此维持再生产活动或扩大再生产活动。

施工项目的生产要素是指生产力作用于施工项目的有关要素。也可以说是投入施工项目的劳动力、材料、机械设备、技术和资金诸要素。加强施工项目管理，必须对施工项目的生产要素认真研究，强化其管理。

2. 施工项目生产要素管理的意义

施工项目生产要素管理的最根本意义在于节约活劳动和物化劳动。具体来说有以下意义：

（1）进行生产要素优化配置，即适时、适量、比例适当、位置适宜地配置或投入生产要素，以满足施工需要。

（2）进行生产要素的优化组合，即投入施工项目的生产要素，在施工过程中搭配适当，协调地在项目中发挥作用，有效地形成生产力，适时、合格地生产出理想产品（工程）。

（3）在施工项目运转过程中，对生产要素进行动态管理。项目的实施过程是一个不断变化的过程，对生产要素的需求在不断变化，平衡是相对的，不平衡是绝对的。因此生产要素的配置和组合也就需要不断调整，这就需要动态管理。动态管理的目的和前提是按照项目的内在规律，有效地计划、组织、协调、控制各生产要素，使之在项目中合理流动，在动态中寻求平衡。

（4）在施工项目运行中，合理、节约地使用资源，以取得节约资源（资金、材料、设备、劳动力）的目的。

3．施工项目生产要素管理的主要环节

（1）编制生产要素计划。编制生产要素计划的目的，是对资源投入量、投入时间、投入步骤作出合理安排，以满足施工项目实施的需要。计划是优化配置和组合的手段。

（2）生产要素的供应。是按编制的计划，从资源的来源，到投入到施工项目进行实施，使计划得以实现，施工项目的需要得以保证。

（3）节约使用资源。即根据每种资源的特性，设计出科学的措施，进行动态配置和组合，协调投入，合理使用，不断纠正偏差，以可能少的资源，满足项目的使用，达到节约的目的。

（4）进行生产要素投入、使用与产出的核算，实现节约使用的目的。

（5）进行生产要素使用效果的分析。一方面是对管理效果的总结，找出经验和问题，评价管理活动；另一方面又为管理提供储备和反馈信息，以指导以后（或下一循环）的管理工作。

二、劳动力管理

（一）劳动力的优化配置

劳动力优化配置的目的是保证生产计划或施工项目进度计划的实现，使人力资源得到充分利用，降低工程成本。与此相关的问题是：劳动力配置的依据与数量，劳动力的配置方法和来源。

1．劳动力配置的依据

（1）就企业来讲，劳动力配置的依据是劳动力需要量计划。企业的劳动力需要量计划是根据企业的生产任务与劳动生产率水平计算的。

（2）就施工项目而言，劳动力的配置依据是施工进度计划。

2．劳动力的配置方法

一个施工企业，当已知劳动力需要数量以后，应根据承包的施工项目，按其施工进度计划和工种需要数量进行配置。因此，劳动管理部门必须审核施工项目的施工进度计划和其劳动力需要计划。每个施工项目劳动力分配的总量，应按企业的建筑安装工人劳动生产率进行控制。

（1）应在劳动力需用量计划的基础上再具体化，防止漏配。必要时根据实际情况对劳动力计划进行调整。

（2）如果现在的劳动力能满足要求，配置时尚应贯彻节约原则。如果现有劳动力不能满足要求，项目经理部应向企业申请加配，或在企业经理授权范围内进行招聘，也可以把任务转包出去，对投入本工程的主要人员进行有效控制。培训任务主要由项目人力部门承担，项目经理部只能进行辅助培训，即临时生的操作训练或试验性操作练兵，进行劳动纪律、工艺流程及安全作业教育等。

（3）配置劳动力的数量和质量时应积极可靠。让工人有超额完成的可能，以获得奖励，进而激发出工人的劳动热情。

（4）尽量使作业层正在使用的劳动力和劳动组织保持稳定，防止频繁调动。当在用劳动组织不适应任务要求时，应进行劳动组织调整，并应敢于打乱原建制进行优化组合。

（5）为保证作业需要，工种组合、技术工人与职工比例必须适当且配套。

（6）尽量使劳动力配置均衡，以便于管理，使劳动资源强度适当，达到节约的目的。

在劳动力的配置中，项目的关键岗位主要有：项目经理、"五大员"、测量员和试验员、特种作业人员、行政车辆驾驶员、食堂炊事员。各岗位人员均需持有相应的上岗资格证书。

（二）劳动力的组织形式

项目施工中的劳动力组织形式，是指劳务市场向施工项目供应劳动力的组织方式及施工班组中工人的结合方式。施工项目的劳动力组织形式有以下几种：

（1）企业劳务部门所管理的劳动力，应组织成专业队（或称劳务承包队），可以成建制地或部分地承包项目经理部所管辖的一部分或全部工程的劳务作业。该作业队内 10 人以内的管理人员，可管辖 200～400 人的施工队伍。其职责是接受劳务部门的派遣，承包工程，进行内部核算，职工培训，思想工作，生活服务，支付工人劳动报酬。如果企业规模较大，还可由 3～5 个作业队组成劳务分公司，亦实行内部核算。作业队内划分班组。

（2）项目经理部根据计划与劳务合同，接受到作业队派遣的作业人员后，应根据工程的需要，或保持原建制不变，或重新进行组合。组合的形式有三种：

① 专业班组。即按施工工艺，由同一工种（专业）的工人组成的班组。专业班组只完成其专业范围内的施工过程。这种组织形式有利于提高专业施工水平，提高熟练程度和劳动效率，但是给协作配合增加了难度。

② 混合班组。它由相互联系的多工种组成，可以在一个集体中进行混合作业，工作中可以打破每个工人的工种限制。这种班组对协作有利，但却不利于专业技能及熟练水平的提高。

③ 大包队。这实际上是扩大了作业班组或混合班组，适用于一个单位工程或分部工程的作业承包。该队内还可以划分专业班组。其优点是可以进行综合承包，独立施工能力强，有利于协作配合，简化了管理工作。

（三）劳务承包责任制

企业内部的劳动服务方式应当实行劳务承包责任制，即由企业劳务管理部门与项目经理部通过签订劳务承包合同承包劳务，派遣作业队完成承包任务。作业队到达现场以后，服从项目经理部的具体安排，接受根据承包合同下达的大包任务书或施工任务单，按大包任务书或任务单的要求施工。

1. 企业劳务部门与项目经理部签订劳务合同的内容

一份企业劳务管理部门和项目经理部签订的劳务合同，应包括下列内容：

（1）作业任务及应提供的计划工日数和劳动力人数。

（2）进度要求及进场、退场时间。

（3）双方的管理责任。

（4）劳务费计取及结算方式。

（5）奖励与罚款。

其中关键内容是双方的责任。企业劳务管理部门应负责包任务量完成，包进度，包质量，包安全，包节约，包文明施工，包劳务费用。项目经理部应负责作业队进场后的各种保证：保施工任务饱满和生产的连续性、均衡性，保物资供应和机械配套，保各项质量、安全防护措施落实，保技术资料及时供应，保文明施工所需的一切费用及设施等。

2. 劳动管理部门向作业队下达劳务承包责任状

责任状是上级向下级下达任务，下级向上级做出承诺的协议形式文件，它不同于合同之处就在于，前者体现上下级之间的领导与被领导关系，而后者体现平等关系。责任状根据已签订的合同建立，劳务承包责任状的主要内容如下：

（1）作业队承包的任务内容及进度计划安排。

（2）对作业队的进度、质量、安全、节约、协作和文明施工要求。

（3）考核标准及作业队应得的报酬、上缴任务。

（4）对作业队的奖罚规定。

（四）劳动力的动态管理

劳动力的动态管理指的是根据生产任务和施工条件的变化对劳动力进行跟踪平衡、协调，以解决劳务失衡、劳务与生产要求脱节的动态过程。其目的是实现劳动力动态的优化组合。

1. 劳动管理部门对劳动力的动态管理起主导作用

由于企业劳务部门对劳动力进行集中管理，故它在动态管理中起着主导作用。它应做好以下几个方面的工作：

（1）根据施工任务的需要和变化，从社会劳务市场中招募和遣返（辞退）劳动力。

（2）根据项目经理部所提出的劳动力需要，立即呼吁项目经理部签订劳务合同，并按合同向作业队下达任务，派遣队伍。

（3）对劳动力进行企业范围内的平衡、调度和统一管理。施工项目中的承包任务完成后收回作业人员，重新进行平衡、派遣。

（4）负责对企业劳务人员的工资奖金管理，实行按劳分配，兑现合同中的经济利益条款，进行合乎规章制度及合同约定的奖罚。

2. 项目经理部是项目施工范围内劳动力动态管理的直接责任者

项目经理部劳动力动态管理的责任是：

（1）按计划要求向企业劳务管理部门申请派遣劳务人员，并签订劳务合同。

（2）按计划在项目中分配劳务人员，并下达施工任务单或承包任务书。

（3）在施工中不断进行劳动力平衡、调整，解决施工要求与劳动力数量、工种、技术能力、相互配合中存在的矛盾。在此过程中按合同与企业劳务部门保持信息沟通、人员使用和管理的协调。

（4）按合同支付劳务报酬。解除劳务合同后，将人员遣归企业内部劳务市场。

3. 劳动力动态管理的原则

（1）动态管理以进度计划与劳务合同为依据。

（2）动态管理应始终以企业内部市场为依托，允许劳动力在市场内作充分的合理流动。

（3）动态管理应以动态平衡和日常调度为手段。

（4）动态管理应以达到劳动力优化组合和以作业人员的积极性充分调动为目的。

（五）施工项目的劳动分配方式

1. 劳动分配的内容

施工项目劳动分配的内容包括以下方面：

（1）作业队劳务费的收入。

（2）作业队对班组劳动报酬的支付及奖罚收支。

（3）作业队向劳务管理部门上缴任务的完成。

（4）班组内部的分配。

（5）项目经理部与企业劳务部门劳务费结算。

2．劳动分配的依据

（1）企业的劳动分配制度。

（2）劳动工资核算资料及设计预算。

（3）劳务承包合同及劳务责任状。

（4）劳务考核结果。

3．劳动分配的一般方式

（1）企业劳务部门与项目经理部签订劳务承包合同时，即根据包工资、包管理费的原则，在承包造价的范围内，扣除项目经理部的现场管理工资和应向企业上缴的管理费分摊额，对承包劳务费进行合同约定。项目经理部按核算制度，按月结算，向劳务管理部门支付。

（2）劳务管理部门负责按劳务责任状向作业队支付劳务费，该费用支付额根据劳务合同收入总量，扣除劳务管理部门管理费及应缴企业部分，经核算后支付。作业队按月进度收取。

（3）作业队向工人班组支付工资及奖金，按计件工资制，在考核进度、质量、安全、节约、文明施工的基础上进行支付。考核时宜采用计分制。

（4）班组向工人进行分配实行结构工资制，并根据表现对考核结果进行浮动。

三、材料管理

（一）施工项目的材料供应

施工项目材料管理的目的是贯彻节约原则，节约材料费用，降低工程成本。由于材料费在流动资金占用中和工程成本中所占的比重最大，故加强材料管理是提高施工企业经济效益的最主要途径。

材料供应是材料管理的首要环节，与材料供应市场关系极大。问题的焦点集中在项目施工应建立怎样的材料供应体制上。

1．材料供应权应主要集中在法人层次上

企业取得了物资采购权以后应建立统一的供料机构，对工程所需的主要材料、大宗材料实行统一计划、统一采购、统一供应、统一调度和统一核算。承担"一个漏斗，两个对接"的功能，即一个企业绝大部分材料主要通过企业层次的材料机构进入企业，形成"漏斗"；企业的材料机构既要与社会建材市场"对接"，又要与本企业的项目管理层"对接"。这种做法可以扭转当前企业多渠道供料，多层次采购的低效状态；可以把材料管理工作贯穿于施工项目管理的全过程，即投标报价、落实施工方案、组织项目班子、编制供料计划、组织项目材料核算、实施奖惩的全过程；有利于建立统一的企业内部建筑材料市场，进行材料供应的动态配置和平衡协调；有利服务于各项目的材料需求。使企业法人的材料供应地位既不能被社会材料市场所代替，又不能被众多的项目管理班子所代替。

2．项目经理部有部分的材料采购供应权

为满足施工项目材料特殊需要，调动项目管理层的积极性，企业应给项目经理一定的材料采购权，负责采购供应计划外材料、特殊材料和零星材料，做到两层互补，不留缺口。对企业材料部门的采购，项目管理层也应有建议权。这样，施工项目材料管理的主要任务便集中于提出需要量计划，与企业材料部门签订供料合同，控制材料使用，加强现场管理，设计材料节约措施，完工后组织材料结算与回收等。随着建材市场的扩大和完善，项目经理部的材料采购供应权越来越大。

3. 企业应建立内部材料市场

材料的企业内部市场，企业材料部门是卖方，项目管理层是买方。各自的权限和利益由双方签订买卖合同加以明确。除了主要材料由内部材料市场供应外，周转材料、大型工具均采用租赁方式，小型及随手工具采取支付费用方式由班组在内部市场自行采购。

材料内部市场建立后，作为卖方的企业材料部门，同时负有企业材料管理的责任，这些责任主要包括：制定本企业材料管理规章制度；发布市场信息，指导编制项目材料需要计划和降低成本计划，检查计划实施情况，总结材料管理经验教训并提出改进措施。

（二）施工项目现场材料管理

凡项目所需要的各类材料，自进入施工现场至施工结束清理现场为止的全过程所进行的材料管理，均属施工现场材料管理的范围。

1. 现场材料管理责任

施工项目经理是现场材料管理全面领导责任者；施工项目经理部主管材料人员是施工现场材料管理直接责任人；班组料具员在主管材料员的业务指导下，协助班组长组织和监督本班组领、用、退料。对现场材料员应建立材料管理岗位责任制。

2. 现场材料管理的内容

（1）材料计划管理。项目开工前，向企业材料部门提出一次性计划，作为供应备料依据；在施工中，根据工程变更及调整的施工预算，及时向企业材料部门提出调整供料月计划，作为供应部门组织加工和向现场送货的依据；根据施工平面图对现场设施的设计，按使用期提出施工设施用料计划，报供应部门作为送料的依据；按月对材料计划的执行情况进行检查，不断改进材料供应。

（2）材料进场验收。为了把住材料质量和数量关，在材料进场时必须根据进料和送料凭证、质量保证书或产品合格证，进行材料的数量和质量验收；验收工作按质量验收规范和计量检测规定进行；验收内容包括品种、规格、型号、质量、数量、证件等；验收要做好记录、办理验收手续；对不符合计划要求或质量不合格的材料应拒绝验收。

（3）材料的储存与保管。进库的材料应验收入库，建立台账；现场的材料必须防火、防盗、防雨、防变质、防损坏；施工现场材料的放置要按平面布置图实施，做到位置正确、保管得当、合乎堆放保管制度；要日清、月结、定期盘点、账物相符。

（4）材料领发。凡有定额的工程用料，凭限额领料单领发材料；施工设施用料也实行定额发料制度，以设施用料计划进行总控制；超限额的用料，用料前应办理手续，填制限额领料单，注明超耗原因，经签发批准后实施；建立领发料台账，记录领发状况和节超状况。

（5）材料使用监督。现场材料管理责任者应对现场材料的使用进行分工监督。监督的内容包括：是否按材料合法合理用料，是否严格执行配合比，是否认真执行领发料手续，是否做到随用随清、工完料退场地清，是否按规定进行用料交底和工序交接，是否做到按平面图堆料，是否按要求保护材料等。检查是监督的手段，检查要做到情况有记录、原因有分析、责任有明确、处理有结果。

（6）材料回收。班组余料必须回收，及时办理退料手续，并在限额领料单中登记扣除。

余料要造表上报，按供应部门的安排办理调拨和退料。设施用料、包装物及容器，在使用周期结束后组织回收。建立回收台账，处理好经济关系。

（7）周转材料的现场管理。按工程量、施工方案编报需用计划。各种周转材料均应按类别、规格分别码放，正面朝上，垛位见方；露天存放的周转材料应夯实场地，垫高30cm，有排水措施，按规定限制高度，垛间留有通道；零配件要装入容器保管，按合同发放；按退库验收标准回收，做好记录；建立维修制度；按周转材料报废规定进行报废处理。

3. 大力探索节约材料的新途径

材料量的节约，途径非常多。哪些途径最有效？这就必须运用科学的管理成果进行探索。以下方法应大力研究应用。

（1）用 A、B、C 分类法，找出材料管理的重点。A 类材料是管理的重点，最具节约潜力。

（2）学习储存理论，用以指导节约库存费用。由于长期以来，材料供应始终处在卖方市场状态下，采购人员往往不注意存储问题，使得材料使用与材料采购脱节，材料存储与资金管理脱节，按计划供应和实际供应脱节，供应量与使用时间脱节等。研究和应用存储理论对于科学采购、节约仓库面积、加速资金周转等都具有重要意义。研究存储理论的重点是如何确定经济存储量、经济采购批量、安全存储量、订购量等，这实际上就是存储优化问题。

（3）不但要研究材料节约的技术措施，更重要的是研究材料节约的组织措施。组织措施比较技术措施见效快、效果大。因此要特别重视施工规划（施工组织设计）对材料节约技术组织措施的设计，特别重视月度技术组织措施计划的编制和贯彻。

（4）重视价值分析理论在材料管理中的应用。价值分析的目的是以尽可能少的费用支出，可靠地实现必要的功能。由于材料成本降低的潜力最大，故有必要认真研究价值分析理论在材料管理中的应用。价值分析的基本公式是：价值＝功能/成本。

为了既提高价值又降低成本，可以有三个途径：

第一是功能不变，成本降低；如使用岩棉板代替聚苯板保温，就属此类情况；

第二是在功能不受很多影响的前提下，大大降低成本；如使用滑动模板以节省模板料和模板费即是此类情况；

第三是既降低成本，又提高功能；如使用大模板做到以钢代木、代架、代操作平台即属此类。

（5）正确选择降低成本的对象。价值分析的对象，应是价值低的、降低成本潜力大的对象，这也是降低材料成本应选择的对象，应着力"攻关"。

（6）改进设计、研究材料代用。按价值分析理论，提高价值的最有效途径是改进设计和使用代用材料，它比改进工艺的效果要大得多。因此应大力进行科学研究，开发新技术，以改进设计，寻找代用材料，使材料成本大幅度降低。

四、机械设备管理

（一）施工项目机械设备的选择

随着公路施工科学技术的发展，施工机械化水平正迅速提高，以机械施工代替繁重的体力劳动，提高项目施工质量和效率，机械设备的数量、种类、型号在不断增多，在施工中起的作用越来越大，加强对施工机械设备的管理优化工作日益重要。施工项目机械设备管理优化，就是按照优化原则对施工机械设备进行选择、合理使用与适时更新。因此，施工项目机械设备管理的任务是：正确选择施工机械，保证机械设备在使用中处于良好状态，减少闲置、损坏，提高使用效率及产出水平。施工项目机械设备的选择原则是：切合需要，实际可能，经济合理。选择方法有以下几种。

1. 综合考虑多种因素

如果有多种机械的技术性能可以满足施工要求，还应对各种机械的下列特性进行综合考虑，包括：工作效率，工作质量，使用费和维修费，能源耗费量，占用的操作人员和辅助工作人员人数，安全性，稳定性，运输、安装、拆卸及操作的难易程度和灵活性，在同一现场服务项目的多少，机械的完好性和维修难易程度，对气候条件的适应性，对环境保护的影响程度等。由于项目较多，在综合考虑时如果优劣倾向性不明显，则可用定时计算法求出综合指标再加以比较。方法可以用简单评分法，也可以用加权评分法。

例 15-1：设有 3 台机械的技术性能均可满足施工需要，假如上述各种特性中，前三项满分均为 10 分，其余各项满分均为 8 分，每项指标又分成三级，评定结果见表 15-1。将 3 台机械的分值相加，高者为优。本方案最后应选用乙机械。

3 台机械的技术性能加权评分表　　　　表 15-1

序号	特性	等级	标准分	甲机械	乙机械	丙机械
1	工作效率	A	10	10	10	8
		B	8			
		C	6			
2	工作质量	A	10	8	8	8
		B	8			
		C	6			
3	使用费和维修费	A	10	8	10	6
		B	8			
		C	6			
4	能源耗费量	A	8	8	6	4
		B	6			
		C	4			
5	占用人员数量	A	8	6	8	3
		B	6			
		C	4			
6	安全性	A	8	8	6	8
		B	6			
		C	4			
7	稳定性	A	8	6	6	8
		B	6			
		C	4			
8	服务项目多少	A	8	6	6	8
		B	6			
		C	4			

序号	特性	等级	标准分	甲机械	乙机械	丙机械
9	完好性和维修难易	A	8	6	8	4
		B	6			
		C	4			
10	安、拆、用的难易和灵活性	A	8	8	8	6
		B	6			
		C	4			
11	对气候适应性	A	8	6	6	6
		B	6			
		C	4			
12	对环境影响	A	8	4	6	8
		B	6			
		C	4			
	总计分数			84	88	82

2. 用单位工程量成本进行比较优选

在使用机械时，总要消费一定的费用，这些费用可以分成两类：一类称为操作费或称为可变费用，它随着机械的工作时间而变化，如操作人员的工资、燃料动力费、小修理直接材料费等；另一类费用是按一定施工期限分摊的费用，称为固定费。如折旧费、大修费、机械管理费、贷款投资应付利息、固定资产占用费等。用这两类费用计算"单位工程量成本"的公式是：

$$单位工程量成本 = \frac{操作时间固定费用 + 操作时间 \times 单位时间操作费}{操作时间 \times 单位时间产量}$$

例 15-2：假如有两种挖土机械均可满足施工需要，预计每月使用时间为 130h，有关经济资料见表 15-2，问选哪一种为好？

解：A 机械的单位工程量成本和 B 机械的单位工程量成本计算如下：

A 机械的单位工程量成本 $= \dfrac{7\,000 + 30.8 \times 130}{130 \times 45} = 1.88$（元/m³）

B 机械的单位工程量成本 $= \dfrac{8\,400 + 28.0 \times 130}{130 \times 50} = 1.85$（元/m³）

显然 B 机械的单位工程量成本低于 A 机械，应当选用 B 机械。

A、B 两种挖土机的有关经济资料　　　　　　　　　　　　表 15-2

机种	月固定费用（元）	每小时操作费（元）	每小时产量（m³）
A	7 000	30.8	45
B	8 400	28.0	50

3. 用"界限使用时间"判断应选用哪种机械

单位工程量成本受时间的制约。如果我们能将两种机械单位工程量成本相等时的使用时间计算出来，则决策工作会更简便，也更可靠，我们把这个时间称为"界限使用时间"。

假如 R_a 和 R_b 分别为 A 机械和 B 机械的固定费用；Q_a 和 Q_b 分别为 A 机械和 B 机械的

342

单位时间产量；P_a 和 P_b 分别为 A 机械和 B 机械的每小时操作费；界限使用时间为 X_0，则两机械的单位工程量成本相等时可表示为：

$$\frac{R_a + P_a X_0}{Q_a X_0} = \frac{R_b + P_b X_0}{Q_b X_0}$$

解此式得：

$$X_0 = \frac{R_b Q_a - R_a Q_b}{P_a Q_b - P_b Q_a}$$

X_0 就是"界限使用时间"的计算公式。显然，使用时间高于这个时间和低于这个时间，单位工程量成本的变化会使选用机械的决策得到相反的结果。

为了判断使用时间的变化对决策的影响，我们假设两机械的单位时间产量相等，则上式可以简化成为：$X_0 = \dfrac{R_b - R_a}{P_a - P_b}$

使用时间和费用的关系可用图 15-1 表示。

从图 15-1 中可以看出，当 $R_b - R_a > 0$，$P_a - P_b > 0$ 时，若使用机械的时间少于 X_0，选用机械 A 为优；若使用机械的时间多于 X_0，选用机械 B 为优。反之，当 $R_b - R_a < 0$，$P_a - P_b < 0$，使用机械的时间少于 X_0，选用机械 B 为优；当使用时间多于 X_0 时，选用机械 A 为优，情形与前者是相反的。

这样，欲作决策，首先要计算"界限使用时间"，然后根据实际工程需要的预计使用时间，作出选用机械的决策。

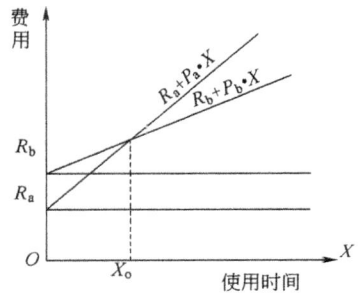

图 15-1　使用时间和费用关系

例 15-3：求出例 15-2 的"界限使用时间"，并计算使用 90h 和 110h 的单位工程量成本，以验核上述选用规律。

解：

"界限使用时间" X_0 的计算如下：

$$X_0 = \frac{R_b Q_a - R_a Q_b}{P_a Q_b - P_b Q_a} = \frac{8\,400 \times 45 - 7\,000 \times 50}{30.8 \times 50 - 28 \times 45} = 100(\text{h})$$

由于分子分母均大于 0，故当使用时间低于 100h 即 90h 时，选用 A 机械；当使用时间高于 100h 即 110h 时，选用 B 机械。

4. 用折算费用法（等值成本法）进行优选

当机械在一项工程中使用时间较长，甚至涉及到购置费时，在选择时往往涉及到机械的原值（投资）。利用银行贷款时又涉及到利息，甚至复利息。这时，可采用折算费用法（又称等值成本法）进行计算，低者为优。

所谓折算费用是预计机械使用时按年或按月摊入成本的机械费用。这项费用涉及机械原值、年使用费、残值和复利利息。计算公式是：

年折算费用＝每年按等值分摊的机械投资＋每年的机械使用费

在考虑复利和残值的情况下：

年折算费用 ＝（原值－残值现值）× 资金回收系数 ＋ 年度机械使用费

资金回收系数 $= \dfrac{i\,(1+i)^n}{(1+i)^n - 1}$

式中：i——复利率；

n——计利期。

例 15-4：某企业要进行一项大工程的建设，施工组织设计基本完成以后，发现本企业现有的机械均不能满足需要，故需要作出是购买设备还是向机械出租站租赁的决策。经测算，有表 15-3 的资料可供决策。

自购与租赁设备费用资料
表 15-3

方案	一次投资（元）	年使用费（元）	使用年限	残值现值	年复利率（%）	年租金（元）
自购	200 000	40 000	10	20 000	10	—
租赁	—	20 000	—	—	—	40 000

解：

自购机械的年折算费用计算如下：

自购机械年折算费用＝（200 000－20 000）$\times \dfrac{0.10\times(1+0.10)^{10}}{(1+0.10)^{10}-1}$＋40 000＝69294（元）

年租金及使用费用＝20 000＋40 000＝60 00（元）

这样看来，自购机械年折算费用比租赁机械的年支出费用要高出 9294 元（即 69294－60 000），故不宜自购，可做出租赁机械的决策。

（二）施工机械设备的合理使用与维修

1．机械设备的合理使用

（1）人机固定，实行机械使用、保养责任制，将机械设备的使用效益与个人经济利益联系起来。

（2）实行操作证制度。专机的专门操作人员必须经过培训和统一考试确认合格，发给驾驶证。这是保证机械设备得到合理使用的必要条件。

（3）操作人员必须坚持搞好机械设备的例行保养。

（4）遵守磨合期使用规定。这样，可以防止机件早期磨损，延长机械使用寿命和修理周期。

（5）实行单机或机组核算，根据考核的成绩实行奖罚，这也是一项提高机械设备管理水平的重要措施。

（6）建立设备档案制度。这样就能了解设备的技术维修情况，便于使用与维修。

（7）合理组织机械设备施工。必须加强维修管理，提高机械设备的完好率和单机效率，并合理地组织机械的调配，搞好施工的计划工作。

（8）培养机务队伍。应采取办训练班、进行岗位练兵等形式，有计划、有步骤地做好培养和提高工作。

（9）搞好机械设备的综合利用。机械设备的综合利用是指现场安装的施工机械尽量做到一机多用。尤其是垂直运输机械，必须综合利用，使其效率充分发挥。它负责垂直运输各种构件材料，同时作回转范围内的水平运输、装卸车等。因此要按小时安排好机械的工作，充分利用时间，大力提高其利用率。

（10）要努力组织好机械设备的流水施工。当施工的推进主要靠机械而不是人力的时候，划分施工段的大小必须考虑机械的服务能力，把机段作为分段的决定因素。要使机械连续作业，不停歇，必要时"歇人不歇机"，使机械三班作业。一个施工项目有多个单位工程时，应使机械在单位工程之间流水，减少进出场时间和装卸费用。

（11）机械设备安全作业。项目经理部在机械作业前应向操作人员进行安全操作交底，使操作人员对施工要求、场地环境、气候等安全生产要素有清楚了解。项目经理部按机械设备的安全操作要求安排工作和进行指挥，不得要求操作人员违章作业，也不得强令机械带病操作，更不得指挥和允许操作人员野蛮施工。

（12）为机械设备的施工创造良好条件。现场环境、施工平面图布置应适合机械作业要求，交通道路畅通无障碍，夜间施工安排好照明。协助机械部门落实现场机械标准化。

2．机械设备的保养与维修

1）机械设备的磨损

机械设备的磨损可分为三个阶段：

第一阶段：磨合磨损。是初期磨损，包括制造或大修理后的磨合磨损和使用初期的走合磨损，这段时间较短。此时，只要执行适当的走后期使用规定就可降低初期磨损，延长机械使用寿命。

第二阶段：正常工作磨损。这一阶段零件经过走后磨损，光洁度提高了，磨损较少，在较长时间内基本处于稳定的均匀磨损状态。这个阶段后期，条件逐渐变坏，磨损就逐渐加快，进入第三阶段。

第三阶段：事故性磨损。此时，由于零件间配合的间隙增大和润滑条件变差，磨损量激增，可能很快磨损。如果磨损程度超过了使用极限而不及时修理，就会引起事故性损坏，造成修理困难和经济损失。

2）机械设备的保养

机械设备保养的目的是为了保持机械设备的良好技术状态，提高设备运转的可靠性和安全性，减少零件的磨损，延长使用寿命，降低消耗，提高机械设备施工的经济效益。保养分为例行保养和强制保养。例行保养属于正常使用管理工作，它不占用机械设备的运转时间，由操作人员在机械运转间隙进行。其主要内容是：保持机械的清洁，检查运转情况，防止机械腐蚀，按技术要求润滑紧固等。强制保养是隔一定使用周期，需要占用机械设备的运转时间而停工进行的保养。强制保养是按照一定使用周期和内容分级进行的。保养周期根据各类机械设备的磨损规律、作业条件、操作维护水平及经济性四个主要因素确定。

3）机械设备的修理

机械设备的修理，是对机械设备的自然损耗进行修复，排除机械运行的故障，对损坏的零部件进行更换、修复。对机械设备的预检和修理，可以保证机械的使用效率，延长使用寿命。

机械设备的修理可分为大修、中修和零星小修。

大修是对机械设备进行全面的解体检查修理，保证各零部件质量和配合要求，使其达到良好的技术状态，恢复可靠度和精度等工作性能以延长机械的使用寿命。

中修是大修间隔期间对少数总成进行的一次性平衡修理，对其他不进行中修的总成只执行检查保养。中修的目的是对不能继续使用的部分总成进行修理，使整机状况达到平衡，以延长机械设备的大修间隔。

零星小修一般是临时安排的修理，其目的是消除操作人员无力排除的突然故障、个别零件损坏，或一般事故性损坏等问题，一般都是和保养相结合，不列入修理计划之中。而大修、中修需要列入修理计划，并按计划预检修制度执行。

五、技术管理

（一）施工项目技术管理的内容和分工

1. 施工项目技术管理的内容

（1）技术基础工作的管理。包括：实行技术责任制，执行技术标准与技术规范，制定技术管理制度，开展科学试验，交流技术情报，管理技术文件等。

（2）施工过程中技术工作的管理。包括：施工工艺管理，技术试验，技术核定，技术检查等。

（3）技术开发管理。包括：技术培训，技术革新，技术改造，合理化建议等。

（4）技术经济分析与评价。

2. 施工项目技术负责人的重要职责

（1）直接领导施工员，技术员及有关职能人员的技术工作。

（2）负责贯彻执行技术法规、标准和上级的技术决定，制定施工项目技术管理制度。

（3）组织有关人员熟悉图纸，编制分项工程和单位工程的施工方案，按施工组织设计施工。

（4）向施工项目组织内有关人员进行技术交底。

（5）负责组织复查单位工程的测量定位、找平、放线工作，指导作业队和班组的质量检查工作。

（6）审定施工技术组织措施计划并组织实施。

（7）参加隐蔽工程验收，处理质量事故并向上级报告。

（8）负责组织工程档案中各项技术资料的签字、收集、整理，并汇总上报。

（9）领导施工项目的所有技术人员，组织技术学习，总结交流技术经验。

（二）施工项目的主要技术管理制度

1. 图纸学习和会审制度

制定、执行图纸学习和会审制度的目的是领会设计意图，明确技术要求，发现设计文件中的差错与问题，提出修改与洽商意见，避免技术事故或产生经济与质量问题。

2. 施工组织设计管理制度

按企业的施工组织设计管理制度制定施工项目的实施细则，着重于单位工程施工组织设计及分项施工方案的编制与实施。

3. 技术交底制度

施工项目技术系统一方面要接受企业技术负责人的技术交底，又要在项目内进行层层交底，故要进行技术交底制度，以保证技术责任落实，技术管理体系正常运转，技术工作按标准和要求运行。

4. 施工项目材料、设备检验制度

材料、商标的检验制度的宗旨是保证项目所用的材料、构件、零部件和设备的质量，进而保证工程质量。

5. 工程质量检查及验收制度

制定工程质量检查验收制度的目的是加强工程施工质量的控制，避免质量差错造成永久隐患，并为质量等级评定提供数据和情况，为工程积累技术资料和档案。工程质量检查验收制度包括工程预检制度、工程隐检制度、工程分阶段验收制度、单位工程竣工检查验收制度、分部和分项工程交接检查计划制度等。

6. 技术组织措施计划制度

制定技术组织措施计划制度的目的是为了克服施工中的薄弱环节，挖掘生产潜力，加强其计划性、预测性，从而保证完成施工任务，获得良好技术经济效果和提高技术水平。

7. 工程施工技术资料管理制度

工程施工技术资料是施工单位根据有关管理规定，在施工过程中形成的应当归档保存的各种图纸、表格、文字、音像材料等技术文件材料的总称，是工程施工及竣工交付使用的必备条件，也是对工程进行检查、维护、管理、使用、改建和扩建的依据。制订该制度的目的是为了加强对工程施工技术资料的统一管理，提高工程质量的管理水平。它必须贯彻国家和地区有关技术标准、技术规范和技术规定，以及企业的有关技术管理制度。

8. 其他技术管理制度

除以上几项主要的技术管理制度以外，施工项目经理部还必须根据需要，制定其他技术管理制度，保证有关技术工作正常运行，例如鉴于水电专业施工协作技术规定、工程测量、技术革新和合理化建议、计量管理办法、环境保护工作办法、工程质量奖罚办法、技术发明奖励办法等。

（三）施工项目的主要技术管理工作

根据技术标准、技术规程、建筑企业的技术管理制度、施工项目经理部制订的技术管理制度，施工项目组织应做好以下技术管理工作。

1. 设计文件的学习和图纸会审

图纸会审时施工单位熟悉审查设计图纸，了解工程特点、设计意图和关键部位的工程质量要求，帮助设计单位减少差错的重要手段。它是项目组织在学习和审查图纸的基础上，进行质量控制的一种重要而有效的方法。会审图纸有三方代表，即建设单位或其委托的监理单位、设计单位和施工单位。可由监理单位（或建设单位）主持，先由设计单位介绍设计意图和图纸、设计特点、对施工的要求。然后，由施工单位提出图纸中存在的问题和对设计单位的要求。通过三方讨论与协商，解决存在的问题，写出会议纪要，交给设计人员，设计人员将纪要中提出的问题通过书面的形式进行解释或提交设计变更通知书。图纸审查的内容包括：

（1）是否是无证设计或越级设计，图纸是否经设计单位正式签署。

（2）地质勘探资料是否齐全。如果没有工程地质资料或无其他地基资料，应与设计单位商讨。

（3）设计计图纸与说明是否齐全，有无分期供图的时间表。

（4）设计地震烈度是否符合当地要求。

（5）几个单位共同设计的图纸，相互之间有无矛盾；专业之间，平、立、剖面图之间是否有矛盾；高程标注是否有遗漏。

（6）总平面与施工图的几何尺寸、平面位置、高程是否一致。

（7）防火要求是否满足。

（8）建筑结构与专业图纸本身是否有差错及矛盾；结构图与建筑图的平面尺寸及高程是否一致；建筑图与结构图的表示方法是否清楚，是否符合制图标准；预埋件是否表示清楚；是否有钢筋明细表，如无，则钢筋混凝土中钢筋构造要求在图中是否说明清楚，如钢筋锚固长度与抗震要求是否相符等。

（9）施工图中所列各种标准图册的技术要求施工单位是否具备，如无，如何取得。

（10）建筑材料来源是否有保证。图中所要求的施工条件，企业的条件和能力是否有保证。

（11）地基处理方法是否合理。建筑与结构构造是否存在不能施工、补办施工、容易导致质量、安全或经费等方面的问题。

（12）工艺管道、电气线路、运输道路与建筑物之间有无矛盾，管线之间的关系是否合理。

（13）施工安全是否有保证。

（14）图纸是否符合监理规划中提出的设计目标描述。

2．施工项目技术交底

技术交底的目的是使参与施工的人员熟悉和理解所承建的工程的特点、设计意图、技术要求、施工技术方案、操作规程、保证措施等，应建立技术交底责任制。并加强施工质量检验、监督和管理，以确保工程质量和安全生产。

1）技术交底的要求

技术交底是一项技术性很强的工作，对保证质量至关重要，不但要领会设计意图，还有贯彻上一级技术领导的意图和要求。技术交底必须满足合同文件的施工规范、规程、工艺标准、质量检验评定标准和建设单位的合理要求。所有的技术交底应填写"项目施工技术交底卡"，交底与被交底人员须签名，列入工程技术档案。技术交底必须以书面形式进行，经过检查与审核，有签发人、审核人、接收人的签字。整个工程施工、各分部分项工程，均须作技术交底。特殊和隐蔽工程，更应认真作技术交底。在交底时应着重强调易发生质量事故与工伤事故的工程部位，防止各种事故的发生。

2）设计交底

由设计单位的设计人员向施工单位交底，内容包括：

（1）设计文件依据。上级批文，规划准备条件，人员要求，建设单位的具体要求及合同；

（2）建设项目所处规划位置、地形、地貌、气象、水文地质、工程地质、地震烈度；

（3）施工图设计依据。包括初步设计文件，市政部门要求，规划部门要求，公用部门要求，其他有关部门（如绿化、环卫、环保等）的要求，主要设计规范，甲方供应及市场上供应的建筑材料情况等；

（4）设计意图。包括设计思想，设计方案比较情况，建筑、结构和水、暖、电、通信、煤气等的设计意图；

（5）施工时应注意事项。包括建筑材料方面的特殊要求，建筑装饰施工要求，广播音响与声学要求，基础施工要求，主体结构设计采用新结构，新工艺对施工提出的要求。

3．施工单位技术负责人向下级技术负责人交底的内容

（1）工程概况一般性交底；

（2）工程特点及设计意图；

（3）施工方案；

（4）施工准备要求；

（5）施工注意事项，包括地基处理、主体施工、装饰工程的注意事项及工期、质量、安全等。

4．施工项目技术负责人对工长、班组长进行技术交底

应按工程分部、分项进行交底，内容包括：设计图纸具体要求；施工方案实施的具体技术措施及施工方法；土建与其他专业交叉作业的协作关系及注意事项；各工种之间协作与工序交接质量检查；设计要求；规范、规程、工艺标准；施工质量标准及检验方法；隐蔽工程记录、验收时间及标准；成品保护项目、办法与制度；施工安全技术措施。

5．工长向班组长交底

主要利用下达施工任务书进行分项工程操作交底。

6．施工的预检

预检时该工程项目或分项工程在未施工前所进行的预先检查。预检是保证工程质量、防止可能发生差错造成质量事故的重要措施。除施工单位自身进行预检外，监理单位应对预检工作进行监督并予以审核认证。预检时要做好记录。

（四）隐蔽工程检查与验收

隐蔽工程是指完成后将被下一道工序所掩盖的工程。隐蔽工程项目在隐蔽前应进行严密检查，作好记录，签署意见，办理验收手续，不得后补。有问题需复验的，须办理复验手续，并由复验人作出结论，填写复验日期。

（五）技术措施计划

技术措施是为了克服生产中的薄弱环节，挖掘生产潜力，保证完成生产任务，获得良好的经济效果，在提高技术水平方面采取的各种手段或办法。它不同于技术革新。技术革新强调一个"新"字，而技术措施则是综合已有的先进经验或措施，如节约原材料，保证安全，降低成本等措施。要做好技术措施工作，必须编制、执行技术措施计划。

1．技术措施计划的主要内容

（1）加快施工进度方面的技术措施。

（2）保证和提高工程质量的技术措施。

（3）节约劳动力、原材料、动力、燃料的措施。

（4）推广新技术、新工艺、新结构、新材料的措施。

（5）提高机械化水平、改进机械设备的管理以提高完好率和利用率的措施。

（6）改进施工工艺和操作技术以提高劳动生产率的措施。

（7）保证安全施工的措施。

2．施工技术措施计划的编制

（1）施工技术措施计划应同生产计划一样，按年、季、月分级编制，并以生产计划要求的进度与指标为依据。

（2）编制施工技术措施计划应依据施工组织设计和施工方案。

（3）编制施工技术措施计划时，应结合施工实际，公司编制年度技术措施纲要，分公司编制年度和季度技术措施计划，项目经理部编制月度技术措施计划。

（4）项目经理部编制的技术措施计划是作业性的，因此在编制时既要贯彻上级编制的技术措施计划，又要充分发动施工员、班组长及工人提合理化建议，使计划有群众基础。

（5）编制技术措施计划应计算其经济效果。

3．技术措施计划的贯彻执行

（1）在下达施工计划的同时，下达到工长及有关班组。

（2）对技术措施计划的执行情况应认真检查，发现问题及时处理，督促执行。如果无法

执行，应查明原因，进行分析。

（3）每月底施工项目技术负责人应汇总当月的技术措施计划执行情况，填写报表上报、总结、公布成果。

（六）施工组织设计工作

施工组织设计是一项重要的技术管理工作，也是施工项目管理规划，它将作为一门课程进行讲授。

（七）施工日志

施工日志应从项目筹建开始就填写。现场施工技术人员、质检工程师、测量和试验人员、生产部门主管、调度等都必须填写"个人施工日志"。项目部技术部门应规定专人定期对技术人员和生产部门的施工日志进行整理汇总，形成"项目部施工日志"，作为施工原始资料进行保管，以构成竣工资料的一部分。

（八）工程预验收和交（竣）工验收

工程完工并具备交工验收条件后，在交工验收前，应进行交工预验收工作。交工预验收由项目经理部向公司总工程师提出预验收的申请。公司总工程师根据工程特点决定：由公司工程管理部组织，项目相关人员配合；或由项目经理部组织，工程管理部和技术部人员参加，对工程进行内业资料和现场实体的检查和实测。对预验收发现的工程质量问题，按要求进行处置，直至合格为止。

（九）编制竣工验收资料

公司交工验收合格后，由项目经理部向监理工程师和业主单位正式提交"工程交（竣）工报告"，请监理工程师或业主单位组织交工验收工作。对交工验收发现的工程缺陷或未完成的附属工程，由项目经理部派专人在竣工验收前对工程缺陷进行修复，对未完工程进行处理，并提交"工程缺陷责任期内防护方案或措施"。

工程交工验收合格、缺陷责任期满、对附属工程或需修复的工程已处理完毕、对缺陷责任期内工程的使用状况做了全面的质量检查并经监理工程师和质量监督部门检查合格后，项目经理部留守人员及时整理缺陷责任期内的各种工程有关资料，并向建设单位提交"工程竣工验收报告"；竣工验收后，应及时办理各项交接手续，认真做好竣工资料的整理、归档、移交工作、技术总结工作和技术信息管理工作。

六、资金管理

施工项目资金管理的主要环节有：资金收入预测；资金支出预测；资金收支对比；资金筹措；资金使用管理。

（一）施工项目资金收入与支出的预测及对比

1. 资金收入预测

项目资金是按合同价款收取的，在实施施工项目合同的过程中，应从收取工程预付款（预付款在施工后以冲抵工程价款方式逐步扣还给建设单位）开始，每月按进度收取工程进度款，到最终竣工结算，按时间测算出价款数额，做出项目收入预测表，绘出项目资金按月收入图及项目资金按月累加收入图。

资金收入测算工作应注意以下几个问题：

（1）由于资金预测工作是一项综合性工作，因此，要在项目经理主持下，由职能人员参加，共同分工负责完成。

（2）加强施工管理，确保按合同工期要求完成，免受延误工期罚款造成经济损失。

（3）严格按合同规定的结算办法测算每月实际应收的工程进度款数额，同时要注意收款滞后时间因素，即按当月完成的工程量计算应收取的工程进度款不一定能按时收取，但应力争缩短滞后时间。

按上述原则测算的收入，形成了资金的收入在时间上、数量上的总体概念，为项目筹措资金、加快资金周转、合理安排资金使用提供科学依据。

2．资金支出预测

项目资金支出预测的依据：

（1）成本费用控制计划；

（2）施工组织设计；

（3）材料、物资储备计划。

根据以上依据，测算出随着工程的实施，每月预计的人工费、材料费、施工机械使用费、物资储运费、临时设施费、其他直接费和施工管理费等各项支出。使整个项目的支出在时间上和数量上有一个总体概念，以满足资金管理上的需要。

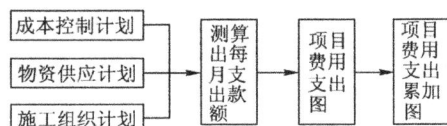

图 15-2　项目费用支出预测程序

项目资金支出预测程序，如图 15-2 所示。

项目资金支出预测应注意的问题：

（1）从实际出发，使资金支出预测更符合实际情况。资金支出预测，在投标报价中就已开始做了，但不够具体，因此，要根据项目实际情况，将原报价中估计的不确定因素加以调整，使之符合实际。

（2）必须重视资金的支出时间价值。资金支出的测算是从筹措资金和合理安排调度资金角度考虑的，一定要反映出资金支出的时间价值，以及合同实施过程中不同阶段的资金需要。

3．资金收入与支出对比

图 15-3 将施工项目资金收入预测累计结果和支出预测累计结果绘制在一个坐标图上。图中曲线 A 是施工计划曲线，曲线 B 是资金预计支出曲线，曲线 C 是预计资金收入曲线。B、C 曲线之间的距离是相应时间收入与支出资金数之差，也即应筹措的资金数量。图中 a、b 间的距离是本施工项目应筹措资金的最大值。

（二）施工项目资金的筹措

1．建设项目的资金来源

（1）财政资金。包括财政无偿拨款和拨改贷资金。

（2）银行信贷资金。包括基本建设贷款、技术改造贷款、流动资金贷款和其他贷款等。

（3）发行国家投资债券、建设债券、专项建设债券以及地方债券等。

（4）在资金暂时不足的情况下，还可以采用租赁的方式解决。

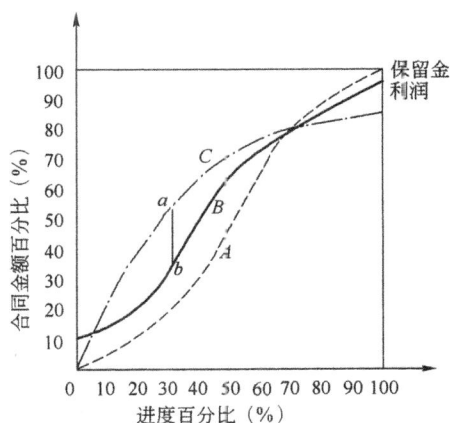

图 15-3　施工项目资金收支对比图

（5）企业自有资金和对外筹措资金（发行股票及企业债券，向产品用户集资）。

（6）利用外资。包括利用外国直接投资，进行合资、合作建设以及利用外国贷款。

2．施工过程所需要的资金来源

施工过程所需要的资金来源，一般是在承发包合同条件中规定了的，由发包方提供工程备料款和分期结算工程款。为了保证生产过程的正常进行，施工企业也可垫支部分自有资金，但在占用时间和数量方面必须严格控制，以免影响整个企业生产经营活动的正常进行。因此，施工项目资金来源的渠道是：

（1）预收工程备料款。

（2）已完施工价款结算。

（3）银行贷款。

（4）企业自有资金。

（5）其他项目资金的调剂占用。

3．筹措资金的原则

（1）充分利用自有资金。其好处是：调度灵活，不须支付利息，比贷款的保证性强。

（2）必须在经过收支对比后，按差额筹措资金，避免造成浪费。

（3）把利息的高低作为选择资金来源的重要指标，尽量利用低利率贷款。用自有资金时也应考虑其时间价值。

4．资金筹措计算

1）利用银行贷款

如果以工程的合同价为 C，工程所需的周转资金为 C 的 $P_1\%$，业主给予的预付款 A 为 C 的 $P_2\%$，预期利润为 C 的 $P_3\%$，工期为 N 年，年平均利润率为 $P_A\%$。显然，承包商只用自有资金 S 承包时，则 S 与 C 的关系如下式：

$$S = \frac{(P_1 - P_2)}{100}C$$

或承包商可以承包的合同金额为 C：

$$C = \frac{100S}{(P_1 - P_2)}$$

总利润额：

$$P = C \cdot P_3 / 100$$

自有资金年平均利润率：

$$P_A = \frac{100P}{N \cdot S}(\%)$$

如该承包商可以从银行借到贷款 B，利率为 $P_4\%$（复利），贷款期为 T，则他可以承包的合同金额为：

$$C = \frac{100(S + B)}{(P_1 - P_2)}$$

预期利润： $P =$ 毛利润－贷款利息

或：

$$P = C \cdot P_3 \, \% - B \cdot [(1 + P_4 \%)^T - 1]$$

故自有资金形成的年平均利润率 P_A（%）为：

$$P_A = \frac{100P}{N \cdot S}(\%) = \frac{CP_3/100 - B[(1 + P_4\%)^T - 1]}{N \cdot S} \times 100\%$$

$$= \frac{C \cdot P_3 - B[(1 + P_4\%)^T - 1]}{N \cdot S}(\%)$$

如 $P_1 = 20$，$P_2 = 10$，$P_3 = 6$，$P_4 = 15$，$S = 150$ 万元，$N = 2$ 年,期初贷款 $B = 400$ 万元,$T = 2$ 年，则分别计算只用自有资金和利用银行贷款两种情况的结果列于表 15-4 中。

只利用自有资金和同时利用银行贷款比较   表 15-4

只用自有资金	自有资金＋银行贷款
合同金额 $C = \frac{100 \times 150}{(20 - 10)} = 1\,500$（万元）	$C = \frac{150 + 400}{(20 - 10)} \times 100 = 5\,500$（万元）
预期利润 $P = 1\,500 \times 6/100 = 90$（万元）	$P = \frac{5\,500 \times 6}{100} - 400 \cdot [(1 + 15\%)^2 - 1] = 201$（万元）
年平均利润率：$P_A = \frac{100 \times 90}{2 \times 150} = 30$（%）	$P_A = \frac{100 \times 201}{2 \times 150} = 67$（%）

由表 15-4 可知，当自有资金不变时，利用银行贷款，可以显著提高承包合同金额和年平均利润率。即如贷款 150 万元，贷款 2 年，承包合同金额和年平均利润率可分别提高4 000万元和 37%。

从银行贷款可采用存款抵押、资产抵押或短期透支等方式。

2）资金筹措的动态分析

资金筹措的动态分析要求编制资金流动计划。编制资金流动计划的目的是要确定在施工过程中承包商何时需要多少资金，以便进行资金筹集安排和成本控制。一般可按月计算资金流动量，大型项目也可按季安排。

资金流动计划由资金投入计划和资金回收计划组成，可用表格或图线形式表示。它们主要分别依据施工总进度计划、工程预算并考虑劳动力、材料和设备的投入时间、合同价格及合同中政府调控等分项计算。二者的计算时间划分应一致，以便比较分析。

资金投入计划中一般考虑前期费用，临时工程费用，人员费用，施工机具费用，材料费用，项目永久设备采购、运达工地和安装调试费用，不可预见费，贷款利息，管理费等。资金回收计划中则考虑工程施工预付款、材料设备预付款、月进度款、最终结算付款、保证金的退还等。下面现举例说明（为节省篇幅，只考虑分项工程施工费用和保留金两项）。

假设某小型桥梁的施工总进度计划及各分项工程的作业持续时间。和施工合同分别列于图 15-4 及表 15-5 中。如毛利润率估计为合同额的 10%，净利润率为净收入的 8%，保留金为合同额的 5%，其最大额度为 3 万元。在工程竣工后返还 50% 的保留金，其余 50% 在 6 个月缺陷责任期（又称维修期）期满并签发缺陷责任证书后返还。业主的月进度款付款每月延迟一个月。该承包商编制了资金投入计划和资金回收计划（均以图线表示，如图 15-5 所示),并据之求出施工期间所需贷入现金最高额、利息额和净利润值。分析计算过程如下：

分项工程	工作月					
	1	2	3	4	5	6
基坑开挖	4.50	4.50				
混凝土桩基础		4.00	4.00	4.00		
墩台施工				12.00	6.00	
混凝土板梁预制				15.00		
安装空心板				2.00	4.00	
桥面系						20.00
施工合同额	4.50	8.50	4.00	33.00	10.00	20.00（万元）

图 15-4　施工总进度计划

各分项工程持续时间及施工费用表　　　　　　　　　　　　表 15-5

分项工程	持续时间（以月计）	施工总合同额（以万元计）
基坑开挖	2	9.00
混凝土桩基础	3	12.00
墩台施工	1.5	18.00
混凝土板梁预制	1	15.00
安装空心板	1.5	6.00
桥面系	1	20.00

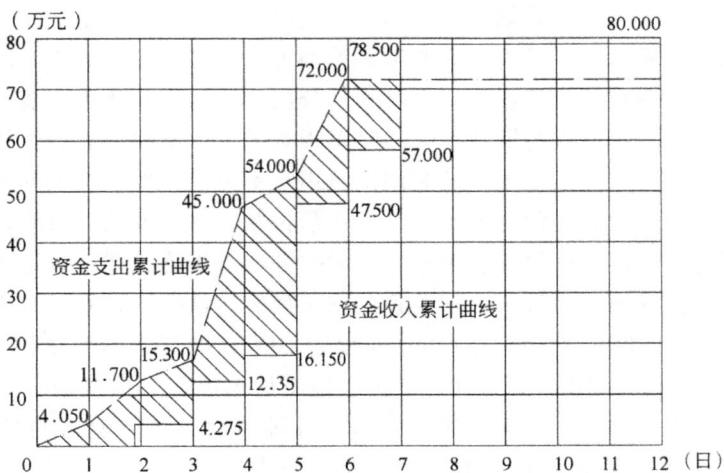

图 15-5　现金流量分析图

月　　　份	1	2	3	4	5	6	7	12
月施工合同额	4.500	8.500	4.000	33.000	10.000	20.000		
月累计施工	4.500	13.00	17.000	50.000	60.000	80.000		
累计毛利润额	0.450	1.300	1.700	5.000	6.000	8.000		
累计施工投入成本	4.050	11.700	15.300	45.000	54.000	72.000		
月进度款付款额（扣除保留金后）	4.275	8.075	3.800	31.350	9.500	19.000		
现金回收累计额	4.275	12.350	16.150	47.500	57.000	78.500		80

表 15-6 中第 6 月末月进度款余款额＝80.00－3.00（保留金最大额）＝77.00。第 7 月末业主付款累计为：$77.000+\dfrac{3.000}{2}=78.500$（竣工验收后退还所扣保留金的 50%）。第 12 月末又退还余下的一半保留金 1.500 万元，故第 12 月末累计回收资金＝78.500＋1.500＝80.00 万元。

将每月累计投入和回收的资金绘成如图 15-5 所示的现金流量图，则图中阴影部分中的最大纵距离就是所需筹集的资金最高额。考虑到金额不大，可用短期贷款方式解决所缺的资金。这样，阴影部分的面积乘以贷款利率，就是所付出的预期利息总额。据以上分析，可以求得：

（1）所需筹集的资金最高额发生在第 5 个月末以前，其值为 54.00－16.150＝37.850 万元。

（2）如不足之资金以年利率 $i=12\%$ 从银行贷款来补足，以单利计息，则利息总额 I 可计算如下。

图 15-5 中阴影部分面积 F 为：

$$F = \frac{1}{2}\big[(4.050-0)+(4.050+11.700)+(11.700+15.300-2\times4.275)$$
$$+(15.300+45.000-2\times12.350)+(45.000+54.000-2\times16.150)$$
$$+(54.000+72.000-2\times47.500)+2\times(72.000-57.000)\big]\times1$$
$$=100.925(万元\cdot月)$$

故利息总额为：$I=100.925\times\dfrac{1}{12}\times0.12=1.00925$ 万元

（3）净利润＝总收入－总成本－利息

$$80.000-72.000-1.00925=6.99075(万元)=69\,907.5(元)$$

（三）施工项目资金管理要点

（1）确定施工项目经理当家理财的中心地位。哪个项目的资金，由哪个项目支配使用。

（2）项目经理部应在企业内部银行中申请开设独立账户，由内部银行办理项目资金的收、支、划、转，由项目经理签字确认。

（3）内部银行实行"有偿使用"、"存贷计息"、"定额考核"，定额内低利率、定额外高利率的内部贷款办法。项目资金不足时，通过内部银行解决，不搞平调。

（4）项目经理部按月编制资金收支计划，企业工程部签订供款合同，公司总会计师批准，内部银行监督实施，月终提出执行情况分析报告。

（5）项目经理部应及时向发包方收取工程预付备料款，做好分期结算、预算增减账、竣工结算等工作，定期进行资金使用情况和效果分析，不断提高资金管理水平和效益。

（6）建设单位所交"三材"和设备，是项目资金的重要组成部分。项目经理部应设置台账，根据收料凭证及时登记入账，按月分析耗用情况，反映"三材"收入及耗用动态。定期与交料单位核对，保证数据资料完整、准确，为及时做好竣工结算创造条件。

（7）项目经理部每月定期召开业主代表、分包商、供应商、加工单位代表碰头会，协调工程进度、各方关系、资金及甲方供料事宜。

第二节 施工现场管理

一、施工现场管理的概念和意义

1. 施工项目现场管理的概念

施工项目现场指从事工程施工活动经批准占用的施工场地。该场地既包括红线以内占用的建筑用地和施工用地，又包括红线以外现场附近经批准占用的临时施工用地。它的管理是指对这些场地如何科学安排、合理使用，并与各种环境保持协调关系。

2. 施工项目现场管理的意义

（1）施工项目现场管理的好坏首先涉及施工活动能否正常进行。施工现场是施工的"枢纽站"，大量的物资进场后，"停站"与施工现场活动在现场的大量劳动力、机械设备和管理人员通过施工活动将这些物资一步步地转变成建筑产品或构筑物。这个"枢纽站"管得好坏，涉及到人流、物流和资金流是否畅通，涉及到施工生产活动是否顺利进行。

（2）施工项目现场是一个"绳结"，把各专业管理联系在一起。在施工现场，各项专业管理工作按合理分工分头进行，密切协作，相互影响，相互制约，很难截然分开。施工现场管理的好坏，直接关系到各专业管理的技术经济效果。

（3）工程施工现场管理是一面"镜子"，能照出施工单位的面貌。通过观察工程施工现场，施工单位的精神面貌、管理面貌、施工面貌赫然显现。一个文明的施工现场有着重要的社会效益，会赢得很好的社会信誉。反之也会损害施工企业的社会信誉。

（4）工程施工现场管理是贯彻执行有关法规的"焦点"。施工现场与许多城市管理法规有关，诸如：地产开发、城市规划、市政管理、环境保护、市容美化、环境卫生、城市绿化、交通运输、消防安全、文物保护、居民安全、人防建设、居民生活保障、工业生产保障、文明建设等。每一个在施工现场从事施工和管理工作的人员，都应该有法规观念，知法、守法、护法。每一个与施工现场管理发生联系的单位都注目于工程施工现场管理。所以施工现场管理是一个严肃的社会问题和政治问题，不能有半点疏忽。

二、工程施工现场管理的内容与要求

1. 合理规划施工用地

首先要保证场内占地的合理使用。当场内空间不充分时，应会同建设单位按规定向规划部门和公安交通部门申请，经批准后才能获得并使用场外临时施工用地。

2. 在施工组织设计中，科学地进行施工总平面布置设计

施工组织设计是工程施工现场管理的重要内容和依据，尤其是施工总平面布置设计，目的就是对施工场地进行科学规划，以合理利用空间。在施工总平面图上，临时设施、大型机械、材料堆场、物资仓库、构件堆场、消防设施、道路及进出口、加工场地、水电管线、周转使用场地等，都应各得其所，关系合理合法，从而呈现出现场文明，有利于安全和环境保护，有利于节约，方便于工程施工。

3. 根据施工进展的具体需要，按阶段调整施工现场的平面布置

不同的施工阶段，施工的需要不同，现场的平面布置亦应进行调整。当然，施工内容变化是主要原因，另外分包单位也随之变化，他们应当对施工现场提出新的要求。因此，不应当把施工现场当成一个固定不变的空间组合，而应当对它进行动态的管理和控制，但是调整也不能太频繁，以免造成浪费。一些重大设施应基本固定，调整的对象应是耗费不大的、规模小的设施，或已经实现功能、失去作用的设施，代之以满足新需要的设施。

4. 加强对施工现场使用的检查

现场管理人员应经常检查现场布置是否按平面布置图进行，是否符合各项规定，是否满足施工需要，还有哪些薄弱环节，从而为调整施工现场布置提供有用的信息，也使施工现场保持相对稳定，不被复杂的施工过程打乱或破坏。

5. 建立文明的施工现场

文明施工现场即指按照有关法规的要求，使施工现场和临时占地范围内秩序井然，文明安全，环境得到保持，绿地树木不被破坏，交通畅通，文物得以保存，防火设施完备，居民不受干扰，场容和环境卫生均符合要求。建立文明施工现场有利于提高工程质量和工作质量，提高企业信誉。为此，应当做到主管挂帅，系统把关，普遍检查，建章建制，责任到人，落实整改，严明奖惩。

（1）主管挂帅。即公司和工区均成立主要领导挂帅，各部门主要负责人参加的施工现场管理领导小组，在企业范围内建立以项目管理班子为核心的现场管理组织体系。

（2）系统把关。即各管理业务系统对现场的管理进行分口负责，每月组织检查，发现问题便及时整改。

（3）普遍检查。即对现场管理的检查内容，按达标要求逐项检查，填写检查报告，评定现场管理先进单位。

（4）建章建制。即建立施工现场管理规章制度和实施办法，按法办事，不得违背。

（5）责任到人。即管理责任不但明确到部门，而且各部门要明确到人，以便落实管理工作。

（6）落实整改。即对各种问题，一旦发现，必须采取措施纠正，避免再度发生。无论涉及到哪一级、哪一部门、哪一个人，决不能姑息迁就，必须整改落实。

（7）严明惩奖。如果成绩突出，便应按奖励办法予以奖励；如有问题，要按规定给予必要的处罚。

6. 及时清场转移

施工结束后，项目管理班子应及时组织清场，将临时设施拆除，剩余物资退场，组织向新工程转移，以便整治规划场地，恢复临时占用土地，不留后患。

三、施工现场安全管理

施工现场是施工生产因素的集中点，其动态特点是多工种立体作业，生产设施的临时

性，作业环境多变性，人机的流动性。

施工现场中直接从事生产作业的人密集，机、料集中，存在着多种危险因素。因此，施工现场属于事故多发的作业现场，必须设立安全警告标识或标志。控制人的不安全行为和物的不安全状态，是施工现场安全管理的重点，也是预防与避免伤害事故，保证生产处于最佳安全状态的根本环节。直接从事施工操作的人，随时随地活动于危险因素的包围之中，随时受到自身行为失误和危险状态的威胁或伤害。因此，对施工现场的人机环境系统的安全可靠性，必须组织安全审查和管理部门进行经常性的检查、分析、判断、调整，强化动态中的安全管理活动。

第十六章　施工项目合同管理

第一节　施工项目合同管理概述

一、施工合同与合同管理

在市场经济条件下，建设项目施工是一种特殊的交易活动，这种交易活动从招标、投标工作开始，并持续于项目施工的全过程，为加强对施工项目的管理，必须依法签订合同。与项目经理部有经济往来的有业主（发包人）、专业分包人、材料供应商、设备供应商、银行、保险公司等，怎样使有关方各建立有机的联系，相互协调，默契配合，保证工程项目目标的顺利实现，一个必不可少的措施就是利用合同手段，通过经济与法律相结合的方法，将各方在平等互利的原则上建立起相互的权利、义务关系。

1. 施工合同

施工合同即建筑安装工程承包合同，是发包人和承包人为完成某一商定的建筑安装工程，明确相互权利和义务关系的合同。施工合同与建设工程的其他合同一样，在签订合同时必须遵守平等、自愿、公平、诚实信用等原则。

依据施工合同，承包人应完成合同规定的建筑、安装工程任务，发包人应提供必要的施工条件，并支付相应的工程价款。施工合同是承包人进行工程建设质量管理、进度管理、成本管理的主要依据之一。

2. 施工合同管理

广义的施工合同管理，是指各级建设行政主管机关、金融机构和工商行政管理机关，以及工程发包单位、监理单位、承包单位依据法律和行政法规、规章制度，采取法律的、行政的手段对施工合同关系进行组织、指导、协调及监督，保护施工合同当事人的合法权益，处理施工合同纠纷，防止和制裁违法行为，保证施工合同顺利实施等一系列活动。

由此可见，施工合同管理分为两个层次：第一层次为国家机关及金融机构对施工合同的管理，是侧重于宏观的管理；第二层次则为建设工程施工合同当事人及监理单位对施工合同的管理，即对施工合同进行具体而细致的管理。根据交通部公路建设管理的有关规定，在施工合同第二层次的管理中，实行以监理工程师为核心的管理体制。本章重点介绍承包人在施工项目合同履行过程中的管理。

3. 施工项目合同管理的任务

施工项目合同管理是对工程项目施工过程中所发生或涉及到的一切经济合同和技术合同的签订、履行、变更、索赔、解除、解决争议、终止与评价的全过程进行的管理工作。施工项目合同管理的任务是：

（1）根据法律、法规和政策，运用指导、组织、检查、考核、监督等手段，促使当事人依法签订合同；

(2) 全面、实际地认真履行合同，及时妥善地处理合同争议，不失时机地进行合理索赔；

(3) 预防发生违约行为，避免造成经济损失；

(4) 保证合同目标顺利实现，提高企业的信誉和市场竞争能力。

二、承包人的施工项目合同管理组织

承包人的施工项目合同管理组织，一般实行企业与项目经理部的两级管理。

1. 施工企业的合同管理

施工企业设置专门的合同管理部门，对本企业的施工项目合同实行统一管理。

(1) 在企业经理授权范围内负责制定合同管理的制度，组织全企业所有施工项目的各类合同的管理工作。

(2) 编写本企业施工项目分包、材料供应等的统一合同文本。

(3) 参与重大施工项目的投标、谈判、签约工作。

(4) 定期汇总施工项目合同的执行情况，向企业经理汇报、提出建议。

(5) 负责基层上报企业的有关合同的审批、检查、监督工作，并给予必要的指导和帮助。

2. 施工项目经理部的合同管理

施工项目合同的具体执行和管理工作由施工项目经理部组织实施。

1) 项目经理的合同管理工作

项目经理是施工项目总合同、分合同的直接执行者和管理者。在合同谈判签约阶段，预选项目经理应参加项目合同的谈判工作，经授权的项目经理可以代表企业法人签约。项目经理还应亲自参与或组织本项目有关合同和分包合同的谈判和签署工作。

2) 项目经理部的合同管理工作

项目经理部应设立专职的合同管理人员，负责以下工作：

(1) 本项目经理部所有合同的报批、整理、保管和归档；

(2) 参与选择分包人的工作，经项目经理授权后负责分包合同的起草、洽谈，制定分包的工作程序；

(3) 参与总合同变更的洽谈，收集合同管理的资料，定期检查合同的履行情况；

(4) 办理须经企业经理签字方能生效的重大施工合同的上报审批手续；

(5) 监督分包人履行分包合同的情况；

(6) 向业主、监理工程师、分包人发送涉及合同问题的备忘录、索赔等文件。

三、施工项目合同管理的内容

1. 建立合同管理制度

建立健全施工项目合同管理制度，主要包括：合同归口管理制度；考核制度；合同用章管理制度；合同台账、统计及归档制度等。

2. 提高合同管理人员素质

对合同管理人员、项目经理及有关人员经常进行合同法律知识教育，不断提高合同业务人员的法律意识和专业素质。

3. 合同谈判签约阶段的管理

在合同谈判签约阶段，管理工作的重点是：

（1）了解合同谈判签约对方的信誉，核实其法人资格以及其他相关情况和资料；

（2）监督双方依照法律程序签订合同，避免出现无效合同、不完善合同，尽量预防合同纠纷发生；

（3）组织配合有关部门做好施工项目合同的签证、公证工作，并在规定时间内送交合同管理机构或部门备案。

4. 合同履行阶段的管理

在合同的履约阶段，主要有两方面的工作：

（1）经常检查合同以及有关法规的执行情况，并进行统计分析，如统计合同份数、合同金额、纠纷次数，分析违约原因、工程变更、延期和索赔情况、合同履约率等，以便及时发现问题和解决问题；

（2）做好有关合同履行中的调解、诉讼、仲裁等工作，协调好企业与相关各方、各有关单位的经济协作关系。

5. 合同档案资料管理

合同档案资料管理应由专人负责，对合同履约全过程的档案资料进行管理。

（1）合同履约期间，整理保管合同、附件、工程洽商资料、补充协议、变更记录及与业主及其委托的监理工程师之间的来往函件等文件，随时备查；

（2）合同期满，工程竣工结算后，将全部合同文件整理归档。

第二节 施工项目所涉及的合同

一、施工承包合同

对施工项目经理部而言，最重要的合同是承包人与业主签订的施工承包合同，即建筑安装工程承包合同。施工承包合同也是项目经理部进行合同管理和合同运作的主线，其他合同都是以该合同的目标为最终目标，并围绕施工承包合同进行运作。

1. 施工承包合同文件组成

公路工程施工承包合同由合同协议书、合同通用条件、合同专用条件和附件等文件组成。这些文件的内容和格式，在交通部颁布的《公路工程国内招标文件范本》中都有专门规定。

合同协议书是施工承包合同的纲领性文件，对合同的组成、合同成立条件、合同当事人等进行了规定和说明。合同协议书也是一份规定格式的标准文件，合同双方在合同协议书上填写单位名称、法定代表人签字，并由单位盖章后，整个合同随即生效。

合同条款（包括通用条款和专用条款）是施工承包合同的主要内容，它规定了合同双方的责任、权利、义务，是双方履行合同和处理合同纠纷及确定违约责任的依据。通用条款是面向全国各类公路工程施工项目制定的标准合同条款，是普遍实用的一般性规定。专用条款是针对具体的签约项目制定的，因而只实用于签约项目，当其与通用条款发生矛盾和冲突时，应以专用条款为准。

附件是合同的重要组成部分，主要包括承包人承揽工程项目一览表、业主供应设备材料一览表和工程保修书等内容。

2．合同文件的优先次序

全部施工承包合同文件包括下列 10 项，它们互相补充，若有不明确或不一致之处，应以下列次序在前者为准。

（1）合同协议书及附件（含合同谈判中的澄清文件）；

（2）中标通知书；

（3）投标书及投标书附录（含承包人在评标期间递交和确认并经业主同意的对有关问题的补充资料和澄清文件等）；

（4）合同专用条款（含数据表和招标文件补遗书中与此有关的部分）；

（5）合同通用条款；

（6）技术规范（含招标文件补遗书中与此有关的部分）；

（7）图纸（含招标文件补遗书中与此有关的部分）；

（8）标价的工程量清单；

（9）投标书附表（辅助资料表）；

（10）构成本合同组成部分的其他文件。

3．合同通用条款

合同通用条款的主要内容包括：承包人、业主和监理工程师三方的职责、权利和义务；工程转包和分包；合同文件的组成及优先顺序；承包人的装备、设施、材料和操作工艺；开工和延误；合同变动、增加和取消；缺陷责任与保修；索赔、违约、特殊风险等的管理；计量与支付；合同履行的解除；合同纠纷的解决；费用和法规的变更等。

4．合同专用条款

合同专用条款是在通用条款中明确指出要在合同专用条款或数据表中予以具体规定的数据、信息或工程所在地具体情况的有关规定，是必备的配套条款，不能缺少，否则通用条款就不完善。项目业主单位认为需要进一步具体化的条款，或根据本地区特点或惯例需增列或删除的条款，也在专用条款中列出。

二、不同计价方法的合同

工程项目的具体条件都有一定的差异，因而承包的内容和方式也就不尽相同，往往需要不同类型和不同承包价计算方法的合同。按合同类型和计价方法的不同，可将施工项目合同分为以下五种。

1．固定总价合同

固定总价合同就是以图纸和工程说明书为依据，明确承包内容，并考虑到一些费用的上升因素，按商定的总价承包工程的合同。固定总价一次包死，在合同履行过程中，除非业主要求变更原定的承包内容，承包人一般不得要求变更承包价。

固定总价合同对业主比较简便，但对承包人而言，只有当设计图纸和说明书详细、施工条件较好时才是一种较为简便的承包方式。如果设计粗略、未知因素多，或者遇到原材料价格突然上涨以及恶劣天气等意外情况时，承包人须承担应变的风险。因此，这种承包方式的合同通常仅适用于技术不复杂、工程规模小、工期短的项目。

2．按量计价合同

按量计价合同是以工程量清单和单价表为计算承包价依据的合同。通常由业主提出工程量清单，承包人填报单价，再计算出承包价。由于工程量是统一计算出来的，承包人只要经过复核并确定单价后就能计算出承包价，因而承担的风险较小。业主只需审核单价是否合理即可，十分方便。我国公路工程项目施工大多采用这种形式的合同。

3．单价合同

单价合同是由承包人填报单价，或由业主提出单价，经双方磋商确定承包单价，并依据实际完成的工程数量结算工程价款的合同。根据工程的具体条件和不同的设计深度，单价合同又可细分为按分部分项工程单价承包合同、按最终产品单价承包合同，以及按总价投标和决标、按单价结算工程价款合同等三种。

工程实践中，有时没有详细的施工图就需开工，或虽有施工图但工程的某些条件尚不完全清楚，既不能准确计算工程量，又要避免合同的任何一方承担过大的风险，采用单价合同是比较合理的。

4．成本加酬金合同

成本加酬金合同是按工程实际发生的成本，加上商定的总管理费和利润来确定工程承包价的合同。合同所指的成本，包括人工费、材料费、施工机械使用费、其他直接费、现场经费和施工管理费，但不包括施工承包企业的总管理费和应交纳的税金。根据酬金的确定方式不同，又可细分为成本加固定百分数酬金合同、成本加固定酬金合同、成本加浮动酬金合同和目标成本加奖罚的合同等四种。

成本加酬金合同主要适用于开工前对工程内容尚不十分清楚、突发因素多、工期异常紧迫的情况，也就是工程风险极大的项目。例如，边设计边施工的紧急工程、地质条件和施工环境恶劣的工程，或遭受地震、洪水、战火等灾害破坏后需尽快修复的工程等。

5．统包合同

统包合同也称"交钥匙"合同，适用于"建设全过程承包"的项目，即从可行性研究开始至工程投入使用的各个阶段全部委托给一个承包人。

工程实施的每个阶段都要签订合同，规定支付给承包人的报酬数额。由于工程设计和概预算是逐步深入和完善的，业主要根据前一阶段工作的结果决定是否进行下一阶段的工作，所以一般不大可能采用固定总价合同、按量计价合同或单价合同等形式，通常采用成本加酬金合同进行承包。

三、其他合同

在施工项目的实施过程中，为保证施工承包合同的顺利履行，还会涉及其他的多种合同关系，它们是施工项目能够按计划进行的基础和前提，因而也是合同管理的一项内容。这些合同主要有：涉及施工物资采购的买卖合同和运输合同；租用施工周转性材料和大型专用设备的租赁合同；委托其他单位加工、定作、复制某些部件或半成品的承揽合同；为确保施工人员、施工物资和工程安全的保险合同等。项目部对这些合同的管理与对施工承包合同的管理的区别在于，项目部是以甲方即发包人的身份对其他合同进行管理。

第三节　履约过程中的合同管理

一、合同的日常管理

为全面履行施工承包合同，必须进行施工计划与进度控制、计量与支付、工程变更、价格调整、工程延期和费用索赔、工程分包、工地会议等七项主要的管理工作。要做好这些工作，应加强合同的日常管理。

1. 合同台账

建立好合同台账，对合同的签约对方、合同的签订日期、合同的有效期限，以及经济合同所涉及的金额等如实做好详细的记录。

2. 合同档案

对于每一份合同，在合同的履行过程中，对合同的借阅和复制做好记录，建立好合同档案。

3. 合同月报

每月定时统计各项合同的履行情况，并以月报的形式做好记录，传回公司备案。经济合同月报表的主要内容应有：合同名称、合同编号、合同期限、合同总价、本月结算金额、累计结算金额等。

4. 合同的变更

对于合同执行过程中要求变更的合同，必须由合同双方再次通过协商的形式签订补充合同或者重新签订新的合同。

5. 合同的结算

按照合同的条款对合同进行结算，对于变更的项目则按照补充合同或者新合同进行结算，每一次的结算必须以书面的形式，经合同双方签字认可。

二、不可抗力与保险的管理

工程施工中存在各种风险，有可能使项目实施过程中出现灾难性事件或不满意的结果。大多数风险可以通过控制和管理得以避免或减轻，而不可抗力是承包人和业主都无法完全防范的风险。为了尽可能减少不可抗力给施工项目造成的损失，除了加强风险管理外，一个重要措施就是参加工程保险。

1. 不可抗力

1）不可抗力的范围

履约过程中发生的不可抗力，是指合同当事人不可预见、不可避免、不可克服的客观情况。公路项目施工中的不可抗力包括特殊风险和自然灾害两个方面。特殊风险，如战争、入侵、暴乱、核辐射或放射性污染、空中飞行物体坠落，以及非合同当事人责任造成的爆炸、火灾等。异常恶劣的气象条件和自然灾害，指合同专用条款中约定的严寒、酷暑、暴风雨、洪水、地震等。

2）不可抗力事件发生后各方的工作

不可抗力事件发生后，承包人应迅速采取措施，尽量避免和减少损失，并在合同规定的时间内向监理工程师通报受灾和损失情况，以及预计清理和修复的费用。业主应大力协助承包人采取措施。不可抗力事件结束后，承包人应按合同规定的时间和程序向监理工程师提交清理和修复费用的正式报告和相关资料。

3）不可抗力的承担

因不可抗力事件导致的费用损失和工期延误并非合同双方的过错，应分别承担：

（1）工程本身的损害、由此导致的第三方人员伤亡和财产损失，以及运至现场的施工用材料和待安装设备的损坏，由业主承担；

（2）承包人和业主的人员伤亡由其所在单位负责，并承担相应费用；

（3）承包人的机械设备损坏及停工损失，由承包人承担；

（4）停工期间，承包人应监理工程师要求留在现场的必要管理人员及保卫人员的费用，由业主承担；

（5）工程所需的清理及修复费用，由业主承担；

（6）延误的工期，由监理工程师批准延期。

2．工程保险

施工项目的保险，是指承包人向专门机构——保险公司投保（交纳一定数额的保险费），一旦发生自然灾害、意外事故或其他不可抗力事件，造成投保者的财产损失或人员伤亡时，保险公司给予补偿的一种制度。为减少施工项目的风险损失，业主和承包人应分担相应的保险义务。

保险的种类有工程和装备保险、人员伤亡或伤残保险、第三方保险等。业主应在工程开工前为在施工现场的业主方人员及第三方人员的生命、财产办理保险，支付保险费用。运至现场的施工用材料和待安装设备，均应由业主办理保险，并支付保险费用。承包人必须为从事危险作业的职工办理意外伤害保险、为施工现场内的本单位人员的生命、财产和施工机械设备办理保险，支付保险费用。

三、工程转包与分包

施工合同的签订，不仅意味着当事人对合同价格、工期、工程质量等量化因素的认可，也意味着业主对承包人的信任。因此，承包人应当自己履行合同义务，自行完成施工任务或主要施工任务。

1．工程转包

若承包人不按合同行使管理职能、不承担技术经济责任，将所承包工程的全部、大部、或主体部分转给他人承建的行为，称为转包。工程转包，是严重违反合同的行为，我国法律和 FIDIC 条款都明确规定禁止工程转包。

将工程肢解后进行的分包，以及分包单位对工程进行的再次分包，均视为转包。

2．工程分包

工程分包是指经合同约定或经监理工程师批准，承包人将所承包工程的一部分委托其他承包人承建的行为。承包人按照有关法律、法规和合同的规定对工程进行分包是允许的。

1）工程分包的两种形式

（1）一般分包。一般分包指由承包人自己选择分包人，经监理工程师批准后进行的分包。所分包的工程不能超过合同规定的某一百分比。承包人对分包工程仍要承担合同规定的义务，即承包人应对分包人的任何行为、违约、疏忽和工程质量、进度等负责。

（2）指定分包。指定分包是指由业主或监理工程师根据工程需要确定分包人而进行的分包。指定分包人应接受承包人的管理，向承包人负责，承担合同文件中承包人向业主承担的一切相应责任和义务。当指定分包人未能按合同要求实施分包任务时，业主或监理工程师将重新指定分包人、支付承包人所受损失的任何附加费，并给承包人一个适当的工期延长。

2）分包合同的签订

承包人必须自行完成建设项目（或单项、单位工程）的主要部分，其非主要部分或专业性较强的工程可分包给施工能力符合该工程技术要求的建筑安装单位。结构和技术要求相同的群体工程，承包人应自行完成半数以上的单位工程。

承包人按合同专用条款的约定分包所承包的部分工程，并与分包单位签订分包合同。非经业主或监理工程师同意，承包人不得将承包工程的任何部分进行分包。

一般分包的分包合同签订后，业主与分包单位之间不存在直接的合同关系。分包单位应对承包人负责，承包人对业主负责。

3）分包合同的履行

工程分包不能解除承包人的任何责任与义务。承包人应在分包场地派驻相应的监督管理人员，保证本合同的履行。分包单位的任何违法行为、安全事故或疏忽导致工程损害或给业主方造成其他损失，承包人均承担连带责任。

分包工程价款由承包方与分包单位结算。业主未经承包人同意不得以任何名义向分包单位支付各种工程款项。

四、合同争议的解决

合同当事人双方对合同条款的理解不一致或有某些误会，在施工合同的履行过程中就可能发生争议。争议可以由双方通过协商和解，或者要求合同管理及其他有关主管部门调解。当事人不愿和解、调解或者和解、调解不成的，双方可以在专用条款内约定以下一种方式解决争议：第一种解决方式，双方达成仲裁协议，向约定的仲裁委员会申请仲裁；第二种解决方式，向有管辖权的人民法院诉讼。

需要注意的是，这两种争议解决方式都是最终的解决方式，只能约定其中一种。如果由仲裁委员会作为最终的解决方式，则这部分内容将成为仲裁协议。双方必须约定具体的仲裁委员会，否则仲裁协议将无效，因为仲裁没有法定管辖范围。

一旦发生争议，项目经理应当尽量争取通过和解或者调解解决争议，因为这样解决争议的速度快、成本低，且有利于与对方的继续合作。但是，项目经理应当有这种准备和努力，即并不排除双方在施工合同中约定仲裁或者诉讼。

当合同的争议即将进入仲裁或者诉讼时，施工项目经理部应及时向企业的领导汇报和请示。因为仲裁或者诉讼必须以企业（具有法人资格）的名义进行，同时，仲裁或者诉讼一般都被认为是企业的一项重大事项，许多决策必须由企业作出。

五、施工合同的解除

施工合同订立后，当事人应当按照合同的约定履行。但是，在一定的条件下，合同没有履行或者没有完全履行，当事人也可以解除合同。

1．可以解除合同的情形

1）合同的协商解除

施工合同当事人协商一致，可以解除。这是在合同成立以后、履行完毕以前，双方当事人通过协商而同意终止合同关系的解除。当事人的这项权利是合同中意思自治的具体体现。

2）发生不可抗力时合同的解除

因为不可抗力或者非合同当事人的原因，造成工程停建或缓建，致使合同无法履行，合同双方可以解除合同。

3）当事人违约时合同的解除

（1）业主不按合同约定支付工程款（进度款），双方又未达成延期付款协议，导致施工无法进行，承包人停止施工超过 56d，业主仍不支付工程款（进度款），承包人有权解除合同。

（2）承包人将其承包的全部工程转包给他人或者肢解后以分包的名义分别转包他人，业主有权解除合同。

（3）合同当事人一方的其他违约致使合同无法履行，合同双方可以解除合同。

2. 一方主张解除合同的程序

一方主张解除合同的，应向对方发出解除合同的书面通知，并在发出通知前 7d 告知对方。通知到达对方时合同解除，对解除合同有异议的，按照解决合同争议程序处理。

3. 合同解除后的善后处理

合同解除后，当事人双方约定的结算和清理条款仍然有效。承包人应当按照业主要求妥善做好已完工程和已购材料、设备的保护和移交工作，按业主要求将自有机械设备和人员撤出施工场地。业主应为承包人撤出施工场地提供必要条件，支付以上所发生的费用，并按合同约定支付已完工程款。已订货的材料、设备由订货方负责退货或解除订货合同，不能退还的货款和退货、解除订货合同发生的费用，由业主承担。

六、违约责任

合同当事人不按规定履行、或者不完全履行合同义务，叫违约。有业主违约和承包人违约两种，违约方应承担相应的违约责任。

业主不按合同约定支付各项价款或监理工程师不能及时给出必要的指令，致使合同无法履行，业主承担违约责任，赔偿因其违约给承包人造成的直接损失，延误的工期相应顺延。双方应当在合同专用条款内约定业主赔偿承包人损失的计算方法或者业主应当支付违约金的数额和计算方法。

承包人不能按合同工期竣工、工程质量达不到约定的质量标准，或由于承包人原因致使合同无法履行，承包人承担违约责任，赔偿因其违约给业主造成的损失，双方应当在专用条款内约定承包人赔偿业主损失的计算方法或者承包人应当支付违约金的数额和计算方法。

一方违约后，另一方可按双方约定的担保条款，要求提供担保的第三方承担相应责任。

一方违约后，另一方要求违约方继续履行合同时，违约方承担违约责任后仍应继续履行合同。

项目经理在违约责任的管理方面，首先要管好己方的履约行为，避免承担违约责任。如果是业主违约，应当督促业主按照约定履行合同，并与之协商违约责任的承担。特别应当注意的是收集和整理对方违约的证据，因为不论是协商还是仲裁、诉讼，都要依据证据维护自己的权益。

第四节　工程施工索赔

一、索赔与反索赔

在工程施工过程中，承包人对并非由于自身原因造成的损失，或者承担了合同规定之外的工作所付的额外支出，根据合同和法律的规定，承包人按一定的程序向业主提出在经济上或时间上要求补偿的权利，叫工程施工索赔。从广义上讲，索赔是双向的，因此包括了业主对承包人的索赔，这种情况通常称为反索赔。

在市场经济条件下，工程施工过程中的索赔是一种正常现象，是施工承包合同当事人依法维护自身权利的正当要求。因此，施工索赔是合同管理的重要环节和承包人挽回工程成本损失的必要手段。

二、索赔发生的原因与索赔的分类

1. 索赔发生的原因

主要有以下几方面的原因：建筑过程的难度和复杂性增大，使未知因素增加；合同文件（包括技术规范）前后矛盾或用词不严谨，导致双方对合同条款的不同理解；恶劣的自然条件，使施工发生额外的支出；建筑业企业经济效益的影响，这与低价竞标有关；项目承发包及管理模式的变化，若一方失误，会波及有关其他单位；第三方的干扰，使施工不能正常进行；政策与法规变化，发生政策性的调整；风险分担不均，给某一方造成较大的损失。

2. 索赔的分类

（1）按照索赔产生的原因分类，有业主违约索赔、合同错误索赔、合同变更索赔、工程环境变化索赔、不可抗力因素索赔等。

（2）按照索赔的依据分类，有合同之内的索赔，即索赔所涉及的内容可以在合同中或 FIDIC 合同条件中找到依据；合同规定之外的索赔，即索赔的内容虽然难于在合同条件中找到依据，但可以通过有关法律、法规解决；优惠索赔，指在有些情况下，业主没有违约，承包人对其损失寻求某些优惠性质的索赔，业主可以同意，也可以不同意；道义索赔，指由于承包人的失误（如报价过低、调查资料不准确等），或发生承包人应负责的风险而造成的重大损失，业主宽宏大量，基于道义同意的索赔。

（3）按照涉及合同当事人分类，有承包人与业主之间的索赔、承包人与分包人之间的索赔、承包人与供应商之间的索赔、承包人和业主共同向保险公司的索赔、其他索赔等。

（4）按照索赔的目标分类，有工期索赔和费用索赔。

（5）按照索赔处理的方式分类，有单项索赔，即每发生一项索赔事件，及时提出索赔；一揽子索赔，也称总索赔，指将施工中发生的若干索赔事件汇总，在竣工前一次性索赔。

三、索赔的程序

1. 索赔意向通知

发现索赔事件或意识到存在潜在的索赔机会后，承包人应立即将索赔意向书面通知监理工程师。发出索赔意向通知，标志着一项索赔的开始，这不仅是承包人要取得补偿所必须首先遵守的基本要求之一，也是承包人在整个合同实施期间保持良好的索赔意识的最好办法。

索赔意向通知通常包括以下内容：索赔事件发生的时间和情况的简单描述；合同依据的条款和理由；有关后续资料的提供，包括及时记录和提供事件发展的动态；对工程成本和工期产生的不利影响及严重程度。

2. 资料准备

索赔的成功在很大程度上取决于承包人对索赔作出的解释和提供强有力的证明材料。因此，承包人应注意记录、积累和保存以下各个方面的资料：

（1）施工日志。指定有关人员现场记录施工中发生的各种情况，包括天气、出工人数、设备数量及其使用情况，进度、质量、安全情况，监理工程师在现场有什么指示，进行了哪些试验，有无特殊干扰施工的情况，遇到什么不利的现场条件等。

（2）来往信件。包括与监理工程师、业主和有关政府部门、银行、保险公司的来往信函，并注明发出和收到的详细时间。

（3）气象资料。在分析进度安排和施工条件时，天气是考虑的重要因素之一，因此，要如实、完整、详细地记录天气情况，包括气温、风力、湿度、降雨量、暴风雨、冰冻等。

（4）与索赔相关的其他资料。如备忘录、会议记要、工程照片和工程声像资料、工程进度计划、工程核算资料、工程图纸，以及投标报价阶段有关现场考察和编标的资料等。

3. 编写索赔报告

索赔报告是承包人向监理工程师提交的一份要求业主对索赔事件给予一定经济（费用）补偿或延长工期的正式报告。承包人应在索赔事件对工程产生的影响结束后，在合同规定的期限内向监理工程师提交正式的索赔报告。编写索赔报告应注意以下几个问题：

1) 索赔报告的基本要求

首先，必须说明索赔的依据，即基于何种理由提出索赔要求，一种是根据合同某条款规定，另一种是业主或其代理人违反合同规定给承包人造成损失，承包人有权索取补偿。第二，索赔报告中必须有详细准确的损失金额及时间的计算。第三，要证明客观事实与损失之间的因果关系，要以合同为依据，说明业主违约或合同变更与引起索赔的必然性联系。

2) 索赔报告必须准确

编写索赔报告是一项比较复杂的工作，一般由专门的索赔小组来完成。索赔小组的人员应具有合同、法律、工程技术、施工组织计划、成本核算、财务管理、写作等各方面的知识。编写索赔报告，应特别注意以下几点：

（1）责任分析应清楚、准确。在报告中所提出索赔的事件的责任是对方引起的，不能有责任含混不清的或自我批评式的语言。

（2）索赔值的计算依据要正确，计算结果要准确，数字计算上不要有差错。计算依据要用文件规定的或公认合理的计算方法，并加以适当的分析。

（3）用词要婉转和恰当。在索赔报告中要避免使用强硬的不友好的抗议式的语言，不能因语言而伤害了和气和双方的感情。切记断章取义，牵强附会，夸大其词。

（4）索赔报告的形式和内容。为使索赔报告简明扼要，条理清楚，便于对方的阅读和理解，索赔报告形式和内容必须符合监理工程师规定的要求。

索赔报告正文包括题目、事件、理由（依据）、因果分析、索赔费用（工期）。题目应简洁说明针对什么提出的索赔，即应概括出索赔的中心内容。事件是对索赔事件发生的原因和经过，包括双方活动和所附的证明材料。理由是指出根据所陈述的事件，提出索赔的根据。因果分析是指依上述事件和理由所造成成本增加，工期延长的必然结果。最后提出索赔费用（工期）的分项总计的结果。

4. 提交索赔报告

索赔报告编写完毕后，应及时提交给监理工程师，正式提出索赔。索赔报告提交后，承包人应隔一定的时间主动向对方了解索赔处理的情况，根据所提出的问题进一步作资料方面的准备，或提供补充资料，尽量为监理工程师处理索赔提供帮助、支持和合作。

5. 索赔报告的评审

收到承包人的索赔报告后，监理二程师将根据自己掌握的资料和处理索赔的工作经验对报告进行评审，在评审过程中，将对不合理的索赔进行反驳或提出质疑。承包人应对监理工程师提出的各种反驳或质疑提供进一步的证据，并作出圆满的答复。

6. 谈判解决

经过监理工程师对索赔报告的评审，与承包人进行了较充分的讨论后，监理工程师应提出对索赔处理决定的初步意见，并参加业主和承包人之间进行的索赔谈判，通过谈判，作出索赔的最后决定。

7. 争端的解决

如果索赔在业主和承包人之间不能通过谈判解决，可就其争端的问题进一步提交监理工程师调解，直至由仲裁机构裁决。

参 考 文 献

［1］建筑施工手册编写组. 建筑施工手册5（第4版）. 北京：中国建筑工业出版社，2003.

［2］陈传德. 公路建设项目管理手册. 北京：人民交通出版社，2002.

［3］王洪江，符长青. 公路工程施工组织设计编制手册. 北京：人民交通出版社，2005.

［4］廖正环，等. 高速公路机械化施工组织与管理. 北京：人民交通出版社，2001.

［5］中华人民共和国行业标准. 公路水泥混凝土路面施工技术规范（JTG F30—2003）. 北京：人民交通出版社，2003.

［6］中华人民共和国行业标准. 公路路基施工技术规范（JTG F10—2006）. 北京：人民交通出版社，1995.

［7］中华人民共和国行业标准. 公路工程技术标准（JTG B01—2003）. 北京：人民交通出版社，2003.

［8］中华人民共和国行业标准. 公路沥青路面施工技术规范（JTG F40—2004）. 北京：人民交通出版社，2004.

［9］中华人民共和国行业标准. 公路路面基层施工技术规范（JTJ 034—2000）. 北京：人民交通出版社，2000.

［10］中华人民共和国行业标准. 公路工程质量检验评定标准（JTG F80/1—2004）. 北京：人民交通出版社，2004.

［11］张湧，胡江碧. 公路施工安全审查手册. 北京：人民交通出版社，2006.

［12］中华人民共和国行业标准. 公路工程基本建设项目概算预算编制办法（JTG B06—2007）. 北京：人民交通出版社，2007.